Die österreichische Gesellschaft

Max Haller ist ein international renommierter Soziologe Österreichs. Er promovierte an der Universität Wien, habilitierte sich an der Universität Mannheim und ist seit 1985 Professor am Institut für Soziologie der Universität Graz.

Max Haller

Die österreichische Gesellschaft

Sozialstruktur und sozialer Wandel

Campus Verlag
Frankfurt/New York

Bibliografische Information der Deutschen Nationalbibliothek
Die Deutsche Nationalbibliothek verzeichnet diese Publikation in der Deutschen Nationalbibliografie.
Detaillierte bibliografische Daten sind im Internet über http://dnb.d-nb.de abrufbar.
ISBN 978-3-593-38588-4

Umschlaggestaltung: Guido Klütsch, Köln
Satz: Marion Jordan, Frankfurt am Main
Druck und Bindung: Druck Partner Rübelmann, Hemsbach
Gedruckt auf säurefreiem und chlorfrei gebleichtem Papier.
Printed in Germany

Besuchen Sie uns im Internet: www.campus.de

Inhalt

Kapitel 4:
Klassische und neuere soziologische Theorien der sozialen Ungleichheit

Kapitel 5:
Bildungssystem und soziale Ungleichheit

Kapitel 6: Arbeitsmarkt, Beschäftigung und die Entstehung der Versorgungsklassen

Kapitel 7: Die Transformation der Beschäftigungs- und Berufsstruktur

Kapitel 8: Die Auswirkungen der beruflichen Mobilität auf die Sozialstruktur

Kapitel 9: Die ökonomische Ungleichheit

Kapitel 10: Soziale Ungleichheit im gesellschaftlichen Bewusstsein und im politischen Prozess

Vorwort

Dieses Buch ist aus einem zuerst im Wintersemester 2004/05 ausgearbeiteten Skriptum zu meiner Vorlesung »Sozialstruktur Österreichs im internationalen Vergleich« an der Karl Franzens-Universität Graz entstanden. Infolge der Einführung von Bakkalaureatsstudien und steigenden Zahlen von Studierenden, zugleich einer Stagnation der für die Lehre verfügbaren Mittel kann auch diese Lehrveranstaltung des ersten Abschnittes nur mehr als Vorlesung angeboten werden; das Skriptum sollte die Vorbereitung auf die entsprechenden Prüfungen erleichtern.

Als Grundlage für dieses Buch dienen einerseits eine Reihe einschlägiger, schon älterer eigener Veröffentlichungen. Obwohl die theoretische und inhaltlich-empirische Forschung in Deutschland und zum Teil auch in Österreich in den letzten Jahrzehnten weg von den Konzepten der sozialen Klassen und Schichten bzw. der vertikalen Ungleichheit hin zu jenen von sozialen Milieus und vielfältigen Lebensstilen gegangen ist, scheinen mir die ersteren Konzepte und Themen aktuell wie eh und je. Man denke hier nur an die im letzten Jahrzehnt wieder gestiegene ökonomische Ungleichheit (vgl. Kapitel 9). In Kapitel 4 wird eine Erklärung dafür gegeben, warum gerade in Deutschland (nicht aber in Frankreich und Großbritannien) eine solche Umorientierung und damit oft auch ein Verlust an kritischer Fokussierung der Sozialstrukturforschung erfolgt ist.

Die empirischen Daten in diesem Band wurden neuesten amtlichen und anderen Erhebungen, Studien und Datensammlungen entnommen. Dabei waren vielfach erhebliche Lücken der Forschung zu konstatieren. Seit den 1978–82 am Institut für Höhere Studien durchgeführten, seinerzeit auch im Campus Verlag veröffentlichten Studien zur Sozial- und Klassenstruktur Österreichs (Fischer-Kowalski/Bucek 1980; Haller 1982a) gibt es keine größere Einzelstudie zu diesem Thema mehr. Vielleicht kann dieses Buch eine Anregung zur Wiederbelebung dieses soziologisch zentralen und gesellschaftspolitisch wichtigen Forschungsbereiches liefern.

Das Buch richtet sich in erster Linie an Studierende der Soziologie; es würde mich freuen, wenn es sich auch für Studierende anderer sozialwissenschaftlicher Studienrichtungen als nützlich erweisen würde. So enthält es auch didaktische

Hilfestellungen wie »vertiefende Fragen« und Hinweise auf weiterführende Literatur am Ende jedes Kapitels. Für die Umgestaltung des Manuskripts zu einem handlichen Lehrbuch in diesem Sinne bin ich vor allem Herrn Adalbert Hepp vom Campus Verlag zu Dank verpflichtet; er hat sämtliche Kapitel durchgearbeitet und sehr wertvolle Kürzungs- und Verbesserungsvorschläge gemacht. Inhaltliche Anregungen erhielt ich auch von Univ. Doz. Albert F. Reiterer (Wien) und HR Dr. Peter Findl (Statistik Austria). Danken möchte ich an dieser Stelle weiters dem *Jubiläumsfonds der Österreichischen Nationalbank*, der die Analyse neuer Daten im Rahmen des Forschungsprojekts »Sozialstruktur Österreichs im Wandel« (Projekt-Nr. 10919) gefördert hat. Mag. Gerd Kaup war ein sehr kompetenter Mitarbeiter in diesem Projekt und darüber hinaus. Frau Gabriele Strohmeier hat mit großer Geduld und Genauigkeit die immer wieder korrigierten Manuskriptfassungen und Tabellen ins Reine geschrieben.

Graz, März 2008

Max Haller

Kapitel 1: Die Sozialstruktur als ein zentraler Gegenstand der Soziologie

1.1 Die Grundtypen soziologischer Analyse

In der Soziologie unterscheidet man vier Typen bzw. Ebenen der Analyse (vgl. *Übersicht 1.1*; allgemein dazu Haller 2003a, S. 499ff.):

- Handlungsanalyse
- Struktur-Analyse
- Institutionen-Analyse
- Analyse von Ideen und Ideologiekritik.

Die Handlungstheorie und Handlungsanalyse befasst sich mit den verschiedenen Aspekten individueller Entscheidungen und Handlungen (Motive, Emotionen, Werte, Handlungstypen usw.). Die Institutionen-Analyse untersucht soziale Einrichtungen, die das Zusammenleben der Gesellschaftsmitglieder regeln (darunter fallen Normen und Gesetze, aber auch gesellschaftlich normierte Beziehungen und Einheiten wie Ehe, Familie, Organisationen, Verwaltung, Par-

Übersicht 1.1: Die vier Ebenen bzw. Grundtypen soziologischer Analyse

Ebene bzw. Typ (und Subtyp) der Analyse	*Beispiele*	*Wichtige Autoren*	*Objekt der Analyse*
Handlungsanalyse – Situationsanalyse – Identitätsanalyse – Entscheidungsanalyse – Wirkungsanalyse	– Welcher Handlungsimpuls löst eine bestimmte Situation aus? – Warum heiratet jemand? – Wie entwickeln/verändern sich Einstellungen? – Wie beeinflussen Einstellungen das Handeln?	G.H. MEAD M. WEBER A. SCHÜTZ T. PARSONS E. GOFFMAN R. BOUDON	Bewusstes, typisches menschliches Handeln, ausgerichtet auf bestimmte Ziele
Struktur-Analyse	– Entwicklung von Geburtenraten – Zusammenhang zwischen Bildungsabschlüssen und beruflichen Positionen – Mobilitätsmuster	E. DURKHEIM S. F. NADEL P. M. BLAU G. LENSKI	Gesetzmäßige sozial-strukturelle (aggregative) Prozesse und Entwicklungstendenzen
Institutionen-Analyse	Entstehung und Wirkungen von – Ehe- und Familiengesetzen – Eigentums- und Marktformen – politischen Verfassungen	MONTESQUIEU DE TOCQUEVILLE M. WEBER H. SCHELSKY P. BOURDIEU J. COLEMAN	Analyse der Entwicklung, Formen und Wirkungen sozialer Institutionen
Ideenanalyse und Ideologiekritik	Analyse der Ideen und Werte von – einzelnen (historischen) Persönlichkeiten – sozialen Gruppen und Bewegungen – sozialen Einheiten (Organisationen, Staaten) Interne Analyse von – Ideensystemen und Ideologien	K. MARX M. WEBER E. DURKHEIM M. SCHELER K. MANNHEIM E. TOPTISCH	Herausarbeitung und Untersuchung der gesellschaftlich einflussreichen Ideen und Werten einer Gesellschaft oder Epoche

teien). Die Analyse von Ideen hat – in Zusammenarbeit mit Fächern wie Philosophie, Ideen- und Geistesgeschichte – die innere Struktur von religiösen, wissenschaftlichen, gesellschaftlichen und politischen Denk- und Ideensystemen, insbesondere in ihrem Bezug zu gesellschaftlichen Gruppen und Interessen, zum Gegenstand.

Die Sozialstrukturanalyse stellt also nur einen, allerdings sehr wichtigen Zugang zur sozialen Realität dar.

1.2 Definition des Begriffes »Sozialstruktur«

Unter Sozialstruktur versteht man die Gesamtheit der mehr oder weniger regelmäßig (gesetzmäßig) ablaufenden Beziehungen zwischen den Mitgliedern einer Gesellschaft, der sich daraus ergebenden Strukturen (Verteilungen) sowie der Beziehungen zwischen diesen Verteilungen. Diese Beziehungen und Strukturen sind über die Zeit hinweg dauerhaft, wenngleich nicht unveränderlich (vgl. dazu u.a. Nadel 1957; Haller 1983a, S. 9ff.; 1986a; Crothers 1996; Hradil 2004, S. 13ff.; Klein 2005, S. 15ff.).

Bei der Sozialstruktur-Analyse geht es also darum, die soziale Einbettung des einzelnen Menschen in soziale Netzwerke (Familien, Verwandtschaftssysteme, Freundesbeziehungen) und soziale Systeme (Organisationen, Verbände, Staaten) zu erfassen und zu analysieren. Dies wird häufig als zentrale Aufgabe der Soziologie – im Vergleich zu anderen Human- und Sozialwissenschaften wie der Psychologie, der Pädagogik, der Ökonomie usw. – gesehen. Man kann auch sagen, dass der Begriff der »Sozialstruktur« einen fruchtbaren Ansatz zu einer interdisziplinären Betrachtung bietet.

Die Soziologie ist ein inhaltlich äußerst breites Fach – im Grunde kann (und sollte) jedes soziale Phänomen auch von der Soziologie untersucht werden. Dabei besteht die Gefahr, dass die Soziologie in Teilfächer (üblicherweise als *spezielle Soziologien* bezeichnet) zerfällt, die untereinander nur mehr einen schwachen inhaltlichen Zusammenhang aufweisen. Beispiele für solche spezielle Soziologien sind:

- Familiensoziologie, Soziologie persönlicher Beziehungen
- Rechts- und Kriminalsoziologie
- Wirtschafts-, Berufs- und Techniksoziologie usw.

In jedem dieser Bereiche arbeiten Soziologen oft enger mit Vertretern anderer Disziplinen zusammen als mit Soziologen, die auf andere Bereiche spezialisiert sind. Ein übergreifender Zusammenhang zwischen diesen disparaten Teilfächern kann jedoch – u.a. – durch den Begriff Sozialstruktur hergestellt werden, denn schichtspezifische Basismerkmale wie Bildung, Beruf, Einkommen spielen in allen obengenannten Bereichen eine große Rolle.

Die *Grundthese der Sozialstrukturanalyse* lautet: Die Position einer Person oder sozialen Gruppe im Rahmen der Sozialstruktur stellt eine entscheidende Determinante ihrer Lebensbedingungen und ihres Handelns dar! Diese These gilt auch für Ereignisse und Handlungen einzelner Personen, wie sie von den Medien tagtäglich berichtet werden.

Beispiel: In den USA erschoss ein 6jähriger Junge einen anderen. Wie kam das zustande? *Psychologische Erklärung*: der Junge war von Natur sehr aggressiv. Spätere, genauere Berichte zeigten: er lebte allein bei seiner Mutter; diese war arbeitslos, der Vater im Gefängnis; während der Abwesenheit der Mutter wegen ihrer Beschäftigung verweilte der Bub in der Wohnung eines sozial verwahrlosten Erwachsenen, in der ein geladener Revolver herumlag!

Es zeigt sich also: zur Erklärung dieser individuellen Handlung benötigen wir sehr wenig psychologische Theorien, dafür viel mehr Wissen über die Sozialstruktur (welche Familien sind diskriminiert, wie verbreitet sind Handfeuerwaffen in einem Land usw.).

Es gibt zwei unterschiedliche Konzeptionen der Sozialstruktur:

a) Sozialstruktur als theoretisch-abstraktes Konstrukt

Diese Konzeption geht aus von der These: Die Struktur ist in der Realität nicht direkt beobachtbar, sondern muss aus indirekten Indikatoren, Verhaltensweisen und Beziehungen erschlossen werden.

Ein Beispiel ist die *Analyse von Verwandtschaftssystemen* durch Ethnologen in einfachen Gesellschaften: Hier erfolgen Heiraten, die Zuschreibung von Elternrollen usw. aufgrund komplexer Regeln, die ein Wissenschaftler nur durch jahrelanges Studium bei den Einheimischen entdecken kann. Den Beteiligten sind diese Regeln mehr oder weniger »unbewusst« bekannt – ähnlich den Regeln der Grammatik einer Sprache (Levi-Strauss 1984).

Man könnte hier auch von der *Tiefenstruktur* einer Gesellschaft sprechen – also einer Struktur, die sich erst durch differenzierte Analyse und Abstraktion ihrer Grundprinzipien erschließt. Dargestellt werden kann eine solche Struktur vor allem durch soziologische Typenbildung. (Solche Typen sind z.B. die Grundbegriffe zur Erfassung der Schichtung in verschiedenen Gesellschaften: Stände, Klassen, Schichten). Auch die historische Klassentheorie von Marx kann als Beispiel einer solchen Theorie angesehen werden.

b) Sozialstruktur als System konkreter Merkmale und Verteilungen

Hier können wir die Merkmale der Sozialstruktur sowie ihre Gesamtstruktur sehr direkt und quantitativ-exakt erfassen. Beispiele sind Merkmale wie Geschlecht und Alter, sowie daraus resultierende demographische Verteilungen und Prozesse: Die Altersstruktur einer Gesellschaft, die Veränderungen der Heiratshäufigkeit, die Scheidungen und Geburten im Laufe der Zeit usw.

Vier besonders wichtige, spezifische Merkmale sozialstruktureller Analyse dieser Art werden in Abschnitt 1.5 unten näher behandelt.

1.3 Datenquellen für sozialstrukturelle Analysen

Eine wichtige Frage bei der Analyse der Sozialstruktur betrifft jene der adäquaten Datenquellen. Ohne Anspruch auf Vollständigkeit wird im Folgenden ein kurzer Überblick über die Arten solcher Datensätze sowie die Institutionen gegeben, die ihre wichtigsten Produzenten bzw. Lieferanten sind.

Verschaffen wir uns zuerst einen knappen Überblick über die Art der Daten und Erhebungsinstitutionen. Wir können zwischen drei Grundformen der Beschaffung sozialstruktureller Daten unterscheiden.

1) *Erhebungen statistischer Ämter*: Institutionen, die solche Daten selber systematisch erheben, aufbereiten und auswerten sind vor allem die Statistischen Ämter der einzelnen Länder.

Daten dieser Art – wie etwa die Volkszählungen – stellen eine unentbehrliche Basis für Verwaltung, Politik und Wissenschaft dar, da nur sie genaue und verlässliche Informationen liefern, etwa über den Umfang der Gesamtbevölkerung. Allerdings können selbst Gesamterhebungen dieser Art mit Fehlern behaftet sein, und zwar umso eher, je größer und vielfältiger ein Land ist, je weniger entwickelt seine Infrastruktur (etwa in China oder Indien), oder je lückenhafter die amtliche Erfassung seiner Einwohner ist (etwa in den USA). Daher kann eine sorgfältig durchgeführte Stichprobenerhebung u.U. genauer sein als eine Gesamtzählung, bei der Millionen von Menschen nicht erfasst werden.

2) *Amtlich produzierte Verwaltungsdaten*: Bei den verschiedensten Behörden fallen für Verwaltungszwecke laufend Daten an, die für sozialstrukturelle Analysen ebenfalls unentbehrlich sind. So erfassen und dokumentieren Standesämter die Geburten und Sterbefälle, Meldeämter die Zu- und Abwanderungen, Schulen die Schüler und Lehrer, Sozialversicherungen und Krankenhäuser Erkrankungen, Todesfälle und -ursachen usw. Diese Daten werden von statistischen Ämtern zusammengestellt und jährlich in eigenen Datenbänden veröffentlicht (so etwa im *Demografischen Jahrbuch Österreichs*).

Daten dieser Art sind einerseits sehr verlässlich, da es sich um Vollerhebungen der betreffenden Ereignisse handelt. Bei Ereignissen, bei deren Charakterisierung jedoch subjektive Elemente ins Spiel kommen, ist dies nicht so eindeutig. Bekannt ist die Problematik der Statistik der Todesursachen seit der klassischen Studie des französischen Soziologen Emil Durkheim über den Selbstmord (veröffentlicht 1897). Ein anderer, typischer Fall sind die Daten der Meldebehörden, die nur jene Menschen erfassen, die sich legal melden. Als Folge der internationalen Migration und Flüchtlingsbewegungen leben in den reichen Ländern der Erde immer mehr Menschen »illegal«, ohne Aufenthaltstitel und Anmeldung. In der EU wird ihre Zahl auf 4,5 bis 8 Millionen geschätzt (laut EU-Parlament), in den USA auf 11 bis 12 Millionen. Für Österreich gibt es keine Zahlen; es ist aber bekannt, dass auch hier in vielen Branchen (Bauwesen, Gastgewerbe, Privathaushalten) zahlreiche Beschäftigte illegal arbeiten.

3) *Daten aus der Markt-, Meinungs- und Sozialforschung*: Sozialstatistische Daten können sich als Nebenprodukt von Erhebungen mit anderen Hauptzielsetzungen ergeben. Eine wichtige Quelle sind repräsentative Bevölkerungsumfragen, in denen routinemäßig auch sozialstatistische Basisdaten zu den Befragten, wie Geschlecht, Alter, Bildung, berufliche Tätigkeit usw. erhoben werden (Pappi 1979).

Neben den zahlreichen Umfragen der Markt- und Meinungsforschungsinstitute ist für Österreich der von Soziologen an den Universitäten Wien, Graz und Linz gemeinsam durchgeführte *Soziale Survey* zu nennen. Sein Ziel besteht darin, in mehr oder weniger regelmäßigen Abständen Grunddaten zu Wertorientierungen und gesellschaftlichen Einstellungen der ÖsterreicherInnen zu erheben; er wurde bisher dreimal durchgeführt (1986, 1993 und 2003). Da es sich hierbei um eine größere Stichprobe (N jeweils 2.000) handelt, können mit diesen Daten inzwischen auch Basistrends der Sozialstruktur in bestimmten Aspekten beschrieben werden, die von der amtlichen Statistik nicht erfasst werden (Vgl. dazu die Buchveröffentlichungen Haller/ Holm 1987; Haller et al. 1996a; Schulz et al. 2005).

Ähnliche Analysen kann man inzwischen auch mit international vergleichenden Umfragen durchführen, da sie gleiche Sets von Fragen bzw. Variablen in verschiedenen Ländern und zu verschiedenen Zeitpunkten erheben. Hier sind zu nennen der *World Value Survey* (WVS), weltweit durchgeführt seit 1990 in fünfjährigen Intervallen, und das *International Social Survey Programme (ISSP)*, seit 1985 in einer stetig zunehmenden Anzahl von Ländern (inzwischen 43) weltweit erhoben. Für sozialstrukturelle Analysen ist das ISSP-Projekt besser geeignet, da es mehr Sorgfalt auf die Stichprobenziehung legt und ein umfangreicheres Set von sozialstatistischen Variablen enthält (vgl. dazu auch Brechon 2002). Besondere Bedeutung hat in diesem Kontext der 2001 von Sozialforschern initiierte und von der EU finanzierte *European Social Survey*, der in über 30 Ländern Europas jährlich durchgeführt wird.

Betrachten wir zum zweiten auch kurz die (zum Teil bereits genannten) Institutionen, die sich mit der Produktion und Dokumentation sozialstatistischer Daten befassen, und ihre wichtigsten Erhebungen bzw. Datenquellen.

Die wichtigste einschlägige Institution im Hinblick auf Daten zur Sozialstruktur Österreichs ist die *Statistik Austria* (früher: *Österreichisches Statistisches Zentralamt*), mit Hauptsitz in Wien. Sie ist als amtliche Institution damit beauftragt, Grunddaten über alle wichtigen gesellschaftlichen Bereiche regelmäßig und in verlässlicher Weise zu erheben und zu dokumentieren. Auch die Landesregierungen haben kleinere Ämter zur Erhebung und Dokumentation von Landesstatistiken. Die Statistik Austria erhebt und veröffentlicht Daten folgender Art:[1]

– Die *Bevölkerungsstatistik* liefert Ergebnisse über Zahl und Struktur der österreichischen Bevölkerung, sowie die einzelnen Komponenten ihrer Veränderung, wie Ge-

1 Diese Informationen (und z.T. auch Textteile) wurden übernommen von der Homepage der Statistik Austria: http://www.statistik.at/

burten, Sterbefälle und Wanderungen (Migration), Daten über Einbürgerungen sowie über Eheschließungen und Scheidungen, Haushalte und Familien. Alle diese Statistiken sind auf Ebene der Bundesländer verfügbar, meist auch für kleinere Verwaltungseinheiten bis hinunter zu Gemeinden.

- *Sozialdaten* zu Bildung und Kultur, Erwerbstätigkeit und Arbeitsmarkt, Gesundheit, zu Haushalten und Wohnungen.
- *Wirtschaftliche Maßzahlen* und Trends zu Unternehmen, Umsatz und Beschäftigten nach Wirtschaftsbranchen, Außenhandel, Tourismus, Verkehr, Energie, öffentliche Finanzen usw. Insbesondere wird im Rahmen der Volkswirtschaftlichen Gesamtrechnung das Bruttoinlandsprodukt (BIP) und damit das Wirtschaftswachstum ermittelt. Ein weiterer Bereich sind die Preise, allen voran der Verbraucherpreisindex (VPI) zur Ermittlung der Inflationsrate.

Diese Daten veröffentlicht die Statistik Austria in mehrfacher Form: Als regelmäßige, meist jährlich erscheinende Bände zu einzelnen Bereichen (Bevölkerungsbewegung usw.); als zusammenfassende Einzelbände (vor allem in dem jährlich erscheinenden *Statistischen Jahrbuch*), in der Zeitschrift *Statistische Nachrichten*, sowie in Form von Sonderbänden zu den verschiedensten Themen.

Datenquellen der Statistik Austria sind einerseits eigene Erhebungen, andererseits Aufarbeitung und Dokumentation der laufend erfassten Daten von amtlichen Institutionen. Bei den eigenen Erhebungen nimmt die alle zehn Jahre (zuletzt 2001) durchgeführte *Volkszählung* eine Sonderstellung ein. Sie liefert die verlässlichsten und auch politisch verbindlichen Ergebnisse (etwa für den Finanzausgleich zwischen Bund, Ländern und Gemeinden), zu bevölkerungsstatistischen Sachverhalten, sowie darüber hinaus über viele sozial-, bildungs- und erwerbsstatistische Themen. In Zukunft werden Volkszählungen nicht mehr durch Befragung der Bevölkerung durchgeführt werden, sondern durch Auszählungen vorhandener und in der Statistik Austria mittels eines vom Datenschutz entwickelten Personenidentifikators miteinander verknüpften Verwaltungsregisters. Weitere eigene Erhebungen sind der ganzjährig durchgeführte *Mikrozensus*, eine mündliche oder telefonische Befragung pro Quartal von 22.500 Haushalten und den darin lebenden rund 50.000 Personen zu verschiedensten Themen.

Seit 2001 gibt es die EU-weit durchgeführte Erhebung EU-SILC, in der 4.500 Haushalte und deren Bewohner (ca. 10.000 Personen) zu Einkommen und Lebensbedingungen befragt werden (integrierte Quer- und Längsschnitterhebung, mit 4-jährigem Längsschnitt). Weitere Erhebungen, die in mehrjährigen Abständen EU-weit durchgeführt werden, sind der *Health Interview Survey* über den Gesundheitszustand der Bevölkerung und die gesundheitliche Versorgung, und der *Adult Education Survey* über die Weiterbildung von Erwachsenen. In größeren Abständen werden in Österreich auch Zeitverwendungserhebungen durchgeführt (*Time Budget Surveys*).

Auf EU-Ebene und international gibt es in der Regel keine eigenen Datenerhebungen. EUROSTAT, das statistische Amt der EU, sammelt und publiziert die von nationalen Statistikämtern erhobenen Daten und erarbeitet Vorschläge zur Verbesserung und Verbreiterung dieser Erhebungen. Auf internationaler Ebene sind zu nennen das *Internationale Arbeitsamt* in Genf (ILO), das laufend Daten zu

Erwerbstätigkeit und Arbeitsmarkt herausgibt, und die Vereinten Nationen, deren Statistikabteilung u.a. jährlich das *Demographic Yearbook* veröffentlicht. Allgemein wird man sagen müssen, dass die Qualität dieser Daten umso geringer ist, je höher die Ebene der Institution. Die beiden zuletzt genannten Institutionen etwa können in der Regel nicht viel mehr tun, als die ihnen von den Einzelstaaten gelieferten Daten zu übernehmen. Dabei werden oft wesentliche Unterschiede in der Qualität der Erhebungen, der verwendeten Klassifikationen usw. auftreten.

Zuletzt sind noch zu nennen *sozialwissenschaftliche Datenarchive*, welche Daten aus nationalen und internationalen Umfragestudien, wie dem WVS oder dem ISSP, sammeln, dokumentieren und den Nutzern in der Regel zu geringen Kostenbeiträgen überlassen. Als wichtige Institutionen sind hier ist zu nennen WISDOM (Wiener Institut für sozialwissenschaftliche Dokumentation), das *Zentralarchiv für empirische Sozialforschung* in Köln und die *Social Science Data Archives* in Essex (UK); ähnliche Archive gibt es auch in anderen europäischen Ländern und den USA.

1.4 Die deskriptive Sozialstrukturanalyse nach Peter M. Blau

Peter M. Blau, ein bedeutender amerikanischer Soziologe österreichischer Herkunft (geb. 1918 in Wien, gest. 2002 in New York) geht von einem einfachen, deskriptiven Konzept der Sozialstruktur aus. Für ihn beschreibt der Begriff »Sozialstruktur« die Verteilung der Bevölkerung nach sozialen Positionen, welche nach unterschiedlichen Kriterien definiert sind; diese Positionen beeinflussen die Interaktionen zwischen den Menschen (Blau 1977, 1978; vgl. auch Haller 2003a, S. 163ff.).

Parameter der Sozialstruktur

Eine Sozialstruktur wird bestimmt durch ihre Parameter; ein Parameter ist jedes Merkmal, welches dazu führt, dass Menschen bei ihren Interaktionen soziale Unterscheidungen treffen. Es handelt sich hierbei um direkt erfassbare und messbare Merkmale. Beispiele: Alter, Geschlecht, Status. Verteilt man diese Merkmale auf die Bevölkerung, kann man in diesem Sinne von einer Altersstruktur, von einer Geschlechtsstruktur, von einer Schichtstruktur usw. sprechen.

Parameter erzeugen also Positionen, welche jeweils durch unterschiedliche Personen besetzt sind; zugleich kann eine Person Positionen auf verschiedenen Parametern innehaben. Diese Idee wurde von anderen Forschern verallgemeinert im Begriff des *Blau space*: Darunter wird jenes komplexe, mehrdimensionale

Koordinatensystem oder -feld verstanden, das sich aus der Gesamtheit aller relevanten soziodemografischen Variablen ergibt. (Miller McPherson/Ranger-Moore 1991)

Blau unterscheidet **zwei Grundtypen von Parametern**:

a) *Nominalparameter* (Klassifikationsparameter): Diese teilen die Bevölkerung in eindeutig unterscheidbare Subgruppen, ohne dass diese unter sich eine Rangordnung darstellen. Beispiele: Geschlecht, Religionszugehörigkeit, Wirtschaftsbranchen.

b) *Gradationsparameter* (Schichtungsparameter, Rangparameter): Diese stellen eine Rangordnung zwischen den Menschen her; sie sind im Prinzip kontinuierlich; praktisch gibt es jedoch auch Diskontinuitäten oder Brüche zwischen den Kategorien. Beispiele: Bildung, Einkommen, Macht.

Die Grundannahme lautet: Die durch diese Parameter erzeugten Differenzen in der Gruppenzugehörigkeit von Menschen beeinflussen ihr soziales Verhalten und ihre sozialen Interaktionen. Die relative Bedeutung einzelner Parameter zeigt sich darin, wie stark sie die Interaktion determinieren.

Bei Nominalparametern wird angenommen, dass die Interaktion innerhalb von Gruppen häufiger erfolgt als zwischen Gruppen; bei Gradationsparametern steht die Häufigkeit der Interaktion im umgekehrten Verhältnis zur relativen Entfernung der Gruppen voneinander. Nominalparameter erzeugen horizontale Differenzierung oder Heterogenität (Verschiedenheit); die vertikal-hierarchischen Parameter oder Rangparameter erzeugen Statusgleichheit oder Statusungleichheit.

Das **Ausmaß der Heterogenität** der Bevölkerung nach einem Parameter wird bestimmt durch

a) die Anzahl der Kategorien oder Gruppen (z.B. Zahl der ethnischen Gruppen) eines Parameters;
b) die Verteilung der Bevölkerung auf diese Gruppen.

Beispiel: In Österreich sind zwar sehr viele Konfessionen vorhanden, jedoch sind die Katholiken mit Abstand die größte Gruppe; daher ist die Variation oder die Differenzierung der österreichischen Gesellschaft in konfessioneller Hinsicht geringer als jene der holländischen oder amerikanischen Gesellschaft, in denen keine einzelne Konfession so klar dominiert.

Man kann daraus verschiedene Maße zur Erfassung des Ausmaßes der Ungleichheit ableiten. Hierbei sind vor allem zwei Aspekte wichtig:

1) Die Konzentration in den Händen einiger weniger (hier geht es vor allem um Rangparameter; etwa: Einkommenskonzentration bei den Reichen).

2) Der Grad der Abstufung in einem Parameter; etwa des Reichtums nach verschiedenen sozialen Gruppen. Hier ist die Frage, ob es scharfe oder kontinuierliche Übergänge zwischen den verschiedenen Gruppen gibt, also die Frage, ob

es z.B. eine kleine Schicht Superreicher, und eine breite Schicht wenig Verdienender gibt, oder ob die breiteste Schicht jene der Personen mit mittleren Einkommen ist. Eine Gesellschaft, in der dies der Fall ist, wird viel höhere soziale und politische Stabilität aufweisen als eine mit starker Differenzierung Eliten – Masse (diese These vertrat schon Aristoteles).

Wenn in einer Gesellschaft die Zugehörigkeit der Personen zu mehreren Parametern zusammenfällt, spricht Blau von einer *strukturell konsolidierten Gesellschaft.* In einer solchen Gesellschaft kann man aus der Kenntnis eines Merkmals einer Person in der Regel auf eine Reihe weiterer Merkmale dieser Person schließen. Fallen die verschiedenen Parameter nicht zusammen, spricht man von einer *multiform heterogenen Gesellschaft.* So hing etwa die Hautfarbe in Südafrika zur Zeit der *Apartheid* stark mit der wirtschaftlichen, sozialen und politischen Lage eines Menschen zusammen; in den USA dagegen ist dies heute viel weniger der Fall. Die These lautet, dass im ersteren Typ von Gesellschaft Konflikte viel schwerer zu lösen sind und schärfer werden können als im letzteren. Der Grund ist, dass gesellschaftliche Konflikte im Fall einer konsolidierten Sozialstruktur viel tiefgreifender sind, weil sie gleichzeitig mehrere zentrale Aspekte einer sozialen Gruppe betreffen.

Im Folgenden drei Beispiele zur Illustration bzw. Anwendung dieser Begriffe; die Beispiele 1 und 2 beziehen sich auf die Struktur von Gesellschaften nach einem Rangparameter (Bildung), das Beispiel 3 auf den strukturellen Charakter von Gesellschaften insgesamt.

Beispiel 1:
Unterschiedliche Schichtstrukturen entsprechen dem Bildungsstand der Bevölkerung

Die Bildungsabschlüsse sind in modernen Gesellschaften vertikal-hierarchisch aufgebaut: Man kann eine höhere Stufe erst nach Abschluss der vorhergehenden, niedrigeren erreichen, weshalb schon die Verteilung einer Bevölkerung nach Bildungsabschlüssen Hinweise auf ihre Schichtstruktur gibt. Die Bildungsverteilungen ergeben sich natürlich aus unterschiedlichen Bildungssystemen und deren Funktionsprinzipien (d. h., dass man die soziale Struktur immer zurückführen muss auf die Funktionsweise von Institutionen!). Die Verteilung der Erwerbstätigen nach höchsten Bildungsabschlüssen in vier Ländern (vgl. *Abbildung 1.1*, Daten der 1970er Jahre) zeigt enorme Unterschiede mit drei Typen:

- In Frankreich gibt es eine breite Basis von Grundschulabsolventen, darauf aufbauend eine Pyramide der weiteren Abschlüsse; ähnlich ist es in Italien;
- In den USA weist die Bildungsverteilung eine radähnliche Form auf, mit der größten Häufigkeit bei den mittleren Abschlüssen (High School, etwas weniger als bei uns Matura);

Abbildung 1.1: Grundtypen sozialer Schichtung: Verteilung der erwerbstätigen inländischen Bevölkerung nach höchster abgeschlossener Ausbildung in vier Ländern in den 1970er Jahren

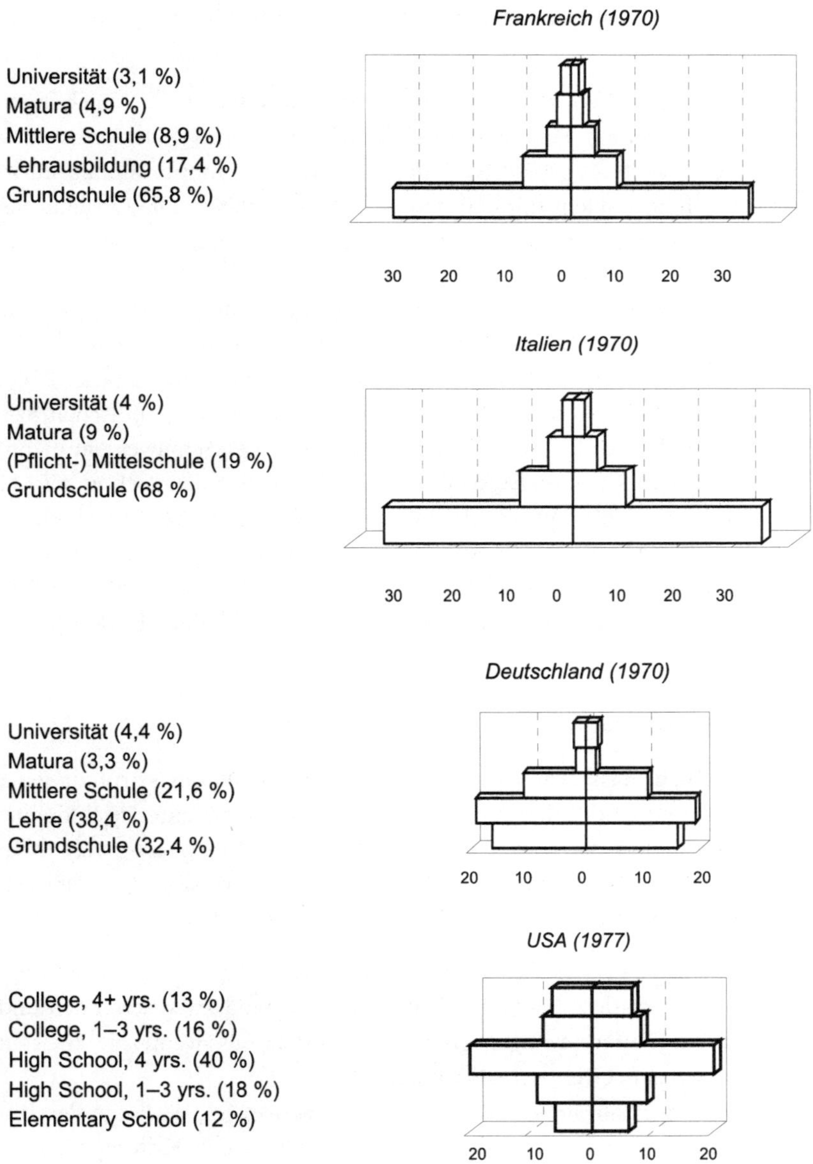

Quellen: Haller, Klassenstrukturen und Mobilität in fortgeschrittenen Gesellschaften, Frankfurt/Main 1989b, S. 135ff; ISTAT, 11° Censimento generale della popolazione, vol. VI: Professioni e attività e economiche, tomo 2, Roma 1977, S. 38

- Deutschland geht tendenziell Richtung USA (Lehrausbildung stärkste Kategorie). Österreich weist eine ähnliche Bildungsstruktur auf, liegt jedoch näher bei Frankreich/Italien (vgl. *Abbildung 1.2*).

Die Ursachen: Es gibt drei unterschiedliche Typen von Bildungssystemen (vgl. Haller 1989b):

- In den USA besteht ein Bildungssystem, das a) umfassend alle Angehörigen einer Kohorte bis zur High School einbezieht (»Gesamtschulsystem«), und b) auf Wettbewerb aufgebaut ist: Jede/r, der/die bestimmte Minimalanforderungen erfüllt, erreicht mittlere und höhere Abschlüsse. Die Qualität dieser Abschlüsse mag z. T. geringer sein als bei uns; das Bildungssystem insgesamt ist jedoch egalitärer.
- In Frankreich besteht ein breites Grundschulsystem mit Abschlussprüfung (die viele nicht schaffen), darüber ein stark selektiv-elitäres System von Sekundar- und Hochschulbildung (an deren Spitze: die Grandes Écoles.)
- In Österreich und Deutschland kann man z.T. von einem ständischen System sprechen: Es erfolgt eine sehr frühe Trennung der Schulwege in manuelle, berufsbildende vs. allgemeinbildende Höhere Schulen (schon mit 11 Jahren). Die Stärke des Systems: Es bietet eine breite, gute Berufsausbildung, auch für viele manuelle Berufe (dies existiert so nicht in Frankreich und den USA). Sein Nachteil: Starke schichtspezifische Selektion der Schüler (je früher die Selektion, desto stärker ist der Elterneinfluss; vgl. dazu Kapitel 5).

Beispiel 2:
Wandel der Bildungsverteilung in Österreich von 1971 bis 2001

Man sieht deutlich, dass sich auch die österreichische Bildungsstruktur jener Deutschlands – und tendenziell der USA – annähert, d.h. die unterste Bildungsschicht abnimmt, und die nächst höhere zunimmt (vgl. *Abbildung 1.2*). Man kann also schon hieraus ersehen, dass die Bildungsexpansion gesamtgesellschaftlich signifikante Effekte mit sich bringt (vgl. Haller 1986a):

- Einen allgemeinen *Höherstufungs- und Egalisierungseffekt* (wenn die meisten Menschen eine mittlere Bildung haben, ist der Abstand zwischen ihnen und den höchsten Stufen weniger groß und spürbar, als wenn die meisten Menschen nur eine Grundschulbildung haben);
- einen Effekt der *Verstärkung hierarchischer Differenzierungen*, da heute der Bildungsabschluss für sehr viel mehr Menschen wichtig ist als Kriterium für die Erlangung einer Berufsposition;
- einen *Ausschließungseffekt*: Für Absolventen bloßer Grundschulbildung verschlechtern sich die Erwerbs- und Berufschancen (Verdrängung der Arbeitslosigkeit von oben nach unten, Reduzierung der Aufstiegschancen).

Abbildung 1.2: Verteilung der Erwerbstätigen nach Bildungskategorien in Österreich

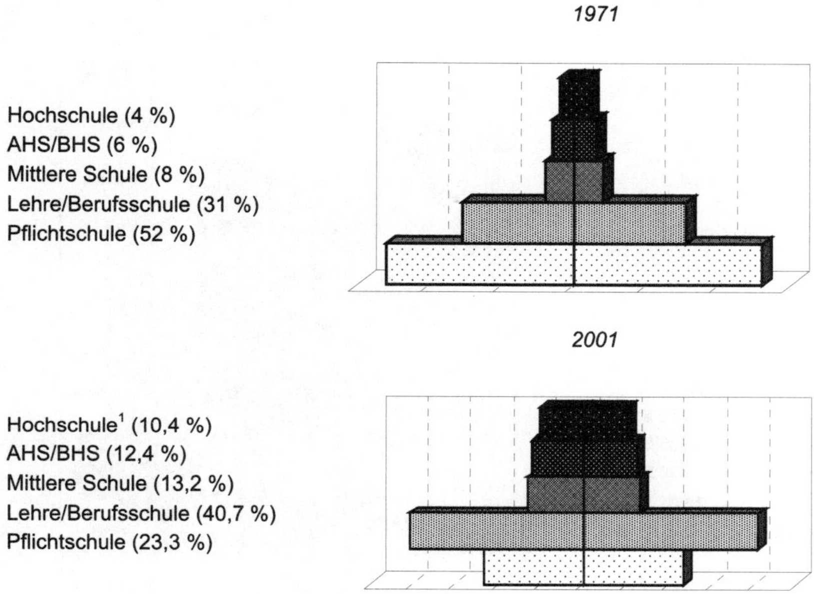

[1] Universitäten, Universitäten der Künste, Fachhochschulen, berufs- und lehrerbildende Akademien

Quellen: 1971: Haller, Klassenstrukturen und Mobilität in fortgeschrittenen Gesellschaften, Frankfurt/Main 1989b, S. 135ff; 2001: Statistisches Jahrbuch Österreichs 2005, S. 58, Tabelle 2.15

Beispiel 3:

Unterschiedlich strukturierte Gesamtgesellschaften (Schweiz, Jugoslawien)

Die Schweiz und Jugoslawien sind zwei Paradebeispiele der Unterscheidung von Blau zwischen Gesellschaften, in denen mehrere Strukturparameter zusammenfallen bzw. in denen sie relativ unabhängig voneinander sind.

Die Schweiz ist eine multiform heterogene Gesellschaft: sie ist untergliedert in 26 (Halb-)Kantone, umfasst zwei große religiöse Gemeinschaften und vier Sprachgruppen; die sprachlichen, religiösen und politischen Kriterien bzw. Trennlinien entsprechen sich aber nicht, sondern sind gemischt. D.h. es hat nicht jede Sprachgruppe ihren eigenen Kanton, sondern verteilt sich über mehrere; manche Kantone sind sogar in sich sprachlich (auch religiös usw.) heterogen.

Im ehemaligen Jugoslawien war das Gegenteil der Fall (vgl. *Abbildung 1.3*): Hier entsprachen sich sogar bis zu fünf unterschiedliche Parameter: Sprache, Religion, wirtschaftliches Entwicklungsniveau, politische Einheit.

Abbildung 1.3: Die innere Differenzierung von Jugoslawien in soziökonomischer und regligiöser Hinsicht (ca. 1990)

BIP/Kopf in US-$ (1990)

- ≥ 7.500
- 5.000-7.499
- 2.500-4.999
- < 2.500

Slovenia:	12.618 $
Croatia:	7.179 $
Vojvodina:	6.949 $
Serbia:	4.870 $
Montenegro:	3.985 $
Bosnia/Herc.:	3.438 $
Kosovo:	1.302 $
Makedonia:	k.A.

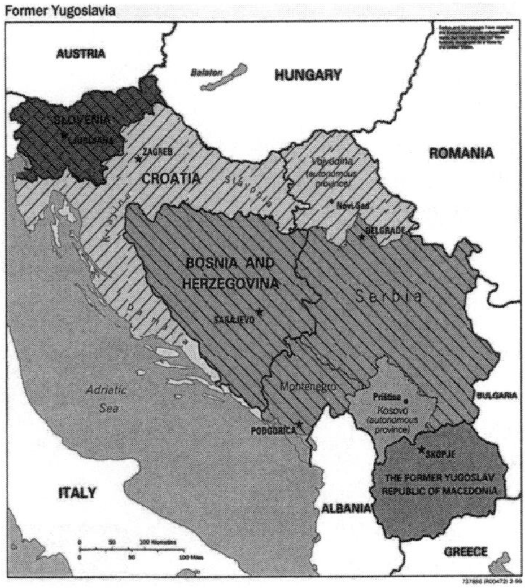

Konfessionen

vorwiegend…

- Katholisch
- Orthodox
- Islamisch

Quelle: Landkarten unter http://www.lib.utexas.edu/maps/europe/fm_yugoslavia_pol96.jpg (4.11.2005) Länderlexikon 1993/94, S. 377

Beispiele:
Slowenien: eigene Sprache, katholisch, hochentwickelt, eigene Republik; Serbien: eigene Sprache, orthodox, deutlich weniger entwickelt, eigene Republik.

Folge:
Die Slowenen betrachteten sich in sehr vielen Aspekten als »anders« und glaubten, in vielerlei Hinsicht (kulturell, wirtschaftlich, politisch) ganz andere Interessen zu haben als Serben, Bosnier, Mazedonier usw.

Die Tatsache, dass Jugoslawien in einem blutigen Bürgerkrieg zerfiel, und die Schweiz eines der stabilsten Länder der Erde darstellt, hängt sicherlich mit diesen Fakten zusammen. Sie erklären es aber auch nicht völlig: Es gibt auch strukturell relativ konsolidierte Länder, die hohe Stabilität aufweisen (z.B. Kanada). Weitere, entscheidende Faktoren für die Stabilität eines Landes sind seine demokratische Reife und seine wirtschaftliche Dynamik; wenn diese gut ist, werden Konflikte entschärft, wenn sie sich verschlechtert, werden sie verstärkt. (Auch dies war in Jugoslawien in den 1980er Jahren der Fall).

Die Geschlechterproportion als Determinante sozialen Verhaltens

Das quantitative Verhältnis zwischen den Geschlechtern in einer sozialen Einheit hat Auswirkungen auf die qualitativen Beziehungen zwischen Männern und Frauen. Dies gilt makro- und mikrosoziologisch.

> *Makrosoziologie:* alle Phänomene, die sich auf der Ebene der Gesellschaft oder von Großgruppen abspielen (Bevölkerungswachstum, Revolutionen usw.);
> *Mikrosoziologie:* alles, was das Verhalten und die Einstellungen von Individuen betrifft;
> *Mesosoziologie* (oft noch als zusätzliche Ebene unterschieden): Prozesse auf der Ebene mittelgroßer sozialer Einheiten, wie Organisationen, Verbände usw.

Betrachten wir als ein makrosoziologisches Beispiel die Geschlechterproportion in den USA um 1900 (Guttentag/Secord 1983). Am Beginn des 20. Jahrhunderts (1910) hatten die Frauen in den USA ein numerisches Untergewicht von 100:106 gegenüber den Männern (Ursache: mehr männliche Einwanderer). Dieses Faktum hilft mit zu erklären, warum die Stellung der Frau um 1900 relativ stark war, obwohl ihre Erwerbsquote sehr niedrig war (Indikatoren: Macht der Frauen in Ehe und Familie, gesellschaftliche Bewunderung der Frau usw.).

Ein weiteres Beispiel sind die Mikro- (oder Meso-)Effekte unterschiedlicher Geschlechtsproportionen in Gruppen und Organisationen. Sind in einer sozialen Einheit die Angehörigen eines Geschlechts stark unterrepräsentiert, so »fallen sie auf«. Am Beispiel des Frauenanteils wurde dies empirisch untersucht (und es ist auch jedem aufmerksamen Beobachter bekannt): Je nach dem Anteil der Frauen kann man von einer unterschiedlichen »Sichtbarkeit« bzw. einem unterschiedlichen Gewicht der Frauen sprechen. Dasselbe gilt aber ebenso für Männer: Auch sie fallen auf, wenn sie eine Minderheit darstellen (z.B. bei KindergärtnerInnen).

Zusammenfassende Beurteilung der Sozialstrukturtheorie von Blau

Positive Aspekte:

- Die Theorie verwendet relativ einfache, klare Begriffe.
- Sie ist anschaulich und empirisch gut umsetzbar.
- Sie erlaubt die Ableitung plausibler und erklärungskräftiger Hypothesen.

Schwächen und Grenzen:

- Bei genauerer Betrachtung ist die Definition der Parameter keineswegs einfach. (Was sind vertikale, was horizontale Parameter?) Man muss bei der Definition der Parameter tendenziell von einem Zirkelschluss sprechen (Merkmale werden als Sozialstrukturparameter definiert, nachdem man festgestellt hat, dass sie die Muster sozialer Interaktion beeinflussen […]).
- Es fehlt die kulturelle und politische Dimension (vgl. obiges Beispiel Schweiz versus Jugoslawien).
- Es gibt keine sozialen Akteure, die abgeleiteten Gesetzmäßigkeiten werden als Quasi-Naturgesetze betrachtet (daher kann man von einer »naturalistischen Theorie« sprechen).

1.5 Hauptdimensionen der Sozialstruktur

Die Dimensionen der Sozialstruktur lassen sich unterscheiden in drei Hauptgruppen: a) die analytische, b) die hierarchisch-vertikale und c) die horizontal-funktionale Dimension.

1) Analytische Dimensionen

Hier werden drei Subdimensionen unterschieden (Fürstenberg 1966).

a) *Die operationale Dimension*

Die Begriffe zur Analyse der Sozialstruktur müssen eindeutig operationalisierbar, also empirisch erfassbar, in der Regel auch quantitativ messbar sein. Dies ist der Fall bei sehr einfachen Variablen und Indikatoren, bei Sozialmerkmalen (Geschlecht, Alter usw.) und bei demografischen Ereignissen und Prozessen (Zahl der Geburten, Sterbefälle usw.). Es ist nicht so einfach bei theoretisch entwickelten Begriffen und daraus abgeleiteten Indikatoren, wie z.B. sozialer Status, Prestige oder Macht.

b) *Die funktionelle Dimension*

Eine Aussage über die Zugehörigkeit einer Person zu einer sozialstatistischen Kategorie impliziert noch kein sicheres Wissen über deren faktische Situation. *Soziale Aggregate*, d.h. Einheiten, die nach einer bestimmten statistischen Kategorie definiert werden, setzen sich oft aus Mitgliedern mit sonst sehr heterogenen Lebensverhältnissen und individuellen Eigenschaften zusammen.

So »fühlen« sich Menschen mit gleichem *Alter* subjektiv oft sehr unterschiedlich alt und differieren auch stark in ihrer Leistungsfähigkeit. Auch das *Geschlecht* als scheinbar eindeutigste Variable verdeckt sehr unterschiedliche Lebenswirklichkeiten unter Männern und unter Frauen (vgl. Seite 33ff.) Auch *Einkommensgleichheit* zweier Menschen oder Familien schließt große Unterschiede der tatsächlichen Lebensumstände nicht aus. Man muss auch wissen: Wie viele Menschen müssen von diesem Einkommen leben? Wie sicher (langfristig) ist das Einkommen? Definition von »Armut« nur durch Einkommen stellt daher nur einen ersten Ansatz dar.

c) *Die historische Dimension*

Eine Sozialstruktur ist relativ dauerhaft und keinen plötzlichen Veränderungen unterworfen; dies geschieht meist nur im Laufe von Generationen und Jahrhunderten, aber auch hier nur allmählich. Revolutionen stürzen häufig nur ein Regime, verändern aber nicht die gesamte Sozialstruktur; selbst wenn sie dies tun, entwickeln sich im Rahmen der neuen Sozialstruktur bald ähnliche Charakteristika wie in der alten. So änderten sich nach der Oktoberrevolution 1918 in Russland zwar die Eigentumsverhältnisse, aber wichtige Elemente der alten Struktur – zentralistischer Obrigkeitsstaat, Macht und Undurchschaubarkeit der Bürokratie usw. – blieben erhalten. Für Österreich wird diese Kontinuität in Kapitel 2 S. 51ff. gezeigt.

An dieser Dimension kann man auch den Unterschied zwischen der direkt sichtbaren, empirisch unmittelbar fassbaren »Oberflächenstruktur« einer Gesellschaft und ihrer »Tiefenstruktur« zeigen: Als *Oberflächenstruktur* könnte man z.B. die Berufsstruktur, die Verteilung der Erwerbstätigen nach Wirtschaftsbranchen und Berufsgruppen betrachten; als ihre *Tiefenstruktur* ihr Schichtungssystem.

Man kann auch unterscheiden zwischen bloßen *Strukturverschiebungen* (im Bildungsbereich etwa dadurch, dass immer mehr Jugendliche auf die Hochschule gehen) und *Strukturwandel* oder *Systemveränderungen* (wenn Bildungsabschlüsse »entwertet« bzw. neue Ebenen und Abschlüsse eingeführt werden).

2) Die hierarchisch-vertikale Dimension

In jeder Gesellschaft und innerhalb ihrer Gruppen und Organisationen gibt es eine *vertikal-hierarchische Struktur* nach Status- und Rangordnung, wenngleich der Grad ihrer Ausprägung höchst unterschiedlich ist und war. Beispiele dafür sind Dimensionen, in denen sich klar bestimmen lässt, wer mehr besitzt bzw. einen höheren Status hat (z.B. Bildungsabschluss, Einkommen, Besitz, Umfang der Entscheidungs- und Machtbefugnisse in einer Organisation).

Die vertikal-hierarchische Dimension impliziert oft auch eine *moralische Bewertung*; wer oben steht, was höher und größer ist, wird tendenziell auch als besser und erstrebenswerter angesehen (Schwartz 1981). Hohe Wolkenkratzer sind auch ein Symbol von Macht und Prestige; auf Fotos werden die Mächtigeren oft als Größere dargestellt (oder umgekehrt bei alten Familienfotos: der Vater/Hausherr sitzend, die anderen stehend).

Die soziale Ungleichheit ist in einfachen Gesellschaften meist niedriger als in entwickelteren Gesellschaften – schon deshalb, weil es in den ersteren weniger zu verteilen gibt als in den letzteren. Der amerikanische Soziologe Gerhard Lenski hat in seiner Studie »*Macht und Privileg*« (1973) die These aufgestellt, dass die Ungleichheit von den einfachen Jäger- und Sammlergesellschaften bis hin zu den frühen, hochentwickelten Agrargesellschaften (antikes Ägypten, Rom etc.) stark zugenommen hat, dass sie in der Moderne aber wieder abgenommen hat. Dies lässt sich auch empirisch belegen. (Vgl. auch Harris 1989)

3) Die horizontal-funktionale Dimension

In dieser Hauptgruppe kann man zwei Aspekte unterscheiden: Die *systemtheoretische Perspektive*, die eine analytische Untergliederung der Gesellschaft in unterschiedliche Funktions- bzw. Teilsysteme vornimmt und die *struktur- und funktionsbezogene Perspektive*, die eine Differenzierung nach sozialen Grundparametern vornimmt, die in jeder Gesellschaft eine wichtige Rolle spielen.

a) *Die systemtheoretische Perspektive: die funktionale Gliederung der Gesellschaft nach Subsystemen*

Die Unterscheidung zwischen den verschiedenen gesellschaftlichen Funktionsbereichen ist aufgrund ihrer praktischen Relevanz für eine Vielzahl von Fragestellungen wichtig. Sie ist generell in der Sozialwissenschaft üblich, aber dominiert vor allem in funktionalistisch-systemtheoretischen Ansätzen. Wichtige Vertreter in der Soziologie waren bzw. sind Talcott Parsons (1976), Richard Münch (1982) und Niklas Luhmann (1984).

Die funktionalistisch-evolutionstheoretische These lautet: Je stärker und klarer ausdifferenziert die verschiedenen Teilbereiche einer Gesellschaft sind, desto autonomer werden sie (bzw. die in ihnen handelnden Akteure) und desto stärker können die zentralen Prinzipien der jeweiligen Teilsysteme zur Geltung kommen. Dies führt in der Folge zu einer starken Erhöhung ihrer eigenen Effizienz wie des Wohlstandes und Fortschrittes der Gesellschaft insgesamt. Der moderne Unternehmer braucht sich nicht um Wohnung, Verpflegung und Versorgung seiner Angestellten im Alter zu kümmern, wie der feudale Grundherr; dies übernehmen die privaten Haushalte und Familien, der Wohlfahrtsstaat usw. Dafür kann er sich ausschließlich der Führung seines Unternehmens widmen, die dadurch systematischer und effizienter erfolgen kann. Als Kriterium für die Abgrenzung zwischen den verschiedenen Bereichen kann man mit Luhmann (1984) den Begriff des jeweils dominanten »Kommunikationsmediums« verwenden. Gemeint ist damit die jeweils vorherrschende Handlungsorientierung.

Eine wichtige Frage ist, inwieweit durch die Ausdifferenzierung dieser horizontal definierten Teilsysteme die soziale Ungleichheit zurückgeht. Für Luhmann ergeben sich geradezu revolutionäre Konsequenzen für die soziale Schichtung: *»Das Prinzip der Teilsystembildung ist jetzt ein für ein jedes Teilsystem besonderes Bezugsproblem, an dem es sein besonderes Handeln ausrichtet* [...] *Funktionen dieser Art können nicht in eine allgemein gültige Rangordnung gebracht, können nicht wie Schichten hierarchisiert werden, weil sie für die Gesellschaft allesamt notwendig sind* [...]*«* (Luhmann 1980:28).

Übersehen wird in dieser Perspektive jedoch, dass das Prinzip der vertikalen Ungleichheit und Machtverteilung die einzelnen Teilsysteme sowohl im Innern wie auch diese übergreifend die Gesamtgesellschaft weiterhin entscheidend prägt. Dies gilt insbesondere für die Teilbereiche Wirtschaft und Politik (die vor allem für die Prozesse der Klassenbildung relevant sind; vgl. Kapitel 4).

Der Bereich bzw. das Subsystem der »*Gesellschaft*« im engeren Sinne umfasst Reproduktions- und Sozialisationsaufgaben bei Geburt und Aufzucht des Nachwuchses, der sozialen Integration des Einzelnen in die Gesellschaft im Rahmen von Partnerschaft und Ehe, aber in auch größeren Beziehungen und Einheiten wie sozialen Netzwerken, Vereinen, dörflichen und städtischen Gemeinschaften usw. Die wichtigsten Institutio-

Übersicht 1.2: Die funktionale Gliederung der Gesellschaft aus systemtheoretischer Perspektive

Bereich	*Primäre Funktion und Einheiten*	*Kommunikationsmedium (Handlungsprinzip)*
Gesellschaft	»Reproduktion der Gesellschaft«, ihrer emotionalen und sozialen Grundlagen (Ehe, Familie, soziale Netzwerke, »Zivilgesellschaft«: Vereine usw.)	Liebe, Vertrauen, wechselseitige Unterstützung (Altruismus)
Wirtschaft	Sicherstellung der für den Lebens-Unterhalt der Gesellschaftsmitglieder wichtigen Güter und Dienste (Unternehmen, öffentliche Dienste, private Haushalte)	Geld, (Rationalität, Effizienz)
Politik	Entwicklung der Leitprinzipien einer Gesellschaft und ihre Durchsetzung (politisches System: Parteien, Regierungen, Behörden)	(Politische) Macht Einfluss, Autorität
Kultur	(Weiter-) Entwicklung des Wissens und der Werte einer Gesellschaft (Religion, Wissenschaft, Kunst, kulturelle Institutionen: Theater etc.)	Wahrheit (Wissenschaft) Schönheit (Kunst) Werte (Religion)

nen hier sind die Ehe und Familie, Vereine und Verbände, lokale politische Gemeinschaften (Gemeinde, Stadt).

Im Bereich der »*Wirtschaft*« geht es um die Sicherstellung der ökonomisch-materiellen Grundlagen der Gesellschaften; die zentralen Institutionen und Akteure sind hier Unternehmer und Betriebe, Märkte, Produzenten und Konsumenten.

Im Bereich der »*Politik*« geht es um die Aushandlung und Festlegung der zentralen Ziele einer Gesellschaft und ihrer Steuerung; hier sind Parteien und andere politische Organisationen, sowie das politische System auf allen seinen Ebenen die relevanten Institutionen (von der Gemeinde über Regionen bis hin zum Staat und zu übergeordneten politischen Gemeinschaften, wie der Europäischen Union).

Zum *Subsystem* »Kultur« gehören die Tradierung und Weiterentwicklung des Wissens und der Kultur einer Gesellschaft; hiefür sind Institutionen wie Schulen, Hochschulen, Kirchen, Museen, Theater usw. zuständig.

Die Verknüpfung zwischen den Bereichen erfolgt dadurch, dass die Inhaber der macht- und einflussreichen Positionen in einem Bereich grundsätzlich auch überproportional viel Macht in den anderen Bereichen besitzen, sei es durch direkte Einflussnahme (wenn etwa Unternehmer auch in politischen Entscheidungsgremien sitzen), sei es durch indirekte Übertragung von Macht und Ressourcen (eine hohe Position im Bereich der Wirtschaft garantiert sicheres und hohes Einkommen, damit einen luxuriösen privaten Lebensstil; die Möglichkeit, Einfluss auf politische Entscheidungsträger zu nehmen usw.). Das Umgekehrte gilt für Benachteiligte in den verschiedenen Bereichen.

b) Die struktur- und handlungstheoretische Perspektive: Universelle Grundparameter der Sozialstruktur

Die horizontale Differenzierung lässt sich auch nach den grundlegenden Parametern betrachten, die in jeder Gesellschaft eine wichtige Rolle spielen. Vier derselben sollen im Folgenden kurz besprochen werden: Geschlecht, Alter, ethnisch-nationale Differenzierung und räumlich-territoriale Unterschiede und Ungleichheiten.

Geschlecht

Die Differenzierung der Gesellschaft nach Geschlecht bzw. Geschlechterrollen betrifft sämtliche biologisch, sozial und kulturell festgelegten und verhaltensrelevanten Unterschiede zwischen Männern und Frauen. Im englischen wird dafür der Begriff »*gender*« (oder »gender roles«) im Unterschied zu »*sex*« verwendet: Ersterer meint die soziokulturelle Zuschreibung unterschiedlicher Erwartungen an Männer und Frauen, letzterer das biologische Geschlecht (Giele 1988).[2] Die Differenzierung nach Geschlechtern ist historisch und interkulturell sehr variabel: So gibt es z.B. nicht nur Gesellschaften, in denen Frauen den Männern untergeordnet sind, sondern auch solche, in denen sie eine sehr starke Position innehaben. Dies galt und gilt etwa für Gesellschaften, in denen ein Matriarchat besteht, also eine »Frauenherrschaft« (vgl. Hartfiel/Hillmann 1982:480f.).

Die Differenzierung zwischen den Geschlechtern enthält ohne Zweifel einen biologisch-funktionalistischen Aspekt bzw. Kern: Männer und Frauen sind notwendig, um Nachwuchs zu erzeugen; nur Frauen können Kinder auf die Welt bringen und sie sind durch Schwangerschaft, Geburt und Versorgung des Kleinkindes für eine erhebliche Zeit unterstützungs- und schutzbedürftig. Das Überleben einer kleinen Familien- oder Haushaltsgemeinschaft kann in einer einfachen Gesellschaft daher nur gesichert werden, wenn sich die Männer in dieser Zeit der Nahrungsbeschaffung und dem Schutz der Einheit Mutter-Kind widmen.

Diese funktionale Arbeitsteilung, die sich auch in der patriarchalisch-bürgerlichen Familie der Neuzeit findet, ist in aller Regel mit einer starken vertikalen Ungleichheit verknüpft, schafft doch die Verfügung über ökonomische Ressourcen und Machtmittel (körperliche Kraft, physische und soziale Macht) sehr rasch auch soziale Ungleichheit zwischen den Geschlechtern. Die moderne

2 Genau genommen ist diese in der Literatur übliche Unterscheidung jedoch irreführend. Auch »sex« ist keineswegs eine primär biologische Kategorie; Sexualität ist beim Menschen genauso eine sozial und kulturell mitbestimmte Erfahrung wie irgend eine andere Aktivität (Loewit 1992). Daher gibt es auch hier einen entsprechenden Begriff, nämlich den der Erotik bzw. der erotisch-sexuellen Beziehung. Gender wird mitunter auch mit »sozialem Geschlecht« übersetzt (vgl. Dietzen 1993; Cyba 2000; Nollmann 2002).

Frauenbewegung und die feministische Soziologie haben daher von Beginn an die Verknüpfung von funktionaler mit vertikaler Ungleichheit kritisiert.

So hängt die Differenzierung nach Geschlechtern heute auch in starkem Maße mit vertikaler sozialer Ungleichheit im Hinblick auf Einkommen und materielles Wohlergehen, soziale und kulturelle Teilnahme, Prestige und Macht zusammen. In der folgenden Übersicht werden die geschlechtsbezogenen Unleichheiten in vier Bereichen näher charakterisiert. (Auf detaillierte Literaturangaben muss aus Raumgründen verzichtet werden; vgl. jedoch allgemein dazu Giele 1988; Dietzen 1993; Cyba 2000; Nollmann 2002; Becker et al. 2004; für neuere Befunde zu Österreich mehrere Beiträge in Schulz et al. 2005).

Übersicht 1.3: Vier Bereiche vertikaler Ungleichheit zwischen den Geschlechtern

1) *Ungleiche Arbeitsteilung und Machtverhältnisse im privaten Leben, insbesondere in Ehe und Familie.* Eine Vielzahl von Studien haben gezeigt, dass Frauen innerhalb des Haushalts den höheren Anteil an Arbeit leisten, auch wenn sie erwerbstätig sind; Männer haben mehr Entscheidungsfreiheit, wenngleich Frauen mit Kindern durch ihre meist engeren Beziehungen zu diesen eine wichtige autonome »Machtquelle« besitzen (Frerichs 1993).
2) *Unterschiede in Bezug auf die Chancen sozialer Teilhabe im Bildungs-, Arbeits- und Berufsbereich.* Einen sehr großen Fortschritt haben Frauen im Bereich der Bildung gemacht, wo sie inzwischen – etwa im höheren Bildungssystem – die Männer sogar überholt haben (vgl. Kapitel 5). Auch im Bereich des Zugangs zu Arbeitsplätzen und Berufen haben sie ihre Position verbessert, wenngleich noch deutliche Barrieren beim Zugang zu leitenden Positionen sowie Einkommenbenachteiligungen bestehen.
3) *Unterschiede im Hinblick auf gesellschaftlichen Einfluss und Zugang zu politischen Entscheidungspositionen.* Hier sind Frauen in den meisten westlichen Gesellschaften noch stark unterrepräsentiert, obwohl einzelne Frauen in nicht wenigen Ländern schon bis in höchste politische Positionen (Regierungschefs, Staatspräsidenten) aufgestiegen sind. Allein in einigen skandinavischen Ländern kann man bereits von einem Einbruch der Frauen in diese letzte »Männerbastion« sprechen.
4) *Unterschiede im Hinblick auf Lebenschancen und Lebensqualität im umfassenden Sinn.* Eine Folge der noch immer bestehenden Diskriminierungen in der Familie, der Berufswelt und der Politik ist, dass Frauen auch in gesamtgesellschaftlicher Hinsicht vielfach als benachteiligt anzusehen sind: So ist ihr Anteil bedeutend höher unter den Armen einer Gesellschaft. Es gibt aber auch Bereiche, in denen keine eindeutige Benachteiligung eines Geschlechtes besteht. Viele Studien zeigen zwar, dass Frauen unter mehr Beschwerden leiden als Männer, zugleich ist ihre Lebenserwartung signifikant höher.

Für die soziologische Analyse der sozialen Ungleichheit aus der Perspektive der Strukturdimension »Geschlecht« sind auf der Basis all dieser Befunde zwei Grundsätze zu beachten; diese gelten auch für die im folgenden besprochenen Dimensionen der Sozialstruktur.

1) Das Geschlecht ist bei Analysen der Sozialstruktur stets eine sehr wichtige unabhängige oder intervenierende Variable; es gibt möglicherweise Ungleichheiten in dieser Hinsicht, die wir heute noch gar nicht sehen. Keineswegs aber sind Frauen immer und überall gegenüber Männern Benachteiligte. Die Differenzierung der Lebenschancen innerhalb der Frauen bzw. Männer ist viel höher als die zwischen den Geschlechtern. So unterscheiden sich die Lebenschancen einer hochqualifizierten, gut bezahlten Ärztin viel stärker von jenen einer Arbeiterin am Fliessband als von jenen eines männlichen Arztes in vergleichbarer Position. Innerhalb der Familie verleihen Kinder den Frauen auch Macht (Frerichs 1993). Es erscheint nicht als sinnvoll, die Frauen als eine eigene »Klasse« zu betrachten.

2) Nicht alle Unterschiede zwischen Männern und Frauen sind als »Ungleichheiten« in dem Sinne zu bezeichnen, dass sie von den Betroffenen als ungerecht empfunden werden. Hier spielen vor allem die Institutionen von Ehe und Familie eine wichtige intervenierende Rolle (Haller 1981). In gewisser Weise gilt noch immer die schon von klassischen griechischen Staatsphilosophen aufgestellte These, dass völlige soziale Gleichheit nur bei Abschaffung der Familie denkbar wäre (Fishkin 1983). Durch die schichtspezifische Partnerwahl und Erziehung der Kinder tragen Mann und Frau gemeinsam zur Reproduktion der gesellschaftlichen Klassen- und Schichtstrukturen bei. (Mehr dazu in Kapitel 4 und 8).

Alter

Auch das Alter ist – dem Geschlecht vergleichbar – eine fundamentale biologische Kategorie, die in allen Gesellschaften mit wichtigen soziokulturellen, wirtschaftlichen und politischen Differenzierungen verknüpft ist (vgl. Hartfiel/Hillmann 1982, S.18–19; Riley et al. 1988). Mit dem Begriff »Alter« sind die folgenden gesellschaftlichen Prozesse verbunden:

1) Der *biologische Alterungsprozess* mit der zuerst zunehmenden, später wieder abnehmenden körperlichen und geistigen Leistungsfähigkeit, der gleichwohl stark sozial und kulturell bestimmt ist, wie die oft deutliche Diskrepanz zwischen biologischem und »sozialem Alter« indiziert.

2) Der *soziokulturelle Prozess von Entwicklung, Reifung und Altern*, der durch kontinuierliche, wenngleich in ihrer Intensität abnehmende Lernprozesse charakterisiert ist (Erwerb der menschlichen Grundfähigkeiten, wie der Sprache, in der Kindheit; schulische Ausbildung vor allem in der Jugend und berufliche Lernerfahrungen im jungen und mittleren Erwachsenenalter).

3) *Gesellschaftliche Normierungsprozesse im Hinblick auf die menschlichen Lebensphasen* (Kindheit, Jugend, Erwachsenenalter, Status des alten Menschen) und *der Über-*

gänge zwischen ihnen, die mit jeweils spezifischen Vorschriften, Rechten und Privilegien verknüpft sind.

4) Die *Abfolge unterschiedlicher Geburtskohorten oder Generationen*: Hier sind insbesondere in der Phase der Herausbildung der persönlichen Identität (also besonders in der Jugend- bzw. im jungen Erwachsenen-Alter) die vorherrschenden gesellschaftlichen Werte, aber auch die wirtschaftliche Situation wichtig. In den 1960er und 1970er Jahren fanden junge Menschen weit bessere Erwerbs- und Berufschancen vor als in den letzten Jahrzehnten; nicht zuletzt aufgrund dieser Tatsache (vgl. dazu Haller/Ressler 2005) waren auch die Heirats- und Geburtenraten in dieser Periode so hoch wie kaum je vorher oder nachher. Die Zugehörigkeit zu einer bestimmten historischen Geburtskohorte kann also die Wertorientierungen und Chancen von Menschen über ihren ganzen Lebenslauf hin entscheidend beeinflussen (Szydlik 2004).

Alle diese Aspekte sind unmittelbar relevant für die Sozialstruktur und soziale Ungleichheit: Nur Erwachsene besitzen die vollen Rechte eines Staatsbürgers; Menschen auf dem Höhepunkt ihrer Leistungsfähigkeit haben die besten Chancen zu sozialer Teilhabe und wirtschaftlichen Chancen; Kinder und Jugendliche haben heute viel bessere Bildungschancen als die Kohorten, die vor Beginn der Bildungsexpansion aufgewachsen sind; alte Menschen haben heute weit mehr finanzielle Ressourcen als noch vor 40–50 Jahren.

Geschlecht und Alter werden aus all diesen Gründen zu Recht als »Standardvariablen« in jeder Sozialstruktur-Analyse betrachtet. Nicht ganz so offenkundig ist dies bei den zwei weiteren Grunddimensionen, Region und ethnisch-nationale Zugehörigkeit.

Regionale und räumliche Differenzierungen

Regionale Unterschiede und die damit verbundenen räumlichen Differenzierungen stellen wichtige Grunddimensionen jeder Gesellschaft dar. Auch in modernen Gesellschaften bestehen signifikante Unterschiede zwischen Stadt und Land, zwischen zentralen und peripheren Regionen eines Landes, in Großstädten selbst zwischen Stadtteilen, wie schon Georg Simmel (1923) in einem klassischen Aufsatz feststellte.

Das Leben in der Stadt ist vielfältiger differenziert, bietet mehr Möglichkeiten, bessere Erwerbs- und Einkommenschancen, ein reichhaltigeres kulturelles Angebot usw. Das gleiche gilt für Bewohner zentraler Regionen einer Gesellschaft, die von überall her gut erreichbar sind, sehr dichte soziale und wirtschaftliche Aktivitäten und Netzwerke aufweisen, im Gegensatz zu peripheren, abgelegenen Regionen eines Landes. Doch das Leben auf dem Land bietet auch Vorzüge. Es ist weniger hektisch, soziale Kontakte sind enger, Kinder finden mehr sicheren Freiraum zum Spielen (Zauner 1993), die Mitgliedschaft in freiwilligen Vereinigungen hält traditionelles Brauchtum – auch im Zeitalter von PKW, Fernsehen und Internet – lebendig. Grundstückspreise, Bau- und Lebenshaltungskosten sind meist signifikant niedriger und es ist daher auch vielen Arbeitern möglich, sich ein Eigenheim zu errichten.

All diese Unterschiede zwischen Stadt und Land sind Resultat von zweierlei Prozessen. Neben den Effekten der ländlichen oder städtischen Umwelt an sich sind auch (Selbst-)*Selektionseffekte* wirksam. Aufgrund der höheren Geburtenrate auf dem Lande tendieren jüngere und aktivere Menschen, aber auch solche, die spezifische Berufe anstreben, die nur in der Stadt vorhanden sind, zur Abwanderung. Dasselbe gilt für Menschen mit spezifischen Problemlagen, die in kleineren Städten nicht adäquat behandelt werden können oder denen man dort mit Vorurteilen begegnet (»Stadtluft macht frei«). Diese Abwanderung wird teilweise kompensiert durch die Zuwanderung von Personen, die in der Stadt eine beruflich-professionelle Ausbildung erfahren haben (Lehrer, Ärzte, Techniker usw.).

Ethnisch-nationale Zugehörigkeit (Staatsbürgerschaft)

Die ethnisch-nationale Differenzierung besitzt in vielen modernen Gesellschaften enorme Bedeutung. Für große Länder mit einer Vielzahl an ethnischen Gruppen wie es die Vereinigten Staaten von Amerika, Russland, Indien, Brasilien und andere sind, stellt sie ein grundlegendes Differenzierungskriterium der Bevölkerung dar, dessen Vernachlässigung zu einem völlig falschen Bild führen würde. Für nicht wenige andere Staaten (Südafrika, Israel, viele afrikanische Staaten) ist die Lösung ethnisch-nationaler Konflikte geradezu eine Existenzfrage. Aber auch in Österreich und anderen europäischen Gesellschaften ist dieser Aspekt früher wie heute von Bedeutung. So besitzt Österreich alte, ansässige Minderheiten (Slowenen in Kärnten, Kroaten in Ungarn, Roma und Sinti), aber auch – durch die starke Einwanderung der letzten Jahrzehnte – einen zunehmenden und signifikanten Anteil an neuen Minderheiten, vor allem Ausländern (Reiterer 1998a).

Der Doppelbegriff ethnisch-nationale Differenzierung wird bewusst verwendet, um auf die beiden hier enthaltenen Aspekte hinzuweisen. Die *ethnische Differenzierung* bezieht sich auf soziale Merkmale der Einzelnen, wie Hautfarbe (»Rasse«), sprachliche oder religiöse Zugehörigkeit, falls diese von der Mehrheit abweichen. Ethnische Differenzierung hängt mit *nationaler Differenzierung* zusammen, wenn die ethnisch definierten Subgruppen oder Minderheiten eines Landes auch kulturelle und politische Autonomie fordern und erlangen. Aus diesem Grund wird in pluriethnischen Gesellschaften wie den USA oder Brasilien von ethnischen Minderheiten (auch *races*) gesprochen, in politisch untergliederten Gesellschaften wie Belgien, Spanien oder Kanada von *multinationalen Gesellschaften* (vgl. dazu auch Haller 1993, 1997a).

Ethnische Differenzierung kann noch weniger als Alter und Geschlecht auf biologische Faktoren zurückgeführt werden (wie es die Ideologie des Rassismus behauptete), wenngleich biologische Merkmale (wie Hautfarbe) ein Anknüpfungsmerkmal für Prozesse sozialer Differenzierung (und Diskriminierung) darstellen (Heckmann 1992; Bamshad/Olson 2003; Reiterer 2004). Ethnische Differenzierung bedeutet immer auch eine Differenzierung im Hinblick auf den Zugang zu gesellschaftlichen Ressourcen (Bildungs-, Erwerbs- und Einkommenschancen, Chancen der politischen Teilnahme). Dabei kann man in der Regel sehr deutlich zwischen privilegierten und benachteiligten ethnischen Gruppen unterscheiden. Diese werden oft als Mehrheiten bzw. Minderheiten bezeichnet, wobei die »Minderheit« numerisch größer sein kann als die »Mehrheit« (wie in Südafrika im politischen System der Rassentrennung [*Apartheid*] von 1927 bis etwa 1990). Ethnische Differenzierung ist also in hohem Maße als gesellschaftliche Zuschreibung zu sehen, die von der Ausbildung von Stereotypen, Vorurteilen und Ideologien bis hin zur Institutionalisierung von Mechanismen der ethnischen Ausschließung und/oder Privilegierung gehen kann.

Was bei Sozialstruktur-Analysen entlang der horizontalen Dimension zu beachten ist

1) Die Differenzierung innerhalb der durch die verschiedenen Kategorien abgegrenzten Gruppen kann, wie bereits im Fall der Geschlechterdifferenz betont, oft viel stärker sein als jene zwischen den Gruppen (Männer-Frauen, Junge-Alte usw.) insgesamt.

2) Ein statistischer Effekt einer dieser Variablen in Bezug auf bestimmte Einstellungen oder Verhaltensweisen bedeutet noch keineswegs, dass man damit einen eindeutigen kausalen Mechanismus gefunden hat. Dies ist darauf zurückzuführen, dass alle diese Variablen nur Indikatoren für eine Reihe sehr unterschiedlicher sozialer Prozesse darstellen (für biosoziale Differenzen, sozialkulturelle Unterschiede, ökonomische und politische Diskriminierungen usw.).

3) Zwischen den vier Dimensionen (Geschlecht, Alter, Region, Ethnizität – Staatsbürgerschaft) bestehen vielfältige Wechselwirkungen. Als Regel kann man unterstellen, dass das Zusammenfallen mehrerer Kriterien zu einer Verstärkung von Differenzierungs- und Diskriminierungsprozessen führt.

4) Diese Dimensionen sind in jeder soziologischen Studie zu berücksichtigen. Jedoch sollte die Analyse des jeweiligen Effekts möglichst unter Kontrolle der anderen Effekte erfolgen, um die Relevanz einer Dimension nicht zu überschätzen.

In der heutigen österreichischen Gesellschaft konstituiert vor allem der Nichtbesitz der Staatsbürgerschaft eine Minderheiten-Situation. Als Folge der Einwanderungswellen in den 1970er Jahren und nach 1989 leben heute (2006) über 800.000 Ausländer in Österreich (vgl. auch *Kapitel 3*). Da die meisten sozialstaatlichen Rechte an den Besitz der Staatsbürgerschaft geknüpft sind, sind Ausländer in vielerlei Hinsicht benachteiligt. Dies gilt zusätzlich infolge ihrer oft unzureichenden (oder nicht anerkannten) Ausbildung und Sprachkenntnisse.

Die Bedeutung der Grundparameter der Sozialstruktur für die Lebenschancen

Abschließend soll anhand einer kleinen empirischen Analyse gezeigt werden, welche Bedeutung den vorhin dargestellten Grundparametern der Sozialstruktur für die Bestimmung der Lebenschancen jeweils zukommt. Als Indikatoren für die Lebenschancen werden zwei bzw. drei objektive und zwei subjektive Indikatoren betrachtet. Die objektiven Indikatoren sind: die höchste abgeschlossene Ausbildung einer Person (erfasst in 6 Kategorien von 1 kein Pflichtschulabschluss bis 6 Hochschulabschluss), das persönliche Einkommen bei Erwerbstätigen (erfasst durch das faktische Monatseinkommen) und die Teilnahme am Erwerbsleben. Die subjektiven Indikatoren sind die Einschätzung der eigenen Gesundheit (»Wie ist ihr allgemeiner Gesundheitszustand? 1 sehr gut, 2 gut, 3 mittelmäßig, 4 schlecht, 5 sehr schlecht«) und die allgemeine Lebenszufriedenheit (»Wie zufrieden sind Sie gegenwärtig, alles in allem, mit Ihrem Leben? 6 sehr zufrieden, 5 ziemlich zufrieden, 4 eher zufrieden, 3 eher unzufrieden, 2 ziemlich unzufrieden, 1 sehr unzufrieden«).

Als unabhängige Variablen werden die vorhin diskutierten, horizontalen Grundparameter der Sozialstruktur betrachtet: Geschlecht (1 männlich, 2 weiblich), Alter (erfasst in sieben 10-Jahresgruppen von 16–24, 25–34 usw. bis 75 und älter), Region (4 Gemeindegrößenklassen: 1 Wien, 2 über 100.000 Einwohner, 3 über 10.000, 4 unter 10.000 Einwohner), Staatsbürgerschaft (1 Inländer, 2 Ausländer). Zusätzlich einbezogen werden die beiden vertikalen Basisdimensionen Bildung (erfasst in 6 Kategorien, wie oben dargestellt) und berufliche Position (zusammengefasst in 5 Kategorien: 1 hochqualifizierte/leitende Angestellte/Beamte, mittlere und große Selbständige; 2 mittlere und qualifizierte Angestellte/Beamte, kleine Selbständige, große Landwirte; 3 einfache Angestellte/Beamte; 4 Facharbeiter, Meister; 5 un- und angelernte Arbeiter, Angestellte/Beamte in Hilfstätigkeit). Als Datensatz wird die EU-SILC Erhebung von 2004 verwendet, wobei die Grundgesamtheiten zwischen 8.000 und 9.000 Personen betragen (im Falle der Einkommensanalyse, die nur Erwerbstätige einschließt, knapp 5000). Durchgeführt wurden multiple Regressionsanalysen.

Die Befunde in *Tabelle 1.1* ergeben ein recht differenziertes Bild. Nicht zuletzt aufgrund der großen Grundgesamtheiten sind praktisch alle Effekte (standardisierte BETA Regressionskoeffizienten) statistisch signifikant. Betrachten wir die Befunde nach der Erklärungskraft der einzelnen Variablen, so kann man sagen, dass das Alter sowie die beiden vertikalen Dimensionen (Bildung, Berufsposition) die stärksten Effekte auf die Lebenschancen ausüben; sie haben in fast allen abhängigen Variablen Beta-Effekte von fast .20 und mehr. Jüngere Menschen, sowie höher Gebildete und Personen in höheren beruflichen Positionen hatten bzw. haben bessere Bildungs- und Einkommenschancen, und sie fühlen sich gesundheitlich sehr viel besser als Ältere bzw. Menschen in unteren Bil-

Tabelle 1.1: Sozialstrukturelle Grundparameter als Determinanten von Bildungschancen, Einkommen, Gesundheitsbefinden und Lebenszufriedenheit (multiple Regressionen, BETA-Koeffizienten)

Unabhängige Variablen	*Höchste Bildung[a)] (1 kein Abschluss, 6 Hochschule)*	*Persönliches Monatseinkommen (Nettobetrag)*		*Subjektiver Gesundheitszustand (1 sehr gut, 5 sehr schlecht)*		*Lebenszufriedenheit (1 sehr unzufrieden, 6 sehr zufrieden)*	
Geschlecht (1 M, 2 F)	-.08*	-.28*	-.28*	-.02*	-.01*	.04*	.03
Alter (1 = 25–34, 7 = 75 u.m.)	-.24*	.19*	.17*	.47*	.36*	-.07*	-.09*
Region (1 = Wien, 4 = unter 10.000 Ew.)	-24*	.00	-.02	-.03*	-.02	.11*	.11*
Staatsbürgerschaft (1 = Inländer, 2 = Ausländer)	-.10*	-.06*	-.02	.04*	.01	-.11*	-.09*
Erwerbsteilnahme (1 erwerbstätig, 2 nicht erwerbstätig)	-	-	-	.08*	-	-.08*	-
Höchste Bildung (1 kein Abschluss, 6 Hochschule)	-	.28*	-	-.18*	-	.17*	-
Berufsposition (1 hoch, 5 niedrig)	-	-	-.29*	-	.22*	-	-.17*
R^2 (erklärte Varianz)	.12	.20	.21	.32	.16	.08	.05
(N)	(7.984)	(4.825)	(4.825)	(9.192)	(4.875)	(9.263)	(4.875)

dungs- und Berufskategorien. Die drei anderen Variablen haben stärkere Effekte nur in spezifischen Aspekten der Lebenschancen. Frauen stehen im Hinblick auf die Einkommenschancen sehr deutlich schlechter da als Männer; Menschen in kleinen Gemeinden haben deutlich geringere Bildungschancen; sie sind aber bemerkenswerter Weise tendenziell gesünder und vor allem mit ihrem Leben zufriedener als Menschen in größeren Gemeinden und Städten bzw. Großstädten. Ausländer erweisen sich in allen Dimensionen in statistisch signifikanter Weise als diskriminiert; die Effekte sind jedoch nicht sehr stark. Erwerbstätige fühlen sich gesünder und sind auch mit ihrem Leben zufriedener als nicht Erwerbstätige.

Gehen wir von den abhängigen Variablen aus, so zeigt sich, dass die Bildungschancen vor allem durch Alter und regionale Zugehörigkeit bestimmt werden, das Einkommen durch Geschlecht, Alter und Ausbildung bzw. Berufsposition. Der subjektive Gesundheitszustand wird vor allem durch das Alter und die Bildung bzw. Berufsposition und die Lebenszufriedenheit durch das Bildungsniveau bzw. Berufsposition beeinflusst.

Diese Analyse bestätigt wohl eindeutig die Ausführungen in den vorhergehenden Abschnitten, die lauteten, dass die Zugehörigkeit zu grundlegenden sozialstatistischen Kategorien, wie Alter, Geschlecht, Region oder Staatsangehörigkeit, zwar in bestimmten Aspekten eine bedeutende Determinante der Lebenschancen darstellen kann. Dies gilt jedoch keineswegs in allen betrachteten Dimensionen; oft sind die Unterschiede zwischen den verschiedenen Kategorien nicht sehr bedeutsam. Dies kann jedoch offenkundig nicht so gesagt werden von den vertikalen Dimensionen der Ungleichheit, wie Ausbildung und berufliche Position: Sie bestimmen sowohl die objektiven Lebenschancen wie die subjektive Lebenszufriedenheit durchgehend und sehr stark. Dies ist ein erster Hinweis auf die Tatsache, dass die vertikale Dimension der sozialen Ungleichheit auch in einer modernen, wohlhabenden Gesellschaft wie Österreich keineswegs an Bedeutung verloren hat. (Näheres dazu in Kapitel 4 und anderen).

1.6 Der Begriff der »Gesellschaft«

Fragen wir uns abschließend noch, inwieweit es überhaupt sinnvoll ist, den Begriff der »Gesellschaft« zu verwenden und z.B. von einer »österreichischen Gesellschaft« zu sprechen? Drei Fragen sind hier relevant:

1) Auf welcher Ebene kann man am sinnvollsten von einer »Gesellschaft« als einer spezifischen sozialen Einheit sprechen?

2) Welche Kriterien sind als wichtige Charakteristika einer Gesellschaft anzusehen?

3) Wie weit muss man historisch zurückgehen, um an die »Wurzeln« der heutigen Sozialstruktur und Verhaltensweisen zu gelangen?

a) Unterschiedliche Ebenen bzw. Dimensionen zur Abgrenzung von »Gesellschaften«

Es gibt Soziologen, welche die Verwendung des Begriffes »Gesellschaft« grundsätzlich in Frage stellen. So insistiert Andreas Balog (1999) im Anschluss an Max Weber darauf, dass wir eher von Prozessen der »Vergesellschaftung« sprechen sollten als von einer scheinbar fixen Entität »Gesellschaft«, die es in Wirklichkeit nicht gebe. Ein völliger Verzicht auf den Begriff der »Gesellschaft« erscheint aber weder theoretisch noch empirisch sinnvoll. So haben Amitai Etzioni (1979) und Edward Shils (1982) überzeugend dargestellt, dass die Analyse von Gesamtgesellschaften ein zentrales Anliegen der Soziologie darstellt. So wird etwa die wichtige Frage des Grades der Integration von Gesellschaften von den politischen Eliten als entscheidend angesehen, von der Soziologie jedoch selten thematisiert (vgl. jedoch Heitmeyer 2004). Die Politik muss sich auch kontinuierlich mit internationalen Vergleichen auseinandersetzen, welche die Situation eines Landes in einem günstigen oder ungünstigen Licht erscheinen lassen (vgl. etwa die Pisa-Studien zur Effizienz von Bildungssystemen). Ohne den Begriff der »Gesellschaft« gäbe es empirisch-methodisch gar keinen Anhaltspunkt für systematische sozialstrukturelle und institutionelle Analysen und internationale Vergleiche.

Notwendig ist jedoch eine *Relativierung des Gesellschaftsbegriffs* im Hinblick auf die jeweils relevante Ebene bzw. Einheit. Wenn hier die nationale Staatsgesellschaft als wichtigste Ebene betrachtet wird, soll damit die Bedeutung von darunter und darüber liegenden gesellschaftlichen bzw. politischen Einheiten nicht bestritten werden.

Es lassen sich fünf Ebenen bzw. Dimensionen unterscheiden, welche die Basis für die Herausbildung einer »Gesellschaft« bilden. Jeder dieser Ebenen bzw. Konzepte entspricht ein spezifisches Abgrenzungskriterium.

- »*Region*«: hier ist die Basis die wirtschaftlich-soziale Verflochtenheit einer bestimmten geographisch-territorialen Gebietseinheit.

  So stellen die österreichischen Bundesländer eher kleinräumige, relativ eng integrierte Gebiete dar. Neben wirtschaftlich-sozialen Aspekten spielen bei ihrer Definition auch historisch-politische Faktoren eine wichtige Rolle. So sind die Bundesländer durchwegs älter als das heutige Österreich (Bruckmüller 1996, S.155ff.). Man kann den Regionsbegriff aber auch weiter fassen und damit ein größeres, möglicherweise benachbarte Regionen in mehreren Staaten umfassendes Gebiet bezeichnen, wie etwa im Begriff der »*Alpe-Adria-Region*«. Der Innsbrucker Soziologe der Zwischenkriegszeit, Adolf Günther, hat ein interessantes Buch über »*Die alpenländische Gesellschaft*« (1930) geschrieben. Darin geht er davon aus, dass die Natur- und Umweltbedingungen in den Alpen trotz der kulturell-sprachlichen Vielfalt die Basis für die Herausbildung spezifischer Gesellschaftsformen gebildet haben.

Übersicht 1.4: Unterschiedliche Ebenen bzw. Einheiten und Konzepte von »Gesellschaft«

Theoretisches Konzept	*Abgrenzungskriterium*	*Konkrete Beispiele*
»Region«	– wirtschaftlich-soziale Verflechtung – historisch-kulturelle Kontinuität – geographische Umgrenzung	Steiermark »Europaregion Tirol« Alpe-Adria-Region
Nationalstaat	– Staatsgrenzen – wirtschaftliche, politische und – kulturelle Integration	Österreich Schweiz Italien
»Makroregion«	– wirtschaftliche Verflechtung – geographische Umgrenzung – kulturell-historische Einheit	Skandinavien »Mitteleuropa« Europäische Union
Sprach- und »Kulturkreis«	– sprachliche Gemeinschaft – kulturelle Gemeinsamkeiten	»Deutsche Nation« Angelsächsische Sprachgemeinschaft
Weltgesellschaft	– kommunikative, wirtschaftliche und politische Verflechtungen	Welt insgesamt

- *Nationalstaat*: Der Nationalstaat ist seit Beginn der Neuzeit die mit Abstand wichtigste Einheit auf internationaler Ebene. Er ist klar definiert durch Staatsgrenzen, den Besitz des Gewaltmonopols in seinem Inneren, und durch eine immer umfangreicher werdende Palette von Aufgaben und Leistungen für seine Bürger. Die Mitgliedsstaaten der Europäischen Union verlieren zwar durch die Integration Autonomie in manchen Bereichen, trotzdem bleibt der Nationalstaat die wichtigste wirtschaftlich-soziale, politische und symbolische Einheit für die Bürger (Weiss 1998; Haller/ Hadler 2003/04).

- *Makroregion:* Sie umfasst mehrere benachbarte Nationalstaaten mit engen Wechselbeziehungen und ähnlichen wirtschaftlich-sozialen, kulturellen und politischen Institutionen. Man kann auch Europa insgesamt als eine Makroregion betrachten. Diese Perspektive wurde vor allem vom norwegischen Soziologen Stein Rokkan entwickelt (Flora 1981; Rokkan 2000; vgl. auch Haller 1988). Heute stellt die Europäische Union auch eine politische Einheit dar, sie darf jedoch nicht mit dem Begriff »Europa« gleichgesetzt werden. Der letztere Begriff besagt, dass es eine Reihe von sozialen und kulturellen Charakteristika gibt, die alle europäischen von außereuropäischen Gesellschaften unterscheiden (Kaelble 1997).

- *Sprach- und Kulturkreis*: Der Politikwissenschaftler Karl W. Deutsch (1966) hat argumentiert, dass Kommunikation und gemeinsame Sprache (oder zumindest: sich gut verständigen können) die wichtigste Basis für den modernen Nationalstaat darstellen. Es zeigen nicht nur Daten über kulturellen

Austausch (von Büchern, Zeitschriften, Filmen usw.), sondern auch über wirtschaftliche Verflechtungen, dass zwischen Ländern mit gemeinsamer Sprache meist auch in politischer Hinsicht intensivere Beziehungen bestehen.

- *Weltgesellschaft*: Der amerikanische Sozialwissenschaftler Immanuel Wallerstein hat in seinem Werk »*The Modern World System*« (New York 1974) argumentiert, dass sich schon seit dem 16. Jahrhundert ein kapitalistisches »Weltsystem« herausgebildet habe. Auch Niklas Luhmann hat (1975) die These vertreten, dass wir heute real bereits in einer »Weltgesellschaft« leben. Dafür gibt es eine Reihe plausibler Argumente: die Durchdringung der gesamten Erde durch die modernen Kommunikationsmedien, insbesondere Fernsehen und Internet; die zunehmende Verflechtung durch Welthandel; die Entstehung weltweiter politischer Organisationen (UNO usw.). Der spektakuläre Erfolg des neuen Begriffs der »Globalisierung« belegt, dass es sich bei der Verflechtung aller Länder der Erde um ein in dieser Intensität in der bisherigen Menschheitsgeschichte unbekanntes Phänomen handelt (vgl. Martin/Schumann 1996; Albrow 1999).

Die Argumente von Wallerstein weisen auf eine wichtige komplementäre Perspektive hin, die man beachten muss, wenn man alle unterschiedlichen gesellschaftlichen Einheiten als wichtig betrachtet. Es ist dies die Tatsache, dass zwischen diesen Einheiten enge *Beziehungen und Verflechtungen* bestehen. Dabei spielen nicht nur wirtschaftliche Aspekte eine Rolle, sondern auch Fragen der Macht: Größere und umfassendere Einheiten haben in aller Regel mehr Macht als jene kleineren, die sie in sich schließen. Weltweit zeigt sich eine klare Tendenz, dass etwa die Zentralstaaten immer mehr Gewicht gegenüber ihren Teileinheiten (Bundesländern, Provinzen usw.) erhalten. Ungleiche Machtbeziehungen bestehen aber auch horizontal, zwischen den gleichen Typen von Einheiten. So haben große Nationalstaaten, und heute insbesondere die Welt-Supermacht USA, ungleich mehr Macht, ihre Interessen gegen anderen Staaten, aber auch gegen nichtstaatliche Organisationen durchzusetzen, als alle anderen Staaten.

Trotz Globalisierung auf der einen, Regionalisierung auf der anderen Seite bleibt die Ebene des »Nationalstaats« immer noch die bei weitem wichtigste unter diesen verschiedenen Einheiten. Dies gilt zum einen, weil der Staat das *Gewaltmonopol* besitzt und allein zuständig ist für die innere und äußere Sicherheit seiner Bürger, aber auch, weil er eine *Rechtsgemeinschaft* darstellt. Immer mehr Bereiche, nicht nur des öffentlichen, sondern auch des privaten Lebens, werden heute von rechtlichen Normierungen erfasst.

Zum anderen zeigt sich die herausragende Bedeutung des Staates augenfällig an der Tatsache, dass die *Staatsbürgerschaft* heute die mit Abstand wichtigste Grundlage für wirtschaftliche, soziale und politische Rechte und Lebenschancen eines Menschen überhaupt darstellt. Der moderne Wohlfahrtsstaat hat für seine

Bürger lebenswichtige Funktionen der Sicherung und Versorgung von der Wiege bis zur Bahre übernommen. Es ist zweifellos wichtig, im Zeitalter von Globalisierung und europäischer Integration auf die zunehmend bedeutsamer werdende internationale und europäische Dimension der sozialen Ungleichheit hinzuweisen (Heidenreich 2006). Es mag jedoch etwas überpointiert sein, von einem »methodologischen Nationalismus der Soziologie« (Beck 2006) zu sprechen, wenn man die fortdauernde Bedeutung des Nationalstaates auch im Zeitalter der europäischen Einigung und der Globalisierung betont.

Die mit einem Staat verbundenen geschichtlichen Erfahrungen, die mit ihm verknüpften spezifischen Institutionen formen langfristig auch die Menschen, die dort leben, was Norbert Elias mit dem Begriff des »nationalen Habitus« zu erfassen versuchte (Elias 1987, S. 17ff.). Staatenlose gehören weltweit zu den sozial am stärksten ausgeschlossenen Menschen überhaupt.

b) Vier Grundaspekte der soziologischen Gesellschaftsanalyse

Die soziologische Analyse einer konkreten Gesellschaft muss sich auf vier Aspekte beziehen, die relativ unabhängig voneinander sind:

1) die deklarierten oder unausgesprochenen *gesellschaftlichen Grundwerte* und *Leitprinzipien*;
2) die *sozialen Institutionen*;
3) das *soziale Bewusstsein* (Wertorientierungen und Einstellungen der Bevölkerung);
4) die *sozialen Strukturen* (Regelmäßigkeiten des Verhaltens und ihre »Muster« auf der Aggregatebene, wie demographische Prozesse und Strukturen, Schichtstrukturen und Mobilitätsmuster usw.).

Eine Gesellschaft ist durch einen spezifischen Mix von Leitprinzipien charakterisiert, die einen wesentlichen Beitrag zu ihrer inneren Verfassung und Entwicklung leisten. Eine Gesellschaft, die ein konsistentes Bündel derartiger Grundwerte besitzt, wird sich kontinuierlicher und dynamischer entfalten, als eine solche, in der sie fehlen oder in der divergierende Grundwerte existieren.

Diese Leitprinzipien einer Gesellschaft stehen in einem mehr oder weniger systematischen Zusammenhang mit den sozialen, wirtschaftlichen, kulturellen und politischen Institutionen einer Gesellschaft, wie ihren Ehe- und Familienverfassungen, der Struktur ihrer Ausbildungs-, Beschäftigungs- und Organisationssysteme, und ihren politischen Verfassungen und Institutionen. All diese besitzen über die Zeit hinweg eine erhebliche Stabilität und sie »steuern« die Anpassung der sozialen Strukturen und des gesellschaftlichen Bewusstseins an eine sich kontinuierlich verändernde technologische, wirtschaftliche und politische Umwelt. Die durch die soziale und wirtschaftliche Lage bestimmten Interessen beherrschen in der Regel das praktische Handeln; aber »Weltbilder« und »Ideen« und die auf ihrer Basis errichteten Institutionen bestimmen als »Weichensteller« die grundsätzlichen Bahnen des Handelns und damit auch der gesellschaftlichen Entwicklung (Weber 1873 [1904], S. 209ff.; Lepsius 1988, S. 31).

c) Zum Verhältnis von historischer und soziologischer Gesellschaftsanalyse

Von Vertretern der historischen Soziologie wird häufig darauf verwiesen, man könne gewisse Phänomene nur »historisch erklären«. Genau genommen impliziert eine solche Forderung, dass es eine genuin soziologische Erklärung gar nicht geben kann. Richtig ist, dass soziale Phänomene oder Verhaltensweisen der Gegenwart nicht nur durch die jeweiligen aktuellen Umstände erklärt werden können, sondern auch auf frühere »Ursachen« zurückgeführt werden müssen. Wie lange muss die Soziologie aber zurückgehen, um zu befriedigenden Erklärungen zu gelangen?

Fernand Braudel unterscheidet drei Typen historischer Ursachen:

- *Strukturelle, langfristige Ursachen*; dazu gehören geographische, demographische und biologische Faktoren; (so wurden im 18./19. Jahrhundert Unterschiede zwischen verschiedenen Gesellschaften noch vielfach auf das Klima zurückgeführt);
- *konjunkturelle, mittelfristige Ursachen*, vor allem sozioökonomischer und technischer Art (technologischer Wandel, Wirtschaftskrisen, Kriege usw.);
- *kurzfristige Ursachen und Anlässe* bzw. *konkrete, einmalige Ereignisse.*

So könnte man sagen, dass der unmittelbare Anlass des Ersten Weltkriegs die Ermordung des österreichischen Thronfolgers war; eine mittelfristige Ursache waren sicher die immer schärfer werdenden Nationalitätenkonflikte in der Monarchie; als tiefer liegende, strukturelle Ursache könnte man den langfristigen Machtverlust der Habsburgermonarchie im Vergleich zum Deutschen Reich, Italien usw. sehen. In der neueren Forschung zum sozialen Wandel wird auch einmaligen Ereignissen immer mehr Bedeutung zugesprochen, da diese den Gang der Geschichte oft entscheidend verändern; sie zieht dafür u.a. die aus den naturwissenschaftlichen Kontexten entwickelte *Katastrophen-* und *Chaostheorie* heran (Hallinan 2000).

Im Anschluss an diese Unterscheidung lassen sich drei Hauptaufgaben der historischen Soziologie konkretisieren:

1) *Herausarbeitung historischer Kontinuitäten* hinsichtlich typischer Formen des – individuellen und kollektiven – sozialen Handelns, und damit zusammenhän-

gender charakteristischer *Handlungsstrategien,* die sich aus spezifischen sozialen Strukturen ergeben und diese ihrerseits verändern.

Aus dieser Perspektive ist der Begriff der *Wahlverwandtschaft* zwischen Verhaltensweisen und Strukturen sehr nützlich. Er besagt, dass bestimmte Strukturen oder Verhaltensweisen, die es etwa erst heute gibt, historisch in anderer, ähnlicher Form auch schon früher existiert haben. Aus dieser Sicht kann ein historischer Vergleich recht weit zurückgehen, auch wenn man nicht definitiv entscheiden kann, ob die in Frage stehenden Strukturen oder Verhaltensmuster in der früheren Epoche erstmals aufgetreten sind, oder selbst wieder frühere Vorläufer hatten.

In einem Vorgriff auf das nächste Kapitel kann man hier anführen, dass selbst auf der verfassungsrechtlichen und gesetzlichen Ebene historische Kontinuitäten zwischen der Habsburger-Monarchie und der Ersten und Zweiten Republik Österreich existieren. Eine Reihe von Einrichtungen des geltenden österreichischen Verfassungsrechts waren bereits in der Zeit der konstitutionellen Monarchie zwischen 1867 und 1918 vorhanden. (Adamovich/Funk 1985, S.16) Wesentliche Teile der Bundesverfassung der Republik Deutschösterreich von 1920 wurden aus der Dezemberverfassung des Jahres 1879 übernommen und dies, obwohl zwischen der Monarchie und der Republik grundsätzlich keine Rechtskontinuität bestand, d.h. die letztere sich nicht als Rechtsnachfolgerin der ersteren verstand. Hermann Baltl stellt in seiner »Österreichischen Rechtsgeschichte« fest, schon die Tatsache, dass man sich 1918/19 so lange mit der Verabschiedung einer neuen Verfassung Zeit gelassen habe, beweise, »dass der neue Staat nicht revolutionär, sondern evolutionär entstanden ist und sich auf die bestehende Rechtsordnung weiterhin verlassen konnte« (Baltl 1982, S.273).

2) *Herausarbeitung von Ursachenkonstellationen.* Ein zweiter Ansatzpunkt zur Lösung des Problems des historischen Zurückgehens ergibt sich, wenn man klare Hypothesen über bestimmte Ursachen und deren Effekte hat. Wenn behauptet wird, dass der Erste Weltkrieg unter anderem auch aus wirtschaftlichen Gründen (Streben Deutschlands nach wirtschaftlicher Überlegenheit) entstanden ist, und dafür hieb- und stichfeste Belege erbracht werden können, scheint es wohl gerechtfertigt, den historischen Rekurs abzubrechen und die Hypothese als (zumindest vorläufig) bestätigt gelten zu lassen. Dass neben dem wirtschaftlichen Faktor auch andere, historisch frühere Ursachen eine Rolle gespielt haben mögen, kann dann (zunächst) außer Acht gelassen werden. Die Soziologie strebt ja nie eine vollständige Erklärung durch Aufzählung aller notwendigen und hinreichenden Bedingungen eines bestimmten Phänomens an wie die Geschichtswissenschaft.

3) *Herausarbeitung historischer Schlüsselereignisse und -prozesse.* Es gibt noch einen dritten Gesichtspunkt, der nahelegt, dass nicht nur länger bestehende Strukturen, sondern auch kurzfristige Prozesse soziologisch von Bedeutung sein können. Auch singuläre Ereignisse können weit über die Gegenwart hinaus Be-

deutung besitzen. Diese Bedeutung erlangen sie auf zweierlei Weise: einmal durch die tiefgreifenden Wirkungen, die sie unmittelbar ausüben. Zahlreiche solcher Wirkungen gingen z.B. von den beiden Weltkriegen aus (Kriegstote, Vertreibungen, Zerstörungen von Städten usw.). Zum anderen erlangen sie Bedeutung durch ihre nachträgliche Interpretation und Re-Interpretation durch die Menschen und die Gesellschaft. So stellen *Gründungsakte* und *Gründungsmythen* von Nationen wichtige Elemente ihrer Selbstlegitimation dar.

Vertiefende Fragen

1) Inwiefern ist es sinnvoll oder nicht (warum nicht?), die folgenden Gesellschaften oder Teile davon miteinander zu vergleichen;
   a) Österreich – Russland
   b) Österreich – Lichtenstein
   c) USA – China?
2) Überlegen Sie, welche Effekte die Ausbildung und das Einkommen eines Menschen für sein Denken und Verhalten in den folgenden Bereichen haben könnte: die Entscheidung zu heiraten und Kinder zu bekommen; die Bindung an einen Arbeitsplatz bzw. Beruf; das Wahlverhalten.
3) Wie könnte man den Grad der horizontalen und vertikalen Differenzierung erfassen, um zwei Gesellschaften miteinander empirisch vergleichen zu können?
4) Wie könnte man die Europäische Union mit Hilfe der Begriffe von Blau beschreiben? Welche Probleme könnten sich für die EU aus ihrer Struktur ergeben? Welche institutionellen Vorkehrungen könnte sie treffen (bzw. hat sie schon getroffen), um diese Probleme zu mildern?

Weiterführende Literatur

Blau, Peter M. (1977), *Inequality and Heterogeneity: A Primitive Theory of Social Structure,* New York: Free Press
Systematische Darstellung und Anwendung der »einfachen Sozialstrukturanalyse«

Crothers, Charles (1996), *Social Structure*, London/New York: Routledge
Konzise Darstellung der wichtigsten zeitgenössischen Konzepte von Sozialstruktur

Lorenz, Chris (1997), *Konstruktion der Vergangenheit. Eine Einführung in die Geschichtstheorie,* Köln/Weimar/Wien: Böhlau

Originelle und informative Einführung in die Theorie der Geschichte und die Methoden historischer Forschung und Erklärung, auch im Verhältnis zu anderen Sozialwissenschaften

Nadel, Siegfried F. (1957), *The Theory of Social Structure*, London: Cohen & West

Eine systematische Diskussion des Begriffs der Sozialstruktur durch einen bedeutenden Ethnologen.

Pappi, Franz Urban, Hrsg. (1979), *Sozialstrukturanalysen mit Umfragedaten*, Königstein/TS.: Athenäum Verlag

Eine Diskussion der Möglichkeiten, sozialstrukturelle Informationen durch Umfragen zu erheben mit Hinweisen auf die Operationalisierung der soziodemographischen Variablen.

Kapitel 2: Sozialhistorische Grundlagen und Entwicklung der österreichischen Gesellschaft bis 1950

2.1 Einleitung

In diesem Kapitel geht es nicht um eine sozialhistorische Darstellung im engeren Sinne, sondern vor allem um die Herausarbeitung einiger zentraler Charakteristika und Ereignisse, die die österreichische Gesellschaft bereits in früherer Zeit – konkret in den letzten ein, zwei Jahrhunderten – gekennzeichnet haben. Es werden drei Aspekte behandelt:

- Die *zentralen Leitprinzipien bzw. gesellschaftlichen Strukturen*, die sich bereits im Rahmen der österreichisch-ungarischen Monarchie herausgebildet haben. Hier lautet die These, dass sich die damalige Gesellschaft Österreichs als eine ständisch-korporative Gesellschaft beschreiben lässt.

- Einige *Schlüsselereignisse, historische Wendepunkte* und *Umbruchsperioden* im 19. und in der ersten Hälfte des 20. Jahrhunderts, vor deren Hintergrund die neue Form der gesellschaftlichen Entwicklung seit 1945 besonders deutlich hervortritt. Es sind dies die Revolutionen von 1848 und 1918/19, die beiden Weltkriege und die Periode der nationalsozialistischen Herrschaft von 1938 bis 1945.
- Die *Krisenphänomene der Zwischenkriegszeit*, die zu dem selber mitverschuldeten Untergang der Ersten Republik beigetragen haben. Sie betreffen nicht nur die tiefgehende Wirtschaftskrise, sondern auch den Verfall von gesellschaftlichen Werten und politischer Kultur, der seinerseits mitbedingt war durch das Fehlen eines gefestigten nationalen Bewusstseins zum Zeitpunkt der Gründung der Ersten Republik.

2.2 Grundstrukturen der österreichischen Gesellschaft und ihre historischen Wurzeln

In diesem Abschnitt geht es darum, jene Grundwerte, Leitprinzipien und -strukturen der österreichischen Gesellschaft herauszuarbeiten, die sich in der späten Habsburgermonarchie entwickelt haben und die bis heute nachwirken. Die These lautet, dass Österreich in dieser Hinsicht als eine »ständisch-korporative Gesellschaft« bezeichnet werden kann. Überlegen wir uns zunächst, was mit den beiden Leitbegriffen »ständisch« und »korporative« gemeint ist. Im Anschluss daran werden einige zentralen Charakteristika einer solchen Gesellschaft dargestellt.

a) Die Leitprinzipien einer ständisch-korporativen Gesellschaft

»*Stände*« werden in der Regel als mehr oder weniger klar umschriebene Institutionen der Feudalgesellschaft betrachtet – als schichtspezifisch herausgehobene und rechtlich-politisch mit besonderen Privilegien ausgestattete Gruppen. Nach Max Weber (1964/I, S. 226f., II, S. 683f.) erscheint es jedoch gerechtfertigt, von Tendenzen der Ständebildung auch in modernen, demokratischen Industriegesellschaften zu sprechen. Solche Tendenzen liegen immer dann vor, wenn sich schichtspezifische Gemeinschaften bilden, die sich durch irgendein Merkmal (gehobene Herkunft, privilegierte Lebensführung, besondere Bildungsgrade usw.) prestigemäßig von anderen Schichten abgrenzen, sich als ständisch untereinander gleich, anderen gegenüber als höher (seltener: niedriger) betrachten. Ständebildung ist also in erster Linie soziale Abgrenzung im privaten gesellschaftlichen Verkehr. Ständebildung tendiert jedoch in aller Regel zu einer weitergehenden Verfestigung, Vertiefung und Legitimierung dieser Abgrenzung auch im öffentlichen Leben durch Schaffung bildungsmäßiger, beruflicher oder politischer Sonderrechte und Monopole.

Der historische Promotor der Ständebildung in Europa und Österreich war natürlich der *Adel*; er besitzt trotz Abschaffung seiner formellen Privilegien durchaus noch eine erhebliche wirtschaftliche und gesellschaftliche Bedeutung.[3] Heute sind vor allem die »*Akademiker*« als Träger universitärer Diplome sowie die »*Beamten*« als Vertreter traditioneller Ausprägungen von Ständebildung zu sehen. Ein Indikator dafür ist der Pomp, der mit der Verleihung akademischer Würden verbunden ist; die rechtlich genauestens geregelten Bedingungen für das Führen solcher Grade; aber auch der gesetzlich festgelegte enge Konnex zwischen Bildungsabschluss und Karrieren im öffentlichen Dienst (an denen sich auch die Privatwirtschaft vielfach orientiert). Der »Beamte« hat von seiner einstigen Aura in der k.u.k. Monarchie heute sicherlich vieles verloren – ja, vielfach stellen die Beamten das liebste Prügelkind der Boulevardpresse dar, wenn es um ungerechtfertige Privilegien geht. Trotzdem sind die ständischen Ansprüche der Beamten noch relevant etwa im Hinblick auf die Sicherheit der beruflichen Stellung oder die großzügigen Pensionsregelungen. Sie zeigen sich aber auch in den feinen und geschätzten Titeldifferenzierungen im öffentlichen Dienst mit dem »Hofrat« an der Spitze – daher auch die treffende Bezeichnung »*Hofratsnation*« (Bruckmüller 1996:230; vgl. auch Benninger 2004). Tendenzen moderner Ständebildung kann man aber auch im Bereich der Privatwirtschaft und im Leben der höheren Schichten allgemein beobachten.

Roland Girtler (1990, S. 71ff.) hat in seiner Studie über »*Die feinen Leute*« eine Reihe von Mechanismen aufgezeigt, die heute zu einer Art »Adelsverleihung« benützt werden: Versuche, zu einem Stammbaum zu gelangen; »Adoption« durch Angehörige der alten Aristokratie (verbunden oft mit finanziellen Zuwendungen an verarmte Adelige); Erwerb mehr oder weniger glanzvoller Titel und Funktionen, wie jener eines »Konsuls« eines ausländischen Staates; Aufnahme in ein Prominentenlexikon, etwa des »*Who is Who*«; Erwähnung in den Klatschspalten der Boulevard- und Regenbogenpresse usw. Anfügen könnte man hier die wohl nur in Österreich in dieser Form typische und hochgeschätzte Verleihung klingender Titel wie »Kommerzialrat«, oder »Professor«; der letztere wird auch an Personen verliehen, die weder mit Unterricht noch Wissenschaft und Forschung irgendeinen Kontakt hatten.

Der Begriff der »*Korporation*« war ursprünglich relativ neutral assoziiert mit dem Begriff »Körperschaft, (Studenten-)Verbindung«, später jedoch, vor allem in politischer Hinsicht, mit dem *Faschismus*. Der italienische Faschismus entwarf ein wirtschaftlich-politisches System, in dem zur Überwindung des Klassengegensatzes Kapital und Arbeit gleichgestellt werden und friedlich kooperieren sollten; für beide wurden eigene Vertretungskörperschaften gegründet, die dann

3 So befinden sich unter den 100 reichsten ÖsterreicherInnen heute rund ein Dutzend Personen, die aus ehemaligen Adelsfamilien stammen; schon an zweiter Stelle dieser Liste steht ein solcher, Fürst Hans Adam von Liechtenstein (vgl. »Die 100 reichsten Österreicher«, Trend, H. 7–8/2005, S. 94).

in einer »*camera dei fasci e dei corporazioni*« das Parlament ersetzen sollten. Dadurch wurden nicht nur weitgehende Staatseingriffe ermöglicht, sondern unter der Hand auch die Rechte der Arbeit zugunsten jener des Kapitals beschnitten. Die Nähe dieses Konzepts zur *katholischen Soziallehre* liegt auf der Hand. So versuchte man, dieses Konzept im autoritären österreichischen Ständestaat unter Dollfuß von 1933/34 bis 1938 zu realisieren. In Österreich gab es mit dem »Ganzheitstheoretiker« Othmar Spann (1878–1950) auch einen eigenständigen und einflussreichen sozialwissenschaftlichen Vertreter dieses Prinzips, das in der Praxis mit einer Ausschaltung der Parteien, einer erheblichen staatlichen Wirtschaftslenkung, Beschränkung des freien Marktes usw. verknüpft war.[4]

Heute wird der Begriff des »*Korporatismus*« in der politischen Wissenschaft relativ neutral verwendet um wirtschaftlich-politische Systeme zu bezeichnen, in denen eine institutionalisierte Beteiligung von Verbänden an der staatlichen Politik und eine enge Zusammenarbeit zwischen Staat, Gewerkschaften und Unternehmerverbänden besteht. Starker politischer Einfluss von Verbänden kann negative und positive Folgen haben: einerseits besonders effiziente Durchsetzung gruppenpolitischer Ziele, andererseits aber auch Mäßigung interessenpolitischer Forderungen zugunsten gesamtwirtschaftlicher Ziele, wie Wachstum, gemäßigter Umverteilung usw. (Nohlen 1991:322ff.). Die österreichische Sozialpartnerschaft, wie sie sich in den 1950er Jahren herausgebildet hat, kann als Paradefall eines solchen korporatistischen Systems betrachtet werden. Auf ihre Relevanz für die Problematik der sozialen Ungleichheit wird in Kapitel 10 eingegangen.

Prozesse der Ständebildung und der Herausbildung korporativer Strukturen in modernen Gesellschaften haben also ein Janusgesicht: Sie tragen einerseits zu sozialer Integration und Stabilität bei; fördern das Wirtschaftswachstum, indem sie harte oder langwierige Verteilungskonflikte vermeiden helfen; und sie fördern die konsensuelle Entwicklung und Realisierung grundlegender politischer Zielsetzungen. Auf der anderen Seite erleichtern sie die oft unterschwellige Durchsetzung von Gruppeninteressen, vertiefen die Kluft zwischen Bürgern und politischen Eliten, bremsen den sozialen Wandel und erschweren Reformen, die die bestehenden Strukturen in Frage stellen.

Es gibt zumindest sieben grundlegende Strukturprinzipien und ihnen entsprechende Haltungen, die eine ständisch-korporative Gesellschaft charakterisieren.

- »Josefinismus« – Reformen von oben
- Starke Bedeutung des Staates und seiner Bürokratie

4 Hinsichtlich des austrofaschistischen Ständestaates betrieb Spann allerdings eine »Kindesweglegung«, indem er jede Verantwortung für die politische Umsetzung seiner Gesellschaftsvorstellungen ablehnte.

- Hierarchisch-ständische Gesellschaftsstruktur
- Herausgehobene Stellung klassen- und schichtspezifischer Verbände und Organisationen
- Starke Regulierung der Wirtschaft
- Katholizismus
- Ethnisch-kulturelle Vielfalt.

Diesen Strukturprinzipien entsprechen drei typische Haltungen sowohl der einzelnen Individuen wie von kollektiven Akteuren. Es sind dies die folgenden:

- Staats- und Autoritätsgläubigkeit, Hierarchiedenken
- Sicherheitsstreben
- Streben nach Konsens und sozialer Integration.

Betrachten wir zunächst die drei zuletzt genannten Aspekte näher; auf die ersteren kommen wir in Abschnitt b) zurück.

Staats- und Autoritätsgläubigkeit, Hierarchiedenken

Soziale Hierarchien sind ein Grundelement jeder sozialen Einheit und Gesellschaft. Daher sind auch die Einstellungen der Bevölkerung zu Obrigkeit und Autorität sowie das Verhalten der Herrschenden oder Vorgesetzten zu ihren Untergebenen zu Recht ein zentrales Thema soziologischer Gesellschaftsanalyse (Hofstede 1984).

Die Österreicher sind seit Jahrhunderten durch eine besondere Mischung von Untertänigkeit und Obrigkeitsgläubigkeit, Kritikbereitschaft und Aufsässigkeit gegenüber den »Herrschenden« charakterisiert. Man erwartet, dass Vorgesetzte, Betriebsinhaber, politische Repräsentanten alles Wichtige unternehmen, man kritisiert »die da oben« aber auch immer wieder für ihre Unfähigkeit, ihre ungerechtfertigten Privilegien usw. Der *»Josefinismus«*, die Durchführung grundlegender Reformen durch eine aufgeklärte Obrigkeit ohne Einbeziehung der Bürger wird von vielen Sozialhistorikern und Sozialwissenschaftlern als ein kontinuierliches Element der Haltung der Österreicherinnen und Österreicher zur Obrigkeit beschrieben (Heer 1981; Kuzmics 1997a, b). Ähnliches lässt sich auch von Deutschland sagen (Engelmann 1993, 1998).

Sicherheitsstreben

Das Streben nach Sicherheit ist ein grundlegendes und legitimes Prinzip jedes Menschen wie jeder Gesellschaft. Sicherheit (und ihr Komplement: Unsicherheit) hat viele Facetten: Physische, körperliche Sicherheit; Sicherheit der materiell-wirtschaftlichen Existenz hinsichtlich Ernährung, Arbeit und Wohnung; soziale Sicherheit im Sinne einer kontinuierlichen Befriedigung der sozialen Grundbedürfnisse im Hinblick auf soziale Integration, sozialen Status und dessen Bewahrung. Wird das Streben nach Sicherheit überzogen, leiden darunter andere Prinzipien wie Innovations- und Risikobereitschaft, Wettbewerbsstreben und Leistungsbereitschaft. Allerdings ist die Gewährleistung von Sicherheit durch wohlfahrtsstaatliche Institutionen ein notwendiger Ausgleich gerade in modernen Gesellschaften, die durch starke Individualisierungstendenzen gekennzeichnet sind (Zapf u.a. 1987).

Das Streben nach Sicherheit ist in Österreich (wie auch in Deutschland) besonders stark ausgeprägt. Dafür gibt es Indikatoren auf mehreren Ebenen. Auf der institutionellen Ebene ist die Bedeutung der Beamten zu nennen, die sowohl quantitativ wie qualitativ hierzulande besonders wichtig sind. Auf der Verhaltensebene ist die eher geringe Bereitschaft der ÖsterreicherInnen zu Firmen- und Wohnortwechsel zu nennen. 70 Prozent der ÖsterreicherInnen wären nicht einmal bereit, im Falle besserer Arbeits- und Lebensbedingungen in ein anderes Bundesland umzuziehen (Haller u.a. 1996, S. 391). Auf der Ebene der Einstellungen zeigt sich, dass die ÖsterreicherInnen überproportional stark von einer Tendenz zur »Vermeidung von Unsicherheit« geprägt sind, wie Geert Hofstede in seiner großen, rund 40 Ländern vergleichenden Studie zu Arbeitswerten festgestellt hat. Der bereinigte Wert für Österreicher auf dieser Skala betrug 77, jener für die USA 33, der Durchschnittswert für 39 Länder 64 (nur die Japaner liegen mit 112 noch deutlich höher; vgl. Hofstede 1984, S. 122).

Streben nach Konsens und Integration

In engem Zusammenhang mit der ambivalenten Haltung zu Autoritäten steht das ausgeprägte Streben nach Konsens zur Vermeidung offener Auseinandersetzungen und Konflikte. So ist Österreich seit langem durch extrem niedrige Streikquoten charakterisiert.[5] Entsprechend gering ist auch das Bewusstsein von der Existenz sozialer Konflikte in der österreichischen Bevölkerung. Unter 30 Ländern der Erde stehen die Österreicher an zweitniedrigster Stelle im Hinblick auf die Wahrnehmung von vertikalen Verteilungskonflikten (Hadler 2003).[6]

Ein gewisses Ausmaß an *Vertrauen* trotz Bestehen von Interessengegensätzen in Mitmenschen und andere Gruppen, in gesellschaftliche Eliten und Führungspersönlichkeiten, eine minimale *Konsensbereitschaft* sind Grunderfordernisse einer jeden politischen Gemeinschaft. So besteht eine durchaus positive Facette dieses Strebens darin, dass man versucht, bei Problemlösungen allen gesell-

5 Im Durchschnitt der Jahre 1993–97 betrug die Anzahl der Streikminuten pro Erwerbstätigen in Österreich 0,4 Minuten, in Japan 0,7, in Deutschland 3,4, in Großbritannien 12,3, in den USA 20, in Schweden 25,9, in Italien 64 Minuten (WISO Taschenbuch 2000, S. 40f.).

6 So sehen nur rund 30 Prozent der Österreicher »sehr starke« oder »starke Konflikte« zwischen Reichen und Armen, oder zwischen Management und Arbeitnehmern. In Deutschland betragen diese Anteile 39 Prozent (Konflikt Arme – Reiche) bzw. 50 Prozent (Management – Arbeitnehmer), in Großbritannien und Italien rund 60 bzw. 50 Prozent, in den USA 70 bzw. 65 Prozent. Vgl. *International Social Survey Programme: Social Inequality*, 1992, ZA Study 2310, Köln: Zentralarchiv für empirische Sozialforschung.

schaftlichen Gruppen gerecht zu werden. Problematisch wird es, wenn damit notwendige sachliche Auseinandersetzungen verhindert werden; unumgängliche Neuerungen werden dann verspätet, überhastet oder in einer sozial unausgewogenen Weise durchgesetzt.

b) Historisch-strukturelle Vorläufer der heutigen österreichischen Gesellschaft in der Habsburgermonarchie

»*Die Welt von gestern*«, wie sie Stefan Zweig (1881–1942) eindrucksvoll beschrieb, das alte Vielvölkerreich der Habsburgermonarchie erscheint uns heute schon viele Jahrhunderte zurückzuliegen, wie eine Welt von »Vorgestern«. Trotzdem können wichtige Charakteristika der österreichischen Gegenwartsgesellschaft auf Strukturen und Prozesse aus dieser Zeit zurückgeführt werden. Die amerikanischen Kulturhistoriker Allan Janik und Stephan Toulmin konstatieren eine Geistesverwandtschaft zwischen den verschiedensten wissenschaftlichen und künstlerischen Schulen und Zentren der Monarchie. Damit identifizieren sie quasi »verborgene Leitprinzipien« oder »Leitideen« jener Zeit:

»Wenn wir es richtig sehen, hatten die im Niedergang und Verfall des Habsburgerreiches sich manifestierenden Krisen eine tiefe Wirkung auf Leben und Erwartungen seiner Bürger. Sie formten und bestimmten wesentliche Gemeinsamkeiten in den Weltdeutungen von Künstlern und Schriftstellern auf allen, selbst den abstraktesten Gebieten des Denkens und der Kultur. Umgekehrt haben die kulturellen Leistungen ›Kakaniens‹ bestimmte charakteristische Merkmale gemeinsam, die den sozialen, politischen und ethischen Kontext ihrer Entstehung bezeugen und erhellen.« (Janik/Toulmin 1998, 14).

Im Folgenden werden kurz die oben (vgl. S. 53f.) genannten sieben strukturell-institutionellen Bereiche besprochen, in denen man von einer gewissen Kontinuität bzw. einer Fernwirkung altösterreichischer Sozialstrukturen und Prozesse auf heutige Strukturen und Verhaltensweisen sprechen kann.

Der Josefinismus – Reformen von oben

Die Habsburgermonarchie war eine paternalistisch-hierarchische Gesellschaft. Das Lebensgefühl ihrer Menschen im Zusammenhang des damaligen politisch-gesellschaftlichen Systems kommt sehr schön zum Ausdruck in den Erinnerungen des Schriftstellers Herbert Kraus, der die Wirren und die Orientierungslosigkeit der Menschen nach dem Zusammenbruch der Monarchie am Ende des Ersten Weltkriegs kontrastiert mit der Situation in der Monarchie:

»Man war an den sichtbaren Glanz des Kaisertums, an das Zeremoniell gewöhnt, das sich um den Kaiser herum abgespielt hatte. Sein Auftritt barg ja alle Elemente des Großartigen; den prunkvollen Raum, das Gefolge, bunt glitzernde Gewänder, gemessene Bewegungen und Ehrfurcht vor der zentralen Person. Es war nicht viel anders als beim Hochamt: Oben der zelebrierende höchste Priester, die Stufen herunter seine Akolyten [niedere Geistliche], dann die Ministranten und jenseits des Lettners zuerst die vornehmen Bürger und dann das festlich gekleidete Volk.

Im Staat hatte sich die ererbte Freude am prunkvollen Äußeren über die ganze Rangordnung hin fortgesetzt, angefangen von den Mitgliedern des Kaiserhauses, bei deren Erscheinen Militärs ›Front zu machen‹ hatten (eine besondere Form der Ehrenbezeugung), über die Statthalter, Minister, den Adel, das Offizierskorps und die höhere Beamtenschaft bis hinunter zum volksnahen Träger des ›Amtskappels‹. Jedem wurde seine eigene Ehrenbezeugung zuteil. Jeder hatte seine eigene Würde. So hatte für die damals lebenden Generationen der Staat seine greifbare Gestalt angenommen.« (Kraus 1988, S.17).

Wie die Entstehung der Habsburgermonarchie insgesamt in gewisser Weise als das Werk einer großen Familie gesehen werden kann, so war auch die Gestaltung der politischen und sozialen Institutionen dieses Reiches seit den Regierungsperioden von Maria Theresia (1740–1780) und Josef II. (1780–1790) eine Sache des »*aufgeklärten Absolutismus*«. Die Herrscher und ihre Beamten waren es, die die entscheidenden Reformen in den Bereichen von Bildung, Gesundheit, Justiz usw. im Sinne der französischen Aufklärung durchführten (Bruckmüller 1996; Johnston 1974, S. 31ff.). Die lokalen Feudalrechte und -privilegien wurden durch eine zentralisierte, einheitliche Verwaltung ersetzt, um eine Hebung des Lebensstandards und Bildungsniveaus der Bevölkerung zu erreichen.

Starke Bedeutung des Staates und seiner Bürokratie

Ein wesentliches Instrument zur Durchsetzung der Reformen im Zeitalter des Absolutismus – und später – war die Entwicklung einer effizienten Staatsverwaltung, einer Bürokratie. Johnston (1974, S. 60) spricht im Hinblick auf Altösterreich von einem »Reich der Bürokraten«. Führende Beamte entwarfen Reformen, die z.T. beispielhaft in Europa waren (so etwa Emil Steinbach 1887 für die Kranken- und Unfallversicherung der Arbeiter). Die Bürokratie und ihre Beamten trugen wesentlich bei zur Herausbildung eines »österreichischen Habitus« (Kuzmics 1997a, S. 88).

Die Bürokratie im allgemeinen war oft jedoch eher eine »Brutstätte der Trägheit« als eine »Wiege des Fortschritts« (Johnston 1974, S.61). Dies u.a. deshalb, weil die Regierung alles mit einem Schleier der Geheimhaltung umgab und die Bevölkerung weitgehend in Unwissenheit beließ, weil die Bürokratie oft äußerst umständlich arbeitete und – da die Bezahlung vielfach schlecht war – Bestechungen zugänglich war. Johnston (ebenda S.65) spricht von einer »Neigung der Bürokratie, über ihren eigenen Amtsschimmel zu stolpern«, der zu einem »durch Schlamperei gemilderten Absolutismus« führte. Die Beamten agierten aus dem Geist eines »Obrigkeitsstaates«, in dem der Bürger nur »Untertan« war. Herbert Kraus (1988, S.33) schreibt dazu, dass der Österreicher noch bis über 1955 hinaus »bei Behörden fast nie das Gefühl der Ebenbürtigkeit mit dem Beamten, das Selbstbewusstsein des freien Bürgers einer Demokratie« hatte. Sehr treffend dargestellt wurde die zwiespältige, ironisch-ambivalente Haltung der Österreicher zu Autoritäten aller Art in den Komödien von Johann Nestroy (1801–1862) und die »unergründliche«, ja bedrohliche Bürokratie und ihre Beamten in den Romanen von Franz Kafka (1883–1924).

Hierarchisch-ständische Gesellschaftsstruktur

Die Klassen- und Schichtstruktur der Habsburgermonarchie des späten 19., frühen 20. Jahrhunderts stellte eine komplexe Mischung aus Elementen einer ständisch-feudalen Gesellschaftsstruktur und den neuen industriegesellschaftlichen Klassen und Schichten dar. Der herrschende Stand des Adels war zwar in wesentlichen Rechten eingeschränkt, und Bürgertum und Bauern hatten bestimmte Rechte bereits erworben (vor allem gab es keine Leibeigenschaft mehr). Trotzdem war die alte Ständeordnung noch höchst bedeutsam und stellte das dominante Hintergrundmuster der Sozialstruktur dar. Der bereits oben zitierte Herbert Kraus schildert auch die Klassen- und Schichtstrukturen der Habsburgermonarchie sehr treffend:

»Die soziale Einebnung war im alten Österreich nicht so weit gediehen wie in anderen Industriestaaten. Die reich gegliederte Gesellschaftsstruktur der alten Zeit hatte sich hier viel länger als sonst wo gehalten. Das Offizierskorps umfasste eine ganz andere Kategorie Menschen als das wirtschaftlich tätige Großbürgertum und dieses wieder eine andere als die höhere Beamtenschaft. Sie unterschieden sich nicht nur durch ihre Lebensart, auch durch ihre Ehrbegriffe, ja sogar durch den Jargon [...]

Es gab über ein Dutzend Stände, die alle ihre Eigenheiten wie einen heiligen Gral hüteten: die adeligen Großgrundbesitzer, die Großbauern, die Häusler und Knechte, die nicht assimilierten Juden, die Handwerker, die kleinen Geschäftsleute und die Facharbeiter, die sich auch noch von der ungegliederten Masse der traditionslosen Proletarier unterscheiden wollten. Schon auf der Straße konnte man erkennen, welchen Standes der Entgegenkommende war, an seiner Kleidung, am Gang und an seiner Haltung.« (Kraus 1988, S.29)

Herausgehobene Stellung klassen- und schichtspezifischer Verbände und Organisation

Die Grundlagen einer starken Durchdringung von Wirtschaft und Gesellschaft in Österreich durch ein spezifisches Verbandswesen wurden im Zuge der Ablösung der Ära des Freihandels und den (von den USA ausgehenden!) Übergang zu einer Hochschutzzollpolitik gelegt (Tremel 1969, S. 319ff.). Europaweit und auch in Österreich wurden vor allem in großbetrieblich strukturieren Wirtschaftsbranchen zahlreiche Kartelle als Schutz vor zerstörerischer Konkurrenz etabliert, darunter das Eisen- und Zuckerkartell und mehrere Brauereikartelle. Um 1900 gab es etwas über 50, um 1912 bereits 200 Kartelle, vor allem in der Eisen-, Metall-, der chemischen und Textilindustrie, sowie im Sektor Steine und Erden (Good 1986, S. 190ff.). Ab den 1890er Jahren entstanden branchenübergreifende zentralisierte Verbände der Industriellen der Großindustrie, sowie der mittleren und kleineren Industrie; Anfang des 20. Jahrhunderts entstand die Hauptstelle der Arbeitgeberorganisationen (Hanisch 1994, S.72). Im Bereich der gewerblichen Wirtschaft gab es schon länger traditionsreiche Handelskammern; die große Gewerbereform der 1880er Jahre brachte zwar eine fortschrittliche Arbeitsschutzpolitik mit sich, installierte aber auch einen konservativen Gewerbeschutz mit Zwangsgenossenschaft der Selbständigen, aber Schutzlosigkeit für Gewerbe- und Heimarbeiter. Die Entwicklung in der Landwirtschaft verlief sehr unterschiedlich; Land- und Forstarbeiter wurden von der Sozialdemokratie organisiert, größere Bauern bildeten eine eigene Besitzklasse, »integriert in eine mächtige, bürokratisierte Agrarlobby von Genossenschaften, Kreditkassen und Marktverbänden«. (Hanisch 1994, S.99) Auch die Organisationen der unselbständig Erwerbstätigen durch Gewerkschaften erfolgte schon früh, trotz eines noch hohen Agraranteils und einer Dominanz kleinbetrieblicher Unternehmensstrukturen (Traxler 1982, S.1ff.). Nach einer zwischenzeitlichen Unterdrückung (die Arbeiterschaft war schon 1848 stark hervorgetreten) erhielten ab 1870 Arbeiterbildungsvereine starken Zulauf. Bei ihnen, wie auch den sozialdemokratisch orientierten Vereinen und Gewerkschaften (diese waren deutlich stärker als die nationalen und christlich-sozialen), setzte sich nicht die Idee der Selbsthilfe, sondern jene der Staatshilfe durch, die mit einem entschiedenen Kampf für das allgemeine Wahlrecht und einer sozialistisch-etatistischen Grundorientierung verbunden war.

Starke Regulierung der Wirtschaft

Die österreichische Wirtschaft war schon im 19. Jahrhundert durch ein schwaches inländisches Kapital charakterisiert. Dies zeigte sich nicht zuletzt in der Ära des Liberalismus Ende des 19. Jahrhunderts, als die Öffnung der Grenzen ein rasches Eindringen und Übergewicht von ausländischem Kapital zur Folge hatte (Tremel 1969, S.327). Diese Schwäche führte, zusammen mit der starken Rolle der Bürokratie, zu einer starken Reglementierung der Wirtschaft durch staatliche Maßnahmen (etwa einer Unterstützung bestimmter Sektoren durch Schutzzollmaßnahmen) und zu einer starken *Kartellierung* durch die Unternehmen und Verbände selber.

Seit dem Ende des 19. Jahrhunderts verbreiten sich Kartellvereinbarungen über die gesamte Wirtschaft (beginnend mit der Eisenindustrie in der Erdölindustrie, im Nahrungsmittel- und Getränkesektor u.a.). Sie wurden von Gesetzgeber und Gerichten nicht als unerlaubte Delikte gesehen, sondern als legitime Vereinbarungen, die sogar in gesetzliche Form gegossen wurden (Good 1986, S.205). Good argumentiert allerdings auch – im Gegensatz zu weitverbreiteten anderslautenden Auffassungen – dass die österreichische Wirtschaftsentwicklung bis zum Ersten Weltkrieg dennoch keineswegs als ein Abstieg, sondern als eine Erfolgsgeschichte zu bezeichnen ist. Vor allem in den Randgebieten der Monarchie im Osten und Südosten wurden Wirtschaft und Verwaltung entscheidend gefördert.

Der Katholizismus

Eine wichtige Rolle für die Entwicklung der österreichischen Gesellschaft spielte die katholische Kirche. Spätestens seit der Zeit der Gegenreformation im 16./17. Jahrhundert kann der Katholizismus als österreichische »Staatsreligion« gesehen werden (vgl. zu diesem Begriff Höllinger 1996). Mit dem Toleranzpatent von 1781 wurde zwar allen Konfessionen Religionsfreiheit gewährt, jedoch gleichzeitig die katholische Kirche formell in den Rang einer nichtpäpstlichen Staatskirche erhoben. In deren Rahmen erlaubten sich die Habsburger oft weitgehende Eingriffe in kirchliche Angelegenheiten, wie z.B. die Aufhebung der Klöster im Rahmen des Toleranzpatents, die einen offenen Affront gegen den Papst darstellten.

Drei Aspekte sind besonders wichtig, wenn man den Einfluss des Katholizismus auf die Gesellschaft und Sozialstruktur Österreichs soziologisch erfassen will:

- Der Katholizismus als *ideologischer Hüter der monarchisch-staatlichen Institutionen.* Als offizielle Staatsreligion stellte der Katholizismus eine sehr wichtige, geistig-ideologische Grundlage für die Legitimität des Habsburgerreiches dar. Seit den Zeiten der Gegenreformation war Österreich durch und durch vom Katholizismus geprägt worden; bis heute beeinflusst er Denken und Handeln im Alltag, im öffentlichen Leben und in der Architektur (Kuzmics 1997a). Noch bis zum Ende der Monarchie stellten die Katholiken numerisch die dominante Religionsgemeinschaft dar, das Habsburgerreich war das größte katholische Imperium Europas (Johnston 1974:71). Im Jahresablauf waren katholische Feste und Rituale (z.B. Fronleichnamsprozessionen) ein wesentlicher Bestandteil des öffentlichen Lebens in Stadt und Land.
- Mit ihrer eigenen Organisation und *Hierarchie* stellte die Kirche das Paradebeispiel einer hierarchisch exakt durchgegliederten Institution dar. Auf diese Weise verstärkte sie Obrigkeitsgläubigkeit und Hierarchiedenken im privaten und öffentlichen Leben.
- In ihrer *Soziallehre* entwickelte die katholische Kirche eine Alternative sowohl zur sozialistischen Arbeiterbewegung wie auch zum absolutistischen Sozialstaatsmodell, wie es von Bismarck in Deutschland eingeführt wurde. Wichtige Elemente wurden entwickelt vom Freiherr Karl von Vogelsang (1818–1890) und dann übernommen in der Enzyklika Leo XIII. *De Rerum Novarum* (1891). Zentral enthalten darin war die Idee, dass auch in den industriellen und wirtschaftlichen Beziehungen das Modell einer »Familie« gelten sollte, dass Unternehmer und Arbeiter in Branchenkorporationen zusammenarbeiten und alle Probleme gemeinsam und friedlich lösen sollten (Johnston 1974:73f).

Ethnisch-kulturelle Vielfalt

Eines der zentralen Merkmale der österreichisch-ungarischen Monarchie war ihre enorme ethnisch-kulturelle Vielfalt. Neben den zwei dominanten Gruppen (Deutsche und Ungarn) gab es acht weitere große ethnisch-nationale Subgruppen (fünf slawische Gruppen sowie Bosnier, Rumänen und Ukrainer). Welche Folgen hatte diese Vielfalt und inwieweit kann sie als ein wichtiges und weiterwirkendes Strukturmerkmal der österreichischen Gesellschaft angesehen werden? Man kann hier zumindest fünf Aspekte nennen, die sowohl positive wie negative Effekte umfassen:

- *Neigung zu Konsens und Kompromiss*: Oft wurde festgestellt, dass die kulturelle Vielfalt der Monarchie die Notwendigkeit des wechselseitigen Zuhörens und Verstehens, die Kunst des Kompromisses notwendig machte und förderte. Kann man nicht in der äußerst niedrigen Konfliktintensität Österreichs seit 1945, in der stark konsensorientierten Sozialpartnerschaft, zumindest bis Mitte der 1980er Jahre, ein Fortwirken bzw. Wiedererstehen dieser Neigung sehen?

- *Offenheit gegenüber Fremden und Zuwanderern*: Trotz vieler gegenteiliger Indizien in jüngster Zeit ist es ein Faktum, dass Österreich seit dem Zweiten Weltkrieg weit mehr Flüchtlinge und Einwanderer aufgenommen hat als viele andere vergleichbare Staaten Europas (vgl. Kapitel 4).

- *Fremdenfeindlichkeit*: Man kann allerdings auch die immer wieder latent oder offen aufbrechenden fremdenfeindlichen oder antisemitischen Phänomene auf das Faktum zurückführen, dass man schon in der Monarchie auf wenig angesehene Gruppen oder Minderheiten herabgesehen oder sie sogar offen diskriminiert hat.

- *Kulturell-wissenschaftliche Kreativität*: Es steht außer Zweifel, dass Österreich und insbesondere die Hauptstadt Wien in geistig-kultureller Hinsicht einen Schmelztiegel darstellen, in dem Ende des 19., Anfang des 20. Jahrhunderts künstlerische und wissenschaftliche Leistungen von Weltgeltung erbracht wurden (vgl. u.a. Acham 1999; Haller/Wohinz/Wohinz 2002). Schon der um die Jahrhundertwende in Graz lehrende, aus Krakau gebürtige Staatswissenschaftler und Soziologe Ludwig Gumplowicz sah die Ursache dafür in den vielfältigen Kontaktmöglichkeiten zwischen den unterschiedlichen Kulturen, welche sich in der Habsburgermonarchie boten (vgl. z.B. Gumplowicz 1885).

- *Notwendigkeit der Staatsintervention*: Ein nicht nur ethnisch-kulturell, sondern auch wirtschaftlich so heterogenes und großes Gebilde wie die Monarchie bedurfte in besonderem Maße einer integrierenden und ausgleichenden staatlichen Zentralinstanz. Wir können daher auch hierin eine Ursache für die oben konstatierte starke Bedeutung des Staates und seiner Organe im alten Österreich sehen.

2.3 Kritische Ereignisse und Phasen in der Entwicklung der österreichischen Gesellschaft seit Mitte des 19. Jahrhunderts

a) Einschneidende historische Ereignisse als Katalysatoren der Entwicklung

Im Übergang von einer zur nächsten historischen Epoche gibt es nicht nur Kontinuitäten, sondern auch mehr oder weniger abrupte Prozesse und grundlegende Veränderungen. Neben dem kontinuierlich ablaufenden sozialen Wandel in Wirtschaft und Gesellschaft – sichtbar etwa am wirtschaftlich-technischen Fortschritt, der Steigerung des Lebensstandards, der Bevölkerungsentwicklung – sind auch einschneidende historische Ereignisse von ausschlaggebender Bedeutung, wie bereits mehrfach konstatiert wurde. Andrew Abbott (2001) bezeichnete sie als *Wendepunkte* (turning points). Sie haben sowohl in der individuellen Lebensgeschichte der Menschen wie in der Entwicklung ganzer Gesellschaften grundlegende Bedeutung. Die gesellschaftliche Bedeutung derartiger Ereignisse ergibt sich aus zwei Faktoren: Zum ersten können sie die personellen und institutionellen Strukturen eines Landes in kürzester Zeit grundlegend verändern; zum zweiten prägen sie sich infolge ihrer Dramatik und tiefgreifenden Wirkungen nachdrücklich in das »kollektive Gedächtnis« einer Nation ein.

Im Falle der neueren Entwicklung Österreichs waren die folgenden drei Typen von Ereignissen besonders bedeutsam:

- die Revolutionen von 1848 und 1919,
- die beiden Weltkriege und
- die nationalsozialistische Herrschaft 1938 bis 1945.

Die Revolutionen von 1848 und 1918/19

Revolutionen werden in der Geschichtsforschung seit jeher als tiefgreifende und radikale Wandlungsprozesse verstanden. Oft werden ihnen vielleicht sogar zu starke Wirkungen zugeschrieben, da sich nach Revolutionen ja vielfach Prozesse der Restauration zeigen, in denen die alten Verhältnisse in modifizierter Form wiederhergestellt werden. Im Falle Österreichs war für die beiden Revolutionen im 19. und 20. Jahrhundert charakteristisch, dass sie bei weitem nicht so radikal und entscheidend waren wie etwa die französische Revolution und dass sie ihren Trägern eher in den Schoß gefallen sind als wirklich erkämpft wurden.

Die Revolution von 1848 wurde zwar vom herrschenden Kaiserhaus niedergeschlagen, zog aber dennoch bedeutende Reformen nach sich. Im Zuge der Revolution entstand ein erstes Modell der heutigen sozialpartnerschaftlichen Zusammenarbeit, als die Vertreter der Fabrikanten und Arbeiter der Wiener Seidenzeugwebereien eine »paritätische Sitzung« ins Leben riefen, die eine explizite Absage an den Klassenkampf propagierte (Schöpfer 1980, S. 32). Neben der Liberalisierung des Handels war die Grundentlastung für die Bauern, die sie aus der erblichen Untertänigkeit befreite, die wichtigste Errungenschaft (Good 1986,75). Typisch für diese Revolution war jedoch, dass sie keine einheitlichen und radikalen Ziele verfolgte und nur halbherzig durchgeführt wurde (Vajda 1980, S.481ff.). Dies war vor allem darauf zurückzuführen, dass die verschiedenen, daran beteiligten Gruppen und Schichten – liberale Gruppen (Bürger, Studenten), sozial Benachteiligte (Arbeiter), nationale Gruppen (Ungarn, Italiener) – höchst unterschiedliche Ziele (soziale, politische und nationale) verfolgten und sich oft sogar untereinander bekämpften.

Die »österreichische Revolution« von 1918/19, wie sie der sozialdemokratische Schriftsteller und Politiker Otto Bauer (1923) nannte, fiel den Beteiligten eher »in den Schoß«, da sie sich vor allem durch den Zusammenbruch der Monarchie und die Separation der ehemaligen Kronländer ergab. Aber schon der Zerfall der Habsburgermonarchie muss als eine Revolution bezeichnet werden, entstand in Mitteleuropa dadurch doch eine völlig neue Landkarte (Hanisch 1994, 263ff.). Diese Revolution wurde, vor allem in ihrer zweiten, sozialrevolutionären Phase von März bis Juli 1919, vor allem von Arbeitern, Arbeitslosen, Soldaten und Invaliden getragen und war inspiriert durch ähnliche Revolutionen in Ungarn und Bayern. Sie brachte einen markanten »Schub zu mehr Gleichheit« (Hanisch 1994, 274ff.): Die Gesellschaft wurde entfeudalisiert; das Selbstbewusstsein der unteren Schichten wuchs, während breite Mittelschichten (vor allem Beamte) verarmten; die alten Hierarchien zerfielen; das Eigentum wurde beschränkt (wenn auch nicht wirklich bedroht) durch geplante umfangreiche, aber dann kaum realisierte Sozialisierungen (auch bürgerliche Ökonomen beteiligten sich an den Debatten dazu; vgl. Kernbauer u.a. 1983, 347) sowie durch Beschlagnahmungen und Plünderungen erschüttert.

Es wurden aber auch bedeutende soziale Reformen initiiert (Betriebsräte- und Arbeiterkammergesetz, Achtstundentag, einwöchiger Mindesturlaub, Arbeitslosenversicherung, Abfertigung für Angestellte). So wurden zwischen 1918 und 1921 insgesamt 80 sozialpolitische Gesetze verabschiedet, die Österreich als Sozialstaat vorübergehend an die erste Stelle in Europa setzten und die Basis für die starke Weiterentwicklung des Wohlfahrtsstaates im 20. Jahrhundert legten. Im »roten Wien« wurden zusätzliche, vielfach sehr effiziente politisch-praktische Projekte realisiert, wie etwa ein umfangreicher öffentlicher Gemeindewohnungsbau. Die Sozialausgaben wurden ausgeweitet; ihr Anteil an den Staatsausgaben stieg von 10,7 Prozent 1923 bis auf ca. 20 Prozent 1935. (Zum Vergleich: 1985 betrugen sie 25 Prozent). Seit Anfang der 1930er Jahre wurden allerdings viele Sozialleistungen wieder reduziert (wenn auch die entsprechenden Rechte nicht aufgehoben wurden), was seinerseits zur Verbitterung vieler Betroffener führte.

Der Erste und Zweite Weltkrieg

Die gravierendste Folge des Ersten Weltkriegs für Österreich war der Zerfall der Monarchie in fast ein halbes Dutzend kleinere Staaten. Kriege haben bedeutende Folgen nicht nur für Territorial- und Grenzverschiebungen zwischen Staaten, sondern auch im Hinblick auf wirtschaftliche, soziale und politisch-kulturelle Prozesse und Strukturen. Darunter sind zu nennen:

- *Umstrukturierung der Wirtschaft* und Forcierung der Entwicklung in kriegswirtschaftlich wichtigen Sektoren (Grundstoff- und Schwerindustrie, Maschinen-, Fahrzeug- und Rüstungsindustrie usw.);
- die *totale soziale Mobilisierung*, wie sie in den beiden Weltkriegen erfolgte, führte auch zu einer signifikanten Steigerung der Frauenerwerbstätigkeit infolge des Ausfalls männlicher Arbeitskräfte; oft drangen Frauen so in Berufsbereiche vor, die ihnen vorher verschlossen waren;
- *Verstärkung des Staatseinflusses*, da ein Krieg immer eine zentrale Planung und Bewirtschaftung voraussetzt. Durch die Notwendigkeit, die Bereitschaft der Bevölkerung und insbesondere der Wehrpflichtigen für die Kriegsführung zu gewinnen, wächst auch die Bereitschaft der herrschenden Klassen, soziale Maßnahmen zugunsten der breiten Bevölkerung zu setzen. So wurde die Entwicklung des modernen Wohnfahrtsstaates durch die Weltkriege entscheidend gefördert.
- *Politische Folgen*: Ein verlorener Krieg bedeutet häufig den Machtverlust einer herrschenden Gruppe oder einen politischen Systemwechsel. Mit der Absetzung bzw. Abdankung der Habsburger, der Abschaffung des Adels und der Etablierung einer demokratischen Republik änderte sich die Staatsform bzw. das gesamte gesellschaftlich-politische System in fundamentaler Weise.
- *Kulturelle Folgen*: Als Folge der Verbreitung von Waffenbesitz, Kriegserfahrungen usw. entsteht in besonders involvierten Bevölkerungsgruppen (besonders jüngeren Männern) oft eine Verrohung der Sitten und Zunahme von Gewalt und Kriminalität bis auf Jahre nach dem Ende des Krieges.

So hatte der Erste Weltkrieg auch für Österreich gravierende soziale, wirtschaftliche und politische Folgen (vgl. dazu insbesondere die Beiträge von Bruckmüller und Kernbauer in Weinzierl/Skalnik 1983): Der in der europäischen Wirtschaftsgeschichte einmalige Vorgang einer wechselseitigen Abschottung zwischen bisher eng verflochtenen Wirtschaftsräumen (Schöpfer 1980, S. 35) erzeugte eine tiefe Versorgungs- und Wirtschaftskrise (Mangel an Rohstoffen, Nahrungs- und Heizmitteln besonders in Wien); der Zerfall der Monarchie führte zur Entlassung und Degradierung von Zehntausenden Beamten und Militärs; die Verrohung der Sitten führte zu einer soziokulturellen und politischen Krise bis hin zum Bürgerkrieg; die Schwächung der herrschenden alten Schichten führte zu einem Machtzuwachs der Arbeiterklasse und ihrer Vertreter, aber auch zur Herausbildung eines ressentimentgeladenen Proletariats und einer skrupellosen Schicht von Spekulanten.

Die nationalsozialistische Herrschaft 1938–1945

Die Periode der nationalsozialistischen Herrschaft in Österreich war relativ kurz. Da sie aber dennoch sehr einschneidend war, behandle ich sie hier unter der Rubrik »historische Ereignisse«. Der amerikanische Historiker David Schoenbaum (1980) hat überzeugend dargestellt, dass die Epoche des Nationalsozialismus in Deutschland auch eine »*soziale Revolution*« darstellte; der Untertitel seines Werkes »*Class and Status in Nazi Germany*« weist darauf hin, dass der Nationalsozialismus auch auf eine Umwälzung der Klassen- und Schichtstrukturen abzielte (vgl. auch Hanisch 1994, S. 3842).

Hitler verkündete als Ziel seiner neuen Regierung »die Schaffung einer nationalen Solidarität«, »die alle Unterschiede der Klasse und des Standes überwinden« und eine »neue, egalitäre sozialistische Gesellschaft« schaffen wolle (Schoenbaum 1980, S. 77, 80). Es wurde ein Kampf um Gleichberechtigung in Angriff genommen, der aber nicht die auf Beruf und Ausbildung beruhenden Klassenverhältnisse ändern wollte, sondern vor allem »den Status, das Selbstbild, die Geisteshaltung«; die Ungleichheit wurde de facto geleugnet und Gleichheit zugleich zum Prinzip erhoben (ebenda, S.88ff.). Ungleichheit in Beruf und Leistung wurde weiterhin vorausgesetzt, angestrebt wurde die Gleichheit der Aufstiegsmöglichkeiten, der Volksgemeinschaft und Staatsbürgerschaft, Gleichheit im Recht und in der Pflicht zur Arbeit. Der Arbeiter – und Soldat – wurde verherrlicht, von den Beamten Höflichkeit gegenüber allen verlangt, die Volksgemeinschaft als wichtigste soziale Realität – vor Herkunft, Beruf, Stand, Vermögen, Bildung, Kapital – propagiert.

Der »Triumph des Nationalsozialismus lag jedoch weniger in einer neuen Gesellschaft als in einem neuen sozialen Bewusstsein, das in der gefühlsbetonten ›sozialistischen‹ Sprache des Nationalsozialismus seinen Ausdruck fand« (Schoenbaum 1980, S. 107). Es war also eine sehr widersprüchliche »Revolution«: Einerseits fand tatsächlich eine Öffnung der Gesellschaft (nicht zuletzt als Folge der imperialistischen Dynamik) und ein »Umsturz der Klassenstruktur« statt, andererseits aber entwickelten sich eine verwirrende neue Struktur und widersprüchliche Interpretationen. Aufstiege mancher Gruppen wurden kompensiert durch Benachteiligungen anderer, die Stellung aller Gruppen verschob sich, aber es entstand keine klassenlose Gesellschaft.

Österreich wurde durch diese Bewegung vielleicht nicht so tiefgreifend erfasst wie Deutschland, jedoch war die Herrschaft des Nationalsozialismus lang genug, dass sie Bedeutung erlangen konnte, vor allem im Bewusstsein vieler Menschen. Auch in Österreich brachte der Nationalsozialismus neben einem Wirtschaftsaufschwung Modernisierungsschübe mit sich. Dazu gehören die Industrialisierung Westösterreichs, der Ausbau der Infrastruktur (erste Autobahn Salzburg-München), die Auflösung traditioneller Bindungen durch Brauchtum und Kirche (»Verstaatlichung« der Ehe, Einführung der Ehescheidung), die Entkonfessionalisierung der Schule und Zurückdrängung des Einflusses der Kirche (Kirchenbeitragsgesetz), ja sogar ein Ausbau des Sozialstaates (durch Ehestandsdarlehen, Kindergeld, Gesundheitsfürsorge, Altersversicherung und die Idee eine Volksversicherung). Dies alles war jedoch eine »regressive Modernisierung« (Hanisch 1994, S. 348ff.), weil es »Emanzipation« nur für bestimmte Teile des Volkes gab, während andere unterdrückt, ja vernichtet wurden, weil zugleich eine Aushöhlung des Rechtsstaates erfolgte und die Menschenrechte anstelle des Führerprinzips außer Kraft gesetzt wurden. Ein Effekt des Nationalsozialismus und des Zweiten Weltkriegs war auch eine Verstärkung des Staatseinflusses in der Wirtschaft (Verstaatlichung des Energiesektors, Ausbau der Grundstoff- und Investitionsgüterindustrie in den Hermann-Göring Werken in Linz, strikte Kontrolle der landwirtschaftlichen Produktion und Märkte), eine Zunahme der Großbetriebe und ihres Einflusses, und eine enorme Verstärkung des deutschen Kapitals in Österreich (Zunahme des deutschen Anteils am Unternehmenskapital in Österreich von 9 Prozent 1938 auf 57 Prozent 1945).

Spezifisch für Österreich war die Erfahrung, dass die früheren »Klassenfeinde«, das linke, sozialdemokratische und kommunistische, und das bürgerliche, konservativ-christliche Lager gemeinsame Feinde des Nationalsozialismus waren. Die berühmte Geschichte von der Begegnung und Versöhnung zwischen den ehemals verfeindeten Spitzenfunktionären dieser Gruppen in den Konzentrationslagern der Nazis birgt einen wahren Kern: Der Verlust der nationalen Autonomie brachte es zustande, dass sich diese Lager und ihre Spitzenvertreter nach 1945 auf einer ganz anderen Basis begegnen konnten als nach dem Zusammenbruch der Monarchie. Wenn es noch eine Zeitlang auch kein wirkliches Vertrauen war und die Verbesserung der Kommunikation zunächst nur die Eliten umfasste, hatte sich doch das Bewusstsein entwickelt, dass der Kampf gegeneinander sinnlos war und es keine Alternative zu Verständigung und Kooperation gab.

b) Die ständisch-korporative Gesellschaft im Bürgerkrieg: Österreich in der Zwischenkriegszeit

Wie war es möglich, dass eine geordnete und trotz aller Nationalitätenkonflikte relativ gut integrierte Gesellschaft wie Österreich nach dem Ende des Ersten Weltkriegs in eine tiefe, wirtschaftlich-gesellschaftliche Dauerkrise geraten konnte, eine Krise, die letztlich in Bürgerkrieg, Ausschaltung der Demokratie und Untergang des Staatswesens mündete? Und wie konnte die gleiche Gesellschaft nach dem Zweiten Weltkrieg sich so wundersam »erholen« und zu einer sozial und politisch sehr stabilen Nation entwickeln, die bis heute die meisten westeuropäischen Länder wirtschaftlich sogar überholte?

Diese Fragen sind auch deshalb berechtigt, weil ein vergleichbares Land wie Großbritannien, das im Laufe des 20. Jahrhunderts ein noch riesigeres Imperium einbüßte, im Innern keineswegs so zerrissen wurde. Es war also keineswegs allein der Zusammenbruch der Monarchie, der diese dunkle Periode in der neueren Geschichte Österreichs auslöste, sondern es kamen weitere Faktoren dazu. Drei darunter sind besonders wichtig; die beiden ersten davon haben direkt mit der Klassen- und Schichtstruktur zu tun (vgl. dazu auch Hanisch Stadler 1968; 1994, S. 263ff.). Es sind dies die folgenden Faktoren:

1) Wirtschaftskrise und Desintegration der Klassenstruktur mit einem kollektiven sozialen Abstieg großer Klassen und Schichten;
2) Verlust der alten Werte und Autoritäten und Prozesse kollektiver wechselseitiger Statusdegradierung;
3) Mangel eines Staatsbewusstseins und gemeinsam geteilter demokratischer Grundwerte.

Wirtschaftliche Stagnation und Krise

Allgemein bekannt ist die tiefe wirtschaftliche Krise, in welche Österreich nach dem Ersten Weltkrieg geriet. Wirtschaftlich war nahezu die gesamte Zwischenkriegszeit eine Phase der Stagnation, die auf folgende Ursachen zurückging (vgl. Kernbauer/März/Weber 1983):

– Abbruch der intensiven Wirtschafts- und Handelsbeziehungen zu den böhmisch-tschechischen, ungarischen und anderen Teilen der Monarchie;
– zunehmender Mangel an wichtigen Rohstoffen und Nahrungsmitteln (besonders in Wien);
– hohe Defizite der öffentlichen Haushalte (als Folge von Reparationszahlungen und sinkenden Einnahmen);
– ständige hohe Inflation;
– Stagnation der Reallöhne auf einem sehr niedrigen Niveau.

Die wirtschaftliche Entwicklung der Zwischenkriegszeit kann in *vier Phasen* eingeteilt werden:

a) Die Phase der Nachkriegsinflation von 1918 bis 1922 (beendet durch die Genfer Sanierung); diese Hyperinflation – selber ein klares Zeichen für eine gesellschaftliche Desintegration – führte zwar zur Auslöschung der Staatsschulden, aber auch zu einer Verarmung von Gruppen, die Geld gespart oder Staatsanleihen gezeichnet hatten, insbesondere der Kleinsparer (Ausch 1968).

b) 1923 bis 1929 gab es eine deutliche Wachstumsphase, jedoch keine echte Gesundung. Dies war u.a. eine Phase umfangreicher und schädlicher Spekulationen größten Umfangs. Die Banken gerieten, infolge ihrer riesigen Kapitalverluste in den ehemaligen östlichen Gebieten der Monarchie, in eine Dauerkrise.

c) Die Phase der Bankenkrise, die 1931 mit dem Zusammenbruch der Boden-Creditanstalt begann (Ausch 1968). Dies war sogar der Auslöser ähnlicher Krisen in Deutschland und England, die schließlich zu den New Yorker Bankenzusammenbrüchen und damit zur Weltwirtschaftskrise führten.

d) Ab 1932–33 beginnt einer Periode autoritärer politischer Regime; Bundeskanzler Dollfuß regiert mit Notverordnungen unter Umgehung des Parlaments. Im Februar 1934 erfolgt nach blutigen Zusammenstößen die Ausschaltung der Demokratie. Bis zum Einmarsch Hitlers im Mai 1938 blieb die Wirtschaft unter dem Niveau von 1929.

Explosion der Arbeitslosigkeit

Die für den sozialen und politischen Zusammenhalt zweifellos verhängnisvollste Folge der wirtschaftlichen Stagnation war die Explosion der Arbeitslosigkeit. Von nur 1,4 Prozent oder absolut 28.000 Personen stieg die Arbeitslosigkeit bis 1925 auf 220.000 Personen oder rund 10 Prozent; sie erreichte ihren Höhepunkt mit 26 Prozent, 557.000 Personen im Jahre 1933 (vgl. *Tabelle 2.1*).

Neben der Dauerkrise von Industrie und Banken war eine der Ursachen für die Explosion der Arbeitslosigkeit der Abbau von öffentlichen Bediensteten, z.T. erzwungen durch die Genfer Sanierung. 80.000 bis 90.000 öffentlich Bedienstete – Militärs, Verwaltungsbeamte usw. – wurden nach der Auflösung der Monarchie entlassen (viele davon allerdings durch Pensionierungen), da die kleine Republik weit weniger Beamte benötigte als die Monarchie. Entlassungen von Beamten liefen weiter bis ins Jahr 1934, was sich in einem absoluten Rückgang der Beamten von 208.500 im Jahre 1925 auf 166.300 im Jahre 1933 zeigte. Besonders stark in die Krise gerieten die großbetrieblich-schwerindustriellen Sektoren (Bergbau und Hüttenindustrie, Eisenverarbeitung, Holz- und Bauindustrie). 1934 waren in diesen Bereichen nur mehr halb so viele Beschäftigte tätig wie 1929. Ein weiteres, äußerst brisantes Problem war die hohe Jugendarbeitslosigkeit, da die Großbetriebe fast keine Lehrlinge mehr ausbildeten. 1927 kamen auf 100 offene Stellen 310 Lehrstellensuchende.

Die Arbeitslosigkeit war eine der Hauptursachen für das zunehmende Legitimationsdefizit der Ersten Republik. Ihre sozialen Folgen betrafen nicht nur Einkommensverluste und soziale Notlagen breiter Kreise der Bevölkerung, sondern auch einen Abbruch sozialer Kontakte und politischer und kultureller Teilnahme, wie die zeitgenössische soziologische Studie »*Die Arbeitslosen von Marienthal*« zeigte (Jahoda/ Lazarsfeld/ Zeisel 1960; vgl. dazu auch Kern 1982). Verhängnisvoll in dieser Situation war die Tatsache, dass die Notwendigkeit einer aktiven Wirtschafts- und Arbeitsmarktpolitik von den bürgerlichen Regierungen dieser Zeit überhaupt nicht erkannt wurde.

Desintegration der Klassenstruktur, kollektiver Abstieg ganzer Klassen und Schichten

Der Übergang von der noch feudal geprägten Monarchie zur Republik und Demokratie, vor allem aber die wirtschaftliche Dauerkrise brachten einen kollektiven Abstieg ganzer gesellschaftlicher Klassen und Schichten mit sich. Zu nennen ist hier zuallererst der Adel, der numerisch zwar nicht so groß, aber doch die tonangebende Schicht gewesen war. Als Folge der Firmenzusammenschlüsse und Zusammenbrüche im Zuge von Spekulations- und Fusionswellen verloren auch viele Kapitaleigner ihren Besitz; hier wurde von einer »Euthanasie des Rentiers« (Chaloupek 1979) gesprochen. Aber auch viele Kleinsparer verloren ihren bescheidenen Wertpapier- oder Geldbesitz als Folge der Hyperinflation.

Tabelle 2.1: Arbeitslosigkeit und Anzahl der öffentlich Bediensteten in Österreich, 1920–1937

Jahr	*Arbeitslose*		*öffentlich Bedienstete**
	gesamt	*Rate (Prozent)*	
1920	93.000	4,2	-
1925	220.000	9,9	208.500
1930	243.000	11,2	195.047
1933	557.000	26,0	166.311
1935	515.000	24,1	175.180
1937	464.000	21,7	-

* Bedienstete der Hoheitsverwaltung, Monopol und Bundesbetriebe sowie Bundesbahnen

Quelle: Ernst Bruckmüller, »Sozialstruktur und Sozialpolitik«, in Weinzierl/Skalnik (1983), »Österreich 1918–1938«, Tabellen 19 und 20, S. 407 und 408

Die bislang ebenfalls tonangebenden Schichten des Militärs und der Beamten erfuhren aber nicht nur eine quantitative Reduktion (vgl. *Tabelle 2.1*), sondern wurden auch in ihrem gesellschaftlichen Ansehen und Prestige schwer getroffen. Es gab tätliche und symbolische Angriffe auf höhere Beamte und Angehörige der bisherigen Oberschichten, indem etwa Offizieren die kaiserlichen Kokarden heruntergerissen wurden (Hanisch 1994, S. 274). Auch in Kleinstädten spürten die Angehörigen der bisherigen Oberschichten in der Öffentlichkeit, in Straßenbahnen und auf Ämtern eine feindselige Haltung (Kraus 1988, S. 31). Die Folge war, dass die Neigung dieser sozialen Schichten stieg, ihren Schutz zuerst in paramilitärischen Verbänden und später in einer faschistischen Ordnung zu suchen. Eine Begleiterscheinung des steigenden Hasses zwischen den gesellschaftlichen Gruppen war auch der zunehmende Antisemitismus, der schon vor der nationalsozialistischen Okkupation Österreichs in vielerlei Form zum Ausdruck kam.

Ein deutlicher Indikator für die sich zusehends vertiefende soziale Krise der Gesellschaft ist die Bevölkerungsentwicklung. Nicht nur auf dem Höhepunkt der Wirtschaftskrise, sondern während der gesamten Zwischenkriegszeit lässt sich ein kontinuierliches Sinken von Heirats- und Geburtenziffern beobachten. So gab es 1911/13 7,4 Eheschließungen und 24,9 Lebendgeborene auf 1000 Einwohner, 1921 12,5 bzw. 23,3; diese Werte sanken kontinuierlich bis 1937, als sie nur mehr etwa die Hälfte, 6,9 bzw. 12,8 betrugen. Hier zeigt sich am deutlichsten das Schwinden des Zukunftsoptimismus vor allem bei jungen Menschen.

Fehlen eines Staats- und Nationalbewusstseins und Verfall der politischen Kultur

Ein gefestigtes Nationalbewusstsein ist eine entscheidende Voraussetzung dafür, dass ein politisches Gemeinwesen funktionieren und auch ernste Krisen überstehen kann (Haller 1996). Sein Fehlen führt oft dazu, dass politische Einheiten sich quasi über Nacht auflösen oder sich in inneren Konflikten und Bürgerkriegen aufreiben können (dies war der Fall in vielen postkolonialen Staaten, in jüngster Zeit aber selbst in Europa, etwa in Jugoslawien).

Das große Problem für die neu entstandene kleine Republik Deutsch-Österreich war, dass dieser Staat eher wider Willen entstanden war, und nicht durch einen positiven Akt der Einigung oder des Kampfes gegen eine Fremdherrschaft (vgl. dazu auch Hannak 1964; Stadler 1968). Die Vereinigung mit Deutschland wurde durch die Siegermächte nicht gestattet. In dieser sahen fast alle führenden Politiker und Parteien die naheliegendste Lösung – wenngleich aus unterschiedlichen Gründen (vgl. Botz in Weinzierl/Skalnik 1983): Bürgertum und Bauern waren unbedingt dafür und die Linken erhofften sich eine Stärkung durch Vereinigung mit der mächtigen deutschen Sozialdemokratie (konservative Sozialdemokraten, wie Karl Renner, dachten eher an eine Donaukonföderation). Die Vereinigung mit Deutschland wurde sogar in der ersten Verfassung festgeschrieben. Auch diverse österreichisch-deutsche kultur- und wirtschaftspolitische Organisationen agitierten für einen Anschluss; Abstimmungen in Tirol und Vorarlberg erbrachten z.T. 80 Prozent und mehr Befürworter eines solchen. Jedoch gab es je nach dem Auf und Ab der wirtschaftlichen Entwicklung durchaus Schwankungen der öffentlichen Meinung im Hinblick auf den Anschluss an Deutschland.

Eine grundsätzliche Veränderung der Situation ergab sich durch den Machtantritt der Nationalsozialisten 1933 in Deutschland. Nun forderte die – eigentlich illegal – auch in Österreich vertretene NSDAP verstärkt den Anschluss und setzte dafür zunehmend terroristische Mittel ein. Als Reaktion darauf entwickelte Bundeskanzler Dollfuß nach der Ausschaltung des Parlaments 1934 erstmals die Idee einer eigenständigen österreichischen Nation. Von 1934 bis 1938 ging es für ihn und seinen Nachfolger Kurt Schuschnigg vor allem um die Erhaltung der Selbständigkeit Österreichs. Für Dollfuß wurde es ein Kampf um Leben und Tod – am 25.7.1934 wurde er von den dilettantisch putschenden Nationalsozialisten ermordet. In seinem Buch »*Österreich gegen Hitler*« stellt der Münchner Historiker Gottfried Karl Kindermann (2003) die These auf, dass Österreich der erste Staat in Europa war, in dem die verhängnisvollen Absichten Hitler klar erkannt und öffentlich angeprangert wurden. Dem nationalsozialistischen Terror im Innern und dem Druck Hitlers von außen konnte das ständestaatliche Regime von Dollfuß und Schuschnigg auf Dauer aber nicht standhalten – vor allem deshalb, weil es nicht gelang alle demokratischen Kräfte in den Widerstand einzubeziehen; die politischen Gegner auf der Linken waren ja selber massiv unterdrückt worden.

Ein besonders prägnantes Beispiel für die Kontinuität und allmähliche Transformation älterer Institutionen wie auch für die zunehmende Verrohung der Sitten im Österreich der Zwischenkriegszeit stellt die Entwicklung des *Pressewesens* dar. Dies ist von besonderer Bedeutung, weil die Presse entscheidenden Einfluss auf politische Prozesse nimmt (zum folgenden vgl. Csoklich, in Weinzierl/Skalnik 1983).

Der Zusammenbruch der Monarchie führte – zwar nicht sofort, aber doch allmählich – auch zum Zusammenbruch der alten Pressestrukturen. Eine gewisse Zeit lang konnte man die bedeutenden Wiener Tageszeitungen, allen voran die *Neue Freie Presse*, eine der führenden Tageszeitungen des deutschen Sprachraumes, in den Kaffeehäusern von Budapest, Prag und anderswo auch nach 1918 noch lesen; in Ungarn und Tschechien gab es weiterhin lokale deutsche Tageszeitungen. Allmählich erfolgte jedoch ein Umschwung: Parteilich-weltanschaulich gebundene Zeitungen (wie die Seipel unterstützende konservative *Reichspost*, oder die sozialistische *Arbeiterzeitung*) erhielten immer größere Bedeutung. Die Aufhebung des Kolportageverbotes 1923 (Verbot des öffentlichen Verkaufs) führte zur Entstehung eines neuen Typs von Boulevardblättern (*Tag*, *Abend*, *Stunde*) mit marktschreierischen Titeln, aber auch informativen Teilen. Einige davon (wie *Die Stunde*) spezialisierten sich darauf, gegen Geld wichtige Nachrichten zu verschweigen; finanzielle und politische Interessen wurden vielfach vermischt. In den Bundesländern dominierten eher deutschnationale und -liberale Zeitungen (*Grazer Tagespost*, *Tagespost* in Linz), während katholische und sozialistische Zeitungen schwach blieben.

Die verhängnisvolle Eskalation der innenpolitischen Lage der Ersten Republik führte zu einer zunehmenden Härte der publizistischen Auseinandersetzung, vor allem nach dem Schattendorfer Prozess (Juli 1927). Im Zuge dieser Eskalation stieg die Neigung konservativer Blätter zu autoritären Lösungen (Schlagwörter von Zeitungsartikeln lauteten etwa »Pressefreiheit führt zu Pressefrechheit« oder »Präpotenz jüdischer Zeitungsmacher«). Seit 1933 erfolgte durch das ständestaatliche Regime eine gewisse Zensur, die jedoch wenig effizient war.

Den schwerwiegendsten Beitrag zur Eskalation leistete jedoch die Aufstellung bewaffneter Bürgerwehren auf der rechten (Heimwehr) wie auf der linken Seite (Schutzbund). Zusammen mit anderen militanten Gruppen, wie insbesondere den Nationalsozialisten, erzeugten diese ein Klima der öffentlichen Unsicherheit und Angst. So wurden zwischen 1918 und 1934 als Folge politischer Gewalt 217 Personen getötet und 642 schwer verletzt.

Fazit

Betrachtet man die dramatische Entwicklung Österreichs in der Zwischenkriegszeit zusammenfassend, so wird verständlich, warum ein relativ geordnetes, wenn auch konfliktreiches ständisch-korporatives System sich in kurzer Zeit völlig verändern und warum es zu einer unglaublichen Eskalation von Hass und Gewalt und schließlich zum Untergang des eigenständigen Staates Österreich kommen konnte. Aus Mangel an einem Fundus gemeinsamer Grundwerte in Bezug auf das gesellschaftliche Zusammenleben und die Gestaltung der Politik, als Folge der sich massiv verschlechternden wirtschaftlichen Lage, sowie der Deklassierung ganzer Klassen und Schichten, vertiefte sich das wechselseitige Misstrauen immer mehr. Die zunehmende Anwendung von verbaler Diffamierung und Aggression, immer mehr aber auch von offener Waffengewalt führte schließlich in einem sich selbst verstärkenden Prozess einer totalen Verfeindung zwischen den drei großen Lagern der Christlich-Sozialen, Sozialdemokraten und Deutschnationalen. Damit war der Boden bereitet für die kampflose Selbstaufgabe des Staats beim Einmarsch der Truppen des nationalsozialistischen Deutschland am 13. März 1938.

2.4 Abschließende Bemerkungen

Fragen wir uns abschließend, welche Relevanz diese historischen Charakteristika und Ereignisse für die Entwicklung Österreichs seit 1945 haben. Zwei Fragen sind hier von Interesse: Die erste betrifft jene nach der Reformfähigkeit und Entwicklungsdynamik der Monarchie; die zweite jene des Fortwirkens altösterreichischer Einstellungsmuster und Sozialstrukturen.

Waren die Institutionen und Strategien, die sich in der Monarchie herausgebildet haben, in der Lage, die gesellschaftliche Entwicklung voranzutreiben oder waren sie ein Hemmschuh für Modernisierung und Fortschritt? Man kann hier auch die Frage stellen, ob die Monarchie tatsächlich zum Untergang verurteilt war. Viele Autoren, wie etwa Friedrich Engels (1820–1895), Journalist und Mitstreiter von Marx, sahen ihren Untergang als eine unausweichliche Folge der inneren Zerrissenheit und Unfähigkeit zu tiefgreifenden Reformen vor allem im Bereich der Staatsverfassung. War dieses höchst komplexe und differenzierte, von einer Vielzahl von Konflikten durchzogene Staatsgebilde, das sich mühsam von Teilreform zu Teilreform schleppte, auf Dauer wirklich nicht überlebensfähig? Diese Frage betrifft auch den allgemeinen Zusammenhang zwischen sozialen Strukturen, Leitprinzipien und der »Effizienz« und »Dauerhaftigkeit« von ganzen Gesellschaften bzw. politischen Gemeinschaften.

Was können wir im Hinblick auf die Rolle der vielfach differenzierten Klassen-, Stände- und Schichtstrukturen und die ihnen entsprechenden Geisteshaltungen (hierarchisches Denken, Sicherheits- und Konsensstreben) für die Entwicklung der Habsburgermonarchie sagen? Offenkundig hatten diese nicht nur negative, sondern auch positive Wirkungen. Das »Fortwursteln«, das stückweise Reformieren, dem oft die Restauration folgte, wurde aufgewogen durch die Vielfalt und Kreativität des Zusammenlebens der vielen Nationen, Schichten und Gruppen der Monarchie. Die daraus entstehende Konkurrenz um staatliche Ressourcen, der Wettbewerb um die angesehensten Positionen in der Haupt- und Residenzstadt Wien, das Streben nach Anklang bei einem anspruchsvollen Publikum und vieles andere mögen dazu beigetragen haben, dass oft mit bescheidenen Mitteln Höchstleistungen erbracht wurden, wie etwa in den Bereichen von Kunst und Wissenschaft (vgl. Haller/Wohinz/Wohinz 2002). Aber selbst die oft als negativ gebrandmarkten Charakteristika der ständisch-korporativen Gesellschaft, wie der hohe Grad an staatlicher Regulierung, die zeitweise Abschottung gegenüber äußerem Wettbewerb, die Neigung zu Kartellbildungen aller Art mögen vielfach nicht nur negative Effekte gehabt haben. Auch in den wirtschaftlich erfolgreichsten Nationen des späten 19., frühen 20. Jahrhunderts, Deutschland und USA, spielten Marktregulierungen und Beschränkungen durch Kartelle und Schutzzölle eine sehr große Rolle – jedenfalls eine größere als in dem viel marktfreundlicheren Großbritannien, das zu dieser Zeit wirtschaftlich deutlich zurückzufallen begann.

Warum ist die österreichisch-ungarische Monarchie dann trotzdem untergegangen? Ich bin mit nicht wenigen Autoren, darunter z.B. Bruno Kreisky (1986), der Meinung, dass dieser Untergang nicht unausweichlich war. Der amerikanische Sozialhistoriker David Good stellt überzeugend fest und belegt es mit vielen empirischen Fakten, dass das Habsburgerreich wirtschaftlich nicht versagt hat. Die durchschnittliche jährliche Wachstumsrate von 1870 bis 1913 betrug in der Monarchie 1,45 Prozent; in Deutschland war sie etwa gleich, in Großbritannien, Frankreich und Italien dagegen deutlich niedriger (0,8 bis 1,0 Prozent; Good 1986, S.209). Die k.u.k. Monarchie erreichte auch eine Förderung der weniger entwickelten Regionen; so wuchsen die östlichen Länder der Monarchie wirtschaftlich stärker als jene im Westen.

Die Antwort auf die Frage nach den Ursachen des Untergangs der k.u.k. Monarchie scheint eindeutig zu sein: Mit der Kriegserklärung an Serbien hat Kaiser Franz Josef I. selbst den Untergang seiner Dynastie und seines Reiches besiegelt. Bis zu diesem Zeitpunkt hatte auch die am höchsten entwickelte und mit der bestehenden Verfassung am wenigsten zufriedene Nation der Tschechen nicht die volle politische Selbständigkeit und damit eine Auflösung der Monarchie verlangt, sondern lediglich eine stärkere Autonomie innerhalb dieser. Erst während des 1. Weltkrieges verfestigte sich die Idee der Gründung eines eigenen tschechischen Staates bei Männern wie T.G. Masaryk; der militärische Zusammenbruch der Monarchie ließ ihre Ideen Wirklichkeit werden.

Viele der in diesem Kapitel aufgezeigten Strukturen und Prozesse im alten Österreich bzw. im Österreich der Zwischenkriegszeit haben Nachwirkungen bis heute, wie sich in vielen der folgenden Kapitel zeigen wird. Auch im Falle Österreichs gilt die These der *Pfadabhängigkeit* gesellschaftlicher Entwicklungen, die sich im Bereich der einschlägigen Forschung durchgesetzt hat: Selbst tiefgreifende strukturelle Umwälzungen oder politisch-soziale Reformen führen nicht zu völlig neuen Institutionen und Verhaltensweisen, sondern setzten tradierte Muster in einer neuen Weise fort. Dies hat schon Theodor Geiger (1949, S.152f.) sehr klar herausgestellt: »[…] in jedem Falle muß jeder neue Strukturzustand sich unter dem vorangehenden vorbereitet haben und aus ihm hervorwachsen […]. Denkt man sich eine Klassengesellschaft als Erbfolgerin einer ständischen, so muß die Klassenschichtung schon einige Zeit vorher innerhalb der sonst noch ständischen Gesellschaft bestanden haben, ehe diese in ihrer Gänze zur Klassengesellschaft wurde. Andererseits werden Reste der ständischen Schichtung in der Klassengesellschaft bewahrt sein […] Zwei oder mehrere Schichtungen bestehen so gleichzeitig nebeneinander in einer historisch bestimmten Gesellschaft.« Um die Kontinuität dieser »Tiefenstrukturen« zu erkennen, denke man etwa an die herausragende Bedeutung des Staates und öffentlichen Dienstes für die Bereitstellung umfangreicher Leistungen für die Bürger, und auch für die Wirtschafts- und Sozialpolitik insgesamt im Österreich der Nachkriegszeit. Die Grundlagen des bis heute bestehenden österreichischen Bildungssystems mit seiner frühen Differenzierung der Schüler in zwei unterschiedliche Wege (Hauptschule vs. Gymnasium), die an alte Standesdifferenzierungen anknüpft, gehen zurück auf die Thun-Hohenstein-Unterrichtsreform von 1848–53 (Stachel 1999; Seel/Scheipl 2002). Auch der hohe gewerkschaftliche und gewerblich-unternehmerische Organisationsgrad hat seine Wurzeln in der Zeit der Monarchie, ebenso wie die enge Zusammenarbeit zwischen diesen und den Regierungen in Form der Sozialpartnerschaft, bezüglich derer Österreich einen europäischen Modellfall darstellt (Schöpfer 1980).[7] Insbesondere das österreichische Parteiensystem ist »die herrschende Konstante, die das politische System der österreichischen Reichshälfte der Monarchie mit der 1. und 2. Republik verbindet« (Nick/Pelinka 1983, S. 43). Schon Ende des 19. Jahrhunderts hatten sich die bis heute existierenden drei Lager der Sozialisten, Christlich-Sozialen und Deutschnationalen herausgebildet. Schließlich liegen geistige Grundlagen der Sozialpartnerschaft seit 1945 in der katholischen Soziallehre und dem darin enthaltenen Solidaritätsprinzip, das die Interdependenz der Verantwortlichkeit verschiedener Ebenen bzw. Einheiten (Individuum, gesellschaftliche Gruppen, Staat) betont und den Klassenkampf ablehnt (A. Klose in Stourzh/Grandner 1986, S. 53ff.). Zu nennen ist hier auch der Wohlfahrtsstaat, der – wie inzwischen allgemein anerkannt wird – nicht nur umverteilende, sondern auch wachstumsfördernde Wirkungen hat (Vobruba 1989). Das außerordentlich dynamische wirtschaftliche Wachstum Österreichs von 1945 bis heute belegt, dass all diese Institutionen nicht nur fortschrittshemmende, sondern auch ausgleichende, verstetigende und damit insgesamt fördernde Wirkungen zeitigen können (vgl. dazu auch Casey/Gold 2000).

7 Allenfalls zwei Charakteristika der Monarchie wurden in der Zeit nach 1945 deutlich abgeschwächt, nämlich die politische und soziale Bedeutung des Katholizismus und die ethnisch-kulturelle Vielfalt. Diese hat in der jüngsten Zeit in Folge durch starke Zuwanderung jedoch wieder an Bedeutung gewonnen.

Vertiefende Fragen

1. Österreich und die Schweiz sind einander sehr ähnlich (Alpenländer, Kleinstaaten usw.). Warum bestehen zwischen ihnen trotzdem in vielem erhebliche Unterschiede: Welche sind dies? Wie sind sie a) historisch, b) strukturell, c) institutionell zu erklären?
2. Inwiefern kann man (a) die »Beamten«, (b) die Akademiker heute als »Stände« bezeichnen? Welche Veränderungstendenzen sind in Zukunft im Hinblick auf ihre Lage zu erwarten?
3. Was unterscheidet die Arbeitslosigkeit in den 1930er Jahren von der Arbeitslosigkeit heute? Könnte hohe Arbeitslosigkeit auch heute weitreichende politische Folgen haben?
4. Welche Effekte sind für die österreichische Gesellschaft vom Beitritt zur Europäischen Union zu erwarten? Was waren die Hauptgründe dafür nach Aussagen der Politiker?

Weiterführende Literatur

Hanisch, Ernst (1994), *Der lange Schatten des Staates. Österreichische Gesellschaftsgeschichte im 20. Jahrhundert*, Wien: Ueberreuter
Das umfangreiche Standardwerk des renommierten Salzburger Historikers zur neueren österreichischen Wirtschafts- und Sozialgeschichte.

Helczmanovsky, Heimold, Hrsg. (1973), *Beiträge zur Bevölkerungs- und Sozialgeschichte Österreichs*, Wien: Verlag für Geschichte und Politik
Ein Standardwerk zur österreichischen Bevölkerungs- und Sozialgeschichte des 20. Jahrhunderts.

Weinzierl, Erika/Kurt Skalnik, Hrsg. (1983), *Österreich 1918–1938. Geschichte der Ersten Republik*, Graz/Wien/Köln: Styria
Umfassende Sammlung von Aufsätzen zu den wirtschaftlichen, sozialen, kulturellen und politischen Strukturen und Prozessen in der Zwischenkriegszeit, mit Beiträgen zahlreicher namhafter Historiker und Sozialwissenschaftler.

Kapitel 3: Die demographische Entwicklung

3.1 Zum Begriff der Bevölkerung, seiner Bedeutung und empirischen Erfassung

Die demographische Entwicklung gehört zu den wichtigsten Kennziffern einer Gesellschaft. In diesem Kapitel werden zunächst Grundbegriffe und Theorien der Demographie erläutert (3.1 und 3.2), danach wird ein Überblick über die Entwicklung und die Veränderung des Aufbaus der Bevölkerung Österreichs in den letzten hundert Jahren im Vergleich mit anderen Ländern und Weltregionen gegeben (3.3). Abschließend werden Ansätze zu ihrer Erklärung diskutiert (3.4) und die Auswirkungen von Migrationsprozessen auf die Bevölkerungsstruktur thematisiert (3.5).

a) Der Begriff der »Bevölkerung« und seine soziologische und politische Bedeutung

Der Begriff »Bevölkerung«, im Alltag, in der Öffentlichkeit und in den Sozialwissenschaften häufig verwendet, ist recht unscharf und soziologisch »amorph«. Die Kritik von Marx lautete, dass die bürgerliche Sozialwissenschaft viel zu viel mit diesem atheoretischen und apolitischen, inhaltlich nichtssagenden Begriff arbeite. Für ihn wurde die Dynamik der Bevölkerung und ihr Wachstum selbst bestimmt durch die Verwertungsprozesse des Kapitals (Marx 1971 [1867], S. 373, 648f., 660), – eine These, auf die noch zurückzukommen sein wird.

Dennoch ist der Begriff der Bevölkerung aus soziologischer Sicht unentbehrlich, und zwar aus vier Gründen:[1]

1) Er wird in der *Alltagssprache* und in den *Medien* immer wieder verwendet. Die jedes Jahr laufend veröffentlichten Daten über demographische Prozesse wie abnehmende Geburtenzahlen, zunehmende Scheidungsziffern usw. stoßen bei den Medien auf großes Interesse. Sie werden interpretiert als Hinweise auf mögliche sozialpolitische Probleme, die auf uns zukommen könnten (z.B. Gefährdung der Renten), und auf Prozesse des Wertwandels (z.B. Verfall der Ehe- und Familienwerte). Aber abgesehen von derartigen Deutungen haben z.B. Veränderungen von Scheidungsraten auch zahlreiche rein demographische Ursachen (z.B. weil einige Jahre früher die Zahl der Eheschließungen gestiegen ist).

2) Die »Bevölkerung« stellt die bestimmende *Basis jeder Gesellschaft* dar – das Gewicht einer Gesellschaft oder eines Staates ist weniger an der Fläche, als an der Bevölkerungszahl ablesbar (so spielt Deutschland mit nur 357.000 km^2

1 Vgl. auch Schmid 1976; Höpflinger 1997; Birg 1996.

Fläche, aber 80 Millionen Einwohnern gegenüber Kanada mit 9,9 Millionen km², aber nur 30 Millionen Einwohnern international eine bedeutendere Rolle).

3) Der Begriff der Bevölkerung und ihrer »Größe« hat auch *politische Implikationen*. In der Phase des Absolutismus (16. – 18. Jahrhundert), in der die modernen Staaten entstanden sind, war eine große Bevölkerungszahl aus zwei Gründen wichtig: Zum ersten garantierte sie das entscheidende Reservoir für die Rekrutierung von Soldaten; zum zweiten sicherte sie hohe Steuereinnahmen. Konservativ-reaktionäre Regierungen, im Extrem der Nationalsozialismus, vertraten die Ideologie von der Bedeutung eines großen und starken (»reinrassigen«, deutschen) »Volkes«.[2] Der erste Grund verliert in Europa heute wohl deutlich an Gewicht (in vielen Ländern wurde die allgemeine Wehrpflicht durch ein Berufsheer ersetzt), der zweite mag seine Gültigkeit durchaus noch besitzen.

4) Hinweise auf die *Dynamik der Bevölkerungsentwicklung* werden häufig schlagwortartig als wissenschaftliche Untermauerung für bestimmte Anschauungen oder Prognosen eingesetzt. Hier wird insbesondere auf die Gefahren verwiesen, die anscheinend von großen und weiter wachsenden Völkern wie z.B. China und Indien für den Westen ausgehen.

Heute wird vor allem von der Gefahr gesprochen, die durch die hohen Geburtsraten der *islamischen Bevölkerungen* für Europa von mehreren Seiten angeblich entstehen. So schreibt der amerikanische Politikwissenschaftler Samuel Huntington in seiner viel diskutierten Studie »Kampf der Kulturen«: *»Größere Populationen benötigen mehr Ressourcen, und daher tendieren Menschen aus Gesellschaften mit dichter und/oder rascher wachsender Bevölkerung dazu, sich auszubreiten, Territorium zu besetzen und Druck auf andere, demographisch weniger dynamische Völker auszuüben. Das islamische Bevölkerungswachstum ist daher ein wesentlicher, mit ausschlaggebender Faktor für Konflikte zwischen Muslimen und anderen Völkern entlang den Grenzen der islamischen Welt.«* (Huntington 1998, S. 198)

Dass es sich bei dieser Aussage zum guten Teil um konservativ gefärbte Behauptungen mit geringem Realitätsgehalt – aber möglicherweise starker ideologischer Wirksamkeit – handelt wird klar, wenn man sich einige einschlägigen Fakten vergegenwärtigt. So sind viele islamische Staaten keineswegs aggressiv nach außen; die islamische Gewalt von Terrorgruppen richtet sich zum größten Teil gegen Regierungen der eigenen Länder; einige der aggressivsten Militäraktionen im Vorderen Orient seit dem 2. Weltkrieg sind von den USA und Israel ausgegangen usw.[3]

Die Bevölkerungszahl allein besagt aber noch wenig darüber, wie »stark«, wie modern etc. ein Land ist. *Tabelle 3.1* zeigt, dass die beiden mit Abstand bevölkerungsreichsten Länder der Erde – Indien und China – im Hinblick auf die wirtschaftliche Potenz noch immer weit hinter den westlichen Industrieländern

2 Vgl. zur Kontroverse um diesen Begriff Heckmann 1992, S. 47ff.; Haller 1997a.

3 Vgl. Haller 2003b für eine systematische Darstellung dieser Argumente und der empirischen Evidenz dafür.

Tabelle 3.1: Datenbeispiele zur Relativität der Bevölkerungszahlen aus wirtschafts- und sozialwissenschaftlicher Sicht, 1980 und 2005

Land		*Einwohnerzahl (in Mio.)*	*Bruttosozialprodukt-BSP in US-Dollar*		
			gesamt (in Mrd.)	*pro Kopf*	*pro Kopf in PPP*[1]
China	1980	979,6	267,8	270	-
	2005	1.304,5	2.263,8	1.740	6.600
Indien	1980	674,9	153,4	230	-
	2005	1.094,6	793,0	720	3.460
USA	1980	227,7	2639,1	11.590	-
	2005	296,5	12.969,6	43.740	41.950
Deutschland	1980 [2]	61,6	758,5	12.320	-
	2005	82,5	2.852,3	34.580	29.210
Türkei	1980	44,4	61,6	1.390	-
	2005	72,6	342,2	4.710	8.420
Österreich	1980	7,5	70,6	9.360	-
	2005	8,2	303,6	36.980	33.140
Ruanda	1980	5,2	1,2	220	-
	2005	9,0	2,1	230	1.320

1 Diese Kennziffer ist von höherer Aussagekraft als das BSP/Kopf nach Wechselkursen. (PPP: Purchasing Power Parity, d.h., nach der realen Kaufkraft einer Währung).

2 Bundesrepublik Deutschland

Quellen: 1980: World Bank Atlas 1983, S. 16ff.; 2005: World Development Indicators Database – World Bank, 1 July 2006.

zurückliegen. Allein Österreich erreicht ein Bruttosozialprodukt, das etwa ein Siebentel dessen von China ausmacht, während seine Einwohnerzahl weniger als 1 Prozent jener von China beträgt.[4]

Trotzdem stellt die Bevölkerungszahl eine zentrale sozialwissenschaftliche Basisgröße dar. Angesichts weltweit hoher Arbeitslosigkeit und einer steigenden Wohlstandskluft zwischen der Ersten und der Dritten Welt ist sie heute vor allem ein Faktor in *negativer Hinsicht*: Für wenig entwickelte, bevölkerungsreiche Länder (Indien, Indonesien, Brasilien etc.) ist ein starkes, unkontrollierbares Bevölkerungswachstum mit ein wichtiger Grund für die Persistenz von Unterentwicklung und Armut. Selbst hohes Wirtschaftswachstum führt dort nicht zu einer generellen Hebung des Lebensstandards, weil es das Bevölkerungswachstum nicht kompensieren kann (insbesondere, weil es zu wenige Arbeitsplätze für die jungen Generationen gibt).

4 Hierbei ist allerdings zu berücksichtigen, dass das Maß BSP/Kopf den wirklichen Wohlstand und Lebensstandard von voll industrialisierten und kommerzialisierten Ländern überschätzt, jenen von Ländern der Dritten Welt unterschätzt; in diesen Ländern wird ein hoher Anteil der wirtschaftlichen Güter und Leistungen informell erbracht, im Rahmen der Haushalte, Dorfgemeinschaften, freiwilligen Assoziationen usw. (vgl. Werner 1975, 63ff.).

In dieser Hinsicht erscheint der Begriff der *»zweckdienlichen Bevölkerungsgröße«* (man könnte auch von einer *»optimalen Bevölkerungsgröße«* sprechen), den Marx (1971 [1867], S. 373) vom englischen Nationalökonomen James Mill übernahm, angebracht zu sein. Die Grundidee dabei ist, dass das Wachstum einer Gesellschaft dem Wachstum der Produktivität und Wirtschaftskraft entsprechen sollte, sodass für alle Gesellschaftsmitglieder Arbeit und ein auskömmlicher Lebensunterhalt möglich ist. Aus dieser Sicht ist es nicht angebracht, die niedrigen Geburtenraten und den möglicherweise bevorstehenden Bevölkerungsrückgang zu dramatisieren. Abgesehen davon, dass dieser Rückgang wohl kaum so stark sein wird, wie oft behauptet, können sich Wirtschaft und Gesellschaft auch an eine starke oder leicht schrumpfende Bevölkerung anpassen, ohne dass damit signifikante Einbußen an Lebensqualität verbunden sein müssen.

b) Grundbegriffe und Methoden zur Erfassung der Bevölkerung und ihrer Veränderung

Wer zur Bevölkerung eines Landes (Staates) zu zählen ist, ist nicht ohne weiteres eindeutig. Es gibt zwei unterschiedliche Definitionen, eine räumliche und eine soziale bzw. politische.

Räumliche Definition: Die Bevölkerung eines Landes ist die Gesamtheit der Personen, die zu einem bestimmten Zeitpunkt durch ihren (relativ permanenten) Wohnsitz oder ihre Arbeitsstätte einem bestimmten Gebiet zuzuordnen sind.

Definition nach *Gruppenzugehörigkeit*: Die Bevölkerung umfasst alle Personen, die einer bestimmten Gruppe (Angehörige eines Staates, ethnische Gruppe, Sprachgruppe, religiöse Gruppe) zuzuordnen sind.

Einige Beispiele für Bevölkerungen nach diesen Definitionen:

- Österreicher nach *Staatsangehörigkeit*: Zum Zeitpunkt der letzten Volkszählung (2001) waren 8,1 Millionen Menschen in Österreich ansässig; zugleich lebten 370.000 Personen mit österreichischer Staatsangehörigkeit im Ausland (davon der größte Teil, rund 180.000, in Deutschland). Andererseits lebten nicht weniger als 710.926 Ausländer in Österreich; von den rund 8 Millionen Ansässigen waren also »nur« rund 7,3 Millionen österreichische Staatsbürger.
- Die deutschsprachige, italienische und ladinische »Volksgruppe« in Südtirol (man sollte vielleicht besser sagen »Sprachgruppe«);
- Schwarze (heute oft als »Afroamerikaner« bezeichnet) in den USA. In der amerikanischen Volkszählung werden die Einwohner auch nach ihrer ethnischen Zugehörigkeit (»race«) befragt. Im Jahr 2000 betrug die Zahl der Personen, die »black or African American« angaben, 34,6 Millionen (12,3 Prozent der Gesamtbevölkerung).[5]

5 Vgl. http://www.census.gov/prod/2001pubs/c2kbr01-1.pdf

Bei Volkszählungen und statistischen Erhebungen ist also sehr genau zu definieren, wer zur »Bevölkerung« gehört. Beispiele für drei praktisch relevante sozialstatistische Definitionen werden gegeben in *Übersicht 3.1*.

Übersicht 3.1: Beispiele für unterschiedliche Definitionen von »Bevölkerung«

- *Ansässige Wohnbevölkerung*: Sie erfasst alle im Gebiet von Österreich ansässigen Personen (außer den vorübergehend Anwesenden, wie Touristen und Inhabern von Nebenwohnsitzen). Diese Definition liegt allen großen statistischen Erhebungen zugrunde (Volkszählung, Mikrozensus, Statistik der Bevölkerungsbewegung; Ereignisse im Ausland werden hier allerdings nicht gezählt, auch wenn sie Personen mit Wohnsitz in Österreich betreffen).
- *Inländische österreichische Bevölkerung* (Österreichische Staatsbürger, die auf dem Territorium der Republik Österreich leben.) Das ist die typische Grundgesamtheit für Meinungsumfragen, allerdings hier nochmals eingegrenzt auf Erwachsene und in privaten Haushalten lebende Menschen.
- *Österreichische Staatsbürger*, unabhängig von ihrem Wohnort im In- oder Ausland. Dies ist das relevante Definitionskriterium bei Wahlen. (Hier wurden bisher nur inländische Staatsbürger erfasst, zunehmend schließt man aber auch im Ausland lebende österreichische Staatsbürger ein, etwa durch Briefwahl).

Im Hinblick auf die Methoden zur Erfassung der Bevölkerung und ihrer Veränderung kann man unterscheiden zwischen Bestandsaufnahmen zu einem bestimmten Zeitpunkt und regelmäßigen Erhebungen über laufende Veränderungen. Die wichtigsten Bestandsaufnahmen der Bevölkerung in Österreich sind:

- *Volkszählung*: Dies ist die einzige Vollerhebung der Gesamtbevölkerung zu einem bestimmten Zeitpunkt (sie findet alle 10 Jahre statt, in den Jahren 2001, 1991 usw.)
- *Einwohnererhebung*: Erfassung der genauen Bevölkerungszahl kleinerer politisch-administrativer Einheiten (z.B. von Gemeinden) aufgrund der örtlichen Melderegister.
- *Mikrozensuserhebungen*: Große, amtliche Erhebungen zum Zwecke der genauen Erfassung von Grunddaten zur Demographie, zu Wohnverhältnissen und Erwerbstätigkeit (vierteljährliche Erhebung in 22.500 Haushalten). Der Mikrozensus eignet sich auch sehr gut als Datenbasis für sozialwissenschaftliche Analysen (Haslinger/ Kytir 2006).

Die wichtigsten Erhebungen bzw. Analysen zur Erfassung der laufenden Veränderungen sind die Statistik der natürlichen Bevölkerungsbewegung, die Bevölkerungsfortschreibung und -vorausschätzung sowie – seit neuestem – das zentrale Melderegister (vgl. *Übersicht 3.2*).

Übersicht 3.2: Erhebungen und Analysen zur Erfassung der laufenden Veränderungen der Bevölkerung

- *Statistik der natürlichen Bevölkerungsbewegung*: Registrierung der laufenden Veränderungen durch Geburten, Sterbefälle, Eheschließungen, Scheidungen und Ein- und Auswanderungen durch die jeweils zuständigen Ämter.
- *Bevölkerungsfortschreibung*: Aktuelle Schätzungen der aktuellen Bevölkerungszahl, ausgehend vom letzten, genau erfassten Stand der Bevölkerung (in der Regel die letzte Volkszählung) und mit Berücksichtigung der inzwischen stattgefundenen Veränderungen (Geburten, Sterbefälle, Ein- und Auswanderungen; diese werden in der Regel nicht vollständig erfasst).
- *Bevölkerungsvorausschätzung*: längere Fortschreibung der zu erwartenden Veränderung der Bevölkerungszahlen auf Basis der neuesten Zählungen sowie der Veränderungen in den bevölkerungsbezogenen Verhaltensweisen (Fruchtbarkeit, Lebenserwartung, Migration).
- *Zentrales Melderegister* (ZMR): Seit dem 1.3.2007 bestehendes Verzeichnis sämtlicher in Österreich gemeldeter Personen. Gespeichert werden (aufgrund der Informationen der örtlichen Meldeämter) Name, Geschlecht, Geburtsdatum und Staatsangehörigkeit sowie Wohnsitzdaten. Damit steht ein umfassendes Bevölkerungsverzeichnis zur Verfügung, das auch als Basis für Wählerevidenz, Finanzausgleich und Volkszählungen dient.

3.2 Theorien und Modelle der Bevölkerungsentwicklung

Die Erklärung des Wachstums oder Schrumpfens einer Bevölkerung ist gesellschaftlich und politisch hochbedeutsam. Während vor allem in reichen Ländern meist ein großes Bevölkerungswachstum politisch erwünscht ist, steht in bevölkerungsreichen weniger entwickelten Ländern die Geburtenkontrolle auf der Tagesordnung, denn starkes Bevölkerungswachstum steht einer Verbesserung der wirtschaftlichen Situation entgegen.

Außerdem besteht ein grundsätzlicher Konflikt zwischen staatlich-politischen Zielen dieser Art und der individuellen Entscheidungsfreiheit hinsichtlich der gewünschten Kinderzahl. Dabei spielen auch religiös-kulturelle Werthaltungen und Normen eine erhebliche Rolle. Vor allem die katholische Kirche stellt sich eindeutig gegen systematische Bemühungen zur Förderung von Familienplanung und Geburtenkontrolle.

Aus all diesen Gründen sind Theorien über Bevölkerungsentwicklung sehr umstritten. Man kann diese Theorien differenzieren:

- nach ihrer disziplinären Ausrichtung; die meisten, vor allem die einflussreichen, wurden von Ökonomen entwickelt;
- nach ihrer ideologisch-politischen Stoßrichtung; hier kann man konservative von gesellschaftskritischen Theorien (wie etwa jener von Marx) unterscheiden.

Im Folgenden wird die »klassische« Theorie von Malthus kurz dargestellt, sowie einige weitere historische, aber z.T. bis heute einflussreiche Erklärungsansätze. Im Anschluss daran wird das Konzept der »Bevölkerungsweise« dargestellt und einige soziologische Thesen zu den Determinanten der Bevölkerungsentwicklung aufgestellt.

a) Die »Bevölkerungstheorie« von Thomas R. Malthus und andere historische und zeitgenössische Theorien

Der englische Ökonom T. R. Malthus (1766–1834) hat eine recht simple »Ein-Faktor-Theorie« der Bevölkerung entwickelt, die breite Diskussionen ausgelöst hat. Seine Grundthese lautet: Es gibt eine Tendenz zur ungehemmten Vermehrung der Weltbevölkerung, der jedoch Laster und Elend entgegen wirken, die als Folge des Anstoßens an den begrenzten Nahrungsspielraum entstehen.

Die Grundannahmen des »Bevölkerungsgesetzes« von Malthus sind:

- bedingt durch den Geschlechtstrieb besteht in der Bevölkerung, vor allem in den einfachen Schichten des Proletariats, ein ständiger Impuls zur Vermehrung;
- die Vermehrung wird letztlich begrenzt durch die verfügbaren Unterhaltsmittel auf der Erde; ab einer gewissen Bevölkerungszahl (Malthus nahm etwa eine Milliarde an) ist die Tragfähigkeit der Erde erschöpft;
- weitere Hemmnisse (checks) führen dazu, dass sich eine Bevölkerung nicht kontinuierlich weiter bis zur Grenze des Nahrungsspielraums vermehrt; darunter finden sich repressive (z.B. Ausbreitung von Krankheiten, Seuchen usw.) und präventive Hemmnisse (Enthaltsamkeit);
- der Staat soll nicht in die Bevölkerungsprozesse eingreifen, da diese sich selbst regulieren und die Über-Fertilität vor allem des Proletariats beschränkt wird.

Die Theorie von Malthus ist stark ideologisch gefärbt und kann als eine reaktionär-liberalistische Theorie mit einer sozialdarwinistischen Orientierung bezeichnet werden. Sie läuft letztlich auf die These hinaus, dass die Entwicklung oder Evolution der Menschheit genau wie jene der höheren Lebewesen ein Prozess der kontinuierlichen

Anpassung an sich wandelnde Umwelten ist; dabei findet ein Kampf zwischen verschiedenen Individuen und Gruppen statt, wobei die am besten angepassten (die »fittesten«) überleben (vgl. dazu ausführlich Birg 1996, S. 36). Sie ist zu verstehen auf dem Hintergrund der zeitgenössischen, frühkapitalistischen britischen Gesellschaft, die gekennzeichnet war durch eine extreme Polarisierung zwischen einer reichen Oberschicht (bestehend aus altem Adel, kapitalistischen neureichen Unternehmern und hohen Beamten der Krone; sie alle verdankten ihr Vermögen nicht zuletzt der Ausbeutung des riesigen Kolonialreiches) und einem ausgebeuteten und verelendeten Proletariat. Das funktionalistische »Bevölkerungsgesetz« von Malthus enthält bei genauerer Betrachtung aber keine klar formulierten Zusammenhänge oder Hypothesen. Trotzdem glaubten viele an seine Gültigkeit – nicht zuletzt deshalb, weil es ideologisch-politisch konservativen Kräften sehr nützlich war.[6] Problematisch wurde diese Theorie vor allem auch durch ihre starke Wirkung auf die klassische Nationalökonomie, insbesondere deren Lohntheorie und Arbeitswertlehre.

Auch von anderen sozialwissenschaftlichen Autoren des 19. Jahrhunderts wurden Bevölkerungstheorien entwickelt, die jedoch durchwegs recht einseitig und meist nur ökonomisch fundiert waren. Zu nennen sind hier:

– *Biologische und soziobiologische Theorien.* Diese behaupten, dass für alle Lebewesen (Tiere und Menschen) gleiche Gesetze gelten, dass auch die kulturelle Evolution den Prinzipien von Anpassung und Auslese der »Fittesten« folgt. Dies impliziert auch, dass die Fruchtbarkeit abhängig ist sowohl vom vorhandenen Nahrungsspielraum als auch von der Gefahr der Zerstörung einer Gattung. Je geringer der erstere, desto eher werden Hungersnöte und erhöhte Sterblichkeit, desto höher muss die Fruchtbarkeit sein (Darwinismus).

Der bekannte Verhaltensforscher und Humanethologe Irenäus Eibl-Eibesfeldt, Schüler von Konrad Lorenz, schreibt in seinem umfangreichen Werk »Die Biologie menschlichen Verhaltens« lapidar, die Theorie von Malthus habe sich »im Kern bewährt« (Eibl-Eibesfeldt 1995, S. 881). So sei heute in den Ländern der Dritten Welt ein unkontrolliertes Bevölkerungswachstum zu beobachten, das die Nahrungsressourcen der Erde übersteige und daher notwendigerweise zu Hungersnöten und einer Überbeanspruchung der natürlichen Ressourcen führe. Wenngleich er fordert, der Mensch müsse diese Entwicklung politisch und kulturell in eine andere Richtung steuern, kann man bei ihm auch lesen: »Organismen sind offenbar so konstituiert, dass sie ihren Fortpflanzungserfolg maximieren. Und diese Strategie hat sich bewährt. Dass ein Bevölkerungszusammenbruch mit den zu vielen aufräumt, stört den Lebensstrom nicht; denn in Zeiten der ›Konjunktur‹ ist er, bildlich gesprochen, über seine Ufer getreten […]«. Die Strategie kostet Individuen; aber mit denen geht die Natur bekanntlich großzügig um. (Eibl-Eibesfeldt 1995, S. 889) In diese Tradition ist auch die *Wohlstandstheorie* einzuordnen: Demnach ist der Geburtenrückgang seit Ende des 19. Jahrhunderts auf den steigenden Wohlstand zurückzuführen. Wohlstand führt dazu, dass die durch gestiegenes Einkom-

6 Vgl. allgemein zur ideologischen Verwendbarkeit sozialwissenschaftlicher Theorien Haller 2003a, S. 67ff.

men erweiterten Konsummöglichkeiten sowie die kostbarer werdende Zeit, die Bereitschaft, Kinder in die Welt zu setzen und aufzuziehen, zusehends reduziert werden.

– *Sozialistisch-marxistische Theorien.* Auch diese Theorien gehen davon aus, dass die Bevölkerungsentwicklung durch die wirtschaftliche Entwicklung bestimmt wird.

Laut Marx besteht im Kapitalismus ein ständiger Überbevölkerungsdruck (Marx 1971 [1867], S. 648ff., 657ff.); hier schließt Marx direkt an Malthus an. Die kapitalistische Industrie zerstört traditionelle Produktionsweisen und zwingt die Arbeiter, Lohnarbeit in Fabriken anzunehmen. Die Arbeiter brauchen zum Lebensunterhalt die Mithilfe von Frauen und Kindern. Diese erhalten aber, wie auch viele Arbeiter selbst, nur prekäre, unsichere und schlecht bezahlte Arbeitsplätze. Die Arbeiterbevölkerung wächst schneller als das »variable (Geld-)Kapital«, das immer mehr zentralisiert und konzentriert wird. Durch die unkontrollierte Vermehrung der Arbeitskräfte entsteht eine »*Überschussbevölkerung*« und »*industrielle Reservearmee*« von Arbeitslosen, Unterbeschäftigten und Arbeitssuchenden. Dabei wird qualifizierte durch unqualifizierte Arbeit ersetzt, und das Einkommens- und Lebensniveau des Proletariats immer stärker nach unten gedrückt (*Verelendungstheorie*). Die Entwicklung der Bevölkerung wird also letztlich von der Dynamik des Kapitalismus und den Verwertungsinteressen des Kapitals diktiert.

Alle diese Theorien scheinen eine gewisse Berechtigung für sich in Anspruch nehmen zu können, sind aber, insgesamt betrachtet, unhaltbar. So war in der Phase der Bevölkerungsexplosion im 19. und frühen 20. Jahrhundert die Zahl der Geburten sehr hoch, zugleich aber auch jene der Todesfälle, vor allem von Kleinkindern. Ob hier aber ein Ursache-Wirkungs-Zusammenhang anzunehmen ist, ist sehr fraglich. Demnach hätten die Eltern damals so viele Kinder in die Welt gesetzt, weil sie erwarteten, dass die Hälfte oder mehr davon früh sterben werden. Eine viel einfachere Erklärung lautet, dass durch den Wegfall traditioneller Heiratsbeschränkungen und die Senkung der Kindersterblichkeit die Zahl der Geburten und der Aufwachsenden stieg, weil sich die Einstellungen und Verhaltensweisen im Hinblick auf Geburtenkontrolle nicht so rasch angepasst haben.

Die These von der Verelendung der Bevölkerung durch starkes Bevölkerungswachstum, induziert durch kapitalistische Verwertungsinteressen, erscheint für die Phase der Frühindustrialisierung in Europa, aber auch für Armut und Elend in der Dritten Welt heute, durchaus plausibel. Im längeren Zeitverlauf ist sie aber eindeutig falsifiziert worden. In Europa und den anderen fortgeschrittenen Regionen der Erde gibt es heute kaum mehr ein Wachstum, eher eine Bevölkerungsschrumpfung. Schließlich erscheint auch die Erklärung des Rückganges dieser Schrumpfung allein durch materielle Faktoren nicht als ausreichend.

Weit weniger Widerhall als die Theorien von Malthus und Marx erfuhr der zeitgenössische Autor Johann P. Süßmilch mit seinem 1741 veröffentlichten Werk »*Die göttliche*

Ordnung in den Veränderungen des menschlichen Geschlechts, aus der Geburt, Tod und Fortpflanzung desselben erwiesen« (Birg 1996, S. 22ff.). Der Hauptgrund lag wohl darin, dass es politisch weder von Rechten noch Linken so gut instrumentalisierbar war. Süßmilch untersuchte empirisch die maximal mögliche Bevölkerungszahl auf der Erde angesichts einer optimalen Verbesserung des Nahrungsspielraums. Er nahm ein viel stärkeres Steigerungspotential an als Malthus – und kam zum Schluss, dass die Erde 13 Milliarden ernähren könnte – obwohl zu seiner Zeit erst 800 Millionen Menschen lebten. Nach Süßmilch war keine katastrophale Bevölkerungsentwicklung (mit Massenarmut, Hunger usw.) zu erwarten, da eine systematische Selbstregulation zwischen dem Nahrungspotential und dem Verhalten der Menschen stattfinde. In deren Rahmen setzen sich seiner Meinung nach immer wieder neue »*Ordnungen*« der Bevölkerungsprozesse und Nahrungsversorgung durch. Es handelt sich hier also um eine erstaunlich moderne und realistische Theorie. In ihr wird auch der Begriff der »Bevölkerungsweise« vorweggenommen, den wir nun näher betrachten müssen.

b) Die Begriffe der »Bevölkerungsweise« und des »demographischen Übergangs«

Betrachtet man die Entwicklung der Bevölkerung in der neueren Zeit, wie auch in längeren Zeitperioden, so zeigt sich, dass lange Phasen relativ stagnierender Bevölkerung abgelöst wurden von Phasen eines stürmischen Wachstums, die dann wieder abgelöst werden von einem langsameren Wachstum oder sogar Stagnation.

Schon Marx hatte die These aufgestellt, dass das Wachstum der Bevölkerung in verschiedenen Epochen der Menschheit anderen Gesetzen gehorcht – entsprechend seiner allgemeinen (soziologisch plausiblen) Annahme, dass es im Bereich der menschlichen Gesellschaft keine universal gültigen, a-historischen Gesetzmäßigkeiten gibt wie in den Naturwissenschaften. So gelten denn auch in der Epoche des Kapitalismus andere Bevölkerungsgesetze als in der vorhergehenden Epoche des Feudalismus oder in der antiken Sklavenhaltergesellschaft (Marx 1971, S. 26f.). In diesem Sinne entwickelte der deutsche Ökonom und Sozialwissenschaftler Gerhard Mackenroth das Konzept der »*Bevölkerungsweise*«, das den Gedanken systematisiert, dass die Bevölkerungsprozesse in verschiedenen Epochen unterschiedlichen Gesetzmäßigkeiten gehorchen (vgl. *Übersicht 3.3*).

Übersicht 3.3: Die Grundannahmen des Konzepts der »Bevölkerungsweise« nach Mackenroth (1952)

- Die Bevölkerungsentwicklung ist kein biologischer, sondern ein sozial-kultureller Prozess;
- Bevölkerungsvorgänge gehen aus individuellem menschlichem Verhalten hervor, das jedoch sozial überformt, durch Sitte und Kultur geprägt ist;
- in unterschiedlichen Epochen und Schichten der Bevölkerung spielen die verschiedenen Komponenten der Bevölkerung (Geburten-, Sterbehäufigkeit usw.) in charakteristischer Weise zusammen, bilden also eine bestimmte »*Bevölkerungsweise*«;
- die groben statistischen Zahlen über Wachstum oder Rückgang einer Bevölkerung in einer bestimmten Periode verwischen diese in verschiedenen Epochen vorhandenen Bevölkerungsweisen, da sie nur Durchschnitte darstellen;.
- die Bevölkerungsweise ist in die gesamte soziale Struktur einer Gesellschaft und Epoche eingebettet.

Der Wechsel von einer Bevölkerungsweise zu einer anderen wird bezeichnet als *»demographischer Übergang«* (vgl. *Abbildung 3.1*). Dieser besteht darin, dass auf das vorindustrielle Bevölkerungsregime eine Übergangszeit folgt, die dann von einer neuen Bevölkerungsweise abgelöst wird.

Abbildung 3.1: Der »demographische Übergang« (idealtypische Darstellung)

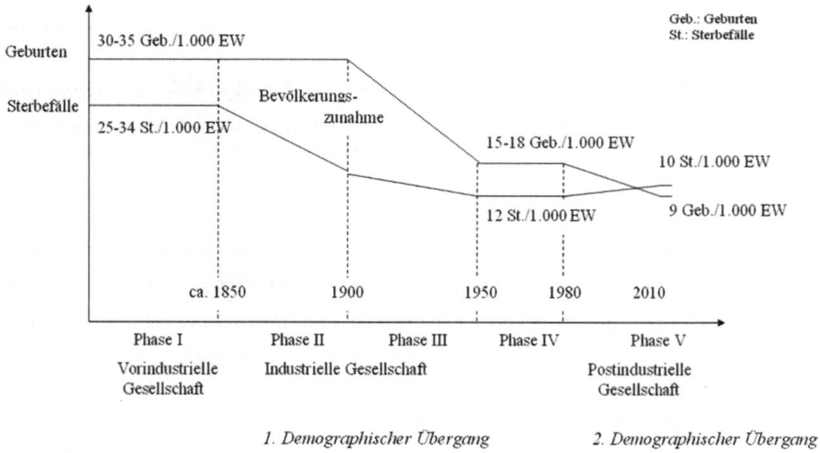

Die wichtigsten Kennzeichen der drei Phasen sind:

- Die *vorindustrielle Bevölkerungsweise* ist durch hohe Geburten-, aber auch hohe Sterberaten charakterisiert (etwa 30 bis 35 Geborene und 25 bis 34 Gestorbene auf 1.000 Einwohner).
- Die im Zuge der Industrialisierung einsetzende *Phase des demographischen Übergangs* führt zunächst zu einer Senkung der Sterberaten. Dies geschieht vor allem als Folge

der Verbesserung sozialhygienischer und sozialmedizinischer Maßnahmen (Versorgung mit besserem Wasser und Nahrungsmitteln, systematische Beseitigung von Abfällen, gesündere Wohnungen, Verbesserung der Arbeitsbedingungen usw.), und nicht in erster Linie wegen wissenschaftlicher Erkenntnisse in der Medizin (Sagan 1992; Noack 1998).
- Die *industrielle Bevölkerungsweise* ist dadurch charakterisiert, dass nun auch die Sterberaten niedrig sind (Geburtenraten von 15 bis 18, und Sterberaten von 10 bis 12 auf 1.000 Einwohner). Die Folge ist eine starke Veränderung des Bevölkerungsaufbaues: der Anteil der Kinder und Jugendlichen nimmt ab, jener der Erwachsenen und älteren Menschen zu.

Heute wird bereits von einem *zweiten demographischen Übergang* in den reichen Ländern gesprochen: Es ist ein starkes Absinken der Geburtenraten bis unter die Schwelle der Selbstreproduktion der Bevölkerung zu beobachten, ein weiterer Anstieg der Lebenserwartung und – als deren Folge – eine starke Zunahme alter Menschen sowie eine tendenzielle Schrumpfung der Bevölkerung.

a) Die Beziehung zwischen Bevölkerungsentwicklung und gesellschaftlicher Entwicklung in anderen Bereichen

Die allgemeine Konklusion aus dem Konzept der »Bevölkerungsweise« lautet: Zwischen Bevölkerungsentwicklung und anderen sozialen Prozessen bestehen enge Interdependenzen, keineswegs nur einfache oder einlinige Kausalbeziehungen.

Vier Bündel von Faktoren – wirtschaftliche, sozialstrukturelle, kulturelle und politische – beeinflussen die Bevölkerungsentwicklung, werden aber auch von ihr selber beeinflusst:

Wirtschaftliche Faktoren:
- Eine positive wirtschaftliche Entwicklung wird das Bevölkerungswachstum fördern, krisenhafte Entwicklung, hohe Arbeitslosigkeit u.Ä. (vor allem bei jungen Menschen) das Wachstum bremsen oder reduzieren, da junge Menschen sich nicht in der Lage sehen, eine Familie zu gründen. So zeigt sich, dass die Geburtenrate in Europa stark mit dem Niveau der Jugendarbeitslosigkeit korreliert (Haller/ Ressler 2005).
- Starkes Wirtschaftswachstum erzeugt auch einen Sog auf Einwanderung, wenn das einheimische Bevölkerungswachstum nicht ausreicht, um die Nachfrage nach Arbeitskräften zu befriedigen.
- Starkes Bevölkerungswachstum kann seinerseits die wirtschaftliche Entwicklung fördern, wenn diese insgesamt dynamisch und positiv ist. Technologische und sozialkulturelle Neuerungen werden vor allem von jungen Menschen übernommen und selber weiterentwickelt, sodass eine »alternde Bevölkerung« in dieser Hinsicht ins Hintertreffen geraten kann. Andererseits

kann ein starkes Bevölkerungswachstum in wirtschaftlich stagnierenden oder krisenhaften Gesellschaften zu Arbeitslosigkeit und Armut führen.

Sozialstrukturelle, gesellschaftliche Faktoren:
- Veränderungen in den Lebensbedingungen und Lebensformen (Zunahme der Bildung, des Einkommens, der Erwerbstätigkeit von Frauen usw.) können zu einer veränderten Bedeutung von Kindern führen (das einzelne Kind wird wichtiger; andererseits steigen auch die materiellen und »sozialen« (z.B. zeitlichen) Kosten der Erziehung);
- steigende Mobilität und Verstädterungsprozesse führen eher zu einem Rückgang der Kinderzahlen, die Städte bieten in vieler Hinsicht eine weniger günstige Lebensumwelt für Kinder;
- zurückgehende Geburtenraten können ihrerseits zu einer Angleichung der Lebensformen und sozialen Schichten führen; andererseits kann starke Zuwanderung zur Entstehung neuer Unterschichten führen.

Kulturelle Faktoren:
- Demographische Verhaltensweisen – Partnerwahl, Heirat, Familiengründung und -auflösung – sind in starkem Grade von kulturellen Leitbildern mitbestimmt. Als generelle Trends kann man (vereinfacht) annehmen, dass sich die Sicht von Kindern wandelt von relativ kostenlosen »Mitessern«, auch Mithelfenden im Haushalt und Betrieb und Trägern der Altersversorgung, hin zu einer Sicht, die den Eigenwert von Kindern betont.

Politische Faktoren:
- Hier sind sowohl unmittelbar familien- und fertilitätsbezogene politische Maßnahmen zu nennen wie Heirats- und Kinderbeihilfen, Erziehungsgeld usw. aber auch generelle wohlfahrts- und sozialstaatliche Regelungen, die auch demographische Prozesse beeinflussen (Näheres dazu unten).
- Die Bevölkerungsentwicklung spielt ihrerseits eine wichtige Rolle in vielen politischen Diskussionen, wie etwa der Frage der »Überalterung« der Bevölkerung und der Sicherung der Renten. Aus den voraussehbaren Trends können hier jedoch sehr unterschiedliche Konsequenzen gezogen werden.

Man kann die Zusammenhänge zwischen diesen Faktoren und der Bevölkerungsentwicklung vereinfacht so darstellen:

Dieses Modell stellt aber nur einen allgemeinen Rahmen dar, der auf die Relevanz verschiedener Faktoren hinweist. Eine soziologische Theorie der Bevölkerungsreproduktion in einer bestimmten Epoche muss konkreter angeben, welche Faktoren dabei eine entscheidende Rolle spielen. Seit einigen Jahrzehnten können wir in Österreich und Westeuropa bereits den Übergang zu einer neuen Bevölkerungsweise beobachten. Bevor wir die Frage der Erklärung dieses Übergangs diskutieren, betrachten wir im folgenden Abschnitt die wichtigsten Trends in den Prozessen der Bevölkerungsentwicklung.

3.3 Die längerfristige Entwicklung der Bevölkerung in Österreich und in der Welt

Zwei Themenkreise sollen in diesem Abschnitt behandelt werden: zum einen die Entwicklung der österreichischen Bevölkerung in den letzten hundert Jahren, differenziert nach Bundesländern, sowie Prognosen für ihre weitere Entwicklung; zum anderen die bisherige und zukünftige Entwicklung der Weltbevölkerung.

a) Die langfristige Entwicklung der Bevölkerung in Österreich

Betrachten wir als Einstieg einige Basisdaten zur langfristigen Entwicklung der Bevölkerung in Österreich differenziert nach Bundesländern. *Tabelle 3.2* und *Abbildung 3.2* zeigen die Bevölkerungsentwicklung im Gebiet der heutigen Republik Österreich in den letzten 130 Jahren. Wir können relativ deutlich drei Entwicklungsphasen erkennen.

Tabelle 3.2: Die Entwicklung der österreichischen Bevölkerung nach Bundesländern 1869–2005 (Absolutzahlen in 1.000)

	1869[1]	1910[1]	1951[2]	1991[2]	2005[3]
Vorarlberg	102,7	145,4	193,6	331,4	362,3
Salzburg	153,1	214,7	327,2	482,3	526,9
Tirol	236,4	304,7	427,4	631,4	693,7
Oberösterreich	736,8	853,6	1.108,7	1.333,4	1.399,2
Kärnten	315,3	371,4	474,7	547,7	560,1
Wien	900,9	2.083,6	1.616,1	1.539,8	1.637,8
Steiermark	720,8	957,6	1.109,3	1.184,7	1.199,5
Niederösterreich	1.077,2	1.425,2	1.400,4	1.473,8	1.575,3
Burgenland	254,3	292,0	276,1	270,8	278,7
Österreich gesamt	4.497,8	6.648,3	6.933,9	7.795,7	8.233,5

[1] Anwesende Bevölkerung;
[2] Wohnbevölkerung;
[3] Jahresdurchschnittsbevölkerung laut Fortschreibung

Quellen: Statistisches Jahrbuch Österreichs 2005, S. 40, Tabelle 2.02; Datenbasis 1869–1991: Volkszählungsergebnisse; 2005: Demographisches Jahrbuch 2005, S. 329, Tabelle 8.10; Datenbasis 2005: Bevölkerungsfortschreibung

a) In der zweiten Hälfte des 19. Jahrhunderts bis 1910 erfolgte ein starker Bevölkerungsschub: ein Zuwachs von rund 4,5 Millionen auf 6 Millionen (1900) bzw. 6,9 Millionen Einwohner (1910). Wir können also auch aus dieser Sicht feststellen, dass die späte Habsburgermonarchie zumindest für das Gebiet des heutigen Österreich trotz aller inneren, politisch-nationalen Konflikte eine äußerst dynamische Wachstumsperiode darstellte.

b) In der Phase der Weltkriege und der Zwischenkriegszeit stagnierte die Bevölkerung weitgehend. 1910 betrug die Einwohnerzahl Österreichs 6,6 Millionen, bis zum Jahre 1951 ist sie leicht angestiegen auf 6,9 Millionen Einwohner. Zu dieser vierzig Jahre dauernden Phase sehr geringen Wachstums trugen nicht nur die Verluste an Menschenleben durch die Weltkriege, sowie die dadurch bedingten Geburtenausfälle bei (diese zeigen sich bis heute in deutlichen Einbuchtungen im Altersaufbau der Bevölkerung, der unten gezeigt wird). Es waren auch die krisenhaften, z.T. durch extrem hohe Arbeitslosigkeit gekennzeichneten Zwischenkriegsjahre, die die Möglichkeiten und Bereitschaft zu hoher Fertilität einschränkten und vielfach auch zu Auswanderung führten.

c) Seit dem Zweiten Weltkrieg lässt sich wieder ein kontinuierliches, aber gegenüber dem späten 19. Jahrhundert deutlich abgeschwächtes Bevölkerungswachstum erkennen. Von 6,9 Millionen Einwohnern 1951 stieg die Bevölkerung bis zur letzten Volkszählung 2001 auf erstmals knapp über 8 Millionen Einwohner an. Hier deuten sich schon zwei Faktoren an: die stark gestiegene wirtschaftliche Prosperität nach dem Zweiten Weltkrieg, aber auch die Durchsetzung einer ganz neuen »Bevölkerungsweise«. So kann man sehen, dass in der zweiten Hälfte des 20. Jahrhunderts für einen Bevölkerungszuwachs von einer Million jeweils 45–48, zwischen 1870 und 1910 nur rund 20 Jahre benötigt wurden. Es zeigt sich also ein deutlicher Abschwung des Wachstumstempos.

Abbildung 3.2: Die Bevölkerungsentwicklung 1869–2001 nach Bundesländern (Relativzahlen, 1869=100)

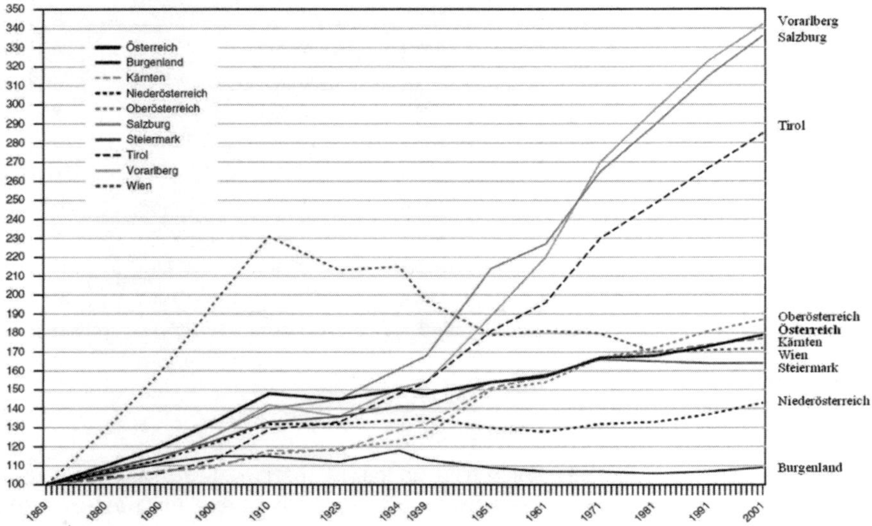

Quelle: Statistisches Jahrbuch Österreichs 2004, S. 45, Grafik 2.01; Datenbasis: Volkszählungen 1869 bis 2001

Betrachtet man die Bevölkerungsentwicklung Österreichs im Vergleich zu anderen europäischen und außereuropäischen, westlichen Ländern, so kann das Wachstum keineswegs als spektakulär bezeichnet werden. Dafür seien nur zwei Beispiele gegeben:

- Die *Vereinigten Staaten von Amerika* hatten um 1900 erst 76 Millionen Einwohner; 1970 waren es bereits 204, und heute (2006) sind es 298 Millionen (CIA, The World Factbook 2006). Man könnte einwenden, dass die USA ein typisches Einwanderungsland sind und möglicherweise deshalb so stark gewachsen sind.
- Auch die *Niederlande*, ein europäisches Land ohne starke Einwanderung, hatten um 1900 etwa gleich viele Einwohner wie Österreich; ihre Einwohnerzahl hat bis heute aber auf rund 15 Millionen zugenommen. Sowohl im Falle der Niederlande wie der USA war nicht Einwanderung, sondern hohe Fertilität die Hauptursache für das starke Bevölkerungswachstum!

Die Daten zeigen allerdings auch, dass innerhalb Österreichs nach Bundesländern ein höchst unterschiedliches Wachstumstempo zu beobachten ist. In Vorarlberg und Salzburg hat sich die Bevölkerungszahl seit 1869 gut verdreifacht, in Niederösterreich und dem Burgenland dagegen ist sie deutlich weniger stark gestiegen als in Österreich insgesamt. Das Burgenland hat im Laufe der letzten 120 Jahre nur einen Bevölkerungszuwachs von etwas mehr als 10 Prozent erreicht.

Diese Unterschiede haben zweifellos vor allem wirtschaftliche Gründe. Die westlichen Bundesländer waren intensiv in das Wirtschaftswachstum der prosperierenden, angrenzenden Regionen (Süddeutschland, Schweiz, Oberitalien) involviert und konnten sich durch Ganzjahres-Tourismus eine neue wirtschaftliche Einnahmequelle erschließen. Die östlichen, an die ehemaligen Ostblockländer angrenzenden Bundesländer mussten dagegen in den Grenzregionen durch den »Eisernen Vorhang« einen Abbruch der früheren Beziehungen hinnehmen. Nicht auszuschließen ist allerdings, dass zwischen westlichen und östlichen Bundesländern auch historische Unterschiede in den familienbezogenen Werthaltungen und Lebensformen bestehen. So bestand in der Landwirtschaft der westlichen Bundesländer die Tradition, den Hof ungeteilt einem Erben zu übergeben, während im Osten eher Aufteilungen auf alle Kinder vorgenommen wurden. Die Folge waren höhere Kinderzahlen im Westen, weil es auf einem großen Hof leichter ist, eine zahlreiche Kinderschar aufzuziehen als auf einer kleinen »Keusche«. Zugleich blieben im Westen aber mehr Menschen unverheiratet als im Osten.

Schon die bisher dargestellten Daten weisen auf ein heute völlig verändertes *Bevölkerungsregime* gegenüber dem 19. und 20. Jahrhundert hin. Dies zeigt sich sehr deutlich auch in der Bevölkerungsprognose bis zum Jahre 2050. Demnach wird die Bevölkerung Österreichs nur noch etwa 20 Jahre zunehmen, dann aber wieder abnehmen. Insgesamt ergibt sich damit bis 2050 nur mehr ein ganz schwacher Zuwachs. Noch vor wenigen Jahren ergaben die Prognosen sogar noch einen Rückgang um 5 Prozent. Diese Diskrepanzen zeigen, dass langfristige Prognosen immer mit einem erheblichen Unsicherheitsfaktor behaftet sind (vgl. dazu Kasten auf S. 94).

Bei der Betrachtung nach Bundesländern zeigen sich ähnlich starke Diskrepanzen im Hinblick auf die für die Zukunft zu erwartende Entwicklung (vgl. *Abbildung 3.3*): Bis zum Jahre 2050 werden nur zwei Bundesländer – Vorarlberg und Tirol – weiteren Zuwachs erfahren, alle anderen dagegen stagnieren oder stark abnehmen.

Dabei zeigen sich *drei unterschiedliche Verlaufsmuster*:

- Mit Ausnahme der drei südöstlichen Bundesländer (vor allem Kärnten und Steiermark) steigt die Bevölkerung bis etwa 2030 noch kontinuierlich an, um dann stetig abzunehmen.
- Nach früheren Prognosen hätte die Bevölkerung in den beiden kommenden Jahrzehnten stagniert, um dann allmählich leicht anzuwachsen. Nach neuesten Prognosen wird zumindest die Einwohnerzahl von Wien bis 2030 noch deutlich ansteigen. Hier zeigt sich sehr deutlich der Effekt der starken Zuwanderung sowie der höheren Fertilität der Zuwanderer
- In der Steiermark und Kärnten beginnt die Bevölkerung schon in den nächsten 10 – 15 Jahren abzunehmen; die Abnahme beschleunigt sich bis 2050.

Abbildung 3.3: Bevölkerungsentwicklung 2001–2050 nach Bundesländern (2001=100)

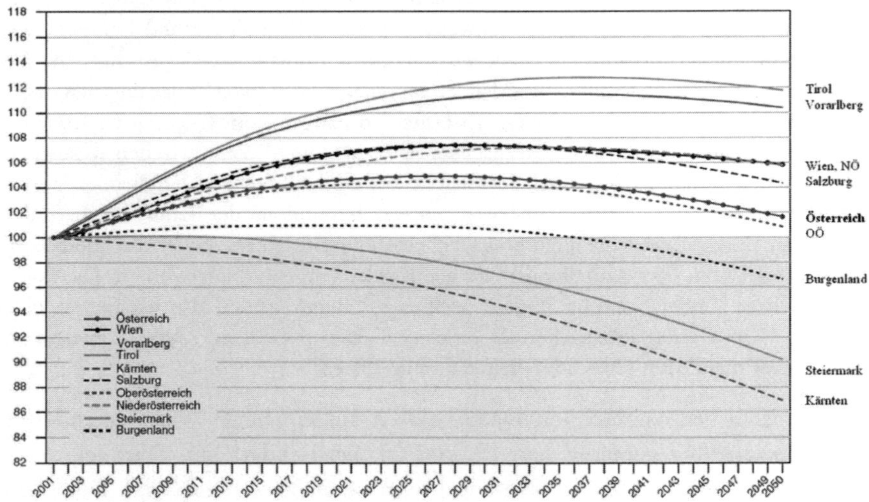

Quelle: Statistisches Jahrbuch Österreichs 2005, S. 52, Grafik 2.04

Es zeigen sich also große Differenzen zwischen einem sehr dynamischen Westen und einem stagnierenden Osten und Südosten Österreichs; die Großstadt Wien nimmt überhaupt eine Sonderstellung ein. Wir werden weiter unten auf die möglichen Erklärungen für diese höchst unterschiedlichen Entwicklungsperspektiven zurückkommen.

Problematik von Bevölkerungsprognosen

- Bevölkerungsprognosen müssen immer gewisse Annahmen im Hinblick auf drei Faktoren treffen:
- die Fertilität
- die Lebenserwartung
- Wanderungsprozesse. Diese sind im Falle von Österreich insgesamt die Aus- und Einwanderung, im Falle der Entwicklung nach Bundesländern die Binnenwanderung.

Diese Annahmen werden in aller Regel aufgrund der beobachtbaren Tendenzen der letzten Jahrzehnte getroffen. Wenn wir etwa – wie zuletzt – eine sinkende Geburtenrate beobachten können, kann man annehmen, dass diese sich in Zukunft weiter fortsetzen wird.

Abbildung 3.4 zeigt, dass je nach den getroffenen Annahmen höchst unterschiedliche Szenarien resultieren: bei einem »*Wachstumsszenario*«, das weiter zunehmende Fertilität, weiter steigende Lebenserwartung und hohe Einwanderungsraten annimmt, würde die Bevölkerung allein in den kommenden zwei Jahrzehnten auf neun Millionen ansteigen; beim gegenteiligen »*Stagnationsszenario*« würde sie dagegen auf 7,8 Millionen zurückgehen. Das realistischste, neueste Szenario sieht ein leichtes Wachstum voraus.

Abbildung 3.4: Bevölkerungsprognosen für Österreich 1950–2050 nach unterschiedlichen Szenarien

Szenarien	*Fertilität*	*Lebenserwartung*	*Binnenwanderung*	*Außenwanderung*
Basisszenario	mittel	mittel	mittel	mittel
Wachstumsszenario	hoch	hoch	hoch	hoch
Stagnationsszenario	niedrig	mittel	mittel	niedrig

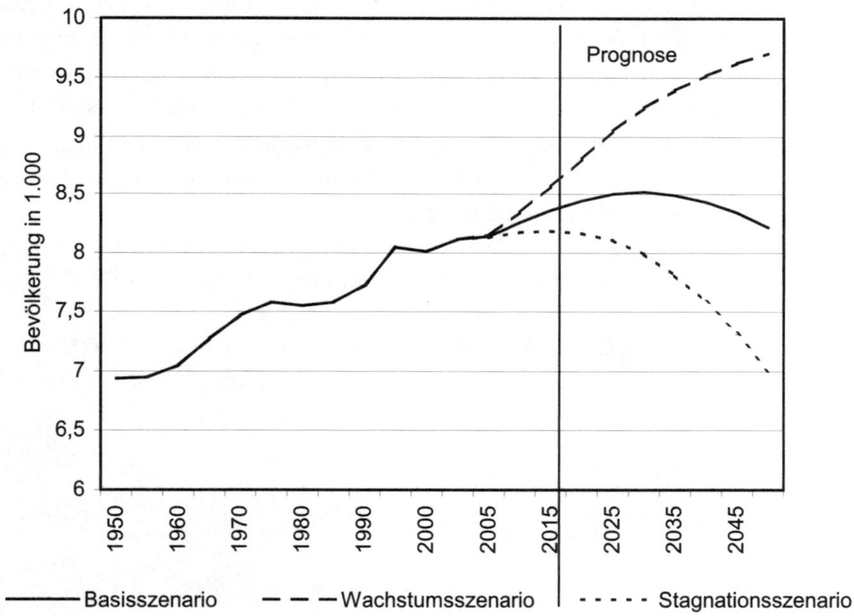

Quelle : EUROSTAT Langzeitindikator unter http://epp.eurostat.cec.eu.int (18.10.2005)

Dass Fertilitätsraten, Wanderungsprozesse usw. sich in den kommenden Jahrzehnten wieder wesentlich verändern können, ist keineswegs unrealistisch. Katastrophenszenarien aller Art über Bevölkerungsrückgang, nicht mehr finanzierbare Rentensysteme usw. sind daher sehr fragwürdig. Andererseits sind für die Bevölkerungsentwicklung nicht nur demographische Prozesse maßgeblich (die im Fall der Fertilität und Mortalität relativ gut abschätzbar sind), sondern auch die Struktur der aktuellen Bevölkerung. So wird allein schon die Altersstruktur für eine starke Alterung der Bevölkerung sorgen, wenn die Baby-Boom-Jahrgänge der 1960er Jahre ins Pensionsalter kommen werden.

b) Die Entwicklung der Weltbevölkerung

Die Tendenzen, die wir in Österreich sehen, spielen sich im Weltmaßstab in ungleich dramatischerer Weise ab. Allerdings mit einem großen Unterschied: in den Entwicklungsländern ist der »demographische Übergang« erst zu bewältigen, sie befinden sich noch in jener Phase, in der die Sterberaten sinken und die Lebenserwartung steigt, die Geburten aber noch nicht stark abnehmen. Die Folge ist ein enormes Wachstum der Weltbevölkerung – derzeit um etwa eine Milliarde alle 12–14 Jahre! Es ist heute praktisch undenkbar, dass die Entwicklungsländer in Zukunft einen Wirtschafts- und Lebensstil werden pflegen können wie die reichen Länder heute (mit extensiver Verbauung der Landschaft, Verschwendung von Energie, Belastung der Umwelt durch PKW's usw.). Der Übergang zu einer für die ganze Menschheit verträglichen Bevölkerungs- und Lebensweise wird massive Umstellungen erfordern, wobei die reichen Länder relative Einbußen in Kauf nehmen müssen.

In der Entwicklung der Weltbevölkerung seit Beginn unserer Zeitrechnung lassen sich die folgenden typischen Phasen erkennen (vgl. *Abbildung 3.5*):

Abbildung 3.5: Die Entwicklung der Weltbevölkerung von Christi Geburt bis 2200

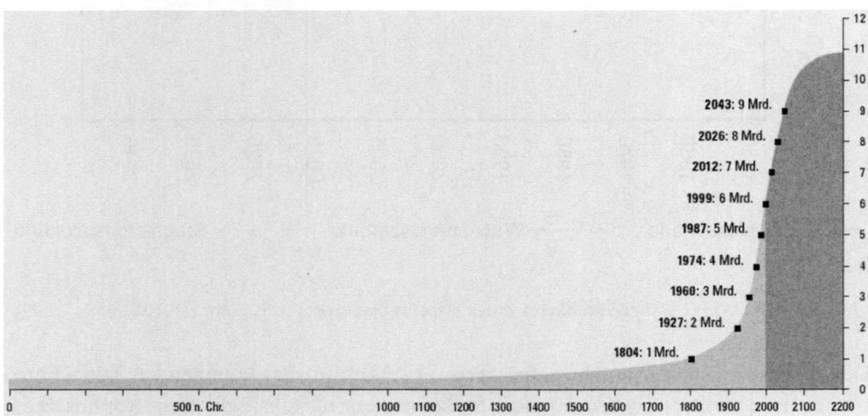

Quelle: www.klett-verlag.de/geographie/terra-extra (10.8.2005)

- Seit der Zeit um Christi Geburt bis zum späten Mittelalter ist die Weltbevölkerung nur ganz langsam gewachsen;
- gegen Ende des Mittelalters, Anfang der Neuzeit setzt ein etwas stärkeres Wachstum ein;
- zwischen 1700 und 1900 erfolgt eine signifikante Beschleunigung der Wachstumsrate, der Übergang in ein immer dynamischeres (exponentielles) Wachstum; es ist dies genau die Phase der Industrialisierung;
- seit 1900 muss man von einem stark beschleunigten Wachstum sprechen: innerhalb von 200 Jahren hat sich die Weltbevölkerung nahezu verzehnfacht;

- für die kommenden 50 Jahre ist ein weiteres, aber deutlich abgeschwächtes Wachstum der Weltbevölkerung von derzeit (2005) rund 6,5 Milliarden auf rund 9 Milliarden zu erwarten (Statistisches Jahrbuch Österreichs 2001, S. 506).

Aber auch im Weltmaßstab gilt dasselbe wie innerhalb Österreichs: Das Wachstum war nach Weltregionen schon bisher äußerst unterschiedlich, und wird es auch in weiterer Zukunft bleiben.

Nach UN-Prognosen ist bis 2050 eine deutliche Bevölkerungsumschichtung zwischen den Kontinenten zu erwarten (Fischer Weltalmanach 2006, S. 28ff.):

- in Europa eine Abnahme der Bevölkerung von 729 auf 628 Millionen; in Nordamerika noch ein leichter Zuwachs (relativ jedoch ein sinkender Anteil an der Weltbevölkerung);
- in Asien ein Zuwachs von 3,6 auf 5,2 Milliarden; (hier erfolgt der stärkste Zuwachs in Indien, das China als bevölkerungsreichstes Land der Erde überholen wird; für 2050 wird die Einwohnerzahl Chinas auf rund 1,5 Milliarden, jene von »Südzentralasien«, hauptsächlich Indien, auf 2,4 Milliarden geschätzt);
- in Afrika wird der stärkste Zuwachs (mehr als eine Verdoppelung) erfolgen: von 820 Mio. auf 2 Milliarden Menschen. Afrika ist der einzige aller Kontinente, der auch relativ an Bedeutung gewinnt.

Es zeichnet sich zwar schon heute ein Rückgang des Zuwachses an, jedoch wird es noch fast ein halbes Jahrhundert dauern, bis das Bevölkerungswachstum aufhören wird. Langfristig werden jedoch auch Menschen in Entwicklungsländern nicht mehr so viele Kinder haben wollen, wenn es ihnen materiell und sozial besser geht (»*modernisation cycle*«).

3.4 Der Übergang zu einer neuen Bevölkerungsweise und Familienstruktur

Wir kommen nun zu einer detaillierteren Betrachtung demographischer Prozesse bzw. Ereignisse, welche die Entwicklung der Gesamtzahl der Bevölkerung bestimmen. Im Anschluss daran werden auch einige Basisdaten zur Struktur und Situation der Haushalte und Familien heute präsentiert.

a) Veränderungen in den Prozessen der Bevölkerungsbewegung und Umschichtungen im Bevölkerungsaufbau

Die drei wichtigsten Prozesse der »natürlichen Bevölkerungsbewegung« (wie der einschlägige sozialstatistische Begriff lautet) sind: Eheschließungen und Ehescheidungen; Geburten und Sterbefälle; Ein- und Auswanderungen. Ein Wachstum der Bevölkerung kann auf unterschiedliche Weisen zustande kommen: durch hohe Fertilität, durch eine Zunahme der Lebenserwartung und durch Einwanderung.

Eine differenzierte Betrachtung demographischer Prozesse beinhaltet nicht nur die absoluten Zahlen, sondern bezieht diese Zahlen entweder auf die Bevölkerung oder – noch genauer – auf die dafür jeweils relevante Subpopulation. Bei Geburten sind dies die Frauen im gebärfähigen Alter (statistische Annahme: 15–44 Jahre).

Wenn man Aussagen über Veränderungen in den demographischen Prozessen treffen will, muss man solche verfeinerten Maßzahlen verwenden (vgl. *Übersicht 3.4*).

Übersicht 3.4: Beispiele für gängige Maßzahlen zur Erfassung der natürlichen Bevölkerungsbewegung: Maßzahlen für Geburtenhäufigkeit und exemplarische Daten für Österreich

Bezeichnung	*Definition*	*Verwendung*
Geburtenzahl	Absolute Anzahl der (Lebend-)Geburten/Jahr	Relevant für zahlreiche politische Fragen (notwendige Zahl an Kindergärten, Schulen, Freizeiteinrichtungen, Altersheimen)
Rohe Geburtenziffer	Lebendgeborene eines Jahres/1.000 Einwohner	Grober Indikator für Veränderungen im Fertilitätsverhalten
Allgemeine Fertiltätsziffer	Lebendgeborene/Jahr auf 1.000 Frauen im gebärfähigen Alter (15–44 Jahre)	Feinerer Indikator für Veränderungen im Fertilitätsverhalten (berücksichtigt Alters- und Geschlechtsstruktur der Bevölkerung in grober Form)
Gesamtfertilitätsrate	Anzahl der Kinder/Frau	Exaktester Indikator für Fertilitätsverhalten (Summe der einjährigen altersspezifischen Fertilitätsraten)
Nettoreproduktionsrate	Anzahl der Töchter/Frau, die gebärfähiges Alter erreichen	Exaktester Indikator für den Ersatz der Elterngeneration durch die Kindergeneration (berücksichtigt Kindersterblichkeit bis ins gebärfähige Alter)

Exemplarische Daten für Österreich

	1900	1951	1991	2001
(Lebend-)Geburtenzahl	187.000	102.000	94.000	75.500
Rohe Geburtenziffer	31,3	14,8	12,1	9,4
Allgemeine Fertilitätsziffer	134,4	67,7	54,7	43,6
Gesamtfertilitätsrate	-	2,02	1,51	1,33
Nettoreproduktionsrate	-	0,90	0,72	0,64

Quelle: Statistisches Jahrbuch Österreich, laufende Bände

Tabelle 3.3 zeigt die Basisdaten hinsichtlich des Geburtenüberschusses bzw. der Geburtendefizite und Wanderungen sowie den Gesamtsaldo der Bevölkerungsentwicklung in Österreich seit 1870 für ausgewählte Zehnjahresperioden. Es erfolgt eine deutliche Verschiebung der verschiedenen Komponenten im Lauf der letzten 100 Jahre:

- Letzte Jahrzehnte der Monarchie (vor 1914): positive Geburtenbilanz, aber auch stark positive Wanderungsbilanz (es erfolgte eine Einwanderung aus verschiedenen Regionen der Monarchie in das heutige Gebiet Österreich, vor allem nach Wien); die Folge war ein starkes Gesamtwachstum.
- Kriegs- und Zwischenkriegszeit (1914 bis 1945): z.T. negative Geburten- und Wanderungsbilanzen, die auf einschneidende wirtschaftliche und politische Ereignisse zurückzuführen sind. Die beiden Weltkriege, der Zerfall der Monarchie und der wirtschaftliche Einbruch danach führten in der Periode zwischen 1911 und 1923 zu einer negativen Gesamtbilanz.
- *Nachkriegszeit* (1950–1970): es zeigt sich eine stark positive Geburtenbilanz (»Babyboom«), aber eine negative Wanderungsbilanz (in dieser Zeit gingen viele Österreicher als »Gastarbeiter« nach Deutschland und in die Schweiz);
- *Letztes Viertel des 20. Jahrhunderts* (1971 bis 2005): es zeigt sich eine stark sinkende Geburtenbilanz, dafür eine positive Wanderungsbilanz; das Gesamtwachstum ist zuerst negativ, zuletzt aber wieder deutlich positiv.

Die Folge dieser Prozesse – abnehmende Geburten, steigende Lebenserwartung, Zuwanderung von Erwachsenen – ist eine starke Verschiebung des *Bevölkerungsaufbaus*. Um 1900 zeigte der Bevölkerungsaufbau noch das Bild einer nahezu perfekten Pyramide (vgl. *Abbildung 3.6*). Ein solcher Aufbau ist typisch für eine Gesellschaft mit sehr hohen Geburtenraten und sinkenden Sterberaten.

Tabelle 3.3: Bevölkerungsbilanzen für Österreich 1870–2005 (in 1.000)

	Geburtenüberschuss bzw. -defizit	Wanderungssaldo	Gesamtsaldo
1870–1880	223	242	465
1911–1923	-128	15	-113
1923–1934	258	-33	225
1934–1951	20	153	173
1951–1961	268	-129	139
1961–1971	340	76	417
1971–1981	-9	73	63
1981–1991	23	217	240
1991–2001	69	168	237
2001–2005	10	203	213

Quellen: 1870–2001: Statistisches Jahrbuch Österreichs 2005, S. 41, Tabelle 2.03; Datenbasis: Volkszählungsergebnisse; 2001–2005: Demographisches Jahrbuch 2005, S. 20, Tabelle 1.

Abbildung 3.6: Bevölkerungspyramide Österreich 1900

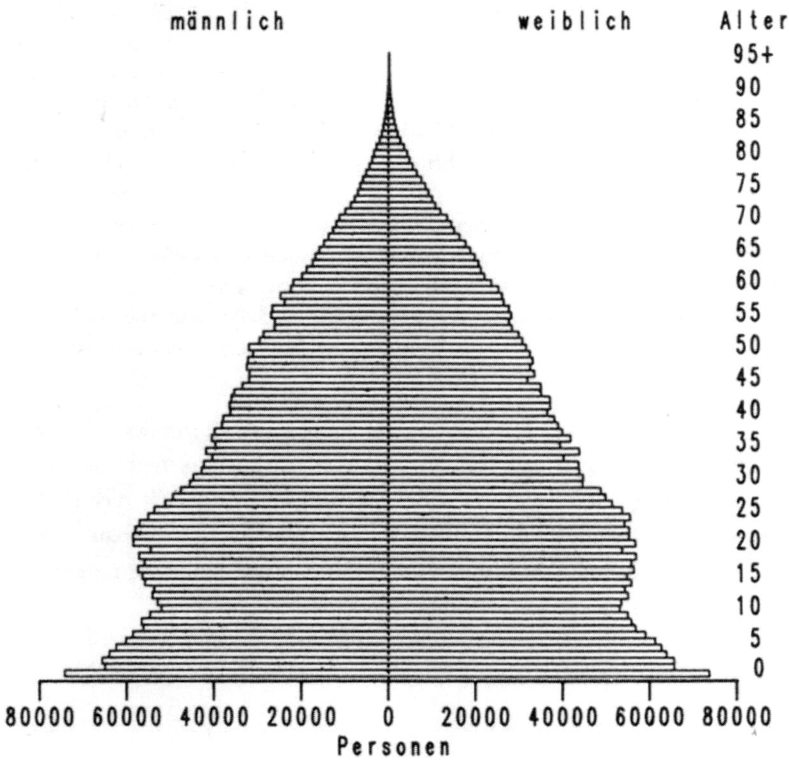

Quelle: Sozialstatistische Daten 1990, S. 14; Datenbasis: Volkszählung 1900

Bis zur Jahrtausendwende hat sich das Bild völlig gewandelt (vgl. *Abbildung 3.7*). Der Bevölkerungsaufbau sieht nun folgendermaßen aus:

- Der Anteil der Kinder ist viel niedriger, der Anteil älterer Menschen höher; am stärksten ist die Altersgruppe von etwa 30 bis 45 Jahre (»Babyboomgeneration« der 1960er Jahre).
- Die früher vorhandene »Bevölkerungspyramide« existiert praktisch nicht mehr; bis 2050 wird der Anteil der älteren Menschen ab 60 Jahren den größten Umfang in der Bevölkerungspyramide einnehmen. Die heutige Zwiebelform wandelt sich zu einer im oberen Teil am breitesten Kegelform.
- *Abbildung 3.7* zeigt auch die historischen Ereignisse in diesem Jahrhundert, die zu besonders starken und schwachen Altersjahrgängen beigetragen haben; man sieht hier die Einschnitte (schwächere Geburtskohorten) als Folge der Weltkriege, der Wirtschaftskrise der 1930er Jahre, sowie die demographische Ausbuchtung als Folge des Geburtenbooms der 1960er Jahre.

Abbildung 3.7: Bevölkerungspyramide Österreich 2001 mit Prognosen für 2030 und 2050[1]

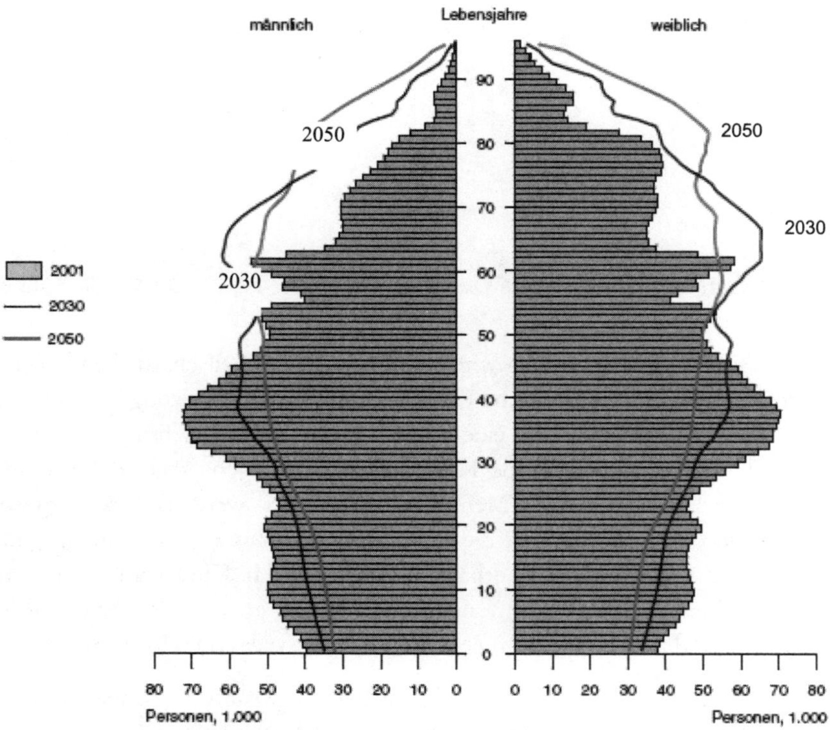

[1] Berechnet aufgrund einer mittleren Variante der Bevölkerungsprognose

Quelle: Statistisches Jahrbuch Österreich 2005, S. 49, Grafik 2.02; Datenbasis: Volkszählung 2001

Im Hinblick auf die Veränderung der Lebenserwartung nach Altersgruppen und Geschlecht zeigen die Befunde (vgl. *Tabelle 3.4*):

- Im Laufe der letzten 100 Jahre erfolgte eine dramatische allgemeine Erhöhung der Lebenserwartung: für Männer (bei Geburt) von 32 auf 77 Jahre, für Frauen von 36 auf 82 Jahre. Die stärkste Erhöhung der Lebenserwartung erfolgte also bei der Geburt; d.h. sie war zunächst vor allem auf die Reduzierung der Kindersterblichkeit zurückzuführen.
- Menschen, die erst einmal ein höheres Alter erreichten, hatten auch schon früher eine höhere Lebenserwartung (z.B. hatten 15jährige Jungen 1868 eine Lebenserwartung von 41 Jahren, wurden also 66 Jahre alt; heute beträgt die Lebenserwartung 15jähriger Jungen 62 Jahre).
- Zwischen Männern und Frauen besteht nach wie vor ein bedeutsamer Unterschied der Lebenserwartung von 5,5 Jahren! Es gilt also: Trotz höherer Morbidität (Krankheitshäufigkeit) leben Frauen länger als Männer. Dafür gibt es vielfältige Ursachen (biologische Faktoren, geringere Erwerbstätigkeit der Frau, stärkeres Gesundheitsbewusstsein und gesundheitsbezogenes Verhalten der Frauen u.a.)

Tabelle 3.4: Lebenserwartung in Österreich nach Alter und Geschlecht

Lebenserwartung bei …	*Männer*		*Frauen*	
	Geburt	*60 Jahre*	*Geburt*	*60 Jahre*
1868/71	32,6	11,8	36,2	12,0
1930/33	54,5	14,2	58,5	15,4
1951	62,3	14,8	67,7	17,5
2005	76,6	20,8	82,2	24,7

Quellen: 19861951: Statistisches Jahrbuch Österreichs 2005, S. 79, Tabelle 2.32; Website Statistik Austria.

Es erhebt sich die Frage, welche wirtschaftlichen und gesellschaftlichen Folgen diese tiefgreifende demographische Umschichtung der Bevölkerung haben wird. Eine zentrale Frage lautet: Kann eine alternde Gesellschaft ihre Innovationskraft bewahren? Wie können steigende Kosten für die Altersvorsorge und gesundheitliche Versorgung der alten Menschen aufgebracht werden? Eine zentrale Kennziffer in dieser Hinsicht ist die »*demographische Belastungsquote*«. Sie gibt an, wie viele nicht erwerbstätige, zu erhaltene Personen (d.h. Kinder unter 15 bzw. ältere Menschen über 60 Jahren) auf 100 Personen im erwerbsfähigen Alter (zwischen 15 und unter 65 Jahren) entfallen. Es zeigt sich (vgl. *Abbildung 3.8*):

- Derzeit kommen auf 100 erwerbsfähige Personen rund 27 Kinder und 33 ältere Menschen, d.h. zusammen rund 60 Nicht-Erwerbstätige.
- Ab ca. 2030 steigt Anteil der Belastung durch ältere Menschen stark an (auf fast 70), jener der Kinder bleibt gleich (sinkt sogar leicht); die Gesamtbelastung der (meist erwerbstätigen) Bevölkerung mittleren Alters steigt stark an (auf rund 87).

Diese massiven demographischen Umschichtungen hin zu den höheren Altersgruppen werden eine Reihe bedeutsamer Folgen in allen Bereichen der Gesellschaft (Wirtschaft, Soziales, Kultur, Politik) haben. Dies gilt insbesondere für eine noch immer ständisch-korporativ geprägte Gesellschaft wie Österreich. Der Anteil der älteren, zu erhaltenden Menschen ist jedoch gesellschaftlich-politisch stark gestaltbar. Würde man etwa das durchschnittliche Alter des Übertritts in den Ruhestand signifikant nach oben verschieben (was durchaus möglich wäre), ergäbe sich wieder ein erheblich geringerer Anteil bzw. eine günstigere Relation zwischen Erwerbstätigen und zu erhaltenden Personen.

Abbildung 3.8: Demographische Belastungsquoten 1961–2075[1], Prognose ab 2003

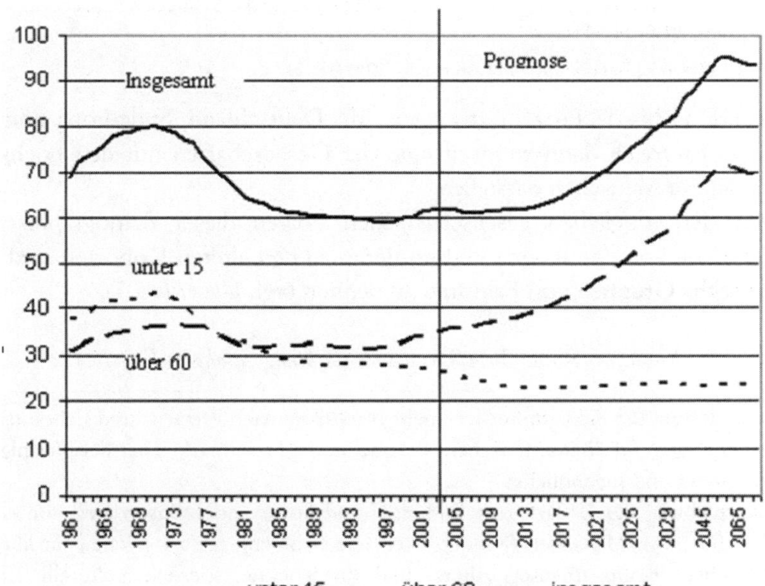

[1] Berechnet aufgrund einer mittleren Variante der Bevölkerungsprognose.

Quellen: Demographisches Jahrbuch Österreichs 1993/95 und 2003; Sozialstatstische Daten 1990.

Im internationalen Vergleich hatte Österreich 1950 und 1970 einen der höchsten Anteile an älteren Menschen (vgl. *Tabelle 3.5*). 1950 betrug dieser Anteil 15,4 Prozent und 1970 20,1 Prozent; bis 1995 stieg er auf 19,3 Prozent. Inzwischen ist dieser Anteil aber auch in den meisten west- und südeuropäischen Ländern und in Japan stark gestiegen; in all diesen Ländern gehört heute gut ein Fünftel der Bevölkerung zu den älteren Menschen. In den nächsten 50 Jahren wird der Anteil der 60jährigen und älteren Menschen in Österreich auf heute noch kaum

Tabelle 3.5: Anteil der 60- und mehrjährigen Bevölkerung im internationalen Vergleich

Land/Weltregion	*1950*	*1970*	*1995*	*2015*	*2030*	*2050*
Österreich	15,4	20,1	19,3	23,7	32,9	37,2*)
Deutschland	14,6	19,9	20,9	26,8	34,4	35,3
Schweiz	14,0	16,4	19,1	24,9	34,0	36,5
EU15	13,9	17,6	20,8	26,1	32,8	35,1
Osteuropa	9,7	13,0	17,1	21,3	26,4	34,4
Südeuropa	11,3	14,7	20,6	26,1	33,6	38,9
Vereinigte Staaten von Amerika	12,5	14,1	16,4	20,8	26,4	27,8
Japan	7,7	10,6	20,5	31,2	34,2	37,6
China	7,5	6,8	9,3	14,7	23,2	29,7
Welt gesamt	8,1	8,4	9,6	12,3	16,8	22,1

*) Nach der neuesten Prognose der Statistik Austria (2007) werden die Anteile niedriger sein: 2030: 31,3 Prozent, 2050: 34,2 Prozent.

Quelle: Tazi-Preve u.a., Bevölkerung in Österreich (1999), S. 21

vorstellbare 34 bis 37 Prozent ansteigen. Mit Deutschland, Südeuropa und Japan wird Österreich dann weltweit eine der Gesellschaften mit den höchsten Anteilen älterer Menschen darstellen.

Unter den möglichen gesellschaftlichen Folgen dieser demographischen Umschichtung von den jungen und mittleren zu den älteren Kohorten sind zumindest sechs Gruppen von Faktoren zu nennen (vgl. *Übersicht 3.5*).

Übersicht 3.5: Konsequenzen der Bevölkerungsumschichtung zu älteren Kohorten

- Veränderung der Konsummuster: mehr Nachfrage nach Freizeit- und Erholungseinrichtungen für ältere Menschen (Beispiel in der Steiermark: Thermen), weniger für Kinder und Jugendliche;
- Verschiebung des Bedarfes an Bildungs- und Sozialeinrichtungen weg von solchen für junge Menschen (Kindergärten und Schulen), hin zu solchen für ältere Menschen (Krankenhäuser, Alters- und Pflegeheime, spezielle kulturelle Einrichtungen);
- Veränderte Nachfrage nach Berufen und Professionen (weniger Lehrer, mehr Gesundheits- und Sozialberufe). Die Anpassung der Berufsstruktur kann mit zeitweiser Entstehung von Ungleichgewichten verbunden sein (z.B. Arbeitslosigkeit bei Pädagogen und LehrerInnen, Mangel an Erwerbstätigen im Pflegebereich).
- Notwendigkeit von Rentenreformen und neuen Modellen der Altersvorsorge und Alterssicherung. Das derzeit in Österreich bestehende Umlageverfahren wird nicht mehr finanzierbar sein. (Umlageverfahren: die Renten werden aus den Beiträgen der aktiv Erwerbstätigen finanziert und nicht aus den von den heutigen Rentnern früher eingezahlten Beiträgen). Internationaler Trend zu einem Zwei-Säulen-Modell der Renten: Die staatliche garantierte Grundsicherung soll ergänzt werden durch freiwillige individuelle Zusatzversicherungen und/oder Betriebsversicherungen.

- Kulturelle Konsequenzen: Da Innovationen aller Art (wirtschaftlich-technisch, sozial, kulturell) immer stark durch die nachrückenden jungen Generationen vorangetrieben und getragen werden, könnte eine Gesellschaft mit einem geringeren Anteil an jungen Menschen an Innovationskraft verlieren. Allerdings werden die Produktivitäts- und Kreativitätspotentiale auch der älteren Menschen in der österreichischen Gesellschaft heute bei weitem nicht zureichend ausgeschöpft, bedingt durch das starre Verrentungsalter und extensive Frühverrentung.
- Politische Konsequenzen: Ältere Menschen haben schon heute enormes politisches Gewicht als Wähler; dies wird in Zukunft noch stärker werden. Themen und Interessen, die eher für ältere Menschen wichtig sind, werden tendenziell mehr Aufmerksamkeit und mehr Einfluss erhalten als jene, die Kinder und junge Menschen betreffen.

Aus all diesen Gründen erscheint es unerlässlich, dass Österreich offen bleibt für Einwanderung, die – wie wir gesehen haben – in allen historischen Phasen eine wichtige Komponente der Bevölkerungsentwicklung dargestellt hat. Einwanderung allein wird aber – im Gegensatz zu Behauptungen mancher Autoren – allein keine Lösung für die Probleme darstellen, die sich aus der Bevölkerungsumschichtung in höhere Altersgruppen ergeben. Dies nicht zuletzt deshalb, weil sich die Fertilität der Einwanderer jener der Einheimischen angleicht und auch die Einwanderer älter werden. Viel effizienter sind Maßnahmen wie die Anhebung des Renten-Antrittsalters (Rowthorn 2008).

b) Sozialökonomische, kulturelle und politische Determinanten der Bevölkerungsentwicklung heute

Bevor wir näher auf die Komponenten der Bevölkerungsentwicklung und die Veränderung der Familienstrukturen eingehen, erscheint es angebracht, nochmals zurückzukommen auf die oben (vgl. S. 87ff.) genannten sozialen, kulturellen und politischen Bedingungen der Bevölkerungsentwicklung. Im Folgenden werden acht spezifische Gruppen von Faktoren diskutiert: Bildungsexpansion, Tertiarisierung der Berufsstruktur, gesellschaftlicher Wertwandel, Befreiung der Sexualität, institutionell-rechtliche Neuordnung der Familie, Ausbau des Wohlfahrtsstaats, wirtschaftliche Benachteiligung von Familien, gesamtwirtschaftliche Situation und Beschäftigungsniveau.

1) *Bildungsrevolution*: Reform und Ausbau des Bildungswesens stehen seit den 1960er Jahren ganz oben auf der politischen Agenda. Zwei Ziele stehen dabei im Vordergrund: die Ausschöpfung der Begabungsreserven unter bildungsökonomischem Aspekt, und die Reduktion der Ungleichheit der Bildungschancen. Der flächendeckende Ausbau der höheren Schulen hat tatsächlich eine massive Expansion des Bildungswesens bewirkt. Dabei haben,

wie in Kapitel 5 gezeigt wird, vor allem die Frauen massiv aufgeholt und im Bereich des höheren Bildungswesens die Männer sogar überholt. Die Folge ist ein Ansteigen des Alters bei Heirat und Geburt des ersten Kindes, eine steigende Erwerbsbeteiligung und eine Veränderung des Stellenwertes von Ehe und Familie bei den Frauen. Ehe und Familie verlieren den Charakter einer Versorgungsinstitution und wandeln sich zu einer Lebensform, die man je nach Präferenzen im Verhältnis Familie – Beruf – Karriere mehr oder weniger frei wählen kann.

2) *Tertiarisierung*: Die Umschichtung der Berufsstruktur hin zu Dienstleistungsberufen und die Expansion dieser Berufe in unterschiedlichste Bereiche (persönliche Dienstleistungen, Handel, Verwaltungsberufe, professionelle Berufe) eröffnete auch den Frauen vielfältige neue Erwerbschancen. Die damit verbundene »Vermarktung« vieler ehedem häuslicher Dienste erleichtert es ihrerseits, Haushalt und Erwerbstätigkeit miteinander zu verbinden. Sie führte allerdings auch zur Entstehung breiter, neuer Bereiche mit teilweise sehr ungünstigen Arbeitsbedingungen und Einkommenschancen.

3) *Wertwandel – Individualisierung*: Eine der zentralen Zeitdiagnosen der Soziologie lautet, dass wir einen generellen Trend in Richtung Individualisierung beobachten können (Beck 1986; Beck-Gernsheim 1994; Kron 2000). Dabei ist gemeint, dass die Bedeutung traditioneller sozialer Einheiten (Großfamilie, Dorfgemeinschaft, Nachbarschaft, Gewerkschaften, politische Parteien, Religionsgemeinschaften) abnimmt, jene oder weniger frei gewählter Beziehungen und Gemeinschaften zunimmt. Der oder die Einzelne gewinnt mehr Freiheit in den wichtigen Entscheidungen des Lebens (Heirat, Berufswahl usw.), steht andererseits aber auch unter einem zunehmenden Druck, die Lebensplanung so zu gestalten, dass sie seinen/ihren Bedürfnissen bzw. den neuen gesellschaftlichen Normen und Erwartungen entspricht. Es wird damit schwieriger, Beziehungen einzugehen und diese werden auch brüchiger. Auch die Lebensverläufe verlieren an Vorhersagbarkeit, familiäre und berufliche »Normalbiografien« werden seltener.

4) *Befreiung der Sexualität*: Für die Bevölkerungsentwicklung zentral war die »sexuelle Revolution«, begründet durch die Entwicklung effizienter Methoden der Empfängnisverhütung und eine Revolution in den auf Sexualität und Ehe bezogenen kulturellen Normen. Erotisch-sexuelle Beziehungen werden mehr und mehr losgelöst von Fortpflanzung und den Institutionen von Ehe und Familie; voreheliche Beziehungen und nicht durch eine Ehe legitimiertes Zusammenleben von Mann und Frau stellen in Westeuropa heute eine Selbstverständlichkeit dar; die christlich-bürgerliche Sexual- und Ehemoral hat ihre Verbindlichkeit verloren (Höllinger 1992). Damit entfällt ein wichtiger Antrieb für eine Eheschließung bei jungen Menschen.

5) *Institutionell-rechtliche Neuordnung der Familie*: Die vorherrschende Interpretation des Wandels von Ehe und Familie besagt, dass es sich dabei um einen Übergang von einer traditionell-patriarchalischen »Institution« zu einem System von egalitär – partnerschaftlichen Beziehungen zwischen den Ehepartnern, Eltern und Kindern handelt (Schulz 1983). Diese These ist jedoch in einer Hinsicht in Frage zu stellen.

Es ist richtig, dass die gesetzlichen Grundlagen des traditionellen Familienmodells zusehends beseitigt wurden; die Rechte der Frau wurden jenen des Mannes gleichgestellt, auch die Kinder erhalten immer mehr Rechte. Aber auch die modernen Formen des Zusammenlebens, etwa in einer Partnerschaft, werden in zunehmendem Maße durch eine Vielzahl von Gesetzen geregelt, also »institutionalisiert«. Auch wenn das Ehe- und Familienrecht primär konfliktregulierend eingreift (Limbach 1988), ist seine Wirkung auf das Verhalten nicht zu bestreiten. So zeigt sich international ein sehr starker Zusammenhang zwischen der rechtlichen und faktischen Leichtigkeit bzw. Häufigkeit von Ehescheidungen (Haller u.a. 1996b). War die traditionelle bürgerliche und bäuerliche Familie charakterisiert durch eine *funktional-komplementäre* Arbeitsteilung (vgl. dazu Mitterauer/Sieder 1980), gilt für die moderne Familie eine *egalitär-substitutive* Form der Arbeitsteilung, bei der beide Partner an allen Aufgaben gleichermaßen beteiligt sind (oder sein sollen); der familiäre Unterhalt wird zunehmend durch sozialrechtliche Unterhaltsleistungen substituiert. Dieses neue, normative Leitmodell übt auch erheblichen Druck auf individuelle Erwartungen an Partnerschaft und Ehe aus (Hakim 2003).

De facto scheinen Männer heute in familienrechtlich-institutioneller Hinsicht in manchen Aspekten sogar benachteiligt zu sein, indiziert auch durch die Tatsache, dass Anträge auf Ehescheidung mehrheitlich von Frauen gestellt werden (Jäckel 1997; Brinig/ Allen 2000).

6) *Ausbau des Wohlfahrtsstaats*: Der moderne Wohlfahrtsstaat beeinflusst in entscheidendem Maße die individuellen Möglichkeiten, Motive und Entscheidungen für oder gegen eine Ehe und Kinder.

Dabei sind zwei gegenläufige Effekte zu konstatieren. Auf der einen Seite übernimmt der Wohlfahrtsstaat zahlreiche Funktionen, die früher die (erweiterte) Familie innehatte, von Erziehung und Ausbildung bis hin zur sozialen Absicherung bei Krankheit und im Alter. Für die Lohnarbeiterfamilie entfällt damit das materielle Interesse an Kindern (Heinsohn/Knieper 1974). Der Wohlfahrtsstaat benachteiligt sogar Familien und insbesondere Frauen mit Kindern; wenn sie ihre Erwerbstätigkeit wegen der Kindererziehung unterbrechen oder aufgeben, erhalten sie im Alter in der Regel nur die niedrigsten Renten. Andererseits fördert der moderne Wohlfahrtsstaat die Bereitschaft, Kinder zu bekommen, durch familienpolitische Maßnahmen wie Kinderbeihilfen oder Kinderbetreuungsgeld. Maßnahmen dieser Art können die oben genannte Ungerechtigkeit aber nicht ausgleichen, da etwa das Kinderbetreuungsgeld nur auf begrenzte Zeit gewährt wird und die Eltern für die Zeit der Kinderbetreuung nur ein begrenztes Einkommen beziehen dürfen. Generell gilt, dass finanzielle, familienpolitische Maßnahmen dieser Art, obwohl sie grundsätzlich positiv zu beurteilen sind, nur begrenzte horizontale und vertikale Umverteilungswirkungen haben und die Fertilität nicht wesentlich beeinflussen. (Kothmayr/ Rosner 2000) Effizienter scheinen in dieser Hinsicht Maßnahmen zu sein, die es den Frauen ermöglichen, Erwerbstätigkeit und Kinderbetreuung zu kombinieren, wie Ausbau von Kinderkrippen, Kindergärten und Ganztagsschulen.

7) *Wirtschaftliche Benachteiligung von Familien als Konsumeinheiten*: Auch die moderne Familie hat wichtige ökonomische Funktionen. Über 90 Prozent der Haushalte und Familien bilden zwar keine Produktionseinheit mehr, wohl aber sind sie nach wie vor die entscheidende Einheit des Konsums. Auch ein großer Teil der Lohnabhängigen-Haushalte besitzt heute erhebliches Vermögen (etwa Wohnungen oder Eigenheime), das sie ihren Kindern vererben können. Zugleich verfügen auch »Durchschnittsfamilien« inzwischen über ein erhebliches, frei verfügbares Einkommen.

Hier zeigt sich nun, wie bereits angedeutet, eine klare Benachteiligung von Familien. Kinderreiche Familien (drei oder mehr Kinder) stellen – neben den BezieherInnen von Mindestrenten und -pensionen – heute die größte Gruppe von Armen in Österreich dar (vgl. Kapitel 9). Die Benachteiligung von Familien hat auch mit einem kulturellen Aspekt des modernen Kapitalismus zu tun. Heute gilt es nicht mehr als angebracht zu sparen, sondern man soll möglichst viel und rasch konsumieren, auch auf »Pump«. Von diesen widersprüchlichen Haltungen und Botschaften sind vor allem Jugendliche betroffen, die sich manchmal hoch verschulden. Der von öffentlichen Institutionen geförderte Wunsch nach einem aufwendigen Lebensstil kann oft zum Konflikt mit jenen Erfordernissen führen, die eine Familiengründung impliziert. Der gestiegene Wohlstand vieler Familien (Besitz von geräumigen Wohnungen oder Eigenheimen) ermöglicht es den heranwachsenden Kindern, länger als früher bei den Eltern wohnen zu bleiben und die Entscheidung für eine feste Partnerschaft und Familiengründung hinauszuschieben.

8) *Wirtschaftssituation und Jugendarbeitslosigkeit*: Es hat sich bereits in den bisher präsentierten Daten gezeigt, dass die Geburtenrate sehr stark mit der wirtschaftlichen Situation in einer Epoche korreliert. Ein besonders kritischer Faktor ist hierbei die Arbeitslosigkeit und speziell die Jugendarbeitslosigkeit: Wenn junge Erwachsene keine oder nur prekäre Arbeitsplätze finden, wird ihre Bereitschaft und ihr Mut, eine Familie zu gründen, zweifellos stark leiden. Ein Vergleich zwischen den Mitgliedsländern der EU zeigt, dass dies in der Tat der Fall ist: Je höher das Niveau der Jugendarbeitslosigkeit in einem Land, desto niedriger die Geburtenrate (Haller/ Ressler 2005).

c) Veränderungen in den Prozessen der Bevölkerungsbewegung und die neuen Haushalts- und Familienstrukturen

Tabelle 3.6 und *Abbildung 3.9* zeigen die Basisdaten im Hinblick auf die Entwicklung der einzelnen Komponenten der natürlichen Bevölkerungsbewegung: Eheschließungen und -scheidungen, Lebendgeborene und Gestorbene, sowie den Geburtenüberschuss bzw. das Geburtendefizit von 1871–1875 bis 2005 (seit 1921 in Zehnjahres-Intervallen).

Bei den Ehescheidungen und Wiederverheiratungen können wir ein erstes Nachkriegshoch in den späten 1940er, frühen 1950er Jahren erkennen (1951: 10.295 Ehescheidungen); dann zeigt sich eine Abnahme auf 8.011 bis zum Jahre 1960. Seit Ende der 1960er Jahre erfolgt jedoch ein kontinuierlicher Anstieg der Ehescheidungen bis auf 20.336 im Jahre 2006. Auch in relativer Betrachtung nimmt die Scheidungsrate vor allem seit Anfang der 1970er Jahre signifikant zu: von 1,3 auf 1.000 Einwohner auf 2,4 (*Tabelle 3.6*). Heute lassen sich etwa 30 bis über 50 Prozent (in Großstädten) der Heiratenden wieder scheiden; die Rate ist stark ansteigend mit Größe des Wohnorts. Die Gesamtscheidungsrate beträgt heute (2006) 49 Prozent; d.h., es werden etwa gleich viele Ehen geschieden wie durch Tod eines Partners gelöst.

Tabelle 3.6: Natürliche Bevölkerungsbewegung 1871–2005 (Raten auf 1.000 Einwohner)

	Eheschließungen	*Ehescheidungen*	*Lebendgeborene*	*Gestorbene*	*Geburtenüberschuss/-defizit*
1871/75	8,6	-	34,5	31,0	3,5
1901/05	7,6	0,2	30,9	21,9	8,4
1921	12,5	0,9	23,2	17,0	6,2
1931	7,4	0,9	15,9	14,0	1,9
1941	8,5	-	20,3	14,1	6,2
1951	9,1	1,5	14,8	12,7	2,1
1961	8,5	1,1	18,6	12,1	6,5
1971	6,4	1,3	14,5	13,0	1,5
1981	6,3	1,8	12,4	12,2	0,2
1991	5,6	2,1	12,1	10,7	1,4
2005	4,8	2,4	9,5	9,1	0,4

Quelle: Statistisches Jahrbuch Österreichs 2007, S. 67, Tabelle 2.21

Eine wichtige Veränderung in diesem Zusammenhang ist die Verschiebung des *Heiratsalters* nach oben. Das durchschnittliche Heiratsalter der Frau war 1951 25,5 Jahre; in den folgenden zwei Jahrzehnten sank es auf unter 23 Jahre; seit den 1990er Jahren steigt es kontinuierlich und betrug 2004 genau 30 Jahre (Statistisches Jahrbuch Österreichs 2006, Tabelle 2.24). Bei Männern betrugen

Abbildung 3.9: Eheschließungen und Ehescheidungen, 1945–2005

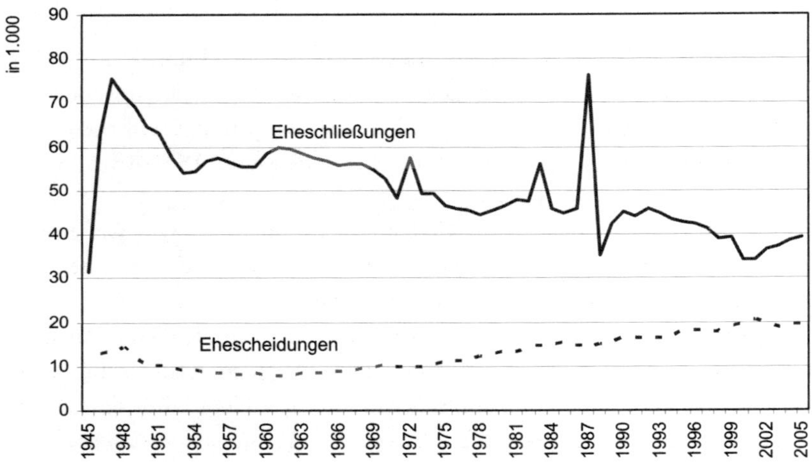

Anmerkungen: 1.1.1972: die Heiratsbeihilfe für Erstvermählte wird eingeführt; am 1.1.1984 fällt die steuerliche Absetzmöglichkeit der Mitgift weg, außerdem bestehen Gerüchte über die Abschaffung der Heiratsbeihilfe; 1.1.1988: Endgültige Abschaffung der Heiratsbeihilfe

Quellen: 1945–2003: Statistisches Jahrbuch Österreichs (laufende Bände); Datenbasis: Statistik der natürlichen Bevölkerungsbewegung; 2004–2005: Demographisches Jahrbuch 2005, S. 28f., Tabelle 10 und Tabelle 11; Datenbasis: Statistik der Eheschließungen und Ehescheidungen

die entsprechenden Zahlen 28,1 (1951), 25,3 bis 25,9 (1961–1981) und 32,9 (2004). Gegenüber den »goldenen« Sechziger- und Siebzigerjahren hat sich das Heiratsalter also um nahezu acht Jahre nach oben verschoben.

Deutliche Variationen über die Zeit hinweg zeigen sich auch in den Zahlen der *Wiederverheiratungen*. 1951 gab es absolut 11.425 Wiederverheiratungen Geschiedener, das waren 18 Prozent aller Heiratenden jenes Jahres, oder sogar ein Drittel mehr als die Zahl der Geschiedenen desselben Jahres. 1981 betrug die Zahl der Wiederheiratenden 8.246, 17 Prozent der Heiratenden jenes Jahres, oder 62 Prozent der Geschiedenen. 1999 betrug die Zahl der Wiederheiratenden 9.287; das waren 24 Prozent der Heiratenden oder 51 Prozent der Geschiedenen des gleichen Jahres (berechnet aus den Daten des SJÖ 2001, S. 66,78). Aus den steigenden Scheidungsraten ist also keine Ablehnung der Institution der Ehe als solcher ableitbar!

Dies bestätigt sich auch, wenn man die Änderungen im Familienstand 1880 vs. 2001 betrachtet. Trotz der zuletzt sinkenden Eheschließungsziffern ist der Anteil der Verheirateten langfristig deutlich gestiegen (von 43 Prozent auf 55 Prozent bei Männern, von 42 auf 50 Prozent bei Frauen! (vgl. *Abbildung 3.10*). Der Anteil der Ledigen ist gesunken, die Anteile der Verwitweten und Geschiedenen sind ebenfalls gestiegen. 1991 waren etwa unter den 45–49jährigen 8,6 Prozent ledig, 77 Prozent verheiratet, 2,8 Prozent verwitwet und 11,4 Prozent geschieden (SJÖ 2001, S.48, Tab. 2.19); nur weniger als ein Zehntel hätten also niemals geheiratet.

Abbildung 3.10: Veränderungen in der Verteilung der Bevölkerung nach Familienstand, 1880–2001 (Anteil an 15-Jährigen und Älteren in Prozent)

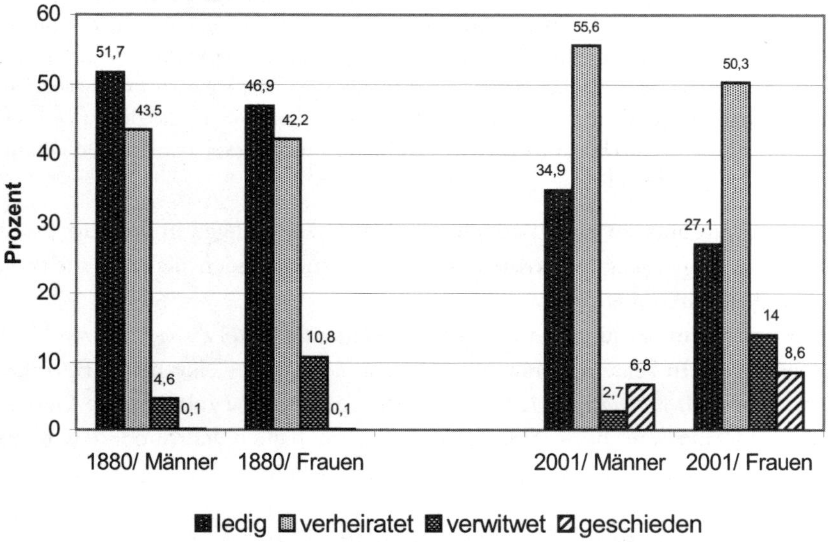

Quelle: 2001: Statistisches Jahrbuch Österreichs 2005, S. 48, Tabelle 2.10; Datenbasis: Volkszählung

Betrachten wir die Veränderungen in den Geburten und Sterbefällen. Von 1951 bis 2050 erfolgte eine enorme Verschiebung von den Geburten zu den Sterbefällen; bis 2030 wird sich dieser Trend fortsetzen. Beim Übergang vom 20. zum 21. Jahrhundert setzt eine Trendwende ein, indem die Zahl der Sterbefälle erstmals die Zahl der Geburten übersteigt (*Abbildung 3.11*).

Auf dem Höhepunkt des »Geburtenbooms« Mitte der 1960er Jahre gab es rund 130.000 Geburten, knapp vor dem Ende des 20. Jahrhunderts sind es nur mehr ca. 75.000. *Tabelle 3.6* (S. 108) zeigt die längerfristige Entwicklung in Zahlen: um die Wende vom 19. zum 20. Jahrhundert entfielen noch über 30 Lebendgeborene auf 1.000 Einwohner, am Beginn des 21. Jahrhunderts sind es weniger als 10. Eine ähnliche Entwicklung zeigt sich bei den Sterbefällen: um 1901 starben 21,9 Personen auf 1.000 Einwohner, um 2.000 Jahren sank diese Ziffer auf rund 10. Hier spiegelt sich deutlich die steigende Lebenserwartung wider. Die Folge beider Trends ist die bereits dargestellte markante Zunahme des Anteils der älteren Menschen.

In Europa ist die Geburtenrate in jenen Ländern besonders niedrig, die eine hohe Jugendarbeitslosigkeit aufweisen (Polen u.a. osteuropäische Länder, Italien, Spanien); in Ländern mit geringer Jugendarbeitslosigkeit jedoch deutlich höher (Irland, Niederlande, Dänemark, Großbritannien).

Österreich ist in dieser Hinsicht ein allerdings »negativer Ausreißer«: Trotz der relativ geringen Jugendarbeitslosigkeit (ca. 7 Prozent) ist auch die Geburtenrate mit knapp 1,4 besonders niedrig. Das Gegenteil ist der Fall in Frankreich (Jugendarbeitslosigkeit von ca. 20 Prozent, Fertilität 1,8). Dies ist sicherlich damit zu erklären, dass es in Österreich (wie auch in Südeuropa allgemein) einen deutlich schwächeren Ausbau von Einrichtungen gibt, welche den Frauen eine Kombination von Erwerbstätigkeit und Mutterschaft ermöglichen (Kinderkrippen, Kindergärten, Ganztagsschulen usw.). Die in Österreich gute finanzielle Familienförderung allein hat offenkundig keinen deutlich positiven Effekt auf die Fruchtbarkeit. Am erfolgreichsten scheint in dieser Hinsicht die französische Politik zu sein, die sowohl familienbezogene Maßnahmen (wie besondere Unterstützung kinderreicher Familien) mit Maßnahmen kombiniert, die die Erwerbstätigkeit von Müttern erleichtern (bezüglich von Maßnahmen dieser Art sind die skandinavischen Länder führend).

Gehen wir nun über zu einer Betrachtung der Veränderungen in den Prozessen der Bevölkerungsbewegung sowie den daraus resultierenden neuen Haushalts- und Familienstrukturen.

Wir müssen in der jüngsten Zeit also von einem »*zweiten demographischen Übergang*« sprechen. In seinem Rahmen entwickelt sich wieder eine neue »Bevölkerungsweise« (vgl. *Abbildung 3.1*, S. 86). Früher gab es eine relativ hohe Geburtenrate und eine sehr hohe Sterberate; in einem halben Jahrhundert wird es niedrige Geburtenzahlen und hohe Sterbeziffern geben.

Abbildung 3.11: Geburten und Sterbefälle 1951–2050[1]

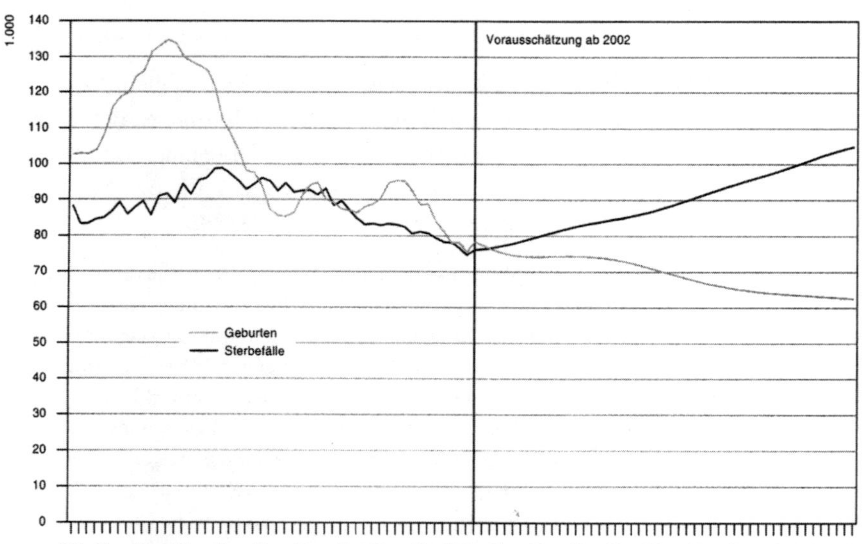

[1] Berechnet aufgrund einer mittleren Variante der Bevölkerungsprognose

Quelle: Statistisches Jahrbuch Österreichs 2005, S. 68, Grafik 2.15

Die »*industrielle Bevölkerungsweise*« (in Österreich etwa in der Zeit vom 1. Weltkrieg bis zu den 1980er Jahren) war durch einen deutlichen Überschuss der Geburten über die Todesfälle charakterisiert (etwa 15–20 Geborene und 12–15 Gestorbene auf 1.000 Einwohner). Daraus resultierte eine leicht wachsende Bevölkerung. Seit etwa 1970/80 setzt sich eine neue Struktur durch: Heirats-, Geburten- und Sterbeziffern sinken weiter ab und stabilisieren sich auf einem sehr niedrigen Niveau. Die Folge wird neben der radikalen Veränderung des Bevölkerungsaufbaus eine abnehmende Bevölkerung sein, sofern die niedrigen Geburtenraten nicht durch Zuwanderung ausgeglichen werden.

Wie ist es zu diesem tiefgreifenden Wandel gekommen? Haben sich die ehe- und familienbezogenen Werthaltungen der ÖstereicherInnen grundlegend verändert? Betrachten wir noch einige Daten zum Wandel der Haushalts- und Familienstrukturen sowie zu familienbezogenen Einstellungen und Erwartungen.

Im Zusammenhang mit den dargestellten demographischen Tendenzen wurde vor allem in der deutschsprachigen Soziologie sehr stark argumentiert, die bisherigen traditionellen Familienstrukturen mit der vollständigen Kernfamilie (Vater, Mutter, Kinder) würden zusehends ausgehöhlt, der klassische »Familienbegriff« überhaupt obsolet, da neue Haushalts- und Familienformen (Singles, AlleinerzieherInnen, Paare und Lebensgemeinschaften ohne Trauschein bzw. ohne Kinder, »Fortsetzungsfamilien« und Stieffamilien usw.) sich immer stärker ausbreiten (Beck-Gernsheim 1994; für Österreich Schulz 1983).

Wir können hier die folgenden Trends erkennen (vgl. *Tabelle 3.7*):

- Die Anzahl der *Haushalte insgesamt* steigt kontinuierlich und stark von 2,5 Millionen 1971 auf 3,3 Millionen 2001 und 3,6 Millionen 2030.
- Auch der Anteil der *Einpersonenhaushalte* nimmt kontinuierlich zu von 1971 ca. 25 auf 2001 33 Prozent und 34 Prozent bis 2030. Der größte Teil dieses Zuwachses ist allerdings auf Einpersonenhaushalte älterer Frauen und damit auf die Alterung der Bevölkerung zurückzuführen: Von den 797.000 Einzelpersonenhaushalten 1999 hatten 58 Prozent Haushalte einen über 50 Jahre alten Vorstand, und 33%, ein Drittel, einen Haushaltsvorstand über 70 Jahre; 61 Prozent dieser Haushalte bestanden aus einer Frau.
- Die *Gesamtzahl der Familien* stieg in den letzten 30 Jahren deutlich (von 1,9 auf ca. 2,2 Millionen); ihre Zahl wird in den nächsten Jahrzehnten etwa gleich bleiben.
- Die Gesamtzahl der typischen »*Kernfamilien*« (Ehepaare mit Kindern) lag 1971 bis 1991 stabil bei knapp über einer Million. Bis 2001 sank sie leicht darunter; in den kommenden 25 Jahren wird sie weiter deutlich sinken (prognostiziert auf 832.000 im Jahre 2030);
- Ein deutlicher Anstieg, vor allem in relativer Sicht, ist in der Tat bei verschiedenen »*neuen Lebens- und Familienformen*« zu verzeichnen. Stark zunehmend sind Lebensgemeinschaften ohne und mit Kindern (erstere von 29.000 auf 123.700 im Jahre 2001, letztere von 23.000 auf 99.600), bei Ehepaaren ohne Kinder (von 587.000 auf 648.000) und bei den AlleinerzieherInnen (Zuwachs von 224.000 auf 351.900). Dieser Zuwachs wird sich fortsetzen, allerdings nicht bei allen Familientypen in gleicher Weise: Lebensgemeinschaften ohne Kinder und vor allem AlleinerzieherInnen werden weiter stark zunehmen, Lebensgemeinschaften mit Kindern dagegen sogar wieder abnehmen.

Tabelle 3.7: Privathaushalte, Familien[1] und Kinder[2] in Österreich 1971, 1981, 1991, 2001 und 2030 (absolute Zahlen in 1.000 bzw. Prozent)

	1971	*1981*	*1991*	*2001*	*2030*
Privathaushalte	2.571,0	2.763,9	3.013,0	3.339,7	3.674
davon mit 1 Person	25,6%	28,3%	29,7%	33,5%	34,6%
Familien insgesamt (absolut)	1.929,0	1.986,3	2.109,1	2.206,2	2.293
(Veränderung von Periode zu Periode, Prozent)	(100)	(+3)	(+6)	(+5)	(+4)
Nach Familientyp (Veränderung von Periode zu Periode)					
Ehepaare ohne Kinder	587,7	568,5	599,9	648,1	804
(in Prozent)	(100)	(-3)	(+6)	(+8)	(+24)
Lebensgemeinschaften					
ohne Kinder	29,1	48,9	88,3	123,7	147
(in Prozent)	(100)	(+68)	(+81)	(+40)	(+19)
mit Kindern	23,1	32,9	51,8	99,6	65
(in Prozent)	(100)	(+42)	(+57)	(+92)	(-35)
Ehepaare mit Kindern	1.064,6	1.078,9	1.046,4	982,8	832
(vollständige Kernfamilien)					
Alleinerziehende	224,4	257,3	322,8	351,9	445
(in Prozent)	(100)	(+15)	(+25)	(+9)	(+26)
Kinder insgesamt	2.615,6	2.590,0	2.455,6	2.424,8	2.055
	(100)	(100)	(100)	(100)	(100)
davon: Kinder von					
Ehepaaren	2.244.1	2.159,1	1.927,0	1.789,7	1.385
(in Prozent)	(86)	(83)	(78)	(74)	(67)
Lebensgemeinschaften	44,3	53,5	76,8	149,9	96
(im Prozent)	(2)	(2)	(3)	(6)	(5)
Alleinerziehendem Elternteil	327,2	377,4	451,8	485,2	574
(in Prozent)	(12)	(15)	(19)	(20)	(28)

1 Familie: Ehepaare mit oder ohne Kinder(n) bzw. Elternteile mit Kindern.

2 Kinder: alle mit ihren Eltern im selben Haushalt lebenden leiblichen, Stief- und Adoptivkinder, die selbst noch nicht verheiratet sind bzw. selbst noch keine Kinder haben, ohne Rücksicht auf Berufstätigkeit oder Alter; dazu zählen auch die mit ihren Großeltern lebenden Enkelkinder, falls ihre Eltern nicht im selben Haushalt wohnen.

Quelle: Statistisches Jahrbuch Österreichs 2005, S. 66, Tabellen 2.18 und 2.20; Prognose 2030: Statistisches Jahrbuch Österreichs 2001, S. 59, Tabelle 2.21

Die *Anzahl der Kinder* nimmt insgesamt deutlich ab (von 2,6 Millionen 1971, auf 2,4 Millionen 2001 und nur mehr rund 2 Millionen 2030). Was die Lebensformen, in denen sie aufwachsen, betrifft, ist jedoch festzustellen, dass der größte Teil der Kinder noch immer in vollständigen Familien lebt und weiterhin leben wird. 1971 waren dies 86 Prozent aller Kinder, 2001 74 Prozent, und 2030 werden es noch gut zwei Drittel sein (67 Prozent). Umgekehrt proportional ist der Zuwachs bei Kindern von Alleinerzieher-Innen (Zunahme von 12 Prozent 1971 auf prognostizierte 28 Prozent im Jahre 2030).

Wie sieht die Realität im Hinblick auf die Einstellungen zu Kindern aus? Die empirischen Befunde aus Befragungen, die insbesondere im Rahmen des Mikrozensus, in der großen österreichischen Fertilitätsstudie (vgl. Doblhammer u.a. 1997) und in repräsentativen soziologischen Surveys erhoben wurden, können folgendermaßen zusammengefasst werden:

- Gewünschte Kinderzahl: man wünscht sich zwar großteils die Zwei-Kinder Familie, aber de facto hat man weniger. Ein Rückgang der gewünschten Kinderzahl ist in den letzten 17 Jahren nicht zu verzeichnen (Riederer 2005).
- Es bestehen deutliche Differenzen nach Gemeindegröße: je größer eine Gemeinde, desto weniger Kinder werden gewünscht. Dafür gibt es vielfältige Gründe: So sind in kleinen, ländlichen Gemeinden die Wohn- und Umweltbedingungen für Kinder günstiger, was sich in einer signifikant höheren Lebenszufriedenheit der Kinder auswirkt (Zauner 1993).
- Es gibt auch deutliche Differenzen nach Bundesländern: im Westen wünscht man sich mehr, im Osten weniger Kinder. In jüngster Zeit ist allerdings die Bevölkerungsentwicklung im Osten wieder positiver. Dies mag die Folge unterschiedlicher Arbeits- und Beschäftigungsbedingungen, Umwelt- und Lebensbedingungen, aber auch Werthaltungen sein.
- Als wichtigste Gründe gegen weitere Kinder werden bei Befragungen genannt (Hettlage 1992, S.143): Lebensstandard beibehalten; hohe Kosten; unzureichende Wohnverhältnisse, also durchwegs eher materiell-ökonomische Gründe. Man könnte sagen, Kinder können sich heute viele »nicht mehr leisten«; besser wäre vielleicht zu sagen: Kinder haben nicht so eine hohe Bedeutung wie andere Prioritäten eines angenehmen und komfortablen Lebens. Viele Menschen überschätzen aber offenkundig den Wert eines Lebens in materiell gutsituiertem Dasein im Vergleich zu den Gratifikationen, die es mit sich bringt, Kinder zu bekommen und aufzuziehen. Menschen mit Kindern sind trotz der damit verbundenen Einschränkungen mit ihrem Leben signifikant zufriedener als solche ohne Kinder (Haller/Hadler 2004; Riederer 2005).

Als Resümee aus den objektiven Trends und den subjektiven Einstellungen zur Familie lässt sich festhalten, dass zwar die institutionell vorgegebenen Muster (etwa die Sequenz Heirat – Geburt des ersten Kindes) deutlich an Verbindlichkeit eingebüßt haben, nicht jedoch das Ideal der Familie bestehend aus Elternpaar und Kindern; die Wertschätzung für die Familie in diesem Sinn ist ungebrochen (Hettlage 1992, S.237). Dies wird auch belegt durch andere Phänomene wie die relativ hohe Zahl an Wiederverheiratungen nach Scheidungen oder das Bestreben von gleichgeschlechtlichen Paaren nach einer rechtlichen Gleichstellung ihrer Partnerschaft mit der Ehe und dem Recht, Kinder aufziehen zu dürfen. Verständlich wird diese Haltung auch durch die Probleme alleinerziehender Eltern oder von Familien mit Stiefkindern.

Behandeln wir schließlich noch kurz die Frage, ob der Geburtenrückgang ein österreichisches oder ein gesamt-europäisches Phänomen darstellt. In letzter

Abbildung 3.12: Geburtenrate in sechs ausgewählten Ländern 1981–2003

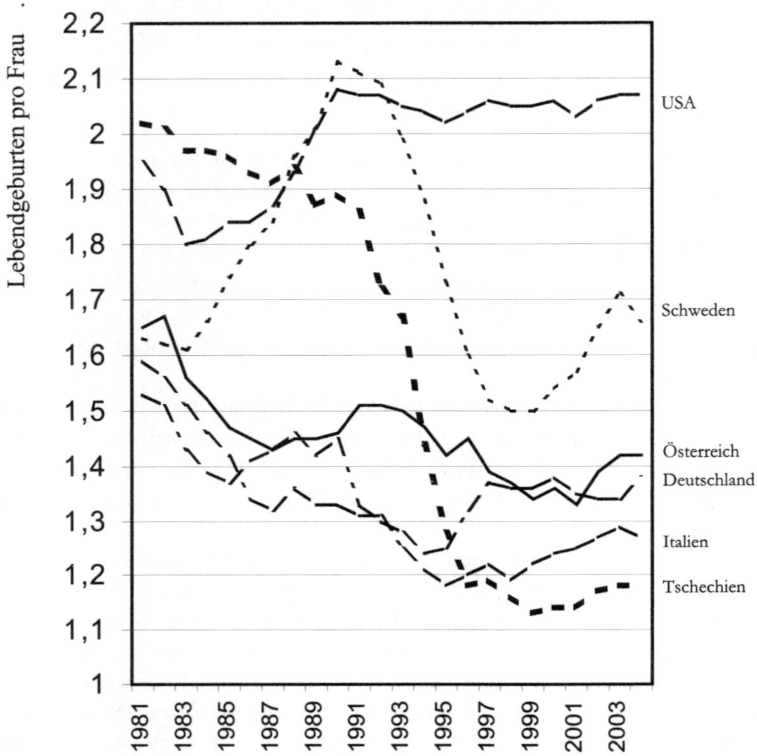

Quelle: Demographisches Jahrbuch Österreichs 1993/94/95, S. 16; Fischer Weltalmanach (laufende Bände)

Zeit wird in Österreich und in der Europäischen Union stark über die Vereinbarkeit von Erwerbstätigkeit und Familie bei Frauen diskutiert. Steigerung der Erwerbsbeteiligung und berufliche Gleichstellung der Frauen sind ein Hauptziel der EU. Auf diesem Hintergrund wird speziell an Österreich kritisiert, dass die Erwerbsquote der Frauen viel zu niedrig sei, unter anderem wegen der unzureichenden Ausstattung mit Unterbringungsmöglichkeiten für Kleinkinder (Kinderkrippen, Kindergärten usw.). Die skandinavischen Länder und Frankreich, so wird behauptet, bieten in dieser Hinsicht bessere Bedingungen, ermöglichen damit den Frauen viel eher, Beruf, Familie und Kinder unter einen Hut zu bringen. Die Folge sind dementsprechend auch höhere Fertilitätsraten. Wie sieht die Realität in bezug auf die letztere Behauptung aus?

Abbildung 3.12 zeigt die *Entwicklung der Gesamtfertilitätsrate* in mehreren Ländern Europas und in den USA von 1981 bis 2003. Diese Rate gibt an, wie viele lebendgeborene Kinder eine Frau zur Welt bringen würde, wenn im Laufe ihres Lebens dieselben Fertilitätsverhältnisse herrschen würden wie in dem betreffenden Kalenderjahr. Wir können daraus ersehen: Seit 1981 sinkt die Fertilitätsrate kontinuierlich ab; einen besonders dramatischen Abfall hatte Tschechien (wie die meisten anderen postkommunistischen Länder Mittelosteuropas) zu verzeichnen. Lediglich Schweden (ähnlich die anderen skandinavischen Länder) konnte die Fertilitätsrate in den späten 1980er Jahren deutlich steigern; in den 1990er Jahren ging sie aber auch dort dramatisch zurück (wohl auch im Zusammenhang mit dem wirtschaftlichen Einbruch); sie ist aber heute immer noch höher als in Österreich. Aber auch in Schweden erreicht die Fertilitätsrate nicht das Niveau der demographischen Selbstreproduktion der Gesellschaft, das im Durchschnitt etwas mehr als 2 Kinder pro Frau beträgt. Einzig die USA haben eine kontinuierlich höhere Geburtenrate.

Kein einziges europäisches Land erreicht also eine Selbstreproduktionsrate von über 2,00, wohl jedoch die Vereinigten Staaten. Nur Island und Irland weisen noch relativ hohe Raten von 1,9 auf. Folglich ist der jüngste starke Rückgang der Geburten ein Problem, das weitgehend spezifisch für Europa ist.[7]

Besonders drastisch stellt es sich heute in Osteuropa dar. In Tschechien (und Ähnliches gilt für alle anderen post-kommunistischen Länder) ist die Fertilitätsrate seit dem Zusammenbruch des kommunistischen Systems geradezu abgestürzt von etwa 1,9 auf unter 1,2 – der niedrigste Wert unter allen Ländern.

3.5 Ein- und Auswanderung und ihre Effekte auf die Bevölkerungs- und Sozialstruktur

Wir haben bereits gesehen, dass Migration seit jeher eine wichtige Komponente der demographischen Reproduktion der österreichischen Gesellschaft darstellt. Dies gilt insbesondere in der jüngsten Zeit, in welcher die sinkenden Geburtenraten der einheimischen Bevölkerung zu einem absoluten Bevölkerungsrückgang führen würden, wenn es keine Einwanderung gäbe.

Ein- und Auswanderung sind Prozesse, die in hohem Maße von der Struktur und Entwicklungsdynamik einer Gesellschaft bestimmt werden. Dies gilt nicht nur für die wirtschaftliche Dynamik, deren Bedeutung offenkundig ist – in Phasen der Prosperität gibt es eher Zuwanderung, in Krisenphasen Abwanderung. Es gilt auch im Hinblick auf die Sozial- und Schichtstruktur sowie den Charakter des politischen Systems einer Gesellschaft. Ganz allgemein könnte man in diesem Zusammenhang zwei Vermutungen aufstellen. Die erste lautet, dass

---

7 Unter den entwickelten außereuropäischen Ländern gibt es allerdings auch mehrere, die Gesamtfertilitätsraten von unter 2 aufweisen, nämlich Japan (1999:1,40), Kanada (1997:1,66) und Australien (1997:1,78). Australien und Kanada weisen aber einen deutlich stärkeren Wohlfahrtsstaat auf als die Vereinigten Staaten, sie liegen damit in ihrer institutionellen Struktur also »zwischen« Europa und den USA.

Ein- und Auswanderung u.a. auch durch die Klassen- und Schichtstruktur eines Landes geprägt werden, diese in der Folge aber auch ihrerseits beeinflussen. Zum anderen dürfte auch ein ausgeprägter Wohlfahrtsstaat die Zuwanderung einschränken, besonders in wirtschaftlichen Krisenperioden. Ein Staat, der seinen Bürgern sehr hohe Leistungen bietet, kann diese Leistungen Zuwanderern nicht unbegrenzt offerieren, da es seine Kapazitäten überfordern würde; soziale Klassen und Schichten, die sich durch Zuwanderung bedroht fühlen, werden solche restriktive Maßnahmen eher unterstützen.

Betrachten wir einige Basisdaten zum Charakter der Ein- und Auswanderung aus Österreich in verschiedenen Perioden der letzten hundert Jahre. Es wurde bereits festgestellt, dass es zur Zeit der späten Monarchie eine starke Binnenwanderung gab, vor allem von den weniger entwickelten Regionen innerhalb des Habsburger Reiches in die zentralen Gebiete Österreichs bzw. in die Hauptstadt Wien. Es gab zu dieser Zeit aber auch eine starke Auswanderung. So sind von 1876 bis 1910 3,5 Millionen Menschen aus Österreich-Ungarn ausgewandert, vor allem nach Übersee (Fassmann/Münz 1995, S. 24). Die Auswanderer selbst kamen vor allem aus unteren Schichten, aus der Land- und Forstwirtschaft und aus Arbeiterberufen. Ihr Bildungsniveau war großteils sehr bescheiden.

Das gleiche Muster zeigt sich in der Zwischenkriegszeit. Zwischen 1921 und 1937 wanderten rund 75.000 Personen nach Übersee aus, vor allem Burgenländer (Fassmann/Münz 1995, S. 29ff.). Dies hatte wieder den gleichen Grund: das Burgenland hatte nicht nur den höchsten Agraranteil aller Bundesländer, sondern auch eine stark polarisierte Landwirtschaft mit Großgrundbesitz einerseits, vielen Kleinbauern und besitzlosen Landarbeitern andererseits. Schon ab den 1920er Jahren, verstärkt aber in den Perioden des Ständefaschismus (1934–38) und Nationalsozialismus, kam eine durch die politischen Verhältnisse mitverursachte Auswanderung hinzu. Neben politisch Aktiven, Intellektuellen, Wissenschaftlern und Künstlern emigrierten bzw. flüchteten fast 200.000 österreichische Juden (unter ihnen überproportional hohe Anteile von Akademikern).

Ein völlig anderes Bild ergab sich im Nachkriegsösterreich, das seit Anfang der 1960er Jahre eine spektakuläre Phase der wirtschaftlichen Prosperität erlebte. Nun nahm die Zuwanderung stark zu und sie wurde kurzzeitig (ab Ende der 1960er Jahre bis zum Ölpreisschock 1973) von Wirtschaft und Politik systematisch gefördert, um zu günstigen Arbeitskräften zu kommen.

Um 1950 überschritt die Anzahl der ausländischen Arbeitskräfte erstmals die 50.000 Marke; sie stieg kontinuierlich bis 1973, als sie einen ersten Höhepunkt mit 226.000 Personen erreichte; dann sank sie auf rund 138.000 (1987), um aber seither wieder kontinuierlich anzusteigen (Fassmann/Münz 1995, S. 44). 1995 erreichte die Anzahl der ausländischen Arbeitskräfte erstmals 300.000; seither stieg sie weiter auf über 400.000 an.

Tabelle 3.8 zeigt, dass im Jahre 2005 802.000 Ausländer in Österreich gelebt haben. Das waren über 9,8 Prozent der Wohnbevölkerung – ein sehr hoher Anteil, mit dem Österreich in Europa eine Spitzenposition einnimmt (nur die Schweiz und Luxemburg haben höhere Anteile). Der mehr als doppelt so hohe Anteil von Ausländern insgesamt im Vergleich zu ausländischen Arbeitskräften ergibt sich daraus, dass viele schon lange in Österreich lebende Ausländer hier geheiratet und Kinder bekommen haben (die keineswegs automatisch die Staatsbürgerschaft erhalten!) oder Familienangehörige nach Österreich nachgeholt haben. Die ursprüngliche Idee, dass die »Gastarbeiter« nur so lange bleiben würden, wie ihre Arbeitskraft benötigt werde, und sie dann wieder heimgeschickt werden könnten, erwies sich als nicht realisierbar. Die Notwendigkeit der Zuwanderung wurde in der Folge auch anerkannt. Die mit ihr verbundenen Integrationsprobleme, die vor allem in großstädtischen Bezirken mit hohen Ausländeranteilen auftreten, werden allerdings von rechtspopulistischen Parteien immer wieder instrumentalisiert, um bei Wahlen Stimmen zu gewinnen. Der Politik (in Österreich und vielen anderen Ländern) ist allerdings vorzuwerfen, dass sie die mit einer massiven Einwanderung verbundenen Probleme nicht ausreichend erkennt oder anzusprechen wagt. Zahlreiche Umfragen zeigen, dass die Mehrheit der Bevölkerung in fast allen westlichen Ländern heute gegen eine Erleichterung der Zuwanderung ist (Freeman 1997).[8]

Tabelle 3.8: Ausländer, Asylwerber und Einbürgerungen 1951–2005

Jahr	*Ausländische Wohnbevölkerung*	*Ausländische Arbeitskräfte*[1]	*Asylwerber (Jahresdurchschnitt)*	*Einbürgerungen (Jahresdurchschnitt)*[2]
1951	322.598	-	40.570	38.973
1961	102.159	47.272	4.675	6.083
1971	211.896	137.700	3.137	5.521
1981	291.448	165.679	14.118	7.979
1991	532.746	300.704	13.343	11.394
2001	710.926	329.261	30.127	32.080
2002	743.255	334.432	39.354	36.382
2003	759.576	350.361	32.359	45.112
2004	776.147	362.299	24.634	42.174
2005	801.621	374.187	22.461	35.417

1 Unselbständig beschäftigte ausländische Arbeitskräfte

2 Einschließlich Einbürgerungen von im Ausland wohnhaften Personen

Quellen: Ausländische Wohnbevölkerung und Arbeitskräfte (1995–2001): Statistisches Jahrbuch Österreichs, laufende Bände; Ausländische Wohnbevölkerung (2002–2005): Demographisches Jahrbuch 2005; S. 20, Tabelle 1; Ausländische Arbeitskräfte (2002–2005): WISO Taschenbuch 2006, S. 129; Asylwerber (1951–1991): Fassmann/Münz (1995), S. 51; (2001–2005): Statistik Austria; Einbürgerungen (1951–1991): Republik Österreich 1945–1995, S. 31; Statistisches Jahrbuch Österreichs 2005, S. 87, Tabelle 2.39.

8 Vgl. dazu auch die Daten des ISSP-International Social Survey von 2003 (National Identity).

Tabelle 3.8 zeigt auch, dass bis 2002 die Gruppe der Asylwerber deutlich angestiegen ist; 2003 waren dies ca. 32.000 Personen; danach sank sie wieder. Nicht zuletzt infolge einer z.T. problematischen Verschärfung der gesetzlichen Bestimmungen im Asylgesetz 2005 und einer restriktiven Auslegung dieser durch die Behörden.

Welche beruflichen und sozialen Positionen nehmen die ausländischen Arbeitskräfte in Österreich ein? Rund 57 Prozent der Ausländer sind als un- und angelernte Arbeiter tätig, knapp drei Viertel als Arbeiter; der Rest ist tätig als Auszubildende, Angestellte oder Selbständige. Dabei haben manche dieser ausländischen Arbeitskräfte eine Ausbildung, die deutlich über der von ihnen ausgeübten beruflichen Tätigkeit liegt. So zeigt eine Auswertung der großen EU-SILC Erhebung 2004, dass z.B. 31 Prozent der erwerbstätigen AusländerInnen mit Matura in Österreich in un- oder angelernten Arbeiter- und Dienstleistungsberufen tätig sind.

Das heißt, in Österreich sind Ausländer zwar willkommen, aber vor allem als »Lückenbüßer« auf dem Arbeitsmarkt, in wenig qualifizierten und relativ schlecht entlohnten Berufen, die für die ÖsterreicherInnen selber stark an Attraktivität verloren haben. Dem starken Zustrom an ausländischen Arbeitskräften in wenig qualifizierte Berufe stand in der Nachkriegszeit im übrigen eine erhebliche Auswanderung qualifizierter österreichischer Arbeitskräfte in die ebenfalls unter Arbeitskräfteknappheit leidenden Nachbarländer, vor allem Deutschland, gegenüber. 1994 befanden sich 430.000 Österreicher im westlichen Ausland, der größte Teil davon in Deutschland (Fassmann/Münz 1995, S. 43).

Ein besonders interessanter Aspekt ergibt sich, wenn man die berufliche Stellung der Ausländer in Österreich mit der Situation in anderen Ländern vergleicht (Münz/Seifert 2001, S. 317). Während in Österreich drei Viertel der von außerhalb der EU zugewanderten Arbeitskräfte in Handarbeitsberufen tätig sind – die Hälfte davon in un- und angelernten Tätigkeiten – sind dies in Deutschland und Frankreich nur 40–50 Prozent, und in Großbritannien gar nur ein Viertel (vgl. die beiden untersten Zeilen). Demgegenüber befinden sich in Großbritannien nahezu die Hälfte dieser Ausländer in der höchsten, qualifizierten Berufsklasse (Professionen, qualifizierte Angestellte und Beamte). Lediglich EU-Ausländer haben auch in Österreich sehr hohe berufliche Positionen inne (zum größten Teil handelt es sich dabei wohl um deutsche Staatsbürger).

Diese Muster der Migration hängen offenkundig eng mit der Sozialstruktur und Politik Österreichs zusammen (vgl. auch Tazi-Preve et al. 1999, S. 75ff.): Österreich verfolgt in dieser Hinsicht eine Politik, die den Interessen der Wirtschaft eindeutigen Vorrang einräumt – oft sogar gegen grundlegende Menschenrechte etwa von politisch Verfolgten aus anderen Ländern oder von hier schon länger ansässigen Ausländern. Die Migrationspolitik wie auch die Muster der Zuwanderung selbst sind mitbedingt durch Koalitionen zwischen einflussreichen Interessen-Gruppen (z.B. Unternehmern, die billige, zeitlich und räumlich flexible Arbeitskräfte benötigen) und dem Staat. In den letzten Jahren wurde keine aktive Zuwanderungspolitik mehr betrieben; das Ziel war nur mehr eine Begrenzung der Zuwanderung; dies ließ sich aber nicht so leicht erreichen. Zu wenig beachtet wurde die Frage, wie man auch hochqualifizierte Arbeitskräfte anziehen könnte. In dieser Hinsicht betreiben etwa die Vereinigten Staaten, aber auch die Schweiz oder Skandinavien, eine gezieltere Politik. Viel zu wenig wurde in Österreich auch gesehen, wie wichtig es ist, die schon lange im Lande lebenden Ausländer und ihre Kinder voll in die österreichische Gesellschaft zu integrieren, vor allem durch eine Forcierung ihrer Bildungsbeteiligung. Gesellschaft und Politik in Österreich verhalten sich gegenüber ihren Zuwanderern nicht nur wenig solidarisch und ausschließend, sondern handeln auch gegen die langfristigen eigenen Interessen, wenn sie diesen großteils nur einen Platz am unteren Ende der Schichtskala zuweisen.

Resümee

In Österreich haben in den letzten hundert Jahren kontinuierliche und tiefgreifende demographische Wandlungsprozesse stattgefunden. Phasen des Bevölkerungswachstums wurden abgelöst von solchen des Bevölkerungsrückgangs, Phasen der Zuwanderung von solchen der Abwanderung. In den letzten Jahrzehnten wurde der Bevölkerungsboom der 1960er Jahre abgelöst durch einen säkularen Rückgang der Eheschließungen und Fertilität. Der noch vor wenigen Jahrzehnten prognostizierte Bevölkerungsrückgang trat allerdings nicht ein – nicht zuletzt aufgrund einer starken Zunahme der Einwanderung seit dem Fall des Eisernen Vorhangs. Die Bewertung dieser Zuwanderung hat sich im Gefolge der Zunahme weltweiter Flüchtlings- und Migrationsbewegungen von dem eines für die österreichische Wirtschaft vorteilhaften Prozesses bei vielen verschoben zum Bild einer Bedrohung durch billige ausländische Arbeitskräfte und kulturelle Überfremdung. Die Daten haben jedoch gezeigt: Trotz Rückgangs von Eheschließungen und Geburten, Zunahme von Ehescheidungen und neuen Familienformen haben Familie und Kinder für die Menschen nicht wesentlich an Wert verloren. Auch die Zuwanderung muss als unentbehrliches und positives Asset betrachtet werden; sie trägt mit dazu bei, die wirtschaftliche und soziale Dynamik in der österreichischen Gesellschaft auch in Zukunft aufrecht erhalten zu können. Diese ist entscheidend herausgefordert vor allem durch die Umschichtung der Bevölkerung von jungen zu älteren Generationen. Gefordert sind eine neue Bildungs- und Familienpolitik ebenso wie eine Politik der Vollbeschäftigung für In- und Ausländer, die vor allem auch für die jungen

Menschen gute Arbeitsplätze mit angemessener Entlohnung bereithält. Eine Politik der Chancengleichheit in diesem umfassenden Sinne ist letztlich auch die erfolgreichste und sozial angemessenste Form von Bevölkerungspolitik.

Vertiefende Fragen

1) Was wären Ihrer Meinung nach die effektivsten Methoden, um das starke Bevölkerungswachstum in den ärmsten Regionen bzw. Ländern der Welt (Afrika, Südasien) in den Griff zu bekommen?

2) Was ist von der Ostöffnung im Hinblick auf die Bevölkerungsentwicklung in Österreich zu erwarten (global-regional, differenziert nach Subgruppen usw.)?

3) Was kann und sollte die Europäische Union im Hinblick auf die Zuwanderung tun – verstärkt fördern, eher einschränken, oder die Migrationspolitik den Mitgliedsstaaten überlassen? Begründen Sie Ihre Meinung.

4) Sollte Österreich Maßnahmen ergreifen, um den Geburtenrückgang zu stoppen und wieder zu einer höheren Fertilitätsrate zu kommen? Wenn ja, welche?

5) Die Möglichkeit der Ehescheidung ist eine Errungenschaft der modernen Gesellschaft, eine Scheidung bringt aber doch Belastungen mit sich, besonders wenn auch Kinder betroffen sind. Sollte man den steigenden Trend der Ehescheidungen verlangsamen und was könnte man dafür tun?

Weiterführende Literatur

Birg, Herwig (1996), *Die Weltbevölkerung. Dynamik und Gefahren*, München: Beck

Sehr gut lesbare, konzise Einführung in die Problematik der Entwicklung der Weltbevölkerung.

Fassmann, Heinz (1995), »Der Wandel der Bevölkerungsstruktur in der Zweiten Republik«, in: Reinhard Sieder/ Heinz Steinert/ Emmerich Talos, Hrsg. *Österreich 1945–1995. Gesellschaft, Politik, Kultur*, Wien: Verlag für Gesellschaftskritik, S. 395–408

Umfassender und informativer Überblick zur demografischen Entwicklung in Österreich seit dem 2. Weltkrieg.

Fassmann, Heinz/ Rainer Münz (1995), *Einwanderungsland Österreich? Historische Migrationsmuster, aktuelle Trends und politische Maßnahmen*, Wien: Jugend & Volk

Konziser Überblick über die längerfristigen Migrationsprozesse, die sozialen Merkmale der ausländischen Wohnbevölkerung und die Migrationspolitik in Österreich

Helczmanovski, Heimold (1973), »Die Bevölkerung in den letzen hundert Jahren«, in: ders. Hg., *Beiträge zur Bevölkerungs- und Sozialgeschichte Österreichs*, Wien, S. 113–116

Standardartikel zur längerfristigen Bevölkerungsentwicklung Österreichs

Höpflinger Francois (1997), *Bevölkerungssoziologie*, München: Juventa

Neuere Einführung und Übersicht über die Thematik durch einen zum Thema ausgewiesenen Schweizer Soziologen.

Kapitel 4: Klassische und neuere soziologische Theorien der sozialen Ungleichheit

4.1 Einleitung: Theorien sozialer Ungleichheit aus wissenssoziologischer Perspektive

In diesem Kapitel geht es darum, einige Grundkonzepte und Theorien der Sozialstruktur-Analyse darzustellen. Zentral ist der Begriff der »sozialen Ungleichheit« (Dahrendorf 1966). In der soziologischen Diskussion um soziale Ungleichheit kann man zwei grundlegende Varianten unterscheiden: kollektivistisch und institutionalistisch ausgerichtete Theorien sehen ihren Ursprung in unterschiedlichen Ressourcen und unterschiedlicher Macht verschiedener gesellschaftlicher Gruppen; soziale Klassen sind hier die entscheidenden Einheiten. Individualistisch ausgerichtete Theorien führen soziale Ungleichheit auf die Ressourcen und Interessen einzelner Individuen zurück; die funktionalistische Schichtungstheorie ist die bekannteste Ausprägung dieser Richtung (vgl. als Einführungen Giddens 1979; Burzan 2004[1]).

Der Klassenbegriff als Grundbegriff für die soziologische Analyse der sozialen Ungleichheit geht auf Karl Marx zurück. Nach ihm sind Klassen die ökonomisch definierten gesellschaftlichen Gruppen, welche die Auseinandersetzung um die Ressourcen und den Reichtum einer Gesellschaft bestimmen. Auch Max Weber legt diesen Klassenbegriff in zwei kurzen Kapiteln in »Wirtschaft und Gesellschaft« zugrunde. Zwar sieht er die Klassen nicht mehr als historische Akteure eines Klassenkampfes, aber doch als deutlich identifizierbare soziale Gruppen oder Aggregate, die durch unterschiedliche Lebens-, Macht- und Einflusschancen charakterisiert sind.

In der neueren Diskussion, vor allem in Deutschland, wurde die These entwickelt, dass der Klassenbegriff seine Bedeutung und Brauchbarkeit für die Analyse von Ungleichheit in modernen Gesellschaften eingebüßt habe. An seiner Stelle müsse man heute eher von sozialen Lagen, Lebensstilen und Milieus sprechen, die keineswegs eindeutig als privilegiert oder benachteiligt zu bezeichnen sind, sondern eine komplexe Vielfalt von Privilegien und Benachteiligungen zugleich aufweisen.

So bedeutsam solche Aspekte für das Verständnis von sozialer Ungleichheit in modernen Gesellschaften auch sind, es hieße »das Kind mit dem Bade auszuschütten«, wenn man den Begriff der sozialen Klasse heute als grundsätzlich nicht mehr brauchbar ansieht. Im Gegensatz zu Deutschland und den USA ist der traditionelle Klassen- und Schichtbegriff in Frankreich und Großbritannien weiterhin einflussreich geblieben. Weil gesellschaftliche Vorstellungen über die Sozialstruktur ebenso sehr durch historische Erfahrungen, kulturelle und politische Leitbilder geprägt werden wie durch die objektiven Strukturen selbst, ist

---

1 Einen umfassenden Überblick auch anhand von Originaltexten erhält man in den Readern Bendix/Lipset 1966; Heller 1969; Strasser/Goldthorpe 1985.

eine relativ ausführliche Darstellung der vorherrschenden Theorien der Sozialstruktur in den vier wissenschaftlich tonangebenden westlichen Ländern auch für die Analyse der Sozialstruktur Österreichs unerlässlich. Neben den »*academic images*«, wie sie Arthur Marwick (1980) in seiner hervorragenden Studie über klassenbezogene Vorstellungen und die sozialstrukturelle Realität in Großbritannien, Frankreich und den USA nennt, wären auch noch die offiziellen, privaten und Medien-Bilder zu diesem Thema von Interesse, auf die in diesem Lehrbuch aber nicht näher eingegangen wird (vgl. dazu Haller/Mach/Zwicky 1995; Nollmann/Strasser 2002; Hadler 2003; Volkmann 2006). Die folgende Darstellung geht davon aus, dass wissenschaftliches Forschen und Schreiben, wie alles gesellschaftlich relevante Denken, von der jeweiligen Umwelt ihrer Urheber mitbeeinflusst wird. Die Grundannahmen dieser von Karl Mannheim (1969) begründeten *wissenssoziologischen Perspektive* werden dargestellt in *Übersicht 4.1* (vgl. dazu auch Haller 2006).

Basierend auf diesen Grundannahmen werden in den folgenden beiden Abschnitten (a und b) die einflussreichsten soziologischen Konzepte sozialer Ungleichheit in Deutschland, Frankreich und Großbritannien, sowie in den USA dargestellt, und dann einer kritischen Diskussion unterzogen (c).

Übersicht 4.1: Grundthesen der Wissenssoziologie und ihre Anwendung auf Theorien sozialer Ungleichheit

1) Soziologische Theorien der sozialen Ungleichheit sind Teil umfassenderer und vielfältigerer gesellschaftlicher Denksysteme. Dazu gehören auch Geschichts- und Gesellschaftsbilder, die von Schriftstellern, Intellektuellen, Politikern, religiösen und anderen Eliten, von Medien, Organisationen und sozialen Bewegungen entwickelt und vertreten werden. Auch das vorwissenschaftliche, alltägliche Denken und Handeln wird von ihnen beeinflusst (Mannheim 1970 [1931], S. 100; König 1973, S. 6).

2) Die Weltanschauung eines Zeitalters oder einer Gesellschaft tendiert zu einer mehr oder weniger vollständigen »Totalität«, einer Konsistenz zwischen den einzelnen Elementen einer Wirklichkeitsinterpretation. Dieser Synthetisierungsprozess ist sowohl ein geistig-immanenter als auch ein sozialer Prozess; in ihm kämpfen unterschiedliche Gruppen mit bestimmten Wissensinteressen um die Durchsetzung ihrer spezifischen Interpretationen der Wirklichkeit (Mannheim 1970 [1931], S. 1ff.).

3) Die Tendenz zur Totalität ist aber nie vollständig, die Weltanschauung einer Gesellschaft oder Epoche ist stets auch intern differenziert. Unterschiedliche Weltsichten versuchen sich möglichst scharf voneinander abzugrenzen, sie orientieren sich aneinander (Mannheim 1970 [1931], S. 324ff.). Es gibt ein Kontinuum von sozialkulturell hoch integrierten bis hin zu intern stark polarisierten und fragmentierten Gesellschaften und Epochen.

4) Es gibt drei Typen von gesellschaftlichen Faktoren bzw. Kräften, welche die Entwicklung unterschiedlicher Theorien der Ungleichheit beeinflussen:
   - *Die faktischen Sozialstrukturen*: In Gesellschaften mit starken Ungleichheiten werden eher kritische, in weniger ungleichen Gesellschaften eher affirmative Ungleichheitstheorien vorherrschen. Je kleiner und homogener eine Gesellschaft, desto eher werden einheitliche Weltbilder entstehen.
   - *Die Struktur der gesellschaftlich-politischen Institutionen*: Die vorherrschenden Gesellschaftsbilder werden in hohem Maße durch die hier relevanten Institutionen (Bildungs- und Beschäftigungssysteme, Formen der kollektiven Organisation, Typ des Wohlfahrtsstaates usw.) mitbestimmt. Gibt es in einer Gesellschaft einflussreiche Gruppen und Institutionen, die Ungleichheiten kritisch thematisieren und für mehr Gleichheit wirken bzw. kämpfen, werden auch in den Sozialwissenschaften eher kritischere Theorien vertreten.
   - *Die spezifische »Problemlage« einer Gesellschaft*: Gesellschaften, die mit ernsthaften Problemen ihrer Integration und ihres Wertebestands konfrontiert sind, »öffnen« ihr Schichtungssystem und verhelfen Leistungskriterien zu stärkerer Geltung. In aufsteigenden, wirtschaftlich und politisch erfolgreichen Gesellschaften werden eher affirmative, das Bestehende bejahende, in krisenhaften und zurückfallenden Gesellschaften eher kritische Vorstellungen der Sozialstruktur vorherrschen.

4.2 Neuere Theorien der sozialen Ungleichheit

a) Die These von der Auflösung der Klassen und Schichten als dominante Sozialstrukturtheorie in Deutschland

In der deutschen Soziologie seit dem Zweiten Weltkrieg kann man klar von einer dominanten These im Hinblick auf den Wandel der Sozialstruktur sprechen; es ist dies die These von der Auflösung der traditionellen Klassen und Schichten und der Durchsetzung einer Vielfalt neuer, multidimensional differenzierter Lebenslagen und -stile. Am eindringlichsten wurde diese These vorgetragen von Ulrich Beck in seinem Buch *Die Risikogesellschaft* (1986). Die meisten seiner Argumente waren jedoch bereits zum Zeitpunkt ihrer Entstehung keineswegs neu; sie wurden schon nach dem Zweiten Weltkrieg aufgestellt, wie im Folgenden gezeigt wird. Diese These lässt sich deshalb als charakteristische »deutsche Sozialstrukturideologie« bezeichnen. Ideologie wird hierbei nicht als »falsches Bewusstsein« verstanden, sondern als ein Wissens- und Denksystem, das bei aller Konsistenz, Plausibilität und Aussagekraft auch in erheblichem Maße durch die Kontextzugehörigkeit seiner Träger geprägt ist und neben erkenntnisleitenden auch rechtfertigende Funktionen erfüllt. Dass es sich hier um eine charakteristische deutsche Theorie handelt, wurde auch von anderen Autoren festgestellt (Dahrendorf 1968a, S. 136ff.; Geissler 1994, S. 7; Rehberg 2006a; Nolte 2006a).

Diese »deutsche« Theorie hatte in letzter Zeit auch in Österreich einen erheblichen Einfluss (vgl. Preglau/Richter 1998; Prisching 1998; Richter 1994, 1998, 2005). So schreibt z.B. Rudolf Richter in seinem Buch *Die Lebensstilgesellschaft*: »Wir lebten in den Siebziger- und Achtzigerjahren des 20. Jahrhunderts in einer reichen, wohlstandsorientierten Mittelschichtgesellschaft. In einer Gesellschaft, wo die meisten ähnlich viel haben und sich daher ähnlich viel leisten können, kommt es weniger darauf an, was einer hat, sondern wie er seine Möglichkeiten nutzt. Das hängt von Wertvorstellungen ab, von Einstellungen zum Leben aber auch von Lebensumständen. Wenn auch heute die Unterschiede wieder größer werden, wir leben weiterhin in Europa in einer Mittelschichtgesellschaft.« (Richter 2005, S. 7) Ähnliche Folgerungen hat Erich Bodzenta (1985, S. 68) aus seiner zusammenfassenden Analyse der Entwicklung der Sozialstruktur Österreichs schon früher gezogen: Als Folge von Demokratisierungsprozessen und Bildungsexpansion sei an Stelle einer starren Stände- bzw. Klassenordnung ein vielfältiges soziales Schichtungssystem getreten, mit hohem Anteil der Mittelschichten.

Beck konstatiert in seinem Buch eine widersprüchliche Situation: einerseits bestehen Ungleichheitsrelationen fort, andererseits hat sich das Niveau der Lebensbedingungen radikal verändert und verbessert; gleichzeitig aber wurde »ein Prozess der Individualisierung und Diversifizierung von Lebenslagen und Lebensstilen in Gang gesetzt, der das Hierarchiemodell sozialer Klassen und Schichten unterläuft und in seinem Wirklichkeitsgehalt in Frage stellt« (Beck 1986:121f). Fünf Trends sind hierbei konstitutiv:

1) Eine sozialgeschichtlich einzigartige Anhebung von Einkommen und Lebensstandard, die insbesondere die Lage der Industriearbeiter wesentlich verbesserte;
2) Verschiebung von Lebenszeit und Arbeitszeit zugunsten von mehr Freizeit, gestiegener Lebenserwartung und viel breiteren Lebenschancen, auch infolge gestiegener Lebenserwartung;
3) eine Zunahme der sozialen, beruflichen und geographischen Mobilität, vor allem durch Expansion des Dienstleistungssektors;
4) steigende Frauenerwerbstätigkeit, die die Machtbeziehungen in der Ehe verändert und die Bindung der Frauen an die Familie lockert;
5) eine Bildungsrevolution, und Ausbreitung universalistischer Orientierungen.

Ähnliche Aussagen zum Wandel der Sozialstruktur finden sich bei namhaften deutschen Soziologen bereits teilweise viel früher. In seinem 1949 in Zürich erschienenen Werk *Soziologie heute* schrieb René König, an die Stelle »des alten Schemas der sozialen Klassen« sei heute ein anderes Bild zu setzen, nämlich das »einer in zahllose Kreise und Teilgruppen, sowohl in horizontaler als auch in vertikaler Richtung sich gliedernden Gesellschaft; innerhalb jedes dieser einzelnen Kreise gibt es ebenfalls eine Ordnung nach Höher- und Tieferstehenden, wobei das Ganze noch durch das Dazwischentreten regionaler Unterschiede kompliziert wird. Und das ganze System wird verschlungen durch einen unabgerissenen dynamischen Prozess des Auf- und Niedergangs[…]« (hier zit. nach Bolte 1966:315; ähnlich König 1971). Sehr bekannt wurde der Begriff der *nivellierten Mittelstandsgesellschaft* von Helmut Schelsky, die dieser Anfang der 1960er Jahre entwickelte. Schelsky (1965 [1961]) entwickelte sechs Thesen, die großteils jene von Beck vorwegnehmen (Zunahme der sozialen Mobilität, sozioökonomische Nivellierung und Angleichung von Lebensstilen, Reduktion der sozialen Schichtung von einer objektiven Struktur zu einem bloßen sozialen Zeitbild). Resultat all dieser Tendenzen sei die Nivellierung der deutschen Gesellschaft zu einer »mittelständisch-bürgerlichen Einheitsschicht«. Später hat auch Ralf Dahrendorf (1994, S. 169) einen analogen Begriff (die »Mehrheitsklasse«) verwendet.

Auch Stefan Hradil vertritt die These, die traditionellen Klassen- und Schichtmodelle seien weitgehend unbrauchbar geworden, ja, ihr weiterer Gebrauch stelle ein »soziologisches Problem« dar, weil sie eine zeitgemäße Analyse sozialer Ungleichheit verhinderten (Hradil 1985, 1987, 1999). Hradil entwickelte seinerseits ein Modell, in dem er soziale Ungleichheit unter dem Aspekt der subjektiven Bedürfnisse und Lebensziele und jenem der objektiven Ressourcen und Lebensbedingungen konzeptualisiert. Als wichtige Grundbedürfnisse betrachtet er Ziele wie Wohlstand, Erfolg und Macht (»ökonomische« Bedürfnisse), Sicherheit, Entlastung, Gesundheit und Partizipation (wohlfahrtsstaatliche Bedürfnisse) und Integration, Selbstverwirklichung und Emanzipation. Die vier wichtigsten Dimensionen ungleicher Lebensbedingungen sind: Geld, formale Bildung, berufliches Prestige und formale Machtstellungen in Beruf und öffentlichem Leben (Hradil 1987:145ff.). Aus der Kombination beider Dimensionen – der objektiven Situation und subjektiven Befindlichkeit – ergeben sich 13 relativ homogene »soziale Lagen«. Darunter werden Kategorien genannt wie: Macht-Elite, Reiche, Experten, Studenten, »Normalverdiener mit hohen Risiken«, Normalverdiener mit mittleren Risiken, Rentner, Arbeitslose, Arme, Randgruppen.

Eine Einbettung der Ungleichheitsanalyse in einen kulturalistischen Ansatz hat Gerhard Schulze in seinem erfolgreichen Buch *Die Erlebnisgesellschaft. Kultursoziologie der Gegenwart* (1992) vollzogen. Er ermittelte fünf große Milieus: Niveaumilieu, Selbstverwirklichungsmilieu, Integrationsmilieu, Unterhaltungsmilieu und Harmoniemilieu; die beiden ersteren treten vor allem in höheren Bildungsschichten (etwa ab mittlerer Reife) auf, die beiden letzteren in unteren Bildungsschichten. Es wird behauptet, dass die Differenzierung nach diesen Milieus viel bedeutsamer geworden ist als jene nach sozialen Klassen und Schichten. (Zu neueren Arbeiten zu sozialen Lagen, Milieus und Lebensstilen vgl. Burzan 2005, S. 97ff.).

Konzepte dieser Art haben, wie oben festgestellt, auch in Österreich Anklang gefunden. So werden von Rudolf Richter in einem Überblicksartikel zur Ungleichheitsstruktur in Österreich die Befunde einer Lifestylestudie des Fessel-Instituts in Wien dargestellt (Richter 1998:187ff.). In dieser Studie wurden anhand von fast 400 Variablen in einem induktiven Vorgehen zehn Lebensstiltypen ermittelt (vgl. *Übersicht 4.2*).

Übersicht 4.2: Lebensstiltypen in Österreich (1988)

Typ	*Wichtigste Merkmale*	*Sozialstuktur*
Die Angepassten (11 Prozent)	Lokal, auf Familie, Heim orientiert, Geringe kulturelle Betätigung, Beruf als Mittel zum Zweck, wenig politisches Engagement	Überproportional unter 30 Jahre, untere bis mittlere Bildung, B-D-Schicht
Die Persönlichkeits-orientierten (11 Prozent)	Individualistisch, Freizeittätigkeiten, um Erfahrungen zu sammeln: Im Urlaub Kennen lernen von Land und Leuten. Lockerer Umgang mit Geld	68 Prozent männlich, überproportional unter 40, überdurchschnittlich Matura, Hochschule. (Obere) Mittelschicht, A-B-Schicht.
Die Häuslichen (8 Prozent)	Familie und Privatbereich im Mittelpunkt. Freizeitaktivitäten auf häulichen Bereich bezogen: Sparsam, lokale Orientierung, Fernsehen wichtig.	78 Prozent weiblich, leicht überdurchschnittlich viele 40–60jährige, Volks-, Hauptschule. D-C-Schicht.
Die Erlebnis-orientierten (11 Prozent)	Extrovertiert, offen gegenüber sozialen Kontakten, spontan, Sport, Tanzen, aber auch im Haushalt tätig sein; leistungsbewusst, vielfältige Medieninteressen.	61 Prozent weiblich, alle Altersstufen, untere Bildungs-, Berufs- und Einkommens-schichten. Vor allem E-Schicht.
Die Etablierten (8 Prozent)	Erfolgreich, selbstbewusst, initiativ, gehobene kulturelle Ansprüche. In Geldangelegenheiten sehr überlegt. Beruf wichtig für Identität. Aufstiegsorientiert	Überproportional mittlere Jahrgänge (40–50), höhere Schulbildung, höhere Einkommenskategorien. A-B-Schicht.
Die Prinzipien-orientierten (12 Prozent)	Traditionelle Rollen- und Wertvor-stellungen. Am häuslichen Bereich orientiert. Wichtig sind Leistung und Arbeitsmoral. Volkstümliche Unterhal-tungssendungen. Ordentliches Aus-sehen wichtig.	Überdurchschnittlich über 50, niedriges Bildungsniveau, E-D-Schicht.
Die Stadt-senioren (9 Prozent)	Eher zurückgezogen und kontaktarm, eher beschauliche Freizeitbeschäfti-gung. Geringe Wohnungs- und Ein-richtungsansprüche. Weniger ehrgeizig, Arbeit als Verdienstbringer wichtig.	Überdurchschnittlich über 50 Jahre. Schichtverteilung wie in Bevölkerung. E-A-Schicht.
Die religiös Orientierten (11 Prozent)	Stark in religiöse Sinnsysteme integriert, auf häuslichen Bereich orientiert. Wandern, kein Massentourismus. Arbeit ergibt Sinn.	Überproportional über 50jährige, Volks- und Haupt-schulbildung, niedriges Einkommen, E, D-Schicht.
Die Genuss-orientierten (12 Prozent)	Wollen bewegendes, spannendes Leben, sehr aktiv. Wohnen soll persön-lichen Stil dokumentieren. Starke Kon-sumorientierung. Wichtig: Verdienst, Aufstiegsmöglichkeiten. Selbstdarstel-lung durch Kleidung wichtig.	64 Prozent weiblich, über-proportional unter 30 Jahre, überdurchschnittlich Maturanten. A/B bis C-Schicht.

Quelle: Austrian Life-Style Analyse, Dr. Fessel-Institut, Wien. Hier zitiert nach Richter (1998, S.190f.); »wichtigste Merkmale« gekürzt.

Die erstaunliche Übereinstimmung in der Analyse des Wandels der deutschen Sozialstruktur ist nicht auf Autoren beschränkt, die man zum »mainstream« der deutschen Soziologie zählen kann, sondern ist auch bei Gesellschaftstheoretikern ganz anderer Orientierung zu finden.

Großen Widerhall fand eine neue politökonomische Begründung vom Bedeutungsverlust der sozialen Klassen, die eine Gruppe von kritischen Soziologen um Claus Offe in Frankfurt 1968 vorgelegt haben. Sie beabsichtigten, wieder einen Zusammenhang herzustellen zwischen dem System politischer Herrschaft und den materiellen Bedingungen der Wirtschafts- und Sozialstruktur, ohne dabei – wie im orthodoxen Marxismus – ein einseitiges Abhängigkeitsverhältnis des ersteren von den letzteren zu postulieren. Auch nach ihrer Meinung stellt die traditionelle Klassengliederung und Schichtung kein zureichendes Modell mehr dar, da sie mit mehr oder weniger deutlich abgrenzbaren sozialen Aggregaten mit ähnlichen Lebenschancen und Handlungspotentialen rechne. Vernachlässigt werde durch dieses vertikale Schema sozialer Ungleichheit vor allem die zunehmende politische Bestimmung von Lebenschancen durch staatliche Redistribution und politisch bestimmte Entscheidungen. Die dominante Form der Ungleichheit sei daher immer mehr in der »horizontalen Dimension der Disparität von Lebensbereichen, d.h. der ungleichgewichtigen Befriedigung der verschiedenen Lebensbedürfnisse« zu suchen (Bergmann et al. 1969, S. 82). Für die Sozialstrukturforschung ergibt sich als Alternative zum Klassen- und Schichtbegriff die Vorstellung unterschiedlicher *Situationsgruppen*, die jeweils ganz spezifischen »Deprivationen und Frustrationen ausgesetzt sind, ohne dass der Status des Einzelnen in der Einkommensskala viel zur Behebung der Probleme und Krisen bewirken könnte« (Bergmann et al. 1969, S. 86; ähnlich Offe 1969). Unverkennbar ist die Ähnlichkeit dieser Diagnose und Folgerungen mit den von Stefan Hradil und anderen später entwickelten Konzepten der »sozialen Lage« und »sozialen Milieus«.

Auch in der *Systemtheorie* finden wir ähnliche Betrachtungsweisen. Luhmann zufolge gibt es nur eine begrenzte Anzahl von Prinzipien sozialer Differenzierung (vgl. Luhmann 1977, S. 33ff; 1980, S. 72ff; zur Zusammenfassung und Kritik Haller 1986a; 2003a, S. 389ff.): *Segmentierung* kommt nur in archaischen Gesellschaften vor; sie differenziert diese in gleiche Subsysteme (die Abstammungs- oder Siedlungseinheiten sein können). *Schichtung* differenziert eine Gesellschaft in ungleiche Subsysteme, nämlich Schichten, innerhalb der Schichten bildet Gleichheit die Norm für Kommunikation. Gegenüber segmentär differenzierten Gesellschaften stellt Schichtung einen großen Fortschritt dar, da gesellschaftliche Bewusstseinsentwicklung und Arbeitsteilung viel komplexer werden können, weil nicht mehr Interaktion aller mit allen vorausgesetzt ist. *Funktionale Differenzierung*, eine noch effizientere Form, strukturiert Kommunikation entlang spezieller gesellschaftlicher Funktionen. Da diese alle notwendig sind, kann die Gesellschaft keine bevorzugen. Eine Lösung für das Koordinationsproblem wurde dadurch gefunden, dass die Gesellschaft spezielle Bereiche schafft, innerhalb derer jeweils eine Funktion der Primat hat. So wird der Politik das Fällen kollektiv verbindlicher Entscheidungen übertragen; der Wirtschaft die Sicherstellung der materiellen Bedürfnisbefriedigung über längere Zeithorizonte usw. Innerhalb eines jeden dieser Bereiche werden jeweils komplementäre Rollen ausgebildet; die des Politikers und Bürgers, des Unternehmers und Konsumenten, des Priesters und Laien. Gleichheit erhält einen neuen Stellenwert: die Funktionen müssen ungleich sein, der Zugang zu den Funktionsbereichen muss jedoch gleich, unabhängig von anderen Funktionen, sein. Damit besitzen funktional differenzierte gegenüber geschichteten Systemen einen entscheidenden Vorteil: die einzelnen Systeme können offene und sich verändernde Umwelten tolerieren, was allerdings auch eine kontinuierliche wechselseitige Abstimmung der Teilsysteme untereinander erfordert. Funktional differenzierte Systeme kennen »kein Zentrum und keine Spitze«, sie sind in der Lage, interne Abhängigkeiten und Unabhängigkeiten gleichzeitig zu steigern; die Gesamtkomplexität der Gesellschaft erhöht sich neuerlich enorm.

Die hier skizzierten Ansätze sind – bei allen Unterschieden im theoretischen »Beiwerk« – in der Sache einander doch so ähnlich, dass man sie als typische »deutsche Sozialstrukturideologie« bezeichnen kann. Sicherlich gab es auch in der Bundesrepublik Deutschland, vor allem zur Zeit der Studentenbewegung der 1968er Jahre, gesellschaftskritische Sozialstrukturmodelle und marxistische Sozialstrukturanalysen (Tjaden/Tjaden-Steinhauer 1973). Es gibt auch nichtmarxistische Autoren, die diese Sicht nicht teilen und dem Klassenbegriff weiterhin große Bedeutung zusprechen (z. B. Herz 1983; Kreckel 1983; Erbslöh u.a. 1990; Geissler 1994; für die Schweiz Bornschier 1991; Levy at al. 1997). Keiner dieser Autoren hat aber eine ähnliche Resonanz. Die Eigentümlichkeit dieser »deutschen« Sozialstrukturtheorie wird erst voll ersichtlich, wenn man sich die dominanten Sozialstrukturinterpretationen in den anderen großen westlichen Ländern ansieht.

b) Klassen- und Schichtungstheorien in Frankreich, Großbritannien und den USA

Die kritische Gesellschafts- und Klassentheorie von Pierre Bourdieu

In der französischen akademischen Tradition gab es schon in der ersten Hälfte des 20. Jahrhunderts eine starke »politische Soziologie«, die auf der Basis der Ideen von Marx, Durkheim und Weber umfassende Gesellschafts- und Klassenanalysen vorlegte (François Simiand, L.M. Ferret; vgl. Marwick 1980, S. 128ff.). Der Klassenbegriff spielt auch nach 1945 eine wichtige Rolle, nicht nur bei marxistischen Denkern wie Louis Althusser, Etienne Balibar und Nicos Poulantzas, sondern auch bei Soziologen wie André Gorz, Serge Mallet, und Alain Touraine.

Eine herausragende Stellung nimmt in diesem Zusammenhang Pierre Bourdieu (1930-2002) ein. Er verbindet einen originellen theoretischen Ansatz mit umfangreichen eigenen empirischen Arbeiten, vertritt eine ausgeprägt egalitaristische, ungleichheitskritische Position und engagierte sich selbst im Kampf gegen eine durch Kapitalinteressen angetriebene Globalisierung. Die zentralen Konzepte der Klassentheorie von Bourdieu lauten: Sozialer Raum, unterschiedliche Formen von Kapital, Habitus und Lebensstile (Bourdieu 1981, 1983, 1997; zusammenfassend Bohn/Hahn 1999; Fuchs-Heinritz/König 2005; Burzan 2005, S. 138ff). Ausgangspunkt ist der Begriff des *sozialen Raums*, der einen

Raum objektiver Positionen darstellt. Diese Positionen werden vor allem durch den Besitz oder Nichtbesitz *unterschiedlicher Formen von Kapital* definiert. Dabei werden drei Formen unterschieden (vgl. *Übersicht 4.3*):

Übersicht 4.3: Formen von Kapital nach Pierre Bourdieu

a) Ökonomisches Kapital (Eigentum, Vermögen).
b) Kulturelles Kapital, auftretend als
   - von Menschen inkorporiertes kulturelles Kapital (Bildung und Wissen);
   - objektiviertes Kulturkapital (Bibliotheken, Kunstwerke usw.);
   - institutionalisiertes kulturelles Kapital (schulische Titel).
c) Soziales Kapital (soziale Netzwerke und Beziehungen einer Person).

Die soziale Realität ist ein Schauplatz komplexer Strategien und Kämpfe, bei dem Individuen und soziale Gruppen unterschiedliche Potentiale besitzen und einsetzen können. Dabei können spezifische Ressourcen in unterschiedlichen Bereichen nutzbar gemacht werden; so kann kulturelles Kapital zur Vermehrung des ökonomischen Kapitals eingesetzt werden. Bestimmte Positionen in einem sozialen Feld sind mit einem spezifischen *Habitus* ihrer Inhaber verbunden, der Gesamtheit ihrer Prägungen und Erfahrungen im Laufe des Lebens. Er wird bestimmt durch soziale und historische Strukturen, Geschlecht, Nationalität und Weltanschauung. Kombiniert man die Dimension des ökonomischen und kulturellen Kapitals, kommt man zu einem vierdimensionalen Raum: sowohl innerhalb der privilegierten wie der unteren Klassen gibt es solche mit mehr ökonomischem bzw. mehr kulturellem Kapital (bei den ersteren z.B. Unternehmer und Manager versus akademische Professionen). Zwischen den herrschenden Klassen und der »Volksklasse« oder den Beherrschten gibt es eine dreigeteilte Mittelklasse (absteigendes Kleinbürgertum wie Handwerker, kleine Kaufleute; ausführendes Kleinbürgertum, wie Angestellte oder Lehrer; expandierendes neues Kleinbürgertum, wie Verkaufsberufe, Berater, Werbefachleute usw.). Soziale Schichten und Klassen kämpfen auch um die Durchsetzung neuer Geschmacksrichtungen und Lebensstile und streben in diesem Sinne nach einem »Distinktionsgewinn«. Die oberen Schichten sind generell durch den *»legitimen Geschmack«* charakterisiert (Vorliebe für Luxusartikel, gehobene Kultur), die mittleren Schichten durch einen *»prätentiösen Geschmack«* (sie versuchen, den oberen Schichten nachzueifern, sind letztlich aber typische Abnehmer von Massenkultur), die unteren Schichten entwickeln einen *»Notwendigkeitsgeschmack«*, der sich am finanziell Erschwinglichen und Praktischen orientiert. Diese Unterschiede werden von Bourdieu anhand einer Vielfalt empirischer Indikatoren (musikalische Präferenzen, Nahrungsmittelkonsum usw.) illustriert. Er hat damit der Erforschung der kulturellen Seite der sozialen Ungleichheit wichtige Impulse gegeben.

Der Klassenbegriff in der englischen Soziologie

Auch in der englischen Soziologie und Sozialforschung nimmt die Thematik der klassenbezogenen Ungleichheiten seit jeher eine zentrale Stellung ein. Nahezu alle namhaften britischen Soziologen seit 1945 haben sich damit theoretisch und empirisch befasst (David Lockwood, W.G. Runciman, Tom Bottomore, John

Goldthorpe, Anthony Giddens, Frank Parkin usw.). Diese Schwerpunktbildung hat eine alte Tradition. Schon im 19. Jahrhundert war Großbritannien führend in der Entwicklung von »*Social Surveys*« über die Lebenslage benachteiligter sozialer Klassen und Schichten (Kern 1982, S. 67ff.).

Die allgemeine Anerkennung und Verwendung des Klassenbegriffs in der englischen Soziologie ist sicherlich auch darauf zurückzuführen, dass es sich hier um einen relativ breiten Klassenbegriff handelt; der marxistische Klassenbegriff wird eher abgelehnt (Marwick 1980, S. 79ff.). Die theoretische Basisorientierung war für die meisten Autoren der Klassenbegriff von Weber und es wird daher die Multidimensionalität der Klassenlage, aber auch ihre Fundierung in objektiv-materiellen und organisatorischen Strukturen betont (vgl. z.B. Giddens 1979; Parkin 1979; Goldthorpe 1985). Ähnliches kann man im Übrigen von der skandinavischen Soziologie sagen (vgl. z.B. Esping-Andersen 1993). In Fortsetzung der Sozialreform im 19. Jahrhundert spielt die Frage der Reduktion klassenbezogener Ungleichheiten durch wohlfahrtsstaatliche Interventionen eine wichtige Rolle; eine »klassische« Formulierung erhielt diese Thematik im Werk von T.H. Marshall »*Citizenship and Social Class*« (Marshall 1992). Aber auch zahlreiche von Marx inspirierte, gesellschaftskritische Klassenanalysen wurden in Grossbritannien in den letzten Jahrzehnten vorgelegt (vgl. z.B. Jessop 1990; Crompton 1998; Roberts 2001). Dies ist ein krasses Gegenbeispiel zur deutschen Soziologie, in der ähnlich viele Arbeiten erschienen sind, denen die Konzepte der sozialen Lage und der Lebensstile zugrunde liegen.

Die Schichtungstheorie der Soziologie in den USA

In den USA wurde eine Theorie sehr einflussreich, die Ungleichheit nicht kritisiert, sondern sogar rechtfertigt. Auch dort gab und gibt es gesellschaftskritische Positionen, die man jedoch deutlich als Abweichung vom *mainstream* bezeichnen muss, wie etwa C.W. Mills' *The Power Elite* (1959), Gerhard Lenski's *Power and Privilege* (dt. 1973) und später die Arbeiten des Neomarxisten Erik O. Wright (1985) oder des Konflikttheoretikers Randall Collins (1975, 1979). Diese Autoren erlangten nie jene Breitenwirkung wie die Vertreter des »mainstream«.

Die Grundthesen der funktionalistischen Schichtungstheorie wurden 1945 in einem Aufsatz von den beiden führenden amerikanischen Soziologen Kingsley Davis und Wilbert E. Moore dargelegt (Davis/Moore 1967). Obwohl diese Theorie in ihrer klassischen Form heute – aufgrund vielfältiger Kritik – kaum mehr vertreten wird, tauchen ihre Grundannahmen in der einen oder anderen Weise immer wieder auf. Ihre zentralen Aussagen können recht einfach dargestellt werden (vgl. *Übersicht 4.4*).

Übersicht 4.4: Die Grundthesen der funktionalistischen Schichtungstheorie

1) Eine hoch differenzierte, moderne Gesellschaft weist eine Vielfalt unterschiedlicher gesellschaftlich-beruflicher Aufgaben und Positionen auf; die mit ihnen verknüpften Verpflichtungen sind von unterschiedlicher Bedeutung für die Gesamtgesellschaft und stellen unterschiedlich hohe Anforderungen an Begabung, Leistungsfähigkeit und Einsatz ihrer Inhaber.
2) Daher braucht jede Gesellschaft besondere Belohnungen und Anreize, die mit diesen Positionen verknüpft sind, um die Menschen zu motivieren, sie anzustreben und effizient auszufüllen. Der Begriff »Belohnungen« ist sehr weit gefasst und umfasst alle Dinge, die das Leben sicherer und angenehmer machen, Zerstreuung und Vergnügen bieten, Selbstachtung und -entfaltung ermöglichen.
3) Das ausreichend qualifizierte, leistungsfähige und leistungswillige Personal, das diese Positionen ausfüllen kann, ist grundsätzlich begrenzt; der Erwerb solcher Qualifikationen setzt besondere, nur bei wenigen vorhandene Begabungen und langfristige, mühsame Ausbildung voraus.
4) Aus all diesen Argumenten folgt, dass Ungleichheit im Allgemeinen und vertikale soziale Schichtung im Besonderen eine funktionale Notwendigkeit jeder differenzierten Gesellschaft darstellt.

Im Vergleich zu allen bisher besprochenen Ansätzen handelt es sich um eine völlig andere Argumentationsfigur: Es geht nicht mehr um eine kritische Betrachtung und Analyse von klassen- und schichtbezogenen Ungleichheiten, es geht auch nicht um die Behauptung einer zunehmenden Irrelevanz dieser Formen der Ungleichheit, sondern um eine offensive Strategie der *Rechtfertigung und Legitimierung von Ungleichheit* selber. Diese Tendenz zeigt sich auch deutlich in der umfangreichen (älteren) amerikanischen Forschung über *soziale Mobilität.* Diese wird dort sowohl normativ als zentral für eine moderne, offene Gesellschaft und als in Amerika bereits weitgehend realisiert betrachtet (vgl. die Arbeiten von S.M. Lipset und H. Zetterberg; von Lipset und R. Bendix; P.M. Blau und O.D. Duncan; D. Treiman u.v.a.). So schreibt auch der einflussreichste neuere Theoretiker der amerikanischen Soziologie, Talcott Parsons (1964a, S. 192): »Status ist bei uns weitgehend bestimmt aufgrund von Leistungen in einem Berufssystem, welches seinerseits in erster Linie auf universalistischen Kriterien der Bewährung und des Könnens auf einem funktional bestimmten Gebiet aufbaut.«

Eine Reihe weiterer einflussreicher Autoren und Forschungsrichtungen in den USA sind ebenfalls dieser Tradition zuzuordnen; auch sie diagnostizieren dezidiert das »Ende der Klassengesellschaft«. Hier ist die *Theorie des Industrialismus* zu nennen, die von Clark Kerr vorgelegt wurde (Kerr et al. 1966). Demnach ist die Marx'sche Interpretation der Entwicklung kapitalistischer Gesellschaften völlig falsch; der Radikalismus der Arbeiterklasse nimmt nicht zu, sondern ab; reife kapitalistische Gesellschaften entwickeln neue und effizientere Formen des Management, der Technologie, der Entwicklung von Wissen und seiner Anwendung, der sozialen Mobilität. Als Folge werde der Klassenkonflikt durch zunehmenden gesellschaftlichen Konsens ersetzt. Diese Theorie fand eine direkte Weiterentwicklung in den ebenfalls sehr einflußreichen Arbeiten des Soziologen Daniel Bell. In seinen Büchern »*The End of Ideology*« (1960, dt. 1976) und »*The Coming of Post-Industrial Society*« (1973, dt. 1975) vertrat er die Auffassung, dass die Entwicklung der Industriegesellschaft zu einem Ende aller »Ideologien« führen werde. Die Entwicklung der postindustriellen Wirtschafts- und Gesellschaftsstruktur beschreibt Bell ganz ähnlich wie Kerr et al. In diesen Traditionsstrang ist auch die eingangs dargestellte »*einfache Theorie der Sozialstruktur*« von Peter M. Blau einzuordnen.

Zu erwähnen ist in diesem Zusammenhang schließlich, dass auch die *These vom Verschwinden der Klassen* schon am frühesten in den USA vorgebracht worden ist. Schon 1959 veröffentlichte Robert Nisbet einen Aufsatz mit dem Titel »The decline and fall of social class.« 1991 folgte ein ähnlicher von Clark und Lipset. Diese These wurde jüngst systematisiert in einem Buch mit dem provokanten Titel »*The Death of Class*« (Pakulski/ Waters 1996). Ihr Hauptargument lautet, dass die Klassentheorie für frühere Zeiten Gültigkeit gehabt haben mochte, heute jedoch zunehmend unbrauchbar werde. Es sind im Grunde die gleichen Argumente, die auch von den deutschen Individualisierungs- und Differenzierungstheoretikern vorgebracht wurden.

Wir können nun übergehen zu einer kritischen Diskussion und Würdigung dieser theoretischen Traditionen. Dabei wird zuerst der gesellschaftlich-kulturelle Kontext dargestellt, in welchem sie entstanden sind; anschließend werden einige der immanenten wissenschaftlichen Probleme dieser Theorien herausgehoben.

c) Kritische Diskussion der neuen Sozialstrukturtheorien

Die vier national sehr unterschiedlichen Zugangsweisen zur Analyse und Interpretation sozialer Ungleichheit sind nicht nur als »nationale Eigenheiten« zu betrachten, sondern sie stehen in einem inhaltlich konsistenten Zusammenhang mit drei Faktoren:

1) Unterschieden in den objektiven Sozialstrukturen;
2) Unterschieden in ihren historisch-politischen Erfahrungen, institutionellen Strukturen und dominanten Wertsystemen;
3) Unterschieden in den gesellschaftlichen Problemlagen und Umbrüchen.

Im Falle Frankreichs und Großbritanniens ist die vorherrschende Sicht der Ungleichheit eine kritische. In Frankreich ist sie (zumindest in der Theorie) besonders radikal, thematisiert Fragen der Ideologie und (kulturellen) Macht, stellt die herrschenden Eliten generell in Frage; in England ist sie stark empirisch fundiert und sozialreformerisch orientiert. Im Falle Deutschlands und der Vereinigten Staaten von Amerika kann man eher von einer Relativierung und Akzeptanz, ja sogar von einer positiven Rechtfertigung von Ungleichheit sprechen. Es stellt sich nun die Frage, inwieweit man die drei oben genannten Faktoren – die objektive Sozialstruktur, institutionelle Eigenheiten und geistesgeschichtliche Traditionen und Werte, gesellschaftliche Problemlage – als Ursachen für die unterschiedlichen Erklärungsmuster sozialer Ungleichheit betrachten kann.

Soziologische Theorien als Reflex objektiver Differenzen in den Sozialstrukturen

Beginnen wir mit einer Betrachtung einschlägiger Charakteristika der *westdeutschen Gesellschaft*. Es gibt in der Tat mehrere Gründe zur Vermutung, dass die deutsche Gesellschaft der Nachkriegszeit stärker als andere fortgeschrittene Gesellschaften durch starke Umbrüche, Offenheit und Vielfältigkeit und einen spektakulären Wohlstandszuwachs charakterisiert ist (vgl. Schoenbaum 1980; Doering-Manteuffel 1983; Hettlage 1990):

1) Mit der Abfolge von vier unterschiedlichen politischen Systemen im Laufe des 20. Jahrhunderts (Übergang vom Kaiserreich zur Weimarer Republik, dann zum Nationalsozialismus und schließlich zur föderalistischen Republik) waren auch fundamentale wirtschaftliche, gesellschaftliche und politische Umwälzungen, ja Revolutionen verbunden, die die Arbeits- und Lebensbedingungen für eine Vielzahl individueller und kollektiver Akteure veränderten. Verbunden waren damit insbesondere auch erhebliche Wechsel in den herrschenden Eliten (Zapf 1965).

2) Die Grenzverschiebungen nach dem Zweiten Weltkrieg brachten massive Flüchtlings- und Wanderungsströme aus den ehemaligen Ostgebieten und der DDR in den Westen, in die nahezu 15 Millionen Menschen involviert waren. Durch sie wurden nicht nur die Berufskarrieren und Lebensläufe der direkt Betroffenen entscheidend bestimmt, die ehemals weitgehend homogenen Gebiete Westdeutschlands wurden dadurch auch in konfessioneller Hinsicht deutlich heterogener.

3) Die Etablierung einer föderalistischen, demokratischen Verfassung nach dem Zweiten Weltkrieg, sowie die Einbindung in das westlich-kapitalistische Wirtschaftssystem führten dazu, dass Deutschland einen beispiellosen wirtschaftlichen Aufstieg und volle politische (Wieder-)Anerkennung als bedeutender Partnerstaat der westlich-demokratischen Welt erfuhr.

Zumindest der erste und dritte Aspekt gilt auch für die österreichische Gesellschaft.

Auch für den Ansatz und die Analysen von Bourdieu lässt sich zeigen, dass sie eng mit der Struktur der *französischen Gesellschaft* zusammenhängen. So ist es kein Zufall, dass sich ein Schwerpunkt der empirischen Arbeiten Bourdieus auf die Ungleichheit der Bildungschancen bezogen hat. Ein internationaler Vergleich zeigt, dass die von Bourdieu/Passeron (1971, S. 20ff.) für das Frankreich der Sechziger Jahre berechneten, sehr ungünstigen relativen Chancen des Hochschulzugangs für Kinder aus niedrigen Schichten im internationalen Vergleich einmalig waren; in Ländern wie Deutschland, England und den USA waren sie deutlich günstiger (Levin 1976, S. 155; Müller/Karle 1993). Typisch für Frankreich ist auch, dass nur ein relativ geringer Anteil der Bevölkerung eine über die Pflichtschule hinausgehende Bildung erreicht. In der Tat ergibt die Verteilung der französischen Bevölkerung nach dem höchsten erreichten Bildungsabschluss nahezu perfekt das Bild einer sich nach oben verjüngenden Pyramide, wie in Kapitel 1 gezeigt wurde. Dies ist vor allem darauf zurückzuführen, dass an jeder Entscheidungsstufe für den Verbleib im Bildungssystem landesweit standardisierte, stark selektive Prüfungen stattfinden. Eine Folge dieses stark selektiven, hierarchisch geprägten Bildungssystems mit den *Grandes Écoles* an der Spitze ist die Herausbildung einer sehr homogenen Oberschicht bzw. Elite in Frankreich (Hartmann 2007, S. 83ff.).

Das gleiche gilt für die besondere Aufmerksamkeit von Bourdieu und Mitarbeitern für kulturelle Distinktionen als Mittel zur sozialen Abgrenzung höherer Klassen und Schichten. In Frankreich und seiner Hauptstadt Paris ist eine einmalige »Hochkultur« historisch seit jeher präsent wie in wenig anderen Hauptstädten Europas (Willms 1988). In Paris, das politisch, kulturell, wissenschaftlich und gesellschaftlich seit über 200 Jahren *das* Zentrum Frankreichs darstellt, sind subtile Distinktionen zwischen Klassen und Schichten von größerer Bedeutung geworden als anderswo. Vergleichbare Studien, die in Deutschland und den Vereinigten Staaten durchgeführt wurden, konnten in diesen Gesellschaften keine so scharfe Differenzierung zwischen der Kultur »niedriger Klassen« und der Hochkultur feststellen (Blasius/Winkler 1989; Gartman 1991; Lamont 1992).

Einen sehr spezifischen Charakter weist auch die Sozialstruktur der *englischen Gesellschaft* auf. England war bekanntlich der Vorreiter der industriellen Revolution, mit allen Vor- und Nachteilen einer solchen Position. Zu den Vorteilen gehörte die wirtschaftliche Dynamik und Stärke des Landes; um 1870 erzeugte das Vereinigte Königreich noch rund ein Drittel der industriellen Produktion der Welt (Habakkuk/Postan 1965, S. 25). Infolge der arbeitsintensiven Produktionsweise der frühen Industrialisierung wuchs die britische Arbeiterklasse auf einen Umfang, wie er in keinem anderen Land der Welt mehr erreicht wurde. Die andere Seite dieser Entwicklung war eine beispiellose Verelendung der Arbeiterklasse, die Friedrich Engels in seinem Werk »Zur Lage der arbeitenden Klasse in England« eindrücklich beschrieb (1972 [1845]). Dem stand eine luxuriös lebende *upper class* gegenüber, mit enormen Einkünften aus industriellen Unternehmungen und kolonialer Ausbeutung des riesigen Imperiums. Die Ungleichheit der Einkommensverteilung war in England Ende des 19. Jahrhunderts deutlich höher als anderswo in Westeuropa (Kaelble 1983, S. 41). Es ist daher kaum verwunderlich, dass in Großbritannien heute – neben Frankreich – traditionelle klassen- und schichtspezifische Differenzen im Alltagsleben noch immer am deutlichsten spürbar sind.

Dies hängt auch damit zusammen, dass sich die Entwicklung in Großbritannien weniger in abrupten, revolutionären und kriegerischen Umbrüchen vollzog (wie in Frankreich und Deutschland), sondern in einer kontinuierlichen Abfolge von Reformen, sodass alte Institutionen neben den neuen weiter bestehen konnten. Zu nennen sind hier das Königshaus und der Adel, oder aristokratische Bildungsinstitutionen. Die *Public Colleges* und die Universitäten Oxford und Cambridge (*The Oxbridge Conspiracy*, Ellis 1994) spielen auch heute noch eine zentrale Rolle für die Rekrutierung der gesellschaftlichen Eliten (vgl. auch Hartmann 2007, S. 107ff.).

Schließlich dürften auch die strukturellen Eigentümlichkeiten der *amerikanischen Gesellschaft* und ihrer Geschichte im Vergleich zu Europa außer Frage stehen. Dieses Land kannte die alteuropäischen Feudal-, Stände-, und Herrschaftsstrukturen von Anbeginn an nicht, ja, seine Institutionen wurden teilweise in bewusstem Gegensatz zu jenen entwickelt; es wurde von seinen Bewohnern praktisch selbst aufgebaut und bot diesen durch Jahrhunderte einen nahezu grenzenlosen Siedlungsraum; seine Einwanderer entstammten kulturell vielfältigen Ländern und Kontexten (vgl. dazu die klassischen Darstellungen von Alexis de Tocqueville, Werner Sombart u.a., sowie von zeitgenössischen Sozialwissenschaftlern wie Lipset 1963; Parsons 1972; Münch 1986). Trotz aller historischen Differenzen ist die Sozial- und Klassenstruktur der US-amerikanischen Gesellschaft heute in ihren Grundzügen den übrigen fortgeschrittenen Industriegesellschaften weitgehend ähnlich.

Zwar ist die Einkommensungleichheit insgesamt etwas stärker ausgeprägt. Wenn man jedoch den Zusammenhang zwischen Bildung, Berufsposition und Einkommen betrachtet, sind die Inhaber hoher Positionen in Frankreich und Deutschland sogar stärker privilegiert (Haller 1989a). Relativ geringe Unterschiede zeigen sich auch in der Verteilung der Erwerbstätigen nach Klassenlagen und in den Mustern der sozialen Mobilität (Erikson/Goldthorpe 1992). Die Klassenlage bestimmt in den USA ebenso wie in allen anderen Ländern in hohem Ausmaß die übrigen Lebensbedingungen wie auch die sozialen und politischen Einstellungen der Menschen (Roberts 2001:6f). Aufgrund dieser objektiven Strukturen und Fakten sind die USA heute also genauso gut oder genauso wenig als »Klassengesellschaften« zu bezeichnen wie Frankreich oder Großbritannien.

Es ergibt sich also eine recht eindeutige Konklusion aus diesem *Tour d'horizon* über die Unterschiede in den objektiven Sozialstrukturen der vier verglichenen Länder: Es existieren solche Unterschiede zweifellos, wobei die deutsche und amerikanische Gesellschaft im letzten Jahrhundert mehr Umbrüche bzw. ein höheres Ausmaß an Mobilität erlebten als die französische und englische. Diese Mobilität war aber keineswegs in erster Linie eine Mobilität, die die vertikale Struktur der Ungleichheit eingeebnet hätte (Haller 1989b). Auch zeigen die Befunde zu den heutigen Bildungs-, Berufs- und Einkommensstrukturen in den vier Ländern signifikante Differenzen allenfalls auf der höchsten Ebene. Dagegen konnten wir auch in der amerikanischen Soziologie ein sehr prägnantes dominantes Sozialstrukturparadigma feststellen (vgl. dazu auch Ossowski 1962).

Um die so fundamentalen Unterschiede in den soziologischen Interpretationen der Klassenstrukturen zu erklären, ist es daher unerlässlich, auch institutionelle Strukturen, dahinter stehende Wertsysteme sowie Unterschiede in der Problemlage der vier Länder seit dem Zweiten Weltkrieg einzubeziehen.

Unterschiede in historischen Erfahrungen, institutionellen Strukturen und gesellschaftlichen Wertsystemen

Die Betrachtung der spezifischen historischen Erfahrungen und Ideengeschichte Deutschlands soll etwas ausführlicher geschehen als im Falle der drei anderen Länder, weil manche dieser Aspekte auch für Österreich gelten. Wir können hier vier spezifische Aspekte benennen.

1) Die These von der revolutionären Bedeutung der allgemeinen *Wohlstandssteigerung* kann man als eine soziologische Variante des dominanten »sozialen Mythos« der Bundesrepublik der Nachkriegszeit sehen. Man wird dabei an die zentrale Zielsetzung der bundesrepublikanischen Wirtschaftspolitik der Nachkriegszeit von Ludwig Erhard erinnert. Das Grundziel seiner »sozialen Marktwirtschaft« hieß *Wohlstand für alle*, der rote Faden seiner ganzen Wirtschaftspolitik war »immer breitere Schichten unseres Volkes zu Wohlstand zu führen« (Erhard 1957). Als Instrumente für dieses Ziel sah er die Sicherung des freien Wettbewerbs, die Erhaltung der Geldwertstabilität und das Setzen flankierender Maßnahmen zur sozialen Absicherung. Der Mythos der Wohlstandssteigerung hat sich angesichts der spektakulären wirtschaftlichen Erfolge der Bundesrepublik noch bis in die jüngste Zeit herein als tragfähig erwiesen (Dahrendorf 1968, S. 119ff.; Hettlage 1990, S. 58; Haselbach 1991). Von einem »Mythos« kann man hier sprechen, weil er zu einer Unterbelichtung der faktischen Bedingungen führt, die den Aufstieg der Wirtschaftsmacht BRD mit ermöglichten; hier sind u.a. zu nennen die nur geringen Zerstörungen industrieller Anlagen durch den Krieg, die Hilfestellung der Besatzungsmächte, das Vorhandensein eines hoch qualifizierten Arbeitskraftpotentials (vgl. Janossy 1966; Lutz 1976).

2) Die Individualisierungsthese ist auch zu sehen als Fortsetzung einer älteren Tradition *konservativer deutscher Gesellschaftskritik*. Ein Autor stellte fest, hier sei die Kritik an der »individualisierten Moderne« an die Stelle der früheren, konservativen Kritik der »Massengesellschaft« getreten. Jene konservative Diagnose einer anonymen Masse werde quasi »umgedreht« und auf den Kopf gestellt: »Der Individualisierte ist […] der vollmobile, flexible, der boden-, familien- und heimatlose Einzelne […] die massenhaft Individualisierten haben die bedrohliche Masse nicht nur ersetzt, sondern zugleich ihr Erbe angetreten […]« (König H. 1988, S. 265; Mühlfeld 1996). Bei genauerem Hinsehen zeigt sich, dass eine Reihe zentraler Argumentationsfiguren in Becks »Risikogesellschaft« charakte-

ristische Züge konservativen Denkens trägt: die Beschwörung einer »Totalgefährdung« der menschlichen Zivilisation durch den Fortschritt des »Industriesystems«; die These, dass alle Menschen, Klassen, Schichten von den neuen Gefährdungen gleichermaßen betroffen sind; die Zuschreibung der Ursachen für diese problematischen Entwicklungstendenzen an anonyme Kräfte und Mächte; eine ambivalente, ja skeptische Haltung gegenüber Wissenschaft und Technik.

3) Die Individualisierungsthese ist auch zu verstehen vor dem Hintergrund des in Deutschland traditionell ausgeprägten *Sicherheitsstrebens*. Dahrendorf (1968, S. 401) meint, die Formel der »Suche nach Gewissheit« sei stets das Prinzip gewesen, nach dem in Deutschland gesellschaftliche Interessengegensätze gelöst worden seien. Für dieses besondere Sicherheitsstreben der Deutschen gibt es zwei historische Ursachen: zum einen die paternalistische Tradition des politischen Systems und eine entsprechende Haltung der Bevölkerung zu Obrigkeit und Regierung (Engelmann 1993); zum anderen die traumatischen Krisenerfahrungen in der ersten Hälfte des 20. Jahrhunderts, in der Bevölkerung und Eliten jeweils als »Opfer« äußerer bzw. anonymer wirtschaftlich-politischer Mächte erschienen.

4) Die Individualisierungsthese kann schließlich als eine spezifische Reaktion auf *Erfahrungen mit und Bedrohungen durch den Kommunismus* verstanden werden. Dabei spielten vier spezifisch deutsche, traumatische Erfahrungen eine Rolle: Die Spaltung der deutschen Linken in Sozialdemokraten und Kommunisten, die Vertreibung der Deutschen aus dem Osten, die Bedrohung durch die sowjetabhängige DDR, sowie der Antikommunismus der Regierung Adenauer in den 1950er Jahren (vgl. dazu auch Dahrendorf 1968, S. 198ff; de Zayas 1980; Abendroth u.a. 1968, S. 116).

Diese Erfahrungen übten auf deutsche Sozialwissenschaftler bis in die jüngste Zeit hinein einen besonderen Druck aus, sich nicht nur von den metaphysischen und totalitären Elementen im marxistischen Denken zu distanzieren, sondern von der Weltanschauung und zentralen Begriffen des Marxismus und Kommunismus überhaupt. In Frankreich waren viele der tonangebenden Intellektuellen Kommunisten, in Deutschland dagegen bestand unter vielen Intellektuellen Einigkeit darin, dass jede Art von Totalitarismus abgelehnt werden müsse, dass man genauso entschieden Antikommunist wie Antifaschist sein müsse (Ackermann 2000, S. 9).

Über diese Fakten hinaus gibt es eine Reihe von institutionellen Eigenheiten der Wirtschafts-, Berufs- und Sozialstruktur Deutschlands, die dieses Land bereits seit dem 19. Jahrhundert von den anderen großen westeuropäischen Ländern unterscheiden. Exemplarisch sei verwiesen auf die besondere Form des Bildungswesens (insbesondere die »duale«, betrieblich-schulische Basis-Berufsausbildung sowie die damit zusammenhängende frühe schichtspezifische

Selektion der Schüler), die betriebliche Mitbestimmung, die gewerkschaftliche Zentralisierung (die im übrigen auf die Zeit der nationalsozialistischen Herrschaft zurückgeht), der spezifische Wohlfahrtsstaat.

Deutlich anders verlief die jüngere sozialgeschichtliche Entwicklung in *Frankreich*. Sozialrevolutionäre (»klassenradikale«) Haltungen der Arbeiterschaft in den 1960er und 1970er Jahren waren in Frankreich sehr viel stärker ausgeprägt als in Großbritannien und Deutschland (Gallie 1983). Die Kommunistische Partei Frankreichs ging als die stärkste Kraft der Linken aus dem Zweiten Weltkrieg hervor und sie vertrat auch nach dem Krieg weiterhin einen scharfen Antikapitalismus. Auch das Parteiensystem ist in Frankreich stark zwischen rechts und links polarisiert, die politische Mitte nur schwach (Laserre et al. 1977). Dazu kommt der hohe Grad der wirtschaftlichen, kulturellen und politischen Zentralisierung und Hierarchisierung der Gesellschaft. Diese betrifft etwa das stark zentralisierte französische Bildungswesen, das eine einmalige Elitenauslese bewirkt, und die hierarchisch-autoritär geprägte Organisationsstruktur von Unternehmen und Betrieben.

In französischen Industriebetrieben sind im Vergleich zu Deutschland mehr Beschäftigte mit Funktionen der Kontrolle und Lenkung befasst, die Arbeitsteilung zwischen Produktionsabteilungen, Planungs- und Verwaltungsabteilungen ist schärfer ausgeprägt, der Verwaltungsapparat umfangreicher und stärker hierarchisch gegliedert, die Lohnschemata sind stärker ausdifferenziert und die Einkommensungleichheit höher (Lutz 1976; Maurice et al. 1979; Haller 1989a, S. 115ff.; d'Iribarne 1989). Laut Duncan Gallie (1983) lag hier eine Hauptursache für den sehr unterschiedlichen Grad an Radikalismus der Arbeiterklasse in Großbritannien und Frankreich in der Arbeitssituation. Während britische (und ebenso deutsche) Arbeiter und ihre Gewerkschaften nach dem Zweiten Weltkrieg erhebliche Mitbestimmungsrechte erkämpft hatten, waren französische Betriebe durch monokratisch-hierarchische Entscheidungsstrukturen charakterisiert, in deren Rahmen das Management die Arbeitsbedingungen und Einkommen der Arbeiter weitgehend bestimmen konnte.

Eine wichtige Ursache für die herausragende Stellung des Begriffes der sozialen Klassen in der *britischen Gesellschaft* liegt in ihren spezifischen kulturellen Traditionen. Dabei war insbesondere der Intellektuellen-Sozialismus der »Fabier« wichtig, die – in strikter Ablehnung marxistisch-revolutionärer Gesellschaftsentwürfe – auf eine Modernisierung des Gesellschaftssystems durch Sozialreform hinarbeiteten. Ihre geistigen Wurzeln waren spezifisch englische philosophische Traditionen (wie der Liberalismus, Utilitarismus, Positivismus usw.) und religiöse Erneuerungsbewegungen (Evangelikalismus, Puritanismus u.a.). »Kein anderes Land hat eine ähnlich große Zahl von humanitären Sozialreformern und Philanthropen aus den oberen Klassen hervorgebracht, die in unzähligen freiwilligen Hilfsorganisationen ihre soziale Wirksamkeit entfalteten.« (Wittig 1982, S. 118). Umfragen im Jahre 1964 erbrachten, dass 48 Prozent der Briten glaubten, es gebe weiterhin einen Klassenkonflikt; 1974 waren dies 74

Prozent und 1996 sogar 76 Prozent (Kirby 1989, S. 90). Soziologen folgerten daraus: »Class is to the fore among conceptions of collective identity. It is still the case that important differences in shared beliefs and values are structured most obviously by class than by other sources of social cleavage[...]« (Milner 1999, S. 11; Marshall 1989).

Solch geistig-kulturellen Traditionen helfen auch bei der Erklärung der spezifisch *amerikanischen Sozialstrukturtheorie.*

Hier sind drei Hauptstränge zu nennen: (1) die *Tradition der Vorsehung und Auserwähltheit (providential tradition)*, die zurückgeht auf die Pilgerväter, die nicht zuletzt aus religiös-politischem Selbständigkeitsstreben und Sendungsbewusstsein Europa verließen und hofften, im »gelobten Land« Amerika Freiheit und Unabhängigkeit und besondere Segnungen und Gnaden erwarten zu können. (2) Der besondere *Rechtfertigungs- oder Legitimationsdruck*, unter dem das amerikanische Denken seit jeher steht; er klingt bereits in der Unabhängigkeitserklärung von 1776 durch, in welcher der Krieg gegen und die Abtrennung vom Mutterland England begründet und als »gerecht« dargestellt wird. (3) Die *Hochschätzung von Selbstverantwortung und Selbsthilfe*, individuellem Unternehmertum usw., verbunden mit einer Ethik des *Pragmatismus.* Insbesondere aus der individualistischen Grundhaltung der amerikanischen Ökonomie und Sozialwissenschaften heraus ist es zu erklären, dass ein großer Widerstand dagegen besteht, gruppenspezifische Benachteiligungen anzuerkennen oder rechtliche und politische Maßnahmen für solche zu setzen, vor allem dann, wenn es um untergeordnete und benachteiligte Gruppen geht (Thurow 1981, S. 171).

Zu nennen ist in diesem Zusammenhang auch eine Reihe von institutionellen Eigenheiten der amerikanischen Gesellschaft und Politik, wie die schwache politische Ausrichtung der amerikanischen Gewerkschaften, das Fehlen einer einflussreichen sozialistischen Partei, die liberalistische Strukturierung der wirtschaftlichen Beziehungen und Prozesse, der politische Föderalismus, die geringe Ausprägung des Wohlfahrtsstaates. Alle diese Elemente tragen ihrerseits dazu bei, dass soziale Lage und gesellschaftliches Fortkommen von Individuen wie gesellschaftlichen Gruppen primär deren eigenem Bemühen, und erst sekundär gesellschaftlichen Prozessen, Eigentums- und Machtverhältnissen zugeschrieben wird.

Gesellschaftliche Problemlagen und Interpretationen der Sozialstruktur

Die gesellschaftliche Problemlage eines Landes besteht darin, ob sich dieses in einer prosperierenden, gesellschaftlich, wirtschaftlich und politisch aufsteigenden oder aber einer krisenhaften, eher absteigenden Entwicklungsphase befindet. In dieser Hinsicht gehörten die Bundesrepublik Deutschland und die Vereinigten Staaten zumindest bis in die 1990er Jahre hinein zu den wirtschaftlich weltweit führenden und wohlhabendsten Ländern. Beide haben seit dem Zweiten Weltkrieg einen eindeutigen Aufstieg durchgemacht, was man von Frankreich und Großbritannien sicherlich nicht so behaupten kann. In prosperierenden Gesellschaften mögen sozialkritische Theorien einen besonders schweren Stand haben (Marcuse 1961, S. 399; Sennett/Cobb 1972, S.5). Der Pariser Soziologe Louis Chauvel (2001) spricht in diesem Zusammenhang von einer *historischen Spirale des Klassenbegriffs*: Seiner Meinung nach bezieht sich die These vom Ende der Klassen vor allem auf das Verschwinden des Klassen*bewusstseins*; ihr Fehler liegt darin, dass sie von diesem Phänomen umstandslos auf das Verwinden der Klassen überhaupt schließt. In den USA war etwa die Periode 1880-1925 eine solche Phase; die de facto sozialdemokratische Politik des *New Deal* von Präsident Roosevelt eine politische Antwort darauf. Ein ähnliches Erstarken von Klassenbewusstsein und Sozialreform gab es in Österreich in der Zeit nach dem 1. Weltkrieg, als selbst liberale Ökonomen wie Joseph Schumpeter einen Sieg des Sozialismus über den Kapitalismus erwarteten. Die enorme Prosperität Westeuropas in der Nachkriegszeit ließen gesellschaftliche Klassentheorien dagegen wieder als obsolet erscheinen, führten lange unbemerkt aber auch zu einer neuerlichen Zunahme der Ungleichheit. Es ist kein Zufall, dass es heute französische und englische Soziologen sind, die die Aktualität der vertikalen und klassenbezogenen Ungleichheit wieder entdecken, wie folgende Titel zeigen: *Le Retour des Classes Sociales* (Chauvel 2001; Bouffartigue 2004); *Renewing class analysis* (Crompton u.a. 1998); *If Class is dead, why won't it lie down?* (Scott 2001); *Mind the Gap. The New Class Divide in Britain* (Mount 2004). In den USA haben dies einzelne Soziologen allerdings auch schon früher getan (vgl. z.B. McNall et al. 1991: *Bringing Class Back in*; Hout et al. 1993: *The persistence of classes in post-industrial societies*).

Systematische soziologische Kritik der neuen Sozialstrukturtheorien

Die wissenssoziologische Analyse der verschiedenen Paradigmen der Ungleichheitsforschung muss noch ergänzt werden durch eine wissenschaftlich-immanente Darstellung ihrer Grenzen und Leistungen. Beginnen wir mit der These von der Individualisierung und Ablösung der Klassen und Schichten. Wir können hier zumindest sechs Probleme bzw. Schwächen dieser These nennen (vgl. *Übersicht 4.5*).

Übersicht 4.5: Systematische Kritik der Thesen von der Individualisierung und Auflösung der traditionellen Klassenstruktur

1) Die These von der einschneidenden Bedeutung der allgemeinen Wohlstandssteigerung verkennt bzw. unterschätzt zwei Aspekte: zum einen die nach wie vor zentrale Bedeutung der weitgehend konstant gebliebenen Ungleichheitsrelationen, Macht- und Prestigedifferentiale (vgl. auch Hirsch 1980; Valle 1992), zum anderen die Entstehung neuer, auch absoluter Benachteiligungen und Deprivationen, wenn auch häufig in einer »individualisierten«, schwerer fassbaren Form.

2) Überzogene Individualisierungsthese: Die Abschwächung der Bedeutung traditioneller sozialer Kategorien bzw. Kollektive muss nicht notwendig bedeuten, dass die Sozialstruktur insgesamt »individualisiert« wird. Zwar sind die »neuen Armen« vielfach Einzel-, nicht Kollektivschicksale. Dennoch ist die Entstehung neuer, dauerhaft benachteiligter Großgruppen und damit zusammenhängender gesellschaftlicher Konfliktlinien nicht grundsätzlich ausgeschlossen; zu denken ist hier an ältere Menschen, Behinderte, Bewohner peripherer Regionen, Ausländer usw.

3) Verkennung des klassenbezogenen Charakters neuer Ungleichheiten: Viele der anscheinend »neuen« sozialstrukturellen Entwicklungen sind als Folge von klassen- und schichtspezifischen Differenzierungs- und Diskriminierungsprozessen zu sehen. So verstärkt die Bildungsexpansion die vertikale gesellschaftliche Differenzierung, die Einbeziehung der Frauen in das Erwerbsleben die Wirkungen des Marktes und damit der Klassenlage, Professionalisierung und Expansion staatlicher Dienste vertikal-hierarchische berufliche Differenzierungen.

4) Historische und interkulturelle Variationen in den Prozessen der Individualisierung und Herausbildung neuer Klassenlagen werden nicht erfasst. Vielfach sind etwa die Ausführungen dieser Autoren durch einen so hohen Grad der Abstraktheit und Unspezifizität gekennzeichnet, dass sie soziologisch kaum mehr einen Aussagewert besitzen.

5) Die These von der Individualisierung und Pluralisierung war lange Zeit empirisch erstaunlich schwach fundiert. Einige ihrer einflussreichsten Proponenten (Schelsky, Beck, Luhmann) haben überhaupt keine eigenen Studien durchgeführt. Hradil sah seine Hauptaufgabe darin, die »wirre Vielfalt der Erscheinungen« durch Erstellung eines neuen Überblicks, durch ein »begriffliches Dach« zu strukturieren (Hradil 1987, S. 7). Die empirische Fundierung ist auch bei Bourdieu vielfach nicht überzeugend. Zahlreiche Umfragedaten werden verwendet, um die Unterschiede von Lebensstil und Geschmack nach sozialen Klassen zu belegen; die aufgezeigten Differenzen sind aber vielfach schwach, die Grenzen zwischen Klassen unscharf, die verwendeten statistischen Methoden (wie die Korrespondenzanalyse) nur induktiv-deskriptiver Art (für eine ähnliche Kritik an der deutschen Lebensstilforschung vgl. Rössel 2004).

Inzwischen gibt es in Deutschland zwar, wie oben festgestellt, eine Fülle empirischer Studien zu Lebensstilen und Lebenslagen, jedoch wird daraus nicht wirklich klar, inwieweit diese eine Ablösung der traditionellen Klassen- und Schichtstruktur darstellen, oder inwieweit darin nicht das vertikale Differenzierungsprinzip nach wie vor eine zentrale Rolle spielt. Eine neue Schweizer Studie, die die Entwicklung seit 1980 untersucht, kommt zum Schluss, dass die generelle These vom Verschwinden der Klassen nicht haltbar sei (Tillmann/Budowski 2007). Eine empirische Analyse zeigte für Deutschland, dass Lebensstile zwar in mittleren Schichten ein wichtiges Differenzierungskriterium darstellen, vertikale Strukturmerkmale oben und unten jedoch klar dominieren (Schroth 1999).

6) Der Verlust des gesellschaftskritischen Impetus der Ungleichheitsforschung. Ungleichheitsforschung war meist auch mit gesellschaftskritischen Anliegen verbunden und wurde immer auch als soziale Ungerechtigkeit gesehen. Dies ist bei der Lebensstilforschung anders: »Statt sich über Ungleichheiten zu ›ärgern‹, erfreuen sie sich zunehmend an der bunten und dynamischen Vielfalt der Lebensbedingungen und Lebensformen. Aus ihren Konzepten – Differenzierung, Pluralisierung, Diversifizierung, Individualisierung, Dynamik – ist der gesellschaftskritische Gehalt entwichen. Kritische Ungleichheitsforschung verwandelt sich unter der Hand in eine gesellschaftspolitisch mehr oder weniger unverbindliche Vielfaltsforschung[...]« (Geissler 1994, S. 15; Dangschat 1998, S. 50ff.).

7) Es fehlt ein Bezug auf die zentralen sozialen, kulturellen und politischen Institutionen, die Ungleichheit erzeugen und transformieren, wie die Welt der Arbeit und Organisationen, oder der Wohlfahrtsstaat. Bourdieu's Ausweitung des Kapitalbegriffs auf Kultur und soziale Netzwerke verwischt die strukturellen Unterschiede zwischen den auf klar definierbare ökonomische Interessen bezogenen Prozessen der Klassenbildung und jenen der sozialen Distanzierung und Abschließung, die vor allem auf Status- und Prestigeerwägungen zurückzuführen sind (Näheres dazu im folgenden Abschnitt).

Positiv festzuhalten bleibt abschließend ein wichtiges Ergebnis der neueren deutschen Forschung zu sozialen Lagen und Lebensstilen, sowie des Ansatzes von Bourdieu, der die Soziologie und Lebensstilforschung in Deutschland und Österreich stark beeinflusst hat (vgl. Mörth 1994; Richter 2005). Es ist dies der Hinweis auf die Multidimensionalität der sozialen Ungleichheit und die Bedeutung der kulturellen Aspekte von sozialen Klassen und Schichten (vgl. auch Strasser/Dederichs 2000). Auf diese Fragen kommen wir in Abschnitt 4.4 zurück.

4.3 Klassenbildung und soziale Schichtung als zentrale Mechanismen der Reproduktion sozialer Ungleichheit

a) Die Grundbegriffe von Max Weber: Klassen, Stände und Parteien

Die relativ knappen Ausführungen von Max Weber zum Klassenbegriff in zwei Kapiteln von *Wirtschaft und Gesellschaft*[2] stellen eine implizite Auseinandersetzung mit Marx dar, wenn er diesen auch kaum bei Namen nennt. Man kann sagen, dass Weber den Marxschen Klassenbegriff aller unhaltbaren, teleologischen Implikationen entkleidet, den Begriff aber grundsätzlich ähnlich wie Marx

2 »Stände und Klassen«, S. 223–227 im ersten Halbband (4. Kapitel), sowie »§6. Machtverteilung innerhalb der Gemeinschaft: Klassen, Stände und Parteien«, S. 678–689 im zweiten Halbband von *Wirtschaft und Gesellschaft* (Weber 1964).

definiert, nämlich ausgehend von ökonomischen Lagen und ökonomischen Interessen.

Der Hintergrund: die marxistische Klassentheorie

Für Karl Marx spielen Klassen eine zentrale Rolle im Prozess der historischen Entwicklung. Im *Kommunistischen Manifest* heißt es: Die Geschichte ist die Geschichte von Klassenkämpfen. Es gibt in jeder Gesellschaftsepoche bzw. -formation – der Antike, dem Feudalismus und im Kapitalismus – herrschende und privilegierte, unterdrückte und ausgebeutete Klassen. Was in der Antike freie Bürger und Sklaven, im Feudalismus Adel und Leibeigene waren, sind im Kapitalismus die Bourgeoisie und das Proletariat.

Erstere ist definiert durch den Besitz an Produktionsmitteln, letztere durch Besitzlosigkeit. Durch diese ist das Proletariat gezwungen, sich den Lebensunterhalt durch Lohnarbeit – Verdingung der Arbeitskraft – an die Besitzenden zu sichern. Hinter dem nur scheinbar freien Arbeitsmarkt steht also ein Ausbeutungsverhältnis. Das Profitstreben der Unternehmer-Bourgeoisie veranlasst diese, Löhne und Arbeitsbedingungen der Arbeiter kontinuierlich hinunterzudrücken, sodass diese immer mehr verelenden, während das Kapital sich immer mehr konzentriert und mächtiger wird. Nur eine tiefgreifende Revolution, die den Privatbesitz an Produktionsmitteln überhaupt aufhebt, ist in der Lage, dieses Ausbeutungsverhältnis zu beenden und die gesellschaftliche Entwicklung auf eine höhere Stufe zu bringen, eine Stufe, auf der es keine Klassen mehr gibt.

Diese Theorie war enorm geschichtsmächtig, da sie dem im Früh- und Hochkapitalismus vielfach extrem ausgebeuteten Proletariat eine wirksame Waffe im Kampf um bessere Arbeits- und Lebensbedingungen bot. Sie war aber in einigen ihrer Grundprinzipien falsch. Unhaltbar ist der Kern der Ausbeutungstheorie, die Arbeitswertlehre, wonach nur durch produktive Arbeit im Produktionsprozess neuer Wert geschaffen wird. Übersehen bzw. unterschätzt wurden von Marx des weiteren die Bedeutung des technischen Fortschritts, der gewerkschaftlich-politischen Organisation der Arbeiterklasse, sowie der Durchsetzung von Demokratie und Wohlfahrtsstaat. Vor allem die vergangenen Jahrzehnte haben gezeigt, dass die aus all diesen Faktoren folgende Steigerung des Lebensstandards der breiten Massen die ehemalige Polarisierung zwischen Bourgeoisie und Proletariat stark abgeschwächt hat. Spielen die Klassen daher heute überhaupt noch eine Rolle? Im vorhergehenden Abschnitt haben wir gesehen, dass die neuere Soziologie in Deutschland und den USA diese Frage weitgehend verneint. Betrachten wir jedoch die Begriffe und Argumente von Weber näher um zu sehen, welche Relevanz sie für die Analyse sozialer Ungleichheit zeitgenössischer Gesellschaften noch besitzen könnten.

Klassen und Stände

Weber geht zunächst nicht aus vom Begriff der »Klasse«, sondern von dem der *Klassenlage* (Weber 1964 [1922], S. 223; vgl. auch Haller 1983a, 1989a). Dieser wichtige begriffliche Unterschied soll besagen, dass es nur strukturelle Voraussetzungen gibt, unter denen man von einer Klasse bzw. ihrer Herausbildung sprechen kann, aber dass eine Klasse nicht als solche schon eine Gemeinschaft darstellt.[3] Auch klassenbezogene Organisationen bilden sich in keiner Weise zwangsläufig oder automatisch. Weber unterscheidet auch zwischen Klassenlage und ständischer Lage:

Klassenlage ist die typische Chance der Güterversorgung, der äußeren Lebensstellung und des inneren Lebensschicksals, wie sie vor allem aus der Verfügungsgewalt über Güter und Dienstleistungen entspringt. Eine »Klasse« ist eine Mehrzahl von Menschen, die eine spezifische ursächliche Komponente der Lebenschancen gemeinsam haben und zwar Lebenschancen, die durch ökonomische Güterbesitz- und Erwerbsinteressen im Rahmen des Marktes dargestellt werden.

Ständische Lage ist demgegenüber »eine positive oder negative Privilegierung in der sozialen Schätzung«, die beruhen kann auf Lebensstil, formaler Erziehung und Ausbildung, sozialer Herkunft oder Berufsprestige. Als wichtigste Indikatoren für ständische Lage gelten Heiratsmuster, gemeinsames Wohnen, Monopolisierung privilegierter Erwerbschancen und ständische Konventionen.

Ständebildung ist ein Phänomen der *sozialen Ordnung*, die sich darauf bezieht, wie die *soziale Ehre* in einer Gemeinschaft verteilt ist, während Klassen sich in der *Wirtschaftsordnung* herausbilden, d.h. in jenem Bereich, in dem über die Produktion, Verteilung und Verwendung der ökonomischen Güter entschieden wird. Zur Beziehung zwischen beiden Prozessen bemerkt Weber folgendes. Zunächst handelt es sich bei der Unterscheidung von Klassen- und Ständebildung auch um eine historische Differenz: Während (Erwerbs-) Klassen vorwiegend in marktorientierten Wirtschaften entstehen, entwickeln sich Stände eher in Subsistenzwirtschaften. Es lässt sich daher eine »ständische« von einer »klassenmäßigen« Gesellschaft dadurch unterscheiden, nach welchem Prinzip die soziale Gliederung vorzugsweise erfolgt. Zwischen ständischer Lage und Klassenlage besteht eine enge Wechselwirkung, sie gehen aber dennoch nicht ineinander auf. Ständische Ehre muss nicht immer durch eine Klassenlage bedingt sein, sie impliziert jedoch de facto immer auch eine Monopolisierung von materiellen Gütern, wie bestimmten Anstellungen, Ämtern oder Erwerbsmög-

---

3 Diesen Gedanken hat vor allem Theodor Geiger (1932, 1949) aufgegriffen und auf die Schichtungsanalyse angewandt. Er entwickelte ein multidimensionales und dynamisches Schichtungsmodell, in dem mehrere vertikale und horizontale Differenzierungsprinzipien zusammenspielen; im Zeitablauf ergibt sich auch eine Veränderung im Hinblick auf die gesellschaftlich dominanten Schichtungsmerkmale (vgl. dazu auch Müller 1992; Schroth 1999).

lichkeiten. Ständische Gliederung wirkt daher allgemein hemmend auf die freie Entfaltung von Märkten ein.

In modernen, kapitalistischen Gesellschaften gibt es keine Stände mehr; diese waren ja definiert durch rechtlich-politische Kriterien, die den verschiedenen Ständen unterschiedliche Aufgaben und Rechte zuschrieben. Es gibt aber Klassen, die Weber zunächst – wie wir vorhin gesehen haben – ökonomisch definiert. Er unterscheidet dabei je nach der ökonomischen Grundlage zwischen zwei Typen: *Besitzklassen*, wenn Besitzunterschiede die Klassenlage bestimmen, und *Erwerbsklassen*, wenn dies die Marktverwertung von Gütern und Leistungen ist. Es gibt in modernen Gesellschaften jedoch auch *soziale Klassen*: sie werden indiziert durch *Mobilitätsmuster* zwischen den Generationen und im Lebens- bzw. Karriereverlauf. Lassen sich zwischen verschiedenen Besitz- oder Erwerbsklassen spezifische Grenzen der Mobilität feststellen, über die hinaus man typischerweise nicht gelangt, kann man von einer sozialen Klasse sprechen.

Weber führt eine Reihe von z.T. akribischen Bestimmungen an, die sich auf die innere Differenzierung von Besitz- und Erwerbsklassen beziehen. Dabei werden aber jedesmal innerhalb der Klassen Besitzende und Nichtbesitzende unterschieden: »›Besitz‹ und ›Besitzlosigkeit‹ sind die Grundkategorien aller Klassenlagen[...]« (S. 679). Im Rahmen der Erwerbsklassen umfassen die privilegierten Klassen die Unternehmer, aber auch hochqualifizierte Erwerbstätige, wie akademische Freiberufe (»Arbeiter mit monopolistischen Qualifikationen«); die benachteiligten Klassen beinhalten vor allem die Arbeiter. Zwischen beiden stehen als »Mittelklassen« die selbständigen Bauern und Handwerker, sowie die Beamten. Schließlich spricht er von *vier großen sozialen Klassen*: der Arbeiterschaft, dem Kleinbürgertum, der »besitzlosen Intelligenz und Fachgeschultheit« (heute würde man hier vor allem Angestellte und Beamte einordnen), sowie den privilegierten Klassen der Besitzenden und Inhaber von hochqualifizierter Bildung.

Klassen, Stände und Parteien als Phänomene der Verteilung hochgeschätzter sozialer Güter innerhalb der Gemeinschaft

Eher überraschend erscheint zunächst, dass Weber neben Klassen und Ständen als drittes Phänomen die *Parteien* anführt, geht es bei diesen doch um Vergemeinschaftungen, die konkrete Programme und Organisationen entwickeln um bestimmte Ziele zu erreichen, was bei Klassen und Ständen eben nicht der Fall ist. Parteien sind nach Weber »primär in der Sphäre der ›Macht‹ zu Hause« (Weber 1964 [1922], S.688). Dabei kann es »parteimäßiges Gemeinschaftshandeln« prinzipiell in allen möglichen sozialen Einheiten geben, in kleinen Klubs ebenso wie im Staat insgesamt.

Wie hängen Klassen und Stände mit Parteien zusammen? Dazu schreibt Weber, dass Parteien »im Einzelfall durch ›Klassenlage‹ oder ›ständische Lage‹ bedingte Interessen vertreten und ihre Anhängerschaft entsprechend rekrutieren« können. Sie müssen aber keineswegs immer »Klassen-« oder »Ständeparteien« sein, ja »sind es meist nur zum Teil, oft gar nicht[…] Ihre soziologische Struktur ist notwendig grundverschieden je nach derjenigen des Gemeinschaftshandelns, um dessen Beeinflussung sie kämpfen, je nachdem die Gemeinschaft z.B. ständisch oder klassenmäßig gegliedert ist oder nicht, und vor allem je nach der Struktur der ›Herrschaft‹ innerhalb derselben.« (Weber 1964 [1922], S. 689)

Somit gibt es bei Weber drei Ebenen, auf denen Klassen, Stände und Parteien jeweils zu betrachten sind, nämlich die Wirtschaftsordnung, die soziale Ordnung und die Herrschaftsstruktur oder politische Ordnung (vgl. *Übersicht 4.6*).

Übersicht 4.6: Die Unterscheidung zwischen Klassen, Ständen und Parteien bei Weber

Wirtschaftsordnung	Soziale Ordnung	Herrschaftsstruktur (politische Ordnung, Rechtsordnung)
Klassenlage	Ständische Lage	
Klassen	Stände	Parteien
Soziale Klassen		
Verteilung ökonomischer Güter	Verteilung der Ehre	Verteilung der Macht

Zwischen diesen drei Phänomenen bestehen enge Beziehungen. Sie sind aber kontingent, d.h. nicht im Voraus determiniert, so wie auch die Klassenlage noch nicht automatisch ein Klassenbewusstsein und ein gemeinsames Klassenhandeln schafft. Die Entstehung eines solchen ist vielmehr an allgemeine kulturelle Voraussetzungen sowie an die Durchsichtigkeit des Zusammenhanges zwischen Gründen und Folgen der Klassenlage gebunden. Von einer revolutionären Sprengkraft, die der Klassenbegriff noch bei Marx besaß, kann man bei Weber nicht mehr sprechen. Sind Klassen und Ständebildung in modernen Gesellschaften aber überhaupt noch wesentliche Phänomene bzw. Prozesse? Diese Frage kann man sehr wohl bejahen.

Zum ersten kann man sagen, dass mit den drei inhaltlichen Dimensionen – ökonomische Güter, Ehre, Macht – drei der wichtigsten und am meisten erstrebten sozialen Güter thematisiert werden. Es handelt sich dabei um Güter, die in jeder menschlichen Gesellschaft knapp sind und die auch eindeutig hierarchisch-vertikal ungleich verteilt sind (reich versus arm, hohes versus niedriges Ansehen, große Macht – geringe Macht; vgl. Lenski 1973).

Zum zweiten ist festzustellen, dass auch in modernen Gesellschaften Klassenlage und Klassenbildung, wie auch ständische (prestigemäßige) Lage, fundamentale Prinzipien darstellen, wenn es um die Verteilung der zentralen und knappen gesellschaftlichen Güter – ökonomische Güter und Dienste, soziales Ansehen und Macht – geht. Von zeitgenössischen Sozialwissenschaftlern, die die Relevanz des Klassen- bzw. Schichtbegriffs bestreiten, wurden bislang keine anderen Prinzipien benannt, die effektiv an ihre Stelle treten könnten.

Wie man diese Begriffe von Weber für eine Klassenanalyse zeitgenössischer Gesellschaften fruchtbar machen kann, soll im Folgenden gezeigt werden. Die Unterscheidung zwischen Klassen, Ständen und Parteien wird dabei nicht nur als eine Typologie der historischen Soziologie betrachtet, sondern auch als eine analytisch-systematische Gegenüberstellung dreier grundlegender Formen der Reproduktion sozialer Ungleichheit.

b) Klassenbildung als Prozess sozialer Schließung in unterschiedlichen Typen von Märkten und Organisationen

Die Theorie der Klassenbildung bezieht sich primär auf die ökonomische Ebene. Klassenlagen sind die einer Mehrheit von Menschen gemeinsamen Chancen, wie sie sich durch den Markt herstellen, Klassenlage ist letztlich »Marktlage«. Die These lautet, dass man in Anknüpfung an das Konzept der »Marktlage« auch zu einer gehaltvollen und erklärungskräftigen Theorie der Klassenbildung gelangen kann. Notwendig ist dafür allerdings, die Strukturen und Funktionsprinzipien von Märkten und der damit zusammenhängenden Prozesse und Faktoren genau zu untersuchen. In diesem Sinne hat der Schweizer Soziologe René Levy (2002) neuerdings zu Recht argumentiert, eine Hauptschwäche vieler Klassen- und Schichtungsanalysen liege darin, dass sie nur zwischen zwei Ebenen der Realität unterscheiden, der Mikroebene der Individuen und der Makroebene der Gesellschaft insgesamt. Wichtig sei jedoch die Berücksichtigung der *Mesoebene*: Hier geht es um klar umgrenzte Einheiten mittlerer Größe und mit spezifischen institutionellen Strukturen (vgl. auch Scheuch 2003). Für die Reproduktion sozialer Ungleichheit sind hier relevant die Systeme der Ausbildung und beruflichen Qualifizierung (Müller 1998), die Arbeitsorganisationen und ihre innere Struktur, die Struktur der beruflichen Arbeitsteilung und der Professionen, oder eben auch die vorhin erwähnten Marktstrukturen.

Im Hinblick auf die Marktlage als Klassenlage kann man zunächst zwei allgemeine Prozesse bzw. Aspekte herausheben, zum einen die Existenz unterschiedlicher Formen von sozialer Schließung, zum anderen die Ausdifferenzierung unterschiedlicher Typen von Märkten.

Prozesse und Formen der sozialen Schließung

Soziale Beziehungen bezeichnet Weber ganz allgemein als *offen*, wenn die Teilnahme an ihnen niemanden verwehrt ist, als *geschlossen*, wenn sie an bestimmte Bedingungen geknüpft oder für Außenstehende überhaupt unzugänglich sind (Weber 1964 [1922], S. 31ff.). Im Wettbewerb um ökonomische Chancen versuchen die an der Konkurrenz Beteiligten, bestimmte Erwerbschancen zu monopolisieren, was zu Prozessen der sozialen Schließung führt. Ein Beispiel ist die Bildung von Zünften (Weber 1964 [1922], S. 260ff.)

Im Anschluss an neuere Autoren in der Tradition von Weber (Parkin 1979; Murphy 1988) kann man den Begriff der »sozialen Schließung« differenzieren in zwei Subtypen. *Soziale Ausschließung* kann als Versuch privilegierter Gruppen bezeichnet werden, ihre Privilegien durch Prozesse der Unterordnung aufrechtzuerhalten bzw. durch die Schaffung untergeordneter Gruppen, an die Aufgaben delegiert werden, zu verbessern. Wenn diese Delegation mit Differenzierungen im Einkommen verbunden ist, die sich rein funktional nicht begründen lassen, kann man dabei von *Ausbeutung* sprechen. Diese Gruppe kann ihrerseits weitere Prozesse der Ausschließung initiieren, so dass sich ein sehr differenziertes Klassenmodell ergibt. Eine alternative Methode der sozialen Schließung wenden Gruppen an, die selbst am untersten Ende der Hierarchie stehen und keine Möglichkeit zur Monopolisierung von Erwerbschancen haben: Sie schließen sich durch Strategien der *Solidarisierung* oder *Usurpierung* zusammen, um damit Druck nach oben ausüben zu können. Während soziale Ausschließung die Klassen- und Schichtordnung stabilisiert, stellt Usurpierung eine potentielle Herausforderung an das bestehende Verteilungssystem dar.

Klassengrenzen können in dieser Perspektive mit Hilfe der jeweils vorherrschenden Strategie bestimmt werden. Die fundamentale Klassenbarriere würde demnach dort verlaufen, wo die vorherrschende Form der sozialen Schließung übergeht von Solidarisierung zu Ausschließung. Dieses Konzept hat den Vorteil, dass es eine konfliktorientierte Konzeption der Klassenstruktur ermöglicht, ohne in die Rigidität eines vereinfachenden, dichotomischen Klassenschemas zu verfallen. Es ist durchaus möglich, dass bestimmte gesellschaftliche Gruppen, insbesondere im mittleren Bereich der Schichtungshierarchie, hinsichtlich der von ihnen verfolgten Strategien eine ambivalente Position einnehmen und beide Formen gleichzeitig praktizieren. Aber auch Arbeiter können das tun, etwa indem sie für politische Restriktionen gegen den Zuzug ausländischer Arbeitskräfte kämpfen.

Um zu einem realitätsgerechten Bild der zeitgenössischen Klassenstruktur zu gelangen, ist es notwendig, den Begriff der »sozialen Ausschließung« in zwei Teilprozesse zu differenzieren: Als *vertikale soziale Ausschließung* kann man all jene Formen der Ausschließung bezeichnen, bei denen die Monopolisierung von Erwerbschancen auf Kosten der Heranziehung und direkten Unterordnung anderer Gruppen erfolgt (wie etwa Ärzte weniger qualifizierte medizinische Hilfeleistungen an Krankenpfleger delegieren); als *horizontale Ausschließung* all jene Formen der Appropriierung von Erwerbschancen, bei denen andere Gruppen zwar ausgeschlossen, aber nicht direkt untergeordnet werden (wie sich etwa Gesundheitsberufe auf die Pflege von Kranken und die Wiederherstellung der Gesundheit konzentrieren).

Der Unterschied zwischen beiden Formen ist für die Klassenanalyse wichtig: Nur im ersteren Falle wird die Basis für die Herausbildung einer »positiv privilegierten Besitzklasse« im Sinne Webers geschaffen. Diese Besitzklassen haben die Möglichkeit zur Monopolisierung von Einkauf und Verkauf von Gütern bzw. Dienstleistungen und zur Vermögensbildung durch unverbrauchte Überschüsse; damit können sie tendenziell Angehörige der »Bourgeoisie« werden, während die bloße Abgrenzung bestimmter Tätigkeitsfelder allenfalls zur Bildung von »Mittelstandsklassen« führt. (Weber 1964 [1922], S. 233) »Horizontale Ausschließung« erfolgt in der Regel innerhalb von Klassen. Es handelt sich hier also um typische Prozesse der *funktionalen Ausdifferenzierung* neuer Berufe und Tätigkeiten oder um den Schutz dieser Tätigkeiten vor zu starker Konkurrenz durch viele Neuzugänge. Auch diese Formen sind klassentheoretisch relevant; sie können als Strategien interpretiert werden, die Erwerbschancen einer Klasse verbessern.

Mit diesen Prinzipien der »sozialen Schließung« haben wir erst ein »formales Gerüst« gewonnen, anhand dessen die Klassenstruktur bestimmt werden kann. Um dies konkret durchführen zu können, müssen wir uns noch fragen, welche Typen von Märkten es gibt und wie Markttypus und Typus der sozialen Schließung miteinander interagieren.

Typen von Märkten und Formen klassenbezogener sozialer Schließung

Es gibt drei Grundformen von Märkten: Kapital-, Güter-, und Arbeitsmärkte. Grundsätzlich gilt, dass jeder dieser drei Markttypen auch unterschiedliche »Klassensysteme« bildet, wo sich jeweils Besitzende und Nichtbesitzende einander gegenüberstehen. Verschiedene Berufs- und Bevölkerungsgruppen können im Falle eines Marktes »Besitzende« (d.h. Produzenten, Gläubiger oder Anbieter), im Falle eines anderen Marktes dagegen »Nichtbesitzende« sein. Daraus könnte man eine Vielzahl von »konsistenten« und »inkonsistenten« Typen von Marktlagen ableiten (Wiley 1967). Soziologisch relevant ist dabei etwa die Differenzierung innerhalb der Lohnabhängigen nach dem Vorhandensein von Besitz (etwa Wohnungs- oder Hauseigentum). Ein solcher Besitz gewährt seinem Inhaber nicht nur eine gewisse ökonomische Unabhängigkeit und damit geringeren Druck, jede beliebige Arbeit annehmen zu müssen; andererseits verleiht er auch soziales Prestige. Die gleichzeitige Darstellung aller möglichen Kombinationen bzw. Marktlagen dieser Art wäre aber sehr unübersichtlich. Zielführender ist eine getrennte Betrachtung der verschiedenen Teilmärkte. Im Folgenden werden einige Grundaspekte benannt, die sich aus einer klassentheoretischen Perspektive ergeben. Grundlage für die Klassifizierung der Märkte für Güter und Dienstleistungen sind die vor allem von Ökonomen entwickelte Theorie der Märkte (Heuss 1965) und der Marktmacht (Arndt 1980), sozialwissenschaftliche Untersuchungen zu Struktur- und Krisenmerkmalen des zeitgenössischen Kapitalismus (Galbraith 1974; O'Connor 1974), sowie Untersuchungen zu charakteristischen Funktionsprinzipien verschiedener Typen von Märkten und Organisationen (Stinchcombe 1959, 1965; Perrow 1967; Williamson 1975; Heinemann

1976). Insbesondere die Theorie der segmentierten Arbeitsmärkte ist hier sehr fruchtbar (Sengenberger 1976; Brinkmann 1981; Franz 1999).

Im Hinblick auf den Markt für Kapital, also den Besitz von Produktionsmitteln lassen sich deutlich zumindest vier Klassenlagen bzw. Klassen unterscheiden, nämlich die Bauern, die Klein- und Mittelunternehmer, die selbständigen Großunternehmer und die Manager.

– Die erste Gruppe sind *Bauern*, die durch ihren Grund und Boden, Wirtschaftsgebäude usw. ein erhebliches immobiles Kapital besitzen. Diese Immobilität schafft jedoch einen fundamentalen Unterschied zu anderen Selbständigen und Unternehmern, da sie zu einer viel höheren Bindung an den Betrieb führt.

  In Zeiten einer zunehmend großagrarisch-kommerziellen Bereitstellung vieler Grundnahrungsmittel und einem daraus folgenden Preisverfall für landwirtschaftliche Produkte hat dies für den landwirtschaftlichen Familienbetrieb zu einer erheblichen »Selbstausbeutung« geführt. Die starke Technisierung der landwirtschaftlichen Arbeitsvorgänge (die ihrerseits oft mit einer hohen Verschuldung einhergeht) hat dazu geführt, dass in kleineren und mittleren Betrieben kaum fremde Arbeitskräfte beschäftigt werden, ja die Betriebe zunehmend nur mehr als »Nebenerwerbslandwirtschaft« geführt werden. Kleine und mittlere Bauern und vor allem Bäuerinnen gehören im Hinblick auf ihre Arbeitsbelastungen, Einkommen und Lebensbedingungen zu den am stärksten benachteiligten gesellschaftlichen Klassen (Pevetz 1987; Knöbl 1999).

  Aufgrund ihrer spezifischen Situation bilden die Bauern eine von allen anderen klar abgehobene ökonomische und soziale Klasse, die auch zu den politisch am stärksten organisierten und durchschlagskräftigsten Gruppen gehören (auch im Rahmen der EU; vgl. dazu Haller 2008).

– Intern höchst variabel ist die Situation der *Klein- und Mittelunternehmer,* die als Handwerker, Gewerbetreibende, oder Kleinunternehmer über eigene Produktionsmittel verfügen und eine begrenzte Zahl von Arbeitskräften beschäftigen. Die Variation von Arbeits- und Einkommenschancen ist in dieser als traditionelles Kleinbürgertum bezeichneten Klasse besonders hoch. Einerseits können sich, oft bedingt durch äußere Umstände und glückliche Zufälle (z.B. gute Lage eines Geschäftes), sehr gute Einkommenschancen ergeben, andererseits führt der leichte Zugang zu manchen dieser Gewerbe zu einer hohen Rate von gescheiterten Unternehmen. Selbständigkeit dieser Art dient heute oft auch als »Ventil« für soziale Gruppen, die anderweitig vor Beschäftigungsproblemen stehen, wie etwa Ausländer oder Angehörige verschiedener Dienstleistungsberufe (Bögenhold 1985).
– Wieder eine deutlich andere Situation besteht im Falle der *Großunternehmer.* Der Zugang zu einem solchen Besitz ist in aller Regel nur über Vererbung möglich, wenn es auch heute noch und auch in Österreich immer wieder

große Unternehmer gibt, die in der Lage waren, diese Unternehmen selbst aufzubauen.

Großunternehmen bieten in der Regel die besten Einkommenschancen und dies nicht nur für ihre Inhaber, sondern auch für ihre unselbständig Beschäftigten. Sie können auch kritische Phasen durch eine Reihe von Strategien überstehen, die kleinen und mittleren Unternehmen nicht zur Verfügung stehen: So etwa durch »Gesundschrumpfung«, durch Fusion mit anderen Unternehmen, durch Ausübung von Druck auf die Politik usw. Zwei Prozesse scheinen in diesem Bereich in jüngster Zeit am markantesten: zum einen die Fusion von Großunternehmen über Branchen und Ländergrenzen hinweg, zum anderen der offenkundige Machtzuwachs des Finanzkapitals gegenüber dem produktiven Kapital. Kritische Studien dieser Prozesse kommen zur Folgerung, dass sich – gefährdet durch die europäische Integration – weltweit zunehmend eine neue Form von Finanz- oder Aktienkapitalismus (»shareholder capitalism«) durchsetzt (Windolf 1994; van Apeldoorn 2002; Kleinert 2004). Auch bei diesem Globalisierungsprozess des Kapitals haben technologische Innovationen im EDV- und Kommunikationsbereich eine zentrale Rolle gespielt.

– Eine wichtige Rolle bei diesen beiden Prozessen spielen die *Manager* der Großunternehmen, die an sich eine formal »inkonsistente« Klassenlage (Wright 1985, S. 79f., 93f.) zwischen Eigentümern und Lohnabhängigen einnehmen. Aufgrund ihrer Funktion – Vertreter der Interessen des Kapitals gegenüber den Arbeitnehmern – ist ihre Klassenlage aber eindeutig jener des Kapitals zuzuordnen. Ihre besonders privilegierten und in den letzten Jahren geradezu explosionsartig gestiegenen Einkommenschancen sind anders nicht zu erklären (Mills 1959; Pross/Boetticher 1972; Zeitlin 1974; Hartmann 2002, 2007).

Die Struktur der (kapital-) besitzenden Klassen ist eng mit der Struktur der *Güter- und Dienstleistungsmärkte* verknüpft (vgl. auch Esping-Andersen 1993, S. 23f.). Hier sind zwei Unterscheidungen wichtig.

Die erste betrifft jene zwischen primär oder ausschließlich *lokal oder regional nachgefragten Gütern und Diensten* einerseits, überregional, national und *international vermarktbaren Produkten und Diensten* andererseits. Eine Vielzahl von Produkten und Diensten (z.B. im Bereich des Bau- und Baunebengewerbes, von Reparatur- und Servicedienstleistungen usw.) werden auch heute noch primär auf der lokalen Ebene nachgefragt und es entstehen – vor allem im Dienstleistungsbereich - auch immer wieder ganz neue Dienste. Dies ist die Erklärung dafür, dass die Erwerbschancen für das traditionelle Kleinbürgertum keineswegs ausgehöhlt worden sind, wie es nicht nur Marx prognostiziert hat. Auch technische, für Kleinunternehmer leicht zugängliche Innovationen, wie früher jene des Elektromotors und heute jene des PC, haben in diese Richtung gewirkt. Die Globalisierung der Gütermärkte führt auf der anderen Seite dazu, dass heute oft auch schon mittelgroße Betriebe sich auf einen überregionalen, wenn nicht weltweiten Markt hin orientieren (müssen).

Die zweite Unterscheidung betrifft die »Nachfrager« nach diesen Gütern und Diensten, die *Kunden* und *Konsumenten*. Je zahlungskräftiger diese, desto bessere Einkommenschancen bieten sich den Unternehmern in diesem Bereich. Zahlungskräftig sind – neben individuellen Käufern, Kunden und Klienten aus höheren Schichten – vor allem auch starke Unternehmen. Man kann im Hinblick auf die Kaufkraft und Macht der Klienten bzw. Konsumenten vier Gruppen von Dienstleistungen unterscheiden; sie bilden auch eine relativ deutliche Rangreihe im Hinblick auf Arbeitsbedingungen, Einkommenschancen usw.: *persönliche Dienste* (Bereiche wie Körperpflege, Reinigung, Gastgewerbe usw.), *einfache Wirtschaftsdienste* (Lagerung und Transport, Verkehr, Handel), *bürokratisch-administrative Dienste* (Verwaltung, Versicherungen, Banken usw.), *professionalisierte Dienste* (Bildungs- und Gesundheitswesen, Rechtsbereich, professionalisierte Wirtschaftsdienste usw.). Ein wichtiger weiterer »Klient« von besonderer Art ist der Staat: Er kann praktisch nicht, wie ein Privatunternehmen, »bankrott« gehen, sondern kann steigende Kosten durch Erhöhungen von Steuern und Gebühren abfangen. Der hohe gewerkschaftliche Organisationsgrad im öffentlichen Dienst trägt ein weiteres dazu bei, dass sich die Arbeitsbedingungen und Einkommenschancen in diesem Sektor heute in zunehmendem Maße als recht privilegiert darstellen.

Auf dem *Arbeitsmarkt* wird die interne Struktur der »*Erwerbsklassen*« in erster Linie durch ihre relevanten beruflichen Qualifikationen wird. Eine Unterscheidung in drei Klassen oder Typen solcher Qualifikationen kann schon viel erklären: »*Jedermannsqualifikationen*« haben Erwerbstätige ohne jede berufliche Ausbildung; *berufliche Fachqualifikationen* (als Facharbeiter, Handwerker, technische Angestellte, Lehrer im Pflichtschulbereich, Krankenpfleger usw.) und *akademische Fachqualifikationen*. Die Grundthese der Klassentheorie lautet, dass die sehr unterschiedlichen Erwerbs-, Autonomie- und Einkommenschancen dieser drei Gruppen nicht nur »funktional« erklärbar sind, aufgrund der unterschiedlichen Komplexität, Produktivität und gesellschaftlichen »Nützlichkeit« der Tätigkeiten ihrer Vertreter, sondern auch durch interessenbezogene Formen der sozialen Schließung und Aneignung von Einkommenschancen. Dies kann in unterschiedlichen Formen erfolgen: Als Monopolisierung von Erwerbschancen (so vor allem bei den Professionen), als horizontale und vertikale Ausschließung (bei Inhabern beruflicher Fachqualifikationen) usw. (Näheres dazu auch in Kapitel 7). In der komplexer gewordenen »neuen Arbeitsgesellschaft« mit Zunahme von Flexibilisierung, Teilzeitarbeit, Arbeitslosigkeit usw. nimmt die Bedeutung von Berufen sogar zu, die Bindung an Unternehmer und Organisationen eher ab (Strasser/Dederichs 2000, S. 89).

Im Hinblick auf die Klassenlagen innerhalb der Unselbständigen sind aber auch die vorhin genannten sektoralen Differenzierungen von Bedeutung. In technologisch fortgeschrittenen, profitablen Sektoren sind die Unternehmer in der Lage, hohe Gewinne zum Teil an die Beschäftigten weiterzugeben. Das gleiche gilt für Sektoren mit starker Kapitalkonzentration und wenigen Großunternehmen. Privilegierte Beschäftigungschancen bietet schließlich auch der öffentliche Dienst, wo zu der seit jeher gegebenen Arbeitsplatzsicherheit heute auch günstige Einkommens- und Versorgungsverhältnisse im Alter getreten sind.

Verschiebung der Machtbalance zwischen sozialen Klassen

Die Lage verschiedener Teilgruppen der Erwerbsklassen, die sich über den Arbeitsmarkt konstituieren, wird noch durch zwei weitere Faktoren mitbestimmt. Der erste davon ist die Nachfrage nach Arbeitsplätzen. Je stärker die Nachfrage nach Arbeitsplätzen, desto geringer die Macht der Arbeitssuchenden bzw. Arbeitnehmer. Hier hat sich in den letzten Jahrzehnten ein deutlicher Umschwung ergeben: Die Periode der Arbeitskräfteknappheit in den 1960er und frühen 1970er Jahren wurde abgelöst durch eine Periode der Knappheit von Arbeitsplätzen. Verantwortlich dafür waren mehrere Faktoren: Prozesse der Mechanisierung und Rationalisierung, die erhöhte Nachfrage durch geburtenstarke Jahrgänge, und der zunehmende Konkurrenzdruck im Zuge der Globalisierung (Zuwanderung ausländischer Arbeitnehmer, Verlagerung von Produktionsstätten ins Ausland).

Der zweite Faktor ist der Grad der kollektiven gewerkschaftlichen Organisation der Arbeitnehmer; je höher diese, desto stärker wird ihre Durchsetzungskraft sein.

Die Entwicklung in dieser Hinsicht zeigte in den letzten Jahrzehnten eine deutliche Trendwende. Waren zu der Phase des großindustriellen Kapitalismus in den 1960er und 1970er Jahren immer mehr Arbeiter in schlagkräftigen Gewerkschaften organisiert, ist dieser Anteil seither eindeutig im Sinken, bedingt u.a. durch die steigende Erwerbstätigkeit von Frauen; die Expansion des Dienstleistungssektors mit Branchen, in denen kleinbetriebliche Strukturen vorherrschen; die Zunahme ausländischer Arbeitnehmer usw. Verbunden ist mit dem Rückgang des gewerkschaftlichen Organisationsgrades (in Deutschland von über 40 Prozent auf unter 30 Prozent, in Österreich von fast 70 Prozent in den 1970er Jahren auf rund 40 Prozent 2006[4]) ein deutlicher Machtverlust der Arbeitnehmer. Der dritte Faktor sind gesetzliche und politische Regelungen im Hinblick auf die Arbeitenden (Kündigungsschutz, Mindestlohn usw.) sowie Leistungen des Wohlfahrtsstaats (insbesondere die Arbeitslosenunterstützung): Je stärker all diese Rechte und Leistungen, desto weniger ist der einzelne Arbeitssuchende auf die Übernahme eines Arbeitsplatzes um jeden Preis angewiesen.

Die Betrachtung der Marktstrukturen als Basis für die Bildung und Transformation von Klassenlagen stellt, um dies nochmals zusammenzufassen, die folgenden Fragestellungen bzw. Thesen in den Mittelpunkt:

1) Technologischer und sozioökonomischer Wandel führen zu einer kontinuierlichen Transformation der Berufs- und Klassenstruktur, sodass ständig neue privilegierte und benachteiligte Klassenlagen entstehen. In jüngster Zeit sind

4 Vgl. die jährlich erscheinenden WISO-Taschenbücher der Arbeiterkammer Wien.

vor allem drei Prozesse zu nennen: der in Kapitel 3 (vgl. S. 87) beschriebene »zweite« demographische Übergang, die informationstechnologische Revolution und der Prozess der Globalisierung. Der erste ist mit einer mit einer umfassenden Einbeziehung der Frauen in das Erwerbsleben verknüpft, der zweite mit einer massiven Umschichtung der Berufe und einer Veränderung betrieblicher Arbeitsprozesse; der dritte mit einer massiven Öffnung der Kapital- und Gütermärkte, zum Teil auch der Arbeitsmärkte, vom Nationalstaat hin auf die europäische und weltweite Ebene.

2) Bei der Bestimmung von Klassenlagen und der Herausbildung von Privilegierung und Benachteiligung spielen alle Angehörigen in einem Markt – Unternehmer ebenso wie Arbeitnehmer, aber auch die Käufer bzw. Konsumenten der angebotenen Güter und Dienste, in manchen Bereichen auch der Staat – eine wichtige Rolle. Die Fronten verlaufen dabei keineswegs immer nur zwischen Besitzenden und Nichtbesitzenden, sondern es bilden sich vielfach Interessenskoalitionen zwischen Besitzern und Arbeitnehmern in einem Sektor und denen in anderen Sektoren oder zwischen diesen und den Konsumenten, Steuerzahlern usw.

3) Die Abgrenzung zwischen den verschiedenen Märkten wird selbst bestimmt durch klassenbezogene politische und ideologische Auseinandersetzungen. Man könnte sagen, dass der heute in Europa vorherrschende Druck auf Privatisierung öffentlicher Unternehmen und Dienstleistungen eine Strategie des Kapitals und seiner politischen Repräsentanten ist, den Bereich privater Verwertungs- und Gewinnchancen auszudehnen.

4) Die Entstehung von Machtungleichheiten auf Märkten ist also auch in zeitgenössischen kapitalistischen Gesellschaften als Normalfall zu anzusehen. Diese Ungleichgewichte und Konzentrationen von Macht können in vielerlei Form auftreten: in der Beherrschung von kleinen durch große Unternehmen; in der zeitweisen Beherrschung von Teilmärkten durch Unternehmen, welche rascher als andere neue Verfahren oder Produkte entwickeln; in der Beherrschung der Konsumenten durch die Produzenten auf »Verkäufermärkten«; in der sozialen Schließung von Arbeitsmärkten.

Ausgehend von diesen Grundformen in der Strukturierung verschiedener Typen von Märkten kann man die Prozesse der Klassenbildung selbst als unabhängige Variable begreifen. Man kann aber auch fragen, welche gesamtgesellschaftlichen und politischen Rahmenbedingungen ihrerseits die Struktur und Funktionsweise der verschiedenen Märkte und der Klassenbildung beeinflussen. Daraus lassen sich inhaltlich fundierte Hypothesen über zeitliche Veränderungen und internationale Differenzen in den Prozessen der Klassenbildung ableiten. Darauf kommen wir weiter unten zurück.

c) Theorie der sozialen Schichtung

Strukturen der sozialen Ungleichheit werden in zweifacher Weise erzeugt und reproduziert: zum einen im ökonomischen Bereich der Produktion und Verteilung wirtschaftlicher Güter, zum anderen im Bereich der sozialen Reproduktion und Interaktion außerhalb der Arbeitswelt. Die Reproduktion der sozialen Ungleichheit in diesem Bereich, die hier unter dem Begriff der »sozialen Schichtung« zusammengefasst wird, wird von der ersteren Form in vielfältiger Weise beeinflusst, sie wirkt bis zu einem gewissen Grade jedoch davon unabhängig. Schichtungsprozesse können auch ihrerseits Prozesse der Klassenbildung beeinflussen.

Eine Theorie der sozialen Schichtung muss zwei Fragen beantworten: Erstens, in welcher Form setzt sich Ungleichheit in Interaktions- und Sozialisationsprozessen überhaupt durch? Zweitens: In welchen Formen sozialer Interaktion sind Prestigeerwägungen besonders folgenreich?

Soziale Schichtung als Prozess

»Soziale Schichtung« wird hier verstanden als die Gesamtheit jener Prozesse, durch welche die »soziale Ehre« ungleich auf die Mitglieder einer Gesellschaft verteilt wird. Als Angehörige einer sozialen Schicht sind jene Personen zu bezeichnen, die im Hinblick auf ihr Ansehen als ähnlich (einander ebenbürtig) eingestuft werden (Weber 1964 [1922], S. 679; Coleman/Neugarten 1971). Die soziale Ehre oder Achtung, die jemand genießt (oder auch das geringe Ansehen, unter dem er leidet), kann letztlich nur in realen Begegnungen von Menschen untereinander, in ihren sozialen Interaktionen zum Ausdruck kommen. Die gesellschaftlichen Funktionen der ungleichen Verteilung von sozialer Ehre beziehen sich also in erster Linie auf Prozesse der Interaktion (Shils 1962; Cicourel 1973; Sennett 2004). »Soziale Ehre« oder Prestige sind natürlich ihrerseits in starkem Maße mitbestimmt durch objektive Faktoren wie Bildungsniveau und Berufsposition, Einkommen und Lebensstil.

Die gesellschaftliche Interaktion setzt beim Einzelnen die Entwicklung eines Selbstbildes voraus, das zwei Komponenten hat: die *soziale Identität* als Fähigkeit, durch Übernahme der Haltungen anderer sich gewissermaßen als Objekt seiner eigenen Handlungen zu sehen, und die *persönliche Identität* als Tendenz, in diese Einstellung auch Momente des eigenen, kreativen Selbst einzubringen (»Me versus I« nach Mead 1968; Haller 2003a, S. 568ff.). Statuserwägungen – höhere oder geringere Einschätzung von Interaktionspartnern – gehen in jede Form der Interaktion ein. Dieser Aspekt ist sogar konstitutiv für die Validierung von Identität: Diese »verwirklicht sich in gewissem Sinn durch ihre Überlegenheit gegenüber anderen, so wie sie ihre Mängel im Vergleich mit anderen erkennt« (Mead 1968, S. 248). Das Bewusstsein, dass man in irgendeinem Punkte anderen überlegen ist, ist besonders geeignet, Selbstbewusstsein und Identität zu entwickeln.

Statuserwägungen spielen aber nicht in allen Formen sozialer Interaktion die gleiche Rolle. Man kann zwischen zwei Formen unterscheiden: die eine spielt sich in der Öffentlichkeit (auf der »Bühne«) ab, die andere im engeren Rahmen von Haushalt und Familie, beim Zusammensein mit nahen Bekannten, Verwandten oder Arbeitskollegen (auf der »Hinterbühne«; vgl. Goffman 1969). Die These lautet, dass Statuserwägungen vor allem in öffentlichen Formen der Interaktion eine bedeutende Rolle spielen, während sie in privaten, intimen Beziehungen zurücktreten. Letzteres ist deshalb möglich, weil hier bereits die Selektion der Interaktionspartner aufgrund von Statuserwägungen erfolgt ist. Als Folge dieser Beschränkung intimer sozialer Beziehungen auf Statusgleiche entsteht eine langfristig dauerhafte gesellschaftliche Status- und Schichtstruktur. In der Lebensstil- und Milieuforschung, welche die Vielfalt und Autonomie individueller Lebensstile betont, wird dieser Aspekt weit unterschätzt.

Die Verfestigung von Statusstrukturen erfolgt durch die Errichtung und Aufrechterhaltung von *sozialer Distanz* zwischen den Angehörigen verschiedener Statusgruppen; sie besteht darin, dass intime soziale Beziehungen auf statusgleiche oder ähnliche Personen beschränkt werden. Distanzierung und Statusdifferenzierung stellen zwei logisch voneinander unabhängige Dimensionen dar. Soziale Distanzierung führt zur Ausbildung von Schichten, wenn die Angehörigen einer Gruppe höheres Ansehen genießen als die einer anderen.

Soziale Distanzierung ohne schichtspezifisches Element ist gegeben, wenn sich Menschen oder soziale Gruppen aufgrund anderer Merkmale (vielleicht Religion, politische Ausrichtung) zu meiden trachten. Hier ist zu denken an sprachlich bedingte ethnische Segregation, aber auch an die soziale Ausschließung nicht »respektabler« Minderheiten oder Randgruppen (Behinderte, Homosexuelle u.a.). Sehr häufig ist es jedoch der Fall, dass klassen- und schichtspezifische Unterschiede mit ethnischen Differenzierungen zusammenfallen (Murphy 1988, S. 70ff; Haller 1993). Dies kann – so etwa im Falle von Brasilien – zu einer besonders starken sozialen Ungleichheit führen. Wird diese Koinzidenz noch durch das politische System legitimiert, ergibt sich eine extreme gesellschaftliche Ausbeutung der Unterschichten (so etwa im Falle des früheren Apartheid-Systems in Südafrika oder in manchen heutigen Gesellschaften Afrikas, in denen eine dominante ethnische Gruppe alle anderen von der Macht ausschließt).

Die Aufrechterhaltung von sozialer Distanz ermöglicht es Individuen und Kollektiven, ständige Infragestellungen des eigenen Status aus intimen Interaktionen und Beziehungen auszuklammern und Statusansprüche langfristig sicherzustellen. Durch die Aufrechterhaltung von sozialer Distanz gegenüber anderen werden gewissermaßen »soziale Grenzen« (*social boundaries*) um die handelnde Einheit gezogen. Diese Grenzen hindern Fremde vor dem Eindringen in die eigene Sphäre, und sie bewahren aber die Betroffenen vor einer ständigen Infragestellung der eigenen Identität.

Soziale Schichtung in diesem Sinne ist als ein Prozess der kontinuierlichen Errichtung und Aufrechterhaltung von Interaktionsbarrieren und sozialer Distanz zu sehen. Hier handelt es sich aber nicht um gezielte Strategien von Interessengruppen, sondern um Prozesse, die von Millionen von einzelnen Individuen und Familien im alltäglichen Leben in Gang gesetzt werden. Die Techniken und Strategien, die dabei angewandt werden, beinhalten neben »positiver« Beschränkung des geselligen Verkehrs auf Personen von ähnlichem Status auch gezielten Ausschluss von nicht ebenbürtigen Personen und Familien, durch Neid motivierte Nivellierungsstrategien usw. (Schoeck 1973; Archibald 1976). Darüber hinaus suchen sich Angehörige unterschiedlicher Schichten überhaupt zu meiden (etwa durch räumliche Segregation der Wohngebiete in Großstädten) bzw. schränken die Interaktion in jenen Fällen, wo eine Begegnung bzw. Zusammenarbeit unvermeidlich ist (wie etwa am Arbeitsplatz), auf eine rein zweckorientierte ein. In diesem Sinne ist auch soziale Schichtung ein Prozess der Diskriminierung.

Soziale Schichtung und soziale Beziehungen

Für das Verständnis der sozialen Schichtung ist eine Theorie von Identität und Interaktion allein nicht zureichend. Denn im Rahmen einer solchen Theorie wird nicht thematisiert, dass die große Mehrheit aller Interaktionen aus häufigen und immer wiederkehrenden Begegnungen mit nur wenigen Bezugspersonen besteht. Solche Interaktionen werden in der Soziologie mit dem Begriff der *sozialen Beziehung* bezeichnet. Das wesentliche Merkmal einer sozialen Beziehung ist – neben ihrer Dauerhaftigkeit –, dass die Partner einander in ihrer persönlichen und sozialen Identität gegenübertreten, d.h. dass sie einander als individuelle Persönlichkeiten bekannt sein müssen (McCall/Simmons 1966, S. 169).

Es gibt zwei Formen derartiger sozialer Beziehungen, die für die langfristige Reproduktion der sozialen Ungleichheit von besonderer Bedeutung sind, nämlich die Beziehung zwischen Eltern und Kindern und die Ehe- bzw. Gattenbeziehung (Reuband 1974; Parsons 1964b). Schichtung kann geradezu definiert werden als die Gesamtheit jener Prozesse, die zur intergenerationalen Vererbung von Statuspositionen beitragen. Je geringer intergenerationale Mobilitätschancen sind, desto wahrscheinlicher ist die Herausbildung schichtspezifisch ähnlicher Lebenserfahrungen und Lebensstile. Seltener gesehen wird jedoch die Tatsache, dass der Mechanismus der intergenerationalen Vererbung ergänzt werden muss durch den komplementären Prozess der Homogamie bei der Partnerwahl, also einer Tendenz, Ehepartner überzufällig häufig aus einer ähnlichen Schicht zu wählen. Dieser Prozess ist nicht nur einer unter verschiedenen anderen Formen schichtspezifischer sozialer Interaktion und Beziehungen (Duncan 1968; Weber 1964 [1922]; Schumpeter 1953). Er ist essentiell für die Möglichkeit der intergenerationalen Reproduktion von Ungleichheit. Würde

Partnerwahl schichtspezifisch neutral erfolgen, könnte sich schwerlich so etwas wie ein »Familienstatus« herauskristallisieren.[5]

Die Familie als Einheit der sozialen Schichtung

Aufgrund der zentralen Rolle der Eltern-Kind- und Gattenbeziehung in der Reproduktion der sozialen Ungleichheit kann man dem bekannten Satz von Schumpeter (1953 [1923], S. 158) vorbehaltlos zustimmen, dass die Familie, nicht die physische Person, »das wahre Individuum der Klassentheorie« ist. Es erhebt sich die Frage, unter welchen Perspektiven die Familie in ihrer Rolle in der Reproduktion sozialer Ungleichheiten zu betrachten ist. Es sind dies drei Aspekte:

a) die Familie als Haushaltsgemeinschaft,
b) die Familie als System von sozialen Beziehungen und
c) die Familie als Institution.

Schon Weber hat darauf hingewiesen, dass die *Haushaltsgemeinschaft* eine zentrale Rahmenbedingung für die Familie darstellt: »Losgelöst von der ökonomischen Versorgungsgemeinschaft, dem gemeinsamen ›Haushalt‹ [...] sind jedenfalls die rein sexuell zwischen Mann und Weib und die nur physiologisch begründeten Beziehungen zwischen Vater und Kindern in ihrem Bestande gänzlich labil und problematisch [...]« (Weber 1964 [1922], S. 275). Die beiden Merkmale der Hausgemeinschaft als Wirtschafts- und als Wohngemeinschaft bilden gewissermaßen das »materielle Substrat« für die Prozesse der Entstehung und Reproduktion sozialer Ungleichheiten. Man denke hier an schichtspezifische Formen des Wohnens und des Konsums oder schichtspezifisch variierende Familienformen und Haushaltsgrößen, die ihrerseits eine zentrale Determinante für die materielle Lage von Familien darstellen. Aber auch die sozialen Vorstellungen und Aspirationen, welche die Kinder im Hinblick auf einen »standesgemäßen Lebensstil« entwickeln, entstehen in erster Linie im Rahmen der Familie.

Der zweite Gesichtspunkt, unter welchem die Familie aus der Perspektive der sozialen Schichtung zu analysieren ist, betrifft ihren Charakter als *System von sozialen Beziehungen*. Hier sollte man es vermeiden, bestimmte Familienformen – wie etwa die Kernfamilie – mit dem Begriff der Familie schlechthin zu identifizieren. Die Familie sollte vielmehr als die Gesamtheit all jener Beziehungen verstanden werden, welche an der Funktion der Reproduktion und Erziehung der nachwachsenden Generationen beteiligt sind. Die beiden zentralen Dyaden in der Familie – Eltern-Kind- und Gattenbeziehung – verbinden sich historisch und gesellschaftsspezifisch in variierender Weise untereinander und mit anderen

5 Vgl. dazu auch Barber 1957; König 1958; Talmon 1964; Eckland 1968; Fishkin 1983; Limbach 1988; Teckenberg 2000.

Formen von Beziehungen – etwa zwischen Geschwistern oder Altersgenossen – zu komplexeren Strukturen (Fox 1967). Wie bereits in Kapitel 3 gezeigt, treten diese Basiselemente der Familie auch heute wieder deutlicher hervor. All diese Formen von privaten, intimen Beziehungen sind aber deutlich schichtspezifisch differenziert.

Mit einer Konzentration auf die einzelnen Beziehungen, welche die Familie konstituieren, vermeidet man die Hypostasierung der Familie zu einer kollektiven Einheit, in welcher die individuellen Merkmale der einzelnen Mitglieder nicht mehr angemessen berücksichtigt werden (vgl. Haller 1981). Sie lenkt die Aufmerksamkeit ferner auf die Tatsache, dass beim Verhältnis von Familie und Ungleichheit nicht nur ein Elternpaar und seine Kinder, sondern eine Reihe aufeinanderfolgender Generationen von Ehepaaren und Kindern zu betrachten sind. Diese Folge konstituiert eine »*Familiengeschichte*«, in deren Rahmen auch so etwas wie eine »Heiratspolitik« eine wichtige Rolle spielt. Schließlich macht diese Perspektive deutlich, dass die Kernfamilie auch in der modernen Gesellschaft nicht isoliert dasteht, sondern in eine variable Vielfalt zusätzlicher Beziehungen eingebettet ist: zwischen Großeltern und Kindern, zwischen erwachsenen Geschwistern usw. Auch diese Beziehungen leisten vielfach signifikante Beiträge zu sozialem Aufstieg oder Statuserhalt von Einzelnen oder ganzen Familien.

Der dritte Aspekt der Analyse der Familie aus schichttheoretischer Perspektive betrifft ihre Ausprägung als eine gesellschaftliche *Institution.* Hiermit ist vor allem ihre normativ-kulturelle, insbesondere rechtliche Überformung gemeint. Hier ist zu denken an Regeln und Vorschriften in Bezug auf Partnerwahl, Heirat und Ehescheidung, und an Erbschaftsregelungen (vgl. Farber 1970; Limbach 1980).

In Bezug auf die Rolle der Familie als Instanz der Reproduktion sozialer Ungleichheit ist vor allem von Bedeutung, dass Ehe und Familie immer weniger als religiös fundierte, patriarchalische Hausgemeinschaft verstanden werden, dagegen immer stärker als frei schließbarer Vertrag bzw. persönliche Beziehungen zwischen Einzelindividuen (Schulz 1983). Auch in Bezug auf Heiratsvorschriften geht der Trend in Richtung auf Abschwächung von Beschränkungen und eine größere Eigenständigkeit des Individuums und kleinerer Einheiten (Kernfamilie, Ein- Eltern Familie). Dies hat auch Konsequenzen für die Familie als Instanz für die Reproduktion sozialer Ungleichheit. Wir werden darauf im letzten Teil dieses Kapitels zurückkommen.

d) Die Interaktion von Klassenbildung und Schichtung mit Politik und Ideologien in der langfristigen Reproduktion sozialer Ungleichheit

In *Übersicht 4.7* werden die Hauptmerkmale der beiden »Zwillingsprozesse« Klassenbildung und Schichtung dargestellt. *Klassenbildung* ist demnach ein Prozess, der sich im Bereich der Ökonomie (auf Märkten und in Unternehmen) und

Übersicht 4.7: Charakteristische Merkmale von Klassenbildung und sozialer Schichtung

	Klassenbildung	*Soziale Schichtung*
Ursache bzw. auslösendes Moment	Ökonomischer Zwang zur Produktion von Gütern bzw. Bereitstellung von Diensten zur Sicherung des Lebensunterhalts	Tendenz des Menschen, sich mit anderen zu vergleichen
Hauptfunktionen	Aneignung und Verteilung knapper sozioökonomischer Güter	Konstruktion und Bewahrung persönlicher und sozialer Identität
Gesellschaftlicher Ort der Verwirklichung	Ökonomischer (Unternehmen und Märkte) und politischer Bereich	Privatbereich: Familie, Schule, Nachbarschaft, Altersgruppen und andere »soziale Kreise«
Handelnde Einheiten	Kapitalisten, Unternehmer, Manager, Arbeiter und Ihre Interessenorganisationen und Verbände	Individuelle Persönlichkeiten, Familien, Schulen, freiwillige Vereinigungen und andere Institutionen der »bürgerlichen Gesellschaft«
Hauptsächliche Bezugseinheiten	Mitglieder der entgegengesetzten Klasse	Mitglieder der eigenen sozialen Schicht
Typische Art der Beziehung innerhalb/ zwischen Klassen bzw. Schichten	Solidarität und/oder Wettbewerb; antagonistische Kooperation	Enge persönliche Beziehungen; rollenspezifische utilitaristische Interaktionen
Zeitperspektive	Ökonomische, soziale und politische Geschichte	Persönliche Lebens- und intergenerationale Familiengeschichte
Charakteristische Struktur einer voll entwickelten Klassen-/ geschichteten Gesellschaft	Polarisierte (dichotomische) Klassenstruktur	In mehrere (mindestens drei) kontinuierlich ineinander übergehende Schichten gegliederte Gesellschaft

Politik entwickelt, in dessen Rahmen die Inhaber bestimmter ökonomischer Ressourcen versuchen, diese möglichst effizient einzusetzen und zu verwerten. Dies geschieht durch interne Kooperation, Zusammenschluss und Strategien sozialer Schließung. Klassenbeziehung ist generell eher konflikthaft-antagonistisch angelegt und erzeugt tendenziell eine polarisierte Struktur. Klassenstrukturen und –beziehungen bilden sich im Laufe von mehreren Generationen heraus;

ihr zeitlicher Bezugsrahmen ist die Sozial- und Wirtschaftsgeschichte. *Soziale Schichtung* basiert dagegen auf der universellen menschlichen Tendenz, sich mit anderen zu vergleichen und jene Eigenschaften hervorzuheben, die für die Herausbildung und Erhaltung der persönlichen und sozialen Identität vorteilhaft sind. Ihr Realisierungsbereich sind Kleingruppen wie die Familie sowie »soziale Kreise« wie Nachbarschaften, Schulen, informelle Netzwerke von Freunden und Bekannten, sowie freiwillige Vereinigungen. Wenn sich soziale Schichten herausbilden, geschieht dies in erster Linie durch positive Zuwendung zu Angehörigen der eigenen Schicht; Beziehungen zu Angehörigen anderer (niedriger und höherer) Schicht werden auf rollenspezifische, utilitaristische

Übersicht 4.8: Die Beziehung zwischen Klassenbildung und Schichtung im Rahmen der wirtschaftlich-gesellschaftlichen Ordnungen und Ideologien

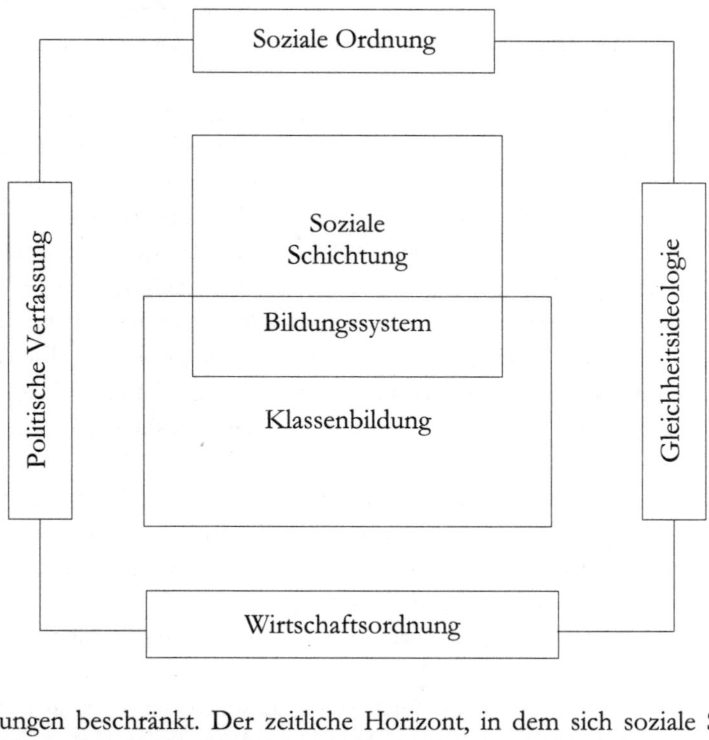

Begegnungen beschränkt. Der zeitliche Horizont, in dem sich soziale Schichtung entfaltet, sind persönliche Lebensgeschichten und intergenerationale Familiengeschichten. Eine geschichtete Gesellschaft ist in mehrere (mindestens drei) mehr oder weniger kontinuierlich ineinander übergehende Schichten geteilt, wobei vor allem die oberste und unterste Schicht sich deutlich ausdifferenzieren. Erstere, weil sie genügend Ressourcen zur Verfügung hat, um sich von den niedrigeren sozialen Schichten abzugrenzen; letztere, weil sie sich als Opfer von

Ausschließungs- und Diskriminierungsprozessen ebenfalls in einer relativ deutlich erkennbaren sozialen Lage befinden.

Die Beziehungen zwischen den beiden Prozessen sowie zwischen ihnen und den beiden zusätzlichen Ebenen von Politik und gesellschaftlichen Gleichheitsideologien werden skizzenhaft dargestellt in *Übersicht 4.8.* Die grundlegende Annahme darin besagt, dass Klassenbildung und Schichtung untereinander sowie vermittelt über die Ebenen Politik und Ideologien sozialer Ungleichheit in engem Zusammenhang stehen. Es ist wenig sinnvoll, im Verhältnis von Klassenbildung und Schichtung von grundlegenden und weniger grundlegenden Prozessen zu sprechen. Es handelt sich hierbei vielmehr um jeweils andere Mechanismen, die auf ihre Weise beide grundlegend sind. Zwischen ihnen bestehen jedoch enge Beziehungen. Die These dazu lautet, dass Klassenbildung vor allem dort zu einer Intensivierung von Schichtungsprozessen führt, wo es um die Konservierung von Privilegien, die Etablierung neuer dominierender Klassen oder um eine »opportunistische« Form der Organisierung eher benachteiligter Klassen geht.

Die beiden ersten Mechanismen sind evident. Die Mitglieder ökonomisch und sonst wie privilegierter Klassen werden bestrebt sein, die mit ihrer Position verbundenen Privilegien auch ihren engsten Angehörigen zukommen zu lassen und damit die ökonomische Klassenstruktur in eine langfristig stabile Schichtstruktur zu transformieren. Ähnliche Interessen und Bestrebungen werden die Mitglieder einer neu aufsteigenden Klasse entfalten. Aufgrund dieser Überlegungen sind zahlreiche Autoren seit Weber zur Folgerung gekommen, dass Prozesse der Klassenbildung eher in Perioden wirtschaftlich-gesellschaftlicher Umbrüche und Krisen, solche der sozialen Schichtung (Ständebildung) eher in Phasen der Stabilität und Prosperität hervortreten (Lenski 1973; Seibel 1980; Chauvel 2001).

Inwieweit können Tendenzen zur schichtspezifischen Verfestigung einer Gesellschaft auch als Folge der Organisierung der Interessen von benachteiligten Klassen hervortreten? Hier muss man vor allem das strukturelle Machtungleichgewicht zwischen Arbeit und Kapital sehen.

Die Lohnabhängigen sind aufgrund ihrer größeren Zahl und stärkeren Heterogenität in ungleich höherem Maße auf Organisierung angewiesen als Eigentümer von Produktionsmitteln. Gleichzeitig besitzen sie aber auch weniger Ressourcen für diese Organisierung. Man kann daher sagen, dass Lohnabhängige in höherem Grade auf einen »dialogischen Prozess« der Interessensartikulierung angewiesen sind (Olson 1965; Offe/Wiesenthal 1980). Die Chancen für die Herstellung dieser Solidarität, etwa durch eine ausgleichende Lohnpolitik, sind in einer marktwirtschaftlich- kapitalistischen Gesellschaft aber aus einer Vielzahl von Gründen begrenzt (Pfromm 1975). Mit zunehmendem Erfolg gewerkschaftlicher Lohnpolitik werden Arbeiterorganisationen selbst tendenziell zur Übernahme bürgerlich-monologischer Formen der Interessensartikulierung gedrängt.

Prozesse der sozialen Schichtung haben auch signifikante Effekte auf die Prozesse der Klassenbildung. Hier ist etwa zu fragen, welchen Beitrag Schichtungsmechanismen dazu leisten, dass in bestimmten Ländern jeweils ganz bestimmte Formen der Klassenbildung und -organisierung auftreten. Warum ist in einem Land wie Schweden die Arbeiterbewegung so außerordentlich geschlossen und gut verankert, während sie in Ländern wie Frankreich oder Italien in rivalisierende Blöcke gespalten, in einem Land wie den Vereinigten Staaten politisch beinahe überhaupt nicht organisiert ist? In einem Land mit historisch weit zurückreichenden, egalitären Schichtstrukturen (wie Schweden) ist es viel leichter, die Arbeiterklasse politisch einheitlich zu organisieren als in einem Land, wo sich auf dem Hintergrund einer stark ausgeprägten gesellschaftlichen Ungleichheit sowie vielfältigen ethnisch-kulturellen Differenzierungen auch innerhalb der Lohnabhängigen deutliche schichtspezifische Differenzierungen herausgebildet haben. In Europa ist in diesem Zusammenhang heute vor allem die Tatsache der Einwanderung relevant. Sie führt dazu, dass sich eine neue »Unterschicht« bildet, die nicht nur in ökonomischer, sondern auch in soziokultureller Hinsicht von der Mehrheitsgesellschaft deutlich abgehoben ist (Heckmann 1992, S. 91ff.).

Innerhalb einzelner Gesellschaften kann soziale Schichtung sowohl zu einer Verstärkung wie zu einer Abschwächung klassenbezogener Formen der Ungleichheit führen. Zu einer Verstärkung und Vertiefung wird sie in jenen Bereichen und bei jenen Gruppen führen, die eher als »privilegiert« anzusehen sind. Schichtungsprozesse liefern solchen Klassen eine wichtige zusätzliche Basis zur Festigung ihrer Position. Zu einer Abschwächung klassenbezogener Ungleichheiten führen Schichtungsmechanismen dann, wenn eine benachteiligte gesellschaftliche Gruppe in der Lage ist, so etwas wie eine eigenständige kulturell-soziale »Identität« auszubilden. Dies war etwa der Fall bei den Bauern, aber auch bei den Arbeitern in der ersten Phase der politischen Mobilisierung und Organisierung im späten 19., frühen 20. Jahrhundert.

Eine zentrale Rolle in der Beziehung zwischen Klassenbildung und Schichtung spielt das Bildungssystem. Dieses System hat heute zu einem guten Teil die Funktion der Statusallokation der jungen Generation von der Familie übernommen. Zugleich ist das Bildungssystem in seiner Struktur und Funktionsweise in hohem Grade am Beschäftigungssystem (Arbeitsmärkte, Strukturen der beruflichen und professionellen Arbeitsteilung) und an der Wirtschaftsverfassung orientiert. Die Analyse des Bildungssystems stellt daher einen zentralen Ansatzpunkt für die Analyse von Klassen- und Schichtstrukturen einer Gesellschaft dar. Seine Struktur und die daraus resultierenden Folgen für die Statusreproduktion werden im nächsten Kapitel ausführlich dargestellt.

In *Übersicht 4.8* werden die Prozesse der Klassenbildung und Schichtung im Anschluss an das Modell von Weber eingeordnet in vier umfassendere gesellschaftliche Kontexte; die Wirtschaftsordnung und soziale Ordnung auf der einen Seite, die politische Verfassung und Systeme der ideologischen Begründung von Gleichheit und Ungleichheit andererseits.

Prozesse der Klassenbildung und Formierung von Klasseninteressen beeinflussen politische Prozesse in vielfältiger Weise. Dazu gehören alle mehr oder weniger gezielten, kollektiven Aktionen von Interessensorganisation der verschiedenen Klassen auf der Ebene der Politik. Arbeitnehmerorganisationen (Gewerkschaften, Arbeiterkammern) versuchen auch Einfluss auf die Bildungspolitik, den Konsumentenschutz, die Sozialpolitik usw. zu nehmen. Für diese Bereiche interessieren sich aber auch die Unternehmer- und Arbeitgeberverbände; darüberhinaus versuchen diese politische Ziele durchzusetzen, die ihre Gewinninteressen fördern (z.B. niedrige Besteuerung von Vermögen, geringere Staatsausgaben usw.). In der Politik spielen aber auch Prozesse der Anerkennung und Herabsetzung eine wichtige, vielfach unterschätzte Rolle (Margalit 1999).

Wichtig sind auch Effekte, die vom Bereich der Politik auf Prozesse der Klassenbildung und Schichtung ausgehen. Die rechtlichen Regelungen und Entwicklungen in Bezug auf Eigentum, Arbeits-, Kapital- und Gütermärkte usw. konstituieren jeweils einen spezifischen institutionellen Rahmen für Markt- und Klassenbeziehungen. Familienrecht und -politik, Bildungspolitik, Sozial- und Steuerpolitik tun dasselbe in Bezug auf Prozesse der intergenerationalen Reproduktion von Familien und sozialen Schichten. »*Statuspolitik*« trägt wesentlich dazu bei, schichtspezifische Prozesse und Strukturen sozialer Ungleichheit aufrechtzuerhalten, zu modifizieren oder zu verringern. In diesem Sinne ist auch die in westlichen Gesellschaften bestehende Schichtstruktur, wenngleich nicht mehr direkt durch rechtlich-normative Regelungen überformt wie in einer ständischen Gesellschaft, nur zu verstehen vor dem Hintergrund der gesamten wirtschaftlich-politischen Verfassung (Brotz 1962).

In diesem Zusammenhang ist auch der Kontext »Europa« von höchster Bedeutung, wie er durch die Integration im Rahmen der EU neu geschaffen wurde. Der einheitliche Markt, die Einführung einer gemeinsamen Währung, die Aufhebung der Binnengrenzen erzeugt tendenziell so etwas wie eine »europäische Gesellschaft« (Münch 1993; Kaelble 1997; Bach 2000; Immerfall 2006). Die Folge ist ein Trend zu einer »*Europäisierung sozialer Ungleichheit*« (Heidenreich 2006). Allerdings lässt sich sowohl aufgrund theoretischer Überlegungen als auch empirischer Befunde feststellen, dass der Nationalstaat noch immer den mit Abstand wichtigsten Bezugsrahmen für politische und gesellschaftliche Prozesse darstellt (Haller/Hadler 2004/05).

In *Übersicht 4.8* wird noch eine weitere wichtige Rahmenbedingung für Klassenbildung und Schichtung hervorgehoben, nämlich der Bereich der gesellschaftlichen Wertvorstellungen und Ideologien sozialer Gleichheit und Ungleichheit. Auch diese Dimension wird in der klassentheoretischen Diskussion im engeren Sinn meist vernachlässigt. Hier lautet die These, dass die Entwicklung gesellschaftlicher Wertvorstellungen in Bezug auf gesellschaftliche Gleichheit, die Beziehung zwischen Gleichheit und anderen gesellschaftlichen Grundwerten wie Leistung oder Freiheit einen Bereich sui generis darstellt, der selber politische Prozesse und – vermittelt darüber – auch die Reproduktion und Transformation von Ungleichheitsstrukturen entscheidend beeinflusst. Gleichheit wird überall als wichtig angesehen, wenn auch von der Bevölkerung verschiedener Länder signifikant unterschiedliche Konzepte von gesellschaftlicher Gleichheit vertreten werden (vgl. dazu Kapitel 10).

Das zunehmende Vordringen der Ideen von der fundamentalen Gleichheit aller Menschen und der sozialen Gerechtigkeit tangiert sämtliche Prozesse der gesellschaftlichen Differenzierung von Macht und Privilegien. Revolten, Rebellionen und Revolutionen wurden zu allen Zeiten durch starke Gefühle sozialer Ungerechtigkeit in den ausgebeuteten Bevölkerungsgruppen ausgelöst. Hierbei spielten und spielen auch die Gesellschaftswissenschaften eine nicht unwesentliche Rolle[6]. Es ist daher notwendig, abschließend auch auf diese Problematik einzugehen.

4.4 Gleichheit und Gerechtigkeit: Normative Grundlagen der Sozialstrukturanalyse

Die Frage der Rolle von Werten, Ideen und Ideologien im Rahmen der Analyse der Sozialstruktur und sozialen Ungleichheit soll hier in vier Schritten untersucht werden. Zunächst beginnen wir mit einem kritischen Rückblick auf die funktionalistische Schichtungstheorie. Es wird gezeigt, dass diese Theorie zum einen von einer unkritischen Hinnahme des Status quo ausgeht, und zum anderen auf fragwürdigen normativen Prämissen beruht; deren Verabsolutierung würde nicht nur andere, ebenso wichtige normative Grundprinzipien verletzen, sondern auch zu einer Gesellschaftsstruktur führen, die sich niemand wünscht. Neben normativen Prinzipien wie »Leistung« und Freiheit sind zwei besonders relevant, nämlich Gleichheit und Solidarität. Solidarität führt zu einer Eingrenzung des Leistungsprinzips und zu einer Verfestigung von Ungleichheit (Näheres zu diesem Paradox unten, S. 176f.). Gleichheit ist zwar ein universelles Prin-

6 Vgl. dazu auch Elias 1971; Myrdal 1971; Moore 1982; Haferkamp 1987.

zip. Das Problem liegt jedoch in der Mehrdimensionalität der Dimensionen von Gleichheit und Ungleichheit. Nicht zuletzt aufgrund dieses Faktums sind allgemeine Aussagen wie jene der funktionalistischen Schichtungstheorie sehr fragwürdig. Diese Frage der Dimensionen der Ungleichheit bzw. der erstrebenswerten sozialen Güter wird abschließend diskutiert.

Die Grenzen der funktionalistischen Schichtungstheorie

Die oben dargestellte, funktionalistische Schichtungstheorie (vgl. *Übersicht 4.4*, S. 135) besitzt insgesamt ohne Zweifel den Charakter einer Rechtfertigung bestehender Ungleichheiten. Trotzdem können ihre Thesen einen gewissen Plausibilitätsgrad für sich beanspruchen: Es gilt sicherlich, dass verschiedene berufliche Aufgaben und Positionen unterschiedlich schwierig sind, ein unterschiedliches Ausmaß an Verantwortung erfordern und dass keineswegs jedermann hohe Positionen anstrebt. Ebenso ist unleugbar, dass es große individuelle Unterschiede in Begabungen und Leistungsbereitschaft gibt. Schließlich wird heute auch niemand eine völlige Nivellierung der Einkommen und ihre Abkoppelung von der beruflichen Leistung fordern.

Was ist an diesen Aussagen trotzdem problematisch? Hier sind zunächst zwei grundsätzliche Bemerkungen zu machen. Die erste lautet, dass die Aussagen der funktionalistischen Schichtungstheorie so allgemein sind, dass sie kaum kritisierbar sind. Die Rede ist immer nur vage von Unterschieden der beruflichen Positionen, der Begabungen und der Gratifikationen. Soziologisch und politisch entscheidend ist aber vielfach nicht die Existenz eines Phänomens, sondern seine spezifische Form, Häufigkeit oder die Stärke seiner Ausprägung. Am deutlichsten ist dies im Bereich der Politik: Es gibt in jeder einigermaßen differenzierten Gesellschaft politische Führungspositionen; aber der Grad, in dem die Inhaber dieser Positionen völlig autonom entscheiden können und der Umfang ihrer Privilegien variieren historisch und international in höchstem Maße, wenn wir die unterschiedlichen politischen Systeme von den antiken Hochkulturen bis zu heutigen Demokratien vergleichen.

Zum zweiten gilt, dass die funktionalistische Schichtungstheorie das dem Denken der neoklassischen Wirtschaftstheorie geistesverwandte Modell eines Marktmechanismus mit uneingeschränktem, voll funktionierendem Wettbewerb voraussetzt. Dieses Modell beruht aber seinerseits auf Postulaten, die aus soziologischer Sicht praktisch nicht überprüfbar bzw. nie erfüllt sind. Sie lauten u.a., dass es klare Kriterien für die Bestimmung der »gesellschaftlichen Nützlichkeit« von Positionen geben müsste; dass Menschen solche Positionen nur wegen der damit verbundenen Anreize anstreben; dass die Auswahl der Kandidaten nach leistungsgerechten Prinzipien erfolgt; dass nur eine begrenzte Anzahl von Menschen bestimmte Begabungen besitzen; dass Ausbildung mühsam ist usw.

Der Grund für diese Mängel liegt letztlich in der funktionalistischen Erklärung an sich. Schon Durkheim und Weber haben explizit darauf hingewiesen, dass funktionale Erklärungen noch keine kausalen Erklärungen sind. Die Funktion einer sozialen Einrichtung und ihre Entstehungsursachen sind etwas ganz Verschiedenes. Im Laufe ihres Bestehens können Institutionen ihre Funktion grundlegend verändern – nicht zuletzt, weil bestimmte Interessenten an ihrem Weiterbestand interessiert sind. Es können auch Institutionen sehr dauerhaft sein, die keine ersichtlich positiven gesellschaftlichen Funktionen erfüllen, oder die sogar mehr Schaden als Nutzen erzeugen. Die faktische Blockierung der wirtschaftlichen Entwicklung in nicht wenigen Ländern Afrikas heute wird in erster Linie durch die dort bestehenden Regierungssysteme und das Verhalten ihrer politischen Eliten erzeugt, die aus ihrem eigenen Interesse heraus wirtschaftliche Aktivitäten behindern und nicht soziale Entwicklung, sondern Rüstung und militärische Stärke forcieren (Guest 2004).

Betrachtet man die vier Grundthesen der funktionalistischen Schichtungstheorie (vgl. *Übersicht 4.4*, S. 135), so erheben sich die folgenden Einwände:

1) die gegebene Struktur der gesellschaftlichen Positionen im Hinblick auf die mit ihnen verbundenen Verpflichtungen und Privilegien kann nicht als unveränderlich oder notwendig vorausgesetzt werden, sie ist durch das Wirken gesellschaftlicher Kräfte und die Funktionsprinzipien von Institutionen bestimmt.

2) Das berufliche Handeln von Menschen basiert nicht nur auf »extrinsischen« Anreizen durch hohes Einkommen usw.; außerdem ist völlig offen und historisch bzw. interkulturell variabel, wie stark die »notwendigen« Anreize sein müssen.

3) Der Anteil der begabten und leistungswilligen Menschen ist keine fixe Größe, sondern hängt in hohem Maße von gesellschaftlichen und institutionellen Strukturen (Familie, Bildungssystem, Struktur der Arbeitsteilung) ab, die Begabungen unterschiedlich fördern und nachfragen können. Schon im Mutterleib beginnen sich die Auswirkungen von gesellschaftlicher Privilegierung oder Benachteiligung auf die scheinbar »natürlich« gegebene Ungleichheit zwischen Individuen auszuwirken (Barry 2005, S.14ff.). Auch ist es fragwürdig, Ausbildung selber nur als extrinsisch motivierten, mühsamen Prozess zu sehen.

4) Bei weitem nicht jede Form von Ungleichheit trägt daher zur gesellschaftlichen Entwicklung bei; bestimmte Formen können sie eher behindern als fördern.

Aber nehmen wir einmal an, die vorher genannten impliziten Voraussetzungen für das optimale Funktionieren eines Schichtungssystems im Sinne der funktionalistischen Schichtungstheorie seien gegeben. Wäre dies eine ideale oder perfekte Gesellschaft?

Die perfekte Meritokratie – eine fragwürdige Utopie

Der englische Soziologe Michael Young hat ein amüsantes Büchlein mit dem Titel *The Rise of Meritocracy* (Young 1961) geschrieben, das diese Frage zu beantworten versucht. Das Buch ist einzuordnen in den Typus von utopischen oder science fiction-Erzählungen, in denen bestimmte mögliche Entwicklungen in besonders pointierter Form herausgearbeitet werden (weitere bekannte Vertreter dieses Typus sind: Aldous Huxley, George Orwell; zu Young vgl. auch Barry 2005, S. 109ff.).

Young beschreibt in seinem Büchlein, das einen fiktiven Rückblick auf die Zeit von 1870–2033 darstellt, dass im England der 1970er Jahre eine umfassende und revolutionäre Bildungs- und Sozialreform eingeführt wurde, die dem Leistungsprinzip zu vollem Durchbruch verhalf. (Man versuchte hierin den Vereinigten Staaten und der Sowjetunion nachzueifern). Auf allen Schulstufen, von früher Jugend an, sorgte ein System sorgfältig entwickelter Tests dafür, dass nur die Begabtesten die jeweils nächst höhere Stufe erreichten. Diese Selektion wurde ergänzt durch eine systematische Zuweisung der Schulabgänger zu beruflichen Positionen, wobei stumpfsinnige, manuelle Arbeiten den Abgängern aus den untersten, die höchsten Positionen den Abgängern aus den höchsten Schulstufen vorbehalten blieben. Die Grundformel der Meritokratie lautete: I + M = V (Intelligenz + Mühe = Verdienst).

Die Folgen dieser perfekten Selektion waren weitreichend. Zum ersten zeigte sich eine enorme Vertiefung der Kluft zwischen den Klassen und Schichten. Bei den Angehörigen der Oberschichten, der Elite, stieg das Selbstbewusstsein immer mehr, da sie annehmen konnten, dass sie ihre Positionen und Privilegien auch voll verdienten. Viele von ihnen verloren jedes Empfinden für Menschen unterer Schichten. Bei diesen wiederum sanken Selbstbewusstsein und Selbstachtung, da sie durch eine fortlaufende Serie von Tests im Laufe ihres Bildungsweges immer wieder ihre Beschränktheit bestätigt fanden.

Es gab jedoch vier Maßnahmen bzw. Phänomene, welche die zunehmende Ungleichheit etwas abmilderten: Für die Unterschichten wurde der Mythos von Muskelkraft und körperlicher Leistungsfähigkeit erfunden, um ihnen eine Ablenkung zu ermöglichen; die Erwachsenenbildung wurde ausgebaut, da es jedem freistand, sich immer wieder neu testen zu lassen; Unterschicht-Eltern konnten hoffen, dass zumindest ihre Kinder einen Aufstieg schaffen konnten; die Unterschichtangehörigen waren harmlos-einfältig genug, aber zugleich doch gewissenhaft in ihrer alltäglichen Pflichterfüllung, um sich nicht gegen das System aufzulehnen.

Dieser letzte Aspekt war entscheidend für die Anpassung der Unterschichten an das System und den Mangel an Auflehnung: Es gab keine Gegen-Ideologie mehr, die das herrschende Ethos, die Leistungsideologie hätte in Frage stellen können. Als Folge der effizienten Selektion innerhalb des Bildungssystems und bei der Zuweisung der Absolventen zu Arbeitsplätzen und Berufen verfiel schließlich auch die Arbeiterbewegung, ja auch der Parlamentarismus, da diese keine Probleme mehr zu lösen hatten.

Die Auseinandersetzung mit dem Konzept der Meritokratie ist nicht nur eine akademische Debatte, sie hat auch politische Bedeutung in zweierlei Hinsicht. Eine direkte bildungspolitische Konsequenz wäre, die Schüler möglichst frühzeitig auf ihre intellektuellen Fähigkeiten hin zu testen und entsprechend ihrer Begabung auf unterschiedliche Schullaufbahnen aufzuteilen. Dies ist in England mit dem *Education Act* von 1944 ansatzweise geschehen. Dieser führte den berühmten »11+Test« ein, aufgrund dessen die begabten Schüler den prestigereichen *public schools*, die weniger begabten den normalen *secondary modern schools* zugeordnet wurden – eine Entscheidung, die später kaum mehr revidierbar ist. Die Selektion der Schüler in Deutschland und Österreich in demselben frühen Alter in Gymnasien und Hauptschulen ist durch die gleiche Idee motiviert, die besagt, dass Intelligenz eine angeborene Eigenschaft ist, die man sehr frühzeitig erkennen kann. Ein Nebenaspekt dieser Annahme ist, dass Intelligenz- und Persönlichkeitstests eine zunehmende Bedeutung für Entscheidungen im Zusammenhang mit Bildungslaufbahnen und Arbeitsplatzvergabe erhalten.

Ein zweiter Aspekt betrifft die Berufung auf Leistung in der allgemeinen politischen Diskussion. Brian Barry (2005, S. 109f.) weist darauf hin, dass der britische Premier Tony Blair, Vertreter des Konzepts einer »neuen Arbeiterbewegung« (*New Labour*), nicht müde wurde, die Bedeutung von Leistung herauszustellen. Dieser Begriff spielte auch in der Regierungserklärung des SPÖ-Bundeskanzler Gusenbauer 2007 eine zentrale Rolle.[7] In dieser Hervorhebung liegen mehrere Probleme. Erstens ist nicht klar, ob es eine Leistung ist, wenn man aufgrund höherer Intelligenz höhere Schulen besuchen kann. Zum anderen ist mit der Betonung der Leistung noch nichts ausgesagt darüber, wie umfangreich die Belohnungen für Leistung sein sollen. Man kann mit der Berufung auf das Leistungsprinzip alle möglichen Arten von Privilegien rechtfertigen (Barry 1995, S. 110). Man kann dies immer wieder sehen bei Beziehern von extrem hohen Einkommen im Bereich des Managements (Walter 1963; S. 25), aber auch von speziellen akademischen Professionen (etwa Universitätsprofessoren der Medizin, die zugleich große Kliniken leiten und lukrative Arztpraxen führen). Schließlich ist der Begriff »*Leistungsgesellschaft*« überhaupt in Frage zu stellen. Es ist schon beim Individuum schwer, »Leistung« von »Erfolg« zu unterscheiden (für den Erfolg können auch leistungskonträre Strategien, wie Bluff, sehr nützlich sein; vgl. Neckel 1993, S. 103ff.). Auf der Ebene der Gesellschaft insgesamt ist es unmöglich, zwischen *achievement* und *ascription* sauber zu trennen: Beide wirken stets zusammen, beide sind »im Herz der ›Leistungsgesellschaft‹ fest verankert« (Nollmann 2004a, S. 44).

Wir können damit nochmals zurückkommen auf die funktionalistische Schichtungstheorie. Man kann sagen, dass die funktionalistische Schichtungstheorie ähnliche Schwächen aufweist wie funktionalistische Gesellschaftstheo-

7 Einige Zitate daraus: »Die Menschen in Österreich wollen Chancen haben, sich zu entwickeln [...] Sie wollen, dass Leistung belohnt wird [...] Individuelle Leistung muss gefördert werden [...]« Die Regierungserklärung findet sich u.a. auf der Homepage der Sozialdemokratischen Partei Österreichs.

rien generell (Haller 2003a, S. 173ff.); sie werden zusammengefasst in *Übersicht 4.9*.

Übersicht 4.9: Die »black boxes« der funktionalistischen Schichtungstheorie

1. Es werden keine *konkreten Akteure und gesellschaftlichen Interessen* benannt. So sind die Interessen der Mitglieder privilegierter Klassen und Schichten im Hinblick auf die gesellschaftliche Ungleichheit ganz anders als jene benachteiligter Gruppen und Schichten.
2. Ebenso werden nicht die konkreten *Prozesse und Strategien* thematisiert, in deren Rahmen der Status von Positionen bestimmt wird und Zusammenhänge zwischen Positionen und Entlohnungen hergestellt werden, Individuen ausgewählt und auf verschiedene Positionen verteilt werden usw.
3. Es werden keine *institutionellen Rahmenbedingungen* benannt, die diese Prozesse und Strategien ihrerseits voraussetzen und bestimmen.
4. Es fehlt der *Legitimationsaspekt* sozialer Ungleichheit, die Diskussion und Beantwortung der Frage, wie die verschiedenen Gruppen der Bevölkerung – vor allem die eher Benachteiligten – dazu gebracht werden, eine bestimmte Verteilungsstruktur zu akzeptieren.

Die Komplexität der Begriffe und Formen von Gleichheit und Gerechtigkeit

Betrachten wir etwas näher, wie man soziale Gleichheit und Ungleichheit bzw. Gerechtigkeit und Ungerechtigkeit aus normativer Sicht werten kann. Das allererste Faktum, von dem man hier ausgehen muss, ist die bereits oben angeführte Tatsache, dass sie alles andere als einfache oder eindimensionale Phänomene sind. Man muss hier zumindest zwischen vier Aspekten unterscheiden (vgl. *Übersicht 4.10*).

Die Unterscheidung zwischen diesen vier Formen von Gleichheit und Gerechtigkeit ist selbst nicht scharf. Als grundlegende Unterscheidung steht dahinter meist der zwischen einem eher *liberalen* oder *formalen* und einem eher *substantiellen* oder *radikalen Begriff* der Gleichheit. Die beiden ersten in *Übersicht 4.10* genannten Prinzipien – Leistungsgerechtigkeit und Chancengleichheit – sind Varianten des liberalen Gleichheitsbegriffes. Dabei dient das Konzept der Leistungsgerechtigkeit sogar eher als Konzept zur Rechtfertigung von Ungleichheit (Goode 1978, S. 338). Die an dritter und vierter Stelle genannten Formen – Gleichheit nach Bedarf und substantielle Gleichheit – gehen in Richtung eines absoluten (»sozialistischen«) Gleichheitskonzeptes (Rees 1974).

Die Unterscheidung zwischen liberalen und substantiellen Konzepten ist auch eng verknüpft mit der zwischen *rechtlicher* versus *substantieller Gleichheit*. Die erstere meint die Gleichheit vor dem Gesetz, die letztere die Gleichheit der faktischen Resultate, der tatsächlichen Verteilungen und konkreten Lebenschancen von Menschen. Rechtliche Gleichheit wird vielfach abgewertet als bloß »*formale Gleichheit*«, die noch nichts aussage über die wirklichen Chancen der Angehörigen verschiedener gesellschaftlicher Gruppen. Dies mag zum Teil stimmen; zum Teil ist es aber sehr irreführend. Formal-rechtliche Gleichheit ist ein wesentliches Element auch im Rahmen der in *Übersicht 4.10* genannten Kriterien. Wenn Positionen nach Ausbildung und Begabung der Bewerber, Einkommen nach ihrer Leistung, oder wohlfahrtsstaatliche soziale Leistungen nach Bedürfnis verteilt werden sollen, müssen dafür objektive, klar definierte und für alle gleich verbindliche Maßstäbe entwickelt werden. Nichts anderes ist die rechtliche Gleichheit. Sie ist in dieser Hinsicht durchaus ein sehr bedeutsames Prinzip.

Übersicht 4.10: Vier Grundprinzipien sozialer Gleichheit bzw. Gerechtigkeit

1. *Leistungs- oder Verteilungsgerechtigkeit:* das Prinzip, wonach für gleiche Investitionen, Kosten oder Leistungen gleiche Gegenleistungen und Belohnungen zu erbringen sind.
2. *Chancengleichheit:* das Prinzip, wonach jeder gleiche Startbedingungen, etwa beim Zugang zum Hochschulstudium, vorfinden und die Realisierung dieser Chancen einzig von seinen Bemühungen bzw. den relevanten Begabungsvoraussetzungen abhängen sollte.
3. *Gleichheit nach Bedarf* bzw. *Bedürfnisgerechtigkeit:* das Prinzip, wonach jeder ein Anrecht darauf hat, dass seine grundlegenden Lebensbedürfnisse erfüllt werden.
4. *Substantielle Gleichheit:* das Prinzip der Gleichbehandlung und gleichen Privilegierung aller Menschen in jeder Hinsicht. Auch die mit unterschiedlichen Positionen verknüpften Belohnungen sollten gleichmäßig verteilt sein. Ja, man könnte hier sogar fordern, dass auch zwischen den Tätigkeiten und Berufen selber kein Unterschied bestehen dürfe, bzw. jeder Mensch der Lage sein sollte, alle Tätigkeiten frei zu wählen und auszuüben. Dies war das Ideal von Marx' kommunistischer Gesellschaft, in der man vormittags Bauer, Jäger oder Fischer, nachmittags Schriftsteller oder Künstler sein könne.

Man kann auch sagen, dass manche dieser Konzepte in bestimmten Epochen oder Gesellschaften stärker in den Vordergrund, andere eher in den Hintergrund treten. Eine kommunistische Gesellschaft würde sicherlich am ehesten mit dem Ideal der absoluten Gleichheit assoziiert; trotzdem hat selbst Lenin das Prinzip der Leistung als ein Zentralprinzip der jungen sowjetischen Gesellschaft deklariert. Verfehlt wäre es zu behaupten, dass in westlich-marktwirtschaftlichen Gesellschaften nur die beiden ersteren Konzepte von Bedeutung sind (eventuell auch noch das dritte, die Vermeidung von absoluter Armut, durch den modernen Wohlfahrtsstaat). Auf der Tagesordnung von Verteilungskonflikten steht durchaus auch die absolute Gleichheit, wenn es etwa um die Frage geht, wie neue Berufe gestaltet werden sollen oder wie in bestimmten beruflichen Tätigkeiten individuelle Fähigkeiten und Gestaltungsmöglichkeiten der Arbeitenden stärker zum Zuge kommen sollen. Empirische Studien über die Arbeitsbedingungen in untergeordneten oder marginalen Bereichen der Arbeitswelt zeigen, dass hier auch in reichen Ländern oft Bedingungen herrschen, die nicht nur sehr schlecht und degradierend sind, sondern sogar klar festgelegten Arbeits- und Grundrechten widersprechen (Wallraff 1970; Sennett/Cobb 1972; Barry 2005, S. 205).

Übersicht 4.11: Die drei Grundformen von Bürgerrechten nach T.H. Marshall

	Prinzip	*Beispiele*	*Periode der Durchsetzung*
Zivile Bürgerrechte	Freiheit des Individuums	– Recht auf Eigentum – Recht zu heiraten – Recht den Wohnort frei zu wählen	18. und 19. Jahrhundert
Politische Bürgerrechte	Politische Organisation und Beteiligung aller Gesellschaftsmitglieder	– Wahlrecht – Versammlungsrecht – Organisationsrecht	19. und frühes 20. Jahrhundert
Soziale Bürgerrechte	Sicherstellung der Befriedigung der sozialen Grundbedürfnisse aller Gesellschaftsmitglieder	– Recht auf Bildung – Recht auf Gesundheits- und Altersversorgung – Recht auf Unterstützung in Notlagen (Sozialhilfe)	Grundsätzliche Etablierung in der ersten, breite Durchsetzung in der zweiten Hälfte des 20. Jahrhunderts

Eine sehr fruchtbare Unterscheidung wurde in dieser Hinsicht getroffen von T.H. Marshall und zwar zwischen zivilen, politischen und sozialen (Bürger-) Rechten. Marshall (1964) geht aus von der These, dass die kapitalistische Gesellschaft seit ihrer Entstehung von zwei gegensätzlichen Kräften bestimmt wurde: Klassenspaltungen und Bürgerrechten (vgl. auch Giddens 1983, S. 17). Während die Klassenstruktur Ungleichheit erzeugt, wirken die Bürgerrechte dem entgegen; sie gehören für Marshall zu den treibenden Kräften des sozialen Fortschritts. Wichtige zivile Bürgerrechte (Recht auf Eigentum, Heirat für alle usw.) wurden schon zu Beginn der Neuzeit durchgesetzt; die politischen Freiheitsrechte (Wahlrecht, Versammlungsrecht usw.) gegen Ende des 19., Anfang des 20. Jahrhunderts; die sozialen Bürgerrechte entwickelten sich erst im Laufe des 20. Jahrhunderts. Diese Rechte haben nach Marshall den Klassenkonflikt nicht beseitigt, aber in entscheidender Hinsicht »entschärft«; deutsche Soziologen sprachen in diesem Zusammenhang von einer *Institutionalisierung des Klassenkonflikts* (Geiger 1949, S. 182ff; Dahrendorf 1968).

Die grundsätzliche Ausformulierung und Durchsetzung dieser Rechte ist zwar relativ deutlich an bestimmte historische Epochen gebunden (wobei gilt, dass sie in fortgeschritteneren Ländern wie England oder Frankreich früher, in anderen, etwa Süd- und Osteuropa, erst später durchgesetzt wurden). Man muss aber sagen, dass die Durchsetzung aller drei Formen von Rechten auch heute noch nicht vollständig ist.

Gleiche zivile Rechte für Frauen und andere Gruppen wurden z.T. erst jüngst durchgesetzt. Im Laufe der Menschheitsgeschichte läßt sich ein langfristiger Trend zu mehr Gleichheit feststellen (Tocqueville 1969; Dann 1975).

Eine letzte Frage betrifft die Beziehungen zwischen den Prinzipien von sozialer Gleichheit und Gerechtigkeit und anderen gesellschaftlichen Grundwerten. Zwei davon sind hier besonders relevant, Freiheit und Solidarität.

Eine Unvereinbarkeit zwischen den Prinzipien der Gleichheit und *Freiheit* sehen strikt liberale Gesellschaftstheoretiker. Sie sind grundsätzlich kritisch gegenüber den Prinzipien der Gleichheit und Gerechtigkeit – insbesondere in deren »substantiellen« Formen von Bedürfnisgerechtigkeit und Gleichverteilung. Autoren dieser Provenienz, wie Friedrich Hayek (1981) oder Robert Nozick (1976) argumentieren, die Realisierung einer gerechten Verteilung sei nicht möglich, weil diese Verteilung in einer Marktgesellschaft auf vielerlei Ursachen zurückzuführen sei, darunter auch Zufallsfaktoren, und weil die Herstellung von struktureller Gleichheit ständige Eingriffe in das Leben der Menschen und deren Freiheit erfordere (vgl. allgemein dazu Rees 1974; Koller 1984, 2006). Diese Hinweise sind zweifellos richtig, ebenso wie jener, dass das Ausmaß der möglicherweise mit Ungerechtigkeit verknüpften Ungleichheit oft überschätzt wird, da es große Unterschiede der Menschen nach Alter und Berufserfahrung, in ihrem Arbeits- und Sparverhalten, sowie zeitliche Schwankungen von Einkommen und Wohlstand usw. gibt (Letwin 1983, S. 65) Nun zeigt aber schon die Geschichte, dass Gleichheit und Freiheit keineswegs absolute Gegensätze sind: De facto wurde die Freiheit des Individuums wie ökonomischer Akteure durch gesetzliche Regelungen immer wieder eingeschränkt und mehr Gleichheit durchgesetzt, ohne dass die wirtschaftliche Leistungsfähigkeit darunter langfristig gelitten hätte (Greiffenhagen 1975; Nowotny 1975; Fischer 1976). Ja, es gibt sogar gute Argumente und empirische Evidenz dafür, dass Sozialpolitik wirtschaftliches Wachstum fördert (Vobruba 1989). Die »klassische« Lösung für den Konflikt zwischen Freiheit und Gleichheit hat schon Aristoteles mit seinem Prinzip der *»proportionalen Gleichheit«* formuliert (Glassman 1989, S. 14f.). Es besagt, dass jene, die mehr für die Gemeinschaft leisten, mehr Anerkennung erhalten sollen, dass die Mittelklasse gestärkt, die Lage der Armen verbessert und die Reichen zu höheren Beiträgen für die Gemeinschaft verpflichtet werden sollten. Die Essenz dieser Position lautet heute, dass der moderne Kapitalismus durch Programme zur Herstellung von mehr Gleichheit gezähmt werden muss, aber nur soweit, als dadurch keine Einschränkung der Demokratie erfolgt. Demokratie und Gleichheit unterstützen sich sogar wechselseitig, wie auch Tocqueville argumentierte.

Das zweite Prinzip, das mit jenem der Gleichheit in Konflikt geraten kann, ist jenes der *Solidarität.* Dies scheint auf den ersten Blick überraschend, wird Solidarität doch gemeinhin als Grundwert der Arbeiterbewegung gesehen, der es ja in erster Linie um die Erkämpfung von sozialen Grundrechten und eine angemessene Anteilnahme am gesellschaftlichen Wohlstand ging. Kennzeichen einer Solidargemeinschaft ist es, dass die Mitglieder in einem wechselseitigen Verhältnis der Verantwortung und Fürsorge zueinander stehen, das sie zu gegenseitiger Hilfe im Bedarfsfall verpflichtet. Dass hier ein Grundkonflikt zwischen Solidarität und Gleichheit entstehen kann, wird deutlich, wenn man die Institution der *Familie* betrachtet. Die Familie stellt eine Hauptursache für soziale Ungleichheit dar – ein Faktum, das weithin übersehen wird (Parsons 1964b; Fishkin 1983). Eltern werden immer stark motiviert sein, ihren Kindern möglichst gute Startchancen im Leben zu bieten und sie haben auch das Recht dazu; dies ist sogar in der UNO-Erklärung der Menschenrechte enthalten (Art. 26/3). Die Ressourcen dafür variieren aber signifikant nach sozialen Klassen und Schichten. Das Prinzip, nicht in innere Angelegenheiten der Familie einzugreifen, kommt damit strukturell in Konflikt mit den liberalen Gleichheits-Prinzipien. Genauso kann das Prinzip der Solidarität innerhalb einer Klasse in Konflikt geraten mit Prinzipien der Gleichheit über Klassen hinweg. Die organisierte Arbeiterbewegung kann in Form schlagkräftiger Gewerkschaften zu einer korporatistischen Form der Interessensvertretung gelangen, die eigene Interessen auf Kosten anderer, schwächerer Gruppen durchsetzt (Coleman 1979; Traxler 1982; Prisching 1996b) Dies ist besonders auch in Österreich ein Problem, dessen Verbändesystem von Vertretungsmonopolen geprägt ist (Talos/ Kittel 1995, S. 109).

Was ergibt sich aus all diesen Differenzierungen im Hinblick auf die Prinzipien von Gleichheit und Gerechtigkeit? In normativer Hinsicht gilt, dass offensichtlich alle eine gewisse Berechtigung haben. Die Folgerung kann daher nur lauten, dass in der Realität stets ein Ausgleich zwischen ihnen zu suchen ist. Dieser Ausgleich wird historisch und interkulturell in hohem Maße variabel sein. Öffentliche Thematisierungen und Diskussionen, in denen auch die Wissenschaft eine wichtige Rolle spielt, werden dabei ebenso eine Rolle spielen wie das Entwicklungsniveau und Entwicklungsdynamik einer Gesellschaft und die Kräfteverhältnisse zwischen ihren verschiedenen sozialen Klassen, Schichten und Gruppen.

Die Vielfalt der gesellschaftlich erstrebenswerten Güter und ihre enge Verknüpfung mit der Dimension der vertikalen Ungleichheit

Eine letzte Frage, die wir hier diskutieren müssen, betrifft die Art der erstrebenswerten inhaltlichen Güter und Dienstleistungen, um die sich Verteilungskonflikte drehen können. Eine zentrale These der Theorie vom Ende der Klassen und Schichten bzw. der Lebensstil-Forschung lautet ja, dass die herkömmliche Klassen- und Schichtungstheorie auch deswegen obsolet geworden sei, weil in modernen Gesellschaften nicht mehr Probleme der materiellen Knappheit im

Vordergrund stünden, weil es ganz neue Formen der Gleichheit und Ungleichheit gebe, und weil Fragen der Gleichheit überhaupt zurücktreten hinter jenen der Gestaltung des Lebens nach unterschiedlichen Präferenzen und Geschmacksrichtungen, die mit Schichtung wenig zu tun haben.

Richtig an dieser These ist zunächst, dass keine Rede sein kann von einer *einfachen Gleichheit* in dem Sinne, dass es ein einziges, grundlegendes Gut oder einem klaren einheitlichen Maßstab gibt, unter dem alle Güter vergleichbar sind. Auch Geld, das Mittel bzw. der Maßstab, der hier noch am ehesten in Frage käme, kann diese Funktion nicht erfüllen; mit Geld kann man zwar, wie das Sprichwort sagt, vieles, aber doch bei weitem nicht alles kaufen. Allerdings ist bemerkenswert, dass die Bedeutung des Geldes als eines einheitlichen Bewertungsmaßstabes mit der Entwicklung der kapitalistischen Marktgesellschaft sicherlich zunimmt (Zahn 1960; Veblen 1989 [1899]; Deutschmann 2002) – ein Trend, der gegen die These von der zunehmenden Bedeutung von Lebensstilen und ästhetisch-kulturellen Präferenzen spricht. Mit dem amerikanischen Sozialphilosophen Michael Walzer (1992) muss man davon ausgehen, dass der Begriff der Gleichheit bzw. Ungleichheit sich auf inhaltlich sehr unterschiedliche Dimensionen bezieht. Walzer spricht daher von *komplexer Gleichheit*. Seiner Meinung nach können wir gut ein Dutzend wertvoller Güter bzw. gesellschaftlicher Leistungen unterscheiden, die untereinander nicht ohne weiteres konvertierbar sind (vgl. *Übersicht 4.12)*.

Manche dieser Güter scheinen kaum in eine soziologische Analyse von sozialen Ungleichheiten zu passen. Dies scheint auf den ersten Blick insbesondere zu gelten etwa für die Dimension der »göttlichen Gnade«. Bei näherer Betrachtung ist es aber keineswegs völlig abwegig, sie mit dem sozialen Status in Beziehung zu setzen. Historisch war die Erlangung der göttlichen Gnade an bestimmte Menschen abhängig von spezifischen öffentlichen Einrichtungen und ihr selektiver Besitz konnte auch Privilegien mit sich bringen (Walzer 1992, S. 348). Bis in die Neuzeit kamen vor allem ranghohe Personen in den Genuß von Heiligsprechungen der katholischen Kirche (George 1966).

Betrachten wir den Bezug der restlichen zehn Güter zu den Aspekten der Klassenbildung und Schichtung. Bei nicht weniger als der Hälfte davon kann man von einem direkten Konnex sprechen: Geld und Waren, Ämter, harte Arbeit als »negatives Gut«, Erziehung und Bildung, sowie Anerkennung beinhalten sämtlich Güter, die im Rahmen von klassen- und schichtbezogenen sozialen Prozessen verteilt werden bzw. direkte Indikatoren für die Lage in diesen Prozessen darstellen. Bei drei weiteren Dimensionen kann man sagen, dass sie indirekt ebenfalls eng mit diesen Prozessen zusammenhängen. Sicherheit und Wohlfahrt werden noch immer in erster Linie durch die Teilnahme am Erwerbsleben und die Art der beruflichen Tätigkeit bestimmt. Politische Macht ist in einer Demokratie zwar grundsätzlich getrennt von ökonomischer Macht;

alle einschlägigen Analysen zeigen jedoch, dass zwischen beiden nach wie vor ein sehr enger Konnex besteht (vgl. dazu auch Kapitel 10). Auch die Mitgliedschaft in bzw. Zugehörigkeit zu Nachbarschaften und Vereinen ist in einem erheblichen Ausmaß durch Muster der schichtspezifischen räumlichen Segregation und Assoziation bestimmt (Dangschat 1999; Kuhle 2001; Fassmann 2002). In einer Periode zunehmender internationaler Migration hängt auch Staatsangehörigkeit (vor allem ihr Nichtbesitz) zunehmend mit klassen- und schichtspezifischen Prozessen sozialer Ausschließung zusammen.

Übersicht 4.12: Erstrebenswerte gesellschaftliche Güter nach M. Walzer

- Mitgliedschaft und Zugehörigkeit zu Nachbarschaften, Vereinen, Staaten
- Sicherheit und Wohlfahrt
- Geld und Waren
- Ämter
- Harte Arbeit als »negatives Gut«
- Freizeit und Muße
- Erziehung und Bildung
- Verwandtschaft, Partnerschaft und Liebe
- göttliche Gnade
- Anerkennung
- politische Macht

Kein Konnex zu Aspekten der klassen- und schichtspezifischen Ungleichheit scheint beim letzten der von Walzer genannten Güter zu bestehen, nämlich »Verwandtschaft, Partnerschaft und Liebe«. Aber selbst dies ist nicht richtig.

Hier liefert Alain de Botton in seinem Bestseller »*Statusangst*« einen sehr interessanten Hinweis. So bezeichnet der Begriff »Status« oder »gesellschaftliche Stellung« im engeren Sinn auch den familiären oder beruflichen Status einer Person. Sodann argumentiert der Autor, dass möglicherweise nicht das Verlangen nach Geld, Ruhm und Macht die Hauptmotive für das weitverbreitete Statusstreben (und ihr Pendant, die Statusangst) sind, sondern das Streben nach *Liebe* und *Verehrung*. Ähnlich wie bei der Liebe zu Eltern oder einem Partner bedeutet auch ein hoher Status, dass man starke Aufmerksamkeit und Zuwendung erfährt, dass eigene Fehler nachsichtig behandelt, unsere Bedürfnisse befriedigt werden (de Botton 2004, S. 15) Die Folge ist, dass ein hoher Status das Selbstwertgefühl stärkt, während ein niedriger es beeinträchtigt. Diese These erklärt auch, warum ohnehin schon Reiche immer noch weiter nach Reichtum streben – sie tun dies eben, weil es ihr erfolgreiches Verhalten ist, das Anerkennung findet und weniger der Reichtum als solcher. Geradezu sprichwörtlich ist, dass man auch seine Freunde verliert, wenn man Reichtum und Status einbüßt.

Dass soziale Ungleichheit auch soziale Beziehungen massiv tangiert, zeigen empirische Untersuchungen aus unterschiedlichsten Bereichen. Die Anzahl von »Freunden«, die jemand hat, ist bei höher Gebildeten höher als bei weniger Gebildeten (Höllinger/Haller 1990). Höherer sozialer Status kann die Chancen bzw. die Bereitschaft, enge soziale Beziehungen einzugehen, negativ beeinflussen, wie sich bei der Analyse der Heiratsmuster zeigen wird (vgl. Kapitel 8): dass Akademikerinnen deutlich niedrigere Heiratsquoten aufweisen als Frauen mit niedrigerer Bildung hat wohl auch damit zu tun, dass sie höhere Status-Ansprüche an einen potentiellen Partner stellen. Hier kann man im Übrigen auch wieder auf das Konzept des »Sozialkapitals« verweisen (Coleman 1990, S. 300ff.; Bourdieu 1983), das ebenfalls die Relevanz sozialer Beziehungen als gesellschaftliche Ressource betont.

Es gibt also praktisch keine Formen von gesellschaftlich erstrebenswerten Gütern, die nicht in sehr enger Weise mit den Dimensionen von Klassen, Schichten und vertikaler sozialer Ungleichheit zusammenhängen.

Resümee

Die Sozialstruktur moderner Gesellschaften hat sich seit dem Zweiten Weltkrieg fundamental gewandelt: Der Übergang von der Agrar- und Industrie- hin zur Dienstleistungs- und Wissensgesellschaft, die Steigerung des materiellen Wohlstands, der umfassende Ausbau der sozialen Sicherung und wohlfahrtsstaatlicher Leistungen sind nur einige der markantesten Veränderungen. Es ist nicht überraschend, dass die meisten deutschen Soziologen, dem Land, in dem diese Leistungen und Fortschritte am spektakulärsten erschienen, damit die Konturen der alten Klassengesellschaft verschwinden und neue, primär an kulturellen Distinktionen orientierte Differenzierungsprinzipien und eine generelle, »Individualisierung« aufkommen sahen, die kollektive Identifikationen und Handlungsweisen überhaupt obsolet werden lassen. Man schrieb von einer »neuen Unübersichtlichkeit«, einer »Erschöpfung utopischer Energien« (Habermas 1985, S. 141ff.), dem Aufstieg einer »Mehrheitsklasse« (Dahrendorf 1994, S. 169, 195), der Sicherheit und geordnetes Vorankommen, und verlässliche und nicht zu anstrengende Berufsarbeit am wichtigsten geworden sei. An der Wende zum 21. Jahrhundert sieht die Realität wieder erheblich anders aus: Es gibt eine schon lang andauernde, hartnäckige hohe Arbeitslosigkeit, zunehmende Ungleichheit der Einkommensverteilung, rasante Prozesse der Unternehmens- und Kapitalkonzentration, eine europäische Integration, die den Arbeitnehmern bislang deutlich weniger gebracht hat als kapitalstarken Unternehmen und den davon direkt profitierenden bürokratischen und politischen »Klassen«.

In diesem Kapitel wurden zwei zentrale Thesen aufgestellt und belegt. Die erste lautete, dass auch soziologische Theorien der Ungleichheit stark beeinflusst werden vom historischen, gesellschaftlichen und kulturellen Kontext, in welchem ihre Autoren leben. Eine kritische, wissenssoziologische Diskussion dieser Theorien ist daher ebenso wichtig wie die systematische empirische Analyse der Sozialstruktur. Die zweite Grundthese lautete, dass es zwar unmöglich ist, all die vorhin genannten sozialstrukturellen Trends aus einem einzigen Prinzip oder mit nur einem schlagkräftigen Begriff zu erfassen, dass aber die zentralen Konzepte und Annahmen der Klassen- und Schichtungstheorie immer noch am besten geeignet sind, um alte und neue Phänomene der Privilegierung und Benachteiligung zu erfassen. Vor allem besitzt diese Theorie gegenüber den Konzepten der sozialen Lagen und Milieus den Vorzug, dass sie kausale Mechanismen thematisiert, und nicht nur empirische Deskriptionen liefert. Darüber hinaus ist es eine Aufgabe der Soziologie grundlegende Ideen von sozialer Gleichheit und Gerechtigkeit herauszuarbeiten, die eine kritische Sicht gesellschaftlicher Prozesse und sozialstruktureller Trends eröffnen. Damit kann auch eine politische Praxis inspiriert werden, die nicht eine ferne, fragwürdige Utopie im Auge hat, sondern konkret erkennbare, Ungleichheiten und Machtzusammenballungen.

Vertiefende Fragen

1) Was spricht dafür, die folgenden sozialen Gruppen bzw. Lagen als soziale Klassen bzw. Schichten, oder aber als Lebensstilgruppen zu betrachten? a) Yuppies (Young Urban Professionals); b) Arbeitslose.

2) Was folgt für eine Politik der Herstellung von mehr Gleichheit aus dem Faktum, dass es sich bei dieser um sehr unterschiedliche, untereinander z.T. nicht stark zusammenhängende Dimensionen handelt?

3) Was spricht für, was gegen »affirmative actions«, d.h., konkrete Maßnahmen, um benachteiligte soziale Gruppen (z.B. Frauen, ethnische Minderheiten) bei der Vergabe von Stellen in Bereichen zu bevorzugen, in denen sie deutlich unterrepräsentiert sind? Welche solcher Maßnahmen könnten Sie sich vorstellen?

4) Inwiefern kann man es als Prozesse der sozialen Schließung bezeichnen, wenn sich die Angehörigen der folgenden Gruppen zusammenschließen, um für bessere Arbeitsbedingungen, Einkommen usw. zu kämpfen: a) LKW-Fernfahrer, b) Flugzeugpiloten, c) Ärzte?

5) Welche Aspekte einer Familie als Haushaltsgemeinschaft sind aus der Perspektive der sozialen Schichtung besonders bedeutsam? Welche Rolle spielen politische Maßnahmen wie Kindergeld oder Wohnbauförderung aus dieser Perspektive?

Weiterführende Literatur

Beck, Ulrich (1986), *Risikogesellschaft. Auf dem Weg in eine andere Moderne*, Frankfurt: Suhrkamp

Inzwischen schon so etwas wie ein »Klassiker« unter den deutschen Beiträgen zum Wandel der Sozialstruktur mit der Grundthese, dass wir uns heute »jenseits der Klassenstruktur« befinden.

Burzan, Nicole (2004), *Soziale Ungleichheit: Eine Einführung in die zentralen Theorien*, Wiesbaden: VS, Verlag für Sozialwissenschaften

Eine gut lesbare, konzise Einführung in die neuere, insbesondere deutsche Diskussion.

Hradil, Stefan (1987), *Sozialstrukturanalyse in einer fortgeschrittenen Gesellschaft. Von Klassen und Schichten zu Lagen und Milieus*, Opladen: Leske + Budrich

Klar argumentierende Darstellung der These, dass die traditionelle Klassen- und Schichttheorie ersetzt werden sollte durch die neuen Konzepte der »Lebenslagen« und »Lebensstile«.

Murphy, Raymond (1988), *Social Closure. The Theory of Modernization and Exclusion*, Oxford: Clarendon Press

Parkin, Frank (1979), *Marxism and class theory: A bourgeois critique*, London: Tavistock

Zwei wichtige Beiträge zur neo-weberianischen Schichtungstheorie aus dem angelsächsischen Sprachraum.

Walzer, Michael (1992), *Sphären der Gerechtigkeit. Ein Plädoyer für Pluralität und Gleichheit*, Frankfurt a.M./New York: Campus (Original 1983)

Eine der besten sozialphilosophischen Analysen der Begriffe »Gleichheit« und »Gerechtigkeit« von einem liberalen amerikanischen Sozialtheoretiker.

Weber, Max (1964 [1922]), *Wirtschaft und Gesellschaft*, Köln/Berlin: Kiepenheuer & Witsch (2 Bde.)

Enthält die klassischen Texte von Max Weber zu den Konzepten der Klassen- und Ständebildung.

Kapitel 5: Bildungssystem und soziale Ungleichheit

5.1 Die Rolle des Bildungssystems in der Reproduktion der sozialen Ungleichheit: Theorien der Bildungsexpansion

Das Bildungssystem spielt unbestritten eine zentrale Rolle, wenn es um Gleichheit und Ungleichheit in modernen Gesellschaften geht. Meist wird dies unter dem Begriff der *Chancengleichheit* thematisiert, d.h. der Frage, ob Kinder aller Bevölkerungsschichten gleiche Chancen beim Zugang zu höherer Bildung haben. Dies ist jedoch keineswegs der einzige Aspekt. Auch alle weiteren Aspekte von Gleichheit bzw. (Verteilungs-) Gerechtigkeit, die in Kapitel 4 diskutiert wurden, spielen im Bereich der Bildung eine Rolle. Drei Grundsätze sind in diesem Zusammenhang zu beachten:

1) Das Prinzip der *Leistungsgerechtigkeit* ist in zweierlei Hinsicht relevant. Zum einen geht es im Bildungssystem um die Frage, wie schulische Leistungen erfasst und welche Folgerungen aus unterschiedlichen Leistungsniveaus der

Schüler gezogen werden sollen. Man kann den Schwerpunkt eher auf eine Selektion und Förderung besonders begabter Kinder und Jugendlicher legen, oder aber versuchen, allen Kindern gleiche Startchancen zu bieten und die weniger Begabten stärker zu fördern. Der zweite Aspekt von Leistungsgerechtigkeit im Schulsystem betrifft die Frage, inwiefern jene, die sich einer längeren Ausbildung unterziehen, dafür später höher entlohnt werden sollen, wie es etwa die funktionalistische Schichtungstheorie impliziert.

2) Das Prinzip der *relativen Gleichheit* spielt eine Rolle, wenn es darum geht, dass alle Menschen eine so lange und so gute Ausbildung erhalten sollen, dass sie in der Lage sind, sich in einer modernen, hochtechnisierten Gesellschaft und Wirtschaft zurechtzufinden. An diesem Prinzip lässt sich zeigen, dass gleiche Behandlung aller Gesellschaftsmitglieder in bestimmten Fällen als ungerecht zu betrachten wäre. Vor allem für körperlich, geistig und seelisch Behinderte muss das Bildungssystem besondere Förderungen und schulische Einrichtungen zur Verfügung stellen, damit sie sich auch zu vollen Mitgliedern einer Gesellschaft entwickeln können, zumindest so weit, wie es ihre Behinderungen gestatten.

3) Schließlich ist auch das Prinzip der *absoluten Gleichheit* bezüglich der Bildung nicht ohne Relevanz. Zwar wird niemand dieselbe Bildung für alle anstreben. Trotzdem ist das Ausmaß der Differenzierung zwischen den niedrigsten und den höchsten Bildungsabschlüssen durchaus eine Frage, die viel Spielraum für unterschiedliche Systeme lässt. Das im vorhergehenden Kapitel skizzierte Modell einer perfekten Meritokratie wäre zwar im Hinblick auf die Aspekte der Chancengleichheit angemessen. Es wäre aber weit entfernt von einem demokratischen Ideal, nach dem es zwischen den verschiedenen Gesellschaftsmitgliedern keine fundamentalen Differenzen im Wissen und in den Fähigkeiten geben sollte.

Um die spezifische Entwicklung des Bildungssystems seit dem Krieg zu rekonstruieren und zu verstehen, welche Rolle soziale Ungleichheit als Ursache und Folge dabei gespielt hat, unterscheiden wir fünf theoretische Perspektiven (vgl. *Übersicht 5.1*).

Übersicht 5.1: Theoretische Perspektiven zur Analyse des Bildungssystems und der Bildungsexpansion

- Bildung als zentrales Element der Modernisierung
- Bildung als Humankapital
- Bildungsnachfrage als Folge von Arbeitsmarktproblemen
- Konflikttheorien des Bildungssystems
- Bildung als gesellschaftliches Ziel und öffentlich bereitgestelltes Gut

Bildung als zentrales Element der Modernisierung

Für soziologische Modernisierungstheoretiker (Bendix 1964; Flora 1974; vgl. allgemein dazu Müller et al. 1997) ist die Einführung der Massenbildung und die Expansion der höheren Bildung ein zentraler Aspekt der Modernisierung seit Beginn der industriellen und demokratischen Revolutionen. Steigende Bildung hat auf individueller und gesellschaftlicher Ebene drei weitreichende Konsequenzen:

- die Förderung der Gleichheit zwischen den Menschen, die Inklusion aller Bevölkerungsschichten in die wichtigsten gesellschaftlichen Teilbereiche;
- die Förderung wirtschaftlicher Innovation und Leistungsfähigkeit einer Gesellschaft;
- die Förderung der politischen Demokratisierung und Inanspruchnahme von Staatsbürgerrechten durch alle Bürger.

Keines dieser Ziele wird durch Bildung allein erreicht, sie alle aber können besser oder vielleicht überhaupt erst realisiert werden, wenn alle Bürger ein gewisses Mindestmaß an Bildung haben. So kann man vermuten, dass die gezielte und erfolgreiche Bildungspolitik der kommunistischen Regierungen Osteuropas letztlich zum Untergang dieser Regimes selber beigetragen hat, da eine vergleichsweise hochgebildete Bevölkerung die politische Bevormundung nicht mehr tolerierte (Lane 1990).

Allerdings gibt es starke schichtspezifische Unterschiede hinsichtlich der Nachfrage nach Bildung. Es ist nicht so, dass das Streben nach Bildung um ihrer selbst willen, um das es hier vor allem geht, in allen Bevölkerungsschichten gleichermaßen vorhanden ist. Streben nach (weiterem) Wissen muss in der Regel durch vorhandenes Wissen erst geweckt bzw. gefördert werden. Daher wird die Nachfrage nach immer mehr Bildung vor allem in den höher gebildeten Schichten auftreten.

Bildung als »Humankapital« und Voraussetzung von wirtschaftlicher Produktivität und Wachstum

Bildung ist eine zentrale Voraussetzung für Berufszugang und wirtschaftliche Leistungsfähigkeit und Produktivität eines Menschen. Die Bildungsökonomie hat diesen Zusammenhang auf gesamtgesellschaftlicher Ebene eindrücklich nachgewiesen und mit dem Begriff des »*Humankapitals*« in ihre Theorie integriert.

Schon Adam Smith und andere klassische Ökonomen wie Friedrich List haben die Idee entwickelt, dass Bildung eine wichtige gesellschaftliche Investition darstellt. Nach ihrer Meinung wird der Reichtum von Nationen nicht durch »natürliche« Faktoren, wie Bodenschätze, territoriale Größe, Bevölkerungszahl usw. bestimmt, sondern durch ihre produktiven Kräfte, d.h., durch die Fähigkeit oder »Kraft, Reichtümer zu schaffen«. So schrieb Friedrich List 1841: »Der jetzige Zustand der Nationen ist eine Folge der Anhäufung aller Entdeckungen, Erfindungen, Verbesserungen, Vervollkommnungen und Anstrengungen aller Generationen, die vor uns gelebt haben; sie bilden das geistige Capital der lebenden Menschheit, und jede einzelne Nation ist nur produktiv in dem Verhältnis, in welchem sie diese Errungenschaft früherer Generationen in sich aufzunehmen und sie durch eigene Erwerbungen zu vermehren gewusst hat.« (F. List, *Das nationale System der politischen Ökonomie*, hier zit. nach Brinkmann 1984, Bd.3, S. 211).

Davon ausgehend haben Ökonomen wie Jacob Mincer, Theodore W. Shultz und Gary S. Becker ein »Schulmodell« zur Berechnung der Ausbildungsrendite von Bildungsinvestitionen entwickelt; demnach ist das erzielte Einkommen u.a. eine Funktion der Länge der absolvierten Schulzeit (Brinkmann 1984, S. 214ff.). Der Kern dieses Modells ist der durch Produktivitätsunterschiede in Gang gesetzte *Lohnwettbewerb* (Müller et al. 1997, S. 180). Auf der Mikroebene werden individuelle Bildungsnachfrage und Schulbesuch zunehmen, wenn eine hohe Rendite aus Bildungsinvestitionen zu erwarten ist. Auf der Makroebene stellt das gesamte Humankapital einer Nation eine unabhängige und wichtige Determinante ihrer wirtschaftlichen Prosperität, Dynamik und internationalen »Wettbewerbsfähigkeit« dar.

Dieser Ansatz ist auch aus der Perspektive der soziologischen Erforschung sozialer Ungleichheit von Interesse. Die Nachfrage nach Bildungseinrichtungen und -abschlüssen wird aus dieser Sicht von den zu erwartenden Berufs- und Einkommenschancen bestimmt. Daher werden weiterführende Bildungswege vor allem von Kindern mittlerer und höherer Schichten gewählt, weil sich diese nur damit den beruflichen und sozialen Status sichern können, den sie aus ihrer Herkunftsfamilie gewohnt sind.

Bildungsnachfrage als Folge von Arbeitsmarktproblemen

Im Zuge der international starken Bildungsexpansion einerseits und der Zunahme von Beschäftigungsproblemen andererseits wird in der bildungspolitischen Diskussion immer wieder auch die Frage aufgeworfen, ob aus Sicht des Beschäftigungssystems eine sehr hohe Ausbildung der Gesamtbevölkerung überhaupt notwendig und sinnvoll ist. Soziologische Studien (für Österreich Kellermann 1985) haben gezeigt, dass die Nachfrage nach höherer Bildung sich auch daraus ergeben kann, dass Absolventen des mittleren Bildungswesens keine Berufschancen vorfinden. Die Universitäten wurden aus dieser Sicht als »Parkplätze« für die Überbrückung von Lebensphasen bzw. Perioden bezeichnet, in denen man (noch) keine adäquate Arbeit gefunden hat.

Dies mag in Österreich besonders für Maturanten der Allgemeinbildenden Höheren Schulen (AHS) gelten, die zwar eine breite Allgemeinbildung, aber keine spezifische berufliche Ausbildung besitzen. Nicht zuletzt aus diesem Grunde hat die Bildungspolitik in den letzten Jahrzehnten mit Erfolg eine starke Umschichtung von den AHS zu den berufsbildenden höheren Schulen (BHS) in Gang gesetzt, wie wir im Folgenden sehen werden.

Die Tatsache, dass dadurch die direkten Berufseintritte anstelle des Übergangs zur Universität trotzdem nicht entscheidend gefördert werden konnten, ist nicht zuletzt durch die statusreproduzierende Funktion des Bildungssystems zu erklären. Es war in den letzten Jahrzehnten ja keineswegs immer so, dass in allen Bereichen der Arbeitswelt ein Mangel an Arbeitsplätzen bestand; im Bereich der Lehrlingsausbildung gab und gibt es in Österreich eher einen Mangel an Nachwuchskräften. Offensichtlich waren Kinder und Jugendliche, bzw. deren Eltern – da die Entscheidung über den Besuch von Hauptschule und Lehre versus Gymnasium in Österreich noch immer schon mit 10 bzw. 11 Jahren fällt – in zunehmendem Maße auf eine weiterführende und höhere bzw. Hochschulausbildung hin orientiert.

Gegen die These, dass Gymnasial- und Hochschulbesuch zu einem hohen Anteil aus Statuserwägungen und nicht in erster Linie aus beruflichen Erwägungen getroffen werden, spricht auch nicht das Faktum, dass Hochschulstudenten ihr Fach in erster Linie aus Interesse und nicht primär aufgrund der späteren Chancen auf dem Arbeitsmarkt wählen. Hat man sich mit 11 Jahren für das Gymnasium entschieden, so geht es nicht mehr um die Frage, ob ein manueller oder nichtmanueller Beruf in Frage kommt, sondern nur um eine Auswahl innerhalb der letzteren.

Statusgruppen- oder Konflikttheorie der Bildungsexpansion

Die vorhin angesprochene Funktion der Statusreproduktion verweist auf eine soziologische Theorie des Bildungssystems, die schon von Max Weber formuliert und von Soziologen in neueren Arbeiten weitergeführt wurde (Collins 1971, 1979; Müller et al. 1997, S. 183ff.). Diese Theorie wendet sich gegen die Vorstellung, die Zunahme der Bildung ergebe sich primär aus funktionalen Erfordernissen der modernen Gesellschaft an mehr und komplexerem Wissen. Als Ursache gilt vielmehr der Verteilungskampf zwischen gesellschaftlichen Statusgruppen um die Verfügung wertvoller Ressourcen, wie attraktive Jobs, hohes Einkommen oder soziales Prestige. Die Vorherrschaft der höheren Statusgruppen beruht auf bestimmten Eigenschaften, die ihren Mitgliedern besondere Rechte, Chancen und Privilegien verleihen. Diese Privilegien versuchen sie aufrechtzuerhalten, indem sie primär Personen rekrutieren, die über ähnliche Attribute verfügen wie sie selber. Dabei spielt der Bildungsabschluss neben Herkunft, Besitz usw. eine zentrale Rolle. Wird Bildung allgemein als Schlüssel zu sozialem Aufstieg betrachtet, gefährden Bildungsaspirationen der untergeordneten Klassen und Schichten das Monopol der dominanten Gruppen. Um durch die allgemeine Anhebung der Qualifikationsstandards ihre Monopolstellung nicht einzubüßen, sind diese daher bestrebt, die Bildungsstandards für privilegierte Positionen kontinuierlich höher zu schrauben. Es gibt Mechanismen bzw. mehrere soziale Theorien, die diesem allgemeinen Ansatz zugerechnet werden können.

So kann man verschiedene *Mechanismen der sozialen Schließung* beim Zugang zum Bildungssystem identifizieren. In Österreich und Deutschland ist aus dieser Sicht – neben der frühen Selektion in das sekundäre und tertiäre Bildungswesen – auch die Regelung der Lehrausbildung und des Zugangs zu Selbständigenberufen in Handwerk und Gewerbe relevant. Solche Regelungen erfolgen nicht nur unter dem Aspekt der Qualifikationssicherung des Nachwuchses, sondern auch unter jenem der Sicherung ausreichender Erwerbsmöglichkeiten für die Inhaber der verschiedenen Berufe. Dies wird u.a. durch Limitierung der Zulassungen erreicht (Hesse 1972).

Ein weiterer Aspekt betrifft den Zusammenhang zwischen Bildungsexpansion und Entwicklung von internen Organisationsstrukturen. Die *formale und hierarchische Struktur* des Bildungssystems entspricht in mehrfacher Hinsicht den Anforderungen, die moderne Bürokratien und hierarchisch strukturierte Arbeitsorganisationen an Bewerber um Stellen richten. Zum einen dient die strenge Gliederung und Organisation der Ausbildung – nach Unterrichtszeiten, vorgeschriebenem Ausbildungsverlauf, Prüfungen usw. – der Einübung von Disziplin und Kontrolle, die auch in bürokratisch-organisatorischen Arbeitskontexten gefordert wird. Zum anderen stellt das Bildungssystem einen gesellschaftlichen »Selektionsapparat« dar, der die Berufsanfänger in genau unterschiedene Statusklassen »sortiert« (Haller 1986a).

Einen verwandten Ansatz stellt die ökonomische *Siebungs- oder Signalhypothese* (Thurow 1975) dar. Auch hier wird die Schule nicht so sehr als Institution verstanden, die produktivitätsfördernde Qualifikationen entwickelt, sondern vor allem als Instrument der Auslese und Einstufung. Da den Arbeitgebern wenig Informationen über Stellenbewerber zur Verfügung stehen, verwenden sie den Bildungsabschluss als besten Indikator für die zu erwartende Leistung. Produktivität ergibt sich weniger aus dem Bildungsniveau der Erwerbstätigen, sondern in erster Linie aus der Struktur des Arbeitsplatzes; Wettbewerb erfolgt daher vor allem um unterschiedliche Arbeitsplätze. Hohe Bildungsabschlüsse und gute Zensuren verschaffen in diesem Wettbewerb bessere Ausgangschancen.

Bildung als gesellschaftspolitisches Ziel und öffentlich bereitgestelltes Gut

Zentrale Bedeutung für die Bildungsexpansion besitzen auch bildungspolitische Zielsetzungen und die politische Bereitstellung von Bildungsmöglichkeiten. Die Bildungsexpansion war im Laufe der Nachkriegszeit praktisch erst möglich durch den flächendeckenden Ausbau von Einrichtungen mittlerer und höherer Bildung. Im Folgenden wird gezeigt, dass in Bundesländern, Regionen und Stadtteilen mit einem breiten Angebot an weiterführenden Ausbildungsmöglichkeiten mehr Schüler auf diese Schulen gehen, als in jenen mit einem geringeren Angebot. Ein Nebeneffekt dieser Tendenz liegt darin, dass in Österreich die Hauptschule in ländlichen Regionen nicht – wie in der Stadt – nur eine »zweitbeste«, unattraktive Alternative zur Unterstufe des Gymnasiums darstellt, sondern eine positiv bewertete und qualitativ hochstehende Schulform.[1]

---

1 In Österreich existiert die deutsche »Realschule« nicht; nach der vierjährigen Volksschule gibt es nur die beiden Alternativen vierjährige Hauptschule oder Unterstufe des Gymnasiums.

Die in diesem Kapitel präsentierten Daten lassen Rückschlüsse auf die Bedeutung dieser unterschiedlichen Mechanismen zu. Hierbei sind insbesondere die zeitliche Dynamik der Bildungsexpansion, die geschlechts- und schichtspezifischen Bildungswege sowie die regionale Ungleichheit der Bildungschancen relevant. Die Thesen von Bildung als zentralem Element der Modernisierung bzw. als Humankapital würden eine Bestätigung finden, wenn wir eine kontinuierliche Expansion über die gesamte Zeitperiode seit dem Zweiten Weltkrieg beobachten können; auch die steigende Bildungsbeteiligung von Mädchen und Frauen wäre wohl am ehesten so zu erklären. Stellt die zunehmende Beteiligung an höherer Ausbildung und Hochschulbesuch auch eine Reaktion auf zunehmende Arbeitsmarktprobleme dar, so sollte sie vor allem in den letzten 20 Jahren zugenommen haben. Trifft die Statusgruppen- bzw. Konflikttheorie zu, so sollte sich beim Hochschulzugang bildungsferner Schichten – trotz genereller Steigerung der Bildungsbeteiligung – nicht sehr viel verbessert haben. Ist schließlich das von der Bildungspolitik bereitgestellte regional unterschiedliche Angebot an höheren Schulen wichtig, so sollten wir weiterhin deutliche regionale Ungleichheiten im Bildungszugang erkennen können.

5.2 Strukturen und Reformen im österreichischen Bildungssystem: Die Beharrungstendenz ständisch-korporativer Elemente

Die Kenntnis der strukturellen Rahmenbedingungen des österreichischen Bildungssystems und seiner Reformierung ist wichtig zur Interpretation der empirischen Daten über die Entwicklung des Bildungssystems sowie der Bildungsbeteiligung der unterschiedlichen sozialen Schichten und Gruppen. Die Geschichte der Bildungsreformen, ihrer Akteure und Resultate muss gesehen werden vor dem Hintergrund der stark nachwirkenden Elemente einer ständisch-korporativen Verfassung der österreichischen Gesellschaft, wie sie in Kapitel 2 dargestellt wurde.

Akteure, Strategien und Folgen der Bildungsreform

Drei Gruppen von Akteuren der Bildungs- und Hochschulreformen waren besonders wichtig (vgl. *Übersicht 5.2*).

Übersicht 5.2: Kollektive Akteure in der Bildungspolitik und Schulreform

- Staatliche Akteure, Regierung, Bildungs- und Hochschulbürokratie, vor allem auf der Ebene des Bundes, aber auch nachgeordneter Gebietskörperschaften wie der Länder, denen Kompetenzen im Bildungsbereich zustehen;
- Vertreter der Sozialpartnerschaft auf seiten der Arbeitnehmer und Arbeitgeber: Gewerkschaften und Arbeiterkammern, Wirtschaftskammern und Industriellenverbände;
- Vertreter der unmittelbar Betroffenen: im Bereich des Primär- und Sekundärschulwesens die Lehrergewerkschaften, im Bereich der Hochschulen die gesetzlichen Vertretungen von Studierenden, Mittelbau und Professoren.

Bei den Reformstrategien seit 1945 kann man allgemein drei Charakteristika feststellen:

- eine weitgehende »Selbstlähmung« durch die Tatsache, dass Reformen im Schulbereich in den »Verfassungsrang« erhoben wurden, d.h., nur mit Zweidrittelmehrheit im Parlament durchgesetzt werden können;
- als Kontrapunkt dazu oft die Durchsetzung von relativ radikalen Reformen auch gegen den Widerstand großer Gruppen von Betroffenen; die Folge davon sind einerseits kontraproduktive Resultate der Reform, andererseits »Gegenreformen«, die nach Wechseln parlamentarischer Mehrheiten wieder gegen erheblichen Widerstand anderer Gruppen durchgesetzt werden;
- vielfach inkonsistente Reformen, die etwa zum Nebeneinander nahezu konträrer Organisationsprinzipien führen (etwa im Bereich Hochschulen gegenüber Fachhochschulen; vgl. dazu ausführlich Haller 2002a).

Die Struktur des österreichischen Bildungssystems

An der Struktur des österreichischen Bildungssystems lässt sich der ständische Charakter der österreichischen Gesellschaft besonders deutlich nachweisen. In der Grundstruktur ist es dem deutschen Bildungssystem ähnlich (dort vor allem den Bildungssystemen bürgerlich dominierter Bundesländer wie Bayern oder Baden-Württemberg); es weist aber auch einige besondere Charakteristika auf (Lassnig 1995, S. 458; Scheipl/Seel 1988; Seel/Scheipl 2004).

- Eine *frühzeitige Selektion* der Schüler in zwei unterschiedliche Bildungswege (»tracks«): Einerseits die Hauptschule und Lehrausbildung mit einer typischen Berufseinmündung in manuelle Berufe, andererseits die Unter- und Oberstufen der Gymnasien mit dem typischen Übergang zur Hochschule. Eine derartige frühe Bildungsentscheidung verstärkt die Einflüsse des Elternhauses auf den Bildungsweg der Kinder und sie hemmt die Bildungsexpansion eher (Kurz/Müller 1987; Shavit/Blossfeld 1993). (Vgl. *Abbildung 5.1*)

- Spezifische Ausbildung für Handwerks- und Dienstleistungsberufe in Form der *dualen Berufsausbildung* (Berufsschule und Lehrlingsausbildung im Betrieb).
- Relativ hohes Gewicht der *mittleren beruflichen Ausbildungswege*, allerdings – bis zur Gründung der Fachhochschulen – mit keinen Studienalternativen zu den Hochschulen.

Abbildung 5.1: Wie lange gehen Schüler in den verschiedenen Industriestaaten gemeinsam in eine Schule?

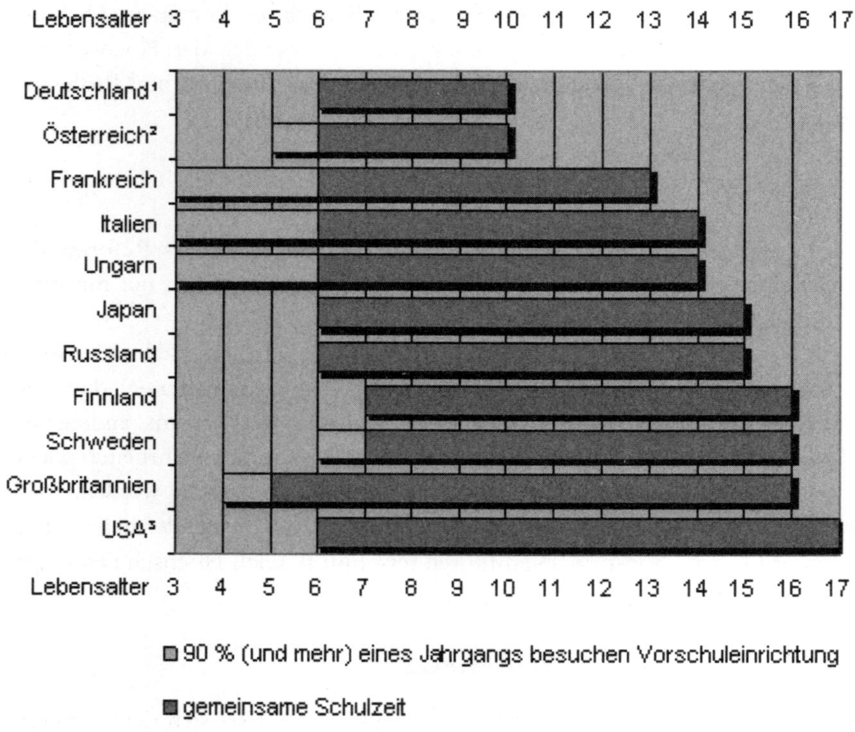

1 Berlin und Brandenburg sechs Jahre Grundschule

2 Kindergartenkinder in Österreich: 83,9 Prozent (2003) der 3–5-Jährigen besuchen eine Vorschuleinrichtung

3 Die Pflichtschulzeit endet in mehr als der Hälfte der Bundesstaaten im Alter von 16 Jahren, eine große Mehrzahl der SchülerInnen setzt die Ausbildung jedoch fort, um die High School regulär abzuschließen.

Quellen: Rudolf Schmitt, Grundlegende Bildung in und für Europa, Frankfurt/Main 2001, S. 17; Kindergärten in Österreich: Statistisches Taschenbuch des BMBWK 2004, S. 11; Russland: http://www.russian-online.net/de_start/box/boxtext.php?auswahl=russian_schulsystem1 (7.11.2005); USA: OECD, Bildung auf einen Blick, Paris 1996, S. 335ff.

- *»Offener« Hochschulzugang* (einzige Voraussetzung: Matura, bis 2000 auch keine Studiengebühren).[2]
- Hoher Grad an politischer *Zentralisierung* (»Verstaatlichung«), Bürokratisierung und Regulierung des Bildungswesens.
- Relativ *hohe Ausgaben* für das Bildungswesen, insbesondere durch einen hohen Personalaufwand.

Um die Entwicklung des Bildungssystems aus der Sicht der Schüler und Studenten und ihrer Bildungschancen besser zu verstehen, ist es notwendig, die im nächsten Abschnitt kurz dargestellten bildungs- und hochschulpolitischen Diskussionen und Reformen zu kennen, denn sie haben deutliche Effekte auf die Entwicklung der Ungleichheit der Chancen im Bildungssystem. Der politische Aspekt der Ungleichheit ist also auch hier – wie bei der Frage der Klassenbildung allgemein – von zentraler Bedeutung.

So versuchten die bürgerlichen Parteien, unterstützt durch die katholische Kirche, in den 1950er Jahren mit Erfolg vor allem die ständischen Elemente des Bildungssystems zu konservieren, während sie ab 1990 die Pluralisierung des Bildungssystems forcierten. Die Sozialdemokraten versuchten eher eine Öffnung des Bildungssystems für breitere Schichten zu erreichen, wobei sie im Bereich der Sekundarbildung wenig, im Bereich der Hochschulbildung mehr Erfolg hatten. Insbesondere mit ihrer Forderung nach Einführung einer integrierten, gemeinsamen Ausbildung aller Schichten bis zum 15. Lebensjahr kamen sie bis heute nicht durch (Lassnig 1995).

Reformen des Bildungssystems und der Hochschulen seit 1945[3]

Wie in vielen anderen Ländern stellte auch in Österreich die Reform des Bildungssystems ein kontinuierliches Thema aller Regierungen seit 1945 dar. Dabei ergaben sich sowohl in der Priorität dieses Themas wie auch in den inhaltlichen Reformzielen deutliche Veränderungen.

Die Bemühungen der Bildungspolitik in der unmittelbaren Nachkriegszeit waren einerseits auf die Wiederaufnahme des regulären Unterrichts gerichtet, andererseits auf die gesetzliche und organisatorische Vereinheitlichung des Bildungssystems. Ein Diskussionspunkt bestand darin, ob man die vielen Volksschulen auf dem Land erhalten, oder durch Ausbau der Hauptschulen die Orientierung der jungen Generation am industriellen und gewerblichen Sektor fördern sollte. Die alte Volksschule hatte – nach der vierjährigen Unterstufe – auch eine vierjährige Oberstufe umfasst. Die letztere wurde dann sukzessive durch die vierjährige Hauptschule und die Unterstufe des Gymnasiums er-

2 Seither gibt es Studiengebühren von 363,- Euro pro Semester. Diese sind jedoch im internationalen Vergleich, wie auch im Vergleich zu den Kosten für andere Ausbildungen in vergleichbaren Altersgruppen, als relativ bescheiden zu bezeichnen.

3 Ich folge hier den Ausführungen von Lassnig 1995, S. 458 ff; eine ausführliche Darstellung bieten auch Scheipl/Seel 1988 und Seel/Scheipl 2004.

setzt. Der Lehrplan der beiden letzteren war weitgehend ident; kennzeichnend für das Gymnasium war Latein ab der 3. Klasse. Die Kontroverse Volksschuloberstufe versus Hauptschule wurde gesetzlich und de facto eindeutig zugunsten großer Hauptschulen in zentralen Orten entschieden. Dies zeigt sich deutlich im kontinuierlichen Rückgang der Volksschulen und im entsprechenden Zuwachs an Hauptschulen (nahezu Verdoppelung zwischen 1950 und 1980; vgl. *Tabelle 5.1*). Der Anteil der 10–14jährigen, die noch die Volksschuloberstufe besuchten, betrug bis zur Mitte der 1960er Jahre noch 30–35 Prozent; bis Mitte der 1970er Jahre ging er praktisch auf Null zurück (Daten von Fritz Kast, Eisenstadt).

Tabelle 5.1: Anzahl der Kindergärten und Schulen in Österreich 1950–2004

Jahr	*Kindergarten u. -krippe*	*Volksschule*	*Hauptschule*	*AHS*	*BHS*[1]
1950/51	1.111	4.400	684	168	71
1960/61	1.617	4.393	850	201	95
1970/71	2.794[2]	3.973	1.043	288	109
1980/81	3.682	3.450	1.228	303	229
1990/91	4.211	3.386	1.181	313	334
2000/01	5.391	3.360	1.173	332	386
2004/05	5.735	3.200	1.134	346	411
Zuwachs/Abnahme (1950=100)	518	73	166	206	579

[1] Inklusive Lehrerbildungsanstalten (bis 1967/68) und Bildungsanstalten für Sozial- und Kindergartenpädagogik (ab 1980/81); [2] für 1973/74

Quellen: 1950: Republik Österreich 1945–1995, S. 53, Tabelle 2.1; 1960–2004: Statistisches Jahrbuch 2006, S. 134, Tabellen 4.01, 4.02 und 4.03

Einen ersten Meilenstein der Entwicklung stellten die Schulgesetze des Jahres 1962 dar. Drei Aspekte waren dabei besonders wichtig:

- Die Zusammenfassung des Bildungswesens in einen *einheitlichen organisatorischen Rahmen* sowie die Erstellung eines dichten Regelungssystems, das die Ausbildungsprofile der einzelnen Schulen weitgehend festlegt.

- Die bislang bestehende Schulstruktur wurde festgeschrieben, jedoch auch mehrere Neuerungen festgelegt: Weichenstellung in Richtung Hauptschule gegenüber der Volksschuloberstufe; Verlängerung der Schulpflicht, Einführung des Polytechnischen Lehrgangs; Verlängerung der Oberstufen um ein Jahr; Ausbildung der PflichtschullehrerInnen in den Pädagogischen Akademien; Festlegung von Klassenschülerhöchstzahlen für die verschiedenen Schulbereiche.

- Sehr folgenreich war die Festlegung, dass schulorganisatorische Fragen in den *Verfassungsrang* erhoben wurden; damit können Änderungen nur mehr von Zweidrittel-Mehrheiten im Parlament durchgesetzt werden. Damals als ein positiver Faktor für die Stabilität des Schulrechtes gewertet, bedeutete dieser im sozialpartnerschaftlichen Geiste gefasste Beschluss eine erhebliche Lähmung für zukünftige Reformen (Scheipl/Seel 1988, S. 42ff.; Altrichter et al. 2005, S. 9). Weiters wurden die Kompetenzen für die verschiedenen Schulbereiche zwischen Bund, Ländern und Gemeinden aufgeteilt. Aus diesen beiden Festlegungen ergab sich ein hoher Konsensbedarf in der Bildungspolitik.

Im Hochschulbereich erfolgte durch das *Hochschul-Organisationsgesetz* (HOG) von 1955 eine Zusammenfassung der vielen Bestimmungen, die noch weitgehend aus dem 19. Jahrhundert stammten. Im *Allgemeinen Hochschulstudiengesetz* von 1966 (AHStG) wurde eine neue, vereinheitlichte Studienstruktur (Diplomstudien) festgelegt, wodurch eine Straffung der Studienzeit erreicht werden sollte, was sich jedoch als unrealistisch erwies.

Im Bereich der *Lehrlingsausbildung* standen die ersten Nachkriegsjahrzehnte zunächst vor dem Problem der Jugendarbeitslosigkeit, bald aber jenem des Mangels an Lehrlingen. Die Kompetenz für diesen Bereich lag aber seit jeher bei den Sozialpartnern bzw. im Bereich des Wirtschaftsministeriums.

Ende der 1950er, Anfang der 1960er Jahre begann sich – in Anknüpfung an internationale Trends, Studien der OECD usw. – eine neue »ökonomische« Sicht des Bildungswesens durchzusetzen. Bedeutsam war hiefür die Studie von Josef Steindl *»Bildungsplanung und wirtschaftliches Wachstum«* von 1967 (Scheipl/ Seel 1988, S. 71ff.). Bildungsinvestitionen wurden immer mehr als Voraussetzung für wirtschaftliches Wachstum und erfolgreichen wirtschaftlichen Strukturwandel gesehen. Dies kam bereits in den Regierungserklärungen bürgerlicher Bundeskanzler (etwa von Gorbach im Jahr 1961 und Klaus im Jahr 1966) zum Ausdruck (vgl. Haller 1986b). Als wichtige Ziele wurden thematisiert: Steigerung der Anzahl der Maturanten sowie der Übertrittsraten von der Matura zu den Hochschulen; Vermehrung der Studierenden in naturwissenschaftlich-technischen Fächern; Verkürzung der Studiendauer.

1963 wurde das *Studienförderungsgesetz* beschlossen (Stipendien für Bedürftige) und mit dem *regionalen Ausbau* der AHS begonnen (»Jedem Bezirk eine höhere Schule«). Tatsächlich erfolgte ab Anfang der 1960er Jahre ein forcierter Ausbau der höheren Schulen, der sogar zu einem stärkeren Schülerzuwachs führte als erwartet, allerdings die Relation von Lehrern zu Schülern verschlechterte. In dieser Zeit rückte auch ein zweiter Aspekt in den Vordergrund, das Problem der *Chancengleichheit* und der sozialen Umweltbedingungen, die den Schulbesuch mitbestimmen. Hier wurde vor allem von der SPÖ das Problem der frühen Selektion als Faktor der Reduzierung von Chancengleichheit hervorgehoben. Die IV. Novelle zum Schulorganisationsgesetz 1971 unter der sozialdemokratischen Regierung von Kreisky brachte diesbezüglich einiges in Bewegung: Es wurde ein *Zentrum für Schulversuche und Schulentwicklung* gegründet, das eine Reihe von Versuchsmodellen begleitete. Weitere Maßnahmen forcierten die Öffnung der höheren Schulen und Hochschulen: die Aufhebung der Aufnahmeprüfung für die AHS (eine Maßnahme, die vermutlich vor allem Kindern mittlerer und höherer Schichten zugute kam), Abschaffung der Schul- und Studiengebühren, kostenlose Bereitstellung von Schulbüchern und Schulfahrten, Ausbau des berufsbildenden Schulwesens, Erweiterung des Hochschulzugangs (stärkere Öffnung für Absolventen der berufsbildenden höheren Schulen).

Im Rahmen der Hochschulen erfolgte eine erste Weichenstellung durch die Schaffung eines eigenen *Wissenschaftsministeriums* 1970; das Hochschultaxengesetz von 1972 schaffte alle Gebühren ab. Entscheidend war das *Universitätsorganisationsgesetz* 1975 (UOG 75), das nur mit den Stimmen der regierenden Sozialdemokraten beschlossen wurde.

Durch das UOG 75 wurden die Studiengänge sehr detailliert geregelt, das gesamte System vereinheitlicht, die staatliche Entscheidungskompetenz gegenüber den Universitäten betont und drittelparitätische Mitbestimmung eingeführt. Diese Hochschulreform war Folge und Teil des allgemeinen gesellschaftspolitischen Aufbruchs der sozialistischen Alleinregierung unter Kreisky, die zentrale Anliegen der Studentenrevolution der späten 1960er Jahre umsetzte (Haller 2002a; vgl. auch Walter 1978; Brünner 1985; Funk 2001; Kostal 2002).

Diese Reform legte fest, dass in den entscheidenden Universitätsgremien (Instituts- und Fakultätsversammlung, Senat usw.) die Studierenden, der Mittelbau (Universitätsassistentinnen und -assistenten) und die (ordentlichen) Professoren gleichberechtigt an den grundlegenden Entscheidungen der Universität mitwirken sollten; dies galt für die Erarbeitung von Studienplänen, bei der Einstellung von Bediensteten und Assistenten, bei der Habilitation und bei der Berufung neuer Professoren. Die Einführung der Mitbestimmung hat zur Etablierung dreier »*Kurien*« geführt, wie die Studierenden, der Mittelbau und die Professoren im Gesetz und auch im Universitätsalltag genannt werden. Praktisch sind diese nahezu exakt als moderne »Stände« zu bezeichnen. Auf der einen Seite hatte diese Reform den positiven Effekt, dass wichtige Entscheidungen in der Universität nicht mehr im stillen Kämmerlein von den ordentlichen Professoren durchgeführt werden, sondern öffentlich diskutiert und begründet werden müssen. Die andere Konsequenz war jedoch, dass seitdem Entscheidungen immer auch unter dem Aspekt des Sieges oder der Niederlage einer der drei Universitätsstände gesehen wurden. Sehr häufig war es der Fall, dass sich eine Kurie mit einer anderen verbündete, um ihre Ziele durchzusetzen; die dritte hatte dann keine Chance mehr, eine Entscheidung zu blockieren.

Ab Mitte der 1970er Jahre ebbte der Reformeifer stark ab, die Diskussion wandelte sich grundlegend: »Nicht mehr Mangel, sondern ›Überproduktion‹ war nun das Thema.« (Lassnig 1995, S. 471). Auch hier schloss man sich ausländischen, u.a. amerikanischen Diskussionen (etwa im Buch *The Overeducated American* von R. B. Freeman 1976) an; Schlagworte wie Jugendarbeitslosigkeit, Akademikerschwemme und »neues akademisches Proletariat« wurden in der Öffentlichkeit nun gängig. Im Bereich der Lehrlingsausbildung ging der Mangel an Lehrstellen im Zusammenhang mit sinkenden Geburtsjahrgängen in ein Problem mangelnder Nachwuchskräfte über. Von bürgerlicher Seite wurde daher die Umlenkung der Ströme vom schulischen auf den Lehrlingssektor gefordert.

Ende der 1980er Jahre erhielt die bildungspolitische Diskussion wieder neue Impulse, wobei von Seiten der bürgerlichen Parteien und der Arbeitgeber die

Bedeutung des Bildungssystems für die wirtschaftliche Entwicklung neuerdings in den Vordergrund gestellt wurde.

Nun wurde die Expansion der AHS-Unterstufen auf Kosten von Hauptschule und berufsbildenden Schulen als Problem thematisiert. Der ausschlaggebende Faktor für diese Expansion war aber nicht ein Ausweichen der Schüler von den Hauptschulen in die AHS-Unterstufen, sondern der allgemeine demographische Rückgang, der die Hauptschulen überproportional stark betraf (Lassnig 1995, S. 477). So sank die Anzahl der Schüler an Hauptschulen von 367.000 Anfang der 1980er Jahre bis zur Jahrhundertwende um 100.000 (vgl. *Tabelle 5.2*). Zugleich nahmen die Übertritte von Hauptschulen und berufsbildenden mittleren Schulen auf die Oberstufen des Gymnasiums und die Hochschulen zu. Hier hat sich also die Erwartung nicht erfüllt, dass ein steigender Anteil von Maturanten direkt in das Berufsleben einsteigen würde.

Tabelle 5.2: Anzahl der Kindergartenkinder und Schüler nach Schularten in Österreich 1950–2004

Jahr	*Kindergarten und -krippe*	*Volksschule*	*Hauptschule*	*AHS*	*BHS*[1]
1950/51	63.604	671.987	184.004	55.148	11.704
1960/61	79.725	516.110	205.965	83.426	26.469
1970/71	160.948	595.911	308.935	141.260	30.762
1980/81	185.247	401.396	367.611	181.561	76.236
1990/91	205.831	371.971	238.953	158.359	105.340
2000/01	227.800	393.586	263.546	184.713	132.747
2004/05	224.891	364.900	269.418	197.418	140.949
Zuwachs/Abnahme (1950=100)	354	54	146	358	1.204

1 Inklusive Lehrerbildungsanstalten (bis 1967/68) und Bildungsanstalten für Sozial- und Kindergartenpädagogik (ab 1980/81)

Quelle: Statistisches Jahrbuch Österreich 2006, S. 134, Tabellen 4.01, 4.02 und 4.03

Eine wichtige Differenzierung besteht in dieser Hinsicht nach Größe des Wohnortes. Vor allem in ländlichen Regionen erfüllen Hauptschule und berufsbildende höhere Schulen in hohem Maße auch die Funktion von Bildungswegen zu den Universitäten. Diese regionale Differenzierung im Bereich der Sekundarschulbildung ist auch in der Verteilung der Schüler nach Schultypen eklatant. So besuchen in den Bundesländern unter den 15- bis unter 20-Jährigen etwa in Nieder- und Oberösterreich deutlich häufiger die Oberstufe eines Gymnasiums als in Wien (vgl. *Tabelle 5.3*). Wirtschaftlich eher schwächere Bundesländer wie Burgenland und Kärnten haben einen deutlich höheren Anteil an Gymnasiasten (54 Prozent bzw. 47 Prozent) als wirtschaftlich starke Länder wie Tirol und Vorarlberg (36 Prozent bzw. 37 Prozent). Hier zeigt sich also ganz klar, dass der

Besuch weiterführender Schulen in hohem Maße als eine Funktion des Angebotes an entsprechenden Schulen zu sehen ist.

Tabelle 5.3: Anzahl der Schüler in AHS-Oberstufe, Oberstufenrealgymnasien und BHS nach Geschlecht und Bundesländern und ihr Anteil an der 15- bis 19-Jährigen Wohnbevölkerung, Schuljahr 2003/04

Bundesland	*Anzahl der 15- bis 19-Jährigen*[1]	*Schüler in AHS-Oberstufe, Oberstufenrealgymnasien und BHS*		*Gesamt-Quote*[2]
		Gesamt	*davon weiblich*	
			Prozent	*Prozent*
Burgenland	16.060	8.676	53,1	54,0
Kärnten	34.070	16.093	54,8	47,2
Niederösterreich	92.270	34.922	53,1	37,8
Oberösterreich	87.560	35.101	54,8	40,1
Salzburg	32.260	14.311	53,3	44,4
Steiermark	69.570	29.404	51,7	42,3
Tirol	42.560	15.476	54,4	36,4
Vorarlberg	23.010	8.627	55,5	37,5
Wien	78.343	42.621	51,1	54,4
ÖSTERREICH	*475.703*	*205.231*	*53,1*	*43,1*

1 im 1. Quartal 2004;

2 Anteil der SchülerInnen an der 15- bis 19-jährigen Wohnbevölkerung in Privathaushalten

Quellen: Statistisches Taschenbuch 2004 des BMBWK, S. 32ff, Tabelle 2.2; Anzahl der 15- bis 19-Jährigen: Statistik Austria unter www.statistik.at (7.11.2005); Daten: ISIS-Datenbank

Im Laufe der 1990er Jahre erfolgte ein bildungspolitisches Umdenken auch in der SPÖ in Richtung einer Autonomisierung des Bildungssystems. Hiefür wurden wichtige Weichenstellungen durch das *Universitätsorganisationsgesetz* 1993, das *Fachhochschulstudiengesetz* (FHStG 1993) und das *Universitätsgesetz* 2002 (UG 2002) vorgenommen. Das letztere stärkte die Autonomie der Universitäten, reduzierte die Mitbestimmung von Studierenden und Mittelbau und erweiterte die Entscheidungsbefugnisse der autokratischen Leitungsorgane (Rektor, Dekan usw.). Parallel dazu wurde die Berufung von Professoren auf Lebenszeit abgeschafft. Ähnliche Bestrebungen zur Erhöhung der Schulautonomie und einer stärkeren Einbindung von Eltern und Lehrern gab es auch im Sekundarschulsystem; praktisch konnten diesbezügliche Schritte jedoch nicht realisiert und die Erwartungen nicht erfüllt werden (Altrichter et al. 2005). Mit den *Fachhochschulen* wurde ein ganz neuer Sektor der Ausbildung auf Hochschulniveau eingeführt, der sich in wesentlichen Aspekten von jenem der Universitäten unterschied (vgl. Prisching 2001):

- Konzentration der Ausbildung auf *praxisrelevante und -nahe Bereiche*, für die der Bedarf an Absolventen durch empirische Untersuchungen festgestellt wird;

- Strikte *Limitierung des Zugangs* durch Beschränkung der Teilnehmerzahlen an den verschiedenen Ausbildungsgängen; die Zugangsbeschränkungen erfolgen u.a. auch nach einem (aus normativ-demokratischer Sicht fragwürdigen) Persönlichkeitstest;
- Durchgehendes *Kurssystem*, d.h., Studierende eines Eintrittsjahrgangs müssen einen Ausbildungsweg gemeinsam durchlaufen, ein »Bummeln« durch Wiederholung von Semestern ist unmöglich.

Dass die Berufschancen von Fachhochschulabsolventen unter diesen Voraussetzungen weit günstiger sein müssen als jene von Hochschulabsolventen liegt auf der Hand.

Die sozialdemokratische Bildungsministerin Claudia Schmidt der neuen österreichischen Bundesregierung seit Jänner 2000, einer großen Koalition aus SPÖ und ÖVP mit Bundeskanzler Alfred Gusenbauer (SPÖ) an der Spitze, hat einen neuen Anlauf zur Einführung einer einheitlichen Mittelschule für die 11- bis 14-Jährigen unternommen. Obwohl es sich dabei um einen eher bescheidenen Plan handelte (versuchsweise Einführung des neuen Schultyps in einzelnen Bundesländern bzw. Regionen), war der Widerstand des bürgerlichen Koalitionspartners so stark, dass abzusehen ist, dass die Reform an der traditionell-ständischen Struktur des österreichischen Bildungssystems wenig verändern wird.

5.3 Egalisierung der Chancen oder Statusreproduktion? Befunde zur Entwicklung von Bildungsbeteiligung und Bildungschancen

a) Die Entwicklung der Bildungseinrichtungen und Bildungsbeteiligung

Primar- und Sekundarschulwesen

Betrachten wir als erstes die Entwicklung der Bildungseinrichtungen bis zur Matura von 1950 bis 2004.

Tabelle 5.1 hat gezeigt –, wie im letzten Abschnitt festgestellt – dass die Volksschulen einen deutlichen Rückgang zu verzeichnen hatten, alle anderen Schulformen jedoch einen starken Zuwachs. Die Hauptschulen nahmen um 72 Prozent zu, die allgemeinbildenden höheren Schulen (AHS) etwas stärker; am stärksten wuchsen die berufsbildenden höheren Schulen (BHS), die sich mehr als verfünffachten. Hier zeigen sich also ganz deutlich die Folgen der bildungspolitischen Weichenstellungen, die von den eher kleinen, oft mehrere Klassen in einem Raum vereinigenden Volksschulen hin zu größeren Hauptschulen gingen, zum anderen auch zu den berufsbildenden mittleren Schulen.

Eine starke Zunahme der Schulgrößen zeigt sich vor allem bei den AHS: hier stieg die durchschnittliche Schülerzahl von 400 1960 auf rund 550 bis Mitte der 1980er Jahre an (Lassnig 1995, S. 464). Demgegenüber blieb die Zahl der Schüler an Pflichtschulen und BHS relativ konstant.
Betrachtet man die Entwicklung der Schülerzahlen an den verschiedenen Schultypen, so zeigt sich die Zunahme der höheren Schulen, und vor allem der BHS, noch stärker (vgl. *Tabelle 5.2*).

Tabelle 5.4: Entwicklung der Maturantenzahlen, Anteil am Altersjahrgang, Frauenanteil an Maturanten und AHS-Anteil, 1955–2020

Maturajahr	*Gesamt*[1]	*Quote*[2] *in Prozent*	*Männer*	*Quote*[2] *in Prozent*	*Frauen*	*Quote*[2] *in Prozent*	*Frauenanteil an Maturanten Prozent*	*AHS-Anteil in Prozent*
1955[3]	5.541	-	3.563	-	1.978	-	36,0	66,3
1961[3]	12.885	-	8.080	-	4.805	-	37,0	69,7
1971	16.755	16,8	9.259	18,3	7.496	15,1	44,7	75,0
1981	27.517	20,7	14.160	21,1	13.357	20,3	48,5	63,0
1991	31.105	28,8	14.568	26,6	16.537	31,2	53,2	46,1
2001	37.850	38,3	16.555	32,9	21.295	43,9	56,3	45,6
2005	38.802	39,7	17.107	34,2	21.695	45,4	55,9	41,5
Prognose								
2010	43.243	44,0	19.437	38,6	23.806	49,6	55,1	45,0
2015	42.193	45,5	19.454	41,1	22.739	50,1	53,9	43,4
2020	37.854	44,6	17.372	39,9	20.482	49,5	54,1	44,1

1 Zahl der SchülerInnen in den Abschlussklassen (ohne Kollegs) maturaführender Schulen. Ein kleiner Teil dieser SchülerInnen erreicht keine Matura. 1955 und 1961: s. Fußnote 3

2 Quote: Anteil an Altersjahrgängen (Durchschnitt der 18- bis 19- und 19- bis 20-Jährigen), Prozent gerundet

3 Zahl der bestandenen Reifeprüfungen; Geschlechterverteilung und Frauenanteil an Maturanten geschätzt: für technische, gewerbliche Anstalten und Handelsakademien wurden die Verteilungen der jeweils letzten Klasse des Schuljahres auf die Zahl der Reifeprüfungen übertragen

Quellen: 1955: Österreichische Schulstatistik Schuljahr 1956/57; 1961: Österreichische Schulstatistik Schuljahr 1962/63; 1971–2001 und 2010–2020: Hochschulbericht 2002, 1. Bd., S. 168; 2005: Statistik Austria (Wohnbevölkerung 18- und 19-Jährige); Statistisches Taschenbuch des BMBWK 2005, S. 41.

Die Entwicklung der *Maturantenzahlen* seit 1971 zeigt die steigende Bildungsbeteiligung sehr deutlich (vgl. *Tabelle 5.4*). 1971 machte der Anteil der Maturanten 16,8 Prozent an der gleichaltrigen Altersgruppe (18–20jährige) aus. Im Jahre 2005 betrug der entsprechende Anteil bereits 39,7 Prozent; in den nächsten beiden Jahrzehnten wird die Absolutzahl der Maturanten zwar demographisch bedingt zurückgehen, ihr Anteil am gleichen Altersjahrgang jedoch auf 44 Prozent steigen. Besonders deutlich ist hier der

Vormarsch der Frauen: machten diese 1971 noch etwas weniger als die Hälfte (rund 45 Prozent) der Maturanten aus, waren es 2005 bereits 56 Prozent. Besonders stark gestiegen ist die Quote der Maturantinnen an den gleichaltrigen Altersjahrgängen, und zwar von 15 Prozent 1971 auf nicht weniger als 45 Prozent im Jahre 2005. Die Mädchen bzw. jungen Frauen haben im Bereich der höheren Schulen die Burschen also nicht nur eingeholt, sondern sogar überholt.

Der Abschluss einer allgemeinbildenden Höheren Schule ist immer noch primär die Vorstufe zu einem Hochschulbesuch. *Tabelle 5.5* zeigt, dass gut zwei Drittel der AHS-Maturanten auf die Universitäten gehen. Ein markanter Aufholprozess zeigt sich auch hier bei den Frauen; bei ihnen war die Übertrittsrate 1970 noch weniger als 50 Prozent; heute ist sie etwas höher als jene der jungen Männer.

Deutlich niedriger sind diese Übertrittsraten bei den Absolventinnen und Absolventen berufsbildender Höherer Schulen sowie den Lehrerbildungsanstalten, von denen zwei Drittel gleich in den erlernten Beruf gehen.

Tabelle 5.5: Übertrittsraten der Maturanten[1] nach Schulformen und Geschlecht, Maturajahre 1970–2003

Schulform	*1970*	*1982*	*1990*	*2000*	*2003*
	in Prozent der Maturanten				
AHS					
Männer	74,1	78,3	81,0	68,2	68,9
Frauen	47,7	63,8	70,1	70,3	71,6
Gesamt	*62,7*	*70,5*	*75,2*	*69,4*	*70,5*
BHS					
Männer	29,6	40,9	46,8	29,4	30,5
Frauen	12,9	31,6	34,6	30,9	34,3
Gesamt	*25,1*	*36,8*	*40,8*	*30,2*	*32,5*
Insgesamt[2]					
Männer	58,0	60,3	63,4	47,3	46,9
Frauen	40,8	52,1	52,0	50,1	50,3
Gesamt	*51,5*	*56,2*	*57,4*	*48,9*	*48,8*

1 Anteil jener Maturanten (= Schülerinnen und Schüler) in Prozent, die innerhalb der 3 folgenden Semester an einer Universität erstzugelassen wurden;

2 Inkl. Höherer Schulen der Lehrer- und Erzieherbildung

Quellen: bis 1982: Hochschulbericht 1999, 2. Bd., S. 116, Tabelle 5.1.7 ab 1990: Universitätsbericht 2005, 2. Bd., S. 100, Tabelle 6.1.2

Wie ist diese stark unterschiedliche Entwicklung zu erklären? Drei Aspekte sind hier relevant. Zum ersten wählen Männer heute offensichtlich häufiger Bildungswege, die zu einem früheren Berufseintritt führen. In dieser Hinsicht könnte man vermuten, dass Mädchen bzw. junge Frauen geringere Chancen auf dem Arbeitsmarkt haben im Sinne der oben angeführten Hypothese, dass weiterführende Bildung auch als nicht ganz freiwillige bzw. gewünschte Möglichkeit gesehen wird, Phasen der Erwerbslosigkeit zu überbrücken (Haring 2005).

Zum zweiten ist nicht ausgeschlossen, dass sich männliche Jugendliche im weiterführenden Sekundarschulsystem weniger wohl fühlen als Mädchen, in gewisser Weise also »diskriminiert« werden. Dafür könnte einerseits die allgemein bekannte Tatsache sprechen, dass Mädchen sich eher an schulische Disziplin und »Tugenden« anpassen als Burschen, andererseits die Tatsache, dass das Lehrpersonal in diesen Schulen inzwischen überwiegend weiblich ist. Zum dritten kann hier auch die statusreproduzierende Funktion des Bildungssystems eine Rolle spielen. Es werden sich im Folgenden Hinweise darauf ergeben, dass der schichtspezifische Effekt bei Frauen stärker ausgeprägt ist als bei Männern.

Die Expansion der Hochschulbildung

Spektakulär war auch die Entwicklung der Hochschulbildung (vgl. *Abbildung 5.2*). Von 1955 bis zum Ende des Jahrhunderts hat sich die Zahl der Studierenden an den Universitäten mehr als verzehnfacht; sie stieg von rund 20.000 auf rund 240.000. An diesem Anstieg nahmen bis Ende der 1960er Jahre vor allem männliche Studierende teil, dann zogen aber die Frauen nach; in den letzten Jahren haben sie die Burschen überholt.

Abbildung 5.2: Studierende an Österreichs staatlichen Universitäten 1955/56 bis 2005/06

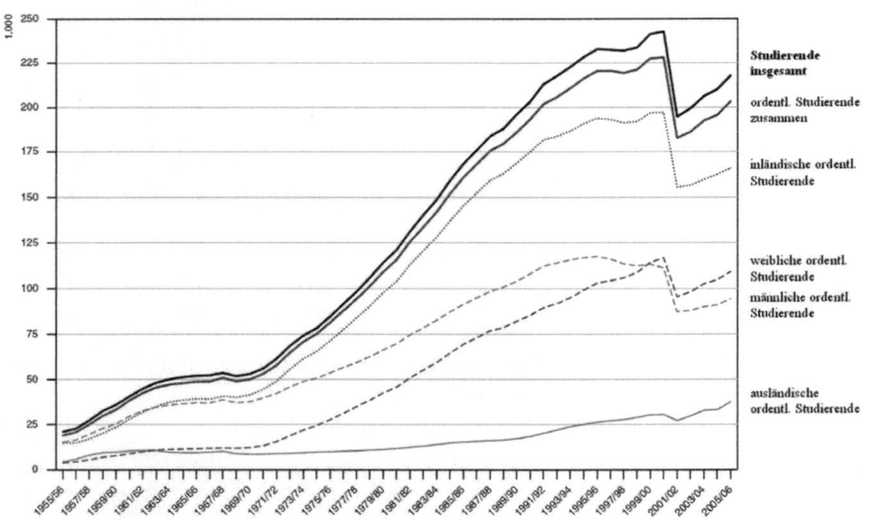

© STATISTIK AUSTRIA

Quelle: Statistik Austria, www.statistik.at/fachbereich_03/bildung_grafik.shtml (28.11.2006) (Grafik verändert dargestellt.)

Ein deutlicher Rückgang der Zahl der Studierenden trat infolge der Einführung von Studiengebühren von 10.000 ATS (363 Euro) im Jahre 2001 ein. (Näheres dazu unten). Im Wintersemester 2000 studierten insgesamt 242.598 Studenten, darunter 51,3 Prozent Frauen; im Wintersemester 2001 gab es insgesamt 194.776 Studierende, davon 52 Prozent Frauen.

Betrachtet man eine Prognose der weiteren Entwicklung, so zeigt sich, dass die Expansion um die Jahrhundertwende bereits ihren Höhepunkt erreicht hat. Entsprechend der Stagnation der Maturantenzahlen werden auch die Zahlen der Studierenden an den Universitäten nicht mehr sehr stark steigen, bis zum Jahr 2020 sogar etwas abnehmen. Eine deutliche Umschichtung wird sich jedoch von den Universitäten auf die Fachhochschulen hin vollziehen. Dies zeigt sich auch bei der Entwicklung der Erstzugelassenen an den Hochschulen (vgl. *Tabelle 5.6*). Deren Zahl wird sich bis etwa zum Ende dieses Jahrzehnts noch deutlich erhöhen, dann aber allmählich zurückgehen.

Tabelle 5.6: Zahl der inländischen erstzugelassenen ordentlich Studierenden an Universitäten nach Geschlecht und ihr Anteil an gleichaltrigen Jahrgängen 1953/54–2005/06

	Zahl der inländischen erstzugelassenen ordentlich Studierenden an Universitäten[1] und Anteil an gleichaltrigen Jahrgängen der Wohnbevölkerung nach Geschlecht						
Winter-semester	*Gesamt*	*Quote[2] in Prozent*	*Männer*	*Quote[2] in Prozent*	*Frauen*	*Quote[2] in Prozent*	*Frauenanteil an den erstzug. Studierenden in Prozent*
1953/54[3]	2.068	0,6	1.519	0,8	549	0,3	26,5
1960/61[3]	7.229	1,5	5.265	2,1	1.964	8,2	27,2
1970/71[3]	7.797	7,7	5.522	10,8	2.275	4,5	29,2
1980/81[3]	15.217	12,4	8.145	13,1	7.072	11,9	46,5
1990/91	19.760	18,1	10.118	18,2	9.642	18,0	48,8
2000/01	22.866	23,7	9.917	20,1	12.949	27,4	56,6
2005/06	20.790	20,8	9.015	17,7	11.775	24,0	56,6

1 Wissenschaftliche Universitäten und Universitäten der Künste

2 Quote: Prozentanteil (gerundet) am Durchschnitt aus den vier Jahrgängen der 18- bis unter 22-Jährigen

3 1953/54–1980/81 und 2003/04: inländische *und* ausländische Wohnbevölkerung als Basis; mehrfache Zulassungen möglich

Quellen: 1953/54: Österreichische Hochschulstatistik WS 1953/54, S. 41 u. 62; Statistisches Handbuch der Republik Österreich 1954, S. 6; 1960/61: Österreichische Hochschulstatistik WS 1960/61, S. 33, Tabelle 3, in: Beiträge zur österreichischen Statistik, Heft 71; Statistisches Handbuch der Republik Österreich 1964, S. 10; 1970/71–1990/91: Hochschulbericht 1999, Bd. 2, S. 112, Tabelle 5.1.3a; 2000/01: Hochschulbericht 2002, S. 170, Tabelle 19; 2005/06: Statistik Austria.

Der Anteil der an Universitäten Studierenden an den 18–22jährigen liegt heute bereits bei 20 Prozent (bei Männern 18 Prozent, bei Frauen 24 Prozent). Bis 2020 wird er auf rund 23 Prozent steigen (19 Prozent bei Männern und 26 Prozent bei Frauen), einschließlich der Fachhochschulen auf fast 32 Prozent. Es werden dann rund ein Drittel der Angehörigen eines Altersjahrgangs auf die Hochschule gehen. Dadurch wird sich auch die Akademikerquote unter den Erwerbstätigen in Österreich dem deutlich höheren Niveau in anderen westlichen Ländern angleichen. Mitte/Ende der 1990er Jahre betrug diese in Österreich 8 Prozent, in Deutschland, Frankreich und Großbritannien 20–25 Prozent. Die Ursache war aber nicht zuletzt die Bedeutung der beruflichen Lehrausbildung sowie der BHS in Österreich; in den zuletzt genannten Ländern erfolgt die Ausbildung für vergleichbare Berufe auf dem (Fach-) Hochschulniveau.

Der Bildungsstand der Wohnbevölkerung nach Alter, Geschlecht und Bundesländern

Betrachten wir zuletzt noch, wie sich der Bildungsstand der österreichischen Bevölkerung heute darstellt. Es ist zu erwarten, dass sich die starke Bildungsexpansion der letzten Jahrzehnte noch nicht so stark auf die Bildung der Bevölkerung insgesamt ausgewirkt hat und dass heute große Differenzen zwischen jüngeren und älteren Menschen bestehen. Dies hat sich auch schon in Kapitel 1 (*Tabelle 1.1*) gezeigt, wo sich die Variable »Alter« neben »Region« als wichtigste Determinante des erreichten Bildungsabschlusses erwiesen hat.

Tabelle 5.7 zeigt die Verteilung der Bevölkerung im Alter von 15 Jahren und mehr nach höchster abgeschlossener Ausbildung im Jahre 2003 (Mikrozensus). Wir können hier sehen, dass sich die Bildung der Bevölkerung zu jeweils etwa einem Drittel auf drei Abschlüsse verteilte: Pflichtschulabschluss, Lehrabschluss und weiterführende schulische Ausbildung. Eine Matura oder Hochschule haben bereits rund 23 Prozent der Erwachsenen absolviert. Diese Anteile variieren aber sehr deutlich nach den Parametern Alter, Geschlecht und regionale Zugehörigkeit.

Hinsichtlich des *Alters* erkennt man starke Effekte der Bildungsexpansion: bei den 20- bis unter 30jährigen haben nur 15 Prozent lediglich eine Pflichtschulausbildung abgeschlossen, bei den 70jährigen und Älteren sind es 51 Prozent. Umgekehrt beträgt der Anteil der Maturantinnen (und Hochschulabsolventen) bei den 20- bis 25jährigen bereits fast 40 Prozent, während es in der ältesten Kohorte nur rund 13 Prozent waren (vgl. *Abbildung 5.3*).

Vergleichen wir nach dem *Geschlecht*, so zeigen sich in der globalen Verteilung noch deutliche Benachteiligungen der Frauen. Sie haben immerhin noch zu 37 Prozent lediglich Pflichtschule, Männer dagegen nur zu 23 Prozent. Besonders stark sind bei den Frauen die Unterschiede nach Altersgruppen, was auf ihre verstärkte Einbeziehung in das Bildungssystem verweist, wie wir vorhin gesehen haben.

Bezüglich der weiterführenden Bildungsabschlüsse ist auffallend, dass die Mädchen bzw. Frauen vor allem bei der Lehrausbildung unterrepräsentiert sind (27 Prozent versus 45 Prozent bei den Männern). Männer haben auch deutlich häufiger eine Hochschulbildung, während Frauen bei den berufsbildenden mittleren Schulen (Fachschulen) einen Vorsprung haben. Es ist allerdings nur mehr eine Frage der Zeit, bis der Anteil der Frauen unter den AkademikerInnen jenen der Männer übersteigen wird. *Tabelle 5.7* zeigt, dass dies in der Alterskohorte der 25- bis 30-jährigen bereits der Fall ist.

Tabelle 5.7: Wohnbevölkerung 2003 ab 15 Jahren nach höchster abgeschlossener Ausbildung, Anteil an der Altersgruppe insgesamt und nach Geschlecht

Insgesamt

Altersgruppe	Wohnbevölkerung in 1.000 insgesamt	höchste abgeschlossene Ausbildung – Anteil an der jeweiligen Altersgruppe (in Prozent): Pflichtschule	Lehre	Fachschule	Höhere Schule	Hochschule und verwandte Lehranstalten
15 bis unter 20	481,3	81,0	8,3	3,7	7,0	-
20 bis unter 25	503,3	15,5	35,4	9,3	38,3	1,4
25 bis unter 30	511,1	14,2	38,0	9,4	28,1	10,3
30 bis unter 40	1.332,8	15,4	42,0	11,6	19,7	11,3
40 bis unter 50	1.234,1	19,7	42,3	12,5	14,4	11,1
50 bis unter 60	961,5	27,7	41,6	11,7	10,5	8,4
60 bis unter 70	829,8	39,2	35,1	11,4	9,2	5,2
70 und mehr	930,3	51,1	25,9	9,5	9,3	4,2
Zusammen	6.784,2	30,3	35,8	10,6	15,8	7,5

Nach Geschlecht

Altersgruppe	Wohnbevölkerung in 1.000		höchste abgeschlossene Ausbildung – Anteil an der jeweiligen Altersgruppe nach Geschlecht (in Prozent): Pflichtschule		Lehre		Fachschule		Höhere Schule		Hochschule und verwandte Lehranstalten	
	männl.	weibl.	m.	w.	m.	w.	m.	w.	m.	w.	m.	w.
15 bis unter 20	246,7	234,6	80,9	81,0	10,6	5,8	2,5	5,1	6,0	8,1	-	-
20 bis unter 25	255,2	248,1	14,7	16,4	44,8	25,8	6,0	12,8	33,7	43,0	0,9	2,1
25 bis unter 30	256,1	255,0	11,6	16,8	45,9	30,1	6,2	12,6	28,4	27,8	7,8	12,7
30 bis unter 40	671,7	661,1	11,1	19,7	50,9	33,0	8,0	15,4	19,0	20,4	11,0	11,6
40 bis unter 50	621,8	612,4	13,4	26,1	52,1	32,5	8,6	16,3	14,9	13,8	11,0	11,3
50 bis unter 60	474,1	487,5	20,4	34,9	49,4	34,0	8,4	14,9	11,4	9,8	10,5	6,4
60 bis unter 70	393,8	436,1	27,9	49,4	45,9	25,4	8,6	13,9	10,1	8,5	7,6	2,9
70 und mehr	335,6	594,7	33,8	60,9	40,4	17,6	7,5	10,7	10,9	8,5	7,1	2,4
Zusammen	3.254,7	3.529,5	22,9	37,2	45,3	27,0	7,5	13,4	16,1	15,6	8,3	6,9

Quelle: Mikrozensus Jahresergebnisse 2003, S. 63f; Datenbasis: Mikrozensus 2003, Jahresdurchschnitt 2003

Abbildung 5.3: Wohnbevölkerung ab 15 Jahren nach höchster abgeschlossener Ausbildung, Anteil an der Altersgruppe und Geschlecht 2003

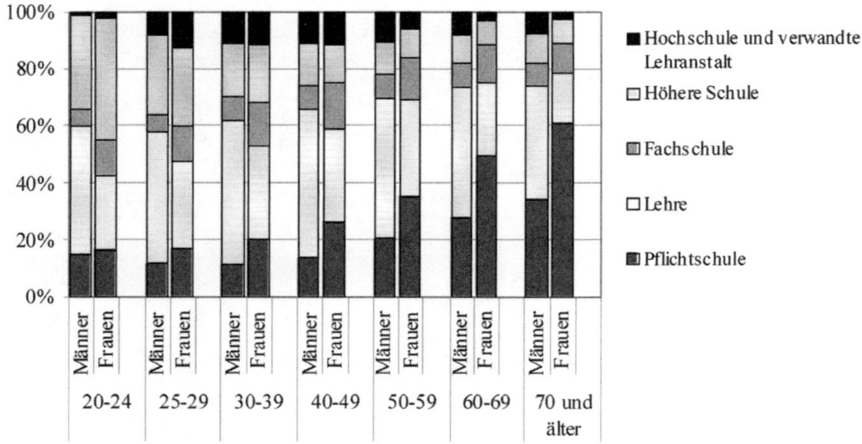

Quelle: Mikrozensus Jahresergebnisse 2003, S. 63f; Datenbasis: Mikrozensus 2003, Jahresdurchschnitt 2003

Recht deutlich sind auch die Differenzen im Hinblick auf die regionale Zugehörigkeit, in diesem Fall nach *Bundesländern*. Die höchste Bildung besitzt die Bevölkerung von Wien, gefolgt von Salzburg und – überraschenderweise – Kärnten; in Wien haben nur 26 Prozent der Bevölkerung lediglich einen Pflichtschulabschluss, dagegen 22 Prozent Matura und fast 12 Prozent einen Hochschulabschluss; österreichweit sind dies nur 5 Prozent (Ergebnisse des Mikrozensus 2001). Das bildungsmäßige Schlusslicht ist dagegen das Burgenland; hier haben 41 Prozent der Bevölkerung nur einen Pflichtschulabschluss. Die Bildungsbeteiligung – insbesondere auch im Hochschulbereich – verweist deutlich darauf, dass diese regionalen Unterschiede mit dem Bildungsangebot zusam-

Abbildung 5.4: Anteil der Akademiker an der Wohnbevölkerung nach Bezirken, 2001

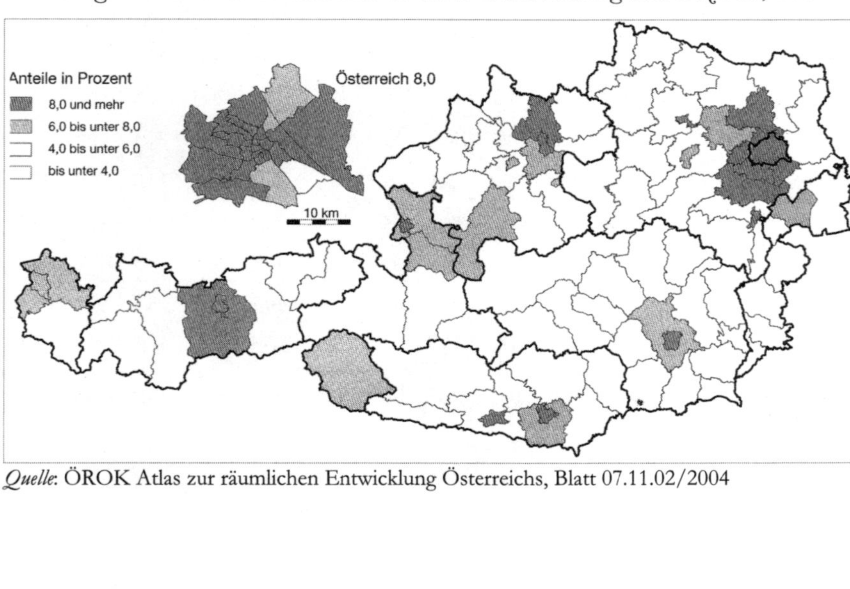

Quelle: ÖROK Atlas zur räumlichen Entwicklung Österreichs, Blatt 07.11.02/2004

menhängen, das in Großstädten und insbesondere in Wien deutlich besser ist als in Bundesländern mit einem geringeren Anteil an städtischer Bevölkerung. Noch deutlichere Differenzen ergeben sich, wenn man die Differenzierung nach politischen Bezirken betrachtet (vgl. *Abbildung 5.4*). Hier sind es vor allem die Großstadt-Region Wien sowie die Landeshauptstädte und ihr Umland, die durch eine höher gebildete Bevölkerung herausstechen.

b) Die soziale Ungleichheit der Bildungschancen und ihre Persistenz im Zuge der Bildungsexpansion

Es hat sich gezeigt, dass die zweite Hälfte des 20. Jahrhunderts auch in Österreich eine massive Bildungsexpansion mit sich gebracht hat, dass man von einer wirklichen »Bildungsrevolution« sprechen kann. Das provoziert zwei Fragen: Wer hat davon vor allem profitiert? In welchem Maße wurde das Ziel einer Egalisierung der Chancen erreicht?

Diese Fragen sollen in drei Schritten untersucht werden: Zuerst wird der Zusammenhang zwischen sozialen Merkmalen und Bildungschancen dargestellt, wie er sich in der Bevölkerung insgesamt darstellt. Drei zentrale Aspekte der sozialen Ungleichheit werden erfasst: die soziale Herkunft, der regionale Kontext und die Staatsbürgerschaft. Im Anschluss daran werden zuerst die Veränderungen in der schichtspezifischen Rekrutierung der Lehrlinge, sodann jene in der sozialen Herkunft der Studierenden an den Hochschulen dargestellt. Schließlich untersuchen wir, welche Bedeutung der erreichte Bildungsabschluss für die beruflichen Chancen hat. Auf dem Hintergrund dieser Befunde wird erst wirklich klar, wie stark die Ungleichheit der Bildungschancen auch in einer modernen »meritokratischen« Gesellschaft noch ist.

Die Bedeutung der sozialen Herkunft

Einen aussagekräftigen Einblick in die Ungleichheit der Bildungschancen gewinnt man aus intergenerationalen Mobilitätstabellen, in denen das Bildungsniveau der Befragten dem Bildungsniveau bzw. dem sozialen Status ihrer Eltern gegenübergestellt wird.

Eine neuere Analyse der intergenerationalen Bildungsmobilität wurde von den Wiener Soziologinnen Andrea Leitner und Angela Wroblewski (2005) anhand der drei *Sozialen Surveys Österreich* (1986, 1993 und 2003/04) durchgeführt. Es handelt sich dabei um repräsentative Stichproben der erwachsenen Bevölkerung von jeweils rund 2000 Personen. Um eine ausreichende Besetzung auch der kleineren Bildungsgruppen bzw. Zellen in der Mobilitätstabelle zu sichern, wurden alle drei Surveys in einen Datensatz integriert, der damit insgesamt rund 2.500 Männer und 2.800 Frauen umfasst.[4]

Tabelle 5.8: Die intergenerationale Bildungsmobilität von Männern und Frauen (Abstromquoten)

Bildung der Eltern[1]		Bildung des/der Befragten							
		PS[2]	*Lehre*	*BMS*[2]	*Matura*	*HS*[2]	*Zusammen*		*%*
Männer									
Pflichtschule	%	34	49	9	6	2	100	(1.036)	41
Lehre	%	11	61	10	13	5	100	(1.011)	40
Berufsbildende mittlere Schule	%	7	31	31	24	8	101	(227)	9
Matura	%	9	19	13	31	27	99	(202)	8
Hochschule	%	7	5	10	34	44	100	(76)	3
Insgesamt	%	20	48	12	13	7	100	(2.527)	100
Frauen									
Pflichtschule	%	64	20	10	4	1	99	(1.204)	43
Lehre	%	29	35	20	13	3	100	(1.036)	37
Berufsbildende mittlere Schule	%	14	20	34	25	7	100	(224)	8
Matura	%	7	18	15	47	13	100	(252)	9
Hochschule	%	4	4	16	35	41	100	(112)	4
Insgesamt	%	40	25	16	14	5	100	(2.800)	100

1 Höchster Abschluss des Elternteils mit dem jeweils höheren Abschluss.
2 PS Pflichtschule, BMS Berufsbildende mittlere Schule, HS Hochschule.

Quelle: Leitner/ Wroblewski (2005), Soziale Mobilität, Tab. 4.10 und 4.11, S. 141f.; Datenbasis: Soziale Surveys 1986, 1993, 2003/04

Tabelle 5.8 zeigt die Bildungsabschlüsse der Befragten in Abhängigkeit vom Bildungsniveau jenes Elternteils, der die jeweils höhere Bildung hatte.[5] Aus diesen Daten können wir die schichtspezifische Reproduktionstendenz des Bildungsstatus ablesen. Wir können hier sehen, dass es den Eltern in der Tat in sehr starkem Maße möglich ist, ihren Bildungsstatus den Kindern weiterzugeben bzw. – wenn sie nur eine niedrige Ausbildung haben – dass es für sie schwer ist, den Kindern einen deutlich höheren Abschluss zu vermitteln.

Etwas stärker gestreut sind die Bildungswege von Eltern mit einer mittleren oder höheren Schulbildung auf dem Sekundarniveau. Die Kinder beider Geschlechter verteilen sich relativ gleichmäßig auf alle drei mittleren Niveaus (Lehre, BMS und Matura), jedoch

4 Die zeitlichen Veränderungen zwischen den drei Zeitpunkten fallen kaum ins Gewicht, da sie nur gering sind.

5 Methodisch gesehen ist die Erfassung der Bildungsmobilität durch diese »Abstromquoten« nicht ganz einwandfrei, da genau genommen die Elterngeneration selbst repräsentativ erfasst werden müsste. Bei der Befragung der derzeitigen Bevölkerung könnten unterschiedliche Mortalitätsraten in der Elterngeneration die Befunde u.U. verzerren.

auch hier mit einem deutlichen Schichteffekt (je höher die Bildung der Eltern, desto höher jene der Kinder).

Auf der anderen Seite erreichen Kinder von Eltern mit Matura oder Hochschule zu sehr hohen Anteilen (70–80 Prozent) selber wieder eine solche Ausbildung. Umgekehrt bleiben höchstens ein Zehntel der Kinder von Eltern mit Hochschule, und nur ein Viertel der Kinder von Eltern mit Matura auf dem Niveau einer Pflichtschul- oder Lehrausbildung »hängen«. Dieser starke Statuseffekt wird ohne Zweifel durch unterstützende Maßnahmen der Eltern, wie z.B. Nachhilfeunterricht für die weniger begabten unter ihren Kindern, erreicht. Immerhin werden in Österreich pro Jahr mindestens 50 Millionen Euro für Nachhilfeunterricht für AHS-SchülerInnen ausgegeben.[6]

Deutliche geschlechtsspezifische Differenzen zeigen sich auf den unteren und mittleren Niveaus der Abschlüsse, wo Männer aus bestimmten Eltern-Bildungsschichten meist etwas höhere Bildungsabschlüsse erreichen als Frauen. Recht schwach ist dieser Unterschied allerdings bei Kindern von Eltern mit Hochschulabschluss.

Die komplementäre Mobilitätsperspektive (»Zustromquoten«) zeigt *Tabelle 5.9*; hier geht es darum, aus welchen Bildungsschichten sich Personen mit den verschiedenen Bildungsabschlüssen rekrutieren. Man kann hierin einen Indikator für die »Offenheit« der Gesellschaftsstruktur sehen. Es zeigt sich ein sehr ähnliches Bild wie vorhin: Personen mit Pflichtschule oder Lehre kommen zum weitaus größten Teil (nahezu 90 Prozent) aus Familien, in denen die Eltern ebenfalls nur eine solche hatten. Auf der anderen Seite kommt nur etwa ein Zehntel der Befragten mit Hochschulbildung aus einem Elternhaus, wo beide Partner nur Pflichtschulbildung hatten. Auch hier zeigt sich also eine enorme Ungleichheit der Bildungschancen.

Die Differenzen zwischen Männern und Frauen sind hier interessanterweise weniger ausgeprägt. Frauen mit Hochschulbildung kommen sogar deutlich häufiger als Männer mit dieser Ausbildung aus einem akademischen Elternhaus. In diesem Fall ist also die schichtspezifische Reproduktion des Bildungsstatus bei Mädchen sogar noch stärker als bei Burschen.

6 Nach Schätzungen der Arbeiterkammer betragen die Ausgaben für Nachhilfe bis zu 100 Millionen Euro jährlich. Die im Text genannte Zahl ergab sich aus einer Umfrage der Elternverbände im Jahre 2003, die von ca. 6000 Eltern beantwortet wurde. In dieser Umfrage wurden auch die Gründe für die Nachhilfe erhoben: an der Spitze (mit 36%) stand «Lehrer vermittelt Stoff unzureichend", gefolgt von «fehlender Fleiß" (29 Prozent). Befunde aus dieser Umfrage finden sich unter: http://www.lernquadrat.at/lernquadrat2.php?katid=2&id=53&text=125&p=0&q).

Tabelle 5.9: Die intergenerationale Bildungsmobilität von Männern und Frauen (Zustromquoten)

	Bildung des/der Befragten					
	PS	*Lehre*	*BMS*	*Matura*	*HS*	*Zusammen*
Bildung der Eltern[1]	*Prozent*	*Prozent*	*Prozent*	*Prozent*	*Prozent*	*Prozent*
Männer						
Pflichtschule	71	42	32	18	10	41
Lehre	22	50	33	40	29	40
Berufsbildende mittlere Schule	3	6	23	16	10	9
Matura	4	3	9	18	31	8
Hochschule	1	0	3	8	20	3
Zusammen	101	101	100	100	100	100
(N)	(505)	(1.213)	(303)	(328)	(177)	(2.526)
Frauen						
Pflichtschule	69	35	27	13	12	43
Lehre	27	51	44	35	23	37
Berufsbildende mittlere Schule	3	7	17	15	12	8
Matura	2	6	8	29	23	9
Zusammen	101	100	99	101	100	101
(N)	(1.120)	(700)	(448)	(392)	(140)	(2.800)
Prozent	40	25	16	14	5	100

1 Höchster Abschluss des Elternteils mit dem jeweils höheren Abschluss.

Quelle: Leitner/Wroblewski (2005), Soziale Mobilität, Tab. 4.10 und 4.11, S. 141f.; Datenbasis: Soziale Surveys 1986, 1993, 2003/04.

Tabelle 5.10: Intergenerationale Bildungsmobilität: Bildung der Väter von AkademikerInnen in fünf Ländern

	Österreich	*Deutschland*	*Frankreich*	*Polen*	*USA*
Bildung des Vaters	*Prozent*	*Prozent*	*Prozent*	*Prozent*	*Prozent*
Pflichtschule	13	46*	28	39	15
Lehre, BMS	43	19	31	17	7
Matura	21	7	15	30	39
Hochschule	23	28	26	14	39
Zusammen	100	100	100	100	100
(N)	(172)	(121)	(571)	(108)	(251)
Kendall's tau	33	23	33	30	25

* Wahrscheinlichkeit inklusive Lehrausbildung

Quellen: Österreich: Sozialer Survey 2003; alle anderen: ISSP-1999 »Social Inequality«, eigene Auswertungen.

In diesem Zusammenhang ist ein internationaler Vergleich von Interesse. *Tabelle 5.10* zeigt die bildungsmäßige Herkunft von Akademikern in Österreich und vier anderen Ländern. Unter allen Ländern haben diese in Österreich (neben den USA) am seltensten Väter mit Pflichtschulbildung; der Assoziationskoeffizient zeigt, dass der Zusammenhang Bildung Vater – Bildung Befragte(r) in Österreich – neben Frankreich – am stärksten ist.

Trotz dieser in Österreich besonders ausgeprägten Ungleichheit der Bildungschancen haben alle Generationen der heute Erwachsenen im Vergleich zu den Eltern einen deutlichen Bildungsaufstieg hinter sich. Man erkennt dies schon beim Vergleich der Randverteilungen der Bildungsniveaus von Eltern und Kindern in den *Tabellen 5.8* und *5.9* Dieser Bildungsaufstieg steigt sukzessive in den jüngeren Kohorten. In der ältesten Kohorte (geboren von 1910) haben knapp über 20 Prozent der Befragten einen höheren Abschluss erreicht als ihre Eltern, in der zweitjüngsten Kohorte (geboren 1960–69) dagegen fast die Hälfte.

Eine andere Möglichkeit, die Ungleichheit der Bildungschancen nach der sozialen Herkunft darzustellen, ergibt sich aus den Daten der Volkszählungen. Hier werden für alle Haushaltsmitglieder sozio-demographische Basisdaten erhoben, darunter bei Kindern und Jugendlichen auch der Schulbesuch. Damit können wir bei den Schülern ersehen, wie der Besuch der verschiedenen Schultypen von der beruflichen Stellung der Eltern abhängt.

In einer Veröffentlichung der Statistik Austria wurde ein Schichtindex für die Eltern konstruiert, der die berufliche Stellung und – bei Angestellten und Beamten – auch den Bildungsabschluss beinhaltet. Wieder zeigen sich starke Unterschiede zwischen Familien unterschiedlichen Status (vgl. *Tabelle 5.11*): Der Anteil der 12jährigen, die eine Haupt- oder Sonderschule besuchen, beträgt bei Vätern (bzw. Müttern) in landwirtschaftlichen oder Arbeiterberufen über 80 Prozent, bei Angestellten oder Beamten mit Hochschulbildung dagegen nur 28 Prozent! Bei den 16jährigen besuchen die Kinder von Arbeitern zu 50 Prozent und mehr eine Pflichtschule oder Lehre, bei Vätern oder Müttern mit Matura oder Hochschule nur zu rund 12 bzw. 6 Prozent. Umgekehrt gehen über drei Viertel der letzteren, aber auch der Selbständigen mit höheren Qualifikationen, auf eine allgemein- oder berufsbildende Höhere Schule.

Es zeigt sich also, dass auch nach einem halben Jahrhundert Bildungsexpansion die Ungleichheit der Bildungschancen nach wie vor sehr hoch ist. Sie ist auch eindeutig stärker als die geschlechtsspezifische Ungleichheit dieser Chancen, die sich außerdem tendenziell bereits umgekehrt hat zugunsten eines Vorsprungs der Frauen.

Tabelle: 5.11: Soziale Herkunft und Bildungsbeteiligung von 12- und 16-jährigen Schülern bzw. Jugendlichen (2001)

Stellung im Beruf/Bildung des Vaters bzw. der Mutter[1]		*12-jährige Schüler in…*		*16-Jährige in Ausbildung in…*		
		Haupt- u. Sonderschule	*AHS*	*Pflichtschule, Lehre*[2]	*BMS*	*BHS, AHS*
Selbständige u. Mithelfende in…						
Landwirtschaft	%	88,3	11,1	35,1	27,3	37,1
technischen u. wissenschaftlichen Berufen	%	31,8	67,7	8,8	6,6	84,2
Andere	%	67,3	32,2	29,3	14,8	55,2
Angestellte u. Beamte mit …						
Hochschulbildung	%	28,2	71,6	5,7	4,7	89,3
Matura	%	42,7	57,0	12,6	8,5	78,5
BMS	%	62,0	37,5	25,3	14,6	59,7
Lehre	%	73,4	26,1	39,7	13,0	46,6
Pflichtschule	%	76,5	22,9	39,9	15,2	44,2
Arbeiter						
Facharbeiter	%	84,4	14,9	50,4	14,8	33,9
angelernte Arbeiter	%	87,8	11,0	56,6	14,5	28,0
Hilfsarbeiter	%	89,5	8,1	59,0	15,7	24,0
Berufslose Einkommensempfänger	%	75,7	23,4	38,7	14,9	45,6
Erhaltene	%	70,4	27,8	51,7	10,6	36,4

1 Bei Alleinerzieherinnen
2 Davon Pflichtschule ca. 3 Prozent, Lehre ca. 34 Prozent

Quelle: Statistische Nachrichten 2/2005 (»Volkszählung 2001: Soziodemographische Determinanten der Bildungsbeteiligung«), S. 116.

Die regional-territoriale Ungleichheit der Bildungschancen

Bereits mehrfach haben wir festgestellt, dass die Bildungschancen auch in regional-territorialer Hinsicht sehr ungleich verteilt sind. Es gibt mehrere Gründe dafür: (1) Das Angebot an weiterführenden Schulen ist in der Regel umso besser, je größer eine Gemeinde bzw. eine Stadt ist; (2) in größeren Orten sind die Anteile von Eltern mit höherer Bildung bzw. in qualifizierten Berufen höher und deren Kinder gehen häufiger in weiterführende Schulen; (3) in größeren Städten gibt es auch bessere Berufschancen in qualifizierten Berufen.

Betrachten wir hier noch zwei weitere Indikatoren für diese regionale, räumliche Ungleichheit der Bildungschancen, zum einen die Unterschiede nach Gemeindegröße und Agraranteil, zum anderen jene nach Stadtbezirken in Wien.

Tabelle 5.12: 14-jährige Schüler nach Schultyp, Gemeindegröße und Agraranteil

		Davon im Schultyp				
		Volks-, Sonderschule	*Haupt-, polytechn. Schule*	*Allgem.bildende Höhere Schule*	*Weiter-führende Schule*	*Zusammen*
Österreich insgesamt	%	4,0	65,8	27,5	2,7	100,0
Gemeinden bis 20.000 Einwohner						
Agrarquote über 15%	%	2,7	84,7	8,8	3,9	100,1
Agrarquote 7,1 bis 15%	%	2,9	81,3	12,3	3,5	100,0
Agrarquote 3,1 bis 7%	%	3,4	75,2	18,2	3,1	99,9
Agrarquote bis 3%	%	4,2	65,8	27,3	2,7	100,0
Gemeinden 20.001 – 500.000 Einw.	%	5,0	54,6	38,5	1,9	100,0
Wien	%	4,7	45,9	47,4	1,9	99,9

Quelle: Bauer 2005, S. 114; Datenbasis: Volkszählung 2001

Tabelle 5.12 zeigt, dass der Anteil von 14-jährigen, die eine allgemeinbildende Höhere Schule besuchen, von rund 9 Prozent in kleinen Agrargemeinden bis zu 47 Prozent in Wien variiert. Je kleiner und stärker agrarisch geprägt eine Gemeinde, desto häufiger gehen die Kinder in eine Hauptschule oder den polytechnischen Lehrgang. Interessanterweise steigen jedoch die Anteile der Kinder, die sich in dieser Altersstufe noch immer in der Volksschule befinden oder die eine Sonderschule besuchen, in größeren Gemeinden bzw. Städten an. Man kann hierin sowohl einen Effekt des Angebotes (es mag hier mehr Sonderschulen geben) wie auch der sozialen Selektion sehen. Es ist bekannt, dass die Sonderschule oft nur als Abschiebegleis für besonders »schwierige« Kinder dient.

Ein weiterer Einblick in die regionale Ungleichheit der Bildungschancen ergibt sich aus dem Vergleich zwischen den verschiedenen Stadtbezirken von Wien. Zwar kann man annehmen, dass die schichtspezifische Segregation in Wien weniger deutlich ausgeprägt ist als etwa in amerikanischen Städten; dass sie aber trotzdem sehr stark ist, steht außer Zweifel. Wir können aus *Abbildung 5.5* ersehen, dass die verschiedenen Bezirke sehr unterschiedlich mit Höheren Schulen ausgestattet sind; entsprechend variieren auch die Anteile von Jugendlichen der Altersgruppe 15 bis 19 Jahre, die eine Höhere Schule besuchen.

In gehobenen Bezirken besuchen rund 80 Prozent der Schüler der entsprechenden Altersgruppe eine Höhere Schule (Innere Stadt 80 Prozent, Hietzing 78 Prozent); in den bürgerlichen Bezirken zwischen Ring und Gürtel (Mariahilf, Josefstadt, Neubau, Alsergrund) sowie Währing und Döbling sind es gut zwei Drittel; dagegen betragen diese Anteile in typischen Arbeiterbezirken nur etwa die Hälfte (Leopoldstadt 52 Prozent, Simmering 48 Prozent, Meidling 50 Prozent, Ottakring 52 Prozent, Floridsdorf 52 Prozent). Neben der Schichtstruktur der Wohnbevölkerung spielt hier sicherlich auch der Ausländeranteil eine Rolle; dieser ist in den erstgenanten Bezirken in der Regel deutlich niedriger als in den zuletzt genannten.

Abbildung 5.5: Schülerquoten[1] an Höheren Schulen im Vergleich zur Schuldichte[2] der Stadtbezirke von Wien

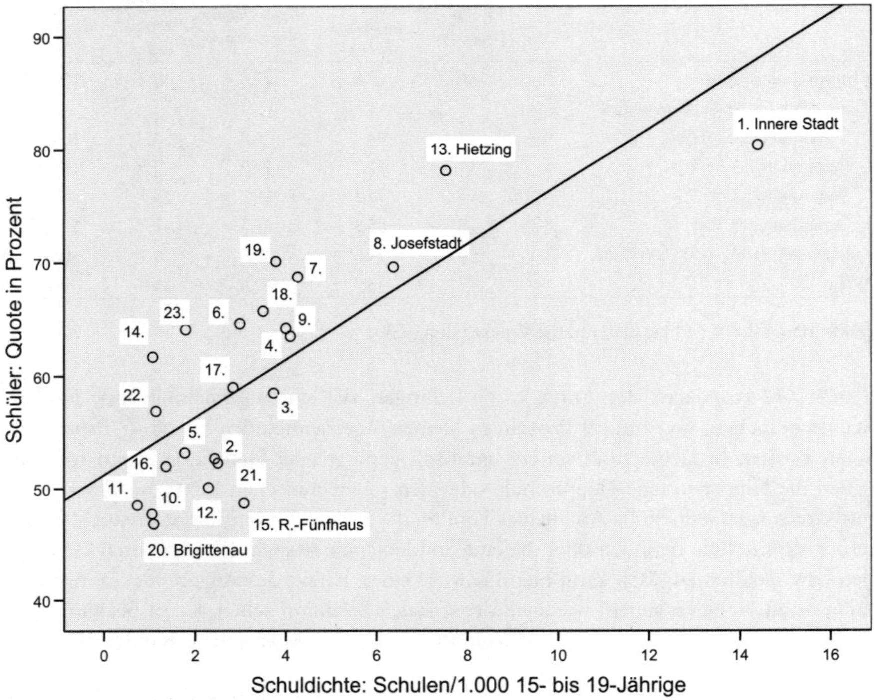

1 In Prozent der 15- bis 19-jährigen Wohnbevölkerung

2 Zahl der Schulen (AHS, BHS/BMS) pro 1.000 15- bis 19-Jährige

Quellen: Tabelle 5.11

Sehr deutlich lässt sich zeigen, dass auch das Angebot an Höheren Schulen als solches einen Effekt auf den Schulbesuch der Jugendlichen ausübt. Aus dem Streudiagramm in *Abbildung 5.5* können wir ersehen, dass der Besuch einer weiterführenden mittleren oder Höheren Schule auf der Bezirksebene umso häufiger ist, je mehr Bildungseinrichtungen im Bezirk es gibt. Die Innere Stadt und Hietzing stechen durch eine sehr hohe Schuldichte und Schülerquote heraus, Bezirke wie Brigittenau, Favoriten, Rudolfsheim-Fünfhaus (der Bezirk mit der höchsten Ausländerdichte) in beiden Aspekten durch das Gegenteil.

Staatsangehörigkeit und Bildungschancen – die Benachteiligung der Kinder ausländischer Mitbürger

Einen weiteren, sehr wichtigen Aspekt der Ungleichheit der Bildungschancen beleuchtet *Tabelle 5.13*, nämlich die *Staatsangehörigkeit der Eltern.* Hier wird anhand der Daten der Volkszählung 2001 gezeigt, in welchen Bildungseinrichtungen sich die Kinder von Eltern unterschiedlicher Nationalität befinden. Wir ersehen daraus, dass vor allem die Kinder von Eltern aus dem ehemaligen Jugoslawien und der Türkei – diese stellen das Hauptkontingent von Ausländern in Österreich – schulisch deutlich benachteiligt sind. 72 bzw. 80 Prozent von diesen finden sich in Volks-, Haupt- oder Sonderschulen, dagegen nur 10–15 Prozent auf Gymnasien oder Hochschulen; sind die Eltern österreichische Staatsbürger, betragen diese Anteile rund 53 bzw. 37 Prozent. Lediglich Kinder von Eltern, die aus anderen EU-Ländern oder »sonstigen Nicht-EU-Ländern« stammen (hier wird es sich vielfach um Eltern in sehr qualifizierten Berufen, wie Diplomaten, Manager, Techniker usw. handeln) haben ähnliche Chancen wie österreichische Kinder, auf weiterführende Schulen zu gehen.

Tabelle 5.13: Der Schulbesuch von Kindern bzw. Jugendlichen nach Staatsangehörigkeit der Eltern (2001)

Staatsangehörigkeit des Vaters bzw. der Mutter (Alleinerzieherinnen)		*Besuchte Bildungseinrichtung der Kinder*					
		Volks-, Haupt-, Sonder-, Polytechn. Schule	*Lehre*	*AHS, BMS, BHS*	*Univ.*	*Zusammen*	
						%[1]	*(in 1.000)*
Österreich	%	53,5	8,8	28,8	8,3	99,4	(1.153,1)
Sonstige EU-Staaten	%	53,2	4,8	32,1	9,8	99,9	(14,5)
Ehem. Jugoslawien	%	72,4	8,3	16,6	2,6	97,5	(59,6)
Türkei	%	80,8	6,3	10,7	2,1	99,9	(27,8)
Andere Staaten	%	60,6	3,1	28,9	7,2	99,8	(18,0)

1 Auf 100 fehlende Prozente: Andere Schultypen.

Quelle: Bauer (2005), S. 117; Datenbasis: Volkszählung 2001

Obwohl es – vor allem in den USA – immer wieder eine hitzige Debatte um das Thema ethnische Zugehörigkeit bzw. Rasse und Intelligenz gibt, kann man mit großer Sicherheit ausschließen, dass zwischen den Kindern aus unterschiedlichen europäischen Gesellschaften signifikante Intelligenzunterschiede bestehen. Die markante Bildungsbenachteiligung von Ausländerkindern ist daher als eine Verletzung des Prinzips der Chancengleichheit anzusehen. Diese ist auch deshalb als ein Versagen der Politik zu bezeichnen, weil die Bildungsbenachteiligung vor allem auf mangelnde Deutschkenntnisse der Kinder und Jugendlichen zurückzuführen ist und nicht auf mangelnde Bildungsmotivation. Dieser Faktor könnte durch eine entschiedene sprachliche Förderung zum Teil sicherlich behoben werden. Die Benachteiligung der Ausländerkinder stellt einen enormen Verlust an Humankapital für die österreichische Wirtschaft und Gesellschaft dar. Selbst wenn man in Rechnung stellt, dass sozialer Aufstieg in der Regel über kleine Etappen erfolgt (vgl. Kapitel 8), wäre es durchaus möglich, dass Ausländerkinder zumindest besseren Zugang zu Lehrberufen erhalten.

Damit könnte auch der von den Unternehmern und Gewerbetreibenden beklagte Mangel an ausreichend qualifizierten BewerberInnen reduziert werden.

Veränderungen in der schichtspezifischen Rekrutierung von Lehrlingen

Betrachten wir nun, inwieweit sich die oben dargestellte schichtspezifische Ungleichheit der Bildungschancen über die Zeit hinweg verändert hat. Zum ersten soll dies geschehen für die Lehrlinge, zum zweiten für die Hochschulstudentinnen und -studenten.

Abbildung 5.6: Verteilung der männlichen Lehrabsolventen nach sozialer Herkunft und Periode des Berufeintritts

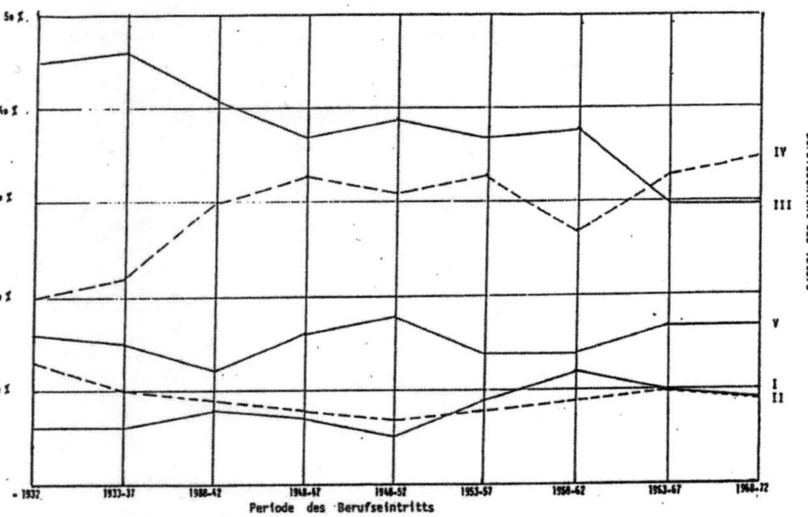

I Professionen und Verwaltungsberufe
II Handels- und qualifizierte Dienstleistungsberufe
III Qualifizierte Produktionsberufe und Verkehrsberufe
IV Wenig qualifizierte Produktionsberufe und einfache Dienstleistungsberufe
V Landwirschaftliche Berufe

Quelle: Haller, Klassenbildung und soziale Schichtung in Österreich (1982a), S. 495.

Lehrlinge kommen, wie die vorherigen Daten gezeigt haben, gestern wie heute zum weitaus größten Teil aus Arbeiterfamilien. Eine genauere Analyse zeigt jedoch, dass sich hier eine signifikante Verschiebung ergeben hat. In der Studie über »Klassenbildung und soziale Schichtung in Österreich« aus den späten 1970er Jahren (Haller 1982a, S. 494ff.) wurde die schichtspezifische Rekrutierung der Lehrlinge vom Anfang der 1930er bis zu den 1970er Jahren (Berufseintrittsperioden der Lehrlinge) untersucht. Wir ersehen daraus eine markante Verschiebung (vgl. *Abbildung 5.6*): Das hauptsächliche soziale Rekrutierungsfeld verschob sich in diesen 40 Jahren von Vätern in qualifizierten Arbeiterberufen zu solchen in wenig qualifizierten Arbeiterberufen. Derselbe Trend zeigte sich bei Mädchen.

Dies bedeutet nichts anderes, als dass auch die Kinder von Facharbeitern zunehmend auf die allgemein- und berufsbildenden Höheren Schulen übergehen. Für das Arbeitermilieu bedeutet dies eine Einbuße an Homogenität bzw. Qualifikation. Für die Schichtstruktur insgesamt indiziert es einen Trend zu einer vertikalen Polarisierung in der Weise, dass die Angehörigen der untersten sozialen Schichten zusehends nur mehr Pflichtschulabgänger, jene der höchsten Sozialschichten fast nur mehr Akademiker sind.

Hat die Bildungsexpansion die Chancengleichheit im Zugang zu den Hochschulen erhöht?

Die markanteste Veränderung im Bildungswesen betraf die Expansion der Höheren Schulen und der Hochschulen. Ein zentrales bildungspolitisches Ziel seit Mitte der 1960er Jahre lautete, die ungleich verteilten Chancen des Zugangs zu den Hochschulen zu verbessern. Neben der geschlechtsspezifischen und regionalen Ungleichheit betraf dies vor allem auch die Ungleichheit nach der sozialen Herkunft. Wie sieht die Realität aus?

Tabelle 5.14: Inländische ordentliche erstzugelassene Studierende an Universitäten nach beruflicher Stellung des Vaters (in Prozent), WS 1959/60, 1970/71, 1980/81, 1990/91 und 2000/01

Berufsschicht Vater	*1959/60*[1]	*1970/71*[2]	*1980/81*	*1990/91*	*2000/01*
Selbständige und Freiberufliche	31,8	21,3	17,1	15,9	18,8
Selbständige in Land- u. Forstw.	3,7	5,5	5,7	4,3	4,1
Angestellte und Beamte insges.	56,1	53,6	65,4	61,4	57,7
mit Hochschulbildung	*19,7*	-[3]	*16,9*	*16,0*	*14,8*
mit Matura	*18,3*	-[3]	*17,0*	*16,6*	*15,8*
Sonstige	*18,1*	-[3]	*31,5*	*28,8*	*27,1*
Arbeiter insgesamt[4]	6,4	10,6	13,3	11,4	9,1
Sonstige Berufe	2,0	8,9	-	5,8	9,7
Insgesamt[5]	100,0	99,9	101,5	98,8	99,4

1 Inländische ordentliche Hörer an wissenschaftlichen Hochschulen, ohne Kunsthochschulen
2 Inländische ordentliche Erstzugelassene an wissenschaftlichen Hochschulen, ohne Kunsthochschulen
3 Aufgliederung nicht angegeben
4 Alle Arbeiter zusammengefasst (Facharbeiter, Arbeiter im öffentlichen und nichtöffentlichen Dienst, Land- und Forstarbeiter)
5 Differenzen auf 100 ergeben sich aufgrund von Rundungen und »ohne Angaben«

Quellen: 1959: Österreichische Hochschulstatistik Studienjahre 1959/60, 1970/71; 1980–2000: Hochschulbericht 2002, 2. Bd., S. 187ff.

Betrachten wir zunächst die Veränderung der sozialen Herkunft der Hochschulstudenten seit 1959/60. Dabei werden Erstsemestrige betrachtet, an denen sich die Trends am deutlichsten ablesen lassen (vgl. *Tabelle 5.14*).

Wir können hier erkennen: Der Anteil der Söhne und Töchter von Landwirten und Arbeitern – den traditionell bildungsfernen Schichten – ist vom Anfang der 1960er bis Anfang der 1980er Jahre relativ stark und kontinuierlich auf fast das Doppelte angestiegen: bei Bauernkindern von 3,7 auf 5,7 Prozent, bei Arbeiterkindern von 6,4 auf 13,3 Prozent. Seither aber zeigt sich wieder ein Rückgang und zwar bei den Bauernkindern auf 4,1 Prozent, bei Arbeiterkindern auf 9,1 Prozent. Das heißt nichts anderes, als dass die enorme Bildungsexpansion der letzten Jahrzehnte vor allem auf eine verstärkte Nachfrage von Seiten der Kinder aus mittleren und höheren Schichten zurückgeht.

Abbildung 5.7: Anteil der Arbeiter-, Landwirte- und Akademikerkinder an den Studierenden im Vergleich zur männlichen Gesamtbevölkerung im WS 1959/60 und 2000/01

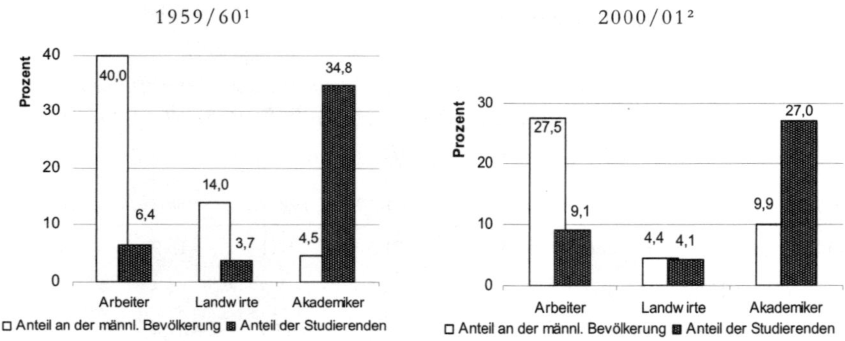

Lesebeispiel: 34,8 Prozent der ordentlichen inländischen Hörer im WS 1959/60 hatten einen Akademiker zum Vater, aber nur 4,5 Prozent der männlichen 40- bis 64-Jährigen (=Vätergeneration) waren Akademiker.

[1] 1959/60: Anteil an der männlichen 40- bis 64-jährigen Gesamtbevölkerung (Volkszählung 1961) Anteil an den ordentlichen inländischen Hörern an wissenschaftlichen Hochschulen

[2] 2000/01: Anteil an der männlichen 40- bis 64-jährigen Gesamtbevölkerung (Volkszählung 2001) Anteil an den erstmalig zugelassenen inländischen ordentlichen Studierenden

Quellen: 1959/60: Österreichische Hochschulstatistik – Studienjahr 1959/60 und 1972; 2000/01: Arbeiter und Landwirte bzw. Anteil an Bevölkerung: Volkszählung 2001; Schulbildung Vater 00/01: Hochschulstatistik 2000/01, S. 173f.; Akademiker und Anteil an Bevölkerung: Bildungsstand der Bevölkerung, S. 46, Tabelle 2.

Im Hinblick auf die Frage, wie stark Arbeiter- und Bauernkinder im Hochschulzugang benachteiligt sind, muss man auch die nummerische Stärke dieser Berufsgruppen in der Gesamtbevölkerung berücksichtigen. Hierzu zeigt *Abbildung 5.7*, dass es heute vor allem Arbeiterfamilien sind, deren Söhne und Töchter besonders schlechte Chancen des Hochschulzugangs haben. Ihr Anteil unter den Studierenden ist rund dreimal geringer als der Anteil der Arbeiter an den Erwerbstätigen. Ihren Bildungsrückstand aufholen konnten dagegen die Bauernkinder. Sie sind heute ebenso stark unter den Hochschulstudenten vertreten, wie ihre Väter unter allen Erwerbstätigen (dieser Anteil ist im Laufe der Jahre ja auch zurückgegangen). Dieser Erfolg hat sicherlich auch mit dem flächendeckenden regionalen Ausbau mittlerer und höherer Schulen zu tun. Der Gegenpol zu Arbeiterkindern sind die Kinder von Akademikern: Diese finden sich fast dreimal so häufig unter den Studierenden wie ihre Väter unter allen männlichen Erwachsenen. Zwischen den Geschlechtern gibt es keine deutlichen Unterschiede nach sozialer Herkunft.

Ein weiterer Einblick in die Ungleichheit der Zugangschancen zu den Hochschulen ergibt sich, wenn man die Bildung beider Eltern betrachtet. Aus den detaillierten Daten in *Tabelle 5.15* können wir ersehen, dass sich die bildungsmäßige Herkunft der Hochschülerinnen und Hochschüler folgendermaßen verteilt:

- beide Eltern nur Pflichtschule oder Lehre 16,3 Prozent
- einer oder beide Eltern mittlere oder höhere Ausbildung 37,7 Prozent
- einer oder beide Elternteile Hochschule 21,1 Prozent

Der oder die typische Studierende an einer Universität kommt in Österreich heute also aus einer mittleren Bildungsschicht der Eltern.

Interessant ist auch zu betrachten, welche elterlichen Bildungskonstellationen unter den Studierenden am häufigsten sind. Hier zeigt *Tabelle 5.15* drei Konstellationen, aus denen jeweils größere Anteile (rund 7 Prozent bis 8 Prozent) der Studierenden kommen:

Tabelle 5.15: Inländische ordentliche Erstzugelassene an wissenschaftlichen Universitäten und Universitäten der Künste nach höchster Schulbildung der Eltern, Wintersemester 2003/04 (in Prozent)

Schulbildung der Mutter	*Insges.*	*Schulbildung des Vaters*						
		Pflichtschule	*Lehre*	*Werks-/Meister*	*Fachschule (mittlere Schule)*	*Höhere Schule, Akademie*	*Universität, FH*	*Ohne Angabe*
Insgesamt	20.733	1.554	3.780	1.370	1.506	3.780	3.814	4.929
Pflichtschule	2.456	4,2	3,2	1,0	0,9	1,6	0,8	0,2
Lehre	3.138	0,9	8,0	1,7	1,2	2,2	0,9	0,2
Werks-/Meisterin	293	0,1	0,3	0,3	0,1	0,3	0,2	-
Fachschule (mittlere Schule)	3.180	1,0	3,7	1,7	3,1	3,5	2,2	0,2
Höhere Schule (Matura), Akademie	4.544	1,1	2,6	1,5	1,5	8,3	6,6	0,4
Universität, FH	2.079	0,2	0,3	0,2	0,3	1,5	7,4	0,2
Ohne Angabe	5.043	0,2	0,3	0,1	0,1	0,7	0,3	22,6

Quelle: Hochschulstatistik 2003/04, S. 130 und 151, Tabellen 3.4.5 und 4.4.5

- Vater und Mutter Akademiker
- Vater Akademiker, Mutter mittlere oder höhere Schule
- beide Eltern mittlere oder höhere Schule
- beide Eltern Lehrausbildung.

Drei dieser vier Gruppen beinhalten also Familien mittlerer oder höherer sozialer Schichten. Durch diese Befunde wird wieder sehr deutlich belegt, dass die Hochschulexpansion auch als eine Form der Statusreproduktion unter gewandelten wirtschaftlichen Bedingungen anzusehen ist. Reichte eine mittlere Ausbildung in den 1960er bis 1970er Jahren noch aus, um in eine gute Angestellten- oder Beamtenkarriere einzusteigen, ist heute dafür zusehends schon eine Hochschulausbildung notwendig.

Schließlich stellt sich noch die Frage, welchen Effekt die *Einführung von Studiengebühren* auf die soziale Herkunft der Studierenden hatte. Von Kritikern dieser Maßnahme wurde vielfach argumentiert, diese finanzielle Belastung werde vor allem junge Menschen aus bildungsfernen Schichten treffen. Aus einer telefonischen Befragung von 1.501 Studierenden im Wintersemester 2001 (in dem erstmals Studiengebühren zu entrichten waren), ergab sich tatsächlich eine leichte (statistisch nicht signifikante) Tendenz, dass Studienabbrecher häufiger aus bildungsfernen sozialen Schichten kamen.[7] Zwei Drittel bis drei Viertel der Befragten äußerten, aufgrund der Gebühren möglichst schnell mit dem Studium fertig werden zu wollen. Tatsächlich ging die Zahl der Inskribierten im Wintersemester 2001/02 signifikant zurück, von über 240.000 auf knapp unter 200.000 (vgl. *Tabelle 5.2*, S. 197). Seither ist allerdings wieder ein kontinuierlicher Anstieg zu verzeichnen.

Betrachtet man die Veränderungen der sozialen Herkunft der Studienanfänger vor und über den Zeitpunkt der Einführung der Studiengebühren hinweg (von 1998/99 bis 2002/03), so lässt sich kein deutlicher Effekt erkennen. Die Anteile der Arbeiter- und Bauernkinder gehen ab 2001/02 nur minimal zurück (1998/99: 9,4 Prozent; 1999/2000: 9,7 Prozent; 2000/01: 9,1 Prozent; 2001/02: 8,9 Prozent; 2002/03: 8,8 Prozent). Wenn man bedenkt, dass Kinder aus diesen Schichten vermutlich eher nur dann studieren, wenn sie entsprechende Schulleistungen erbracht haben, und ihnen im Falle von materieller Bedürftigkeit auch Stipendien gewährt werden können, ist das Fehlen eines sozialstrukturell negativen Ausleseeffektes nicht überraschend. Man muss wohl folgern, dass dieser sehr schwache negative Effekt weniger ins Gewicht fällt als die positiven Aspekte der Einführung von Studiengebühren. Dazu gehörte – neben dem genannten Effekt einer Intensivierung der Studienleistungen – auch jener der sozialen Gerechtigkeit. (Junge Erwachsene gleichen Alters, die sich in außeruniversitären Kursen weiterbilden, müssen dafür oft ein Vielfaches der Studiengebühren entrichten). Aus all diesen Gründen war das Wahlversprechen der SPÖ im Jahre 2006, die Studiengebühren abzuschaffen, in doppelter Hinsicht ein

7 Hochschulbericht 2002, Bd.1, S. 150ff.

Fehler: Nicht nur, weil es absehbar war, dass man es nicht würde durchsetzen können, sondern auch deshalb, weil es keine wirkliche sozialdemokratische Forderung darstellt, d.h., zu einer Reduzierung der Ungleichheit der Bildungschancen beitragen würde.

Resümee

Österreich hat im letzten halben Jahrhundert – wie viele andere Länder – eine echte »Bildungsrevolution« erlebt: Die Zahl der Hochschulstudenten hat sich verzehnfacht, der Anteil von Maturanten und Hochschülern ist von unter 20 Prozent bei den ältesten auf über 40 Prozent bei den jüngsten Bevölkerungsgruppen gestiegen, der Anteil der Akademiker von unter 5 Prozent auf über 10 Prozent. Die Expansion war in allererster Linie Folge bildungspolitischer Entscheidungen, die zu einem flächendeckenden Ausbau des Sekundarschulwesens geführt haben.

Wer hat von der Bildungsexpansion vor allem profitiert? Kinder aus ländlichen Regionen, Mädchen bzw. Frauen und Kinder mittlerer und höherer sozialer Schichten. Die regionale Ungleichheit der Bildungschancen hat sich durch den Ausbau der berufsbildenden höheren Schulen verringert. Die Ungleichheit nach schichtspezifischer Herkunft bleibt damit die stärkste Determinante der Bildungschancen, noch deutlich vor Staatsangehörigkeit (Bacher 2003). Die Bildungsexpansion konnte die Ungleichheit der Bildungschancen nach sozialer Herkunft nicht wesentlich reduzieren (obwohl heute, absolut gesehen, natürlich auch mehr Arbeiter- und Bauernkinder studieren). Ziele, Formen und Resultate der Bildungsexpansion entsprechen, so gesehen, eindeutig der soziologischen Statusgruppen- und Konflikttheorie der Bildung.

Die ökonomischen Effekte der Bildungsexpansion scheinen dagegen weniger evident zu sein als von der Bildungsökonomie vielfach behauptet: Zwar hat die allgemeine Steigerung von Bildung und beruflichen Qualifikationen ohne Zweifel zum wirtschaftlichen Aufstieg Österreichs in der Nachkriegszeit beigetragen. Bei genauerer Betrachtung erscheint ein solcher Zusammenhang als weit weniger evident: Ein Bundesland ohne Hochschule und einer eher niedrigen Akademikerquote, wie Vorarlberg, zählte zu den wirtschaftlich und demographisch dynamischsten Ländern; das stärkste Wirtschaftswachstum war in den 1960er Jahren zu beobachten – einer Zeit, in der die Bildungsexpansion erst am Anfang stand. Seither sind die Arbeitslosenzahlen signifikant gestiegen – nicht zuletzt auch unter den Akademikern.

Mit seinem sozial sehr selektiven Bildungssystem stellt Österreich heute – neben Deutschland – weltweit nahezu ein Unikum dar. Der beharrliche Widerstand bürgerlicher Kreise und Parteien gegen eine Abschwächung dieser Selektion durch Einführung einer gemeinsamen Mittelschule der 11- bis 14-Jährigen kann sich darauf berufen, dass Österreich auch mit diesem System in der Lage war, eine ganze Reihe anderer westeuropäischer Länder wirtschaftlich zu überholen. Aber es gibt auch Indizien dafür, dass ein solches Bildungssystem auf Dauer zu Problemen führen kann. Österreich, noch in der ersten Hälfte des 20. Jahrhundert eines der international führenden Länder im Hinblick auf die Zahl der wissenschaftlichen Nobelpreise, ist hier stark zurückgefallen; eine vergleichende Studie zeigt, dass die mangelnde Ausschöpfung der Begabungsreserven unter den Kinder benachteiligter sozialer Schichten eine wichtige Ursache dafür war (Haller u.a. 2002). Im Hinblick auf die unabhängig von der Schule gemessene Kompetenz von 15- bis 16-Jährigen im Bereich mathematischer und naturwissenschaftlicher Kenntnisse und der Lesekompetenz ist Österreich »bestenfalls Mittelmaß« in Europa (Haider/ Reiter 2004, S.164). Auf mittel- und langfristige Sicht noch gravierender mag die bildungsmäßige Diskriminierung der Kinder von Einwanderern sein, mit der Österreich nicht nur auf ein enormes Potential an Humankapital verzichtet, sondern auch das traditionell-ständische Ausbildungssystem fortführt.

Vertiefende Fragen

1) Was könnte man tun, um die Quote der Jugendlichen zu reduzieren, die keinerlei berufliche oder weiterführende schulische Ausbildung erhalten? Warum wären solche Bemühungen wichtig?

2) Ausländerkinder sind hinsichtlich ihrer Bildungschancen besonders benachteiligt. Was könnte man tun, um diese auszugleichen? Warum wären solche Maßnahmen besonders wichtig? Welche gesellschaftlichen Kräfte werden für, welche gegen solche Maßnahmen sein?

3) Was könnten die Ursachen dafür sein, dass Frauen im Sekundar- und Hochschulwesen die Männer überholt haben? Kann man hierin eine neue Form der Diskriminierung sehen?

Weiterführende Literatur

Hochschulbericht (erscheint jährlich), hrsg. vom Bundesministerium für Bildung, Wissenschaft und Kultur
Umfassende Daten zur Ausbildung auf den Universitäten.

Lassnig, Lorenz (1995), »Bildungsreform gescheitert [...] Gegenreform? 50 Jahre Schul- und Hochschulpolitik in Österreich«, in: Sieder Reinhard u.a., *Österreich 1945–1995. Gesellschaft, Politik, Kultur,* Wien: Verlag für Gesellschaftskritik, S. 458–484

Seel, Helmut/Josef Scheipl (2004), *Das österreichische Bildungswesen am Übergang ins 21. Jahrhundert*, Graz: Leykam
Zwei umfassende und informative Überblicke über die Bildungsreformen seit 1945.

Müller, Walter/ Susanne Steinmann/ Reinhart Schneider (1997), »Bildung in Europa«, in: Stefan Hradil/Stefan Immerfall, Hrsg., *Die westeuropäischen Gesellschaften im Vergleich*, Wiesbaden: Leske + Budrich, S.177–245
Guter Überblick zur Variation der Bildungschancen in Europa.

Kapitel 6: Arbeitsmarkt, Beschäftigung und die Entstehung der Versorgungsklassen

Der wirtschaftlich-technische Strukturwandel und seine Implikationen für Beschäftigung und Arbeitsmarkt wurden im Rahmen der Soziologie durch den Begriff der »postindustriellen Gesellschaft« und – in jüngster Zeit – jenen der Wissens- bzw. »Informationsgesellschaft« thematisiert. Dieses Konzept wurde durch Soziologen wie Daniel Bell und neuerdings Manuel Castells zu einer umfassenden Theorie des wirtschaftlich-gesellschaftlichen Wandels ausgebaut. Diese Theorie beansprucht nicht nur eine Erklärung des spektakulären wirtschaftlich-beruflichen Strukturwandels von der Landwirtschaft zu Industrie und – in den letzten Jahrzehnten – zu Dienstleistungen und Wissensberufen zu bieten. Sie will auch die sich ändernde Nachfrage nach Beschäftigung und die Entstehung von Arbeitslosigkeit erklären.

In diesem Kapitel soll zunächst diese Theorie skizziert werden. Es wird argumentiert, dass diese Theorie – bei all ihrer scheinbaren Plausibilität und empirischen Gültigkeit – doch wichtige Aspekte unterbelichtet. Es sind dies genau jene Aspekte, welche aus einer klassentheoretischen und institutionellen Perspektive von zentraler Bedeutung sind. Diese werden im zweiten Teil des Kapitels dargestellt. Im dritten Teil werden grundlegende Daten zum Wandel von Beschäftigungsstruktur und Arbeitslosigkeit in Österreich präsentiert.

6.1 Die Theorie des Übergangs zur postindustriellen Gesellschaft bzw. Informationsgesellschaft

Die Theorie der postindustriellen Gesellschaft von Fourastiè und Bell

Die Drei-Stadien-Theorie der wirtschaftlichen Entwicklung, ursprünglich entworfen und mit umfangreichem Material belegt von den Ökonomen Allen G. B. Fisher und Colin Clark in den 1930er Jahren wurde unter anderen von Jean Fourastiè und Daniel Bell zu einer anspruchsvollen und umfassenden soziologischen Theorie des sozioökonomischen Wandels ausgearbeitet.[1]

Die Drei-Sektoren-Theorie der Wirtschaft ist nach Wolfgang Zapf (1977, S. 126) ein in seiner Einfachheit und Erklärungskraft »geniales Verfahren zur Analyse von Sozialstrukturen«. Gesellschaftliche Entwicklung wird verstanden als Zusammenspiel von technischem, ökonomischem und sozialem Fortschritt. Der technische Fortschritt – die Steigerung der Arbeitsproduktivität als Folge wissenschaftlich-technischer Neuerungen – spielt hierin die Schlüsselrolle (etwas vereinfacht dargestellt in *Übersicht 6.1*). Dabei wird postuliert, dass sich die Gesamtheit der gesellschaftlichen Produktion in drei Sektoren aufgliedern lässt, deren entscheidendes Differenzierungskriterium der Grad ist, in dem sie technischem Fortschritt zugänglich sind.

Der primäre Sektor der Extraktion natürlicher Rohstoffe, Bergbau und landwirtschaftliche Produktion, ist dies in einem mittleren, der sekundäre industrielle, güterproduzierende Sektor in einem hohen, der tertiäre Sektor jedoch nur in einem sehr geringen Ausmaß. Der letztere umfasst im Wesentlichen die Bereiche des Handels, die Verwaltung im weitesten Sinne (öffentlich und privat), das Unterrichtswesen und die Freien Berufe sowie einen Teil der handwerklichen Berufe mit Servicefunktionen (Fourastiè 1969, S. 75, 96). Für Fourastiè

1 Vgl. dazu Bell 1975; Decker 1975; Rasmussen 1977; Browning/Singelman 1978; Haller 1986b; Steinbicker 2001.

stellt diese Dreigliederung allerdings keine ein für allemal festgelegte Ordnung dar, vielmehr ist allein die fehlende Möglichkeit technischen Fortschritts das entscheidende Kriterium für die Zuordnung zum tertiären Sektor. So können bestimmte Branchen, wie etwa das Transportwesen, in frühen Phasen der ökonomischen und technischen Entwicklung zum sekundären Sektor gehören, nach Ausschöpfung aller Neuerungsmöglichkeiten jedoch zum tertiären Sektor.

Übersicht 6.1: Die Theorie des Übergangs zur postindustriellen Gesellschaft

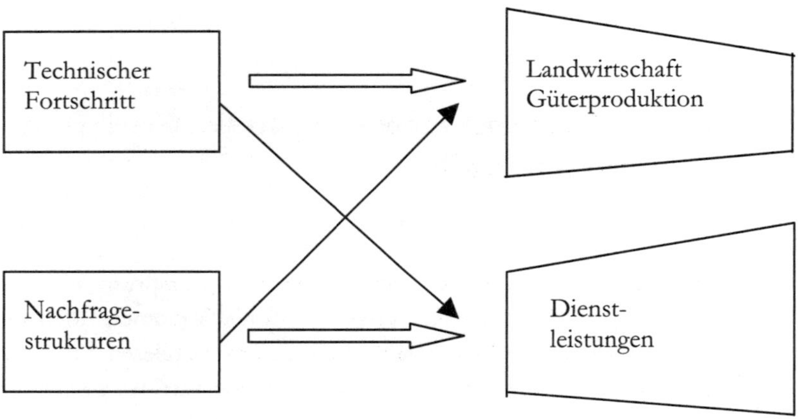

Ökonomischer und sozialer Fortschritt besteht nun darin, dass sich Produktion und Beschäftigung langfristig radikal umschichten, wobei die Dominanz des primären Sektors in der agrarischen oder primären Zivilisation nach einer Zwischenphase der Dominanz des sekundären Sektors übergeht in eine solche des tertiären Sektors. Die Erklärung dafür ist sehr einfach und setzt nur drei Annahmen voraus (vgl. *Übersicht 6.2*).

Übersicht 6.2: Die Grundannahmen der Drei-Sektoren-Theorie

1) Technischer Fortschritt ist die wesentliche schöpferische Kraft der Entwicklung.
2) Technischer Fortschritt verläuft am schnellsten im sekundären Sektor, etwas weniger schnell im primären, jedoch nur sehr langsam oder ist überhaupt unmöglich im tertiären Sektor.
3) Die Struktur des wachsenden Verbrauchs stimmt nicht mit jener der wachsenden Produktion überein; während die Nachfrage nach primären und sekundären Gütern tendenziell gesättigt werden kann, bleibt jene nach Diensten praktisch unbegrenzt. Ab einem bestimmten Moment verzichtet man auf materielle Güter zugunsten von Diensten, da erstere Zeit kosten, letztere sie jedoch einsparen helfen.

Als Folge dieser drei Annahmen ergibt sich ein langfristiger Prozess der sozioökonomischen Umschichtung, an dessen Beginn die Produktivitätssteigerung in der Landwirtschaft zu einer Freisetzung von Arbeitskräften führt, die zunächst vor allem vom sekundären Sektor aufgenommen werden. Die Wirkung des gleichen Mechanismus führt jedoch auch hier zu einer enormen Erhöhung des Produktionsausstoßes bei gleichzeitigem Rückgang der Beschäftigung, worauf in der dritten Phase eine Ausweitung von Beschäftigung und »Produktion« im tertiären Sektor erzwungen wird. Erst nachdem sich die Gesamtbeschäftigung in einer gegenüber Phase 1 komplementären Verteilung eingependelt hat (Verschiebung des Verhältnisses von 80: 10: 10 zu einem solchen von 10: 10: 80), können die Friktionen der Übergangsperioden von einer wissenschaftlichen Gesellschaftsplanung in der tertiären Zivilisation abgelöst werden. Diese Theorie und die damit verbundene Erklärung des Wandels der Wirtschafts- und Sozialstruktur wurde in Daniel Bells Buch »*Die industrielle Gesellschaft*« von 1973 ausgearbeitet (vgl. Kasten).

Gibt es in der postindustriellen Gesellschaft keine Beschäftigungsprobleme?

Eine zügig zum Postindustrialismus fortschreitende Gesellschaft scheint nach dieser Theorie keine Beschäftigungsprobleme zu kennen. Und doch ist dies spätestens seit Mitte der 1970er Jahre eines der drängendsten Probleme auch im wohlhabenden Westeuropa geworden – von den Ländern der Dritten Welt ganz zu schweigen. In dieser Hinsicht scheint sich in der Tat die seit Beginn der industriellen Revolution aufgetretene Befürchtung bzw. Prognose zu bewahrheiten, dass der technische Fortschritt zu einem radikalen Wegrationalisieren von Arbeitsplätzen führen könnte. Betrachten wir etwas näher, wie Fourastiè und Bell die Entwicklung der Beschäftigung in der postindustriellen Gesellschaft beurteilen.

Arbeitszeitverkürzung als Ausgleich für das Produktivitätswachstum?

Die Lösung des Problems der sinkenden Beschäftigung als Folge der Steigerung der Produktivität sieht Fourastiè (1966) vor allem in der *Verkürzung der Arbeitszeit*. Er geht davon aus, dass in Zukunft die hochentwickelten Länder ihre Bedürfnisse mit einer 30-Stunden Arbeits-Woche befriedigen können. Rechnet man Urlaubs- und Feiertage ein, ergibt dies eine durchschnittliche Zahl von 1200 Jahresarbeitsstunden; diese multipliziert mit einer durchschnittlichen Erwerbsdauer von 35 Jahren ergibt 42.000 Lebensarbeitsstunden. (Hieraus der Titel seines Buches »*Die 40.000 Stunden*«).

Die Arbeitszeitverkürzung in ihren verschiedenen Formen – Verkürzung der täglichen und wöchentlichen Arbeitszeit, Verlängerung des Urlaubs usw. – stellt in der Tat eine sehr markante Entwicklung der vergangenen hundert Jahre dar.

Merkmale der postindustriellen Gesellschaft nach Daniel Bell (1975)

Nach Bell ist eine Gesellschaft im Hinblick auf drei Dimensionen zu charakterisieren: nach ihrer Sozialstruktur, ihrer politischen Ordnung und ihrem kulturellen System. Zentral für den Übergang zur postindustriellen Gesellschaft ist die Umschichtung in der Sozialstruktur, die ihrerseits wiederum fünf Dimensionen umfasst: die *Wirtschaftsstruktur*, die *Berufsstruktur* sowie die drei untereinander eng verknüpften Dimensionen der vorherrschenden Formen von *Wissen*, *Planung* und *Technologie*.

Den Wandel der *Wirtschaftsstruktur* sieht Bell (1975, S. 32 f., 129 ff.) weitgehend analog zu Fourastiè. Er führt zusätzlich eine Unterscheidung zwischen verschiedenen Formen von Dienstleistungen ein, die jeweils mit einer bestimmten Gesellschaftsform verbunden sind. *Persönliche Dienstleistungen*, wie die Arbeit von Dienstboten oder Hausgehilfinnen, sind charakteristisch für die vorindustrielle oder Agrargesellschaft; *geschäftliche Dienste*, Transport- und Verkehrswesen, Handel, Banken- und Versicherungsgewerbe charakterisieren die industrielle Gesellschaft und *intelligente Dienste*, Gesundheits- und Bildungswesen, Forschung und Verwaltung, die postindustrielle Gesellschaft. Diese impliziert also nicht eine Expansion der Dienstleistungswirtschaft und -berufe generell, sondern einer ganz bestimmten Form von Dienstleistungen.

Dies führt zum zweiten zentralen Merkmal der postindustriellen Gesellschaft, dem Vorrang einer »Klasse professionalisierter und technisch qualifizierter Berufe«, typischerweise mit Hochschulausbildung, wobei die Naturwissenschaftler und Ingenieure die führende Rolle spielen. Den quantitativen Vorrang dieser Wirtschaftssektoren bzw. Berufe versucht Bell mit umfangreichem Zahlenmaterial für die USA zu belegen, da diese als die höchstentwickelte Volkswirtschaft seiner Auffassung nach einer Dienstleistungsgesellschaft schon nahegekommen sind und ihr Entwicklungspfad früher oder später auch von allen anderen Gesellschaften zu durchlaufen sein wird.

Die dritte neue strukturbestimmende Dimension der postindustriellen Gesellschaft ist der *Primat des theoretischen Wissens*. Die Innovationen der industriellen Revolution des 19. Jahrhunderts beruhten weitgehend auf handwerklich-technischen, unmittelbar im Arbeitsprozess entwickelten Fähigkeiten und Erfahrungen. Das theoretische Wissen dagegen wird systematisch und außerhalb der Produktion, im Rahmen von autonomer Wissenschaft und Forschung entwickelt. In engem Zusammenhang damit stehen die beiden weiteren postindustriellen Möglichkeiten. Die erste ist eine zunehmende Kapazität der *gesellschaftlichen Planung*, der es gelingen könnte, »eine neue Dimension gesellschaftlichen Wandels zu erreichen: die Planung und Lenkung des technologischen Wachstums« selbst (Bell 1975, S. 42). Die zweite ist das Aufkommen einer neuen *intellektuellen Technologie*, durch welche die Methodik des Erfindens selbst tendenziell vom Zufall unabhängig gemacht werden kann. Wissenschaftliches Denken in Termini von Informationstheorie, Kybernetik, Systemanalyse usw. steht prototypisch für diese Entwicklungstendenz.

In Deutschland betrug die Arbeitszeit zwischen 1820 und 1860 noch ca. 14 bis 16 Stunden täglich, ca. 80 Stunden wöchentlich (Buß 1985, S. 199f.). 1918 wurde von den Gewerkschaften erstmals der 8-Stunden-Tag durchgesetzt.

Damit reduzierte sich die Wochenarbeitszeit auf 48 Stunden; der Urlaub betrug aber bei Arbeitern nur 3–6 Tage, bei Angestellten 12 bis 18 Tage im Jahr. Seit dem Zweiten Weltkrieg wurde die Arbeitszeit kontinuierlich weiter reduziert – nun auch mit dem Argument der Schaffung neuer Arbeitsplätze. 1978 wurde die 40-Stunden-Woche eingeführt, der bezahlte Urlaub stieg von 2 auf durchschnittlich 5 Wochen an. Die effektive Arbeitszeit (unter Berücksichtigung von Krankheit, Ausfallzeiten usw.) betrug aber schon 1980 nur mehr ca. 32 Stunden in der Woche. Auch in Österreich betrug die tarifliche Wochenarbeitszeit nach dem 1. Weltkrieg noch 48 Stunden; in den 1950er Jahren sank sie auf 45, bis 1970 auf 40 Stunden; seit Mitte der 1980er Jahre liegt sie bei 38 (teils 36) Stunden. Seit 1918 wurde der Jahresurlaub von 12 auf 30 Arbeitstage ausgeweitet; auch hier erfolgte die größte Veränderung seit 1945.

Abbildung 6.1: Durchschnittliche wöchentliche Arbeitszeit[1] in Österreich 1970–2004

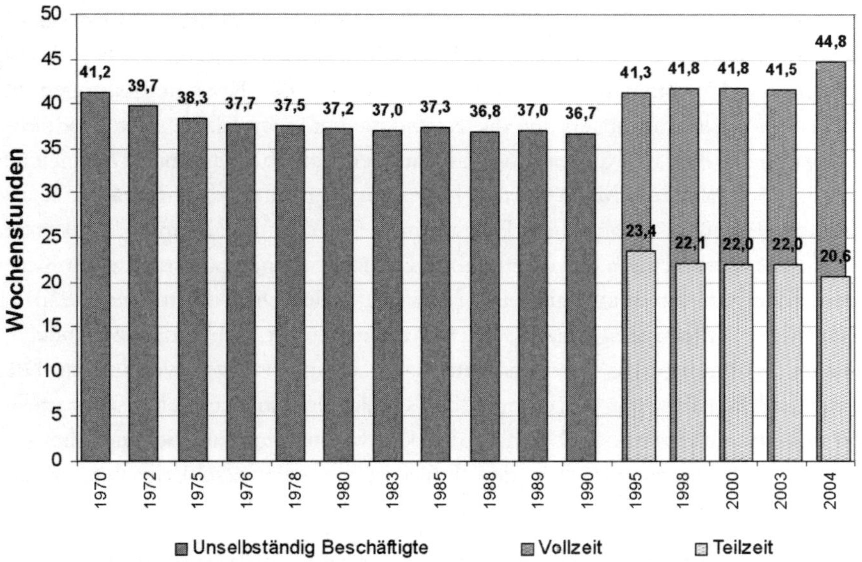

[1] Zahl der geleisteten Wochenstunden: unselbständig Beschäftigte (1970–1990), Beschäftigte (1995–2004); 1982, S. 150, Tabelle 6.21; 1992, S. 132, Tabelle 7.18.

Quellen: 1970: Statistisches Handbuch für die Republik Österreich 1970, S. 262, Tabelle 22.25; 1972: Forschungsberichte aus Sozial- und Arbeitsmarktpolitik, Nr. 2, Wien 1983, S. 47; ab 1995: EUROSTAT Langzeitindikator unterhttp://epp.eurostt.cec.eu.int (17.11.2005).

Die Verkürzung der Arbeitszeit ist ohne Zweifel eine bedeutende Errungenschaft, die ebenso auf die Organisation der Arbeitnehmer zurückzuführen ist (aus diesem Grunde sprach auch Marx dem Kampf um den Acht-Stundentag revolutionäre Bedeutung zu) wie auf den Produktivitätsfortschritt. Trotzdem ist evident, dass sie keine ausreichende Lösung für das Problem der Beschäftigung darstellt. Dies zeigt die Tatsache, dass die Arbeitslosigkeit seit Anfang der 1980er Jahre gegenläufig zur Verkürzung der Arbeitszeit kontinuierlich gestiegen ist (vgl. *Abbildung 6.1*). Seit der Jahrhundertwende zeichnet sich zudem eine Polarisierung ab: Während die Arbeitszeit bei Vollerwerbstätigen wieder ansteigt, nimmt sie bei Teilzeitbeschäftigten eher ab. Hier spiegelt sich die Zunahme von Beschäftigten mit sehr wenigen Arbeitsstunden. Man muss also schon aus dieser Sicht sagen, dass die Periode der Vollbeschäftigung, wie sie Europa etwa von Anfang der 1960er bis Mitte der 1970er Jahre erlebt hat, langfristig gesehen eher der Ausnahmefall als die Regel war, ein »kurzer Traum immerwährender Prosperität« (Lutz 1984).

Die These vom Ende der Arbeitsgesellschaft

Daniel Bell deutet eine Möglichkeit an, die zu einer Verknappung von Arbeit in postindustriellen Gesellschaften führen könnte. Die Dienstleistungswirtschaft erzeugt einen *inflationären Druck*, weil oligopolistische Industrien und starke Gewerkschaften die Löhne »hochtreiben« können (Bell 1975, S. 160ff.); ihnen können die Unternehmen nachkommen, weil sie die Kostenerhöhungen in Form von Preiserhöhungen auf die Konsumenten überwälzen. Der Produktivitätszuwachs hält mit diesen Lohnerhöhungen jedoch nicht mit. Das gleiche trifft in noch höherem Maße auf den Dienstleistungsbereich zu, der ja per se als resistent gegenüber technischem Fortschritt definiert wurde. Damit aber kommt es, vor allem im Bereich der öffentlichen Dienstleistungen, zu drastischen Kostenerhöhungen, was seinerseits eine Ausweitung der Dienstleistungen entsprechend dem vielfach steigenden Bedarf (Krankenhäuser, Schulen, Bibliotheken, sozialer Wohnungsbau, Umweltschutz usw.) erschwert bzw. verhindert. Die Folge sind zunehmende Belastungen der staatlichen Finanzen, eine strukturelle »Finanzkrise des Staates » (O'Connor 1974) sowie zunehmende Schwierigkeiten, politischen Konsens zwischen den Forderungen der verschiedensten gesellschaftlichen Gruppen herbeizuführen.

Die Thematik einer »*strukturellen Arbeitskrise*« in modernen Gesellschaften hat auch in der deutschen Soziologie eine große Rolle gespielt. So wurde der 21. Deutsche Soziologentag 1982 in Bamberg dem Thema »*Krise der Arbeitsgesellschaft*« gewidmet (vgl. auch Offe 1984). Auf diesem Kongress konstatierte Ralf Dahrendorf, der modernen Industriegesellschaft werde die Arbeit ausgehen, weil die Technik preiswerter sei als menschliche Arbeit: »Die Reallöhne, die wir heute kennen, sind das Ergebnis einer langen und folgenschweren Entwicklung, eben der Entwicklung der Staatsbürgerrechte […] Alle diese Entwicklungen machen Arbeit teuer. Die Arbeitslosigkeit beruht auf dem Preis der Arbeit. Der Preis der Arbeit aber beruht auf dem in die Strukturen der Arbeitsgesellschaft eingebauten Konflikt zwischen ›Arbeitnehmern‹ und ›Arbeitgebern‹ […]. Der zunehmende Erfolg der Arbeitnehmer ist daher die treibende Kraft der Arbeitsgesellschaft, der am Ende zu ihrer Aufhebung führt.« (Dahrendorf 1983, S. 28f.).

Es ist evident, dass die These vom »Ende der Arbeitsgesellschaft« nicht zutreffend sein kann und keinesfalls überall bzw. generell eine Beschäftigungskrise existiert. Zum einen stellen Arbeit und Beruf nach wie vor einen der beiden zentralen Lebensbereiche aller Menschen dar (Haller 2005a, S. 46). Die steigende Erwerbstätigkeit von Frauen ist ein klarer Beleg für diese These. Der Beruf stellt nach wie vor die mit Abstand wichtigste Determinante des sozialen Status des Menschen dar. Die These, dass der Arbeitsgesellschaft die Arbeit ausgehe, wird zudem widerlegt durch die Tatsache, dass sich Beschäftigung und Arbeitslosigkeit in verschiedenen Ländern sehr unterschiedlich darstellen.

Tabelle 6.1 zeigt die Entwicklung der Beschäftigung (getrennt nach Selbständigen und Unselbständigen) in 17 westeuropäischen Ländern, Nordamerika und Japan von 1960 bis 2003. Es zeigt sich, dass die Anzahl der Erwerbstätigen insgesamt in allen Ländern bzw. Makroregionen zugenommen hat. In einigen hat sie sich praktisch verdoppelt (Niederlande, Luxemburg, Kanada, USA), in drei weiteren europäischen Ländern (Norwegen, Irland, Schweiz) ist sie um mindestens 70 Prozent gestiegen. Die Zunahme war großteils auf die Unselbständigen zurückzuführen, aber in Großbritannien, Portugal, den USA und Kanada haben auch die Selbständigen stark zugenommen. Wenig erhöht hat sich die Zahl der Erwerbstätigen in vier europäischen Ländern (Finnland, Belgien, Großbritannien und Italien). Besonders bemerkenswert ist, dass die Erwerbstätigkeit auch in Deutschland ab 1980 stark zugenommen hat, schon vor der Wiedervereinigung. Aus dieser Sicht wurde die These vom »Ende der Arbeitsgesellschaft« auch in diesem Lande schon recht rasch von der objektiven Entwicklung widerlegt.

Die stark variierende Dynamik der Entwicklung von Beschäftigung und Arbeitsmarkt im internationalen Vergleich kann durch drei Faktoren relativ gut erklärt werden (vgl. dazu auch Therborn 1985; Schmidt 1993; Bögenhold 1996):

1) Durch eine sehr dynamische Wirtschaftsentwicklung mit hohen Wachstumsraten (Irland, Luxemburg).
2) Durch eine positive wirtschaftliche Entwicklung mit sehr offenen Arbeitsmärkten (Kanada, USA, Japan). Typisch für diese Länder ist auch eine relativ hohe Persistenz des Anteils an Selbständigen; der negative Begleitaspekt ist eine Zunahme der Ungleichheit (ausgenommen Japan), die Entstehung vieler »McJobs« mit geringen Arbeitszeiten, unsicheren Beschäftigungsverhältnissen und niedrigen Einkommen.
3) Durch eine gezielte, national gut koordinierte Beschäftigungspolitik. Hier waren – neben einigen skandinavischen Ländern – vor allem die Niederlande sehr erfolgreich, die es schafften, eine hohe Arbeitslosigkeit zu reduzieren und die Zahl der Erwerbstätigen zu verdoppeln! Ein Instrument dafür war die Schaffung von Teilzeitarbeitsplätzen, in denen vor allem früher nicht erwerbstätige Frauen eine Beschäftigung fanden.

Bevor wir näher auf die Frage des Zusammenhanges zwischen technologischem Fortschritt und Beschäftigungsproblemen eingehen, sollen einige grundsätzliche Fragen im Hinblick auf die Theorie der Dienstleistungsgesellschaft aufgeworfen werden.

Tabelle 6.1: Entwicklung der selbständigen und unselbständigen Beschäftigung in ausgewählten Ländern Europas, in Kanada, USA und Japan, 1960–2003 (in 1.000)

	1960		*1970*		*1980*		*1990*		*2003*		*1960*	*2003*	*Zuwachs (1960=100)*
	Unselbständig	*Selbständig*	*Unselbständig*	*Selbständig*	*Unselbständig*	*Selbständig*	*Unselbständig*	*Selbständig*	*Unselbständig*	*Selbständig*	*Selbständige und Unselbständige*		
Norwegen	1.037	272	1.203	268	1.652	197	1.766	184	2.080	158	1.309	2.238	171
Schweden	3.076 [1]	481 [1]	3.433	340	3.895	315	4.074	397	3.826	397	3.557	4.223	119
Finnland	1.330	757	1.615	500 [2]	1.893	235	2.105	353	2.052	294	2.087	2.346	112
Dänemark	1.507 [1]	555 [1]	1.837	353	2.023 [3]	280 [3]	2.330	253	2.429	217	2.062	2.646	128
Niederlande	3.166	886 [2]	4.033 [4]	607 [2,4]	4.339	593 [2]	5.538	604	7.177	880	4.052	8.057	199
Großbritannien	22.489	1.767	22.471	1.902	22.854	2.011	22.770	3.572	24.996	3.444	24.256	28.440	117
Irland	641	405	717	328	863 [3]	243 [3]	865	258	1.462	292	1.046	1.754	168
Belgien	2.594	616	2.973	533	3.128	490	3.051	533	3.461	564	3.210	4.025	125
Luxemburg	94	38	112	28	136	21	171	18	274	20	132	294	223
Frankreich	13.000	5.643 [2]	15.880	4.463 [2]	17.533	3.594 [2]	19.168	2.908	22.144	2.148	18.643	24.292	130
Deutschland	20.038	3.284	21.747	2.690	22.455	2.361	25.669	3.156	31.540	3.682	23.322	35.222	151
Schweiz	2.026	365	2.678	446 [2]	3.016		3.625 [5]	341 [5]	3.679	406	2.391	4.085	171
Österreich	2.228	1.061	2.160	811	2.545	525	2.929	359	3.283	401	3.289	3.684	112
Italien	11.686	5.186	12.811	6.407 [2]	14.684	4.769	15.133	5.204	15.814	5.107	16.872	20.921	124
Griechenland	1.076 [6]	1.276 [6]	1.370 [7]	1.773 [2,7]	1.668	1.688	1.947	1.293	2.400	1.314	2.352	3.714	158
Spanien	7.424	3.930 [2]	7.960	2.937	7.838	2.474	9.515	2.632	13.510	2.813	11.354	16.323	144
Portugal	2.436	630	2.561	801 [2]	2.618	715	3.289	1.213	3.665	1.261	3.066	4.926	161
Kanada	4.843	1.122 [2]	7.004	915 [2]	9.604	930	11.840	1.176	14.212	1.498	5.965	15.710	263
USA	55.179	9.098	70.645	7.031	89.950	8.643	108.338	10.097	127.314	10.295	64.277	137.609	214
Japan [8]	22.730	10.330	33.060	9.770	39.710	9.510	48.350	8.780	53.350	6.600	33.060	59.950	181

[1] 1962; [2] inkl. unbezahlt mithelfender Familienmitglieder; [3] 1981; [4] 1975; [5] 1991; [6] 1961; [7] 1971; [8] Die Zahl der unbezahlt mithelfenden Familienmitglieder in Japan ist im Vergleich zu den anderen Ländern sehr hoch: 1960: 11,5 Mio.; 1970: 8 Mio.; 1980: 6 Mio.; 1990: 5,2 Mio.; 2003: 3 Mio.

Quellen: 1960: OECD Labour force statistics 1956-1966, Civilian employment, S. 19-178; 1970/80: OECD Labour force statistics 1970-1981, Civilian employment, S. 26-445; Luxemburg 1960-2003, Finnland und USA 1960, andere Länder 1990/2003: OECD Corporate Data Environment, Labour Market Statistics – DATA, verfügbar unter http://www1.oecd.org/scripts/cde/ (12.12.2006); WISO Taschenbuch 2005, S. 22

Kritik der Theorie der postindustriellen Gesellschaft

Führen wir zunächst in knapper Form einige immanente Einwände gegen die Ansätze von Fourastiè und Bell an (vgl. auch Haller 1982b). Hinter der entwicklungstheoretischen Konzeption von Fourastiè stehen im Wesentlichen zwei Wirkungskräfte, wovon der *technische Fortschritt* die erste darstellt. Hier liegt in der Tat ein sehr zentrales, für die Erklärung der Umschichtung jedoch allein nicht zureichendes Element. Wenn man die teilweise tautologische These aufgibt, dass sich die Zuordnung der einzelnen Wirtschaftsbereiche zu den drei Sektoren je nach Produktivitätsfortschritt ändert, wird die Aussage unhaltbar, dass der tertiäre Bereich Produktivitätssteigerungen generell unzugänglich ist; eine systematische Abgrenzung des sekundären und tertiären Sektors ist auf dieser Basis nicht möglich (vgl. auch Decker 1975, S. 272 ff.; Voss 1976, S. 28; Rasmussen 1977, S. 28). Was den Unterschied in der Produktivität von sekundärem und tertiärem Sektor erklären kann, ist in erster Linie die Tatsache, dass sich Produktionsausstoß und Beschäftigung in diesen beiden Bereichen sehr ungleichmäßig entwickeln. Der Produktionsausstoß des sekundären Sektors und sein Anteil am volkswirtschaftlichen Gesamtprodukt hat sich keineswegs vermindert, wohl jedoch sein Anteil an den Beschäftigten; hier hat der Tertiärbereich zweifellos eine viel stärkere Expansion zu verzeichnen (Hönekopp & Ullmann 1980).

Grundsätzlich in Frage zu stellen ist auch die These, dass der *technische Fortschritt* an sich eine treibende Kraft des Strukturwandels darstelle. Diese vor allem von Ökonomen vielfach – zumindest implizit – vertretene These[2] ist nicht haltbar. Es gibt eine Unzahl von historischen Beispielen, die zeigen, dass äußerst zukunftsweisende technische Erfindungen nicht angewandt wurden, obwohl man sie kannte. Ebenso weiß man, dass eine technologische Basis-Innovation in ganz unterschiedlicher Form praktisch eingesetzt und realisiert werden kann. Gesellschaftliche Faktoren (z.B. die Verfügbarkeit billiger Arbeitskräfte) bestimmen mit, ob bei Produktionsausweitungen eher eine arbeits- oder kapital- und technikintensive Strategie eingeschlagen wird. Politische Prioritäten und oft massive Subventionen führen dazu, dass Forschung und Technikentwicklung nur in bestimmten Bereichen vorangetrieben werden – in Richtungen – die sich später oft als massive Irrwege herausstellen (Beispiele sind die Atom- und die Energieforschung). Man kann allenfalls sagen, dass die Technik eine wichtige

2 Einer der wenigen, der sie deutlich ausspricht, ist der Wiener Ökonom Ewald Walterskirchen. In seinem bemerkenswert breit angelegten, interessanten Werk »*Der Weg in die Informationsgesellschaft*« schreibt er: »Der technische Fortschritt gilt seit der industriellen Revolution als der Motor wirtschaftlicher und gesellschaftlicher Veränderungen. Er ist eine weitreichende autonome Kraft, die unser Leben und unsere Arbeit völlig verändern kann [...] Diese Auffassung, die als technologischer Determinismus bezeichnet wird, hat sich heute weitgehend durchgesetzt.« (Walterskirchen 2005, S. 235f.)

intervenierende Variable des wirtschaftlich-gesellschaftlichen Strukturwandels darstellt. Ob eine Technik entwickelt, wie sie eingesetzt wird und welche Folgen sie hat, hängt in hohem Maße von gesellschaftlichen Kräften und von politischen Zielen, Prioritäten und Maßnahmen ab (vgl. dazu umfassend Hochgerner 1986).

Nur teilweise tragfähig ist auch die These von der zweiten Haupttriebkraft des beruflich-sektoralen Strukturwandels im Ansatz von Fourastiè und Bell, die *Veränderung in den Bedürfnis- und Nachfragestrukturen* der Mitglieder hochentwickelter Industriegesellschaften (Voss 1976, S. 11). Zum einen kann von einer Sättigung im Bereich der industriellen Konsumgüter weder im nationalen noch im internationalen Maßstab die Rede sein, solange die Verteilung dieser Güter so ungleich bleibt, wie es derzeit der Fall ist (vgl. auch Gershuny 1981, S. 78). Zum anderen wird eine solche Verschiebung der Nachfrage nicht linear und problemlos ablaufen, da die Güterproduktion nicht nur quantitativ expandiert, sondern auch zur Erzeugung neuer Produkte führt, und mit zunehmender Vermarktung die Qualität bestimmter Dienstleistungen sich verschlechtern kann (Decker 1975, S. 183 ff.).

Aber selbst wenn sich Nachfrage nach und Endverbrauch von Dienstleistungen in der von Bell postulierten Richtung verschieben würden, müsste dies nicht notwendig mit einer entsprechenden Veränderung des Beschäftigungssystems zusammenhängen. Gershuny (1981, S. 68 ff.) hat für England empirisch nachgewiesen, dass in den vergangenen Jahrzehnten Dienste in zunehmendem Maße nicht mehr als Dienste, sondern als Güter konsumiert wurden (z. B. Kauf von Privatautos anstatt Benützung öffentlicher Verkehrsmittel). Man muss seiner Meinung nach daher von einem der Dienstleistungsgesellschaft geradezu entgegengesetzten Trend zu einer *Selbstbedienungswirtschaft* sprechen. In einer solchen Wirtschaft erzeugt die Industrie in zunehmendem Maße Güter für Haushalte (aus deren Sicht Investitionsgüter), deren Bedienung von den Haushaltsmitgliedern übernommen wird.

Dienstleistungen als Komplement der Güterproduktion

Aus ökonomischer Perspektive sieht G. Voss (1976, S. 23 ff.) die entscheidende Schwäche aller Sektoren- und Stadientheorien darin, dass sie die *funktionale Abhängigkeit zwischen den Sektoren* vernachlässigen. Nach seiner Ansicht hat der tertiäre Sektor keine Leitfunktion inne, sondern ist eher als reagierend auf die Entwicklung im sekundären Sektor anzusehen. Man sollte in diesem Zusammenhang nicht von Unternehmen bzw. Betrieben ausgehen (da ein Betrieb Tätigkeiten verschiedener Art umfasst), sondern von konkreten Arbeitstätigkeiten. Eine darauf beruhende funktionale Klassifikation definiert als Dienstleistungen alle jene Tätigkeiten, »die sich nicht auf die unmittelbare Gewinnung, Verarbeitung oder Bearbeitung von Sachgütern richten« (Rasmussen 1977, S. 46; Mesch 2005).

Diese negative Definition von Dienstleistungen gestattet eine deutliche Trennung von sekundären und tertiären Tätigkeiten auch innerhalb ein und desselben Betriebs. Sie impliziert eine *funktionale Hypothese* der Beziehung zwischen sekundären und tertiären Tätigkeiten, die lautet, »dass die relative Bedeutung des Bereichs der Dienstleistungstätigkeit innerhalb einer Volkswirtschaft unmittelbar an das Ausmaß der Industrieproduktion gebunden« ist. Sie impliziert zudem eine *Entwicklungshypothese*, die besagt, dass mit »wachsender Industrieproduktion (pro Kopf) in einer Volkswirtschaft die relative Bedeutung des Dienstleistungssektors degressiv (steigt) bis zu einem Sättigungsniveau, dessen Höhe produktionstechnisch bedingt ist« (Rasmussen 1977, S. 59 f.).

Hieraus ergibt sich eine neue Betrachtungsweise des tertiären Wirtschaftsbereiches als Element und Begleiter des industriellen Expansionsprozesses. Es gibt demnach eine Sättigungstendenz der Beschäftigung im Tertiärbereich in Abhängigkeit vom Entwicklungsstand des Sekundärbereichs. Die empirischen Korrelations- und Regressionsanalysen von Rasmussen (1977) zu den Zusammenhängen zwischen dem Niveau der industriellen Produktion und dem Anteil verschiedener tertiärer Bereiche für zahlreiche Länder und zwei Zeitpunkte ergeben in der Tat, dass ein solcher Sättigungsprozess besteht, und zwar auf einem viel niedrigeren Niveau als angenommen. Der eigentliche dynamische Abschnitt der Tertiarisierung liegt demnach schon in der Frühphase der Industrialisierung eines Landes, später verlangsamt sich das Wachstumstempo des tertiären Sektors zusehends.

Übersicht 6.3: Ein erweitertes soziologisches Modell des Übergangs zur postindustriellen Gesellschaft

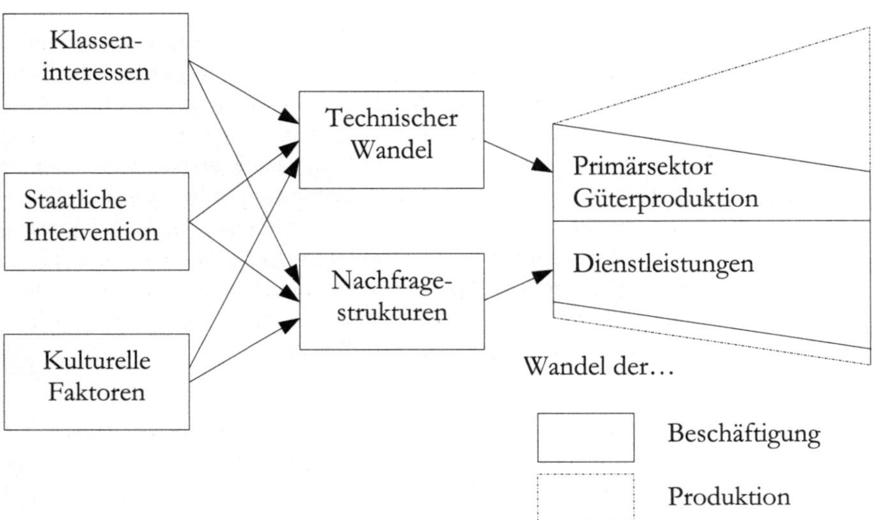

Die informationstechnologische Revolution nach Manuel Castells

Manuel Castells setzt sich in seinem Werk »*Das Informationszeitalter*« (2001) ausführlich mit den Effekten des informationstechnologischen Wandels auf Beschäftigung und Arbeitsmarkt auseinander. Er geht aus von der Tatsache, dass seit Beginn der industriellen Revolution die Furcht vor einer Wegrationalisierung menschlicher Arbeit durch Maschinen immer wieder stark hervorgetreten ist. Anhand eines Überblicks über zahlreiche Studien untersucht er selbst, welche Effekte der technische Fortschritt in den letzten Jahrzehnten auf die Beschäftigung hatte.

Die Informationsgesellschaft ist für Castells charakterisiert durch eine neuartige Form der Organisation von Arbeit innerhalb und zwischen den Unternehmen, nämlich durch die *Netzwerkstruktur* (vgl. auch Steinbicker 2001, S. 79ff.). Die Revolution der Informationstechnologie induziert das Aufkommen des *Informationalismus* als der neuen »materiellen Basis« der Gesellschaft. Zugleich erfolgt eine Restrukturierung des Kapitalismus auf globaler Basis. Wissen, Kommunikation und Informationsverarbeitung werden zur wichtigsten Quelle der Produktivität. Wertschöpfung basiert zunehmend auf Innovation; Innovation und Anwendung werden immer enger verkoppelt. Um global wettbewerbsfähig zu bleiben, ist gesteigerte Mobilität und erhöhte Kapazität der Informationsverarbeitung wesentlich. Der Staat nimmt an diesen Entwicklungen aktiv teil durch Maßnahmen der Liberalisierung und Deregulierung von Märkten, wie auch durch Privatisierung von staatlichen Unternehmen und Dienstleistungen. Die zentrale Aufgabe der Regierung (des »*Entwicklungsstaates*«) wird die Unterstützung von Forschung und Innovation, die Bildungs- und Technologiepolitik.

Die weltweite Ökonomie ist in mehrfacher Hinsicht klar gegliedert: Es dominiert die Triade USA-Europa-asiatisch-pazifischer Raum; semiperiphere Regionen (z.B. Lateinamerika) werden partiell inkludiert, große, unterentwickelte Regionen (Teile von Afrika, Südasien usw.) bleiben noch weitgehend ausgeschlossen. Castells sieht keine einheitlichen Beschäftigungseffekte der informationstechnologischen Revolution. Zwar werden auch die Arbeiter in die weltweite Arbeitsteilung einbezogen, es entwickelt sich aber kein Weltarbeitsmarkt (im Gegensatz zum Kapital). Dadurch können ungelernte Arbeiter in fortgeschrittenen Ländern leiden (steigende Arbeitslosigkeit als Folge der steigenden Konkurrenz durch Schwellenländer); es gibt aber hier keine generelle Zunahme der Arbeitslosigkeit. Allerdings sieht Castells auch nicht durchgehend positive Effekte des technologischen Wandels.

Eine Definition des Dienstleistungssektors als funktional notwendige Ergänzung des herstellenden Sektors erweist sich auch als fruchtbar für eine soziologische Analyse. So definieren Berger und Offe (1980, S. 44ff.) den Dienstleistungssektor als »die Gesamtheit jener Funktionen im gesellschaftlichen Reproduktionsprozess [...], die auf die Reproduktion der Formalstrukturen, Verkehrsformen und kulturellen Rahmenbedingungen gerichtet sind, unter denen die materielle Produktion der Gesellschaft stattfindet«. Im Rahmen dieser Auffassung wird deutlich, dass die Schutz-, Bewachungs- und Ordnungsfunktionen, welche der Dienstleistungssektor zu erfüllen hat, den herstellenden Funktionen nicht generell übergeordnet sind, sondern sich zu diesen in einem Verhältnis von Abhängigkeit befinden. Als »Vermeidungsarbeit« muss Dienstleistungsarbeit ständig Überkapazitäten aufweisen, weil die Risiken in der herstellenden Arbeit, die sie verhindern oder ausgleichen soll, schwer kalkulierbar sind. Diese »überschüssige Dienstleistungsbereitschaft« führt zu einem kontinuierlichen Rationalisierungsrückstand der Dienstleistungsarbeit.

Ein erweitertes Modell des wirtschaftlich-beruflichen Strukturwandels zeigt daher auf, dass im Bereich des Outputs im Laufe der Zeit sowohl Güter- wie Dienstleistungsproduktion zunehmen (vgl. *Übersicht 6.3*). Darüberhinaus thematisiert es auch jene gesellschaftlichen Faktoren, welche ihrerseits zur Beschleunigung (oder Abbremsung) des technologischen Wandels und der Nachfragestrukturen führen. Es sind dies nach Castells drei Typen von Faktoren: Interessen der Teilnehmer am Beschäftigungssystem, der Klassen der Unternehmer und Lohnabhängigen und ihrer Organisationen; Interessen und Interventionen des Staates; und schließlich kulturelle Faktoren im weitesten Sinne (vgl. dazu den Kasten).

Die Beantwortung der Frage, inwieweit der Übergang zur Informationsgesellschaft die Beschäftigung tangieren wird, erfordert die systematische Einbeziehung soziologischer Aspekte sowohl auf der Ebene der industriellen Akteure wie auf jener der gesellschaftlichen Institutionen.

6.2 Eine soziologisch-klassentheoretische Perspektive zur Transformation von Arbeitsmärkten und Beschäftigung im technologisch-industriellen Strukturwandel

Wir können also nicht davon ausgehen, dass es eine immanente Dynamik des industriell-technologischen Strukturwandels gibt, die per se bestimmte Effekte hat. Die technologische Revolution – und dies gilt auch für die heute stattfindende »dritte« informationstechnologische Revolution – muss weder zu Massenarbeitslosigkeit führen, sie wird aber auch nicht per se Vollbeschäftigung herstellen oder sichern. Entscheidend ist immer, in welchem Umfang technologische Innovationen eingesetzt werden und welchen Gebrauch die relevanten gesellschaftlichen Akteure von der Technologie und ihren Möglichkeiten machen. Die Frage ist, ob technischer Fortschritt bzw. die durch ihn erreichte Steigerung der Produktivität dazu benutzt wird, Arbeitsplätze zu schaffen oder »wegzurationalisieren«.

Drei Gruppen von *Akteuren* sind relevant, wenn es um die Frage geht, ob in einer Gesellschaft Vollbeschäftigung herrscht oder nicht:

- die einzelnen Individuen, Haushalte und Familien als Nachfrager nach Arbeit;
- die gesellschaftlichen Klassen der Arbeitgeber (Selbständige) und Arbeitnehmer;
- der Staat.

Als *institutionelle Rahmenbedingungen*, deren Ausgestaltung insbesondere vom Staat mitbestimmt wird, sind relevant:

- das Bildungs- und Beschäftigungssystem,
- die Formen der Förderung der Familie bzw. der außerhäuslichen Erwerbstätigkeit von Frauen;
- die Form der wohlfahrtsstaatlichen Einrichtungen.

Für alle diese Akteure bzw. Institutionen wird im Folgenden diskutiert, welche Interessen und Strategien sie verfolgen bzw. welche Effekte auf die Beschäftigung sie ausüben können. Betrachten wir aber zuerst, was »Arbeit« heute überhaupt bedeuten kann.

Die Vielfalt der Formen von Arbeit und der Arbeitsnachfrage aus soziologischer Perspektive

Erwerbsarbeit ist für die meisten Menschen die Voraussetzung für individuelle Selbständigkeit, Unabhängigkeit und Selbstverwirklichung. Es wäre daher zu erwarten, dass im Prinzip alle Erwachsenen ein Interesse daran haben müssten, für die gesamte erwerbsfähige Zeit des Lebens eine volle Berufstätigkeit auszuüben. Diese Annahme ist aus zumindest vier Gründen in Frage zu stellen:

1) Erwerbsarbeit ist nicht die einzige, gesellschaftlich sinnvolle und individuell bedeutsame Form von Arbeit.

Vor allem der Bereich der – meist unbezahlten – Hausarbeit und Kindererziehung ist als wichtige Form von Arbeit zu betrachten. Gerhard Brinkmann (1981, S. 20) unterscheidet noch zwei weitere Formen von Arbeit: vom Staat auferlegte Arbeiten (Wehr- bzw. Zivildienst, Steuererklärungen usw.) und Zwangsarbeit. Seit jeher bedeutsam und in Zukunft vielleicht noch wichtiger werden auch verschiedene Formen freiwilliger und ehrenamtlicher Arbeit (Huber 1984; Hondrich/Arzberger 1992). So zeigen empirische Studien, dass Väter und Mütter mit einem oder mehr Kindern unter 15 Jahren im Durchschnitt täglich eine Gesamtarbeitszeit von etwa 8 bis 10 Stunden (500 bis 600 Minuten) leisten (Familienbericht 1999, S. 51). Der Gesamtumfang der Arbeitszeit von Frauen ist auch nicht wesentlich geringer, wenn sie außerhäuslich kürzer arbeiten oder keiner bezahlten Beschäftigung nachgehen; teilzeitbeschäftigte oder nicht erwerbstätige Frauen arbeiten dafür mehr im Haushalt. Am längsten – täglich über 600 Minuten oder 10 Stunden – arbeiten vollerwerbstätige Frauen mit Kindern.

Die relative Bedeutung von Hausarbeit und Familienarbeit ergibt sich für viele Menschen erst auf dem Hintergrund der Art der Erwerbstätigkeit, die sie ausüben bzw. die ihnen als Chance offen steht. Für breite Schichten von Arbeitern und Angestellten stellt die Erwerbsarbeit keinen »Beruf« im Sinne einer qualifizierten Tätigkeit dar, mit der sie sich voll identifizieren, sondern eher einen »Job«, dem man hauptsächlich deshalb nachgeht, um seinen Lebensunterhalt zu sichern. (Das soll nicht heißen, dass nicht auch in solchen Jobs »intrinsische« Aspekte der Arbeit, wie Freude an der Tätigkeit, Abwechslung gegenüber dem Haushalt usw. eine wichtige Rolle spielen.) In vielen dieser Jobs gibt es auch wenig Aufstiegsmöglichkeiten.

2) Die Nachfrage nach Arbeit ist klassen- und schichtspezifisch.

Nicht jeder Arbeitsplatz oder jede Beschäftigung, die angeboten wird, wird von Arbeitssuchenden akzeptiert. Aufgrund der sozialen Herkunft, der familiären Umstände, sowie der eigenen Ausbildung und bisherigen beruflichen Tätigkeit wird nur eine solche Beschäftigung akzeptiert, die in ihren Anforderungen und ihrer Entlohnung den jeweiligen Erwartungen entspricht. Das gestiegene Bildungsniveau der inländischen Bevölkerung hat das Anspruchsniveau im Hinblick auf die Arbeit so erhöht, dass bei einfachen Tätigkeiten (etwa im Gastgewerbe, Gesundheits- und Pflegebereich) Arbeitskräftemangel entstehen kann, der dann durch (legale oder illegale) ausländische Arbeitskräfte behoben werden muss.

3) Die Familien- bzw. Haushaltssituation eines Individuums bestimmt seine Nachfrage nach Arbeit.

Alleinstehende oder Alleinlebende mit abhängigen Kindern sind zu ihrem Lebensunterhalt auf eigene Erwerbstätigkeit angewiesen. Jugendliche, die noch im elterlichen Haushalt leben, und Verheiratete haben dagegen die Möglichkeit, dass der Lebensunterhalt durch andere Personen im Haushalt (Eltern, Ehepartner) sichergestellt wird. Die Entscheidung für die Aufnahme einer eigenen Erwerbstätigkeit wird auch durch die »relative« Bedeutung einer eigenen Erwerbstätigkeit im Vergleich zu den dadurch entstehenden Kosten (Zeitaufwand, Abwesenheit vom Haushalt, Mehrfachbelastung) mit bestimmt. So leben heute junge Menschen (besonders in Südeuropa) immer länger im elterlichen Haushalt, nicht zuletzt infolge eines Mangels an Arbeitsplätzen bzw. der unerschwinglicher Kosten einer eigenen Wohnung

4) Außerhäusliche Erwerbstätigkeit kann staatlich gefördert werden.

Der Staat kann die Nachfrage nach Arbeit durch die verschiedenen Mitglieder eines Haushalts beeinflussen, indem er Möglichkeiten der institutionellen Unterbringung von Kindern und anderen betreuungsbedürftigen Haushaltsmitgliedern bereitstellt. Darüber hinaus kann er diese Nachfolge durch die Besteuerung beeinflussen. Systeme der Individualbesteuerung fördern eher die Erwerbstätigkeit aller Haushaltsmitglieder, Familienbesteuerung erleichtert das Zuhausebleiben von Ehegatten bzw. Elternteilen. Außerdem ist relevant, ob der Staat direkte Zuschüsse für Haus- und Familienarbeit zahlt (wie etwa durch das Kindergeld in Österreich seit 2002; vgl. Bauer et al. 2003). Massive Bemühungen gingen in dieser Hinsicht im letzten Jahrzehnt vor allem von der Europäischen Union aus, die vor allem das Modell der vollzeit-erwerbstätigen Frau (unabhängig von der Kinderzahl) favorisiert.

Interessen der sozialen Klassen im Zusammenhang mit Beschäftigung (Lohnabhängige, Arbeitgeber und Kapitaleigentümer)

Hier können wir spezifische Interessen sowohl auf Seiten der Arbeitnehmer bzw. Lohnabhängigen, als auch der Arbeitgeber bzw. Selbständigen identifizieren. Dieser Punkt wird hier jedoch nur kurz angesprochen, da viele der dabei relevanten Prozesse im nächsten Abschnitt über »Versorgungsklassen« näher behandelt werden.

Grundsätzlich kann man feststellen, dass die Lohnabhängigen und ihre Interessenvertretungen (Betriebsräte, Gewerkschaften) Interesse an einem hohen Beschäftigungsniveau, im Idealfall Vollbeschäftigung, haben. Dies gilt zum ersten deshalb, weil die *Verhandlungsmacht* der Arbeitnehmer mit dem Niveau der Beschäftigung steigt. Zum zweiten gilt es deshalb, weil die Gewerkschaften dem Prinzip der *Solidarität* verpflichtet sind, das im Prinzip alle potentiell unselbständig Erwerbstätigen, auf jeden Fall aber auch die Arbeitslosen (die ja weiterhin Gewerkschaftsmitglied bleiben) einschließt.

Allerdings gibt es Situationen bzw. Strategien, die das Angebot an Arbeitsplätzen zu Ungunsten der Arbeitssuchenden beeinflussen; bei diesen Strategien wirken oft auch Interessenverbände der Arbeitnehmer mit. Hier sind insbesondere Strategien zu nennen, die das Angebot an Arbeit in zweierlei Hinsicht beeinflussen:

1) direkt über Prozesse der sozialen Ausschließung.

Dies kann in zweifacher Hinsicht geschehen: (a) Indem die Beschäftigten etwa in Krisenzeiten in erster Linie an die Erhaltung ihrer eigenen Arbeitsplätze denken. Dies führt in aller Regel dazu, dass Management und Arbeitnehmer in einem Betrieb sich bei notwendigen Personalkürzungen zuerst darauf verständigen, die durch den »natürlichen Abgang« (Pensionierung, freiwillige Kündigungen) freiwerdenden Stellen nicht nach zu besetzen. Wenn dies viele, vor allem große Unternehmen und auch der Staat, tun, bekommen die jüngeren Kohorten von Berufseintretenden große Probleme auf dem Arbeitsmarkt. (b) Durch Mitwirkung an *Zulassungsbeschränkungen* für bestimmte Kategorien von Arbeitsplatzsuchenden, etwa für Frauen (frauenspezifische Schutzmassnahmen können manchmal indirekt als Barrieren zum Zugang zu Arbeitsplätzen wirken), Behinderte, Ausländer usw.

2) indirekt über die Lohnpolitik.

Hohe Lohnsteigerungen in einem Wirtschaftssektor oder in der Wirtschaft insgesamt führen dazu, dass die Kosten des »Faktors Arbeit« steigen, die Unternehmen daher weniger Anreize haben, neue Arbeitskräfte einzustellen, sondern diese durch technologische Innovationen ersetzen (Buß 1985, S. 199ff.). Diesen Prozess konnte man im Laufe der letzten Jahrzehnte deutlich beobachten: In Europa stiegen die Löhne deutlich stärker als in den USA, wo sie zum Teil sogar real gesunken sind (Therborn 1985, S. 95). Zugleich konnten aber die USA in dieser Periode, wie oben gezeigt, sehr viel mehr Arbeitsplätze schaffen und die Arbeitslosigkeit senken oder konstant halten, während sie in Europa stark gestiegen ist und seit langem auf hohem Niveau (8–10 Prozent im EU-Durchschnitt) verbleibt.

Das Grundinteresse von Kapitaleigentümern bzw. Arbeitgebern besteht darin, möglichst qualifizierte und leistungswillige Arbeitskräfte zu möglichst günstigen Löhnen bzw. Gehältern einstellen zu können. Je nachdem, ob in einer Wirtschaft Vollbeschäftigung besteht oder nicht, werden sie unterschiedliche Strategien zum Einsatz bringen. In der Vollbeschäftigung steigt der Preis des Faktors Arbeit, daher besteht ein Anreiz, menschliche Arbeit zu ersetzen bzw. auf sie ganz zu verzichten. Dies kann auf zwei Weisen geschehen: (a) durch *Mechanisierung* und technologische Innovationen; diese können vor allem wenig qualifizierte Routinearbeiten ersetzen; (b) durch *Produktionsverlagerungen* ins Ausland.

Kapitaleigentümern stehen zwei Strategien zur Verfügung, die eine *Umschichtung innerhalb der Arbeitskräfte* bewirken: (a) Falls sich die Möglichkeit dazu bietet, können teure einheimische durch billige ausländische Arbeitskräfte ersetzt werden; dies ist ein Prozess, der in Österreich und in der EU vor allem seit 1989/90 in großem Maßstab stattfindet. Dabei wird von der Unternehmerseite immer wieder das Argument des *Facharbeitermangels* vorgebracht, um eine Erhöhung des zugelassenen Kontingents an ausländischen Arbeitskräften zu erreichen; de facto zeigen Arbeitsmarktstudien, dass dieser Mangel oft bei weitem nicht so stark ist wie behauptet (Heschl 2008). (b) In wirtschaftlichen Krisenphasen, die mit höheren Raten von Arbeitslosigkeit verbunden sind, können Unternehmer auch aktiv an der »*Verdrängung von oben nach unten*« (Blossfeld 1985) mitwirken: Höher gebildete und qualifizierte Arbeitskräfte werden auf Positionen und zu Konditionen eingestellt und eingesetzt, die bisher von weniger qualifizierten Arbeitskräften eingenommen wurden.

Beschäftigungspolitische Interessen und Aktivitäten des Staates

Grundsätzlich kann man davon ausgehen, dass der Staat ein Interesse an einem hohen Beschäftigungsniveau hat aus zwei Gründen: Zum ersten, weil hohe Beschäftigung von den Bürgern als etwas Positives, Mangel an Arbeitsplätzen als etwas Negatives bewertet wird; zum zweiten, weil ein hohes Beschäftigungsniveau hohe Steuereinnahmen sichert, niedrige Beschäftigung und Arbeitslosigkeit mit Kosten (für Arbeitslosengeld, Umschulungsmaßnahmen usw.; Ausfall von Steuereinahmen) verbunden sind.

Aufgrund dieser Faktoren wird die Sicherung der Vollbeschäftigung bzw. die Beschäftigungswirksamkeit von Maßnahmen inzwischen nicht nur von Politikern aller Couleurs, sondern auch als Begründung für politische Maßnahmen aller Art als Argument herangezogen.

Der Staat kann jedoch das Angebot an Arbeitsplätzen selber auf mehrfache Weise, direkt und indirekt, beeinflussen. Die wichtigsten davon seien hier in Stichworten angeführt:

- Als wichtiger *Arbeitgeber* insbesondere in den immer bedeutender werden sozial- und wohlfahrtsstaatlichen Diensten (Gesundheits- und Sozialbereich, Bildungsbereich, gesellschaftliche Infrastrukturdienste in Kommunikation, Energieversorgung, öffentlichem Verkehr usw.);
- über die *aktive Arbeitsmarktpolitik* (Förderung der Stellenvermittlung, Weiterbildungs- und Umschulungsmaßnahmen);
- über die soziale Absicherung von Arbeitslosen;
- über *familien- und frauenpolitische Maßnahmen*, welche die Arbeitsnachfrage von verheirateten Frauen und Müttern beeinflussen.
- über das System der *Besteuerung*, sowohl durch die Belastung des Faktors »Arbeit«, als auch durch die Art des Steuersystems. *Individualbesteuerung* fördert hohe Erwerbstätigkeit, Haushalts- bzw. *Familienbesteuerung* erleichtert es Eltern, für kürzere oder längere Zeit aus dem Erwerbsleben auszuscheiden bzw. sich nur der Familie zu widmen.

Aufgrund all dieser Faktoren und ihres komplexen Zusammenwirkens ist also nicht anzunehmen, dass technologischer Fortschritt per se zu massiven Beschäftigungsproblemen führen muss. Die spezifische Lage und Leistungen der Wirtschaft verschiedener Länder, aber auch die unterschiedlichen Strategien der verschiedenen Klassen und sozialen Gruppen sowie der Regierungen nehmen erheblichen Einfluss darauf, wie sich das Verhältnis zwischen der Vernichtung und Neuschaffung von Arbeitsplätzen durch den technologischen Wandel entwickelt.

Bevor wir einige grundlegende Daten zu dieser Problematik darstellen, soll noch ein wichtiger weiterer Aspekt des Wandels der Beschäftigungssysteme betrachtet werden, und zwar die Entstehung und Expansion der Versorgungsklassen. Auch dies ist ein Aspekt, der eng mit dem Problem der Beschäftigung verknüpft ist.

6.3 Die Entstehung der Versorgungsklassen als Prozess sozialer Ausschließung

In Kapitel 4 wurde dargestellt, dass die Untersuchung der gesellschaftlichen Klassen- und Schichtstruktur, in den Siebziger Jahren noch ein zentrales Thema empirischer Sozialforschung, seit Ende der Achtziger Jahre weitgehend aus der Mode gekommen zu sein scheint. Dafür spielen auch objektive Tendenzen eine Rolle. Darunter sind zu nennen der signifikante Anstieg von Einkommens- und Lebensstandards und der unaufhaltsame, auch durch neokonservative Regierungen nicht wesentlich gebremste Ausbau des Wohlfahrtsstaates, die »Informatisierung« der Arbeitswelt, die Individualisierung von Lebensstilen und Lebensweisen. Nach Meinung einflussreicher Soziologen sind diese Tendenzen nicht mehr erfassbar mit traditionellen klassen- und schichttheoretischen Konzepten, die in marktbestimmten, vertikal-hierarchisch strukturierten Ungleichheit die wesentlichen gesellschaftlichen Differenzierungslinien sehen.

Und doch gibt es, verstärkt in den letzten Jahren, auch Hinweise auf Probleme, die eigentlich alarmierend wirken müssten. Allein im Jahrzehnt von 1978 bis 1988 verdoppelten sich die Sozialausgaben nahezu von 224 auf 429 Milliarden Schilling (Statistisches Handbuch für die Republik Österreich 1989, S. 133), oder 31 Mrd. Euro. Bis 2000 stiegen sie weiter auf 57, bis 2004 auf 66 Milliarden Euro (Statistisches Jahrbuch Österreichs 2006, S. 214). Der Staat lebt hier offenkundig von der Hand in den Mund, wie die Tatsache der Explosion der öffentlichen Finanzschulden allein im Zeitraum 1978–1988 von 133 auf über 700 Milliarden Schilling zeigt. Die Ausgaben des Bundes für soziale Wohlfahrt betrugen 2005 20,3 Mrd. Euro (279 Mrd. Schilling), das sind knapp 31 Prozent der Gesamtausgaben (WISO-Taschenbuch 2006, S. 204); sie stellen den mit Abstand größten Einzelposten dar. Zugleich findet, wie in Kapitel 3 gezeigt wurde, eine kontinuierliche Verschiebung der Bevölkerungsstruktur hin zu älteren Gruppen statt, womit ein automatisches Weitersteigen der sozialstaatlichen Zahlungsverpflichtungen (nicht nur für Pensionen, sondern auch für den Gesundheitsbereich) verbunden ist. In Österreich haben die Umbrüche in Osteuropa die Problematik der Immigration von ausländischen Arbeitnehmern auf die politische Tagesordnung gebracht. In einer Zeit relativ hoher Arbeitslosigkeit werden Einwanderer von Arbeitern mit gutem Grund als bedrohliche Konkurrenz gesehen. Rechtslastige Parteien in ganz Europa machen sich die steigende Fremdenfeindlichkeit zunutze bzw. fördern sie sogar selber (Kirfel/Oswalt 1989).

In diesem Abschnitt wird gezeigt, dass all diese Krisenphänomene in einem engen Zusammenhang mit der gesellschaftlichen Klassen- und Schichtstruktur stehen. Die These lautet, dass sich eine neue zentrale Konfliktlinie ergeben hat zwischen den erwerbstätigen und den nicht erwerbstätigen gesellschaftlichen Gruppen. Eine klassentheoretische Perspektive ist hier weiterhin höchst aktuell und dies in zweierlei Hinsicht: Zum ersten insofern, als die Grenzlinie zwischen den »Erwerbs-« und den »Versorgungsklassen« heute selber heute zunehmend zum Objekt von Klassenauseinandersetzungen geworden ist; zum zweiten insofern, als auch die Situation dieser »neuen« privilegierten und benachteiligten sozialen Gruppen und Klassen eng mit dieser Differenzierungslinie zusammenhängt.

Die Problematik der Entwicklung der »Versorgungsklassen« wurde in der Diskussion der Sozial- und Klassenstruktur moderner Gesellschaften viel zuwenig beachtet. Dies gilt aus empirischer und theoretischer Sicht gleichermaßen. Betrachtet man die vorliegenden empirischen Sozialstrukturanalysen, so gilt fast durchwegs, dass die Klassenstruktur fortgeschrittener Gesellschaften nur untersucht wird im Hinblick auf die erwachsene, mehr oder weniger vollzeit-erwerbstätige Bevölkerung. Durch die Nichtberücksichtigung von Jugendlichen im Ausbildungssystem, von nicht berufstätigen Hausfrauen, von Arbeitslosen, von Rentnern und Pensionisten, um nicht zu reden von vor- und schulpflichtigen Kindern werden – je nach Land – 40 bis 60 Prozent Prozent der Bevölkerung aus der Sozialstruktur-Analyse ausgeblendet.

Im Falle Österreichs stellt sich dies etwa folgendermaßen dar. Im Jahre 2003 setzte sich die gesamte Bevölkerung zusammen zu 48,8 Prozent aus Berufstätigen (einschließlich der Arbeitslosen), zu rund 21 Prozent aus Pensionisten und Rentnern und zu 30,0 Prozent aus Erhaltenen (vgl. *Tabelle 6.2*). Zwei Punkte sind dabei auffallend. Erstens stellen die nicht Erwerbstätigen, also die Versorgungsklassen im weitesten Sinne, gut die Hälfte der Bevölkerung dar; es steht allein von daher außer Frage, dass eine nähere soziologische Betrachtung dieser Gruppe von grundlegender Bedeutung ist.

Tabelle 6.2: Die österreichische Bevölkerung nach dem Lebensunterhalt 1951–2003

	1951	*1961*	*1971*	*1981*	*1991*	*2001*	*2003*
				in Prozent der Gesamtbevölkerung			
Berufstätige[1]	48,3	47,6	41,8	45,1	47,3	49,6	48,8
Nichterwerbstätige Einkommensempfänger[2]	12,3	16,1	18,3	18,2	21,7	22,8	21,6
Erhaltene Personen[3] Darunter:	39,4	36,3	39,9	35,2	31,0	27,6	30,0
Kinder, Schüler, Studenten				*24,4*	*21,6*	*21,4*	*15,9*
Haushaltsführende	*14,7*	*12,4*	*12,5*	*10,8*	*9,2*	*6,1*	*6,9*
Sonstige				*1,4*	*0,2*	*0,0*	*7,2*
Zusammen	100,0	100,0	100,0	98,5	100,0	100,0	100,3
(in 1.000)	6.934	7.074	7.492	7.555	7.796	8.033	8.118

1 Inklusiv Arbeitslose (1981 1,3 Prozent, 2003 7 Prozent)
2 Großteils Rentner und Pensionisten
3 Vom Einkommen anderer Haushalts- bzw. Familienmitglieder Lebende

Quellen: 1951–1971: Republik Österreich 1945–1995, S. 36, Tabelle 1.14; 1981: Statistisches Handbuch für die Republik Österreich 1984, S. 29; 1994, S. 20, Tabelle 2.08; 2004, S. 54, Tabelle 2.14; 2003: Mikrozensus 2003 – Jahresergebnisse, S. 54; Datenbasis 1951–2001: Volkszählungen; Mikrozensus 2003.

Die zweite Auffälligkeit an diesen Daten ist die Tatsache, dass auch heute – trotz starker Zunahme des Anteils der älteren und Abnahme des Anteils der jugendlichen Bevölkerung – die direkt von sozialstaatlichen Transfers lebenden älteren Menschen noch immer nicht die größte Teilgruppe unter den Versorgungsklassen darstellen. Es ist dies vielmehr die durch Angehörige (vor allem durch erwerbstätige Männer) unterhaltene Bevölkerung, nämlich Kinder, Jugendliche, Hausfrauen und andere in privaten Haushalts- und Familienverbänden lebende Personen.

Die Vernachlässigung der Versorgungsklassen stellt auch aus theoretischer Sicht ein Manko dar. Neben der beruflichen Umschichtung und neben der Anhebung von Einkommens- und Lebensstandards war die Expansion dieser gesellschaftlichen Gruppen eine der Haupttendenzen in der Entwicklung der Klassenstrukturen moderner Gesellschaften im 20. Jahrhundert. Es veränderte sich im Laufe dieses Jahrhunderts sowohl die Relation zwischen Erwerbstätigen und unterhaltenen Personen bzw. Rentnern und Pensionisten wie auch die interne Zusammensetzung der nicht Erwerbstätigen. So war im Jahre 1900 der Anteil derer, die ihren Lebensunterhalt nicht aus eigener Erwerbstätigkeit bestritten, mit 47,6 Prozent noch deutlich niedriger als heute (54,9 Prozent). Innerhalb dieser Gruppe vollzog sich eine starke Verschiebung von den Erhaltenen (1900 40,6 Prozent der Gesamtbevölkerung, 2003: 30 Prozent) zu den Pensionisten und Rentnern, deren Anteil an der Gesamtbevölkerung sich verdreifachte (von 7 Prozent auf 21 Prozent).

Im Folgenden wird der Begriff der »Versorgungsklassen« näher bestimmt und die interne Differenzierung dieser Klassen diskutiert (a), dann werden die wichtigsten gesellschaftlichen Interessen und Kräfte aufgezeigt, die hinter dieser langfristigen Entwicklung und den internationalen Variationen stehen (b) und schließlich werden die derzeitige Lage und die Zukunftsperspektiven der Versorgungsklassen betrachtet (c).

a) Die Versorgungsklassen und ihre interne Differenzierung

Wer sind die Versorgungsklassen?

In Kapitel 4 wurde der Begriff der »Klassenlage« von Max Weber (1964 [1922], S. 223) zugrunde gelegt; er definiert Klassenlage als »typische Chance 1. der Güterversorgung, 2. der äußeren Lebensstellung, 3. des inneren Lebensschicksals«. Die Klassenlage ergibt sich aus der Verfügungsgewalt (oder dem Fehlen einer solchen) über Güter oder Leistungsqualifikationen, sowie den damit verbundenen Einkommenschancen; eine »Klasse« ist eine jede »in einer gleichen Klassenlage befindliche Gruppe von Menschen«.

Aus dieser Bestimmung von Klassenlagen ergibt sich eine logische Anwendung des Begriffs auch auf die im modernen Sozialstaat entstandenen großen Gruppen von Personen, die ihr Einkommen aus staatlichen Transferzahlungen beziehen. M. Rainer Lepsius (1979, S. 169, 179) hat vorgeschlagen, diese Gruppen als »Versorgungsklassen« zu bezeichnen. Er definiert sie als jene gesellschaftlichen Gruppen, deren Klassenlage bestimmt wird »durch Versorgungsansprüche gegenüber dem Sozialversicherungssystem und durch Versorgungschancen über öffentliche Güter«. Versorgungsklassen entstehen dann, wenn der Zugang zu sozialpolitischen Leistungen für verschiedene Gruppen unterschiedlich ist oder wenn eine Disparität zwischen Aufwendungen und Ertrag besteht. Insofern das Sozialversicherungssystem auf dem Erwerbssystem aufbaue, würden lediglich Erwerbsklassen auch für die Zeit der Nichterwerbstätigkeit bekräftigt, also noch keine eigenständigen Versorgungsklassen entstehen. Dies sei erst dann der Fall, wenn das Sozialversicherungssystem bestimmte Gruppen von seinen Leistungen ausschließe oder diese Leistungen an Voraussetzungen knüpfe, die sie nicht selber erbringen könnten. Der eklatanteste Fall einer unterprivilegierten Versorgungsklasse sind Hausfrauen oder Mütter, die nicht genügend lange erwerbstätig waren, um Ansprüche auf eigene Versicherungsleistungen zu erwerben; im Falle eines Verlustes ihrer abgeleiteten Versorgungsansprüche von (geschiedenen oder verstorbenen) Ehemännern geraten sie häufig in eine Armutssituation.

Kann man bei den genannten Gruppen überhaupt von »Klassen« sprechen, da Rentner, Hausfrauen usw. ja in keiner direkten Beziehung zum Markt stehen, daher auch keine spezifische »Marktlage« aufweisen? Folgerichtig meint etwa Lepsius (1979, S. 182), dass die wohlfahrtsstaatlichen Versorgungsklassen »primär durch politisch-administrative Maßnahmen bestimmt werden, nicht aber durch Marktbeziehungen, Kaufkraftausstattung und Vertragsbeziehungen«. Der französische Soziologe Andre Gorz hat in seinem Buch »*Abschied vom Proletariat*« den hier in Frage stehenden gesellschaftlichen Gruppen das Prädikat einer »Klasse« überhaupt abgesprochen. Er spricht von einer »Nicht-Klasse der nachindustriellen Proletarier«; sie umfasst für ihn »die Gesamtheit der aus der Produktion durch den Prozess der Arbeitsvernichtung Ausgestoßenen oder der in ihren Fähigkeiten durch die Industrialisierung der intellektuellen Tätigkeit (Automation und Informatik) Unterbeschäftigten« (Gorz 1983a, S. 63).

Eine Betrachtung der Versorgungsklassen allein unter dem Aspekt ihrer aktuellen Nichtpartizipation an marktbezogenen Produktionsprozessen oder ihrer politischen Bestimmung ist jedoch nicht zureichend. Die Nichtteilnahme dieser Gruppen an Marktbeziehungen wird gerade auch durch Prozesse der sozialen Schließung von (Arbeits-) Märkten mitbestimmt. Darüber hinaus konstituiert die Tatsache der Nichtteilnahme am Markt selber eine spezifische und persistente Lebenslage, die auch unter klassentheoretischen Gesichtspunkten betrachtet werden kann. Welches sind die soziologischen Charakteristika dieser Lage? Die Beantwortung dieser Frage erfordert, dass wir die interne Differenzierung der Versorgungsklassen näher betrachten.

Lepsius hat in seine Definition der »Versorgungsklassen« nur die »*sozialstaatlichen Versorgungsklassen*« eingeschlossen: all jene Gruppen, die primär aufgrund von Zuwendungen durch den Staat oder rechtlich abgesicherten Ansprüchen auf Sozialversicherungsleistungen leben, wie Pensionäre und Rentner, Erwerbsunfähige oder Arbeitslose. Diese Gruppen sind offenkundig jedoch nur ein Teil der Bevölkerung, die nicht von eigenem Einkommen lebt. Der andere Teil setzt sich zusammen aus Personen, die in einem privaten Haushalts- oder Familienverband vom Einkommen eines oder mehrerer anderer Haushaltsangehörigen leben. Ich möchte diese Gruppen – vor allem Kinder, Jugendliche und Hausfrauen – als *»traditionelle Versorgungsklassen«* bezeichnen. Nun gibt es zweifellos auch innerhalb dieser beiden großen Kategorien noch höchst heterogene Klassenlagen. Um hier ein theoretisches Instrument zu erhalten, das ihre Entstehung und soziale Lage erklären kann, ist der Begriff der »sozialen Ausschließung« (Exklusion) nützlich.

Die interne Differenzierung der Versorgungsklassen

Wir können hier an den bereits im vorigen Kapitel eingeführten soziologischen Grundbegriff der »offenen« und »geschlossenen sozialen Beziehung« von Weber anknüpfen (Weber 1964 [1922], S. 31–33; vgl. auch Haller 1983a, S. 7ff.). Eine soziale Beziehung ist offen, wenn die Teilnahme an ihr niemandem verwehrt ist, sie ist geschlossen, sofern die Teilnahme für Außenstehende an bestimmte Bedingungen geknüpft oder überhaupt unmöglich ist. Prozesse sozialer Schließung haben nach Weber auch große Bedeutung beim Wettbewerb um ökonomische Chancen. Diesen für eine soziologische Klassentheorie zentralen Begriff kann man in zweierlei Hinsicht weiter ausdifferenzieren.

Der erste Aspekt betrifft die verschiedenen Prozesse der sozialen Schließung. Unter Klassentheoretikern dürfte weitgehend Konsens darüber bestehen, dass die Klassenstruktur einer Gesellschaft drei wesentliche Aspekte aufweist, nämlich Prozesse der »ökonomischen Differenzierung, der politischen Organisation und der kulturellen Deutung und Legitimierung« (Lepsius 1979, S. 168). Es ist eine zentrale Frage der Klassentheorie, wie Prozesse der ökonomischen und sozialen Differenzierung zusammenhängen mit Prozessen der kulturellen Thematisierung und politischen Artikulation der mit Klassenlagen verbundenen Interessen. Der Zusammenhang zwischen diesen drei Prozessen sollte jedoch in einer grundsätzlich anderen Perspektive analysiert werden als bisher. Die typische Frage lautete: In welcher Weise wirken sich ökonomische Bedingungen – etwa die Zugehörigkeit zu einer bestimmten Position im System der gesellschaftlichen Arbeitsteilung – auf die kulturellen und politischen Orientierungen ihrer Inhaber aus? Stattdessen soll hier die Frage in das Zentrum gestellt werden, wie Prozesse der sozialen Schließung im Bereich des Ökonomischen, des Sozialen, des Kulturellen, des Politischen jeweils aussehen. Erst nachdem diese Frage geklärt ist, können wir uns der nächsten, jener der Beziehungen zwischen diesen Bereichen, zuwenden.

b) Formen von Diskriminierung bzw. Ausschließung im Zusammenhang mit den Versorgungsklassen

Drei Formen sind in diesem Zusammenhang zu unterscheiden: ökonomische, soziale und kulturelle Diskriminierung bzw. Ausschließung.

Ökonomische Diskriminierung und Ausschließung

Ökonomische Diskriminierung ist im weitesten Sinne zu definieren als die Verwehrung von Chancen zur angemessenen Teilhabe am materiellen Lebensstandard einer Gesellschaft. Die Zugehörigkeit zu Versorgungsklassen an sich kann in dreierlei Hinsicht als Indikator für Prozesse ökonomischer Ausschließung und Diskriminierung gesehen werden.

Die erste Form besteht darin, Personen auf legale Weise mehr oder weniger zu zwingen aus dem Erwerbsleben auszuscheiden. Möglich ist auch die Strategie, Menschen am Übergang von der Nichterwerbstätigkeit in die Erwerbstätigkeit etwa aus dem Motiv des Schutzes für bestimmte gesellschaftliche Gruppen zu hindern. Die folgenreichste Festlegung in diesem Zusammenhang ist die *gesetzliche Fixierung einer Altersgrenze,* mit welcher der gesamten lohnabhängigen Bevölkerung vorgeschrieben wird, wann sie – unabhängig vom ausgeübten Beruf, vom körperlich-seelischen Gesundheitszustand, von der beruflichen Leistungsfähigkeit – »reif« ist für den Eintritt in die Versorgungsklasse der Ruheständler. Behauptet wird mit dieser These nicht, dass alle Erwerbstätigen ungern in die Pension überwechseln – von den meisten wird dieser Übergang positiv gesehen (Rosenmayr 1978, S. 98ff.). Behauptet wird lediglich, dass dieser Schritt von einem nicht geringen Anteil erst später vollzogen würde, wenn es diese fixe Schwelle nicht gäbe. Deutlich wird der darin enthaltene Aspekt »öffentlich normierter sozioökonomischer Ausschließung« auch bei sozialstaatlichen Maßnahmen wie Frühpensionierungen als Maßnahme zur Reduzierung oder Vermeidung von Arbeitslosigkeit. Das gleiche gilt für Verbote der Arbeits- und Berufsausübung unter bestimmten Bedingungen (z.B. Nachtarbeitsverbot für Frauen, diverse Arbeitseinschränkungen für Jugendliche), die offiziell als Schutzmaßnahmen durchgesetzt wurden, de facto aber auch als Berufseinschränkungen zu sehen sind. In diesen Fällen würde ich von der Klassenlage einer *legal oktroyierten Nichterwerbstätigkeit* sprechen.

Keine langen Ausführungen sind notwendig im Hinblick auf die zweite, im Bewusstsein der Öffentlichkeit am stärksten präsente Form sozialer Ausschließung aus dem Erwerbsleben, der *Arbeitslosigkeit.* Auch hier handelt es sich um eine erzwungene Nichterwerbstätigkeit; sie ist im Vergleich zur ersteren allerdings in der Regel nur auf eine bestimmte Zeit vorgegeben. Kollektive Arbeitslosigkeit wird von niemandem bewußt angestrebt. Es steht jedoch außer Zweifel, dass Prozesse der Klassenbildung und wohlfahrtsstaatlichen Versorgung oft auf direktem oder indirektem Wege zu Arbeitslosigkeit führen (wie Verknüpfung des Zugangs bestimmter Tätigkeiten und Berufe an bestimmte Voraussetzungen, hohe Besteuerung des Faktors »Arbeit« usw.).

Eine dritte Form der Ausschließung aus dem Erwerbsleben liegt vor bei all jenen Personen bzw. Gruppen, die sich mit ihrer Nichterwerbstätigkeit mehr oder weniger freiwillig abgefunden haben, obwohl sie auch bei gegebenen Chancen eine Erwerbstätigkeit vorziehen würden. Dies ist eine sehr breite und heterogene Gruppe, die unfreiwillig im höheren und Hochschul-Bildungssystem befindliche Schüler und Studenten (da sie die Schule primär aus Mangel an einem Arbeitsplatz besuchen) ebenso umfasst wie Hausfrauen, Behinderte usw., die eine Erwerbstätigkeit präferieren würden. Unter dem Aspekt der Versorgungsklassen könnte man diese Gruppen als die der *resignierten Erwerbslosen* bezeichnen.

Soziale Ausschließung

Soziale Ausschließung bedeutet, dass bestimmten Menschen oder sozialen Gruppen die volle Teilhabe am alltäglichen gesellschaftlichen Leben im privaten und öffentlichen Bereich verwehrt wird. Es gibt drei Zielsetzungen, die eine Gesellschaft mit Strategien sozialer Ausschließung verfolgen kann.

1) Der Schutz der Gemeinschaft vor Mitgliedern, die ihr gefährlich werden könnten bzw. die Bestrafung solcher, die sich gegen wichtige gesellschaftliche Normen vergangen haben;
2) das Weghalten oder Entfernen von Individuen, die der Gemeinschaft oder Gesellschaft lästige Verpflichtungen und Belastungen auferlegen könnten;
3) die Möglichkeit zur »effizienteren«, auch stärker regulierten und normierten »Behandlung« und Versorgung von pflege- und hilfsbedürftigen Personen.

Bei diesen Prozessen spielen mehrere Faktoren zusammen: das Interesse des Staates an sozialer Kontrolle, Ordnung und Sicherheit; das Interesse von Besitzenden und Steuerzahlern, die öffentlichen Ausgaben (und damit ihre eigene steuerliche Belastung) einzugrenzen; die Unfähigkeit von Hilfs- und Pflegebedürftigen, sich selber zu versorgen; das Interesse von Berufsgruppen und Organisationen an Arbeitsplätzen und Einnahmen durch die Betreuung dieser Personen. Daneben spielen auch Werte eine Rolle, sowohl auf der Makroebene (etwa in der Politik oder bei religiösen und karitativen Gemeinschaften) als auch auf der Ebene des Handelns der einzelnen Menschen.

Der französische Soziologe Michel Foucault (1977) hat die prononcierte These aufgestellt, dass Überwachung und Bestrafung in geschlossenen Anstalten ein zentrales Kennzeichen moderner Gesellschaften sei; die damit verbundenen Techniken der *Parzellierung* (Zuweisung spezieller Funktionen an alle Mitglieder einer Einheit) und *Hierarchisierung* seien auch für alle anderen formalen gesellschaftlichen Institutionen

(Schulen, Arbeitsorganisationen usw.) typisch. Dies ist sicherlich eine überzogene These; zwar sind diese Charakteristika überall vorhanden, sie werden aber eingeschränkt durch normative Regeln und Möglichkeiten der individuellen und kollektiven Mitbestimmung. Neue österreichische Studien haben gezeigt, dass diese nicht nur erklärt werden können als Strategie des sozialen Ausschlusses aufgrund von gesellschaftlichen und staatlichen Kontroll- und Sicherheitsinteressen. Vielmehr müssen auch rationale und ethisch-normative Prinzipien berücksichtigt werden, die etwa bei aufgeklärten Herrschern in Österreich (Maria Theresia, Josef II.) bei der Einführung der allgemeinen Bildung oder bei der Reform des Strafrechts (Reicher 2003) ebenso eine Rolle spielten wie beim Aufbau eines ausgedehnten Systems von Hospitälern durch Orden wie die »Barmherzigen Brüder« (Watzka 2005).

Man kann zwei Grundformen von Prozessen sozialer Ausschließung unterscheiden.

1) *Totale soziale Ausschließung.* Bei dieser ersten, extremen Form geht es darum, dass eine Gemeinschaft oder Gesellschaft einem ihrer Mitglieder die gesellschaftliche Teilnahme völlig entzieht bzw. den Zugang zu solchen Chancen verwehrt. Die *Todesstrafe*, die ja eine Reihe westlicher Demokratien – einschließlich der USA – noch kennen, fällt hierunter, aber auch die *lebenslängliche Haftstrafe*, die als »sozialer Tod« vielleicht noch grausamer ist als der physische Tod. (Die früher gebräuchliche Form der Verbannung war im Vergleich dazu vermutlich um einiges humaner). Für das Individuum als etwas Ähnliches zu sehen ist die lebenslange Verwahrung in psychiatrischen Anstalten. Die Gesamtheit der durch derartige Prozesse Betroffenen könnte man ausgestoßene bzw. *ausgeschlossene Klassen* nennen.

Der Umfang dieser »Klassen« variiert international erheblich. Während in Österreich, Deutschland und Italien etwa 1 Gefängnisinsasse auf 1.000 Einwohner kommt, sind es in Großbritannien 1,3, in Russland 5,3 und in den USA gar 7,4 (Eurostat). Die Rate ist offensichtlich höher in Ländern mit hohem Wettbewerbsdruck, in ethnisch heterogenen und in repressiven Gesellschaften. Der europäische Wohlfahrtsstaat ist vermutlich mit ein Faktor, der Kriminalität mindert, da er z.B. Arbeitslose wirtschaftlich nicht fallen lässt. Würden die 2,2 Millionen Gefängnisinsassen der USA alle auf dem Arbeitsmarkt auftreten, würde die Arbeitslosenrate deutlich höher sein.

Interessant ist hier auch die Entwicklung in Österreich. Die Zahl der Häftlinge steigt seit der Jahrhundertwende kontinuierlich an; seit 2004 gibt es mehr Häftlinge als Haftplätze.[3] Noch in den 1970er Jahren gab es rund 10.000 Haftplätze bei 7.000 bis 9.000 Häftlingen. Seither wurden die Haftanstalten saniert, u.a. Massenzellen (mit bis zu 12 Menschen) auf Zellen mit maximal sechs Häftlingen umgebaut. Obwohl die absolute Zahl der Häftlinge heute nicht viel größer ist als Anfang der 1980er Jahre, hat sich innerhalb der Häftlinge eine signifikante Umschichtung vollzogen (vgl. *Abbildung 6.2*): Während die Zahl der inhaftierten Österreicher deutlich zurückging, nimmt jene der Ausländer zu; ihr Anteil betrug 1981 nur 7 Prozent, im Jahre 2005 jedoch 45 Prozent.

3 Vgl. http://oesterreich.orf.at/stories/175166/.

Die weitverbreitete These, dass Ausländer viel mehr Straftaten begehen, trifft die Wahrheit nur zum Teil, denn der Rückgang bei den österreichischen Häftlingen war zum guten Teil auf eine Reform des Strafvollzugs zurückzuführen, der häufiger zu bedingtem Strafvollzug, bedingter Entlassung u.a. führte (Hofinger 2007, S. 4). Dies gilt jedoch nicht für Ausländer. Hier ist evident, dass eine Haft (auch) als ein Phänomen der sozialen Ausschließung zu sehen ist.

Abbildung 6.2: Entwicklung der in österreichischen Justizanstalten inhaftierten Personen nach Staatsbürgerschaft, 1981–2005

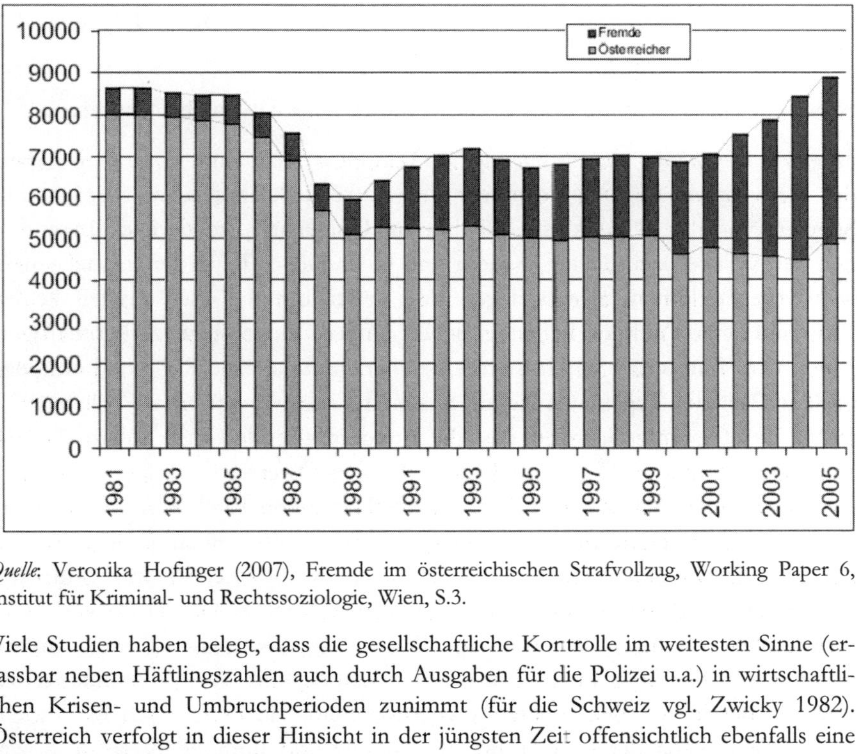

Quelle: Veronika Hofinger (2007), Fremde im österreichischen Strafvollzug, Working Paper 6, Institut für Kriminal- und Rechtssoziologie, Wien, S.3.

Viele Studien haben belegt, dass die gesellschaftliche Kontrolle im weitesten Sinne (erfassbar neben Häftlingszahlen auch durch Ausgaben für die Polizei u.a.) in wirtschaftlichen Krisen- und Umbruchperioden zunimmt (für die Schweiz vgl. Zwicky 1982). Österreich verfolgt in dieser Hinsicht in der jüngsten Zeit offensichtlich ebenfalls eine repressive Strategie; die Rolle der »Schwarzen« in den USA spielen hierzulande die Ausländer. Die zuständigen Behörden sind aber oft selbst überrascht, wenn sie erfahren, dass z.B. die Hälfte der inhaftierten Afrikaner in ihrem früheren Leben selbst Opfer von Gewalt gewesen sind, z.B. als zwangsweise rekrutierbare Kindersoldaten, Opfer von kriegerischen Überfällen usw.).[4]

2) Die zweite Grundform sozialer Ausschließung kann man als »*Verwahrung*« bezeichnen: Hier geht es darum, dass man hilfs- und pflegebedürftige Personen,

4 Vgl. http://wien.orf.at/stories/139432/ (27.9.2006); Veronika Hofinger/ Arno Pilgram, Ausländische Gefangene in österreichischen Justizanstalten und Polizeianhaltezentren, Studie des Instituts für Rechts- und Kriminalsoziologie Wien 2007 (verfügbar auf www.irks.at/).

die der Gesellschaft oder den für sie Verantwortlichen ansonsten »zur Last fallen« würden, in geeignete gesellschaftliche Institutionen einweist und sie dort versorgt. Wer längere Aufenthalte in Heimen für Kinder oder Jugendliche, Krankenhäusern oder Sanatorien hinter sich hat, wird nachvollziehen können, dass der Übergang von solchen Institutionen zu einem liberal geführten Gefängnis ziemlich fließend ist. Die Insassen all dieser Institutionen könnte man sinngemäß als *Verwahrungsklassen* bezeichnen. Im Jahre 2001 gab es in Österreich 2.684 Anstaltshaushalte (Pflegeheime, Internate, Gefängnisse usw.), in denen immerhin 89.221 Menschen lebten.[5]

Kulturelle Ausschließung

Kulturelle Ausschließung kann in zwei Formen zum Ausdruck kommen.

Schulische Verwahrung und Versorgung. Das Bildungssystem kann unter dem Aspekt der Verwahrung als eine Form sozialer Ausschließung gesehen werden. Die Schulen, von der »Taferlklasse« bis hin zur Universität, stellen auch Institutionen dar, welche dazu dienen, Kinder und Jugendliche, die in der Erwachsenenwelt von modernen, arbeitsteiligen und verstädterten Gesellschaften keinen Platz und keine Funktion haben, gesichert unterzubringen bzw. zu beschäftigen. Ihnen wird durch das Schulsystem eine anerkannte soziale Rolle und eine den größten Teil des Tages ausfüllende Beschäftigung angeboten (vgl. Illich 1972, 1978). Es ist kaum zu leugnen, dass die Hunderttausende von Schülern, die sich an jedem Schultag vor den rund 6800 Schulen Österreichs drängen, um sich sodann in die 53.800 Klassen (Statistisches Handbuch 1989, S. 82) zu stürzen, in denen sie im Laufe des strikt geregelten Schuljahres einen standardisierten Lehrplan durchnehmen, nicht eine echte »Klasse« mit einer Vielzahl gemeinsamer äußerer und innerer Lebensbedingungen darstellen? Die These einer Gemeinsamkeit der Jugendlichen als spezifisch eigener Versorgungsklasse (intern differenziert allerdings in die Subklassen Hauptschüler versus Gymnasiasten) stimmt überein mit der neueren Jugendforschung, in denen sich die zunehmende Bedeutung der peer-group als wichtige und homogenisierende Sozialisationsinstanz der Jugendlichen zeigt. Auch hier unterschätzt die These einer zunehmenden Individualisierung des jugendlichen Lebenszusammenhangs (Buchmann 1989) Tendenzen der sozialen Homogenisierung und Standardisierung.

Diese neuen, jugendlichen *Bildungsklassen* stellen zahlenmäßig eine der größten Gruppierungen in modernen Gesellschaften überhaupt dar. So gab es in Österreich im Schuljahr 2002/03 1.232.576 Schüler an Volks-, Mittel- und höheren Schulen, sowie 203.635 Studenten an Hochschulen und Universitäten, zusammen rund 12 Prozent der Bevölkerung. »Betreut« oder »beschult« – um einen in der Schulverwaltung gängigen, prägnant-

5 Statistik Austria, Stichwort »Haushalte« siehe www.statistik.at

mehrdeutigen Begriff zu verwenden – wurden diese Massen von rund 124.000 Lehrern, zu denen noch ca. 16.000 Lehrende und wissenschaftliches Personal an Hochschulen kommen (Statistisches Jahrbuch Österreichs 2005, S. 121ff.). Zusammen machen die Erwerbs- und Versorgungsklassen in diesem Sektor einen enormen Anteil – nahezu ein Fünftel (19 Prozent) – der österreichischen Bevölkerung aus.

Soziokulturelle Selektion durch das Bildungssystem. Der zweite Aspekt, unter dem kulturelle Ausschließung durch das Bildungssystem heute stark wirksam wird, ist das Resultat des schulischen Selektionsprozesses. Auf der untersten Stufe des Schulsystems kann man von einer Art der Selektion sprechen, die man als *soziale Aussonderung* bezeichnen kann. Hier geht es darum, die für das Schulsystem, vor allem auf den mittleren und höheren Ebenen, überhaupt Untauglichen frühzeitig zu diagnostizieren, gegebenenfalls in entsprechende Sonderschulen einzuweisen, oder – häufig mehr schlecht als recht – bis an das Ende des Pflichtschulalters hinüberzubringen. Die *Sonderschulen* haben die positive Aufgabe, Kinder mit Lernproblemen aufgrund körperlicher oder geistiger Behinderung in besonderer Weise zu fördern; so sind auch die Schüler-Höchstzahlen pro Klasse geringer und die Lehrer haben eine spezielle Ausbildung. 2002/03 gab es 271 Sonderschulen mit 13.466 Schülern, die von 5.794 Lehrern unterrichtet wurden (Statistisches Jahrbuch Österreichs 2005, S. 125). Die häufig ohne Berufsausbildung dastehenden Absolventen von Haupt- und Sonderschulen stellen als ausgesonderte Klassen das Gros der Arbeitslosen dar und/oder können sich nur durch unqualifizierte Hilfs- und Gelegenheitsarbeiten, geschützte Werkstätten und Ähnliches eine prekäre Existenzgrundlage sichern.

Politische Ausschließung

Wir kommen damit zum vierten Bereich, in welchem soziale Ausschließung zur Generierung moderner, sozialstaatlicher Versorgungsklassen beitragen kann, nämlich jenem der politischen Ausschließung. Was heißt politische Ausschließung? Man muss hier vom Faktum ausgehen, dass die Schaffung der modernen, neuzeitlichen »Nationalstaaten« selber als ein zentraler Mechanismus sozialer Ab- und Ausschließung gesehen werden muss – ein Mechanismus, der seit Ende des 19. Jahrhunderts fortlaufend verfeinert und vervollständigt wurde (Noiriel 1991). Die *Staatsangehörigkeit* stellt heute eine der grundlegendsten Voraussetzungen dafür dar, in den Genuss von zivilen und politischen Bürgerrechten zu gelangen und an wohlfahrtsstaatlichen Leistungen partizipieren zu können.

In diesem Zusammenhang ist die Frage der Abgrenzung der staatlich verfassten, territorialen Einheiten gegenüber *Ausländern* von Bedeutung. Seit Ende des 19., Beginn des 20. Jahrhunderts werden in allen westlichen Ländern, auch im klassischen Einwanderungsland USA, legistische Maßnahmen durchgesetzt, die den Zuzug von Ausländern einschränken und die Aufenthalts- und Lebensbedingungen eingewanderter Ausländer regulieren. Unter jenen, die es trotz dieser Barrieren schaffen, in ein Land einzuwandern, gibt es zwei Hauptkategorien. Die erste sind *ausländische Arbeitnehmer*. Von diesen wurde in Mittel- und Nordeuropa noch bis in die 1970er Jahre hinein erwartet, dass sie nur auf Zeit im Aufnahmeland verweilen wollen. (Der Ausdruck »Gastarbeiter« brachte dies ja klar zum Ausdruck). Heute hat man sich mehr oder weniger damit abgefunden, dass ein großer Teil dieser Arbeitskräfte auf Dauer im Aufnahmeland bleiben will. Trotzdem werden ihnen, auch in Österreich, eine Reihe von Grundrechten vorenthalten (vgl. Bauböck 1995). Während wir es im Falle der erwerbstätigen ausländischen Arbeitnehmer selber im strengen Sinne allerdings nicht mit Versorgungsklassen zu tun haben, gilt dies sehr wohl für die Arbeitslosen unter ihnen (und das Risiko arbeitslos zu werden, ist für sie höher als für Inländer), wie auch für ihre Familienangehörigen, deren Zahl mit zunehmender Dauer der Ansässigkeit steigt.

Ausschließung durch Vorenthaltung sozialer Rechte und Einflusschancen für Minderjährige. Eine zweite Form der politischen Ausschließung betrifft die Tatsache, dass die aktiven und passiven politischen Rechte an das Erreichen des Erwachsenenstatus der politischen Mündigkeit geknüpft sind. Auch die Festlegung eines fixen Alters als Zeitpunkt für das Erreichen der Volljährigkeit ist ein teilweise widersprüchlicher und beliebiger Akt. International wurde ein Durchbruch im Hinblick auf die Rechte von Kindern erreicht durch die *UN-Kinderrechtskonvention* von 1989, die vier Grundprinzipien (Recht auf Überleben, Entwicklung, Nichtdiskriminierung, Beteiligung) und zehn Grundrechte der Kinder (Recht auf Gleichbehandlung auf einen Namen und eine Staatsangehörigkeit, auf Gesundheit und Bildung usw.) festhält. Dieses internationale Abkommen erfuhr die größte Akzeptanz unter allen UN-Konventionen. Aber auch hier klafft zwischen normativen Festlegungen und sozialer Realität oft eine erhebliche Lücke. Dies gilt nicht nur für arme bzw. nichtdemokratische Länder, sondern auch für Deutschland und Österreich im Hinblick auf die Tatsache, dass z.B. das Ausländerrecht Vorrang vor Kinderrechten hat. Dies kann zu extremen Härtefällen im Hinblick auf die Abschiebung von Kindern und Jugendlichen führen, selbst wenn sie in Österreich geboren und aufgewachsen sind. Auch hat es Österreich bislang versäumt, diese Kinderrechte in die Verfassung aufzunehmen, womit ihre Nichteinhaltung erst sanktionierbar würde. Andererseits ist anzuerkennen, dass eine Reihe von gesetzlichen und anderen Maßnahmen im Sinne einer Realisierung der Kinderrechte getroffen wurden (so etwa das Züchtigungsverbot, die Einrichtung der Kinder- und Jugendanwaltschaften, der Schülervertretungen und der Bundesjugendvertretung, Herabsetzung des Volljährigenalters von 19 auf 18 Jahre, stärkere Einbeziehung der Kinderwünsche bei Ehescheidung usw.).

Eine wichtige Problematik in diesem Zusammenhang betrifft die politische Partizipation bzw. Vertretung von Kindern und Jugendlichen. Warum sollen Minderjährige zwar arbeiten, aber nicht wählen dürfen? Selbst wenn es nicht geboten erschiene, auch Kindern das Wahlrecht zu erteilen, wäre es doch denkbar, ihren gesetzlichen Vertretern (Eltern) ein politisches Vertretungsrecht einzuräumen. In Wahlkämpfen besitzen die zentralen Themen alter Menschen – etwa die Sicherung und Steigerung der Renten – viel mehr Gewicht, als jene von Kindern und Jugendlichen. Dies hat ohne Zweifel damit zu tun, dass die ersteren ein enormes Wählerpotential, die letzteren jedoch politisch unmündige Klassen darstellen.

c) Gesellschaftliche Interessen und Kräfte in der Herausbildung und Bestimmung der sozialen Lage der Versorgungsklassen

Drei Typen von Interessen sind hier zu nennen: 1) Klassen- und Verbandsinteressen, 2) staatliche Interessen und 3) individuelle Interessen.

1) Interessen der besitzenden Klassen und der Lohnabhängigen

Diese haben zwei Formen von Interessen, die durchaus in Widerspruch zueinander treten können, nämlich einerseits jenes an einer Ausschließung wenig Leistungsfähiger aus dem Erwerbsleben, andererseits jenes an einer zunehmenden Realisierung des Potenzials »billiger« Arbeitskräfte. Die modernen, technologisch hochstehenden und kapitalintensiven Unternehmen sind ohne Zweifel bestrebt, hochqualifizierte, leistungsfähige Belegschaften aufzubauen, denen erhebliche Spielräume für Kreativität und Dispositionen eingeräumt werden; diese werden eine hohe Bindung an das Unternehmen und seine Ziele entwickeln. Sie werden auch ein Interesse daran haben, eine deutliche Differenzierung zwischen den besonders Leistungsfähigen, auf Wettbewerb und Effizienz hin »getrimmten« jungen Erwerbstätigen einerseits, den wenig leistungsfähigen und -willigen andererseits vorzunehmen. Die ersteren werden immer wieder gesucht, eine Einbeziehung der letzteren versucht man eher zu vermeiden.

Ein Beispiel ist die Haltung der Unternehmer bezüglich behinderter Arbeitssuchender. Nach dem *Behinderteneinstellungsgesetz* (1999) müssen die Betriebe auf 25 Arbeitnehmer einen Behinderten einstellen; viele ziehen es aber vor, sich durch Entrichtung der monatlichen Ausgleichszahlung von knapp 200 Euro von dieser Verpflichtung freizukaufen. Die Folge: 2003 waren nicht weniger als 30.554 Behinderte als arbeitslos gemeldet.[6] Die Beschäftigungsprobleme von schwer vermittelbaren Arbeitssuchenden (dazu gehören auch Personen ohne berufliche Ausbildung oder Personen, die ihren Wohnort nicht wechseln können) steigen auch wegen zweier weiterer Gründe: Durch Rationalisierung

6 Siehe http://www.bizeps.or.at/.

und Technisierung, da es sich vor allem um einfache Tätigkeiten handelt; und infolge des zunehmenden Konkurrenzdrucks von Seiten billiger ausländischer Arbeitskräfte.

Interessen von Kapitalisten und Unternehmern bei der Vermarktung und Kommerzialisierung von häuslichen Produkten und Diensten: Eine zentrale Tendenz der kapitalistischen Entwicklung besteht darin, dass die kapitalistische Produktionsweise zunehmend in alle Bereiche und Sphären menschlicher Arbeit und Tätigkeit vordringt und diese »industrialisiert« und kommerzialisiert. So stellt insbesondere die Vermarktung vieler traditionell im Einzelhaushalt bzw. in der Familie erledigter Aufgaben eine zentrale Begleiterscheinung dieser Tendenz zur Schaffung eines »*universalen Marktes*« dar, wie sie Harry Braverman (1977) genannt hat. Die Folge dieser Tendenzen für die Differenzierung zwischen Erwerbs- und Versorgungsklassen ist klar: Kapital und Unternehmer sind daran interessiert, ein möglichst breites Reservoir an »billigen« Arbeitskräften zur Verfügung zu haben, die durchaus nicht immer qualifiziert sein müssen. Es ergibt sich hier also eine umgekehrte Tendenz wie im vorher genannten Fall, nämlich zur zunehmenden Einbeziehung früher nicht oder seltener erwerbstätiger Kategorien von Personen – so vor allem von Hausfrauen – in das Erwerbsleben. Die Auseinandersetzungen um die Bestimmung der Quoten für ausländische Arbeiter zeigen dies fast tagtäglich: Es sind vor allem die Unternehmer, die aufgrund ihres Interesses an arbeitswilligen und »billigen« Arbeitskräften für eine Erhöhung dieser Quoten argumentieren, ja diese Quoten durch Beschäftigung von unangemeldeten ausländischen Arbeitskräften selbst noch illegal umgehen.

Interessen der lohnabhängigen Klassen: Eindeutiger sind die Interessen der lohnabhängigen Klassen zu bestimmen. Ihnen geht es vor allem darum, durch eine »Regulierung« und »Ordnung« der Arbeitsmarktbedingungen ein Unterlaufen der gesetzlichen Bestimmungen im Hinblick auf Entlohnung und Arbeitsbedingungen zu verhindern. Sie werden also grundsätzlich eher an einer Kontrolle und in bestimmten Fällen auch an einer Begrenzung des Zugangs zur Erwerbstätigkeit interessiert sein. Das letztere Bestreben zeigt sich am Beispiel der Haltung der österreichischen Gewerkschaften zur Frage der Teilzeitarbeit. Die Gewerkschaften stehen dieser aus verschiedenen Erwägungen sehr reserviert gegenüber. Umfragen bei nicht Erwerbstätigen, vor allem Frauen und Müttern (vielleicht allmählich auch Vätern) zeigen jedoch, dass diese von sehr vielen gewünscht würde; die Erfahrung in Skandinavien, den Niederlanden und den angelsächsischen Ländern zeigt, dass sie auch tatsächlich sehr viel genutzt wird.

2) Politische und staatliche Interessen

Hier sind zwei Subgruppen zu unterscheiden. Bei *Mitgliedern der Regierung und bei Politikern* gibt es widersprüchliche Interessen: auf der einen Seite werden viele ihrer Maßnahmen, basierend auf politischen Programmen und Wählerwünschen, wahrscheinlich in Richtung auf eine Verbreiterung der Versorgungsklassen wirken. Erst in jüngster Zeit haben sich die Rentenreformer in dieser Hinsicht zu einer Kehrtwendung entschlossen: Aufgrund der zunehmenden Schere zwischen einem sinkendem Anteil von Erwerbstätigen und steigenden Ausgaben für Pensionen und Renten bemüht man sich, das kontinuierliche Sinken der Altersgrenze zu stoppen bzw. diese sogar wieder heraufzusetzen.

Die *Verwaltungsbeamten des Sozialstaates* hingegen streben eher eine Ausweitung der Sozialleistungen und damit auch der Versorgungsklassen an – sei es aus eigenem materiellem Interesse (Sicherung der eigenen Erwerbschancen), sei es aufgrund ihrer Kenntnis der tatsächlichen sozialen Probleme.

3) Interessen der individuellen Angehörigen der Versorgungsklassen

Auch diese können Interessen unterschiedlicher Art vertreten, die sowohl in Richtung auf stärkeren Einschluss in Erwerbstätigkeit und Berufschancen, wie auch in Richtung auf Versorgung gehen können. Auch aus dieser Sicht kann die Zugehörigkeit zu den Erwerbs- und Versorgungsklassen an sich nicht unmittelbar als Indikator für soziale Ein- oder Ausschließung gesehen werden, da sie auch mit der individuellen Entscheidungsfreiheit und Wahlmöglichkeit zusammenhängt.

Am Beispiel der weiblichen Erwerbstätigkeit zeigt sich dies am deutlichsten: so kann die Erwerbstätigkeit einer Frau in einer Arbeiterfamilie mit zwei oder mehr Kindern ebenso mehr oder weniger (ökonomisch) erzwungen sein, wie der Hausfrauenstatus anderer auf einen Mangel an geeigneten Arbeitsplätzen zurückführbar ist. Grundsätzlich erscheint es jedoch durchaus diskutabel, ob die Politik (wie es vor allem die EU tut) ein bestimmtes Niveau der Beschäftigung von Frauen als Ziel vorgeben soll.

Ähnliches ließe sich im Hinblick auf Pensionierung und Ruhestandsalter feststellen. Dieses wird von den meisten Erwerbstätigen in wenig anspruchsvollen oder stark belastenden Berufen wahrscheinlich begrüßt. Bei nicht wenigen Erwerbstätigen, deren hauptsächlicher Lebensinhalt die Berufsarbeit darstellte, ist zu vermuten, dass der abrupte Übergang von voll beanspruchender Erwerbsarbeit zu einem völlig anderen Status ein erhebliches persönlich-soziales Anpassungsproblem darstellt (vgl. dazu auch Rosenmayr 1994, S. 98ff; Amann 2004). Dies mag den Betroffenen vor Antritt der Pension oft noch gar nicht bewusst sein. Es ist sogar zu vermuten (und wäre einer systematischen empirischen Überprüfung wert), dass Menschen, die über das heute übliche, faktische Pensionsalter hinaus erwerbstätig sind, auch eine höhere Lebenserwartung haben.[7]

Es ist weiters anzunehmen, dass die mit der Entstehung der Versorgungsklassen verknüpften gesellschaftlichen Interessen in verschiedenen Ländern, Gesellschaftstypen und politischen Regimes jeweils unterschiedlich stark vertreten sind. Daher sind auch erhebliche internationale Differenzen in Umfang und sozialer Lage der verschiedenen Versorgungsklassen zu erwarten. Dies zeigt sich auch empirisch: Überdurchschnittlich hohe Erwerbsquoten (nahezu 50

7 Das spektakulärste Beispiel hiefür ist der holländische Showstar Johannes Heesters, der im Februar 2008 im Alter von 104 Jahren nochmals einen öffentlichen Liederabend bestritt.

Prozent und mehr), und umgekehrt niedrige Anteile der Versorgungsklassen, sind bzw. waren zu beobachten (a) in stark kapitalistisch-marktorientierten Gesellschaften, wie etwa den USA, (b) in den ehemaligen staatssozialistischen Gesellschaften. Eher niedrige Erwerbsquoten (etwa 40–45 Prozent) und hohe Quoten von Versorgungsklassen bestehen dagegen vor allem in den kontinental- und südeuropäischen Wohlfahrtsstaaten (vgl. *Tabelle 6.4*, S. 261).

Kann man hinter dieser vielfältigen Struktur von Versorgungsklassen relativ umfassendere, konsistente soziale Klassenlagen erkennen? Die »neue« Ungleichheitsdimension zwischen Erwerbs- und Versorgungsklassen interagiert stark mit der traditionellen klassen- und schichtspezifischen, vertikal strukturierten Formen der Ungleichheit. Das Resultat ist, dass die neuen, am deutlichsten als benachteiligt erkennbaren gesellschaftlichen Gruppen genau jene sind, die von beiden Formen sozialer Diskriminierung betroffen sind. Es sind dies – wie im Folgenden und in Kapitel 9 (S. 373ff.) gezeigt wird – unter den sozialstaatlichen Versorgungsklassen vor allem alte Menschen (darunter wieder Frauen), die früher in Arbeiter- und anderen benachteiligten Berufen tätig waren; sie haben die niedrigsten Pensionen bzw. Renten und müssen im Fall von Pflegebedürftigkeit in öffentliche Heime gehen (Blinkert 2005). Von Arbeitslosigkeit sind vor allem wenig Gebildete betroffen; in Gefängnissen sind Angehörige unterer Schichten überrepräsentiert (die *white collar-Kriminalität* von Managern usw. wird im Interesse der Unternehmer häufig intern »geregelt«); ausländische Arbeitnehmer mit geringer Bildung oder aus ärmeren Ländern werden viel stärker benachteiligt als solche mit hoher Bildung oder aus dem Raum der alten EU; wenig Gebildete können sich politisch viel schlechter artikulieren und durchsetzen als – auf der anderen Seite – Akademiker, Personen in höheren Positionen, Beamte usw.

6.4 Die Entwicklung von Beschäftigung und Arbeitslosigkeit in Österreich (1950–2005)

Eine der wichtigsten Formen sozialer Ausschließung ist die Arbeitslosigkeit. Arbeitslosigkeit bedeutet nicht nur ökonomische Deprivation (Wegfall eines eigenen Einkommens), sondern auch persönliche und soziale Benachteiligung (Verlust an sozialen Kontakten und Abwechslung, an zeitlicher Strukturierung des Alltags, Einbußen im Selbstwertgefühl usw.; vgl. dazu Jahoda et al. 1960; Wacker 1977; Marsh/Alvaro 1990; Zilian 1990). Vier Aspekte des Problems der Arbeitslosigkeit werden im Folgenden anhand sozialstatistischer Daten behandelt:

- die allgemeine Entwicklung der Teilnahme am Erwerbsleben;
- die Entwicklung der Erwerbsarbeit älterer Menschen und der Arbeitszeit; beides kann man als »Strategien zur Umverteilung von Arbeit« bezeichnen;
- die Entwicklung der Arbeitslosigkeit;
- das schicht- und generationsspezifische Risiko, von Arbeitslosigkeit betroffen zu werden.

Die Entwicklung der Teilnahme am Erwerbsleben

Beantworten wir zunächst die oben thematisierte Frage, welcher Anteil von Personen unter der Gesamtbevölkerung überhaupt in das Erwerbsleben integriert ist. *Abbildung 6.3* zeigt, dass im Jahre 2005 knapp die Hälfte – 49 Prozent – aller Österreicher zur Erwerbsbevölkerung (Berufstätige und Arbeitslose) zu rechnen waren. Ein relativ hoher Anteil war schon 1951 zu beobachten (48 Prozent), während er zwischenzeitlich, vor allem um die 1970er Jahre, deutlich niedriger lag. Es gibt drei große Gruppen von Nichterwerbstätigen: die Rentner, die Kinder, Schüler und Studenten – je etwa ein Fünftel der Bevölkerung, sowie die haushaltsführenden Personen (großteils Hausfrauen).

Abbildung 6.3: Erwerbsquoten 1951 bis 2005 nach Geschlecht (in Prozent)

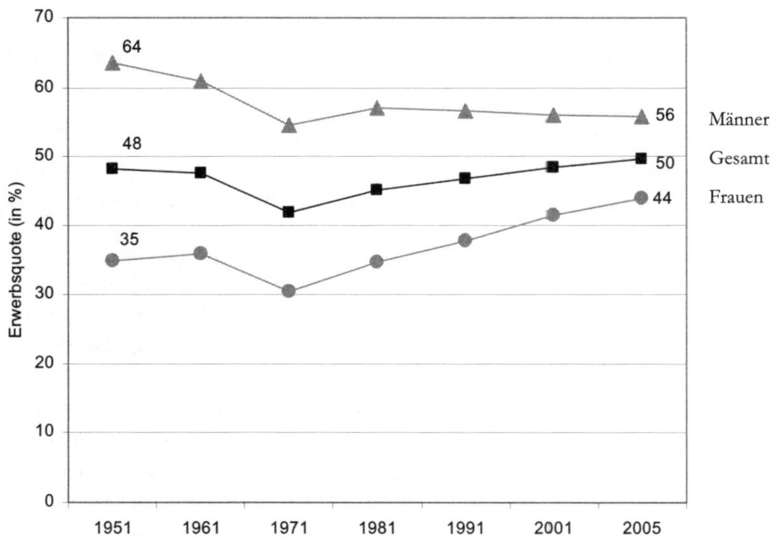

Erwerbsquote hier: Anteil der Erwerbspersonen an der gesamten Wohnbevölkerung

Quellen: 1951–2001: Statistisches Jahrbuch Österreichs 2007, S. 194, Tabelle 7.04; Datenbasis: Volkszählungsergebnisse (1951–1991), Mikrozensus-Arbeitskräfteerhebung (spätere Jahre)

Tabelle 6.3: Beschäftigung und Arbeitsmarkt nach Geschlecht, 1950–2005

Jahr	Arbeitskräfte-potential[1]	Unselbständig Beschäftigte[2]	davon Frauen	Vorgemerkte Arbeitslose	Arbeitslosen-quote[3]	Offene Stellen
	in 1.000	*in 1.000*	*Prozent*		*Prozent*	
1950	2.075	1.946	-	128.745	6,2	25.187
1955	2.200	2.203	34,8	121.727	5,5	24.551
1960	2.369	2.281	35,8	87.196	3,7	35.280
1965	2.447	2.381	37,0	65.514	2,7	41.888
1970	2.447	2.389	36,9	58.444	2,4	45.280
1975	2.712	2.656	38,8	55.464	3,5	31.209
1980	2.841	2.788	40,0	53.161	1,9	36.470
1985	2.899	2.759	40,9	139.447	4,8	22.273
1990	3.091	2.925	41,3	165.795	5,4	55.622
1995	3.285	3.070	42,7	215.716	6,6	24.986
2000	3.327	3.133	43,9	194.314	5,8	35.495
2005	3.481	3.229	46,1	252.654	7,3	26.209

1 Erwerbsstätige und Arbeitslose
2 ab 1990: gleitender Durchschnitt
3 Arbeitslosenquote: Anteil der Arbeitslosen am Arbeitskräftepotential

Quellen: 1955: Statistisches Handbuch für die Republik Österreich 1970, S. 240f.; Tabelle 22.01; Republik Österreich 1945–1995, S. 89, Grafik 3.1; 1965 und 1975: Statistisches Handbuch für die Republik Österreich 1980, S. 300, Tabelle 22.01; Übrige Jahre: Statistisches Jahrbuch Österreichs 2007, S. 197, Tabelle 7.06; Daten: AMS, HV der Sozialversicherungsträger

Im längerfristigen Vergleich zeigt sich ein sehr deutlicher Trend: der Anteil der Rentner und Pensionisten, der »staatlichen Versorgungsklassen, nimmt sehr stark zu (er verdoppelte sich seit 1951), jener der traditionellen Versorgungsklassen nimmt ab.

Betrachtet man die *Erwerbsquote der arbeitsfähigen Bevölkerung* (15- bis 64jährige), so zeigt sich, dass diese im Jahre 2004 in Österreich bei Männern 77 Prozent, bei Frauen 63 Prozent betrug (*Tabelle 6.4*). Auch zeigt sich bei Männern eine deutliche Abnahme, bei Frauen dagegen eine leichte Zunahme. Im europäischen Vergleich liegt Österreich damit etwa im Mittelfeld. In Nordeuropa betrugen die Erwerbsquoten von Männern und Frauen 2004 jeweils rund 79 bzw. 71 Prozent, in Südeuropa sind sie bei Frauen etwas niedriger (55 Prozent, bei Männern etwa gleich). Deutlich höhere Werte als Österreich weisen Länder wie Schweden (81 bzw. 76 Prozent), Großbritannien (83 bzw. 69 Prozent), die Schweiz (88 bzw. 74 Prozent) und die USA (82 bzw. 69 Prozent) auf.

Wir können als Haupttendenz in dieser Hinsicht also festhalten: Es lässt sich im abgelaufenen halben Jahrhundert ein Trend zur Verallgemeinerung von außerhäuslichen Erwerbsverhältnissen feststellen in der Hinsicht, dass nun auch Frauen zusehends in den Arbeitsmarkt einsteigen. War die Erwerbsquote von

Tabelle 6.4: Erwerbsquoten der 15- bis 64-Jährigen in ausgewählten Ländern und Regionen Europas, den USA und Japan nach Geschlecht, 1980 und 2004

	Insgesamt		*Männer*		*Frauen*	
	1980	2004	1980	2004	1980	2004
Nordeuropa[1]	74,0	75,1	73,8	79,6	60,7	70,7
Dänemark	79,9	80,2	88,4	84,2	71,3	76,1
Schweden	77,4	78,7	85,4	80,7	69,3	76,6
Großbritannien	73,1	76,2	89,2	83,1	57,0	69,6
West-/ Zentraleuropa[2]	68,0	71,4	84,2	78,7	53,3	64,1
Österreich	69,2	70,2	84,9	77,1	54,4	63,5
Deutschland	71,2	72,4	86,5	79,1	56,2	66,1
Schweiz	70,8	81,0	89,9	88,0	51,9	73,9
Frankreich	68,5	69,5	81,6	75,3	55,2	63,7
Niederlande	59,9	76,6	81,0	83,9	38,2	69,2
Süd-/ Südosteuropa[3]	61,2	66,2	83,0	77,2	39,9	55,3
Spanien	58,2	69,7	84,5	81,6	32,5	57,7
Italien	60,3	62,5	81,9	74,5	39,2	50,6
Slowenien	74,4	69,8	81,9	74,5	67,0	65,0
USA	71,0	75,4	83,8	81,9	58,2	69,2
Japan	68,9	72,2	86,1	84,2	52,1	60,2

2004: Labour Force Participation Rate: Anteil der Erwerbspersonen (Arbeitskräfte: Erwerbstätige und Erwerbslose) an der Bevölkerung im arbeitsfähigen Alter (15- bis 64-Jährige)

1 Dänemark, Estland, Lettland, Litauen, Finnland, Island, Irland, Norwegen, Schweden, Großbritannien

2 Belgien, Frankreich, Deutschland, Österreich, Schweiz, Luxemburg, Niederlande

3 Albanien*, Bosnien*, Kroatien, Slowenien, Griechenland, Mazedonien*, Jugoslawien*, Italien, Spanien, Portugal, Malta (* nur 1980)

Quellen: 1980: World Labour Report 2000, S. 269f, Table 4; 2004: OECD Employment Outlook 2005, S. 238f, Table B; vgl. http://epp.eurostat.cec.eu.int (14.12.2005); Datenbasis: European Labour Force Survey (EU LFS)

Männern um 1951 noch doppelt so hoch wie jene der Frauen, beträgt der Unterschied 1999 nur mehr 16 Prozent. Zugleich mit dieser Vereinheitlichung hat sich jedoch auch eine Angleichung in so ferne vollzogen, als Männer nun nicht mehr so lange erwerbstätig sind wie früher; wie wir im folgenden sehen werden, ist dies der Hauptgrund für ihre gesunkene Erwerbsquote.

Die Entwicklung der Erwerbsarbeit älterer Menschen und der Arbeitszeit

Im Hinblick auf die Beschäftigungsquote von älteren Menschen zeigt sich statistisch sehr deutlich, was immer wiederkehrende Aktionen der österreichischen Regierungen in der Vergangenheit als ganz bewusste Politik betrieben haben. Staatsbedienstete, aber auch Beschäftigte in der Privatwirtschaft, die noch in einem sehr rüstigen Alter standen, wurden frühzeitig in die Pension geschickt, um damit bei Lohnzahlungen zu sparen und/oder Plätze für jüngere, meist viel geringer bezahlte Arbeitskräfte zu schaffen.

Tabelle 6.5: Geschlechtsspezifische Erwerbsquoten[1] von 55- bis 64-Jährigen in ausgewählten Ländern, 1960 und 2005

Jahr	*Männer*				*Frauen*			
	1960[2]		*2005[3]*		*1960*		*2005[3]*	
Alter in Jahren	*55–59*	*60–64*	*55–59*	*60–64*	*55–59*	*60–64*	*55–59*	*60–64*
Schweden	92,3	82,5	85,4	65,1	31,3	21,5	79,5	57,0
Großbritannien	95,3	88,6	68,3		54,2	23,9	49,0	
Frankreich	85,3	71,1	67,7	19,0	42,8	34,2	56,2	16,2
Deutschland	88,7	72,3	82,0	40,6	32,8	20,9	64,4	23,0
Österreich	**87,0**	**66,0**	**65,2**	**20,2**	**40,1**	**19,8**	**39,0**	**8,3**
Italien	83,7	53,6	57,4	28,8	16,8	12,8	32,2	9,4
Spanien	86,5	74,2	75,4	48,8	24,2	16,3	37,7	20,4
USA	88,9	77,1	77,6	58,0	40,7	29,4	65,6	45,8
Japan	90,2	83,0	93,6	70,3	47,4	39,3	60,0	40,1

1 Anteile der Erwerbspersonen an der Gesamtbevölkerung derselben Altersklasse in Prozent
2 F: 1962; D, Ö, I: 1961; 3 F: 2004; GB: 2002

Quellen: 1960: ILO, Yearbook of Labour Statistics 1945–1989, S. 50ff, Table 1; 2005 (GB): Eurostat Dataset »Arbeitsmarkt/Beschäftigung [...]/LFS Hauptindikatoren« unter http://epp.eurostat.cec.eu.int (20.12.2006); 2005 (restliche Länder): ILO, Yearbook of Labour Statistics 2006, Table 1A

Tabelle 6.5 zeigt, dass Österreich 2005 im Anteil der nicht mehr berufstätigen Männer zwischen 55 und 59 Jahren mit 69 Prozent, und überhaupt nur 20 Prozent bei den 60 bis 64jährigen Männern – einer Teilgruppe der vielfach noch sehr rüstigen »jungen Alten« –, eine »Spitzenstellung« unter fortgeschrittenen Ländern einnimmt. Relativ hohe Werte von Frühpensionisten weisen auch Italien und Frankreich auf; deutlich länger arbeiten die Männer in Deutschland, besonders aber in den USA, Schweden oder Japan; hier sind rund nahezu 90 Prozent aller Männer zwischen 55 und 60, und 60 bis 75 Prozent aller Männer zwischen 60 und 65 noch berufstätig.

Tabelle 6.6 zeigt noch die Resultate einer weiteren Strategie, die ohne Zweifel wesentlich zu einer Abfederung der beschäftigungsvernichtenden Effekte des technologisch induzierten Produktivitätswachstums beigetragen hat. Wir sehen hier, dass die meisten Österreicherinnen und Österreicher heute de facto nur mehr 36 bis 40 Stunden pro Woche arbeiten, bei Frauen ein gutes Drittel noch weniger (Teilzeitarbeit). Einzig die Selbständigen und freiberuflich Tätigen fallen stark aus diesem Muster; bei einem Viertel bis einem Drittel von ihnen liegt die wöchentliche Arbeitszeit sogar über 60 Stunden.

Österreich lag um 2003 auch im Hinblick auf die Arbeitszeit in der Industrie mit durchschnittlich 36,7 Wochenstunden eher im unteren Bereich der fortgeschrittenen Länder. Etwa gleich hoch war diese Zahl in Frankreich, Schweden und Spanien; etwas höher war sie in Deutschland, Schweden und Japan (37–38 Stunden), deutlich höher in der Schweiz und den USA (41 Stunden). Extrem hoch war sie z.B. in Südkorea (48 Stunden).

Tabelle 6.6: Arbeitszeit der Erwerbstätigen nach beruflicher Position und Geschlecht (2003)

Wöchentliche Normal-arbeitszeit[1]	*Arbeiter*		*Angestellte, Beamte*		*Selbständige u. Mithelfende Landwirtschaft*		*Andere Selbständige u. Mithelfende*		*Erwerbstätige insgesamt*	
	Männer	*Frauen*	*Männer*	*Frauen*	*Männer*	*Frauen*	*Männer*	*Frauen*	*Männer*	*Frauen*
	in Prozent									
1–11	0,5	6,2	0,8	3,1	1,2	2,0	1,3	5,6	0,7	4,0
12–24	1,3	20,8	1,7	16,9	5,0	8,6	3,7	13,5	1,9	17,2
25–35	1,2	15,5	2,1	14,9	4,7	9,1	4,4	12,2	2,0	14,6
36–39	37,7	17,9	31,2	21,5	1,1	1,4	5,1	6,4	30,3	18,6
40	55,5	37,2	54,7	40,3	17,5	24,5	33,0	35,1	51,4	38,3
41–59	2,9	1,9	7,0	2,8	19,1	20,8	24,1	13,3	7,4	4,1
60 und mehr	1,0	0,6	2,5	0,6	51,4	33,7	28,4	13,9	6,4	3,2
Zusammen	100,1	100,1	100,0	100,1	100,0	100,1	100,0	100,0	100,1	100,0
Erwerbstätige insg. (in 1.000)	916,4	396,0	871,4	1.015,6	82,8	80,5	205,7	107,9	2.076,3	1.600,1
	1.312,4		1.887,1		163,4		313,6		3.676,5	

[1] Bei Unselbständigen: Die durch Gesetz, Einzel-/Kollektivvertrag oder betriebliche Regelung festgesetzte wöchentliche Arbeitszeit; bei Selbständigen und Mithelfenden: Die durchschnittliche wöchentliche Arbeitszeit der letzten vier Wochen vor der Mikrozensus-Befragung.

Quelle: Statistisches Jahrbuch 2005, S. 190, Tabelle 7.17; Datenbasis: Mikrozensus 2003, Jahresdurchschnitt

Als Fazit aus diesen Daten lässt sich festhalten: Frühpensionierung und Arbeitszeitentwicklung folgen in Österreich einem wohlfahrtsstaatlichen Muster, das Beschäftigungsprobleme nicht »offensiv«, durch aktive Arbeitsmarktpolitik, starke Förderung der Frauenerwerbstätigkeit usw. zu lösen sucht wie etwa die skandinavischen Wohlfahrtsstaaten. Vielmehr kann man einerseits, in Anlehnung an Esping-Andersen (1990, 1998), von einem »konservativen« Muster sprechen, das die traditionelle Familie stärkt durch Maßnahmen zur Unterstützung von Frauen, die es vorziehen, sich nur der Familie und der Kindererziehung zu widmen. Anderseits ist es offenkundig, dass die klassenspezifischen Interessen und Akteure – gewerkschaftlich stark organisierte Arbeitnehmer im öffentlichen und privaten Sektor, Unternehmer – ihren Teil dazu beigetragen haben, dass bestehende Beschäftigungsverhältnisse stark geschützt werden. Dass insgesamt dennoch eine relativ dynamische Beschäftigungsentwicklung stattfand, lässt sich neben wirtschaftlichen Faktoren (Eröffnung neuer Absatzmärkte im Ausland als Folge der europäischen Integration und der Ostöffnung) auch auf die starke Einbeziehung von Frauen in das Erwerbsleben sowie einen verstärkten Zuzug ausländischer Arbeitnehmer zurückführen.

Die Entwicklung der Arbeitslosigkeit

Aus *Abbildung 6.4* wird ersichtlich, dass Arbeitslosigkeit nichts Neues ist, sondern eher die Vollbeschäftigung von etwa 1960 bis 1980 die Ausnahme darstellt. Seit Anfang der 1980er Jahre lässt sich ein kontinuierliches Steigen der Arbeitslosigkeit beobachten. Dass diese Hunderttausende von Arbeitssuchenden alles andere als »Sozialschmarotzer« sind, zeigt die gleichzeitige Entwicklung der Zahl der offenen Stellen, die sich seit Mitte der 60er Jahre praktisch nicht mehr erhöhte. Das heißt, dass heute den 240.000 Arbeitslosen nur rund 25.000 offene Stellen gegenüberstehen – auf jede Stelle also zehn Arbeitssuchende kommen.

Abbildung 6.4: Amtlich registrierte Arbeitslose und offene Stellen, 1950 bis 2005

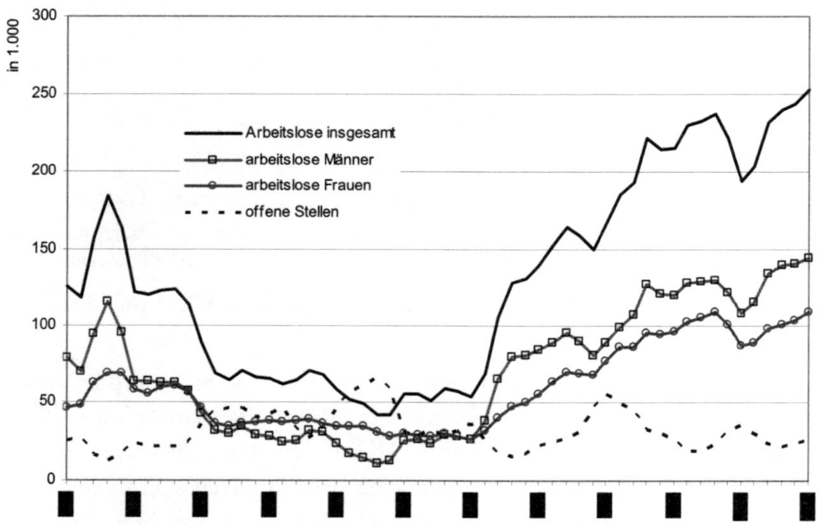

Jahresdurchschnitte der vorgemerkten Arbeitslosen und offenen Stellen

Quellen: 1950: Statistisches Handbuch für die Republik Österreich 1951, S. 198ff 1951–1969: Statistisches Handbuch für die Republik Österreich 1970, S 240, Tabelle 22.01; Wirtschafts- und Sozialstatistisches Handbuch 1945–1969, S. 248 u. 289 1970–1979: Statistisches Handbuch für die Republik Österreich 1980, S. 300, Tabelle 22.01.80–1989: Statistisches Handbuch für die Republik Österreich 1990, S. 114, Tabelle 7.03 1990–1998: Statistisches Jahrbuch Österreichs 1999/2000, S. 164, Tabelle 7.03 1999–2003: Statistisches Jahrbuch Österreichs 2005, S. 182, Tabelle 7.03 2004–2005: WISO-Taschenbuch 2006, S. 161ff. und S. 170

International – vor allem im europäischen Vergleich – gesehen, steht Österreich im Hinblick auf die Arbeitslosigkeit heute damit zwar immer noch relativ gut da; allerdings liegt die Rate von 7,1 Prozent (2004) nicht mehr wesentlich unter dem Durchschnitt der alten EU-Mitglieder. In den Ländern der EU-15 variierte die Arbeitslosigkeit im Jahre 2004 zwischen drei und vier Prozent.

Relativ gut schneidet Österreich im Hinblick auf die besonders gravierende Langzeitarbeitslosigkeit ab (Langzeitarbeitslose sind alle Personen, die ein Jahr oder länger arbeitslos sind): Deren Anteil beträgt hierzulande etwa ein Fünftel, dagegen in Ländern wie Italien, Belgien, Großbritannien und Spanien 40 Prozent und mehr.

Weit weniger gut sieht es jedoch aus, wenn man die Entwicklung der Arbeitslosigkeit in den letzten beiden Jahrzehnten betrachtet. Seit 1980 verzeichnet Österreich – ähnlich wie Deutschland – einen kontinuierlichen Anstieg. Dem stehen Länder wie Großbritannien, Irland und Spanien, aber auch die Niederlande und Schweden gegenüber, denen es gelungen ist, z.T. sehr hohe Raten der Arbeitslosigkeit deutlich zu senken.

Arbeitslosigkeit als generations- und klassenspezifische Diskriminierung

Als vierter Aspekt des Problems der Beschäftigung nannten wir das unterschiedliche Risiko, von Arbeitslosigkeit betroffen zu werden. Relevante soziale Merkmale sind hier vor allem Geschlecht, Alter und Bildung.

Hier wird aus *Tabelle 6.7* zunächst sehr deutlich sichtbar, dass Frauen nicht stärker von Arbeitslosigkeit betroffen sind; seit 2000 liegt ihre Arbeitslosigkeitsrate eher unter jener der Männer. Nur in einzelnen Altersgruppen (z.B. bei 55 bis 60jährigen) liegt sie bei Frauen etwas höher.

Tabelle 6.7: Arbeitslosenquoten[1] nach Geschlecht und Alterskategorien, 1970 und 2003

Alterskategorie	*1970*			*2003*		
	Insgesamt	*Männer*	*Frauen*	*Insgesamt*	*Männer*	*Frauen*
15 bis unter 19	2	1,5	2,5	7,0	6,5	7,9
19 bis 29	2,3	1,3	3,8	5,5	6,0	5,0
30 bis 39	1,2	0,9	1,6	3,5	3,2	3,8
40 bis 49	0,9	0,9	1,0	3,4	3,3	3,5
50 bis 59	1,2	1,3	1,1	5,0	5,3	4,5
60 bis 64	1,3	1,5	0,7	4,5	5,6	2,0
65 und älter	0,2	0,2	-	-	-	-
Insgesamt	1,4	1,1	1,9	4,2	4,3	4,2

[1] Anteil der Arbeitslosen an der erwerbstätigen Bevölkerung (Selbständige und unselbständig Beschäftigte) der jeweiligen Altersgruppe

Quellen: 1970: Statistisches Handbuch für die Republik Österreich 1971, S. 280, Tabelle 22.21; 2003: Mikrozensus Jahresergebnisse 2003, S. 70f, Tabelle 4.

Dagegen zeigen sich sehr deutliche altersspezifische Unterschiede: Abgesehen von einem kleinen »Zwischenhoch« bei der Altersgruppe der 19 bis unter 25jährigen zeigt sich ein sehr deutlicher Anstieg der Arbeitslosigkeit bei Menschen ab 50 Jahren. Wir sehen hier also eine zusätzliche Diskriminierung der älteren Menschen: Nicht nur werden sie häufig veranlasst, sehr früh in den Ruhestand zu gehen – wenn sie dies nicht tun oder tun können, sind sie besonders stark von Arbeitslosigkeit betroffen.

Eine weitere, in diesem Fall eindeutig klassen- bzw. schichtspezifische Diskriminierung zeigt *Tabelle 6.8*: Nahezu die Hälfte aller Arbeitslosen verfügt lediglich über eine Pflichtschulbildung, weitere 36 Prozent über einen Lehrabschluss. Zusammen machen diese beiden Gruppen 82 Prozent aller Arbeitslosen aus, was weit über ihrem Anteil an allen Erwerbstätigen liegt. Das hohe Risiko, von Arbeitslosigkeit betroffen zu werden, ist bei diesen Gruppen aber in hohem Maße nicht nur ein Mangel an »Humankapital«, sondern Folge eines »Verdrängungsprozesses nach unten«. In *Tabelle 6.8* zeigt sich auch, dass im Laufe eines Jahres de facto doppelt so viele Menschen von Arbeitslosigkeit betroffen sind, als es die Arbeitslosenstatistik zeigt, die jeweils nur den Bestand an Arbeitslosen zu einem Stichtag angibt. Es waren dies im Jahre 2004 nicht weniger als 778.431 Menschen!

Tabelle 6.8: Arbeitslose und offene Stellen nach höchster abgeschlossener Schulbildung, 2002/2004

Höchster Schulabschluss	*Arbeitslose (ø 2004)*		*von Arbeitslosigkeit im Jahr 2004 Betroffene*		*Offene Stellen (ø 2002)*	
	absolut	*in Prozent*	*absolut*	*in Prozent*	*absolut*	*in Prozent*
Kein Abschluss, Pflichtschule	110.909	45,5	329.343	42,3	11.414	49,2
Lehre/ Meisterprüfung	88.528	36,3	303.624	39,0	9.392	40,5
Berufsbildende u.a. mittlere Schulen	14.200	5,8	45.971	5,9	893	3,9
BHS	12.730	5,2	44.752	5,8	803	3,5
AHS	7.534	3,1	21.863	2,8	512	2,2
Hochschule	8.998	3,7	29.109	3,7	176	0,7
Ausbildung ungeklärt	980	0,4	3.769	0,5	0	0,0
Insgesamt	243.879	100	778.431	100	23.190	100

Quelle: 2002: WISO-Taschenbuch 2003, S. 169; WISO-Taschenbuch 2005, S. 179 und 184; Datenbasis: AMS Österreich

Auch diese Daten widersprechen eindeutig der These der deutschen Sozialstrukturtheoretiker von den angeblich neuen, nicht-vertikalen Formen sozialer Ungleichheit.

Resümee

Die Theorien der »postindustriellen Gesellschaft« beschreiben den sozioökonomischen Strukturwandel als einen relativ harmonischen, friktionslosen Übergang zu dynamischen und prosperierenden modernen »Wissensgesellschaften«, in denen der Großteil der Beschäftigten in qualifizierten Berufen tätig ist. Dieser Sicht ist eine kritische Perspektive entgegenzuhalten, die aufzeigt, dass der technologisch-ökonomische Fortschritt von gesellschaftlich-politischen Kräften gesteuert wird, wobei in aller Regel nicht nur Gewinner, sondern auch Verlierer produziert werden. Der Umfang und die soziale Lage der letzteren ist auch eine Folge strategischer Formen der sozialen Ausschließung, unter denen Arbeitslosigkeit besonders hervorsticht. Diese und andere Formen ökonomischer Ausschließung sind ihrerseits eng verknüpft mit einer neoliberalen Umorientierung der Wirtschaftspolitik (Mesch 2005, S. 304ff.). Daneben gibt es auch Prozesse der sozialen, kulturellen und politischen Ausschließung, die sehr große Gruppen der inländischen Bevölkerung betreffen, oder die eine Benachteiligung sozial schwacher Minderheiten (Behinderte, Pflegebedürftige, Ausländer) implizieren. Die damit verbundene Entstehung breiter, neuer Versorgungsklassen ist als ein sehr bedeutender und mit negativen Konsequenzen verknüpfter sozialstruktureller Trend der jüngsten Zeit zu sehen. Die kontinuierliche Verlängerung der schulischen Ausbildung und »Verwahrung« und die Aussonderung weniger produktiver Mitglieder der Gesellschaft in Sonderschulen, Heime usw. bedeutet nicht nur einen Verzicht auf ein produktives Humankapital und -potenzial. Sie stellt auch für die Betroffenen eine Einbuße an Lebensqualität und Restriktion von Entfaltungsmöglichkeiten dar. Gefördert wird das Wachstum der Versorgungsklassen sowohl durch den Wohlstandszuwachs der privaten Haushalte wie durch den kontinuierlichen Ausbau sozialstaatlicher Versorgungsleistungen und -ansprüche.

Vertiefende Fragen

1) Werden durch die dritte, informationstechnologische Revolution mehr neue Arbeitsplätze geschaffen als alte vernichtet? In welchen Bereichen entstehen neue, in welchen verschwinden alte?

2) Inwiefern könnte man durch Arbeitszeitverkürzung mehr Arbeitsplätze schaffen? In welchen Bereichen wird dies leichter, in welchen schwerer möglich sein? Welche flankierenden Maßnahmen wären dazu nötig?

3) Inwiefern kann man durch die Liberalisierung und Ausweitung von Ladenöffnungszeiten und ähnliche Maßnahmen der Deregulierung neue Arbeitsplätze und mehr Nachfrage schaffen? Welche Gründe sprechen gegen solche Maßnahmen?

4) Wer vertritt die Interessen der Arbeitslosen? (Tut dies überhaupt jemand?) Warum ist die seit Jahren steigende Arbeitslosigkeit in Österreich öffentlich und politisch eigentlich kein großes Thema?

5) Welche Interessen und Kräfte haben dazu geführt, dass Österreich nahezu »Weltmeister« im Hinblick auf frühes Ausscheiden aus dem Erwerbsleben ist? Welche Vor- und Nachteile hat dies für die Erwerbstätigen/Pensionisten, die Unternehmen, den Staat?

6) Sollte man als politisches Ziel verfolgen, dass Frauen eine ebenso hohe Erwerbsquote erreichen wie Männer? Wenn nein, warum nicht? Wenn ja, welche Maßnahmen könnte man dafür ergreifen?

Weiterführende Literatur

Kübler, Hans-Dieter (2005), *Mythos Wissensgesellschaft. Gesellschaftlicher Wandel zwischen Information, Medien und Wissen. Eine Einführung*, Wiesbaden: VS Verlag für Sozialwissenschaften

Eine kritische sozialwissenschaftliche Analyse des Begriffs der »Informations- bzw. Wissensgesellschaft« und verwandter Begriffe mit einer Diskussion der Typen von Wissen und der sozialstrukturellen Trends in der Wissensgesellschaft.

Mesch, Michael, Hrsg. (2005), *Der Wandel der Beschäftigungsstruktur in Österreich. Branchen – Qualifikationen – Berufe*, Wien/Münster: LIT Verlag

Umfassende Darstellung und Analyse des sektoralen und berufsstrukturellen Wandels in Österreich in den letzten Jahrzehnten aus einer sozio-ökonomischen Perspektive.

Steinbicker, Jochen (2001), *Zur Theorie der Informationsgesellschaft. Ein Vergleich der Ansätze von Peter Drucker, Daniel Bell und Manuel Castells*, Opladen: Leske+Budrich

Systematische und gut lesbare Darstellung der Thesen von drei wichtigen Theoretikern des Wandels der Berufsstruktur.

Wirtschafts- und Sozialstatistisches Taschenbuch 2007, Hrsg. von der Bundeskammer für Arbeiter und Angestellte, Wien (erscheint jährlich)

Informative, handliche Zusammenstellung wichtiger Basisdaten zu Bildung, Arbeitsmarkt, Einkommen in Österreich und international, sowie zu sozialen Fragen und zu den Leistungen der Sozialpolitik.

Kapitel 7: Die Transformation der Beschäftigungs- und Berufsstruktur

Alle entwickelten westlichen Gesellschaften erlebten seit dem Zweiten Weltkrieg eine starke Veränderung ihrer Beschäftigungsstruktur. Im Anschluss an die theoretischen Überlegungen im vorigen Kapitel wird der Übergang von der Agrar- und Industriegesellschaft zur Dienstleistungsgesellschaft und der damit einhergehende Wandel der Berufsstruktur in diesem Kapitel unter drei Aspekten beleuchtet: (1) die Umschichtungen zwischen den Beschäftigungssektoren und ihre Implikationen für die Frage, inwieweit Österreich heute eine »Informationsgesellschaft« darstellt; (2) die Veränderungen und Binnendifferenzierung der Klasse der Selbständigen; (3) der Wandel der Berufsstruktur und seine Folgen für die Sozialstruktur der österreichischen Gesellschaft heute.

7.1 Die Umschichtung der Beschäftigungsstruktur 1950–2000

Wie sich im Laufe des letzten Jahrhunderts im Zuge der ökonomischen Entwicklung die Beschäftigungszahlen in den drei Sektoren verlagert haben, wird aus *Abbildung 7.1* ersichtlich.

Waren um 1910 noch alle drei Sektoren etwa gleich stark, hat sich für 2001 eine starke Umschichtung zu Gunsten des tertiären Sektors und zu Lasten des primären Sektors ergeben.

Im Detail betrachtet zeigt sich über die gesamte Periode gesehen markant der Rückgang des Anteils der in der Landwirtschaft Erwerbstätigen – von 39 Prozent 1910 auf 3,9 Prozent 2001 – und der Anstieg der Beschäftigung im Tertiärsektor (von 29 Prozent auf 68 Prozent). Relativ gering erscheinen jedoch die Veränderungen im Anteil des sekundären Sektors: Er beschäftigt heute – ähnlich wie zu Beginn des Jahrhunderts – ein knappes Drittel aller Erwerbstätigen (31 Prozent vs. 30–32 Prozent heute).

Abbildung 7.1: Die Berufstätigen nach wirtschaftlichen Sektoren 1910–2001

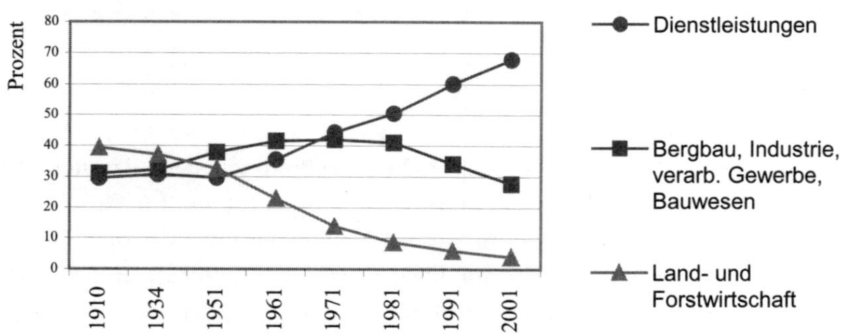

Quellen: 1910–1971: Bodzenta, Österreich im Wandel, 1985, S. 35; Datenbasis 1910–2001: Volkszählungsergebnisse

Dieser Umschichtungsprozess hat erst in der Zeit nach dem Zweiten Weltkrieg eingesetzt. In den vierzig Jahren von 1910 bis 1951 ist der Anteil der Landwirtschaft nur um 7 Prozent gesunken, jener des sekundären Sektors entsprechend gestiegen (von 31 auf 38 Prozent), während der Anteil des Tertiärsektors gleich geblieben ist (vgl. auch Möller 1974). Für diese relativ langsame Entwicklung waren ohne Zweifel die Weltkriege und die krisenhafte Wirtschaftssituation der Zwischenkriegszeit verantwortlich. Seit 1951 hat jedoch ein radikaler und kontinuierlicher Wandel eingesetzt, der bis zum Ende des Jahrhunderts anhielt. In langfristiger Hinsicht scheint also deutlich zu sein, dass man aus der Sicht der Erwerbstätigen von einem Übergang von der Industrie- zur Dienstleistungsgesellschaft sprechen kann.

Tabelle 7.1: Die Verteilung der Erwerbspersonen nach wirtschaftlicher Zugehörigkeit in Prozent, 1910–2001

	1910	1934	1951	1971	1991	2001
1. *Primärsektor*						
Land- und Forstwirtschaft	39,5[1]	33,1	32,9	14,5	6,1	4,1
Bergbau, Steine, Erden		2,0	2,9	0,9	0,4	0,3
Zusammen	*39,5*	*35,1*	*35,8*	*15,4*	*6,5*	*4,3*
2. *Sekundärsektor*						
Sachgütererzeugung	32,2[2]	27,2	26,9	32,9	27,2	19,8
Energie- und Wasserversorgung		0,4	0,8	1,2	1,1	0,9
Bauwesen		5,4	7,4	8,9	8,4	8,3
Zusammen	*32,2*	*32,9*	*35,1*	*43,0*	*36,7*	*29,1*
3. *Tertiärsektor*						
Handel, Reparatur von KFZ und Gebrauchsgütern		8,2	7,6	12,1	14,9	17,7
Verkehr, Nachrichtenübermittlung		4,8	5,3	6,6	7,0	7,0
Beherbergung, Gaststätten	13,8	3,4	2,5	4,5	6,4	6,7
Kredit, Versicherung, Realitäten, Unternehmensdienstleistungen		1,8	2,2	3,9	7,1	13,1
Öffentliche Verwaltung, Sozialversicherung	7,1[3]	4,0	4,5	7,0	9,1	6,6
Unterrichtswesen		2,5	2,6	3,0	4,9	6,5
Gesundheits- und Sozialwesen		1,5	2,2	3,8	7,1	8,8
Private Haushalte	7,4[4]	5,9	2,3	0,7	0,3	0,2
Zusammen	*28,3*	*32,0*	*29,1*	*41,6*	*56,8*	*66,6*
Insgesamt (in Prozent)	100,0	100,0	100,0	100,0	100,0	100,0
(in 1.000)	3.425,0	3.037,7	3.285,2	2.951,1	3.534,0	3.768,8

Erwerbspersonen: Beschäftigte und Arbeitslose

1910: ohne »Berufstätigkeit ohne Betriebsangabe« und »Berufslose«
1934: ohne »Erwerbspersonen ohne nähere Betriebsangabe«, Reinigungsdienst/Körperpflege
1951: ohne »Unbekannt«, Reinigungswesen/Körperpflege
1971: ohne Reinigung/Körperpflege, »ohne Betriebsangabe«, Kunst/Unterhaltung/Sport, Hauswartung
1991 und 2001: ohne Reinigung/Körperpflege, Kunst/Unterhaltung/Sport, Hauswartung

[1] Inkl. Hausfrauen selbständiger Landwirte;
[2] Inkl. Bergbau und Hüttenwesen;
[3] Öffentlicher Dienst und Freie Berufe;
[4] Häusliche Dienste

Quellen: 1910: Statistisches Jahrbuch für Österreich 1938, S. 21; 1934: Statistisches Handbuch für den Bundesstaat Österreich 1935, XV. Jahrgang, S. 18ff; 1951: Statistisches Handbuch für die Republik Österreich 1952, III. Jahrgang, S. 18ff, Tabelle 16; 1971: Ergebnisse der Volkszählung vom 12. Mai 1971 – Hauptergebnisse für Österreich, 1974, S. 61ff, Tabelle 16; 1991: Volkszählung 1991 – Hauptergebnisse II Österreich, 1994, S. 38ff, Tabelle 10; 2001: Volkszählung 2001 – Hauptergebnisse II – Österreich, 2004, S. 106ff, Tabelle 12

Auch im Hinblick auf die *Wertschöpfung*, das heißt, den monetär erfassbaren Beitrag der verschiedenen Sektoren zur gesamten wirtschaftlichen Leistung ergibt sich ein ähnlicher Befund: Nach dem Zweiten Weltkrieg betrug der Anteil der Landwirtschaft an der inländischen Bruttowertschöpfung noch rund 18 Prozent; bis um die Jahrhundertwende sank dieser Anteil ab auf gerade noch 2 Prozent. Man kann also sagen, dass die Bedeutung der Landwirtschaft aus rein ökonomischer Sicht immer schon deutlich geringer war als ihre Bedeutung im Hinblick auf die Zahl der von ihr bereitgestellten Arbeitsplätze (und, könnte man hinzufügen, in politischer Hinsicht, etwa was den politischen Einfluss der Landwirtschaft betrifft).

Die Wertschöpfung durch die Industrie betrug Mitte der 1950er Jahre 44 Prozent; sie stieg in den nächsten zwei Jahrzehnten leicht an auf rund 45 Prozent; seit den 1980er Jahren ist jedoch ein deutlicher Rückgang zu verzeichnen und um die Jahrhundertwende beträgt ihr Anteil nur mehr knapp ein Drittel (30 Prozent). Einen zu Landwirtschaft und Industrie komplementären Anstieg verzeichnet der tertiäre Sektor und zwar von 38 Prozent 1955 auf 67 Prozent, also auf zwei Drittel im Jahre 2001.

Bevor wir folgern, dass die Prognosen der Drei-Sektoren-Theorie auch aus dieser Sicht eingetreten sind, müssen wir den Tertiärsektor jedoch genauer betrachten. In Kapitel 6 wurde argumentiert, dass ein großer Teil der Dienstleistungen als Komplement zur Industrieproduktion zu sehen ist. *Tabelle 7.1* zeigt die Verteilung der Erwerbstätigen nach 13 detaillierteren wirtschaftlichen Gruppen (nach der Terminologie der Erwerbsstatistik »Wirtschaftsabschnitte«). Wir sehen hier, dass die Sachgütererzeugung noch immer der absolut größte Bereich ist, gefolgt von Handel und Reparatur, Kredit sowie Versicherung und Wirtschaftsdiensten. Diese Aufgliederung zeigt auch, dass ein großer Teil des Tertiärsektors Servicefunktionen für den Bereich der Güterproduktion erfüllt. Für eine Schätzung des Umfangs dieser Dienste rechnen wir dazu den gesamten Handel, 50 Prozent des Verkehrs- und Nachrichtenwesens und je 30 Prozent der Sektoren »Kredit, Versicherung, Realitäten« und »öffentliche Dienste«. Daraus ergibt sich, dass ein Anteil von etwa 28 Prozent an Dienstleistungen – nicht weniger als rund 40 Prozent des tertiären Sektors – als produktionsbezogen einzuschätzen sind.

Ein ähnliches Bild zeigt die Aufgliederung der Erwerbstätigen nach zusammengefassten »Berufsobergruppen« (vgl. *Tabelle 7.7,* S. 289). 2001 waren 24,5 Prozent der Erwerbstätigen in Produktionsberufen tätig, 61 Prozent in Dienstleistungsberufen. Die stärkste einzelne Berufsobergruppe waren die Handels- und Verkehrsberufe (13 Prozent), gefolgt von Verwaltungshilfsberufen, Gesundheits-, Lehr- und Kulturberufen und einfachen Dienstleistungsberufen (je etwa 10–11 Prozent aller Berufstätigen). Auch hier sieht man sehr deutlich, dass die direkten Produktionsberufe sowie die recht unmittelbar mit der Produktion zusammenhängenden Berufe des Tertiärsektors (Handels- und Verkehrsberufe, z. T. auch Verwaltungsberufe) zusammen die Mehrheit aller Berufe umfassen.

Tabelle 7.2 zeigt einen ähnlichen Befund aus der Sicht der *häufigsten Berufsgruppen* in Österreich. 2003 waren die Büroberufe mit gut einer halben Million Beschäftigten die mit Abstand am stärksten besetzte Berufsgruppe; ihr folgten die Handelsberufe mit 275.000 Personen; beide Gruppen stehen in enger Beziehung zum industriellen Sektor. Erst danach folgen die Gesundheitsberufe und die landwirtschaftlichen Berufe mit jeweils 197.000 bzw. 189.000 Berufstätigen. An fünfter Stelle stehen die Lehrberufe, gefolgt von zwei Berufsgruppen des sekundären Sektors (Bauberufe, Elektriker) sowie Betriebsinhabern und Managern. Den weitaus stärksten Rückgang zu verzeichnen haben die selbständigen und unselbständigen landwirtschaftlichen Berufe (von zusammen 928.000 im Jahre 1934 auf 189.000 2003). Aber auch ehedem noch starke Berufsgruppen wie »Vertreter« oder »Hauspersonal« treten heute in der Tabelle der größeren Berufsgruppen nicht mehr auf. Den stärksten Zuwachs in absoluten Zahlen konnten die Büro- und Verwaltungsberufe verbuchen; die Gesundheitsberufe sowie Lehrer und Erzieher nahmen um das Vier- bzw. Fünffache zu.

Tabelle 7.2: Die häufigsten Berufsobergruppen in Österreich 1934, 1971 und 2003

1934		1971		2003	
	in 1.000		in 1.000		in 1.000
Landwirte	622,6	Büro- und Verwaltungsberufe	377,7	Büro- und Verwaltungsberufe	507,0
Landwirtschaftliches Gesinde, Landarbeiter	306,2	Landwirte, Gartenbauberufe	322,4	Händler, (Ver-) Käufer	275,8
Büro- und Verwaltungsberufe	187,9	Händler, (Ver-) Käufer, Vertreter	264,7	Gesundheitsberufe	197,2
Händler, (Ver-) Käufer, Vertreter	174,4	Bauberufe	190,1	Acker-, Gartenbauberufe	189,4
Bauberufe	163,9	Landverkehrsberufe	137,8	Lehrer, Erzieher	180,4
Niederes Hauspersonal	133,2	Hilfsarbeiter (Industrie, Gewerbe)	108,9	Bauberufe	176,4
Schmiede, Schlosser, Werkzeugmacher, Mechaniker	128,1	Land-, Forst-, Gartenarbeiter	99,4	Landverkehrsberufe	141,9
Hilfsarbeiter	119,7	Schmiede, Schlosser, Werkzeugmacher	93,2	Tätige Betriebsinhaber, Direktoren, Geschäftsleiter	115,1
Landverkehrsberufe	98,4	Lehrer, Erzieher	76,2	Elektriker	116,1
Lehrer, Erzieher	43,7	Gesundheitsberufe	72,8	Rauchfangkehrer, Gebäudereiniger	111,9
Gesundheitsberufe	36,5			Schmiede, Schlosser, Werkzeugmacher	110,6

Quellen: 1934: Die Ergebnisse der österreichischen Volkszählung vom 22. März 1934 – Bundesstaat Textheft, 1935, S. 165ff; 1971: Ergebnisse der Volkszählung vom 12. Mai 1971 – Hauptergebnisse für Österreich, 1974, S. 55ff, Tabelle 15; 2003: WISO-Taschenbuch 2005, S. 86f; Datenbasis: Volkszählungen 1934 und 1971; 2003: ISIS-Datenbank der Statistik Austria

Ein ähnliches Resultat ergibt sich, wenn man die Wertschöpfung detaillierter betrachtet (SJÖ 2001, S. 287). Der industrielle Sektor spielt also nach wie vor eine sehr zentrale Rolle in der gesamten Wertschöpfung der österreichischen Wirtschaft. So wird auch in einer neuen Studie über den Wandel der Beschäftigungsstruktur in Österreich im letzten Jahrzehnt festgestellt, dass die Expansion der produktionsbezogenen Dienste am stärksten war und selbst innerhalb der Sachgüterproduktion inzwischen eine hohe Nachfrage nach Dienstleistungsberufen besteht (Mesch 2005, S. 274).

Inwieweit kann man aus diesen Daten folgern, dass Österreich heute eine Dienstleistungs- bzw. Informationsgesellschaft ist? Im Hinblick auf die numerische Dominanz des Tertiärbereiches trifft dies sicherlich zu. Weit weniger eindeutig ist jedoch die Antwort, wenn man den Tertiärbereich genauer ansieht und »echte« Dienstleistungen unterscheidet von solchen, die eher als produktions-unterstützend zu bezeichnen sind. Aus dieser Sicht scheint die Rede von der *postindustriellen Gesellschaft* bei weitem nicht so gerechtfertigt zu sein. Noch mehr gilt dies für die in einschlägigen Publikationen und Medien häufig verwendete Bezeichnung *Informationsgesellschaft*. Der Anteil der Berufe, die tatsächlich primär mit Information zu tun haben, ist bei weitem nicht so umfangreich, wie es diese Bezeichnung suggeriert. Allerdings kann man sicherlich sagen, dass der Aspekt der Informationsverarbeitung heute in allen Berufen wichtiger geworden ist. Auch das Wachstum der damit verbundenen Berufe war überproportional stark (Mesch 2005, S. 254ff.).

Abbildung 7.2: Erwerbstätige[1] nach Wirtschaftssektoren 1951–2003

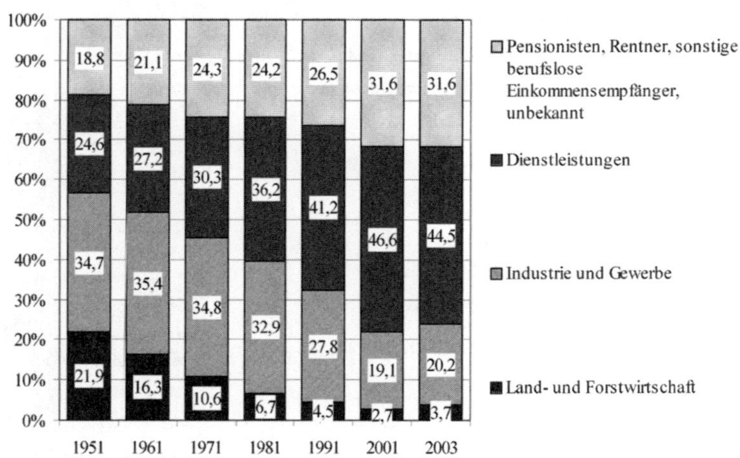

[1] Inklusive berufsloser Einkommensempfänger

Quellen: 1951–1991: Republik Österreich 1945–1995, S. 43; Datenbasis: Volkszählungen.
2001: Volkszählung 2001: Hauptergebnisse Österreich II, S. 90f; Datenbasis: Volkszählung 2001.
2003: Statistisches Jahrbuch Österreichs 2005, S.54 und 179; Datenbasis: Mikrozensus 2003.

Relevant sind auch die Verschiebungen in der Verteilung der gesamten *Wohnbevölkerung*. Hier werden auch die Pensionisten und Rentner eingeschlossen. Eine Übersicht dazu bietet *Abbildung 7.2.* Wir ersehen daraus wieder den starken Austausch zwischen Landwirtschaft einerseits, Dienstleistungen andererseits (jeweils Abnahme bzw. Zunahme um 18 Prozent bzw. 20 Prozent zwischen 1951 und 1993). Als bedeutender »Gewinner« der Umschichtungen erweisen sich hier die Pensionisten und Rentner.

Österreich im internationalen Vergleich

Aus dem Vergleich der Veränderungen der Beschäftigungsstruktur mit ausgewählten Ländern Westeuropas sowie den USA und Japan (vgl. *Tabelle 7.3*) ergeben sich zwei Befunde.

Tabelle 7.3: Die sektorale Verteilung der Erwerbstätigen in ausgewählten fortgeschrittenen Gesellschaften bzw. europäischen Makroregionen, 1960 und 2005

	Land- und Forstwirtschaft		*Industrie und Gewerbe*		*Dienstleistungen*	
	1960	*2005*	*1960*	*2005*	*1960*	*2005*
	Verteilung nach Prozent aller Erwerbstätigen					
Skandinavien[1]	22	3	37	23	41	74
Großbritannien	4	1	44	22	52	77
Frankreich	20	4	37	23	43	74
Deutschland	13	2	48	30	39	68
Schweiz	11	4	50	23	39	73
Österreich	23	5	41	28	36	67
Italien	28	4	39	31	33	65
Südeuropa, Irland[2]	40	6	28	30	33	64
USA	4	2	34	20	59	79
Japan	32	4	29	28	39	68

1 Dänemark, Norwegen, Schweden, Finnland; 2 Portugal, Spanien, Italien, Griechenland, Irland

Quellen: 1960: M. Haller, Wandel der Beschäftigung und Arbeitslosigkeit in Westeuropa, 1977; Datenbasis: ILO Genf; 2005: Statistisches Jahrbuch Österreichs 2007, S. 545, Tabelle 44.02; ILO-Statistik, Tabelle 2B, unter http://laborsta.ilo.org (21.2.2007); Datenbasis: OECD und ILO Genf

Zum ersten zeigt sich, dass Österreich – gemeinsam mit der Schweiz und Deutschland – mit 30 Prozent gegenüber den west- und nordeuropäischen Ländern und den USA einen vergleichsweise hohen Anteil an Erwerbstätigen im sekundären Sektor aufweist. Ähnlich hohe Werte zeigen sich – wohl bedingt durch einen leichten Entwicklungsrückstand – nur in Südeuropa. Zwei Faktoren mögen – unter weiteren – für dieses Spezifikum der deutschsprachigen Länder verantwortlich sein:

1) Die Institution der dualen Berufsausbildung, die Jugendliche schon früh in industrielle oder gewerbliche Produktionsprozesse eingliedert und auch einen großen Pool an qualifizierten industriell-gewerblichen Arbeitskräften hervorbringt (vgl. dazu u. a. Haller/Müller 1983).

2) Die zentrale Lage innerhalb Westeuropas bzw. der Europäischen Union und die Verschiebung des Entwicklungsschwerpunktes vom europäischen Nordwesten (Beneluxstaaten, Großbritannien) auf Zentral- bzw. Mitteleuropa (Haller/Höllinger 1995). Um 1960 war der Anteil der industriellen Beschäftigung in Mittel-, Nord- und Nordwesteuropa noch weit höher als in Südeuropa. Hier expandierte sie noch bis in die 1970er Jahre, während sie in den erstgenannten Regionen bereits zurückging. In Österreich und Deutschland konnte sich die industrielle Beschäftigung aber besser halten als in Nordwesteuropa.

Veranschaulichen wir uns die in absoluten Zahlen dramatischen Unterschiede am Beispiel von Großbritannien und der Bundesrepublik Deutschland. Waren um 1960 in beiden Ländern absolut noch etwa gleich viele Erwerbstätige in der Industrie tätig (etwa 10,7 Millionen) so schrumpfte diese Zahl in Großbritannien auf rund fünfeinhalb Millionen, in Deutschland nur um 1 Million auf 9,5 Millionen. Österreich konnte seine Zahl der Erwerbstätigen in der Industrie praktisch konstant halten (1,3 Millionen 1960, 1,2 Millionen 1991). Man muss im Falle von Großbritannien also von einer »Deindustrialisierung« sprechen, während die Industrie in Österreich und Deutschland – ebenso wie in Japan – weiterhin eine zentrale Stellung im Wirtschaftsgefüge einnimmt; auch in den USA und den anderen außereuropäischen angelsächsischen Ländern war der Rückgang deutlich geringer. Es ist hier nicht der Ort, diesen Deindustrialisierungsprozess in Großbritannien zu erklären, jedoch erscheint er von Interesse als Gegenbeispiel zum erfolgreichen wirtschaftlichen Aufstieg von Österreich in der Nachkriegszeit. Dieser zeigt sich ganz klar darin, dass das Bruttosozialprodukt Österreichs jenes von Großbritannien im letzten Viertel des 20. Jahrhunderts überholte.

Im letzten Jahrzehnt hat Großbritannien im Hinblick auf Wirtschaftswachstum und Beschäftigung allerdings eine dynamischere Entwicklung zu verzeichnen als Deutschland. Dies ist zum einen auf die Wiedervereinigung Deutschlands zurückzuführen, die mit massiven Transferzahlungen von West nach Ost verbunden war. Sie führten im Osten nicht zu dem erhofften Aufschwung; vielmehr gibt es dort hohe Arbeitslosigkeit und weiterhin starke Abwanderung. Es ist aber auch auf wirtschaftliche Reformen in Großbritannien zurückzuführen. Dort wurden seit den 1980er Jahren von Margaret Thatcher (später auch von Tony Blair weitergeführt) umfassende Reformen durchgesetzt, die auf mehr Wettbewerb und Flexibilität setzten – allerdings um den Preis zunehmender Ungleichheit. Diese war ihrerseits bedingt u.a. durch eine massive Schwächung der Gewerkschaften.

Zwei mit der Industrie verknüpfte Dienstleistungen als Wachstumsmotoren der österreichischen Wirtschaft

Das zweite Charakteristikum der österreichischen Sektorenstruktur betrifft den Anteil der Erwerbstätigen im Dienstleistungsbereich. Dieser liegt mit den hier ausgewiesenen 56 Prozent deutlich unter den Anteilen jener Länder, die den höchsten Tertiarisierungsgrad aufweisen. In Großbritannien oder den USA arbeiten bereits fast drei Viertel der Erwerbstätigen im Dienstleistungsbereich. Man wird aber trotz dieses eher etwas niedrigen Anteils in Österreich nicht von einer zurückgebliebenen Entwicklung bzw. einer problematischen Situation sprechen müssen,[1] sondern kann es wohl eher als eine Folge des relativ starken sekundären Sektors interpretieren.

In diesem Zusammenhang ist speziell auf die Entwicklung zweier Branchen hinzuweisen, des Verkehrs- und Transportgewerbes und des Fremdenverkehrs. Beide sind in Österreich besonders stark und für beide ist auch eine sehr enge Verzahnung mit dem sekundären Sektor typisch.

Im Falle des *Verkehrs- und Transportgewerbes* steht dies außer Frage, ist doch der Güterverkehr insgesamt und auch ein großer Teil des Personenverkehrs (Arbeitspendeln, berufsbezogene Fahrt- und Reisetätigkeit) direkt mit dem sekundären Sektor verknüpft.

Die starke Stellung des Verkehrs- und Transportsektors hat auch mit einigen aktuellen Problemen bzw. Dauerthemen der österreichischen Politik zu tun: Zum einen mit der Problematik des internationalen Transitverkehrs durch Österreich, wo den Bemühungen zu einer Eindämmung u. a. auch die Interessen der österreichischen Frächter entgegenstehen; zum anderen im Bereich der Österreichischen Bundesbahnen, die im Güterverkehr – international gesehen – eine relativ starke Stellung hat, aber zugleich in ihren internen Organisationsstrukturen stark reformbedürftig ist. Die Hau-Ruck-Aktion zur Zerschlagung der ÖBB in mehrere unabhängige Teilgesellschaften im Herbst 2003, die zu einem großen Streik der ÖBB-Bediensteten führte (der erste flächendeckende Streik seit vielen Jahrzehnten überhaupt), kann im übrigen als ein Paradebeispiel der Schwäche der österreichischen Politik gesehen werden, die vom jahrzehntelangen Stillstand plötzlich zu radikalen Systemreformen wechselt, die dann aber von den Betroffenen nicht ausreichend mitgetragen werden. (Ein analoges Beispiel wurde in Kapitel 5 am Fall der Hochschulpolitik besprochen).

Ein für Österreich besonders wichtiger tertiärer Wirtschaftszweig ist der *Fremdenverkehr*. Er hat entscheidend zum wirtschaftlichen Aufstieg Österreichs in der Nachkriegszeit beigetragen, vor allem in Westösterreich, wo es Sommer- und Wintertourismus gibt, aber auch in Wien, das im Rahmen des ganzjährigen Städte- und Kongresstourismus eine hervorragende Position erlangen konnte. Am Beispiel des Fremdenverkehrs zeigt sich wieder deutlich die enge Verflechtung zwischen sekundärem und tertiärem Sektor. In diesem Falle kann man von einem umgekehrten Effekt sprechen in der Weise, dass starker Fremdenverkehr auch steigende Nachfrage nach Leistungen des sekundären Sektors bedingt. Dies gilt etwa im Bereich des Bauwesens, der Möbel- und Bekleidungsindustrie, der Sportartikelindustrie, der Nahrungs- und Genussmittelindustrie. Tatsächlich finden sich in diesen Sektoren einige der erfolgreichsten

---

1 Dies geschah in Deutschland, wo sich eine Debatte über das »Tertiarisierungsdefizit« des Landes entwickelte.

Unternehmergeschichten der österreichischen Wirtschaft der Nachkriegszeit (vgl. z.B. den steilen Aufstieg der großen österreichischen Skifirmen wie Atomic, Fischer, Kneissl usw.; die bemerkenswerten Leistungen des Bauwesens mit der Entwicklung international übernommener neuer Verfahren in Hoch- und Tiefbau, der Getränkeindustrie u.a.).

Abbildung 7.3: Erwerbspersonen nach Geschlecht und Wirtschaftsbereichen 1970–2005

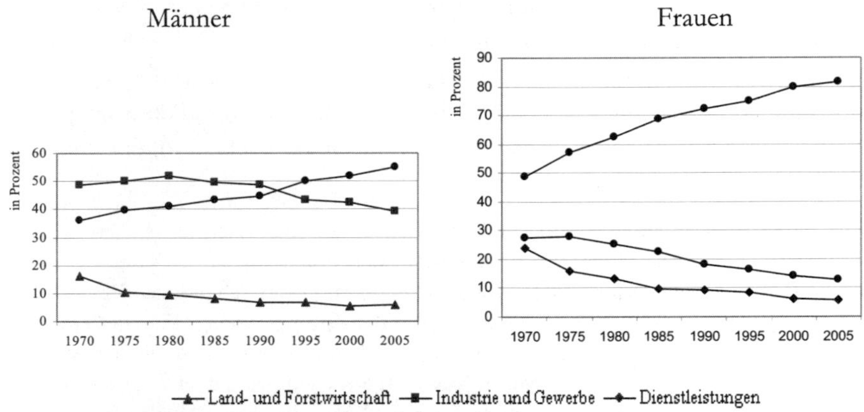

Quellen: 1970–1985: Sozialstatistische Daten 1990, S. 136; Datenbasis: Mikrozensus; 1990–2005: ILO-Statistik, Tabelle 2B, unter http://laborsta.ilo.org (21.3.2007); Datenbasis: Labour force survey

Eine sehr wichtige Komponente der Veränderungen der Beschäftigungsstruktur sind die geschlechtsspezifischen Differenzen in diesem Prozess. *Abbildung 7.3* zeigt, dass es vor allem die Frauen waren, die überproportional von der Expansion des tertiären Sektors profitiert haben. Anfang des 21. Jahrhunderts waren über 80 Prozent aller erwerbstätigen Frauen im tertiären Sektor beschäftigt, gegenüber nur etwas über 50 Prozent der Männer. Innerhalb des tertiären Sektors sind Frauen allerdings vor allem in die einfachen und mittleren Positionen eingeströmt.

Österreich war in der zweiten Hälfte des 20. Jahrhunderts im Hinblick auf den Wandel der Beschäftigungsstruktur eine dynamische und erfolgreiche Gesellschaft. Dazu hat vor allem auch der Tertiarisierungsprozess beigetragen, der jedoch in starkem Maße von der Industrie und ihrer Dynamik mitgetragen worden ist.

Betrachten wir nun, wie sich der beruflich-sektorale Umschichtungsprozess aus der Sicht der sozialen Klassen und ihrer Reproduktion darstellt. Zuerst werden die Veränderungen innerhalb der Selbständigen, dann jene innerhalb der Unselbständigen betrachtet.

7.2 Die Auswirkungen der veränderten Beschäftigungsstruktur auf die Klasse der Selbständigen

Die enormen sektoralen und berufsstrukturellen Umschichtungen haben die Klassen- und Schichtstruktur der österreichischen Gesellschaft bei weitem nicht so stark verändert, wie es auf den ersten Blick erscheinen mag. Das liegt daran, das die Entwicklung neuer wirtschaftlicher Tätigkeiten und Berufe in aller Regel in einer Form erfolgt, die kompatibel ist mit den bestehenden Klassen- und Schichtstrukturen.

(1) Im Hinblick auf die Definition und Ausgestaltung neuer Berufe und Professionen sprechen Beck/Brater (1980, S. 42ff.) von einer »interessengeleiteten Schneidung« neuer Berufe (vgl. auch Hesse 1972; Abbott 1988). Vor allem die Bildungsexpansion erzeugt Bestrebungen zur Schaffung entsprechender neuer (gehobener) beruflicher Positionen. Ein aktuelles Beispiel sind die Bestrebungen zur »Verwissenschaftlichung« der Berufe im Gesundheits- und Pflegebereich durch Einführung akademischer Studiengänge für KrankenpflegerInnen (Pflegewissenschaften).

(2) Die klassen- und schichtspezifische Statuszuweisung im Laufe der Generationen bzw. Berufskarrieren (inter- und intragenerationale Prozesse der sozialen Mobilität und Immobilität) führt dazu, dass Kinder und Jugendliche aus mittleren und höheren Schichten sich in ihrer Bildungs- und Berufswahl primär an den neu entstehenden, statushöheren Berufen orientieren.

So mag es zwar durchaus der Fall sein, dass die Schichtstruktur insgesamt sich gewissermaßen »nach oben« verlagert (im Sinne des berühmten »Fahrstuhleffekts« vgl. Beck 1986), wobei der Anteil der untersten Klassen und Schichten tendenziell abnimmt, jener der mittleren und höheren Schichten zunimmt. Es ist jedoch eine bei weitem überzogene Erwartung der »optimistischen« Theoretiker der postindustriellen Gesellschaft, dass in diesen Gesellschaften Oben und Unten, Privilegierung und Benachteiligung wesentlich an Bedeutung verlieren.

Die interne Differenzierung der selbständig Erwerbstätigen

Soziologisch lassen sich die Selbständigen pauschal nicht einer einzigen sozialen Klasse zuordnen. Selbst im Hinblick auf ihre Merkmale als Klasse im ökonomischen Sinne gilt, dass die internen Differenzierungen so bedeutend sind, dass man von sehr verschiedenen Klassenlagen sprechen muss (vgl. *Übersicht 7.1*).

Übersicht 7.1: Klassenlagen bzw. soziale Klassen innerhalb der selbständig Erwerbstätigen

Bezeichnung	*Primäre Ressourcen*	*Beschäftigung von Arbeitskräften*
Bauern	Grundbesitz, Fachqualifikation, Berufserfahrung	Begrenzt relevant bei mittleren u. größeren Betrieben (Saisonarbeit)
Marginale (»neue«) Selbständige	Jedermanns- oder Fachqualifizierung, Berufserfahrung	Nein
Traditionelles Kleinbürgertum	Fachqualifikation, Investitionen begrenzten Umfangs	In begrenztem Umfang
Akademische Freiberufe und Professionen	Monopolistische Fachqualifikationen (Hochschulausbildung)	In begrenztem Umfang (als AssistenInnen)
Kapitalistische Unternehmer	Investiertes Kapital, Qualifikationen, Berufserfahrung	In großem Umfang

Aus einschlägigen Studien ergeben sich als wichtigste Befunde (vgl. Geiger 1949; Bögenhold 1985; Aiginger/Tichy 1985; Fink u.a. 2006):

- Der weitaus größte Teil – bis zu 90 Prozent – aller Selbständigen ist als Inhaber von Klein- und Kleinstbetrieben tätig, in denen überhaupt keine oder höchstens einige wenige fremde Arbeitskräfte beschäftigt sind.
- Trotz ihrer geringen Größe beschäftigen selbst diese Kleinbetriebe – eben wegen ihrer großen Anzahl – einen erheblichen Teil (bis zur Hälfte) aller Lohnabhängigen.
- Kleine Unternehmen weisen gegenüber Großunternehmen neben manchen Schwächen (fehlende Möglichkeiten zur Durchführung kostspieliger Forschung, häufig geringere Unterstützung durch die Wirtschaftspolitik) auch eine Reihe von spezifischen Leistungen bzw. Vorteilen auf, so insbesondere eine höhere Flexibilität, aber auch eine erstaunlich hohe Innovationskraft.
- Dies sind wohl auch die Ursachen dafür, dass das von Marx prognostizierte Aufgeriebenwerden der kleinen Selbständigen im Kampf zwischen (Groß-) Kapital und Arbeit bislang nicht eingetreten ist.
- Innerhalb der Selbständigen besteht im Hinblick auf Sicherheit, Arbeitsbedingungen und Einkommenschancen eine äußerst hohe Variation; während die große Masse der kleinen Selbständigen nur bescheidene Einkommen (bei oft sehr hoher Arbeitsbelastung) erzielt, erreichen erfolgreiche Selbständige und Unternehmer die höchsten Einkommen aller Erwerbstätigen.

Die Entwicklung von 1956 bis 2003

Betrachten wir zunächst die teilweise spektakuläre Entwicklung der selbständigen Erwerbstätigkeit in den letzten 30 Jahren, differenziert nach Landwirtschaft und Nichtlandwirtschaft. *Tabelle 7.4* zeigt die Daten dazu.

Tabelle 7.4: Selbständige und unselbständige Erwerbstätige innerhalb und außerhalb der Landwirtschaft 1956, 1971 und 2005

	Landwirtschaft		*Nichtlandwirtschaft*		*Zusammen*		*Insgesamt*
	Selb-ständig	*Unselb-ständig*	*Selb-ständig*	*Unselb-ständig*	*Selb-ständig*	*Unselb-ständig*	*in 1.000 (%)*
1956							
Absolut (in 1.000)	652,7	171,7	346,3	1.965,4	999,0	2.137,1	3.136,1
Prozent des Bereichs	79,1	20,8	15,0	85,0			
Prozent von insgesamt	20,8	5,5	11,0	62,6	31,8	68,1	(99,9)
1971							
Absolut (in 1.000)	365,9	53,4	290,2	2.376,6	656,1	2.430,0	3.086,1
Prozent des Bereichs	87,2	12,7	10,9	89,1			
Prozent von insgesamt	11,8	1,7	9,4	77,0	21,2	78,7	(100,0)
2005							
Absolut (in 1.000)	132,8	26,8	251,0	3.083,6	383,8	3.110,4	3.494,2
Prozent des Bereichs	83,2	16,8	7,5	92,5			
Prozent von insgesamt	3,8	0,8	7,2	88,2	11,0	89,0	(100,0)
Veränderung 1956–2005 (1956=100)	20	16	72	157	38	146	111

Quellen: 1956: WISO-Taschenbuch 1983, S. 99; 1971: WISO-Taschenbuch 2003, S. 133; 2005: WISO-Taschenbuch 2006, S. 136; Datenbasis: WIFO-Datenbank (1956), Hauptverband der Sozialversicherungsträger (1971 und 2005)

Es zeigt sich einmal, dass sich die Zahl der Selbständigen im abgelaufenen halben Jahrhundert um zwei Drittel verringert hat. Gab es Mitte der 1950er Jahre noch fast genau eine Million, denen etwa zwei Millionen Unselbständige gegenüberstanden, so gab es um die Jahrhundertwende nur mehr 489.000 Selbständige gegenüber ca. 3,3 Millionen abhängig Beschäftigten.

Dieser Rückgang war zum größten Teil auf den Rückgang der selbständigen Landwirte zurückzuführen. Ihre Zahl betrug 1956 noch 652.700, 2005 nur mehr rund 133.000, also etwa ein Fünftel der früheren Zahl. Ebenso dramatisch ist die Zahl der unselbständig Erwerbstätigen in der Landwirtschaft zurückgegangen, von 171.700 auf 26.800, ihr Anteil an allen landwirtschaftlich Erwerbstätigen von 20 Prozent auf 16 Prozent. Man muss also feststellen, dass die selbständigen Landwirte heute viel häufiger ihre Betriebe nur mehr als reine Familienbetriebe führen (oft sogar nur als Nebenerwerbslandwirte); möglich ist dies geworden durch den hohen Grad an Mechanisierung der Landwirtschaft. Auch die Struktur der verbleibenden landwirtschaftlichen Betriebe hat sich geändert, in Richtung auf ein stärkeres Gewicht mittlerer und größerer Betriebe. Dies war vermutlich – neben dem Geburtenrückgang auch in Bauernfamilien – mit einer der

Gründe dafür, dass sich die Bildungschancen von Bauernkindern dem Durchschnitt angenähert haben, wie in Kapitel 5 gezeigt wurde.

Die Zahl der Selbständigen außerhalb der Landwirtschaft ist bei weitem nicht so dramatisch geschrumpft; sie sank zwischen 1956 und 2003 von 346.300 auf 262.500. Auch dies bedeutete einen sinkenden Anteil von Selbständigen innerhalb dieses Bereichs, nämlich von 15 Prozent auf heute etwa 8 Prozent der nichtlandwirtschaftlich Erwerbstätigen.

Internationaler Vergleich der Verteilung der Selbständigen nach Wirtschaftssektoren

Betrachten wir etwas genauer, in welchen Bereichen die Selbständigen früher und heute vor allem tätig waren bzw. sind. *Tabelle 7.5* zeigt die Verteilung nach fünf Wirtschaftsbereichen im Vergleich von neun westlichen Ländern.

In Österreich war der Anteil der Selbständigen außerhalb der Landwirtschaft um 1960 vor allem im Bereich »Warendienstleistungen« (Transport, Verkehr, Handel, Gastgewerbe) relativ hoch, gefolgt von Wirtschafts- und Finanzdiensten. Im Jahre 2005 liegt (außerhalb der Landwirtschaft) der Bereich der »Wirtschafts- und Finanzdienstleistungen« an der Spitze; auch im Bereich der »sozialen Dienstleistungen« gibt es heute mehr Selbständige als Anfang der 1960er Jahre. Stark abgenommen hat der Anteil der Selbständigen im Bereich »Warendienstleistungen«, was auf starke Konzentrationstendenzen in diesem Bereich schließen lässt. (Es ist auch eine sehr augenfällige Entwicklung, wenn man etwa an den Handel denkt.) Deutlich geringer ist auch der Anteil der Selbständigen in der Industrie geworden (Abnahme von 9 Prozent auf 6 Prozent). In diesen beiden Branchen erfolgte in Österreich also ein deutlicher Konzentrationsprozess zu größeren Unternehmen.

Im internationalen Vergleich liegt Österreich mit einem Selbständigenanteil von ca. 12 Prozent im Mittelfeld. Länder wie Schweden, Frankreich und die USA haben weniger als 10 Prozent selbständig Erwerbstätige, während der Anteil der Selbständigen in Italien und Japan noch 25 Prozent beträgt. Interessant ist auch, dass der Selbständigenanteil in Großbritannien als einzigem unter allen Ländern deutlich gestiegen ist (von ca. 9 Prozent auf 12,7 Prozent). Eine (in der Tabelle nicht ausgewiesene) leichte Zunahme der Selbständigen im letzten Jahrzehnt erfolgte auch in Spanien und Italien.

Zur Erklärung dieser erstaunlichen *Persistenz der Selbständigen in Teilen Südeuropas und – auf niedrigem Niveau – in Großbritannien* muss man sich nochmals die starke innere Heterogenität dieser Gruppe vergegenwärtigen. Genauere nationale Statistiken zeigen auch in Deutschland einen tendenziellen Wiederanstieg der Selbständigen seit Mitte der 1980er Jahre. In seiner Analyse neuer Selbständiger in der Bundesrepublik Deutschland fand Bögenhold (1985) zwei typische Zugangs- bzw. Rekrutierungspfade zur Selbständigkeit. Zum einen machten sich relativ Hochqualifizierte, in professionellen und technischen Berufen tätige

Personen selbständig, weil sie sich dadurch verbessern oder höhere berufliche Autonomie erlangen konnten. Zum anderen waren es aber auch wenig Qualifizierte, die Selbständigkeit angesichts einer tristen Arbeitsmarktsituation eher als Notlösung wählten, und deren Perspektiven als Selbständige vielfach schlecht waren. Man muss hier also von einer »erzwungenen« Selbständigkeit sprechen.

Tabelle 7.5: Anteile von Selbständigen nach zusammengefassten Wirtschaftsbranchen in sieben westeuropäischen Ländern, den USA und Japan, 1960er Jahre und 2003/2005

		Land-wirtschaft	*Industrie, Bergbau, Bauwesen*	*Warendienst-leistungen*[1]	*Finanzdienst-leistungen*[2]	*Soziale Dienst-leistungen*[3]	*Insgesamt*
		– Selbständige in Prozent aller Erwerbstätigen pro Branche –					
Schweden	1960	64,8	7,0	15,7	-	6,8	16,7
	2005	52,2	9,7	13,4	15,2	6,6	10,3
Groß-britannien	1966	41,6	4,8	11,2	-	9,1	8,9
	2005	49,1	17,1	10,9	16,5	12,0	12,7
Frankreich	1962	77,6	10,0	23,8	-	18,2	27,5
	2005	59,4	8,4	11,6	9,9	9,9	9,9
Deutschland	1961	87,3	7,7	20,8	-	13,6	22,0
	2005	33,3	7,6	7,0	19,0	13,6	11,2
Österreich	1961	84,2	9,5	25,0	13,8	7,9	29,2
	2005	63,8	5,9	10,8	15,5	11,4	11,8
Italien	1961	62,9	12,0	42,0	-	11,4	31,6
	2005	45,8	20,0	33,3	37,6	24,6	24,9
Spanien	1970	57,1	9,1	31,9	8,6	10,1	25,5
	2005	41,2	14,5	23,3	17,8	12,7	16,5
USA	1960	66,0	5,1	14,4	-	11,2	12,9
	2004	40,9	7,4	4,9	11,2	8,2	7,5
Japan	1960	94,4	14,8	34,2	-	20,7	46,1
	2003	47,4	8,2	9,5	10,5	8,4	10,4

1 Handel, Kommunikation, Transport, Gastgewerbe;
2 Finanz- und Versicherungswesen, Wirtschaftsdienste;
3 Gemeinde-, soziale und persönliche Dienste

Quellen: 1960er: ILO,Yearbook of Labour Statistics 1993, Table 2A; 2005: Eurostat Dataset »Arbeitsmarkt/Beschäftigung [...]/LFS-Reihe [...] /Selbständige« unter http://epp.eurostat.cec.eu.int (23.3.2007); Datenbasis: European Labour Force Survey (EU LFS), Wirtschaftsklassen gemäß NACE Rev. 1.1; USA/Japan (2003 und 2004): ILO-Statistik, Table 1C, unter http//laborsta.ilo.org (23.3.2007), Wirtschaftsklassen gemäß ISIC-Rev. 3.

Eine weitere Variante selbständiger Erwerbstätigkeit hat sich in den mittel- und nordeuropäischen »Einwanderungsländern« herausgebildet. Es ist dies die Entstehung eines neuen *ethnischen Kleinbürgertums* (Heckmann 1992: 89 ff.). Gemeint sind damit die selbständigen Betriebe, vor allem im Handel und Gastgewerbe, die von zugewanderten Italienern, Türken usw. in ihren mittel- und nordeuropäischen Aufnahmeländern in erheblicher Zahl eröffnet wurden. Die vielfach engen familiären, verwandtschaftlichen und sozialen Beziehungen innerhalb der Zugewanderten erleichtern den Aufbau dieser Betriebe, wie sie typisch etwa im Gastgewerbe und im Lebensmittel-Einzelhandel vorkommen.

Marginale Selbständigkeit in Österreich heute

Prekäre, ja sogar *marginale Selbständigen-Erwerbstätigkeit* ist heute auch in Österreich kein unbekanntes Phänomen mehr. Sie hat sich entwickelt im Zuge der ansteigenden Arbeitslosigkeit seit Anfang der 1980er Jahre. Sie wurde auch gefördert durch politisch-gesetzliche Maßnahmen, wie »freie Dienstverträge« und andere Arbeitsverhältnisse, die den einzelnen Arbeitnehmer zu einem »Unternehmer« seiner eigenen Arbeitskraft machen, ihm hohe Flexibilität abverlangen, dabei aber wenig wirtschaftliche und soziale Absicherung bieten. Neue Selbständige – definiert dadurch, dass sie nicht Mitglieder der Wirtschaftskammern sind und keine Gewerbeberechtigung besitzen – stellen dabei noch eine relativ besser gestellte Gruppe mit überdurchschnittlich hoher Bildung und Qualifikation dar (Fink u.a. 2005).

Ein Hinweis darauf ist *Mehrfacherwerbstätigkeit* von Selbständigen: nicht wenige Selbständige üben ihre selbständige Erwerbstätigkeit nur neben einer anderen Beschäftigung aus.[2] So gab es 1999 nicht weniger als 116.000 Erwerbstätige, die zugleich zwei Erwerbsverhältnisse innehatten – wohl ein deutliches Anzeichen dafür, dass sie aus ihrer ersten kein ausreichendes Einkommen bezogen. (In manchen Fällen ist es vielleicht auch möglich durch geringe Anforderungen im Hauptberuf). Von diesen Mehrfacherwerbstätigen waren 42.000 Bauern, die daneben noch als Arbeiter, Angestellte oder Beamte oder als Selbständige tätig waren; weitere 32.000 Selbständige waren zugleich als Angestellte oder Beamte tätig, rund 6000 als Arbeiter.[3]

Ein anderes Indiz ist die *Scheinselbständigkeit.* Dies sind Erwerbstätige, die sich selber zwar als selbständig bezeichnen, bezüglich ihrer Tätigkeit und Arbeitsmethoden jedoch weisungsgebunden sind. Sie arbeiten nur für einen Auftraggeber und haben einen Arbeitsvertrag, der nicht mit der Fertigstellung eines Produktes oder Werkes endet. Im Juni 2001 wurden 26.400 Männer und 13.400 Frauen in einer solchen Form von Selbständigkeit gezählt.

Kurz einzugehen ist hier auch auf die bemerkenswerten internationalen Differenzen, die sich in *Tabelle 7.5* im Hinblick auf den Anteil der Selbständigen in der Landwirtschaft zeigen. Wir sehen hier, dass dieser Anteil in Österreich mit 65,8 Prozent relativ hoch ist.

---

2 Mehrfache Erwerbstätigkeit ist natürlich nicht immer als problematisch anzusehen. Sie kann auch ein Hinweis auf besondere Qualifikationen ihrer Inhaber sein, oder in bestimmten Berufen zu einem besseren Mix verschiedener beruflicher Tätigkeiten führen (wenn etwa ein Hochschulprofessor auch eine Praxis führt und daraus Erkenntnisse für seine Forschung und Lehre gewinnt, Studierenden Praktikumsmöglichkeiten bietet usw.).

3 Statistisches Jahrbuch Österreichs 2001, S. 171.

Das heißt nichts anderes, als dass der größte Teil aller landwirtschaftlichen Betriebe Familienbetriebe sind, die in der Regel ohne fremde Arbeitskräfte auskommen (was sich oben auch im niedrigen Anteil unselbständig Erwerbstätiger in der Landwirtschaft zeigte). Ähnlich hoch ist dieser Anteil in Schweden und Frankreich. Deutlich niedriger sind die Selbständigenanteile innerhalb der Landwirtschaft jedoch in Deutschland, Italien, Spanien und in den USA (jeweils etwa zwischen 33 Prozent und 45 Prozent). Dies weist auf eine stärkere Konzentration des landwirtschaftlichen Besitzes in diesen Ländern hin. Bedingt ist dies in Südeuropa durch historisch überkommene, stark ungleiche Besitzverhältnisse in der Landwirtschaft, in den USA dagegen durch einen in den letzten Jahrzehnten sehr starken Konzentrationsprozess. Ein dramatischer Rückgang erfolgte in Japan; waren 1960 noch 94 Prozent aller Bauern selbständig, sind es heute nur noch 47 Prozent. Der ehedem hohe Anteil von Familienbetrieben hat sowohl mit der spezifisch japanischen Reiskultur zu tun, die mit einer hohen Arbeitsintensität zusammenhängt, aber auch mit der starken politischen Förderung der japanischen Landwirtschaft durch die Aufrechterhaltung von hohen Preisen der landwirtschaftlichen Produkte. In den letzten Jahrzehnten hat jedoch eine sehr starke Landflucht stattgefunden, die zu sehr tristen Verhältnissen in vielen entlegenen Dörfern führte. Sie werden fast nur mehr von alten Menschen bewohnt, die wenige Male im Jahr Besuch von ihren Kindern aus den Städten erhalten.

Konzentration und Eigentumsverhältnisse von Unternehmen und Betrieben

Betrachten wir nun die Größenverhältnisse bzw. Konzentration der selbständigen Unternehmen. *Abbildung 7.4* zeigt die Verteilung der Betriebe und der Beschäftigten nach Größenklassen der Betriebe.

Wir sehen hier sehr deutlich die bekannte Tatsache, dass die Klein- und Kleinstbetriebe den weitaus größten Teil aller Betriebe darstellen. Über die Hälfte aller Betriebe sind reine Familien- oder Kleinstbetriebe mit nur einem oder zwei MitarbeiterInnen. Anders sieht es bei der Beschäftigung aus: Hier finden sich in den Kleinbetrieben (mit bis zu 9 Mitarbeitern) gerade etwa ein Fünftel aller Beschäftigten, in den Großbetrieben (1000 u. m. Beschäftigte) fast ebenso viel (ihr Anteil ging von 1982 bis 2005 erstaunlicherweise sogar zurück). Trotzdem muss man sagen, dass die Kleinbetriebe (mit weniger als 50 Beschäftigten) mit ca. 43 Prozent (2002) aller Beschäftigten sehr wichtige Arbeitgeber sind.

Die Verteilung der Betriebe und Beschäftigten nach Größenklassen hat sich seit 1982 nur wenig verändert. Der Anteil der Kleinstbetriebe (1–2 Beschäftigte) ist leicht zurückgegangen (von 54,6 Prozent auf 52 Prozent), jener von 10–49 Beschäftigten etwas gestiegen. Aber auch Großbetriebe (1000 u. m. Arbeitnehmer) beschäftigten 2005 einen deutlich geringeren Anteil der Erwerbstätigen (15,4 Prozent) als vor rund 20 Jahren (19,5 Prozent). Die dynamischsten Betriebe bzw. Unternehmen waren offenkundig die KMU's, d.h. die kleinen und mittleren Unternehmen (10 bis 999 Arbeitnehmer).

Abbildung 7.4: Die Verteilung der Betriebe und Beschäftigten nach Größenklassen (2005, in Prozent)

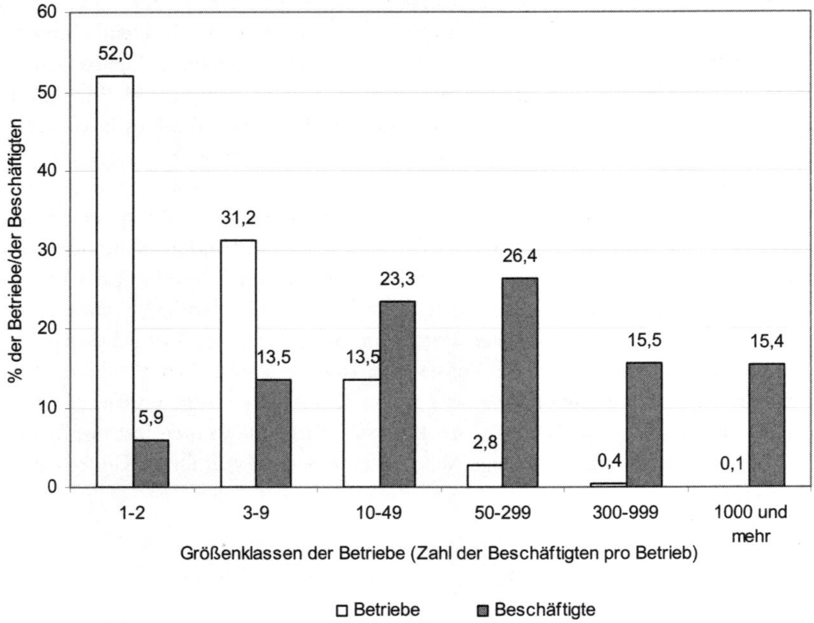

Quelle: WISO-Taschenbuch 2006, S. 292ff.; Quelle: Hauptverband der Sozialversicherungsträger

Interessant ist auch der Vergleich mit anderen westlichen Ländern. Österreich ist, im Gegensatz zur weitverbreiteten Annahme, zumindest was die Industrie betrifft, nicht unbedingt ein Land, in dem Kleinbetriebe stärker dominieren als anderswo. 2001 waren 69 Prozent der gewerblich-industriellen Betriebe sehr klein (1–10 Arbeitnehmer), ähnlich wie in Deutschland, Dänemark und Großbritannien. Deutlich höher (rund 80 Prozent) war dieser Anteil in der Schweiz, Südeuropa (Italien, Spanien) und Schweden. Diese Kleinbetriebe beschäftigten in Österreich ca. 10 Prozent aller Arbeitnehmer in diesem Sektor, ähnlich wie in Deutschland, Frankreich, Großbritannien und Skandinavien. In den südeuropäischen Ländern waren es dagegen 20–25 Prozent. Auf der anderen Seite beschäftigten die größeren Betriebe in Österreich (1.000 u. m. Arbeiter) 16,5 Prozent aller Industriebeschäftigten. Weniger waren es in Italien und Spanien (ca. 10 Prozent), etwas mehr in Großbritannien (21 Prozent), deutlich mehr in Deutschland, Frankreich und Schweden (25–33 Prozent).

7.3 Die abhängig Beschäftigten in der Klassenstruktur der Dienstleistungsgesellschaft

Im Hinblick auf die Frage, inwieweit die sektoralen Umschichtungen auch mit einer Veränderung der gesellschaftlichen Klassen- und Schichtstruktur zusammenhängen, sind zweierlei Informationen aussagekräftig: Zum einen die Umschichtungen nach Berufsgruppen, zum anderen jene nach der Stellung bzw. Position im Beruf. Die enorme sektorale Verschiebung des letzten halben Jahrhunderts brachte keinesfalls eine entsprechende und durchgehende Höherqualifizierung der Beschäftigten mit sich, wenngleich die qualifizierten und professionalisierten Dienstleistungsberufe besonders stark expandiert sind. Ein wichtiges Element hierbei war die Vermarktung vieler ehemals häuslicher Dienste, die eng mit der steigenden Erwerbstätigkeit von Frauen verknüpft ist.

Umschichtungen nach Stellung im Beruf und Berufsgruppen

Betrachten wir zunächst die Umschichtungen nach der sozialrechtlichen Position, also nach Selbständigen, Arbeitern und Angestellten. Zwar verliert diese Unterscheidung heute zunehmend an Bedeutung – einerseits durch die Angleichung der Arbeitsbedingungen von Arbeitern und Angestellten, andererseits durch ihre sozialrechtliche Angleichung. Sie ist aber trotzdem immer noch wichtig, weil sie u.a. auch stark mit der Unterscheidung zwischen manueller und nichtmanueller Arbeit zusammenhängt. Sie erlaubt daher einen ersten Hinweis auf Veränderungen in der Klassen- und Schichtstruktur.

Tabelle 7.6 zeigt diese Umschichtungen zwischen 1951 und 2001. Wir ersehen daraus, dass die Angestellten und Beamten die größte Gewinnergruppe sind; ihr Anteil ist von 20 auf 53 Prozent gestiegen. Deutlich abgenommen haben die Selbständigen und – etwas weniger stark – auch die Arbeiter. Ihr Anteil sank seit 1951 von rund 44 auf 36 Prozent. Nahezu verschwunden ist die ehedem sehr große Gruppe der »mithelfenden Familienangehörigen«. Dies hat vor allem mit dem Rückgang der (Haupterwerbs-) Landwirte zu tun, aber auch mit neuen sozialrechtlichen Vorteilen des Status eines/einer Angestellten im Vergleich zu dem eines oder einer Mithelfenden. Es zeigt sich auch, dass Männer deutlich häufiger als Frauen als Arbeiter oder Selbständige tätig sind, Frauen häufiger als Angestellte, Beamte oder Mithelfende.

Kann man aus diesen starken Umschichtungen auf eine Höherstufung der gesamten Klassen- und Schichtstruktur schließen? Schon die Geschlechtsdifferenz in den Trends weist darauf hin, dass dies nur begrenzt der Fall sein wird. Es ist aufgrund der unterschiedlichen Verteilung von Männern und Frauen nach Stellung im Beruf zu erwarten, dass es z.B. viele Ehepaare bzw. Familien geben

Tabelle 7.6: Die Umschichtung der Berufsstruktur 1961–2001

	1961	1971	1981	1991	2001
			in Prozent		
Selbständige und Mithelfende	(29,0)	(23,8)	(16,4)	(13,5)	(13,2)
Land- und Forstwirtschaft	18,0[1]	14,5	8,8	6,2	4,7
Industrie u. verarbeitendes Gewerbe	-	3,1	1,8	1,5	1,3
Dienstleistungen	11,0[1]	6,2	5,8	5,8	7,2
Unselbständige					
1. Land- und forstwirtschaftliche Berufe	3,7	1,9	1,3	1,0	1,1
2. Produktionsberufe gesamt	(32,8)	(31,3)	(31,1)	(29,2)	(24,5)
Bauberufe	6,5	5,7	5,6	4,9	4,6
Bergbau, Industrie, Gewerbe	26,3	25,6	25,5	24,3	19,9
3. Dienstleistungsberufe gesamt	(34,4)	(42,8)	(51,2)	(56,2)	(61,2)
Einfache Dienstleistungsberufe[2]					
Handels- und Verkehrsberufe	9,5	11,7	13,6	13,8	13,3
Einfache Dienstleistungsberufe	7,4	8,1	8,5	9,3	10,7
Übrige Büro- u. Verwaltungshilfsberufe	5,9	7,3	10,7	11,3	11,4
Qualifizierte Dienstleistungsberufe					
Technische Berufe	1,7	2,7	3,3	3,9	4,9
Rechts- und qualifizierte Büroberufe[3]	5,2	6,2	7,7	7,9	8,5
Gesundheits-, Lehr- und Kulturberufe	3,8	5,1	6,9	8,6	11,5
Sonstige	0,9	1,7	0,5	1,4	0,9
Zusammen	99,9	99,8	100,0	99,9	100,0
(in 1.000)	3.381	3.207	3.147	3.607	3.800

1 Näherungsweise berechnet

2 Hotel- und Gaststättenberufe, Haushaltsberufe, Reinigungsberufe

3 Direktoren, Geschäftsleiter, Verwaltungsfachbedienstete, Mandatare, Kassiere, Buchhalter und ähnliche

Quellen: 1961 und 1971: Hauptergebnisse der Volkszählungen; Datenbasis: Volkszählungen 1961 und 1971; 1981, 1991 und 2001: Mikrozensus Jahresergebnisse; Datenbasis: Mikrozensus 1981, 1991 und 2003

wird, in denen die Frau Angestellte oder Beamte, der Mann jedoch Arbeiter ist. Dies wäre sicherlich eher als eine Familie der gehobenen Arbeiterschicht zu bezeichnen. (Näheres dazu im folgenden Kapitel).

Betrachten wir als weiteren Indikator die Umschichtung der Berufsstruktur, wobei die Berufe nicht nur nach sektoraler Zugehörigkeit, sondern auch nach der Qualifikation angeordnet sind (vgl. *Tabelle 7.7*). Hier sehen wir wieder den deutlichen Rückgang der landwirtschaftlichen Berufe, wie auch einen leichten Rückgang der Produktionsberufe in Industrie und Gewerbe. Die Dienstleistungsberufe verzeichnen dagegen durchwegs deutliche Zuwächse.

Tabelle 7.7: Die Verteilung der Berufstätigen nach Stellung im Beruf und Geschlecht, 1951–2001

			Arbeiter	*Angestellte*	*Beamte*	*Selbständige*	*Mithelfende Familienangehörige*	*Insgesamt*	in 1.000
Insgesamt	1951	%	44,5	20,2		17,6	17,7	100,0	3.347
	1961	%	43,9	26,9		15,8	13,3	99,9	3.370
	1971	%	42,8	35,1		13,7	8,4	100,0	3.132
	1981	%	38,2	35,7	9,5	12,1	4,5	100,0	3.091
	1991	%	40,1	35,0	11,3	9,9	3,6	100,0	3.607
	2001	%	36,6	46,0	6,8	9,8	0,8	100,0	3.960
Männer	1951	%	52,4	14,6		24,0	9,0	100,0	2.101
	1961	%	48,9	21,6		21,4	8,1	100,0	2.048
	1971	%	48,8	26,8		19,0	5,3	99,9	2.010
	1981	%	43,8	29,0	11,9	14,1	1,2	100,0	1.902
	1991	%	48,0	25,9	12,9	11,6	1,6	100,0	2.126
	2001	%	42,7	37,9	7,8	11,3	0,4	100,0	2.203
Frauen	1951	%	37,5	18,0		11,5	37,5	104,5	1.299
	1961	%	36,7	27,0		11,1	25,2	100,0	1.360
	1971	%	35,6	37,6		10,0	16,8	100,0	1.234
	1981	%	29,2	46,3	5,6	9,0	9,9	100,0	1.189
	1991	%	28,8	48,0	9,1	7,6	6,5	100,0	1.481
	2001	%	29,0	56,3	5,5	7,9	1,3	100,0	1.757

Quellen: 1951–1971: Sozialstatistische Daten 1986, S. 140, Tabelle 5.1.04; 1981: Mikrozensus Jahresergebnisse 1981, S. 91, Tabelle 25; 1991: Mikrozensus Jahresergebnisse 1991, S. 70ff, Tabelle 18; 2001: Volkszählung 2001 - Hauptergebnisse II Österreich, S. 105, Tabelle 11; Datenbasis: Volkszählungsergebnisse und Mikrozensus (1981 und 1991)

Würde man aufgrund dieser Berufsverteilung eine Schichteinteilung der österreichischen Gesellschaft vornehmen, müsste man davon sprechen, dass die Arbeiterschicht und die untere Mittelschicht je etwa ein Drittel, die Selbständigen (die etwa zu gleichen Teilen der Arbeiter- und Mittelschicht zuzuordnen wären) etwas über ein Zehntel, und die mittlere und gehobene Mittelschicht etwa ein Fünftel der Bevölkerung ausmachen.

Hat es einen »Fahrstuhleffekt« gegeben?

Ein exakterer Hinweis auf die Sozialstruktur der Gesellschaft kann jedoch den Daten in *Tabelle 7.8* entnommen werden, in denen alle Erwerbstätigen in relativ homogene Kategorien bzw. dann weiter in soziale Schichten eingeordnet wurden. Diese Kategorien wurden gebildet, indem innerhalb der sozialrechtlich

Tabelle 7.8: Erwerbspersonen[1] nach Berufspositionen bzw. sozialen Schichten und Geschlecht 2003

Berufsschichten	*Insgesamt*	*Männer*	*Frauen*
	in Prozent der Erwerbspersonen		
I Land- und Forstwirtschaft	4,5	4,1	4,9
Selbständige	3,1	3,0	3,2
Mithelfende	1,1	0,8	1,5
Hilfsarbeiter	0,3	0,3	0,2
II Unterschicht	24,4	22,2	27,1
Hilfsarbeiter	8,3	6,4	10,5
Angelernte Arbeiter	11,2	13,0	9,1
Angestellte u. Beamte: Hilfstätigkeit	4,9	2,8	7,5
III Gehobene Arbeiterschicht	27,0	30,8	22,1
Fach-/ Vorarbeiter	14,3	21,9	4,7
Angestellte u. Beamte: einfache Tätigkeit	12,7	8,9	17,4
IV Untere/ mittlere Mittelschicht	32,9	29,1	37,5
Angestellte u. Beamte: mittlere u. höhere Tätigkeit	26,8	21,7	33,1
Selbständige außer Landwirtschaft	5,3	6,9	3,2
Mithelfende außer Landwirtschaft	0,9	0,5	1,4
V Gehobene Mittelschicht/ Oberschicht	8,2	10,2	5,6
Angestellte u. Beamte: hochqualifizierte u. führende Tätigkeit	6,3	8,1	3,9
Freiberufler	1,9	2,1	1,7
Insgesamt[2]	97,1	96,4	97,2
(in 1.000)	3.852,2	2.117.,4	1.1724,8

1 Lehrlinge ausgenommen
2 Differenz auf 100: Lehrlinge und Mithelfende bei Freiberuflern wurden nicht berücksichtigt

Quelle: Statistisches Jahrbuch Österreichs 2005, S. 190, Tabelle 7.16; Datenbasis: Mikrozensus 2003

unterschiedenen Gruppen der Arbeiter, Angestellten und Beamten, Selbständigen und Mithelfenden weitere Aufgliederungen nach Qualifikation bzw. beruflichem Status vorgenommen wurden. Die Landwirte werden aufgrund ihrer spezifischen sozioökonomischen Lage gesondert ausgewiesen. Es werden dabei zwölf Stufen beruflicher Positionen bzw. Klassenlagen unterschieden, die ihrerseits wieder in fünf soziale Schichten aufsummiert werden.

Diese Daten zeigen, dass immer noch gut die Hälfte aller Erwerbstätigen der Grundschicht bzw. Arbeiterschicht zuzuordnen ist; auch ein erheblicher Teil von Angestellten und Beamten übt nur Hilfstätigkeiten oder sehr einfache berufliche Tätigkeiten aus. Die Arbeiterschicht teilt sich in untere und eine gehobene Arbeiterschicht (24 Prozent bzw. 27 Prozent). Gut ein Drittel der Erwerbstätigen ist der unteren bis mittleren Mittelschicht zuzuordnen, nur etwa 8,2 Prozent der gehobenen Mittelschicht.

Es zeigen sich auch hier wieder deutliche geschlechtsspezifische Unterschiede: Männer sind in den höheren Berufspositionen bzw. Schichten stärker vertreten als Frauen. Eine Ausnahme besteht allerdings insoferne, als Männer häufiger Arbeiterberufe, Frauen häufiger Angestelltenberufe ausüben. Diese schichtspezifisch unterschiedliche Verteilung von Männern und Frauen ergibt sich aber nur aufgrund der Zuordnung nach dem individuellen Berufsstatus. Eine adäquate Erfassung der gesellschaftlichen Schichtstruktur ist erst möglich, wenn man die ehe- bzw. familienspezifischen Statusmerkmale von Mann und Frau zugleich betrachtet (vgl. Kapitel 4 und 8).

Insgesamt ergibt sich also auch hier nicht unbedingt das Bild einer signifikanten allgemeinen »Höherstufung« der Sozialstruktur und sozialen Schichtung, wie es die Metapher vom »Fahrstuhleffekt« suggeriert.

Geschlechtsspezifische Muster der beruflich-sektoralen Umschichtungen

Wir haben bereits gesehen, dass der Wandel der Beschäftigungsstruktur sehr deutliche geschlechtsspezifische Unterschiede aufweist (vgl. *Abbildung 7.3* oben). Der Aufstieg der Dienstleistungsgesellschaft hängt ja in starkem Maße damit zusammen, dass viele ehemals innerhalb der Privathaushalte erbrachten Dienstleistungen – von Kochen, Hausarbeit, Erziehung der Kinder bis hin zur Pflege kranker und hochbetagter Angehöriger – nun von privaten oder öffentlichen Unternehmen und Betrieben angeboten und gewinnträchtig vermarktet werden. Im Zuge dieses Strukturwandels wurden auch viele neue Tätigkeiten und Berufe geschaffen, denen infolge der Etikettierung als »weiblich« von vornherein ein relativ niedriger Status und schlechtere Einkommenschancen zugesprochen wurden (Wetterer 2002).

Dieses Faktum zeigt sich sehr deutlich in *Tabelle 7.9*, in welcher der Frauenanteil in den großen Wirtschaftsklassen dargestellt wird. Wir ersehen hieraus eine starke geschlechtsspezifische Prägung vieler Sektoren. In der Industrie ist etwa die Bekleidungsindustrie (früher auch die Textilindustrie) überwiegend weiblich – ein ebenfalls eher haushaltsnaher »weiblicher« Tätigkeitsbereich. Im Dienstleistungsbereich sind es die privaten Haushaltsdienste (73 Prozent weiblich), aber auch das Beherbergungs- und Gaststättenwesen, Körperpflege und Reinigung, das Gesundheitswesen und das Bildungswesen. Die beiden letzteren umfassen auch hohe Anteile qualifizierter Tätigkeiten.

Tabelle 7.9: Frauenanteil der Erwerbstätigen in ausgewählten Wirtschaftsklassen 1970, 1980, 1990 und 2000

Zusammengefasste Wirtschaftsklassen (Auswahl)	*1970*[1]	*1980*	*1990*	*2000*
	Anteil der Frauen in Prozent der Erwerbstätigen der Wirtschaftsklasse			
Land- u. Forstwirtschaft	50,9	48,6	47,1	45,7
Industrie, verarbeitendes Gewerbe				
Erzeugung von Textilien und Textilwaren	63,1	57,1	58,4	51,8
Erzeugung von Bekleidung, Bettwaren und Schuhen	74,2	81,4	81,4	75,8
Erzeugung und Verarbeitung von Metallen	20,3	18,8	22,2	18,5
Dienstleistungen				
Handel, Lagerung	53,0	55,8	53,1	56,3
Beherbergungs- und Gaststättenwesen	65,0	63,7	61,3	64,5
Geld- und Kreditwesen; Privatversicherung	44,4	42,0	46,0	48,4
Körperpflege und Reinigung; Bestattungswesen	65,3	65,1	78,6	84,9
Gesundheits- und Fürsorgewesen	72,1	74,7	79,3	74,9
Unterrichts- und Forschungswesen	54,6	57,8	56,6	69,2
Einrichtungen der Gebietskörperschaften, Sozialversicherungsträger und Interessenvertretungen	29,6	30,7	46,6	38,8
Haushaltung, Hauswartung	96,2	91,8	83,9	73,6
Erwerbstätige insgesamt	38,9	38,4	41,3	43,2

1 Einschließlich der registrierten Arbeitslosen

Quellen: 1970 und 1980: Sozialstatistische Daten 1990, S. 967; Datenbasis: Mikrozensus 1970 und 1980; 1990: Statistisches Handbuch für die Republik Österreich 1991; Datenbasis: HV der österreichischen Sozialversicherungsträger; 2000: Arbeitskräfteerhebung 2000; Datenbasis: Mikrozensus 2000

Der Wohlfahrtsstaat als neuer und wichtiger Arbeitgeber im Dienstleistungsbereich

Der Aufstieg der Dienstleistungsgesellschaft ist – vor allem in Österreich und Europa – in hohem Maße mit dem Ausbau des modernen Wohlfahrtsstaates verbunden. Er hat selber dazu beigetragen und unterstützt die vorhin angesprochene »Vermarktung« vieler häuslicher Dienste, jedoch nicht nur aus Gewinnzwecken, sondern auch aufgrund von bildungs- und sozialpolitischen Zielsetzungen. Die in Kapitel 5 dargestellte Expansion der Bildung wäre etwa undenkbar gewesen ohne den massiven Ausbau des öffentlichen Bildungssystems und die breite Einbeziehung von Frauen als Lehrerinnen auf allen Ebenen.

Hier sollen nur einige Basisdaten zur Entwicklung der Beschäftigung im öffentlichen Dienst präsentiert werden. *Tabelle 7.10* zeigt deren Entwicklung in Österreich und im internationalen Vergleich zwischen den 1960er und 1990er Jahren. Wir ersehen daraus zum ersten, dass diese Beschäftigung in Österreich mehr oder weniger kontinuierlich

Tabelle 7.10: Die Entwicklung der Beschäftigung im öffentlichen Dienst in Westeuropa, Nordamerika, Australien und Japan, 1960–2000

	1960	*1968*	*1974*	*1984*	*1990*[1]	*2000*[2]
	Beschäftigte im öffentlichen Dienst in Prozent aller Beschäftigten					
Skandinavien						
Dänemark	-	15,2	22,2	20,2	30,5	31,1
Norwegen	-	15,4	19,0	25,2	27,7	31,4
Schweden	12,8	18,4	24,8	32,6	31,7	29,1
Finnland	7,7	11,0	13,8	19,7	22,4	24,3
Westeuropa						
Großbritannien	-	15,2	22,2	30,2	30,5	31,1
Niederlande	-	15,4	19,0	25,2	27,7	31,4
Belgien	12,2	14,0	14,7	20,2	19,5	18,4
Frankreich	-	-	-	22,1	22,6	21,3
Zentraleuropa						
Deutschland	8,0	10,9	13,0	15,5	15,1	12,3
Schweiz	6,4	7,4	8,9	11,3	11,0	12,6
Österreich	**10,8**	**12,8**	**15,0**	**19,3**	**20,6**	**13,7**
Südeuropa						
Italien	-	-	13,4	15,1	15,5	15,2
Spanien	-	6,5	9,3	13,5	14,1	15,2
Portugal	3,9	6,1	8,0	11,9	13,2	15,2
Irland	-	-	12,6	15,9	13,7	14,6
Außereuropäische Länder						
USA	14,7	17,0	16,1	14,8	14,4	14,6
Kanada	-	18,6	19,8	20,0	19,7	17,5
Australien	23,0	23,8	24,3	26,8	22,8	16,1
Japan	-	-	8,3	6,6	6,0	8,1

[1] P, USA: 1989; [2] J: 1996; F: 1997; CH, FI, IRL, P: 1998; CDA, D, I, NL, E, GB, USA: 1999

Quellen: Bis 1990: M. Haller 1997, S. 401; Datenbasis: OECD, Historical Statistics 1960–1990; OECD Public Management Service 2001 (siehe www.oecd.org/) und ILO «Public Sector Data" unter http://laborsta.ilo.org (21.12.2005) Berechnung: Anteil Public Sector Employment (ohne Publicly Owned Enterprises) and Total Employment (LFS).

zugenommen hat, von rund 11 Prozent der Beschäftigten um 1960 auf rund 21 Prozent 1990. Im Jahre 2000 ist der Anteil vor allem wegen der inzwischen erfolgten Privatisierung bzw. Ausgliederung von bestimmten Bereichen (Bahn, Post u.a.) aus dem Bundeshaushalt deutlich niedriger (14 Prozent). Überraschenderweise gehört Österreich damit aber keineswegs zu den Ländern mit dem höchsten Anteil an Beschäftigten im öffentlichen Dienst. Deutlich höhere Anteile (z. T. gut 30 Prozent) weisen die skandinavischen Länder auf, ebenso hohe auch Großbritannien (zumindest bis 1990) und Frankreich. Weit hinter den westlichen Ländern liegt jedoch Japan mit nur 6 Prozent, was einen sehr geringen Ausbau des Wohlfahrtsstaates in diesem Lande indiziert.

Bemerkenswert ist die Veränderung im internationalen Vergleich. Hier können wir sehen, dass die Zunahme in Österreich vergleichsweise am stärksten war, während der Anteil der im öffentlichen Dienst Beschäftigten in den USA seit Mitte der 1970er Jahre sogar zurückgegangen ist. Dieses Faktum macht es plausibel, warum die Beschäftigung im öffentlichen Dienst in Österreich im letzten Jahrzehnt zu den politisch am heißesten debattierten Themen gehört. Auch die in den 1970er und 1980er Jahren stark angewachsene öffentliche Verschuldung hängt eng damit zusammen.

Wer sind die Beschäftigten im öffentlichen Dienst? Sind dies wirklich vor allem die vielgeschmähten »Bürokraten« und Beamten in den Stadt-, Landes- und Bundesregierungen, wie sie in der Fernsehserie »MA 24« karikiert werden? Ist es denkbar, durch einen starken Abbau von Bürokratien dieser Art sehr viel Personal und Kosten einzusparen, wie man es aus vollmundig angekündigten Reformen des öffentlichen Dienstes immer wieder hört? Eine Antwort auf diese Frage geben die Daten in *Tabelle 7.11*.

Tabelle 7.11: Beschäftigte[1] des Bundes nach organisatorischer Gliederung, 1981–2005

		1981	*1991*	*2001*	*2005*
		Prozent	*Prozent*	*Prozent*	*Prozent*
Oberste Organe[2]		1,8	1,9	1,0	1,5
Äußeres		0,9	1,1	0,9	1,1
Inneres		18,7	17,9	20,2	24,0
Justiz		6,7	6,5	7,0	8,2
Unterricht, Kunst		18,8	22,9	26,9	30,7
Wissenschaft, Forschung		9,3	12,0	12,4	0,4
Soziale Verwaltung					
Familienangelegenheiten					1,1
Umweltschutz		6,4	4,2	1,5	
Finanzen		13,7	12,7	9,0	9,9
Land- u. Forstwirtschaft		2,5	2,5	2,2	2,2
Hotel, Gewerbe, Industrie		0,6	0,8	2,1	2,5
Bauten u. Technik		4,3	3,4	0,0	
Militärische Angelegenheiten		15,4	13,2	16,0	17,6
Verkehr		0,9	0,9	0,8	0,8
Insgesamt	Prozent	100,0	100,0	100,0	100,0
	Absolut	155.954	174.239	159.998	133.562

1 Pragmatisierte Bedienstete, Vertragsbedienstete und Arbeiter
2 Präsidentschaftskanzlei, Bundeskanzleramt, Rechnungshof, Verfassungs- u. Verwaltungsgerichtshof, Volksanwaltschaft
3 Etwas anders definiert
4 Wirtschaft und Arbeit

Quellen: 1981 und 1991: WISO-Taschenbuch 1996, S. 105; 2001: WISO-Taschenbuch 2003, S. 143; 2005: WISO-Taschenbuch 2005, S. 165; Daten: Personalinformationssystem des Bundes und Bundesbesoldung

Wir sehen hier, dass die größten Gruppen von Beamten bzw. öffentlich Bediensteten nicht Bürotätigkeiten ausüben, sondern soziale Dienste im unmittelbaren Interesse der Allgemeinheit, etwa im Justiz- und Polizeibereich, in Bildung und Unterricht, in Wissenschaft und Forschung, im Bundesheer oder bei der Post (und früher auch bei den Bundesbahnen). Wenn hier massenhaft Stellen eingespart werden, werden nicht nur viele Dienstleistungen für die Bevölkerung schlechter, sondern es werden auch viele Menschen keine Arbeit mehr finden – vor allem Jugendliche, die in den Beruf eintreten. Der bereits dargestellte kontinuierliche Anstieg der Arbeitslosigkeit in Österreich seit Anfang der 1980er Jahre hat ohne Zweifel direkt damit zu tun, dass massive Personaleinsparungen im öffentlichen Dienst vor allem durch Verzicht auf Nachbesetzungen, d.h. in einer für die bereits dort Beschäftigten »schmerzlosen« Art und Weise, durchgeführt wurden.

Arbeitslosigkeit im tertiären Sektor als Indikator für Rationalisierung und Technisierung der Dienstleistungsarbeit

Der Vergleich der Arbeitslosenquote in den drei Sektoren hilft zu beurteilen, ob die These stimmt, dass der tertiäre Sektor Technisierungs- und Rationalisierungsmaßnahmen nicht oder doch viel weniger zugänglich ist als der sekundäre Sektor.

Tabelle 7.12 zeigt die Arbeitslosenquoten nach relativ detaillierten Wirtschaftssektoren. An der Spitze liegen hier – neben dem sehr unsicheren und gering bezahlten Bereich der Dienste für Privathaushalte – zwei Sektoren, in denen es hohe saisonale Arbeitslosigkeit gibt, nämlich das Bauwesen und die Beherbergung. Hohe Arbeitslosigkeitsraten gibt es auch noch im zweiten, quantitativ sehr bedeutsamen Dienstleistungssektor, dem Handel. Die Daten zeigen auch, dass das Risiko der Arbeitslosigkeit sowohl Männer wie Frauen in ähnlicher Weise betrifft, jedoch Frauen tendenziell stärker. In einem Sektor sind Männer stärker betroffen (Bauwesen), in mehreren anderen jedoch Frauen (Landwirtschaft, Industrie, Beherbergung).

Interessant ist auch das Verhältnis zwischen Arbeitslosen und offenen Stellen; es ist ein weiterer, aussagekräftiger Indikator für die Arbeitsmarktsituation in den verschiedenen Berufen bzw. Branchen. Die Daten zeigen sehr deutlich: Arbeitslosigkeit trifft heute in hohem Maße auch die Inhaber von Dienstleistungsberufen. Handelsberufe, Berufe im Fremdenverkehr und Büroberufe gehören zu jenen, wo es sehr viele Arbeitslose gibt, zugleich aber keineswegs ein ntsprechend großes Angebot an offenen Stellen. In diesen Bereichen gibt es jeweils 25.000 bis 33.000 Arbeitslose, denen nur jeweils etwa ein Zehntel (bei Büroberufen ein Fünftel) so viele offenen Stellen gegenüberstehen. In den

Tabelle 7.12: Arbeitslosenquoten nach Wirtschaftsklassen und Geschlecht (Jahresdurchschnitt 2006)

	Männer	*Frauen*	*Insgesamt*
Primärsektor	*12,6*	*13,6*	*13,0*
Land- u. Forstwirtschaft	12,6	13,5	12,9
Fischerei und Fischzucht	20,0	30,9	23,5
Sekundärsektor	*8,7*	*8,2*	*8,6*
Bergbau, Steine und Erden	7,4	5,8	7,2
Sachgütererzeugung	5,7	7,9	6,3
Energie- u. Wasserversorgung	1,9	2,6	2,0
Bauwesen	14,7	10,6	14,2
Tertiärsektor	*5,6*	*5,9*	*5,7*
Handel, Reparatur von KFZ u. Gebrauchsgütern	7,1	7,3	7,2
Beherbergungs- u. Gaststättenwesen	16,8	17,5	17,2
Verkehr u. Nachrichten	4,4	4,9	4,5
Kredit u. Versicherungswesen	2,5	2,4	2,4
Realitäten, unternehmensbezogene Dienstleistungen	5,6	6,1	5,8
Öffentliche Verwaltung, Sozialversicherung	1,6	1,3	1,4
Unterrichtswesen	1,5	1,9	1,7
Gesundheit, Soziales	4,3	4,1	4,1
Sonstige öffentliche u. soziale Dienste	9,1	7,7	8,2
Private Haushalte	20,9	13,6	14,3
Insgesamt	7,1	6,4	6,8

Quelle: WISO-Taschenbuch 2007, verfügbar unter http://www1.arbeiterkammer.at/taschenbuch/tbi2007/ seite_134.htm (25.5.2007); Datenbasis: AMS, HV der Sozialversicherungsträger

meisten anderen Berufsgruppen ist der Anteil an Arbeitssuchenden fast zehnmal so hoch wie jener der offenen Stellen. Etwas bessere Relationen bestehen bei Textil- und Bekleidungsberufen, bei grafischen Berufen, industriell-gewerblichen Hilfsberufen, Reinigungsberufen, sowie allgemeinen Verwaltungs- und Büroberufen.

Resümee

Aus der Sicht der berufs- und sektorspezifischen Arbeitslosigkeit ergibt sich, dass die Ausweitung des Dienstleistungsbereichs allein keine Vollbeschäftigung erwarten lässt, und nicht automatisch mit einer Höherqualifizierung aller Erwerbstätigen bzw. einer Anhebung der sozialen Schichtstruktur verbunden ist. Auch wenn die These von der Polarisierung der Beschäftigungs- und Qualifikationsstrukturen innerhalb des Dienstleistungsbereiches überzeichnet ist (vgl. auch Mesch 2005, S. 274), kann man nicht übersehen, dass die zunehmende

Bedeutung von Bildung und Wissen im Bereich der Arbeitswelt breite Beschäftigungsbereiche im tertiären Sektor kaum erfasst.

Auf dem Hintergrund der in diesem Kapitel präsentierten Befunde können wir auch ein Fazit im Hinblick auf den Begriff der »*Wissens- und Informationsgesellschaft*« ziehen (vgl. dazu auch Steinbicker 2001; Kübler 2005). Eine Stellungnahme dazu ist wichtig, weil dieser Begriff in den letzten Jahrzehnten eine sehr weite Verbreitung gefunden hat, auch in den Managementwissenschaften, der Ökonomie, sowie der politischen Rhetorik (so insbesondere auch in der Europäischen Union). Richtig ist zweifellos, dass »Wissen« heute in allen Bereichen des Lebens, insbesondere in der Wirtschaft, in Arbeit und Beruf, zusehends wichtiger geworden ist. Nicht wirklich begründet ist jedoch die weitergehende These, dass wir uns heute in einem ganz neuen Typ von Gesellschaft befinden. Hier sind insbesondere die folgenden Schwächen des Konzepts der »Wissensgesellschaft« zu konstatieren:

1) Keiner der Proponenten dieses Begriffs hat eine kohärente Theorie des gesellschaftlich-wirtschaftlichen Wandels vorgelegt. Bell hat bei der empirischen Begründung seiner Thesen die »Wissensberufe« unhaltbar breit definiert. Die neueren, umfangreichen Daten und Analysen von Castells stellen so etwas wie eine »Weltsozialkunde« dar, der eine systematische theoretische Fundierung jedoch fehlt.[4]
2) Der Begriff der »Wissensgesellschaft« hat stark normativen Charakter. Aus der plausiblen Grundthese, dass Wissen ein zentraler Produktionsfaktor ist, lassen sich – mehr oder weniger stringent – eine Vielzahl von praktischen Folgerungen ableiten. Daher erscheint dieses Konzept für Manager und Politiker sehr attraktiv, die nach einer (oft nur nachträglichen) Legitimation von Maßnahmen suchen, die ihnen aus den verschiedensten Gründen als notwendig erscheinen.
3) Das Konzept der »Wissensgesellschaft« abstrahiert vielfach von institutionellen Rahmenbedingungen (politischen und wirtschaftlichen Verfassungen, Unternehmens- und Organisationsstrukturen usw.), die entscheidend mit beeinflussen, ob bestimmte Formen des Wissens entwickelt, verbreitet und praktisch implementiert werden und welche Formen von Arbeitsplätzen entstehen.
4) *Last but not least* blendet das Konzept der Wissensgesellschaft alte und neu entstehende Formen der sozialen Ungleichheit aus bzw. individualisiert derartige Phänomene. Wer nicht in der Lage ist, sich Bildung und Wissen anzueignen (sei es durch längeren Schulbesuch, sei es durch aktives Informationssammeln in neuen Medien), wird heute vielfach ins Hintertreffen geraten

---

4 Bezeichnend für diese theoretische Schwäche ist, dass Castells in neuerer Zeit anstelle der Wissensgesellschaft von einer neuen »Netzwerkgesellschaft« spricht.

und dazu auch noch als »Modernisierungsverlierer« stigmatisiert. Ausgeblendet wird die Tatsache, dass der Bedeutungsgewinn von Bildung und Wissen als Ressource für beruflichen Erfolg und Aufstieg vielfach auf Prozesse der sozialen Ausschließung zurückzuführen ist. Umfassende Aus- und Vorbildung, tiefgehende fachliche Kenntnisse sind für eine berufliche Tätigkeit oft gar nicht nötig. Zeugnisse über Schul- und Kursabschlüsse aller Art werden jedoch als Instrument verwendet, um die scheinbar Leistungsfähigen von den weniger Leistungsfähigen zu trennen. Viele der neuen »Wissensberufe« sind zu sehen als Resultat von Strategien der klassenspezifischen Berufsschneidung und Professionalisierung.

Vertiefende Fragen

1) Welche Vor- und Nachteile bietet eine Erwerbstätigkeit als Selbständige oder Selbständiger? In welchen Bereichen könnten sich SozialwissenschaftlerInnen selbständig machen?

2) Frauen und Männer sind in den verschiedenen Wirtschaftsbranchen sehr unterschiedlich stark vertreten. Ist dies ein Problem und sollte man eine völlige Gleichverteilung anstreben? Welche Maßnahmen wären dafür nötig?

3) Welche Vor- und Nachteile hat es, wenn wichtige soziale Dienste (z.B. im Bereich der Bildung, der Gesundheit usw.) von privaten Unternehmen/Betrieben oder von der öffentlichen Hand angeboten werden?

4) Welche Vor- und Nachteile sind mit der Verwissenschaftlichung der Pflegeberufe verbunden?

Weiterführende Literatur

Beck, Ulrich/Michael Brater (1980), *Soziologie der Arbeit und Berufe. Grundlagen, Problemfelder, Forschungsergebnisse*, Reinbek: Rowohlt

Eine gute Einführung in die soziologische Perspektive über die Entstehung neuer Berufe und den Wandel der Berufsstruktur.

Bögenhold, Dieter (1996), *Das Dienstleistungsjahrhundert. Kontinuitäten und Diskontinuitäten in Wirtschaft und Gesellschaft*, Stuttgart: Enke

Informative sozioökonomische Analyse des Wandels der Wirtschafts-, Berufs- und Unternehmensstruktur in Deutschland, aber auch im internationalen Vergleich.

Mesch, Michael, Hrsg. (2005), *Der Wandel der Beschäftigungsstruktur in Österreich. Branchen – Qualifikationen – Berufe*, Wien/München: Lit

Eine detaillierte Analyse des neueren Wandels der Beschäftigungs- und Berufsstruktur in Österreich aus ökonomischer Perspektive.

Wetterer, Angelika (2002), *Arbeitsteilung und Geschlechterkonstruktion. ›Gender at work‹ in theoretischer und historischer Perspektive*, Konstanz: UVK Verlagsgesellschaft
Informative Einführung in die Probleme der geschlechtsspezifischen Arbeitsteilung.

Kapitel 8: Die Auswirkungen der beruflichen Mobilität auf die Sozialstruktur

In diesem Kapitel wird die für die Reproduktion der Sozial- und Klassenstruktur zentrale Frage der beruflichen und sozialen Mobilität behandelt. Wir haben in den vorhergegangenen Kapiteln gesehen, welch starke Umschichtungen im Rahmen der österreichischen Berufs- und Wirtschaftsstruktur seit dem Zweiten Weltkrieg stattgefunden haben. Diese Umschichtungen können auf zweierlei Art und Weise erfolgen: Zum einen, indem die Kinder andere Berufe ergreifen bzw. ihre Berufslaufbahn in anderen Wirtschaftssektoren beginnen als ihre Eltern; zum anderen, indem die Berufstätigen ihre Tätigkeit im Laufe des Berufslebens wechseln; im ersteren Falle sprechen wir von *intergenerationaler sozialer Mobilität*, im letzteren von *intragenerationaler Mobilität* oder *Karrieremobilität.* In beiden Fällen spielt das Bildungssystem eine zentrale Rolle: der Übergang vom Elternhaus in die erste berufliche Position erfolgt heute immer stärker über die Vermittlung der Schule und Ausbildung. Auch berufliche Veränderungen und Aufstiege sind zunehmend mit (Weiter-) Bildung verbunden. Daher müssen wir auch diesen Aspekt hier mitberücksichtigen.

Die oben genannten zwei Formen der beruflich-sozialen Mobilität können jeweils unter einem doppelten Gesichtspunkt betrachtet werden. Zum ersten geht es um die Frage, wie es um die *Chancengleichheit* in Österreich heute bestellt ist; dabei geht es vor allem um Unterschiede zwischen Kindern aus verschiedenen sozialen Schichten, aber auch um Unterschiede nach Geschlecht und regionaler Herkunft. Es stellt sich auch die Frage, ob Österreich offener geworden ist oder nicht. Zum zweiten geht es um die Frage, inwieweit man aus den Mustern der beruflich-sozialen Mobilität auf latente Prozesse der Klassenbildung schließen kann. Dieser Aspekt ist für eine an Weber orientierte Klassenanalyse zentral, wie in Kapitel 4 ausgeführt wurde.

In Österreich gibt es leider nur sehr wenige neuere Studien zu dieser Thematik. Die am Institut für Höhere Studien in Wien Anfang der 1980er Jahre durchgeführten umfangreichen Studien zur Klassenstruktur und sozialen Mobilität (Fischer-Kowalski/Bucek 1980; Haller 1982a), haben bislang leider keine Nachfolger gefunden.[1] Dabei wurden vom Österreichischen Statistischen Zentralamt im Rahmen des Mikrozensus durchaus auch in neuerer Zeit entsprechende Daten erhoben (zu Berufslaufbahnen etwa 1982 und 1996); es wäre unbedingt notwendig, auch diese Datensätze nach soziologischen Gesichtspunkten zu reanalysieren. Einen gewissen Ersatz bieten die *Sozialen Surveys* 1986, 1993 und 2003, auf die im Folgenden zurückgegriffen wird.

Im Folgenden wird der Analyse der beruflichen Karrieremobilität mehr Aufmerksamkeit gewidmet als der intergenerationalen Mobilität. Dies beruht zum einen auf der besseren Datenlage, zum anderen aber auch aus einem inhaltlichen Grunde. Die beruflichen Mobilitätsmuster können direkt mit institutionellen Charakteristika einer Gesellschaft (ihrem Bildungs- und Beschäftigungssystem) in Zusammenhang gebracht werden, was bei intergenerationaler Mobilität nicht ohne weiteres möglich ist.

8.1 Muster der beruflichen Karrieremobilität

Es soll zunächst die Frage behandelt werden, als wie offen sich die österreichische Sozialstruktur im Hinblick auf die Karrieremuster darstellt; sodann wird die Frage behandelt, ob man in den Karrieremustern bzw. Mustern der Immobilität klassenspezifische Prozesse der sozialen Schließung erkennen kann.

Bevor wir die empirischen Ergebnisse betrachten, sind einige Vorbemerkungen notwendig zur Frage, wie man die Muster der Mobilität bzw. der Offenheit oder Geschlossenheit einer Sozialstruktur methodisch erfassen kann.

Methodische Probleme der Erfassung der beruflich-sozialen Mobilität

Da man bei Mobilitätsanalysen möglichst genaue und repräsentative Informationen auch für kleine Subgruppen benötigt (z.B. leitende Angestellte, möglichst noch ausdifferenziert nach weiteren Merkmalen, wie Geschlecht oder Alter), sind *umfangreiche Stichproben* notwendig. Die beste dieser Art ist der Mikrozensus.

---

1 Einige der im Folgenden präsentierten Daten wurden daher diesen nun schon alten Studien entnommen, da es keine neueren dazu gibt.

Eine Basisinformation über die Offenheit der Sozialstruktur erhält man durch Betrachtung der beruflichen *Mobilitätsmatrix*, d.h., der Übergänge von der beruflich-sozialen Position der Eltern zu jener der Kinder bzw. von einer ersten zu einer späteren beruflichen Position. Dabei stellen sich zwei methodische Probleme.

1) Das Problem der geeigneten *Berufsklassifikation*: Da es mehrere Tausend Berufe gibt, muss man eine einfachere Klassifikation entwickeln, um die Mobilitätsmuster in einer übersichtlichen Form darstellen zu können.[2] Hierzu gibt es wiederum zwei Möglichkeiten:

a) Zusammenfassung der Berufsgruppen (oder Wirtschaftssektoren) in relativ homogene Obergruppen;
b) Verwendung einer Klassifikation der ausgeübten Tätigkeiten nach der Qualifikation bzw. Position (nach Hilfsarbeitern, Facharbeitern, einfachen Angestellten, mittleren Angestellten usw.) bzw. nach der Klassenlage oder Klassenzugehörigkeit. Eine solche Klassifikation wird im Folgenden vor allem verwendet.

Bei der Verwendung derartiger Klassifikationen muss man sich bewusst sein, dass der Umfang der Mobilität, den man feststellen kann, von der Art der Klassifikation abhängig ist: Je detaillierter diese ist, desto höher wird der Anteil der Mobilen sein. Aussagen über das absolute Ausmaß an Mobilität sind daher nur dann sinnvoll, wenn es um zeitliche oder internationale Vergleiche geht und dabei jeweils die gleiche Klassifikation verwendet wird.

2) Das Problem zu welchem Zeitpunkt im Laufe der Berufskarriere man am besten die berufliche Position erfasst. Die soziale Mobilität im Vergleich zu den Eltern wird unterschiedlich sein, wenn man die Berufsposition der Befragten eher am Beginn oder am Ende ihrer eigenen Karriere erfasst. Bei der Analyse der beruflichen Mobilität wäre es natürlich am besten, die gesamte Berufskarriere detailliert zu erfassen und zu analysieren. Ansatzweise geschieht dies in der *Ereignisanalyse*, wo sowohl die Häufigkeit als auch die zeitliche Reihenfolge der verschiedenen Mobilitätsschritte untersucht werden (vgl. Blossfeld et al. 1986). Diese Methode ist jedoch nicht geeignet, wenn man an spezifischen beruflichen Übergängen interessiert ist – wie im Falle der Frage, inwieweit sich in den Mobilitätsmustern Prozesse der sozialen Schließung und Klassenbildung erkennen lassen. Diese Frage steht hier aber im Zentrum (vgl. allgemein dazu auch Haller 1983a; Goldthorpe 1985).

---

2 Man kann natürlich auf eine solche Klassifikation verzichten und die Berufsübergänge rein quantitativ betrachten, indem man den Berufen bestimmte metrische Werte (etwa bezüglich ihres Prestiges, der durchschnittlichen Ausbildung ihrer Inhaber usw.) zuweist und auf dieser Basis Analysen durchführt. In dieser Weise geht die *status-attainment-Forschung* vor, die hier jedoch nicht betrachtet wird.

Unter dem Aspekt der Berufschancen und der Klassenbildung wäre es optimal, die erste und die letzte berufliche Position miteinander zu vergleichen, da viele Berufstätige die höchste Position erst gegen Ende ihrer Karriere erreichen. Dieser Ansatz ist jedoch kaum zu realisieren, da man dann nur jene Erwerbstätigen einschließen könnte, die bereits am Ende ihrer Erwerbstätigkeit stehen; man würde außerdem die beruflichen Positionen im Laufe der Karriere nicht erfassen. Als einfachste Lösung bietet sich an, die zu einem Erhebungszeitpunkt Erwerbstätigen nach ihrem ersten und jetzigen Beruf zu fragen und dann die Veränderungen in einer Übergangs- oder Mobilitätsmatrix darzustellen. Eine solche Darstellungsweise wird im Folgenden angewandt. Diese Vorgangsweise hat jedoch den Nachteil, dass manche der Berufstätigen erst sehr kurz, andere schon sehr lange erwerbstätig sind. Daher wird als Kompromiss oft die Übergangsmatrix vom ersten Beruf zum Beruf 5 oder 10 Jahre später analysiert.

Grundlage der folgenden Analysen ist zunächst die Mikrozensuserhebung von 1996 zum Thema »Berufslaufbahnen«; weiter unten werden die Befunde aus der Sozialstruktur- und Mobilitätsstudie von 1982 dargestellt. Der von der Statistik Austria seit Mitte der 1960er Jahre vierteljährlich durchgeführte *Mikrozensus* ist die beste Datenquelle für unsere Fragestellung, weil er eine sehr große, repräsentative Stichprobe von rund 22.500 österreichischen Haushalten mit 75.000 befragten Personen darstellt, die sich insbesondere mit Fragen der Erwerbstätigkeit und Beschäftigung befassen (vgl. dazu auch Abschnitt 1.3 oben, S. 17ff.).

Der Übergang vom Bildungssystem in den Beruf

Eine entscheidende Weichenstellung für die Berufskarriere stellt die Ausbildung der Personen dar, die in den Beruf eintreten. Zum Einstieg soll daher zuerst kurz der Zusammenhang zwischen höchster abgeschlossener Ausbildung und Berufsposition dargestellt werden, wie er sich unter allen Erwerbstätigen ergibt.

Tabelle 8.1 zeigt, dass hier in der Tat ein sehr starker Zusammenhang besteht. Die Absolventen der unterschiedlichen Bildungsstufen sind auf ganz unterschiedliche berufliche Positionen konzentriert:

- Männliche und weibliche Pflichtschulabsolventen arbeiten großteils als Hilfs- oder angelernte Arbeiter;
- Männliche Lehrabsolventen finden sich vor allem in Facharbeiterberufen, ein kleinerer Teil auch in Angestelltenberufen; bei den Frauen stellt jedoch die Position einer einfachen Angestellten die häufigste dar;
- Absolventen der mittleren, höheren und Hochschulbildung finden sich durchwegs in Angestellten- und Beamtentätigkeiten, und zwar in umso höheren, je höher die abgeschlossene Bildung ist: BMS-Absolventen in mittleren Tätigkeiten, Maturanten in höheren (bei Frauen mittleren), Hochschulabsolventen in hochqualifizierten und leitenden Tätigkeiten.

Tabelle 8.1: Der Zusammenhang zwischen Ausbildung und Berufsposition bei Männern und Frauen (2003)

Berufsschicht[1] *(Art der Tätigkeit)*	*Höchste abgeschlossene Schulbildung (in Prozent)*						
	Pflichtschule	*Lehre*	*Fachschule*	*Höhere Schule*	*Hochschulverwandte Lehranstalt*	*Hochschule*	*Insgesamt*
MÄNNER							
Arbeiter							
Hilfsarbeiter	23,2	3,6	2,5	1,8	1,1	0,2	5,5
Angelernte Arbeiter	39,1	14,0	3,5	3,1	6,3	1,6	13,6
Fach-, Vorarbeiter	4,6	37,9	13,5	4,3	3,2	0,6	21,9
Angestellte, Beamte, VB							
Hilfstätigkeit, gelernte- u. handwerkliche Tätigkeit	14,3	18,9	10,8	7,9	2,6	1,7	14,0
Mittlere Tätigkeit	3,7	9,9	27,7	17,6	9,5	2,6	11,2
Höhere Tätigkeit	1,5	3,7	12,9	32,5	45,3	21,1	11,2
Hochqualifizierte u. führende Tätigkeit	0,5	1,3	5,2	16,4	22,4	50,0	8,5
Selbständige, Mithelfende							
Selbständige in Land- und Forstwirtschaft	5,7	3,0	8,2	0,8	0,3	0,2	3,1
Mithelfende in Land- u. Forstw.	2,9	0,5	1,4	0,2	0,0	0,1	0,8
Selbständige außer Landwirtsch.	3,4	6,6	11,9	11,0	8,2	6,0	7,4
Mithelfende außer Landwirtsch.	0,4	0,4	0,9	0,7	0,0	0,5	0,5
Freiberufler u. Mithelfende	0,5	0,3	1,5	3,7	1,3	15,3	2,3
Insgesamt (in Prozent)	99,8	100,1	100,0	100,0	100,2	99,9	100,0
(in 1.000)	291,8	1.091,8	174,7	364,2	38,0	179,7	2.139,7
FRAUEN							
Arbeiter							
Hilfsarbeiter	29,9	7,7	3,4	2,2	0,5	0,8	9,9
Angelernte Arbeiter	23,8	9,1	4,6	2,6	1,6	1,0	9,3
Fach-, Vorarbeiter	0,8	11,9	2,5	1,1	0,5	0,1	4,7
Angestellte, Beamte, VB							
Hilfstätigkeit, gelernte- u. handwerkliche Tätigkeit	27,8	44,5	22,5	13,5	5,0	2,8	27,0
Mittlere Tätigkeit	3,7	13,3	48,6	39,2	11,0	6,4	21,3
Höhere Tätigkeit	0,8	1,6	7,9	28,3	66,0	35,7	12,4
Hochqualifizierte u. führende Tätigkeit	0,1	0,3	1,0	4,3	10,2	34,7	4,1
Selbständige, Mithelfende							
Selbständige in Land- und Forstwirtschaft	6,7	3,8	2,5	0,9	0,3	0,2	3,2
Mithelfende in Land- u. Forstw.	3,2	1,6	1,6	0,5	0,0	0,0	1,5
Selbständige außer Landwirtsch.	2,1	4,0	3,4	3,8	1,9	3,0	3,3
Mithelfende außer Landwirtsch.	0,9	1,7	1,3	0,9	0,8	0,6	1,2
Freiberufler u. Mithelfende	0,2	0,4	0,7	2,7	2,3	14,7	2,0
Insgesamt (in %)	100,0	99,9	100,0	100,0	100,1	100,0	99,9
(in 1.000)	364,2	565,9	286,9	323,1	63,9	31,2	1.735,3

1 Ausgenommen Lehrlinge

Quelle: Mikrozensus Jahresergebnisse 2003, S. 106ff; Datenbasis: Mikrozensus 2003.

Man kann somit deutlich drei strukturelle Barrieren erkennen:

- Pflichtschulabsolventen ohne berufliche Ausbildung sind von Facharbeiter- und Angestelltenpositionen weitgehend ausgeschlossen;
- Lehrabsolventen sind stark auf Facharbeitertätigkeiten konzentriert, auch wenn sie doch Chancen haben, in höhere Positionen aufzusteigen;
- für Aufstiege in höhere und leitende Positionen ist aber eine weiterführende schulische Ausbildung unerlässlich. Umgekehrt kann man sagen: eine solche Ausbildung schützt weitgehend vor dem »Risiko«, einen manuellen Beruf ausüben zu müssen.

Wie durchlässig ist die österreichische Sozialstruktur?

Tabelle 8.2 zeigt die Übergangsmatrix von der ersten Berufsposition zur Berufsposition zum Zeitpunkt der Befragung aus der letzten Mikrozensuserhebung (1996), wobei in der Tabelle die *Abstromprozente* wiedergegeben werden. Die Tabelle zeigt also, in welche Berufspositionen man später typischerweise gelangt, wenn man das Berufsleben in einer bestimmten Ausgangsposition beginnt. Wir können diese Tabelle unter zwei Perspektiven betrachten, zum einen im Hinblick auf das Ausmaß der Mobilität bzw. Immobilität der Inhaber von bestimmten Berufspositionen, zum anderen im Hinblick auf die spezifischen oder typischen Karrieremuster.

Die Prozentwerte in der Diagonale zeigen die *Beharrungstendenz* der Inhaber bestimmter Positionen. Diese Werte variieren sehr stark von 78 Prozent bei hochqualifizierten und führenden Angestellten und Beamten bis zu einem Wert von nur 12 Prozent bei Arbeiterlehrlingen. Letzteres ist nicht überraschend, da die Lehrlingsposition per se nur als Einstiegsposition in das Berufsleben definiert ist.

Wenn wir betrachten, wohin man aus einer bestimmten beruflichen Ausgangsposition später typischerweise gelangt, kann man folgende Muster erkennen:

- *Selbständige und Mithelfende* in- und außerhalb der Landwirtschaft verbleiben, wie bereits festgestellt, zum größten Teil in ihrer Position. Die beruflichen Einmündungen jener, die wechseln, sind breit gestreut: der größere Teil geht in un- und angelernte Arbeitertätigkeiten, aber ein kleinerer Teil schafft es, in Angestellten- oder Beamtenpositionen zu wechseln.
- *Akademische Freiberufe* sind von diesen Selbständigen stark abgehoben: sie verbleiben sehr häufig in ihrer Position; falls sie aber wechseln, vor allem in höhere und leitende Angestellten- und Beamtenpositionen.
- Ein sehr breites Spektrum an Berufseinmündungen zeigt sich bei den *Lehrlingen*. Zwar dominieren – insbesondere bei den Arbeiterlehrlingen – als Zielpositionen Arbeitertätigkeiten; rund ein Drittel der Arbeiterlehrlinge gelangt aber auch in Angestelltentätigkeiten (bei den Angestelltenlehrlingen sind es mehr als die Hälfte). Auf der anderen Seite gibt es erhebliche Anteile von Lehrlingen, die später nur in an- oder ungelernten Tätigkeiten arbeiten (bei Arbeiterlehrlingen 18 Prozent).

Tabelle 8.2: Berufliche Mobilität von der ersten Position zur Position 1996 (ausgewählte Kategorien)

Berufsgruppen	*Derzeitige berufliche Position (1996)*												
	Selbständige			*Arbeiter*				*Angestellte/Beamte/Vertragsbedienstete*					
Erste berufliche Position	*Land-wirte*	*Selb-ständige*	*Frei-berufler*	*Lehr-linge*	*Hilfs-arbeiter*	*Angel. Arbeiter*	*Fach-, Vorarb.*	*Hilfs-tätigk.*	*Gelernte Tätigk.*	*Mittlere Tätigkeit*	*Höhere Tätigkeit*	*Führende Tätigkeit*	*Insgesamt*
Landwirte	71	2	-	-	4	10	2	4	2	1	2	2	100
Mithelfende Landwirte	61	3	-	-	9	13	2	6	1	2	1	-	98
Andere Selbständige	4	61	3	-	5	6	2	5	2	1	10	2	101
Mithelfende Selbständige	5	62	3	-	5	5	3	4	5	4	2	1	99
Freiberufler	2	4	46	-	1	3	5	1	1	7	13	17	100
Lehrlinge in Arbeiterberufen	3	6	1	12	5	13	26	7	9	8	6	2	98
Lehrlinge in Angestelltenberufen	1	6	1	9	4	9	8	9	27	16	7	3	99
Hilfsarbeiter	4	3	-	1	51	17	3	10	3	5	3	1	101
Angelernte Arbeiterberufe	4	4	1	-	9	50	5	8	4	7	5	1	98
Fach-, Vorarbeiter, Meister	3	7	1	-	6	11	43	6	7	10	5	2	101
Hilfstätigkeit (Angestellte/Beamte/VB)	1	2	1	-	5	8	1	49	5	18	8	2	100
Gelernte Tätigkeit (Angestellte/Beamte/VB)	1	5	1	-	4	5	1	3	43	19	9	4	95
Mittlere Angestellte/Beamte/VB	3	6	1	-	5	6	7	4	6	41	13	7	99
Höhere Angestellte/Beamte/VB	-	3	5	-	1	1	1	-	1	6	62	17	97
Hochqual./führende Angestellte/Beamte/VB	-	3	12	-	-	-	-	1	1	2	5	72	96

Quelle: Sonderprogramm »Berufslaufbahnen …«, in: Statistische Nachrichten 9/2000, S. 695; Datenbasis: Mikrozensus September 1996

- Die *Arbeiter* verbleiben zum größten Teil in einer Arbeitertätigkeit; ein Fünftel bis ein Viertel schafft den Sprung in eine Angestellten- oder Beamtentätigkeit, jedoch selten bis in eine führende (allerdings kommt auch dieser relative große Sprung durchaus vor).
- Bei den *Angestellten und Beamten* zeigt sich eine deutliche Hierarchie: in allen Positionen gibt es einen erheblichen Anteil von Personen, die den Aufstieg in eine höhere Position schaffen, wobei dies am häufigsten die nächst höhere ist. Abstiege sind sehr selten.

Tabelle 8.3 zeigt diese beruflichen Mobilitätsmuster auf der Basis des *Sozialen Survey* 1993 nach dem Goldthorpe-Klassenschema, sowie differenziert nach Männern und Frauen. Dieses Schema beinhaltet eine relativ deutliche hierarchische Struktur (hier etwas zusammengefasst).

Das Klassenschema von Erikson und Goldthorpe unterscheidet 7 Klassen:

I. Obere Dienstklasse: höhere Verwaltungs- und Managementberufe, akademische Berufe, Großunternehmer;
II. Untere Dienstklasse: mittlere Verwaltungsberufe und qualifizierte nichtmanuelle Berufe;
III. Einfache Angestellte und Beamte mit Routinetätigkeiten;
IVa. Kleine und mittlere Selbständige außerhalb der Landwirtschaft (bis 49 Mitarbeiter);
IVb. Selbständige Landwirte;
VI. Facharbeiter;
VII. Qualifizierte Arbeiter.

Auch hier sehen wir die stärkste Beharrungstendenz in der »oberen Dienstklasse« (leitende Angestellte, große Selbständige, Freiberufe) und bei Landwirten (obere Zeilen in der Matrix). Bei Frauen ist es interessanterweise die »untere Dienstklasse« (qualifizierte Angestellte und Beamte), in der man am häufigsten verbleibt. Das heißt aber auch, dass Frauen von relativ qualifizierten Positionen seltener in leitende aufsteigen.

Man erkennt in dieser Matrix deutlich, dass es viel mehr Aufstiege als Abstiege gibt: Aufstiege finden sich in der linken unteren Matrixhälfte, Aufstiege in der rechten oberen (abgesehen vom Übergang zu Selbständigen, den man nicht eindeutig als Auf- oder Abstieg interpretieren kann). Die einzige relativ häufige Form des Abstiegs ist jene vom Facharbeiter zum un- oder angelernten Arbeiter; sie betrifft bei Männern und Frauen 12–13 Prozent der Facharbeiter bzw. Absolventen einer Lehre.

Tabelle 8.3: Karrieremobilität von der ersten zur derzeitigen beruflichen Position nach Geschlecht

Männer

Abstromquoten / *Zustromquoten* / **Erster Beruf**	**Jetziger Beruf** I	II	III	IVa	IVb	VI	VII	Zeilensummen %	N
I Obere Dienstklasse	**81**	4	4	4			8	3	26
	19	0	1	1			2	3	26
II Untere Dienstklasse	15	**70**	2	8	1	2	1	17	169
	22	**42**	4	18	3	2	2		
III Nichtqualifizierte	17	49	**25**	6		2	2	14	142
Angestellte	21	24	**32**	13		1	3		
IVa mittl. und kleine	7	13		**67**	3	7	3	3	30
Selbständige	2	1		**28**	1	1	1		
IVb Landwirte		8	2		**85**	2	2	5	48
		1	1		**51**	0	1		
VI Facharbeiter	8	17	11	5	2	**46**	12	42	425
	30	25	44	28	10	**84**	42		
VII Unqualifizierte	4	11	12	5	17	16	**35**	17	168
Arbeiter	6	6	18	13	36	11	**50**		
% Spalten-	11	29	11	7	8	23	12	N = 1008	
N summen	112	287	109	72	81	230	117		

Frauen

Abstromquoten / *Zustromquoten* / **Erster Beruf**	**Jetziger Beruf** I	II	III	IVa	IVb	VI	VII	Zeilensummen %	N
I Obere Dienstklasse	**56**	22	6	6			11	2	18
	27	1	1	2			1		
II Untere Dienstklasse	4	**83**	4	4	1	1	4	26	197
	22	**59**	6	18	4	2	5		
III Nichtqualifizierte	6	38	**45**	4	2	1	10	29	216
Angestellte	32	29	**63**	18	8	2	14		
IVa mittl. und kleine	12	18	6	**25**				2	17
Selbständige	5	1	1	**25**					
IVb Landwirte		3	7	3	**77**		10	3	31
		0	1	2	**45**	0	2		
VI Facharbeiter	2	17	16	7	3	**44**	13	14	102
	5	6	11	16	6	**86**	9		
VII Unqualifizierte	2	4	14	5	12	3	**60**	23	169
Arbeiter	8	3	17	18	38	10	**69**		
% Spalten-	5	37	19	6	7	7	12	N = 750	
N summen	37			44	53	276	41		

I »obere Dienstklasse«: leitende Angestellte und Beamte, große Selbständige, freie Berufe
II »untere Dienstklasse«: qualifizierte Beamte, qualifizierte Angestellte
III »Nichtqualifizierte Angestellte«: einfache Beamte,
IV »Kleinbürgertum«
IVa mittlere und kleine Selbständige
VI »Facharbeiter«: Meister, Vorarbeiter
IVb Landwirte
VI »Facharbeiter«: Meister, Vorarbeiter
VII »Unqualifizierte Arbeiter«: an- und ungelernte Arbeiter, mithelfende Familienangehörige

Quelle: Andrea Leitner, Geschlechtsspezifische Berufsmobilität in Österreich (1996), S. 125f, Tabellen 2.4.3 und 2.4.4; Datenbasis: Sozialer Survey 1993.

Die beruflichen Karrieremuster zeigen also ein erhebliches Ausmaß an Mobilität. Trotzdem ist eine starke Beharrungstendenz nicht zu übersehen: Beginnt man in einer bestimmten Position, verbleibt man überproportional häufig in dieser. Wer bereits zu Karrierebeginn relativ weit oben einsteigt, hat eine hohe Chance, dort auch zu verbleiben, wer weit unten einsteigt, hat entsprechend geringere Chancen, später noch aufzusteigen. Der Vergleich zwischen Angestellten und Beamten (letztere sind in *Tabelle 8.3* nicht gesondert ausgewiesen) zeigt überdies, dass die letzteren deutlich höhere Beharrungstendenzen aufweisen als die Angestellten.

Welches Bild der Klassenstruktur ergibt sich aus den Mustern der beruflichen Karrieremobilität?

Aus der detaillierten Analyse der beruflichen Karrieremuster kann man durch Betrachtung der relativen Nähe oder Distanz der verschiedenen Positionen zueinander – gemessen an der Häufigkeit, mit der es Wechsel zwischen ihnen gibt – auf die Existenz latenter »sozialer Klassen« schließen.
Hierzu wurden die standardisierten Daten der Mobilitätsmuster (in diesem Falle: Assoziationsindizes) in der Studie von Haller (1982a) einer Clusteranalyse unterzogen. Die Clusteranalyse ist ein Verfahren, das eine graphische Darstellung der relativen Nähe bzw. Distanz der Berufsgruppen zueinander erlaubt. Die Befunde sind dargestellt in *Abbildung 8.1*. Die Grafik ist so zu interpretieren, dass zwischen zwei Berufspositionen, die durch eine direkte Verbindung verknüpft sind, die stärksten Mobilitätsbewegungen bestehen; je weiter rechts die Verknüpfung erfolgt, desto weiter »entfernt« voneinander sind zwei Positionen.

Wir können hier bei den Männern relativ deutlich fünf *»soziale Klassen«* erkennen:

- ganz oben befinden sich die Unternehmer und akademischen Freiberufe, sowie die leitenden und hochqualifizierten Angestellten und Beamten; man könnte hier von einer »gehobenen Mittelschicht« sprechen;
- unmittelbar darunter folgt eine »untere Mittelschicht« der einfachen und mittleren Angestellten und Beamten. Diese beiden Gruppen werden in einem späteren Klassifikationsschritt mit den drei höheren Gruppen zusammengefasst.
- Die nächste Gruppe bilden Selbständige außerhalb der Landwirtschaft und Facharbeiter, wohl zu bezeichnen als »gehobene Arbeiterschicht«;
- von diesen deutlich abgehoben sind einerseits die un- und angelernten Arbeiter, andererseits die Selbständigen und Unselbständigen in der Landwirtschaft. Trotz der relativen Nähe dieser beiden Gruppen zueinander wird man sie aber nicht als Angehörige ein- und derselben »sozialen Klasse« bezeichnen können, da Bauern durch ihren Grundbesitz und die selbständige Tätigkeit sich in einer ganz anderen Klassenlage befinden als Arbeiter.

Abbildung 8.1: Hierarchische Clusteranalyse der Karrieremuster nach Berufs-positionen auf Basis von Assoziationsindizes

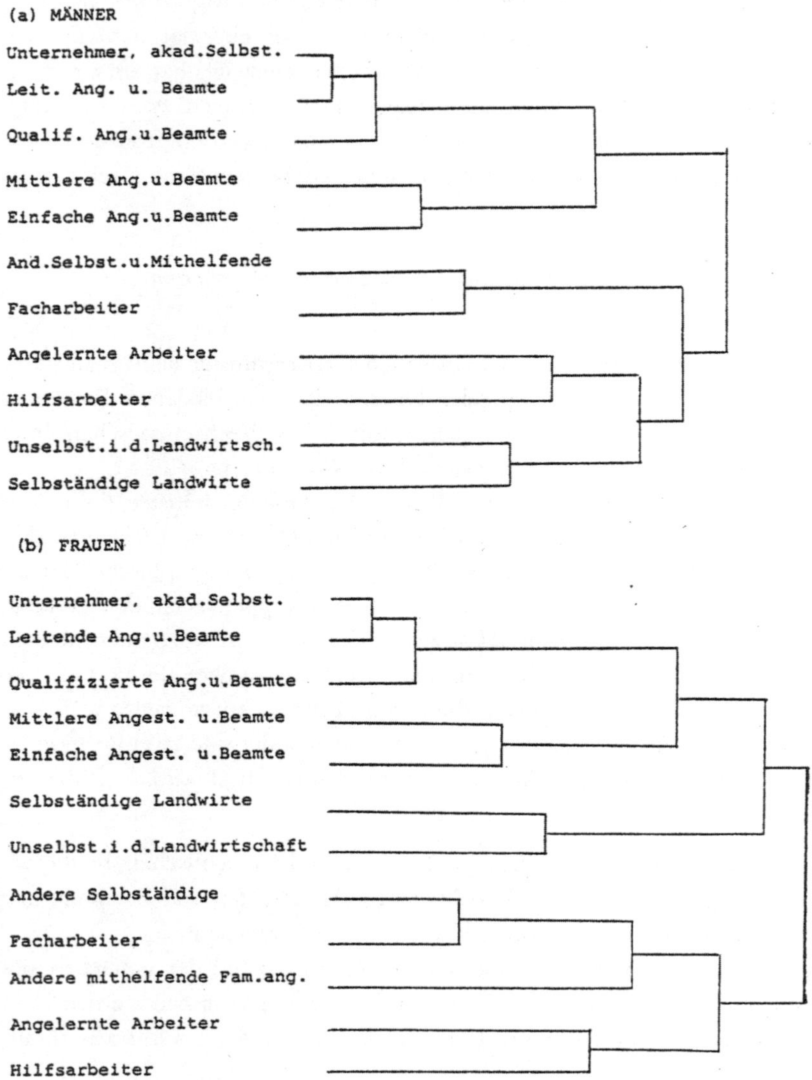

Quelle: M. Haller, Klassenbildung und soziale Schichtung in Österreich (1982), S. 205

Diese Gliederung entspricht weitgehend der von Weber skizzierten, der von vier »sozialen Klassen« sprach[3] – mit einer Ausnahme, nämlich der inneren Differenzierung der Arbeiterschaft in eine untere und eine gehobene soziale Klasse oder Schicht. Die Hauptdifferenzierungslinie verläuft zwischen Angestellten und Beamten aller Stufen sowie Unternehmern/selbständigen Professionen einerseits, und den Arbeitern und Bauern andererseits, also zwischen der Arbeiterschicht im weiteren Sinne und den Mittel- und höheren Schichten. Die Grundlinien dieser schichtspezifischen Differenzierung zeigen sich auch bei den Frauen. Hier sind lediglich Landwirtinnen näher bei den mittleren Schichten als dies bei den Männern der Fall ist.

Typen von Laufbahnen: Berufliche Aufstiege und Abstiege

Betrachten wir nochmals zusammenfassend, wie sich die Berufschancen aus der Sicht der Auf- und Abstiege darstellen. Dazu wurde in der Auswertung des Mikrozensus 1996 eine Typologie der Berufslaufbahnen danach entwickelt, ob es sich um Aufstiege und Abstiege handelt, um Wechsel innerhalb der Kategorien Selbständige, Arbeiter oder Angestellte (»*steady state-Karrieren*«), oder um eher horizontale Wechsel (»*externe Karrieren*«), bei denen nicht klar bestimmt werden kann, ob es ein Auf- oder Abstieg war (etwa beim Wechsel von Arbeitern oder Angestellten zu Selbständigen).

Betrachtet man die Verteilung dieser Karrieretypen, differenziert nach dem Geschlecht, so zeigt sich eine große Vielfalt. Die zwei häufigsten Typen (jeweils ca. 10 Prozent aller Berufslaufbahntypen) sind *steady-state* Karrieren von Arbeitern bzw. Angestellten, die immer in der gleichen Position verbleiben; bei Frauen ist dies deutlich häufiger als bei Männern. Die nächst häufigen Typen sind Aufstiege vom Lehrling bzw. Arbeiter zum einfachen Anstellten (7 Prozent) und Abstiege von Lehrlingen zu Hilfs- und angelernten Arbeitern (7 Prozent, häufiger bei Männern). Alle anderen Typen machen weniger als 5 Prozent aller Übergänge bzw. Mobilitätsschritte aus. Es zeigt sich weiters ganz allgemein, dass die aufstiegsorientierten Karrieren die häufigste Einzelform darstellen: etwa ein Drittel aller Erwerbstätigen haben solche durchgemacht. Hier besteht allerdings ein großer Unterschied zwischen Männern und Frauen: 45 Prozent der Karrieren der Männer waren aufsteigend (größtenteils handelt es sich dabei aber um Übergänge vom Lehrling zum Facharbeiter oder Angestellten/Beamten), dagegen nur 25 Prozent der weiblichen Karrieren. Dominant bei den Frauen waren dagegen die Karrieren innerhalb der Kategorien Arbeiter, Angestellte oder Beamte (39 Prozent; bei Männern nur 19 Prozent). Die zweithäufigste Form bei beiden Geschlechtern bildeten Karrieren zwischen unterschiedlichen sozialrechtlichen Kategorien, bei denen nicht eindeutig entscheidbar ist, ob es sich um Auf- oder Abstiege handelt (»externe Karrieren«). Dies ist etwa der Fall, wenn ein Facharbeiter oder eine Facharbeiterin in eine einfache Angestellten- oder

3 Arbeiterschaft als Ganzes, Kleinbürgertum, besitzlose Intelligenz und Fachgeschultheit, Klassen der Besitzenden und durch Bildung Privilegierten (vgl. Weber 1964/I [1922], S. 225).

Beamtenposition wechselt. Rund 14 Prozent der Erwe1922rbstätigen hatten abstiegsgerichtete Berufskarrieren zu verzeichnen.

Unter dem Aspekt der Chancengleichheit sind an diesen Befunden mehrere Aspekte relevant:

- Es gibt, insgesamt betrachtet, ein relativ hohes Ausmaß an beruflicher Karrieremobilität;
- die meisten Mobilitätsbewegungen gehen über kleinere Distanzen, nur von einer Position in die unmittelbar nächste;
- die Aufstiegschancen bzw. die Sicherheit, nicht absteigen zu müssen, sind deutlich besser, je höher die Einstiegsposition war;
- die beruflichen Aufstiege überwiegen die Abstiege sehr deutlich (insbesondere bei Männern).

Diese Befunde legen nahe, dass die Berufslaufbahn für die meisten Erwerbstätigen (insbesondere für die männlichen) relativ chancenreich oder zumindest gesichert ist, obwohl diese Chancen sich sehr stark zwischen den Berufsschichten unterscheiden. Das Überwiegen der Aufstiege hat aber nicht zuletzt damit zu tun, dass die beruflichen Einstiegspositionen in der Regel eher niedrig sind.

Das generelle Bild einer relativ günstigen Chancenstruktur bei den Berufskarrieren wird bestätigt durch Befragungen der Erwerbstätigen selbst: *Abbildung 8.2* zeigt, dass bei Männern der größte Teil (über die Hälfte) die eigene Berufskarriere im Rückblick als aufsteigend beurteilt; ein nicht geringer Anteil sieht sogar einen »Sprung nach oben.« Bei den Frauen sind die Anteile derer, die ihre Karriere als aufsteigend oder konstant beurteilen, etwa gleich groß; der Anteil derer, die sie als einen Abstieg empfinden, ist aber auch bei ihnen minimal. Ein gutes Zehntel bei beiden Geschlechtern findet die Bezeichnung »auf und ab« als die zutreffendste.

Wie haben sich diese Aufstiegschancen bzw. Abstiegsrisiken im *Zeitverlauf* verändert? Einen ersten Hinweis darauf gibt die Aufgliederung der verschiedenen Mobilitätstypen nach dem Alter der Befragten. Die aus Raumgründen hier nicht im Detail präsentierten Daten[4] zeigen, dass die aufstiegsorientierten Karrieren mit zunehmendem Alter tendenziell häufiger werden (mit Ausnahme des Pfades vom Lehrling zum Facharbeiter), während das Umgekehrte für die Abstiege gilt. So erfolgte ein Aufstieg als Arbeiter bei rund 10–15 Prozent der bis 44 Jahre alten Männer, jedoch zu 18–24 Prozent bei den älteren Männern. Die Wahrscheinlichkeit eines Aufstiegs als Angestellter nimmt bei Männer kontinuierlich zu von der Altersgruppe 20–29 Jahre (6–15 Prozent) bis zur Altersgruppe 55–64 Jahre (33–35 Prozent). Angestellte haben durchwegs bessere

4 Vgl. dazu Statistische Nachrichten 9/2000, S. 698ff.

Abbildung 8.2: Beurteilung des eigenen beruflichen Werdegangs (in Prozent)

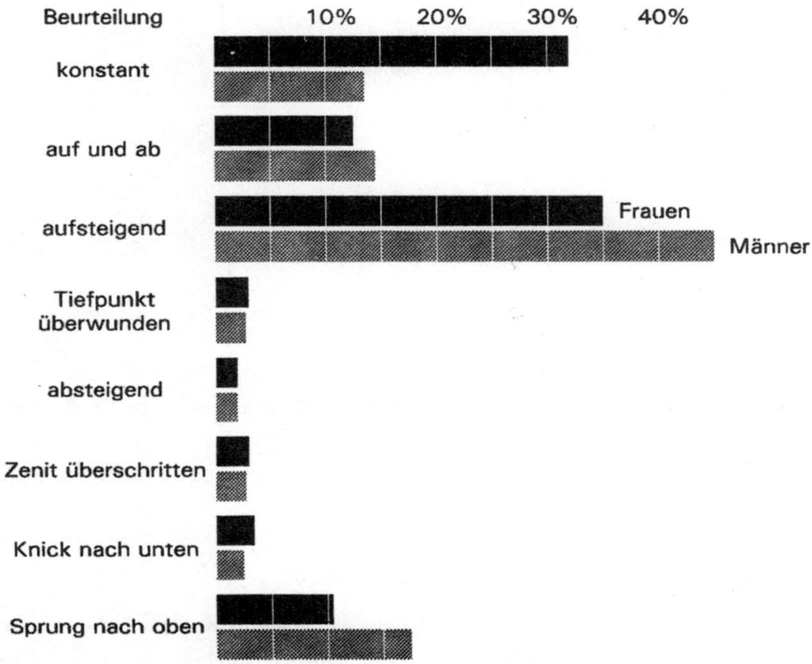

Quelle: Andrea Leitner, Geschlechtsspezifische Berufsmobilität in Österreich (1996), S. 130, Schaubild 2.4.4; Datenbasis: Sozialer Survey 1993.

Aufstiegschancen als Beamte, Männer bessere als Frauen. So konnten weibliche Angestellte im Alter von 55–64 Jahren nur zu 12 Prozent einen Aufstieg realisieren, weibliche Beamte nur zu 6 Prozent; die entsprechenden Werte für Männer betrugen 33 Prozent bzw. 23 Prozent. Eher überraschend ist, dass auch Abstiege innerhalb der Beamtenkategorie im Alter zwischen 35 und 44 Jahren (18 Prozent Abstiege) häufiger werden. Hier kommen möglicherweise die Effekte der Ausgliederung ehemaliger Staatsbetriebe (z.B. Bahn und Post) zum Tragen.

Tabelle 8.4 zeigt die Häufigkeit der Auf- und Abstiege und der stabilen Karrieren im Vergleich der Jahre 1982 und 1996. Auch hier sehen wir einen überraschenden Befund: die aufstiegsorientierten Karrieren haben bei Männern und Frauen relativ deutlich abgenommen (insgesamt von 41 auf 35 Prozent, die abstiegsorientierten und die externen (horizontale) dagegen zugenommen. Dies könnte ein Ausfluss der zunehmenden Probleme des Beschäftigungssystems und der steigenden Arbeitslosigkeit seit Ende der 1970er Jahre sein.

Tabelle 8.4: Berufslaufbahntypen im Zeitvergleich 1982–1996 nach Geschlecht (in Prozent)[1]

	Insgesamt	*Männer*	*Frauen*
Aufstiegsorientierte Karrieren			
1982	41	48	28
1996	35	45	25
Abstiegsorientierte Karrieren			
1982	10	11	9
1996	14	15	13
Steady-state Karrieren			
1982	35	29	45
1996	29	19	39
Externe (»horizontale«) Karrieren			
1982	15	13	18
1996	22	21	24

1 Prozentwerte bezogen auf die jeweiligen sozialrechtlichen Teilarbeitsmärkte (= 100 Prozent); nur ausgewählte Karrieretypen.

Quelle: Sonderprogramm »Berufslaufbahnen …«, in: Statistische Nachrichten 9/2000, S. 698f; Datenbasis: Mikrozensus September 1996.

Berufliche Mobilität und Immobilität nach Wirtschaftssektoren

Der beruflich-soziale Strukturwandel vollzieht sich, wie in Kapitel 7 dargestellt, in erster Linie über Umschichtungen nach wirtschaftlichen Sektoren. Der enorme Rückgang der Landwirtschaft, die anfängliche Expansion der Industrie und die kontinuierliche Expansion des Dienstleistungssektors seit 1945 konnten nur dadurch bewältigt werden, dass viele Erwerbstätige auch im Laufe ihrer Berufskarriere von einem in einen anderen Sektor wechselten. Wenn wir – wie bisher – nur die beruflichen Auf- und Abstiege nach der beruflichen Position betrachten, kommen diese Wechsel gar nicht in den Blick. Sie können für die Betroffenen aber durchaus sehr bedeutsam sein, vor allem dann, wenn sie mit einer Änderung der Tätigkeit und/oder des Einkommens verbunden sind.

Um den intersektoralen Wechsel zu erfassen, müssen wir einen kurzen Blick auf die Mobilität in den wirtschaftlichen Sektoren werfen. Wir tun dies zunächst nur ganz allgemein, im Hinblick auf den Umfang der Mobilität und Immobilität in den verschiedenen Sektoren. *Tabelle 8.5* zeigt, wie lange Männer und Frauen Ende der 1970er Jahre an ihrem jetzigen Arbeitsplatz tätig waren – kontrolliert nach Sektor und beruflicher Position. Wir sehen, dass es hier sehr große Unterschiede gibt. Die beruflich-sektorale Gruppe mit dem höchsten Anteil an sehr stabilen, langdauernden Beschäftigungsverhältnissen sind qualifizierte oder leitende, männliche Angestellte/Beamte bei Bahn, Post und Gebietskörperschaften; die Kategorie mit dem niedrigsten Anteil sind weibliche Hilfsarbeiterinnen im Handel; bei den ersteren sind 81 Prozent der Beschäftigten bereits10 Jahre und länger bei ihrem derzeitigen Arbeitgeber, bei den letzteren nur 12 Prozent.

Tabelle 8.5: Stabilität der Beschäftigungsverhältnisse nach Wirtschaftsklassen, beruflicher Position und Geschlecht (Anteile von Personen, die 10 und mehr Jahre beim Dienstgeber beschäftigt sind.

Zusammengefaßte Wirtschaftsklassen	*Hilfs- u. angelernte Arbeiter*		*Facharbeiter*		*Einfach u. mittl. Angestellte und Beamte*		*Qualifizierte und leitende Angestellte und Beamte*	
	(N)	*Prozent*	*(N)*	*Prozent*	*(N)*	*Prozent*	*(N)*	*Prozent*
a) Männer								
Landwirtschaft	(192)	55,2	(74)	62,1	(33)	(66,7)	(29)	(69,9)
Textil, Bekleidung u.a.	(269)	35,7	(185)	34,1	(189)	48,6	(98)	55,1
Großindustrie, Straßenverkehr	(752)	50,8	(356)	59,9	(188)	68,0	(117)	70,1
Hoch u. Tiefbau	(611)	32,9	(584)	37,5	(89)	49,4	(86)	54,6
Eisengewinnung, Energie	(282)	58,5	(228)	58,3	(171)	70,8	(91)	76,9
Baunebengewerbe	(232)	28,1	(802)	31,4	(101)	45,8	(57)	54,4
Metallbeareitung u.a.	(396	33,9	(576)	36,8	(313)	51,2	(189)	51,3
Handel	(273	32,3	(98)	26,5	(427)	37,8	(160)	50,0
Eisenpost, Post, Gebietskörp.	(291)	42,9	(191)	63,4	(1386)	65,7	(505)	81,5
Geld, Versicherung	(8)	-	(4)	-	(206)	33	(104)	68,3
Unterricht, Gesundheitsw.	(60)	41,7	(34)	47,1	(222)	37,4	(384)	55,8
Insgesamt	(3366)	41,3	(3132)	41,6	(3325)	55,2	(1820)	64,8
b) Frauen								
Landwirtschaft	(253)	63,7	(17)	52,9	(6)	(33,4)	(1)	-
Textil, Bekleidung u.a.	(955)	27,4	(239)	21,0	(245)	33,5	(31)	(48,4)
Großindustrie	(270)	28,5	(23)	(39,1)	(236)	37,7	(14)	78,5
Metallbearbeitung, Baunebengew.	(387)	24,8	(16)	(18,8)	(276)	27,9	(28)	(57,1)
Handel	(143)	12,6	(52)	15,3	(811)	26,6	(63)	(44,4)
Eisenbahn, Post, Gebietskörp.	(129)	36,4	(6)	(66,6)	(408)	45,5	(59)	(76,3)
Geld, Versicherung	(21)	(15,3)	(1)	-	(171)	30,4	(17)	(52,9)
Unterricht, Gesundheitsw.	(239)	31,8	(17)	(35,3)	(619)	36,4	(303)	55,5
Insgesamt	(2397)	30,9	(371)	24,0	(2772)	33,3	(516)	56,8

Quelle: Haller 1982a, S. 254; Datenbasis: Mikrozensus 1975.

Ganz allgemein zeigt sich:

- Sektoren mit sehr hohen Anteilen von lange dauernden Beschäftigungsverhältnissen sind die Landwirtschaft, die »Großindustrie«, Eisengewinnung und Energie, sowie halböffentliche und öffentliche Bereiche (Bahn, Post; z. T. auch Versicherung und Kreditwesen);
- Sektoren mit eher kürzeren Beschäftigungsverhältnissen sind das Bauwesen, das Baunebengewerbe und der Handel. Hier handelt es sich um Branchen mit hohen Anteilen kleinerer und mittlerer Betriebe; auch der Arbeitsanfall bzw. die Arbeitskräftenachfrage unterliegt jahreszeitlichen Schwankungen. In diesem Bereich gibt es auch sehr viel Teilzeitarbeit und atypische Dienstverhältnisse.

Muster der beruflich-sektoralen Mobilität im internationalen Vergleich: Österreich, Frankreich, Vereinigte Staaten von Amerika

Die Analyse der beruflichen Mobilität ist, wie bereits eingangs dargestellt, soziologisch besonders interessant, weil sie die Einbeziehung struktureller und institutioneller Aspekte eines Landes erlaubt. Insbesondere die Struktur des Bildungssystems, die dominanten Formen der sozialen Schließung auf den Arbeitsmärkten, sowie die innerbetriebliche Organisations- und Karrierestrukturen sind hier relevant (Haller/Müller 1983). Die Effekte dieser Strukturmuster zeigen sich vor allem im internationalen Vergleich, bei dem man von Unterschieden in diesen Parametern ausgehen kann. In diesem Abschnitt sollen die Ergebnisse einer vergleichenden Analyse zwischen drei Ländern – Österreich, Frankreich und Vereinigte Staaten – zusammengefasst werden.[5]

In den globalen Strukturbildern der beruflich-sektoralen Mobilitätsmuster zeigen sich sehr große Unterschiede zwischen den drei Ländern. Die Unterschiede zwischen Österreich und den Vereinigten Staaten sind am größten, während Frankreich in mancher Hinsicht Gemeinsamkeiten mit Österreich, in anderer mit den USA aufweist. Die wichtigsten Charakteristika der Mobilitätsmuster der drei Länder sind die folgenden.

Als spezifische Merkmale der Mobilitätsstrukturen in Österreich lassen sich festhalten:

- Sehr umfangreiche Mobilitätsströme von den Mithelfenden in der Landwirtschaft zu selbständigen Landwirten sowie von Landarbeitern zu selbständigen Bauern und zu den meisten Hilfsarbeiterkategorien. Diese Mobilitätspfade sind in ihrem absoluten Umfang zweifellos zeitbedingt im Sinne des relativ hohen Landwirtschaftsanteils unter den Berufseintretenden in den ersten Nachkriegsjahrzehnten. Sie weisen aber auch auf eine strukturelle

5 Für die detaillierten Befunde vgl. Haller 1989b, S. 258ff. und Haller et al. 1985.

Differenz zu Frankreich und den USA hin. So führt in Österreich fast kein numerisch signifikanter Mobilitätsstrom von den Mithelfenden oder Arbeitern in der Landwirtschaft zu einer Berufsposition oberhalb des Niveaus der Hilfs- oder angelernten Arbeiter (einzige Ausnahme: Facharbeiter im Bauwesen). In Frankreich und den USA kommt dies sehr wohl vor.

- Die ungelernten Arbeiter sind im Hinblick auf berufliche Aufstiege praktisch durch eine totale Barriere von den Facharbeitern getrennt; lediglich Abstiege von Facharbeitern zu angelernten Hilfsarbeitern finden relativ häufig statt.
- Sehr umfangreiche Mobilitätsströme von den Facharbeitern zu den kleinen Selbständigen außerhalb der Landwirtschaft. Dies kontrastiert insoferne stark mit den französischen und amerikanischen Mobilitätsmustern, als dort Zuströme von den ungelernten Arbeitern zu den kleinen Selbständigen sogar häufiger vorkommen als von den Facharbeitern.
- Relativ umfangreiche Mobilitätsströme von den Facharbeitern zu den einfachen und mittleren Angestellten.
- Eine – zumindest in dieser quantitativen Betrachtungsweise – fast totale Abschließung der Unternehmer, leitenden Angestellten und Professionen von allen darunter liegenden Kategorien.

Diese Ergebnisse zeigen ganz klar, dass in Österreich sowohl auf der Ebene der Professionen wie auf jener der Facharbeiter – hier infolge der Institution »Lehre« – eine starke beruflich-soziale Abschließung erfolgt. Diese Abschließung führt zum Bild einer anderen Klassenstruktur als in Frankreich und den USA. Sie ist durch fünf, relativ stark voneinander abgehobene Gruppierungen charakterisiert: Mithelfende und Selbständige in der Landwirtschaft; Landarbeiter, Hilfs- und angelernte Arbeiter; Facharbeiter, kleine Selbständige, einfache und mittlere Angestellte; leitende Angestellte, Professionen und Unternehmer.

Als Spezifika der Karrieremuster der Männer in *Frankreich* lassen sich erkennen:

- Eine sehr umfangreiche Aufstiegsmobilität von den un- und angelernten Arbeitern zu den Facharbeitern. Die Tatsache, dass diese Aufstiege fast durchwegs (in deutlichem Gegensatz zu den USA) nur innerhalb bestimmter Sektorgruppen erfolgen, lässt vermuten, dass es sich dabei zum größten Teil um innerbetriebliche Aufstiege handelt.
- Völliges Fehlen von horizontalen Mobilitätsströmen zwischen den verschiedenen Facharbeiterkategorien. Auch dieses Faktum ist wohl durch die für Frankreich spezifische, primär betriebs- bzw. organisationsbezogene Definition und Beförderung des Facharbeiters zu erklären.
- Aufstiegsbeziehungen zwischen Arbeitern und Angestellten nur in einem einzigen Fall, nämlich von Hilfs- und Facharbeitern in der Industrie zu mittleren Angestellten in der Produktion. Auch in diesem Fall handelt es sich wahrscheinlich um innerbetriebliche Karrieren.

- Isolierte Stellung des Aufstiegs-Karriereweges im Bereich von Verwaltung und Management (vom einfachen zum mittleren und leitenden Verwaltungsangestellten) – ein Befund, der insbesondere stark mit den USA kontrastiert.

Die Muster in Frankreich und Österreich unterscheiden sich also sehr deutlich. Als Grundtypus der beruflichen Karriere schält sich in Frankreich der innerbetriebliche Aufstieg heraus, welcher gewissermaßen eine Alternative zu den starken Prozessen der Verberuflichung und Professionalisierung in Österreich bildet. Resultat der Dominanz dieses Aufstiegsmechanismus ist auf der einen Seite eine insgesamt relativ hohe Offenheit der Berufsstruktur, insbesondere zwischen ungelernten und gelernten Arbeiterpositionen. Ihre Kehrseite ist allerdings eine sehr starke Segmentierung der Mobilitätsmuster entlang sektoral-horizontaler Barrieren. Auch der für Kontrolle, Aufsicht und Leitung zuständige Teil der Verwaltung ist offensichtlich stark von den übrigen Positionen getrennt (vgl. Granick 1972, für analoge Befunde im Hinblick auf die starke Exklusivität in der Rekrutierung des Managements in Frankreich).

Insgesamt bietet die französische Klassenstruktur aus der Sicht der Muster der Karrieremobilität das Bild einer primär nach sektoral-horizontalen Kriterien gegliederten Arbeiterschaft, die sehr enge Beziehungen zu den Landarbeitern einerseits, den kleinen Selbständigen andererseits aufweist. Die Angestellten dagegen sind, mit Ausnahme jener in der Industrie, von den Arbeitern viel deutlicher abgehoben als im Falle von Österreich. Professionen und große Selbständige schließlich sind auch in Frankreich ähnlich stark wie in Österreich von den übrigen Kategorien getrennt. Darin unterscheiden sich diese beiden Länder von den Vereinigten Staaten.

Dieses Bild einer stark fragmentierten Klassenstruktur in Frankreich stellt einen deutlichen Kontrast nicht nur zu Österreich, sondern auch zu den *Vereinigten Staaten* dar, für die folgende Mobilitätsströme charakteristisch sind:

- Ein hohes Ausmaß an intersektoraler Mobilität. Dieses Faktum ist wohl ein generelles Charakteristikum der amerikanischen Mobilitätsstrukturen. Es gilt auch für Manager (Granick 1972).
- Umfangreiche Mobilitätsströme von den un- und angelernten Arbeitern zu den leitenden Angestellten und zu den kleinen und großen Selbständigen. Dies stellt einen völligen Gegensatz zu den Befunden für Frankreich und Österreich dar. Hier spiegelt sich ein typisches Merkmal amerikanischer Unternehmens- und Organisationsstrukturen, nämlich jenes einer sehr stark ausdifferenzierten innerbetrieblichen Hierarchie (Edwards 1981).
- Eine geringere Abschließung der Unternehmer und Professionen gegenüber Zugängen von außen, wobei im Falle der Unternehmer die beiden quantitativ bedeutsamsten Zugangs-Karrierepfade sogar von einfachen Angestellten und Hilfsarbeitern ausgehen.
- Ein im Vergleich zu den beiden anderen Ländern häufigeres Auftreten von beruflichen Abstiegen auf allen Ebenen.

Der bereits mehrfach konstatierte Eindruck einer erheblich größeren Offenheit der amerikanischen Klassenstruktur im Vergleich mit den beiden europäischen Ländern bestätigt sich hier in doppelter Hinsicht: zum einen in Bezug auf das Vorkommen von Aufstiegen über relativ große Distanzen hinweg, zum anderen aber auch in Bezug auf ein höheres Abstiegsrisiko aus gehobenen Positionen. Diese Befunde stimmen mit den grundsätzlichen Unterschieden in den vorwiegenden Strategien der Arbeitsmarktsegmentierung zwischen den drei verglichenen Ländern überein. Als Strategie zur Etablierung »geschlossener Beschäftigungsverhältnisse« ist im Falle der USA weder die für Österreich so wichtige »Professionalisierung« auf der Facharbeiterebene so bedeutsam noch – wie im Falle Frankreichs – die Verstaatlichung. Auch in kurzfristigen wirtschaftlichen Krisenperioden ist es den amerikanischen Arbeitgebern leichter, den Arbeitskräftebedarf durch rasches »*hiring and firing*« an veränderte Nachfragebedingungen anzupassen, während in Österreich und Deutschland derartige Anpassungen eher über phasenweise Verkürzungen bzw. Verlängerungen der Arbeitszeit (durch Kurzarbeit oder Überstunden) erfolgen, sodass Entlassungen seltener notwendig sind (Sengenberger/Köhler 1983). Die Kehrseite der größeren Offenheit der amerikanischen Gesellschaftsstruktur im Hinblick auf berufliche Aufstiege ist daher ein höheres Risiko des beruflichen Abstiegs.

8.2 Die strukturkonservierende Rolle der Familie

In Kapitel 4 wurde argumentiert, dass die Theorie der sozialen Schichtung von zwei zentralen Prozessen der Reproduktion sozialer Ungleichheit ausgehen muss: der schichtspezifischen Partnerwahl und der intergenerationalen »Vererbung« des sozialen Status. Erst dadurch, dass sich durch die Partnerwahl relativ statushomogene Ehepaare bzw. Familien bilden, wird es möglich, dass sich ein schichtspezifischer Familienstatus herausbildet, der in der Folge dann den Kindern weitervererbt wird. Die zwischengeschlechtliche Liebesbeziehung und die Wahl eines Ehepartners gehören zu den stärksten sozialen Beziehungen bzw. wichtigsten Selektionsprozessen überhaupt (Lenz 2003). Daher ist es nicht verwunderlich, dass Statuserwägungen – die Achtung für den Partner, seine Anerkennung als ebenbürtig – hierbei eine zentrale Rolle spielen.

In diesem Abschnitt werden einige Grunddaten zum Prozess der schichtspezifischen Partnerwahl dargestellt, und zwar der Umfang der Homogamie bzw. Heterogamie der Ehepaare nach der höchsten Ausbildung beider Partner. Von *Homogamie* spricht man, wenn beide Ehepaare ähnliche Merkmale aufweisen; von *Heterogamie*, wenn dies nicht der Fall ist. Zum Vergleich werden fallweise die Daten aus der Anfang der 1980er Jahre durchgeführten Studie über

»*Klassenbildung und soziale Schichtung in Österreich*« (Haller 1982a) herangezogen. Drei Aspekte werden hier behandelt: (1) das Ausmaß und die Veränderungen in der Bildungshomogamie; (2) die entsprechenden Strukturen und Veränderungen nach der beruflichen Position von Männern und Frauen, und (3) einige Konsequenzen der Homogamie bzw. Heterogamie der Ehepaare.

Bildungsexpansion und Homogamie der Partnerwahl nach Bildung

Übereinstimmend wird in der internationalen Literatur festgestellt, dass die Tendenz zur Homogamie nach Bildung weit höher ist als es aufgrund der Zufallsverteilung zu erwarten wäre. Das gleiche gilt für die Tendenz, dass Frauen häufiger Partner mit höherer Bildung, Männer häufiger Partnerinnen mit niedrigerer Bildung wählen. Aufgrund des starken Aufholprozesses der Frauen im Bereich der Bildung ist jedoch anzunehmen, dass sich diese Muster verändert haben. Das Bildungssystem – insbesondere auf der Sekundar- und Tertiarstufe – stellt zum einen selbst eine Gelegenheitsstruktur dar; man spricht hier auch von einem »Heiratsmarkt.« Bildungserfahrungen erzeugen zudem ähnliche intellektuelle Ansprüche und in mancher Hinsicht auch Werthaltungen, sodass man Partner mit gleicher Bildung präferiert. Bildung und Bildungstitel stellen seit jeher auch Statusattribute dar. Aufgrund all dieser Prozesse wäre zu erwarten, dass die Bildungshomogamie im Laufe der letzten Jahrzehnte zugenommen hat. Früher mussten viele Männer schon aus strukturellen Gründen eine Frau mit niedrigerer Bildung heiraten, wenn sie eine Ehe eingehen wollten.

Die vorliegende Literatur zu dieser Frage ergibt kein einheitliches Bild (vgl. Ressler 2005, S. 156ff.). Blossfeld und Timm (2003) konnten in einem Vergleich von acht westlichen Ländern über die letzten 50 Jahre hinweg eine Zunahme der Bildungshomogamie feststellen. Eine norwegische Studie fand hingegen eine Abnahme (Birkelund/Heldal 2003). Veränderungen gab es in jedem Fall im Hinblick auf spezifische Muster der bildungsmäßigen Heterogamie. Heike Wirth (1996) fand für Deutschland, dass die frühere Asymmetrie (Mann typischerweise höhere, Frau niedrigere Bildung) in jüngeren Kohorten verschwunden ist. Frauen heiraten nun ebenso häufig Männer, die eine Stufe unter ihrem Bildungsniveau stehen wie diese Frauen. Ähnliche Trends zeigen sich im internationalen Vergleich (Blossfeld/Timm 2003). Für Deutschland zeigte Teckenberg (2000), dass im Heiratsverhalten eine schärfere Abgrenzung zwischen oberen und unteren Dienstleistungsschichten auftritt, die u. U. sogar wichtiger wird als der Unterschied manuell – nichtmanuell. Zusehends in eine marginale Stellung geraten jedoch die Ungelernten; sie werden als Heiratspartner öfters gemieden.

Wir müssen also davon ausgehen, dass bei den Heiratsmustern nicht unbedingt ein einheitlicher Trend zu mehr Offenheit oder sozialer Abschließung festzustellen ist, sondern dass auf unterschiedlichen Ebenen der gesellschaftlichen Hierarchie unterschiedliche Tendenzen der Öffnung und Schließung festzustellen sind.

Abbildung 8.3: Bildungshomogamie und Heterogamie, 1986, 1993, 2003

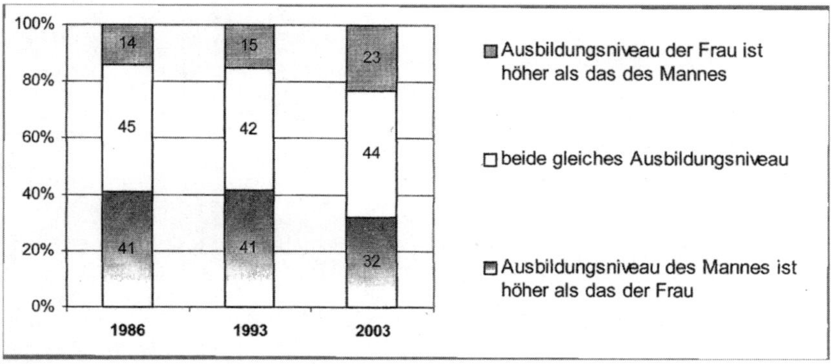

Quelle: Soziale Surveys 1986, 1993, 2003

Sehen wir uns zunächst die Muster der Homogamie und Heterogamie nach der höchsten Ausbildung verheirateter Ehepaare an. Die Grundlage dafür bietet eine neue Analyse anhand der Daten der Sozialen Surveys 1986 bis 2003 (Regina Ressler 2005). (Vgl. *Tabelle 8.6*) Es ist offenkundig, dass der Zusammenhang sehr stark ist.

Betrachtet man die Bildung der Frau in Abhängigkeit von der des Mannes, so zeigt sich: 1986 hatten noch 84 Prozent der Männer mit Pflichtschulbildung eine Ehegattin, die ebenfalls nur Pflichtschulbildung hatte. Dieser Anteil hat sich bis 2003 auf 68 Prozent verringert – jedoch in größerem Umfang nur zugunsten von Frauen mit Lehrausbildung; nur 5 Prozent der Männer mit Pflichtschulbildung haben eine Frau mit Matura, Akademiker-Frauen kommen nicht vor. Bei Männern mit Lehre oder Fachschulausbildung verschiebt sich das Bildungsniveau der Partnerin sukzessive nach oben, jedoch bleibt es mehrheitlich im Bereich von Pflichtschule, Lehre oder Fachschule. Männer mit Matura heiraten zu gut einem Drittel ebenfalls Maturantinnen, ansonsten Partnerinnen mit niedrigerer Bildung. Akademiker heirateten noch 1986 großteils Maturantinnen, heute aber schon Akademikerinnen; ansonsten hat die Frau meist Fachschule oder Matura; Pflichtschul- oder Lehrabsolventinnen kommen als Partnerinnen von Akademikern ebenfalls nur selten in Frage.

Aus der Sicht der Frauen zeigt sich, dass sie häufiger Männer mit höherer Bildung heiraten, jedoch ist die Tendenz »gleich und gleich gesellt sich gern« auch hier stark sichtbar. Ein weiterer Unterschied zeigt sich bei Akademikerinnen: diese heirateten 1986 und 1993 noch zu rund 70 Prozent nur Akademiker (also viel häufiger als Männer), 2003 hat sich dies deutlich abgeschwächt (56 Prozent).

Auf den unteren Bildungsstufen ist dennoch bei den Männern eine gewisse Öffnung zu bemerken, bei den oberen Bildungsstufen dagegen bei den Frauen. Betrachtet man Homogamie und Heterogamie insgesamt, so zeigen sich keine Veränderungen, was die generelle Offenheit betrifft (vgl. *Abbildung 8.3*): der Anteil bildungsgleicher Paare liegt seit 1986 mehr oder weniger unverändert bei rund 44–45 Prozent. Häufiger wurden allerdings Paare, in denen die Frau ein höheres Bildungsniveau hat als ihr Partner, seltener jene, wo der Mann das höhere Bildungsniveau hat.

Tabelle 8.6: Ehepaare/Lebengefährte nach der höchsten abgeschlossenen Ausbildung der Partner 1986, 1993 und 2003

	1986						*1993*						*2003*						
	Bildung der Frau						*Bildung der Frau*						*Bildung der Frau*						
Bildung des Mannes	*Pflicht-schule*	*Lehre*	*Fach-schule*	*Matura*	*Hoch-schule*		*Pflicht-schule*	*Lehre*	*Fach-schule*	*Matura*	*Hoch-schule*		*Pflicht-schule*	*Lehre*	*Fach-schule*	*Matura*	*Hoch-schule*		
(a) Zeilenprozente						(N)						(N)						Total	(N)
Pflichtschule	84	13	3	1	-	(294)	70	17	10	3	-	(224)	68	23	4	5	-	100	(159)
Lehre	48	33	12	6	1	(547)	45	34	14	6	1	(536)	29	44	15	11	1	100	(491)
Fachschule	25	28	35	12	-	(138)	23	23	40	13	1	(140)	14	41	26	17	2	100	(78)
Matura	13	22	30	34	2	(141)	9	21	35	33	3	(142)	10	23	22	35	11	100	(142)
Hochschule	5	1	19	46	30	(55)	2	8	23	41	26	(67)	3	12	16	28	41	100	(93)
b) Spaltenprozente																			
Pflichtschule	43	13	5	2			35	13	10	6	-		37	11	4	4	-		
Lehre	47	62	38	28			54	64	35	26	11		52	67	50	36	13		
Fachschule	6	14	27	13			7	11	26	14	4		5	9	14	8	2		
Matura	3	11	24	38			3	10	23	35	16		5	10	21	34	29		
Hochschule	0	0	6	20			0	2	7	20	70		1	3	11	18	56		
Total	100	100	100	100			100	100	100	100	100		100	100	100	100	100		
(N)	(565)	(285)	(175)	(126)			(443)	(289)	(218)	(134)	(25)		314	380	166	202	83		
c) Total																			
Pflichtschule	21	3	1	-			14	3	2	1	-		11	4	1	1	-		
Lehre	23	15	6				22	17	7	3	-		15	22	7	6	1		
Fachschule	3	3	4	3			3	3	5	2	-		1	3	2	1	0		
Matura	2	3	4	1			1	3	5	4	-		1	3	3	5	2		
Hochschule	-	-	1	4			-	1	1	2	2		0	1	2	3	4		
Korrelation	0,57			2			0,52						0,54						

Quelle: R. Ressler, Wo die Ehe hinfällt (2005), S. 162.

Heiratsmuster nach dem beruflich-sozialen Status beider Partner

Die letzten Jahrzehnte haben neben der Bildungsexpansion auch eine signifikante Zunahme der Erwerbstätigkeit verheirateter Frauen sowie eine (allerdings weniger ausgeprägte) Höherqualifizierung der berufstätigen Frauen mit sich gebracht. Damit verliert das traditionelle »Ernährermodell« mit einem berufstätigen Ehegatten/Vater und einer nicht berufstätigen Ehefrau/Mutter an Boden und der Status der Frau selbst wird ein immer wichtigeres Merkmal für die Bestimmung des sozialen Status der Familie (Haller 1981).

Anfang der 1980er Jahre wurde bezüglich der beruflichen Homogamie, betrachtet nach den Berufen der Frauen in Abhängigkeit von denen ihrer Männer, festgestellt (Haller 1982a, S. 384ff.):

- Eine sehr starke Abschließung der Heiratskreise bei den Landwirten; der größte Teil der Frauen von Landwirten ist ebenfalls in der Landwirtschaft beschäftigt;
- eine deutliche, wenngleich schwächere Abschließungstendenz auch bei anderen Selbständigen, mittleren Angestellten und Beamten und HilfsarbeiterInnen;
- eine eher niedrige Homogamie bei Facharbeitern, einfachen Angestellten, aber auch gehobenen Angestellten und Beamten (diese heiraten häufiger hinunter).

Betrachtet man die Berufspositionen von Männern nach der Position der Frauen, so waren vor allem weibliche höhere Angestellte und Selbständige durch starke Homogamietendenzen charakterisiert (bedingt bei den letzteren wohl dadurch, dass in diesem Fall beide Partner im Betrieb mitarbeiten). Bei 39 Prozent aller Paare hatten Mann und Frau dieselbe berufliche Position inne.

Berechnet man aus diesen Heiratsmuster statistische Koeffizienten, die den Grad der Homogamietendenz (unter Kontrolle der Randverteilungen) erfassen, so ergeben sich vier schichtähnliche Gruppierungen (»soziale Klassen« im Sinne von Weber, innerhalb derer ein starker sozialer Austausch besteht):

- Landwirte,
- manuelle Arbeiter und einfache Angestellte und Beamte,
- mittlere, höhere und leitende Angestellte und Beamte,
- Selbständige außerhalb der Landwirtschaft.

Die Befunde der Sozialen Surveys von 1986 bis 2003 zeigen, dass sich der Berufsstatus von Mann und Frau in den letzten zwei Jahrzehnten tendenziell angenähert hat. Betrachtet man den beruflichen Status nach einem Prestigescore, so steigt die Korrelation zwischen dem Status von Mann und Frau von 0,26 1986 über 0,35 1993 auf 0,38 2003 (Ressler 2005, S. 165). Einen gleichen beruflichen Status hatten 1986 34 Prozent der verheirateten Paare, 1993 40

Prozent und 2003 37 Prozent. Deutlich abgenommen hat der Anteil der Frauen, die einen Mann mit höherem Status geheiratet haben (von 41 Prozent 1986 auf 30 Prozent 2003).

Eine Auswertung des kumulierten Datenfiles[6] aus den Sozialen Surveys 1986/93/03 anhand des international häufig verwendeten Berufsklassen-Schemas von Goldthorpe ergibt aus der Sicht der Männer (vgl. *Tabelle 8.7*, obere Hälfte):

- Männer in der oberen und unteren »Dienstklasse« (qualifizierte und leitende Angestellte und Beamte) heiraten großteils Frauen aus der gleichen Klasse;
- Die Partnerinnen von Männern in einfachen Angestelltenpositionen, aber auch von Facharbeitern, weisen eine relativ große Streuung auf;
- recht stark ist die Homogamie wiederum bei den unqualifizierten Arbeitern;
- die stärkste Homogamie besteht bei den Landwirten.

Tabelle 8.7: Heiratsmuster nach beruflich-sozialer Klasse[1] von Mann und Frau

Beruflich-soziale Klasse des Mannes		*Beruflich-soziale Klasse der Frau*							*Zusammen*	
		I	II	III	IVa	IVb	VI	VII	%	N
I Obere Dienstklasse	%	11	57	14	6	2	2	8	100	173
II Untere Dienstklasse	%	6	55	17	3	2	5	13	101	376
III Einfache Angest./ Beamte	%	4	24	26	2	5	5	35	101	135
IVa Selbständig außer Landwi.	%	4	46	21	15	3	3	8	100	120
IVb Selbständig Landwi.	%	2	8	5	3	73	2	8	101	116
VI Facharbeiter	%	5	27	19	3	5	7	35	101	324
VII Unqualif. Arbeiter	%	7	14	11	3	9	6	50	100	182
Insgesamt	%	6	36	16	4	10	5	23	100	
	N	82	512	233	60	140	67	332		1.426
Beruflich-soziale Klasse des Mannes		*Beruflich-soziale Klasse der Frau*							*Zusammen*	
		I	II	III	IVa	IVb	VI	VII	%	N
I Obere Dienstklasse	%	23	19	10	17	3	6	4	12	173
II Untere Dienstklasse	%	29	40	27	18	5	28	14	26	376
III Einfache Angest./ Beamte	%	6	6	15	3	5	10	14	9	135
IVa Selbständig außer Landwi.	%	6	11	11	30	2	6	3	8	120
IVb Selbständig Landwi.	%	2	2	3	5	61	3	3	8	116
VI Facharbeiter	%	18	17	26	17	12	31	34	23	324
VII Unqualif. Arbeiter	%	15	5	9	10	12	15	27	13	182
Insgesamt	%	100	100	100	100	100	100	100	100	
	N	82	512	233	60	140	67	332		1.426

1 Klassenschema von Goldthorpe; Genaue Beschreibung der Klassen: siehe Tabelle 8.3

Quelle: Sozialer Survey 1986, 1993, 2003 (kumuliertes Datenfile), eigene Auswertung

6 Die Kumulation ist notwendig, um in den einzelnen Berufsschichten noch genügend Besetzungen zu haben; zeitliche Veränderungen zwischen 1986 und 2003 werden dadurch allerdings verwischt.

Eine besonders starke Homogamie besteht also am oberen und unteren Ende der Schichtungsskala. Die starke Homogamie der Landwirte ist sicherlich durch die ganz besonderen Arbeits- und Lebensbedingungen in diesem Bereich bedingt, die in der Regel mit der gemeinsamen Führung des Betriebs durch Mann und Frau verbunden ist.

Aus der Sicht der Frauen zeigt sich folgendes (Tabelle 8.7, unterer Teil):

- Frauen in der oberen und unteren Dienstklasse heiraten zwar überproportional häufig Männer in den gleichen Klassen, recht häufig aber auch Arbeiter;
- selbständig erwerbstätige Frauen haben am häufigsten Männer, die auch selbständig sind (wieder ganz besonders stark ist die Homogamie bei Bäuerinnen); darüber hinaus aber heiraten sie Männer aus fast allen anderen Klassen;
- Arbeiterinnen haben mehrheitlich auch Arbeiter zum Ehegatten, recht häufig aber auch einfache und mittlere Angestellte.

Es zeigen sich also sehr deutliche Tendenzen zur Abschließung der Heiratsmuster nach sozialen Klassen bzw. Schichten. Trotzdem ist auch ein beachtliches Maß an Heiraten über die Grenzen von sozialen Klassen hinweg zu beobachten.

Ursachen und Folgen der Homogamie der Partner im Hinblick auf ehe- und familienbezogene Verhaltensweisen und Einstellungen

Wichtige Begleitaspekte der schichtspezifischen Partnerwahl sind die Heiratsquote, die Erwerbstätigkeit der Partnerin, die Kinderzahl sowie damit zusammenhängende Einstellungen und Wertorientierungen.

Da Statuserwägungen bei der Partnerwahl offenkundig eine sehr zentrale Rolle spielen, kann man annehmen, dass sie in manchen Fällen auch dazu führen, dass man auf eine Eheschließung überhaupt verzichtet.

So zeigte eine Analyse von Heiratsinseraten, dass Statusaspekte in mittleren und höheren Schichten eine größere Rolle für die Partnerwahl spielen als in unteren Schichten (Haller 1980a). Höher gebildete Frauen weisen deutlich niedrigere Heiratsquoten auf als alle anderen Bildungsgruppen. Hingegen heiraten Männer mit niedriger Schulbildung oder beruflichem Status (ungelernte Arbeiter) seltener. Sie möchten vielleicht heiraten, haben aber Schwierigkeiten, eine Partnerin zu finden (Findl 1982, S. 329).

Betrachtet man die Muster der Erwerbstätigkeit der Frau nach dem beruflich-sozialen Status beider Partner, so zeigen sich ebenfalls deutliche Trends (vgl. *Abbildung 8.4*): Seit 1986 nimmt besonders stark der Anteil jener Frauen ab, deren Mann einen statushöheren Beruf hat und die nicht erwerbstätig sind (von 59 Prozent auf 26 Prozent). Am häufigsten nicht erwerbstätig sind heute Ehegattinnen, wenn beide niedrigen beruflichen Status haben; die Erwerbstätigkeit nahm aber auch hier von 56 auf 68 Prozent zu. Am häufigsten erwerbstätig dagegen sind Ehegattinnen mit einem höheren Status als ihr Partner (92 Prozent); aber Frauen, deren Partner einen gleich hohen Status hat, sind sehr häufig erwerbstätig. Diese Befunde sind wohl darauf zurückzuführen, dass Frauen in niedrigeren sozialen Schichten selbst auch keine anspruchsvollen beruflichen Tätigkeiten ausüben, die Hausfrauenrolle daher eine attraktive Alternative zur Erwerbstätigkeit darstellt. Dem entspricht, dass traditionelle Vorstellungen von der Familie und Frauenrolle in den niedrigeren Sozialschichten stärker verbreitet sind als in höheren Schichten (Haller/Höllinger 1994).

Abbildung 8.4: Berufstätigkeit der Ehepartner nach einer Status-Typologie der Paare

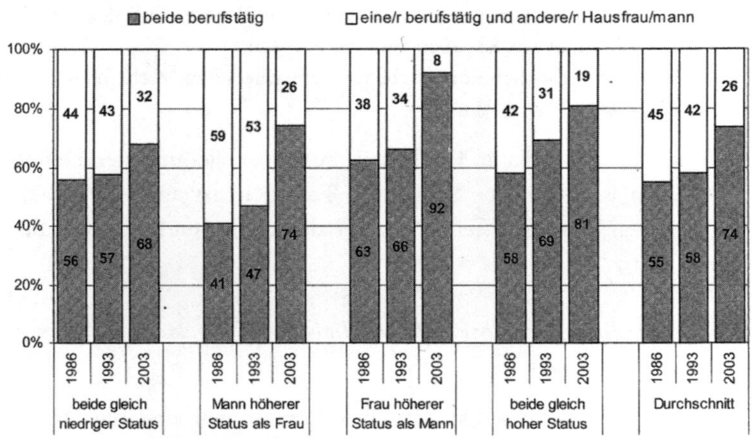

N = 1986: 732, 1993: 688, 2003: 542

Quelle: Ressler, Wo die Ehe hinfällt (2005), S. 170, Grafik 5.2; Datenbasis: Soziale Surveys 1986, 1993, 2003.

Differenzen nach den familiären Statuskonstellationen zeigen sich auch im Hinblick auf das Vorhandensein von Kindern und die darauf bezogenen Wertorientierungen. Hat die Frau einen höheren Status als der Mann oder haben beide einen hohen Status, hat das Paar häufiger keine Kinder. Ersteres wurde im Zeitverlauf häufiger (von 9 auf 16 Prozent), letzteres eher seltener (Abnahme von 15 auf 12 Prozent; Ressler 2005, S. 171). Diesem unterschiedlichen Fertilitätsverhalten entsprechen die Einstellungen zu Familie und Kindern: in höheren Schichten betrachtet man Kinder seltener als unabdingbaren Bestandteil eines glücklichen Lebens als in niedrigeren, und die Erwerbstätigkeit der Frau wird seltener als ungünstig für die Entwicklung des Kindes gesehen.

8.3 Muster der intergenerationalen beruflich-sozialen Mobilität

Das Ausmaß der intergenerationalen sozialen Mobilität ist gewissermaßen der »Lackmus-Test« für die Durchlässigkeit einer Gesellschaft (Fürstenberg 1969).

Der funktionalistischen Schichtungstheorie zufolge ist eine offene (»meritokratische«) Gesellschaft geradezu definiert dadurch, dass sie allen Begabten und Leistungsorientierten unter den Kindern und Jugendlichen, unabhängig vom sozialen Status ihrer Eltern, gleiche Chancen des Ein- und Aufstiegs in qualifizierte berufliche Positionen eröffnet (vgl. Kapitel 4). Doch moderne kapitalistische Gesellschaften sind keineswegs durchwegs Leistungsgesellschaften sind; es gab auch einfache Gesellschaften auf sehr niedrigen Entwicklungsniveaus, die stärker leistungsorientiert waren als manche fortgeschritteneren Gesellschaften. Leistungsprinzipien kommen vor allem dann eher zum Zuge, wenn sich eine Gesellschaft in einer kritischen Situation, einer »Problemlage« befindet (Seibel 1980). Schon Max Weber (1964[1922]) argumentierte, dass sich ständische Prinzipien eher in Phasen einer friedlich-stetigen Entwicklung, Klassenprinzipien eher in Phasen des Umbruchs durchsetzen.

Ob Österreich heute als eine »offene Leistungsgesellschaft« zu sehen ist oder nicht, lässt sich nicht ohne weiteres beantworten. Abgesehen von der Diffusität und Abstraktheit dieses Begriffes, auf die bereits in Kapitel 4 (vgl. S. 170ff.) hingewiesen wurde, (eine Gesellschaft kann in manchen Bereichen durchaus offen, in anderen dagegen weniger offen sein), wären dazu systematische historische und internationale Mobilitätsvergleiche notwendig. Dies ist hier nicht möglich, nicht zuletzt deshalb, weil bei internationalen Vergleichen für Österreich vielfach keine Daten vorhanden sind. Es sollen hier jedoch einige Basisdaten zur intergenerationalen Mobilität präsentiert werden, die einen recht guten Einblick in die Offenheit der Sozialstruktur gewähren.

Umfang und Muster der intergenerationalen sozialen Mobilität um 1970

Wie hoch ist die Mobilität der beruflich-sozial mobilen Söhne und Töchter im Vergleich zu ihren Eltern? Aussagen darüber hängen natürlich ab von der verwendeten Klassifikation nach Berufsschichten; je detaillierter diese ist, desto mehr Mobilitätsbewegungen wird man erkennen können.

Beginnen wir mit einer Zusammenfassung der wichtigsten Befunde aus der bislang einzigen größeren Mobilitätsstudie, die auf Daten aus den 1970er Jahren beruhte (Haller 1982a, S. 424ff.). In dieser Studie wurde eine Klassifikation nach 13 Berufsschichten verwendet (vom ungelernten Arbeiter bis zu höheren Angestellten und Beamten und Differenzierungen nach Betriebsgröße innerhalb der Selbständigen). Hieraus ergab sich, dass nicht weniger als drei Viertel (rund 75 Prozent) der Männer gegenüber ihren Vätern mobil waren, also eine andere Berufsschicht innehatten. Dieses hohe Ausmaß hing zweifellos mit den seinerzeit starken Umschichtungen von der Landwirtschaft zu Industrie und Dienstleistungen zusammen; dabei handelte es sich großteils um Mobilität über kurze Distanzen (etwa vom Hilfs- zum Facharbeiter usw.).

Besonders starke Tendenzen zur Statusvererbung zeigten sich unter den Angestellten und Beamten (auch bedingt durch deren starke Expansion, die den Kindern dieser Schichten sehr gute Chancen eröffnete) und unter den Facharbeitern, sehr geringe unter den Landwirten (bedingt durch die starke Schrumpfung der Landwirtschaft zur damaligen Zeit). Aus der Sicht der Herkunft der Inhaber bestimmter Positionen zeigte sich, dass die Selbstrekrutierung im Angestellten- und Beamtenbereich umso stärker ist, je höher die Position; auch Arbeiter kommen überproportional häufig aus Arbeiterfamilien. Landwirte stammen fast nur aus Bauernfamilien ab.

Die Analyse der Mobilität von Frauen erbrachte ein insgesamt noch höheres Ausmaß an Mobilität als bei den Männern, bedingt auch durch die unterschiedliche Berufskonzentration von Frauen im Vergleich zu ihren Vätern (Frauen sind deutlich häufiger Angestellte und Beamte, Männer häufiger Facharbeiter oder selbständige Landwirte). In einer Reihe von Aspekten zeigte sich jedoch, dass Männer bedeutend bessere Aufstiegschancen hatten als Frauen: beim Zugang zu Positionen von Selbständigen mit großen Unternehmen oder leitenden Angestellten und Beamten; ebenso bestand bei Frauen eine höhere Wahrscheinlichkeit des Übergangs von einer Bauernfamilie in eine Hilfsarbeiterinnenposition; auch innerhalb des Angestellten- und Beamtenbereiches hatten Söhne bessere Aufstiegschancen als Töchter.

Eine Analyse der relativen Nähe bzw. Distanz zwischen den Berufsklassen nach der sozialen Mobilität zeigte bei Männern, dass man von der Existenz von drei relativ großen »sozialen Klassen« sprechen kann:

- gehobene und leitende Angestellte und Beamte und Selbständige, wobei die letzteren z. T. von den ersteren als abgehoben erscheinen;
- Arbeiter und einfache Angestellte;
- Landwirtschaftliche Berufe.

Intergenerationale soziale Mobilität von Männern und Frauen heute

Betrachten wir die intergenerationale soziale Mobilität nun anhand neuerer Daten, der kumulierten Sozialen Surveys 1986, 1993 und 2003. (Ihr Nachteil liegt allerdings darin, dass die Anzahl der Befragten mit jeweils ca. 2.000 Personen für eine Mobilitätsstudie relativ begrenzt ist). Die Abstromquoten zeigen, in welche sozialen Positionen die Söhne und Töchter von Vätern bestimmter Schichten kommen (*vgl. Tabelle 8.8*, oberer Teil). Die Abstromquoten zeigen die prozentuelle beruflich-soziale Verteilung der Söhne von Vätern aus den einzelnen beruflich-sozialen Klassen. So können wir z.B. sehen, dass die Söhne der Väter aus der oberen Dienstklasse sich zu 20 Prozent selber in dieser befinden, dagegen nur 13 Prozent (10 Prozent + 3 Prozent) als Arbeiter tätig sind.

Ingesamt zeigt sich hier also das Bild einer relativ großen Offenheit der Sozialstruktur, nicht zuletzt bedingt durch die große Dynamik der beruflich-sozialen Umschichtungen von landwirtschaftlichen und Arbeiter- hin zu Angestellten- und Beamtenpositionen im Laufe der vergangenen Jahrzehnte.

- Die Söhne der oberen und unteren Dienstklasse sind in der Lage, mit großer Mehrheit (zu ca. 80 Prozent) in der Klasse ihrer Väter zu verbleiben;
- die Söhne einfacher Angestellter verteilen sich relativ breit von Arbeiterberufen bis zu gehobenen Berufen;
- Die Söhne von Selbständigen außerhalb der Landwirtschaft werden großteils wieder Selbständige oder erreichen höhere Angestellten- und Beamtenpositionen;
- die Söhne von Landwirten streuen recht breit, von landwirtschaftlichen und Arbeiter- bis zu Angestelltenpositionen;
- Facharbeiter- und Hilfsarbeitersöhne werden großteils wieder Arbeiter; allerdings auch zu erheblichen Anteilen Angestellte oder Beamte.

Tabelle 8.8: Intergenerationale beruflich-soziale Mobilität von Männern und Frauen (Abstromquoten)

Beruflich-soziale Klasse[1] der Väter			*Beruflich-soziale Klasse der Söhne*							*Zusammen*	
			I	II	III	IVa	IVb	VI	VII	%	(N)
I	Obere Dienstklasse	%	20	55	0	13	0	10	3	101	(40)
II	Untere Dienstklasse	%	37	44	7	1	0	8	4	101	(115)
III	Einfache Angest./ Beamte	%	13	34	18	2	6	15	13	101	(88)
IVa	Selbständig außer Landwirte	%	14	19	10	33	3	11	9	99	(88)
IVb	Selbständig Landw.	%	2	16	3	7	26	22	24	100	(213)
VI	Facharbeiter	%	7	28	10	3	1	44	6	99	(175)
VII	Unqualif. Arbeiter	%	8	17	8	2	2	39	23	99	(227)
Insgesamt		%	12	26	8	7	7	26	15	101	
		(N)	(110)	(243)	(76)	(62)	(69)	(249)	(137)		(946)
Beruflich-soziale Klasse[1] der Väter			*Beruflich-soziale Klasse der Töchter*							*Zusammen*	
			I	II	III	IVa	IVb	VI	VII	%	(N)
I	Obere Dienstklasse	%	16	61	13	5	0	3	3	100	(38)
II	Untere Dienstklasse	%	10	65	6	5	0	3	11	100	(80)
III	Einfache Angest./ Beamte	%	4	38	20	6	0	6	26	100	(50)
IVa	Selbständig außer Landwirte	%	3	39	9	25	8	5	10	101	(59)
IVb	Selbständig Landw.	%	2	15	9	5	42	1	26	100	(127)
VI	Facharbeiter	%	4	44	17	3	6	3	24	100	(127)
VII	Unqualif. Arbeiter	%	3	26	16	2	5	4	44	100	(120)
Insgesamt		%	5	37	13	6	12	3	24	100	
		(N)	(30)	(223)	(77)	(36)	(71)	(19)	(145)		(601)

[1] Klassenschema von Goldthorpe

Quelle: Sozialer Survey 1986, 1993, 2003 (kumuliertes Datenfile), eigene Auswertung.

Die analogen Befunde für Frauen sehen folgendermaßen aus (*Tabelle 8.8*, unterer Teil):

- Töchter von Vätern in höheren sozialen Positionen verbleiben ähnlich häufig wie Söhne in solchen Positionen, allerdings eher um eine Stufe niedriger (etwa der unteren anstatt der oberen Dienstklasse);
- die Töchter von einfachen Angestellten erreichen heute großteils qualifizierte Angestellten- oder Beamtenpositionen (untere Dienstklasse);
- erstaunlich sind die Mobilitätschancen von Arbeitertöchtern: Töchter von Facharbeitern erreichen hauptsächlich Positionen der unteren Dienstklasse, jene von ungelernten Arbeitern werden zwar am häufigsten selber wieder Hilfsarbeiterinnen, ein beachtlicher Teil erreicht jedoch auch Positionen im Angestelltenbereich;
- Bauerntöchter werden überproportional häufig Bäuerinnen (zu 42 Prozent), ansonsten Hilfsarbeiterinnen oder mittlere Angestellte (untere Dienstklasse).

Insgesamt betrachtet haben Männer deutlich bessere Aufstiegschancen, aber ein höheres Abstiegsrisiko als Frauen.

Die österreichische Gesellschaft zeichnet sich also durch eine starke Tendenz zur Statusvererbung zwischen den Generationen, aber auch durch ein beachtliches Ausmaß an intergenerationaler sozialer Mobilität aus. Die Tatsache, dass soziale Aufstiege doppelt bis dreimal so häufig sind wie Abstiege, mag mit ein Grund dafür sein, dass unsere Gesellschaft insgesamt als offen empfunden wird. Frauen sind gegenüber Männern allerdings deutlich benachteiligt. Im Rahmen des gesellschaftlichen Bewusstseins mag dies nicht so ins Gewicht fallen, da Frauen ihre Erwerbstätigkeit immer noch häufig als Möglichkeit für einen Zusatzverdienst sehen. Die Tatsache, dass soziale Aufstiege viel häufiger sind als Abstiege, zeigt sich – ähnlich wie oben für die Karrieremobilität gezeigt – auch in den Wahrnehmungen der Österreicherinnen und Österreicher. Nahezu die Hälfte der Männer und ein Drittel der Frauen beurteilen ihren eigenen beruflichen Status höher als den ihrer Eltern, nur etwa ein Zehntel der Männer als niedriger; bei Frauen sind dies allerdings rund ein Viertel (Leitner 1996, S. 129).

Bei den Zustromquoten, die anzeigen, aus welchen sozialen Schichten die Inhaber der verschiedenen Positionen kommen (*Tabelle 8.9*), ergibt sich für die Männer folgendes Bild:

- Angehörige der zwei oberen Klassen kommen etwa zur Hälfte auch aus diesen;
- Einfache Angestellte kommen ebenso häufig aus Angestellenfamilien wie aus Arbeiterschichten;
- Selbständige, insbesondere Bauern, weisen einen hohen Grad an Selbstrekrutierung auf;
- Arbeiter rekrutieren sich großteils aus Arbeiter- oder Bauernfamilien.

Abbildung 8.5.: Die objektive und subjektive Mobilität zwischen den Generationen

Klassen- und Berufsstruktur im Generationenvergleich

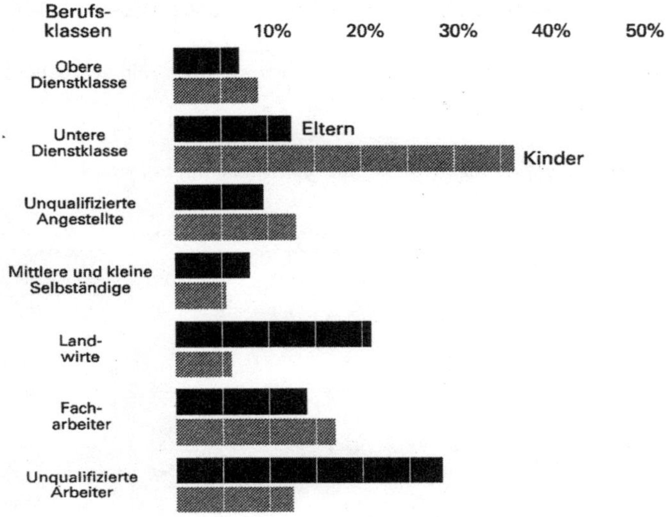

Beurteilung des eigenen Berufsstatus im Vergleich zu dem des Vaters (in Prozent)

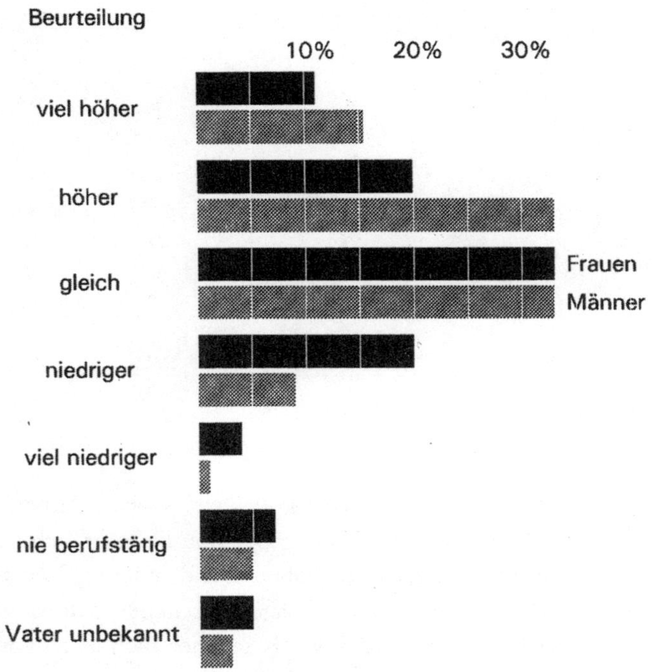

Quelle: Andrea Leitner, Geschlechtsspezifische Berufsmobilität in Österreich (1996), S. 118 und 129, Schaubild 2.4.2 und 2.4.3; Datenbasis: Sozialer Survey 1993.

Die Herkunftsmuster der Frauen sind jenen der Männer recht ähnlich, mit einigen Ausnahmen:

- Frauen in der oberen Dienstklasse haben häufiger Väter derselben Schicht als Männer;
- Hilfsarbeiterinnen sind häufiger Töchter von Facharbeitern, aber seltener Bauerntöchter.

Tabelle 8.9: Intergenerationale beruflich-soziale Mobilität von Männern und Frauen (Zustromquoten)

Beruflich-soziale Klasse[1] der Väter		*Beruflich-soziale Klasse der Söhne*							*Zusammen*	
		I	II	III	IVa	IVb	VI	VII	%	(N)
I Obere Dienstklasse	%	7	9	0	8	0	2	1	4	(40)
II Untere Dienstklasse	%	38	21	11	2	0	4	3	12	(115)
III Einfache Angest./ Beamte	%	10	12	21	3	7	5	8	9	(88)
IVa Selbständig außer Landwirte	%	11	7	12	47	4	4	6	9	(88)
IVb Selbständig Landw.	%	5	14	9	23	80	19	36	23	(213)
VI Facharbeiter	%	12	20	24	10	3	31	7	18	(175)
VII Unqualif. Arbeiter	%	17	16	24	8	6	36	39	24	(227)
Insgesamt	%	100	100	100	100	100	100	100	100	
	(N)	(110)	(243)	(76)	(62)	(69)	(249)	(137)		(946)
Beruflich-soziale Klasse[1] der Väter		*Beruflich-soziale Klasse der Töchter*							*Zusammen*	
		I	II	III	IVa	IVb	VI	VII	%	(N)
I Obere Dienstklasse	%	20	10	6	6	0	5	1	6	(38)
II Untere Dienstklasse	%	27	23	6	11	0	11	6	13	(80)
III Einfache Angest./ Beamte	%	7	9	13	8	0	16	9	8	(50)
IVa Selbständig außer Landwirte	%	7	10	6	42	7	16	4	10	(59)
IVb Selbständig Landw.	%	10	9	16	17	75	5	23	21	(127)
VI Facharbeiter	%	17	25	27	11	10	21	21	21	(127)
VII Unqualif. Arbeiter	%	13	14	25	6	8	26	37	20	(120)
Insgesamt	%	100	100	100	100	100	100	100	100	
	(N)	(30)	(223)	(77)	(36)	(71)	(19)	(145)		(601)

1 Klassenschema von Goldthorpe

Quelle: Sozialer Survey 1986, 1993, 2003 (kumuliertes Datenfile), eigene Auswertung.

Zwischen den Generationen hat also ein deutlicher kollektiver sozialer Aufstieg stattgefunden (vgl. *Abbildung 8.5* oben): Die Kindergeneration befindet sich im Vergleich zu den Eltern deutlich häufiger in der oberen und unteren Dienstklasse, sowie in einfachen Angestelltenpositionen, dagegen seltener in Positionen von Landwirten und ungelernten Arbeitern (etwas seltener auch jenen von Facharbeitern). Diese Tatsache ist den Menschen offenkundig auch bewusst: die Mehrheit empfindet, dass sie gegenüber den Eltern einen sozialen Aufstieg erfahren haben (*Abbildung 8.5* unten). Hierbei zeigen sich allerdings starke Unterschiede zwischen Männern und Frauen: erstere sehen sich fast zur Hälfte in einer höheren Position als ihre Väter, und nur zu einem Zehntel in einer niedrigeren; bei den letzteren betragen diese Anteile nur etwa ein Drittel gegenüber einem Viertel.

Determinanten der beruflich-sozialen Mobilität: soziale Herkunft und Bildung im Vergleich zu Geschlecht und Region

Abschließend soll noch dargelegt werden, welche strukturellen Parameter einer Gesellschaft die Mobilitätschancen des Einzelnen bestimmen. Dabei sind – neben der sozialen Herkunft – vor allem drei Variablen von besonderer Bedeutung: die Ausbildung, das Geschlecht und die regionale Herkunft. Eigentlich müsste in einer offenen, meritokratischen Gesellschaft die Ausbildung die größte Bedeutung besitzen, doch wir haben bereits in Kapitel 1 gesehen (vgl. S. 39ff.), dass Alter und Region die wichtigsten Determinanten des Bildungsstatus sind, noch vor Geschlecht und Staatsbürgerschaft. Der Berufsstatus wird aber in stärkstem Maße durch den Bildungsabschluss determiniert, in signifikantem Ausmaß auch noch durch Alter und Staatsbürgerschaft.

In der auf Mikrozensusdaten beruhenden Mobilitätsanalyse von 1982 (Haller 1982a) wurden die Effekte dieser drei Variablen genau berechnet. Dabei wurden neben sozialer Herkunft und Ausbildung zusätzlich die Effekte des Geschlechts und jene der regionalen Herkunft (differenziert nach ländlicher, gemischter und städtischer Herkunft) einbezogen. Ausbildung wurde hierbei als »intervenierende Variable« definiert, die einerseits selbst abhängig ist von Herkunft und Geschlecht bzw. Region, andererseits aber auch einen Effekt auf die später erreichter Berufsposition ausübt.

Aus *Abbildung 8.6* wird ersichtlich, dass Ausbildung die mit Abstand wichtigste Determinante der Mobilitätschancen ist; sie bestimmt nahezu die Hälfte der Variation im beruflichen Status fünf Jahre nach Berufseintritt. Die soziale Herkunft hat den zweitstärksten Effekt, jedoch wird dieser zum guten Teil »aufgesogen« durch den Bildungseffekt; d.h. Eltern vermitteln ihren Kindern eine dem eigenen Status entsprechende Bildung, diese selbst ist dann aber ausschlaggebend für den Berufserfolg. Es gibt aber auch unabhängig vom Bildungsstatus einen Herkunftseffekt; d.h., bei gleicher Bildung erreichen Kinder aus höheren Schichten höhere Positionen als solche aus niedrigeren Schichten.
Gegenüber diesen beiden Effekten haben Geschlecht und regionale Herkunft nur untergeordnete Bedeutung für den beruflichen Status, den junge Männer und Frauen fünf Jahre nach Berufseintritt erreichen. Der Herkunftseffekt ist fünf- bis sechsmal so stark wie der Effekt des Geschlechts bzw. der regionalen Herkunft (ähnliche Befunde bei Leitner/Wroblewski 2005, S. 136f.).

Abbildung 8.6: Effekte von sozialer Herkunft, Bildung und Geschlecht bzw. regionaler Herkunft auf die Berufsposition

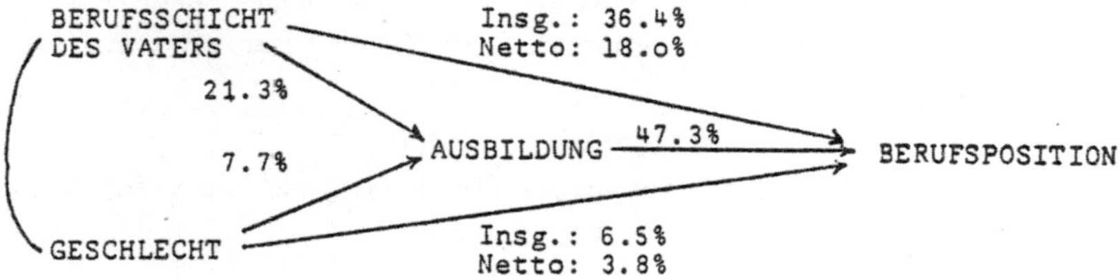

Quelle: Mikrozensus 1972-3 (Berufslaufbahnen); Grundgesamtheit: alle 1972 erwerbstätigen, zwischen 1933 und 1967 in den Beruf eingetretenen Personen

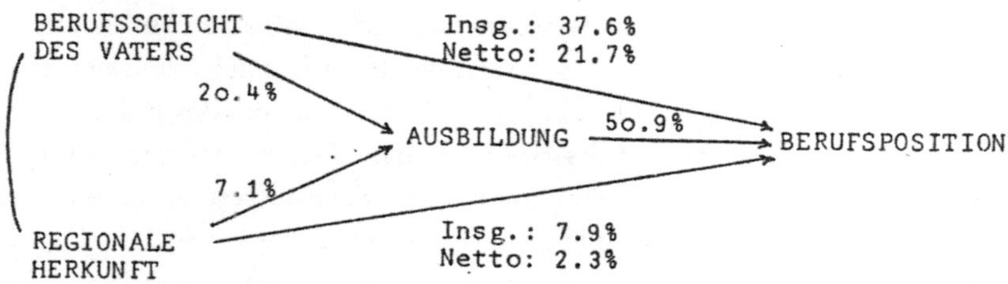

Quelle: Mikrozensus 1976-2 (Geburtenbiografie); Grundgesamtheit: alle derzeit erwerbstätigen, verheirateten Männer.

Quelle: M. Haller (1982a), Klassenbildung und soziale Schichtung in Österreich, S. 520f

Wie offen ist die österreichische Gesellschaft im Vergleich zu anderen Ländern?

Die Tatsache, dass Frauen gegenüber Männern im Hinblick auf intergenerationale Mobilität heute nicht mehr stark benachteiligt sind, ist angesichts der in Kapitel 5 dargestellten Erfolge der Mädchen und Frauen im Bildungsbereich und der vorhin dargestellten Mobilitätsmuster nicht sehr überraschend. Das Gleiche gilt für den Effekt der regionalen Herkunft, wenn man an den flächendeckenden Ausbau der Höheren Schulen denkt. War noch in den 1970er Jahren der typische Fall einer benachteiligten sozialen Figur »das Mädchen vom Lande«, so gilt dies heute nicht mehr; an seine Stelle ist der Sohn oder die Tochter eines ungelernten Arbeiters oder eines Ausländers getreten. Besser müsste man vielleicht sagen: diese beiden stellen heute die eindeutig diskriminierten Gruppen dar. In dieser Hinsicht hat die Expansion des meritokratischen Bildungssystems zu einer Reproduktion von Ungleichheit in einer neuen Form beigetragen (vgl. dazu Haller 1986a).

Abbildung 8.7: Historische Veränderungen in der Relevanz der einzelnen Komponenten des intergenerationalen Statuszuweisungsprozesses in Österreich, Frankreich und den Vereinigten Staaten, 1930–1970 (Anteile erklärter Variation in Prozent)

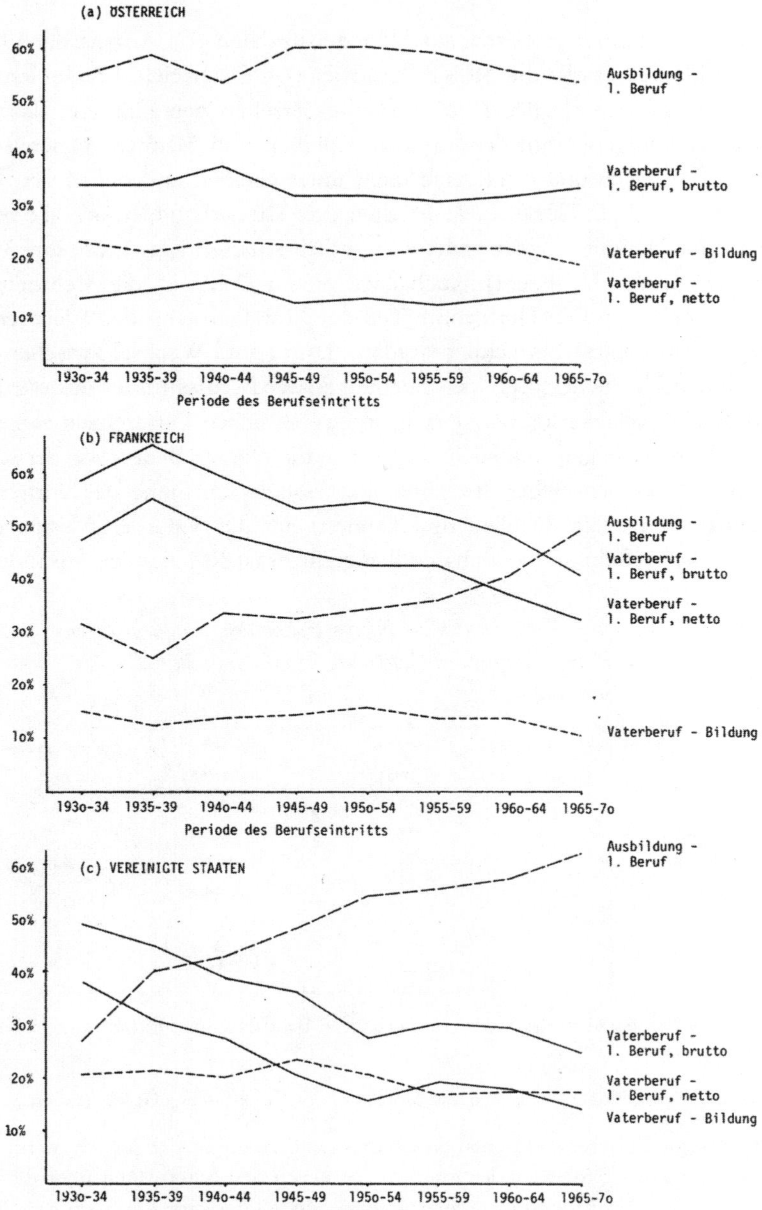

Quelle: M. Haller (1989b), Klassenstrukturen und Mobilität in fortgeschrittenen Gesellschaften, S. 325

Ob Österreich als eine besonders offene Gesellschaft zu betrachten ist, kann nur durch einen internationalen oder historischen Vergleich zureichend beantwortet werden. Während zum historischen Aspekt Daten weitgehend fehlen, gibt es zumindest im Hinblick auf den internationalen Vergleich einige Anhaltspunkte.

So wurden in einer größeren, auf Mikrozensusdaten von Anfang der 1970er Jahre beruhenden Studie die Mobilitätsmuster von Österreich, Frankreich und den USA verglichen (Haller 1989b). Hieraus ersehen wir zunächst, dass der Umfang der intergenerationalen sozialen Mobilität von Männern generell sich zwischen Österreich und Frankreich nicht unterscheidet, und nur in den USA etwas höher ist (vgl. *Tabelle 8.10*). In allen drei Ländern findet sich die große Mehrheit der Männer in einer anderen beruflich-sozialen Klasse wie ihre Väter (62 Prozent bzw. 67 Prozent). Auch nach diesen Daten ist die Mehrheit der Mobilen aufwärts mobil. Der größte Teil der Mobilität kann des Weiteren als »Zirkulationsmobilität« bezeichnet werden, d.h. es sind Wechsel zwischen den Generationen, die nicht durch Verschiebungen der Berufsstruktur (als »strukturelle Mobilität«) allein erklärbar sind. Keine wesentlichen Differenzen zwischen den drei Ländern zeigen sich auch, wenn man die relative Bedeutung der sozialen Herkunft für den selber erreichten Berufsstatus im Sinne des vorherigen Abschnittes betrachtet. In allen drei Ländern hat der Vaterberuf einen etwa ähnlich starken Effekt, der jedoch deutlich geringer ist als jener der Ausbildung.

Tabelle 8.10: Umfang und Komponenten der intergenerationalen, beruflich-sozialen Mobilität[1] von Männern in Österreich, Frankreich und den Vereinigten Staaten

	Österreich *Prozent*	*Frankreich* *Prozent*	*Vereinigte Staaten* *Prozent*
Mobile Insgesamt	61,7	61,7	67,4
Strukturmobilität	23,3	19,6	19,8
Zirkulationsmobilität	38,4	42,1	47,6
Aufstiegsmobilität	24,8	22,0	28,3
Abstiegsmobilität	13,7	17,6	18,8
Wechsel Landwirtschaft – Nichtlandwirtschaft u. u.	23,2	22,1	20,3

[1] Mobilität von Berufsschicht des Vaters zur derzeitigen Berufsposition des Befragten; 5 Berufsschichten

Quelle: Haller (1989b), Klassenstrukturen und Mobilität in fortgeschrittenen Gesellschaften, S. 342

Eine interessante Differenz zwischen diesen drei Ländern ergibt sich jedoch, wenn man die Entwicklung des Prozesses der intergenerationalen Statuszuweisung über die Zeit hinweg betrachtet. Dafür wurde ein zweiphasiges Modell berechnet, in dem der Vaterberuf als Ausgangs-Determinante, die Ausbildung als erste Etappe, und die erste Berufsposition als Endergebnis betrachtet wurde. Diese Zusammenhänge wurden für 8

Perioden des Berufseintritts (von 1930 bis 1970) berechnet (vgl. *Abbildung 8.7)*. Wir können hier einen wichtigen Befund erkennen. Der Zusammenhang zwischen Ausbildung und erster Berufsposition ist in Österreich konstant und sehr stark geblieben; er war früher auch hier schon sehr hoch, während er in Frankreich und den USA erst zuletzt stark angestiegen ist. Dies ist sicherlich darauf zurückzuführen, dass die Lehrausbildung in Österreich früher wie heute eine wichtige Zugangsbarriere zu einer breiten Klasse von Berufen darstellt. In den beiden anderen Ländern hat erst die Bildungsexpansion zu einer ähnlichen starken Zunahme des Allokationseffektes von Bildung geführt. Es wäre von großem Interesse, eine ähnliche Analyse auch für die jüngste durchzuführen um zu sehen, welchen Effekt die seitherige Expansion der Sekundar- und Hochschulbildung in Österreich hatte.

Resümee

Man kann aus den in diesem Abschnitt präsentierten Daten zweierlei Folgerungen ableiten. Die erste betrifft das Bild der gesamtgesellschaftlichen Klassen- und Schichtstruktur. Hier haben die Befunde wohl eindeutig ergeben, dass von einer Nivellierung der Gesellschaft zu einer »nivellierten Mittelschichtstruktur« bzw. dem Aufstieg einer »Mehrheitsklasse«, wie es deutsche Soziologen behaupten, nicht die Rede sein kann. Nicht nur zwischen Arbeitern und dem white-collar Bereich, sondern auch noch innerhalb dieser Gruppierungen (zwischen ungelernten Arbeitern und Facharbeitern, zwischen einfachen bis mittleren und höheren, meist akademisch ausgebildeten Angestellten, Beamten und Selbständigen) bestehen nach wie vor klare Heirats- und Mobilitätsschranken. Diese Befunde widerlegen auch die These von einer Ersetzung der Klassen und Schichten durch eine Vielfalt von »Lebensbedingungen«. Die zweite Folgerung betrifft die Problematik der Offenheit der österreichischen Gesellschaft. Hier muss man wohl sagen: Österreich kann aus dieser Sicht – je nach Perspektive – gesehen werden als durchaus offene Gesellschaft, die heute allen jungen Menschen gute Chancen bietet. Es liegt in dieser Hinsicht auch nicht wesentlich zurück hinter den USA, einem als Paradefall einer »offenen Gesellschaft« geltenden Land. Mit Fug und Recht kann man aber auch behaupten, dass die soziale Ungleichheit der Chancen heute nach wie vor eine bestimmende Konstante der Sozialstruktur darstellt – eine Konstante, die viel stärker ins Gewicht fällt als andere Formen der Diskriminierung, wie etwa jene nach Geschlecht oder nach regionaler Herkunft. Es gibt deutliche Anzeichen dafür, dass die mit der Bildungsexpansion verbundene »Meritokratisierung« der Gesellschaft auf der untersten Ebene der Schichthierarchie sogar zu einer verstärkten sozialen Ausschließung geführt hat.

Vertiefende Fragen

1) Welche Bedeutung und Folgen hat es a) für die in den Beruf Eintretenden und die Berufstätigen selbst, b) für die Unternehmen, wenn mittlere und höhere Positionen immer stärker direkt durch Abgänger des mittleren und höheren Bildungssystems und nicht durch innerbetriebliche Beförderung von Mitarbeitern aus unteren Ebenen besetzt werden?

2) Welche Vor- und Nachteile hat es a) für die Berufstätigen, b) für die Betriebe, wenn jemand im Laufe seiner Karriere in a) unterschiedlichen Betrieben, b) im Ausland berufstätig ist?

3) Welche Folgen wird die Privatisierung öffentlicher Betriebe und Dienstleistungen für die beruflichen Karrieremuster haben?

4) Welche Auswirkungen auf die Qualität des Ehe- und Familienlebens könnte es haben, wenn Mann und Frau sich in ihrer Bildung bzw. ihrem beruflichen Status deutlich voneinander unterscheiden?

5) Was könnten die Hauptfaktoren für einen Aufstieg von Kindern gegenüber ihrer Eltern über weite Distanzen hinweg sein? Welche Folgen kann ein solcher Aufstieg für die Betroffenen haben?

Weiterführende Literatur

Blossfeld, Hans-Peter/ Klaus Timm, Hrsg. (2003), *Who Marries Whom? Educational Systems as Marriage Markets in Modern Societies*, Dordrecht/Boston/London: Kluwer

Teckenberg, Wolfgang (2000), *Wer heiratet wen? Sozialstruktur und Partnerwahl*, Opladen: Leske + Budrich

Zwei umfassende neuere Studien über schichtspezifische Heiratsmuster in Deutschland und im internationalen Vergleich.

Haller, Max (1989b), *Klassenstrukturen und Mobilität in fortgeschrittenen Gesellschaften. Eine vergleichende Analyse der Bundesrepublik Deutschland, Österreichs, Frankreichs und der Vereinigten Staaten von Amerika*, Frankfurt/New York: Campus Verlag

Die bislang einzige (inzwischen leider schon fast »historische«) umfassende Studie über Heirats- und Mobilitätsmuster in Österreich.

Leitner, Andrea/ Angela Wroblewski (2005), »Soziale Mobilität« – Haben sich die Aufstiegschancen von Frauen und Männern in Österreich gleichermaßen verbessert?« in: Schulz, Haller, Grausgruber, *Österreich zur Jahrhundertwende*, S. 117–149

Ressler Regina (2005), »Wo die Ehe hinfällt. Muster schichtspezifischer Homogamie bzw. Heterogamie und ihre Folgen«, in: Schulz, Haller, Grausgruber, *Österreich zur Jahrhundertwende*, S. 151–178

Zwei neuere österreichische Studien über Heirats- und Mobilitätsmuster, mit einem für diese Zwecke leider nur relativ kleinen Datensatz.

Kapitel 9: Die ökonomische Ungleichheit

9.1 Ökonomische Ungleichheit als zentraler Aspekt sozialer Ungleichheit

In diesem Abschnitt geht es darum, die Bedeutung des Einkommens aus soziologischer Sicht aufzuzeigen und die verschiedenen Formen seiner empirischen Erfassung und methodischen Darstellung darzustellen. Obwohl das Einkommen eine der wenigen eindeutig messbaren Variablen der Sozialforschung darstellt, ist seine genaue Definition und empirische Erfassung keineswegs so einfach, wie es auf den ersten Blick scheinen mag.

Einkommen als primäres Schichtungsmerkmal

Die Analyse der ökonomischen Ungleichheit ist ein zentraler Aspekt der Analyse der Sozialstruktur. Man kann Einkommen – neben Variablen wie Bildung, Berufsposition, Macht und Prestige – mit Gösta Carlsson (1968) als *primäres Schichtungsmerkmal* bezeichnen. »Schichtung« wird hierbei als ein Oberbegriff für alle Formen vertikaler, mit sozialen Klassen und Schichten zusammenhängenden Formen der Ungleichheit verstanden (vgl. dazu auch Geiger 1932, 1949;

Schroth 1999). *Sekundäre* oder *abgeleitete Merkmale* sind eher die Folge der primären Dimensionen als die Ursache von Ungleichheit. Beispiele sind das gesundheitliche Befinden und die Lebenserwartung, oder die soziale und kulturelle Teilnahme.

Einkommen ist zwar ein zentrales Element der objektiven Lebenschancen, doch man darf deshalb die Einkommenshöhe nicht als Kriterium für die Klassenlage ansehen. Klassen sind durch typische *Quellen* von Einkommen und Erwerb definiert, aber nicht durch die Höhe des Einkommens. »Die Eigentümer von bloßer Arbeitskraft, die Eigentümer von Kapital, und die Grundeigentümer, deren respektive Einkommensquellen Arbeitslohn, Profit und Grundrente sind, also Lohnarbeiter, Kapitalisten und Grundeigentümer, bilden die drei großen Klassen der modernen, auf der kapitalistischen Produktionsweise beruhenden Gesellschaft« schrieb Marx (1971[1894], S. 892).

Genauso hat Max Weber Besitz und Besitzlosigkeit als die Grundkategorien aller Klassenlagen definiert, und innerhalb dieser beiden Klassen wiederum die verschiedenen Formen von produktiv verwertbaren Qualifikationen und Ressourcen (vgl. Kapitel 4). Statistisch definierte Einkommensgruppen bilden nur mehr oder weniger willkürlich abgegrenzte soziale Aggregate, aber per se noch keine homogenen Lebenslagen, und schon gar nicht Gruppen mit ähnlichen Interessenslagen, wie es ökonomische und soziale Klassen sind.

Obwohl kaum jemand in der Soziologie die grundlegende Bedeutung des Einkommens bestreiten wird, ist doch auffällig, wie selten soziologische Analysen der sozialen Ungleichheit auch die Einkommensmöglichkeit im Blick haben. Auch wenn die Analyse des Einkommens eher als Objekt der Ökonomie angesehen werden mag, darf sie aus soziologischer Perspektive nicht vernachlässigt werden; die Sichtweisen der Ökonomie und der Soziologie müssen viel eher als komplementäre Zugangsweisen betrachtet werden, die je für sich spezifische Aspekte thematisieren. So gibt es in der Ökonomie etwa eine viel umfangreichere Diskussion zur Theorie der Einkommensverteilung (vgl. dazu Blümle 1975; Atkinson 2000; Sell 2002).

Einkommen als zentraler Indikator des sozialen Status

Das Einkommen bestimmt, soziologisch betrachtet, in dreierlei Hinsicht die Lebenschancen des Einzelnen und der großen gesellschaftlichen Gruppen und Klassen:

1) Weil in modernen, hoch arbeitsteiligen Marktgesellschaften die *Sicherung des Lebensunterhalts* der einzelnen Menschen und ihrer Haushalte nahezu ausschließlich durch marktbezogene Formen von Erwerbstätigkeit und Einkommen gewährleistet werden kann. Geld als universelles Tauschmittel ist in modernen, kapitalistischen Marktgesellschaften die unentbehrliche Voraussetzung für den

Zugang zu einer Vielzahl von Lebenschancen (vgl. auch Deutschmann 2001). Über ein Einkommen zu verfügen, wird angesichts einer zunehmenden Ökonomisierung aller Lebensbereiche immer notwendiger (Zahn 1960; Buß 1985, S. 82ff.; Kutsch/Wiswede 1986, S. 94ff.; Natter/Reinprecht 1992, S. 237f.). In wirtschaftlich krisenhaften Perioden mit steigender und dauerhaft hoher Arbeitslosigkeit gewinnt die Sicherung des ökonomischen Lebensunterhalts sogar wieder an Bedeutung.

2) Weil die Verfügung über Geld in einer Markt- und Erwerbsgesellschaft die Grundlage für *persönliche Selbständigkeit und Unabhängigkeit* ist. Deshalb werden auch Frauen immer häufiger erwerbstätig (vgl. z.B. Schäfer/Ferstl 1999). Auch für Kinder und Jugendliche wird die Verfügung über eigenes Geld (sei es Taschengeld, sei es durch diverse Jobs selbst erarbeitetes Geld) immer wichtiger.

3) Weil Einkommen und die dadurch erwerbbaren Güter und Dienste heute weiterhin eine hohe und zunehmende Bedeutung als *Indikator für den sozialen Status* haben. Moderne Gesellschaften sind ihrem Selbstverständnis nach Leistungsgesellschaften. Der soziale Status wird als ein erworbener Status und nicht mehr als ein durch soziale Herkunft bestimmter zugeschriebener Status angesehen (die Realität sieht allerdings, wie bereits mehrfach gezeigt wurde, oft anders aus). Daher besitzt die Frage, wie viel jemand verdient, und wie viel er dementsprechend ausgeben kann, auch symbolische Bedeutung. Was in älteren soziologischen Schriften als typisch für die amerikanische Gesellschaft dargestellt wurde (Gorer 1956, S. 123), mag zunehmend auch für Europa und Österreich gelten. In Europa scheint noch bis vor nicht allzu langer Zeit eine ganz andere Einstellung zum Einkommen geherrscht zu haben. So schrieb M. Schubart (1964, S. 12ff.) in seinem Büchlein »*Das Tabu der Gehälter*«, dass von deutschen Unternehmen und insbesondere auch von den Angestellten das Einkommen verheimlicht werde. Von den ersteren, damit sie die Möglichkeit hätten, offenen Gehaltswettbewerb zwischen verschiedenen Gruppen von Angestellten auszuschließen; von den einfachen und mittleren Angestellten, weil sie oft nicht mehr, manchmal sogar weniger verdienen als Arbeiter, mit einem Bekanntwerden ihres Gehalts daher ihr behaupteter höherer sozialer Status in Frage gestellt würde.

Aus dieser Sicht erscheint es auch nicht sehr plausibel, von einer abnehmenden Bedeutung des materiellen Konsums und Konsumstrebens auszugehen, wie es – im Anschluss an Inglehart's Theorie der Ausbreitung *postmaterialistischer Werte* – häufig gemacht wird.[1] In wohlhabenden Gesellschaften kann, wie im Folgenden gezeigt wird, ein immer größerer Teil des Einkommens für Güter und

1 Vgl. dazu etwa Kutsch/ Wiswede 1986, S. 223); zur Theorie des Postmaterialismus Inglehart (1986) und zu ihrer Kritik Haller (2002).

Dienste ausgegeben werden, die man nicht zu den »Grundbedürfnissen« rechnen kann (etwa für gehobene Wohnungsausstattung, Bildung oder Freizeitaktivitäten). Gerade Ausgaben dieser Art sind aber in besonderer Weise Indikatoren für sozialen Status und Lebensstil.

Die Komplexität des Einkommensbegriffes

Einkommen und materieller Wohlstand sind sehr komplexe Sachverhalte, bei denen man zumindest vier Aspekte beachten muss.

1) Es ist zu unterscheiden zwischen dem *Brutto-* und dem *Nettoeinkommen.* Ersteres bezieht sich auf die gesamte Summe, die sich auf dem Lohn- oder Gehaltszettel eines Erwerbstätigen findet, letzteres auf jene Summe, die ihm nach Abzug von Steuern und Sozialversicherungsabgaben ausgezahlt wird. Das Bruttoeinkommen steht in mehr oder weniger direktem Zusammenhang mit Arbeitszeit, beruflicher Position usw. Es wird daher der geeignete Indikator sein, wenn man etwa untersuchen will, inwieweit das Einkommen mit der beruflichen Leistung zusammenhängt. Das Nettoeinkommen ist aus der Sicht des Einzelnen die relevantere Größe, da es für seine Konsumausgaben verfügbar ist, und deshalb z.B. für die Abhängigkeit der Konsumausgaben vom Einkommen der geeignete Indikator.

2) Es ist zu unterscheiden zwischen dem *persönlichen Einkommen* und dem *Haushaltseinkommen.* Für die Bestimmung der aktuellen Lebenslage und der Bedürfnisse eines Menschen ist das Haushaltseinkommen in aller Regel die wichtigere Größe. Etwa ein Drittel der Bevölkerung verfügt über kein eigenes Einkommen und lebt vom Einkommen anderer Einkommensbezieher im Haushalt (vgl. *Tabelle 6.2,* S. 245; ein zusätzlicher großer Teil lebt mindestens teilweise vom Einkommen eines anderen Haushaltsmitgliedes). Zum Haushaltseinkommen sind nicht nur die Erwerbseinkommen aller Haushaltsmitglieder zu zählen, sondern auch die sozialstaatlichen Transfers (Kindergeld, Beihilfen aller Art usw.), sowie allfälliges Einkommen aus Vermögen.

Die absolute Höhe des Einkommens einer einzelnen Person besagt unter Umständen noch wenig über ihren wirklichen Wohlstand. Muss eine gut verdienende Person mit ihrem Einkommen eine Familie mit Ehepartner und zwei Kindern erhalten, befindet sie sich materiell in einer weit weniger günstigen Lage als ein Mensch, der zwar nur die Hälfte verdient, dafür aber mit einem Partner zusammenlebt, der auch über ein eigenes Einkommen verfügt. Haushalte mit einem einzigen, relativ niedrigen Einkommen, aber mehreren Kindern rutschen mit ihrem Pro-Kopf-Einkommen sehr rasch in die Armutszone. Dabei ist natürlich klar, dass das Zusammenleben mehrerer Menschen in einem Haushalt Ersparnisse (*economies of scale*) mit sich bringt, da bestimmte Grundausgaben (für Wohnung, Heizung, Einrichtung usw.) nur einmal bzw. mit abnehmenden Kosten pro Person anfallen. Auch kostet der Lebensunterhalt für Kinder in der Regel weniger als für Erwachsene.

Um diesen Umständen Rechnung zu tragen, wurden sog. *Äquivalenzskalen* entwickelt, die die wirtschaftlichen Vorteile größerer Haushalte berücksichtigen. Sie gewichten das Haushaltseinkommen je nach Zahl und Alter der Mitglieder mit bestimmten Ausgleichsfaktoren (vgl. nachfolgenden Kasten).

Das Netto-Äquivalenzeinkommen

In einer älteren OECD-Skala wird das »*Netto-Äquivalenzeinkommen*« des Haushalts folgendermaßen berechnet: die erste erwachsene Person im Haushalt wird mit 1 gewichtet (also voll eingerechnet), jede weitere erwachsene mit 0,7; Kinder bis 14 Jahren werden mit dem Faktor 0,5 gewichtet. Das gesamte Haushaltseinkommen wird durch die Summe dieser Personengewichte dividiert und ergibt dadurch das Netto-Äquivalenz-Haushaltseinkommen (auch bezeichnet als »*bedarfsgewichtetes Pro-Kopf-Einkommen*«). Ein mit 4.000 Euro/Monat (netto) sehr gut verdienender höherer Angestellter, der als Alleinverdiener eine Familie mit drei Kindern über 15 Jahren zu erhalten hat, verfügt demnach über ein persönliches bedarfsgewichtetes Pro-Kopf-Einkommen von 1.052 Euro; ein junger Angestellter mit einem Nettoeinkommen von 1.500 Euro, der mit einer Partnerin zusammenlebt, die netto 1.000 Euro verdient, verfügt dagegen über ein persönliches Einkommen von 1.470 Euro. Im Haushalt eines alleinverdienenden Arbeiters oder einfachen Angestellten, der rund 2000 Euro verdient, rutscht das Pro-Kopf-Einkommen auf 526 Euro ab. Nicht zuletzt dieses Faktum erklärt die höheren Erwerbsquoten von Frauen bei einer niedrigeren beruflichen Position des Mannes (Haller 1982a, S. 400ff.). Dasselbe gilt auch für die geringere Neigung der Kinder von Arbeitern, auf eine weiterführende Schule zu gehen und früher ein eigenes Einkommen anzustreben.

3) Es ist zu beachten, dass neben dem *laufenden Einkommen* auch *Besitz und Vermögen* eine wichtige Rolle für den Lebensstandard und den sozialen Status eines Menschen oder einer Familie spielen. So liegen selbst mittelgroße Landwirte hinsichtlich ihres verfügbaren Einkommens an der untersten Stelle in der Einkommensskala, sogar noch hinter ungelernten Arbeitern. Trotzdem wäre es verfehlt, die Bauern in ihrem sozialen Status Hilfs- oder angelernten Arbeitern gleichzustellen, da man sie aufgrund ihres Besitzes an Grund, Haus- und Wirtschaftsgebäuden sowie Geräten und Maschinen sicherlich als »vermögend« bezeichnen wird.

Vermögen besteht heute nicht mehr nur in Form von Grundstücken und Immobilien, Sparbüchern und Kapitalanlagen, sondern umfasst in zunehmendem Maße auch *sozialrechtlich* und *sozialstaatlich erworbene Ansprüche*. Hier sind vor allem Abfertigungen bei einem Austritt aus dem Betrieb und pensionsrechtliche Ansprüche zu nennen. Angesichts der in Kapitel 3 dargestellten, zunehmenden Schere zwischen steigender Lebenserwartung und Sinken des Pensionsantrittsalters können sich diese Ansprüche auf enorme Beträge belaufen. Dazu ein Beispiel. So beträgt etwa der gesamte Betrag, den die Pension eines Beamten ausmacht, der mit 58 Jahren in Pension geht und mit 78 Jahren stirbt (beides faktische Durchschnittswerte im Jahre 2003), nicht weniger als 480.000 Euro (oder 6,6 Millionen Schilling).[2]

4) Schließlich ist die *dynamische Perspektive* zu beachten, die Entwicklung des Einkommens über den Berufs- und Lebensverlauf. Bei Einkommensanalysen wird in der Regel nur das zu einem bestimmten Erhebungszeitpunkt gegebene Einkommen einer Person oder eines Haushalts dargestellt. Nun liegt es auf der Hand, dass die momentane Einkommenssituation eines Menschen von recht kurzer Dauer sein kann, ja selbst relativ länger andauernde günstige oder ungünstige Situationen als zeitlich begrenzt zu sehen sind.

Letzteres gilt etwa für die wirtschaftliche Situation von Studierenden, die nicht als üppig, in vielen Fällen ohne Zweifel als entbehrungsreich zu betrachten ist (vgl. Wroblewski/ Unger 2003). Da ein Studium aber als Ausbildungsphase definiert ist und ein Studienabschluss in der Regel zu einem überdurchschnittlichen Einkommen führt, wird man hierbei nicht von einer gravierenden sozialen Ungerechtigkeit sprechen können. Einen komplementären Fall stellen erfolgreiche Berufssportler dar, deren hohes Einkommen bei Spitzenleistungen nicht nur mit oft extremen Trainingsleistungen zusammenhängt, sondern auch nur innerhalb eines begrenzten Zeitraums – vielleicht 10 bis 15 Jahre – in der Zeit des jungen Erwachsenenalters erzielbar ist. Für nicht wenige Sportler gibt es am Ende der Profikarriere ein böses Erwachen, wenn sich herausstellt, dass das schnell verdiente Geld auch schnell verbraucht ist und die Ausbildung für eine andere Karriere fehlt.

Dieser dynamische Aspekt der Entwicklung von Einkommenschancen im Karriere- und Lebensverlauf wird auch in soziologischen Analysen oft viel zu wenig beachtet. Die Folge ist eine Dramatisierung von kürzerfristigen Armuts- oder Lebenssituationen als unausweichlichen »Teufelskreisen«, die objektiv nicht immer gerechtfertigt ist.

Methoden zur Erfassung des Einkommens

Die Erhebung und Darstellung verlässlicher Einkommensdaten ist ein recht komplexes Unterfangen. Es gibt dabei zwei hauptsächliche Datenquellen und Methoden.

Die erste Datenquelle sind *amtliche Statistiken*, insbesondere die *Lohn- und Einkommenssteuerstatistik* und die *Statistiken der Sozialversicherungsträger*. Die Lohnsteuerstatistik erfasst alle Unselbständigen, die Einkommensteuerstatistik die Selbständigen bzw. alle Personen, die ein Einkommen aus selbständiger oder freiberuflicher Arbeit beziehen.[3] Diese »amtlichen« Daten haben den Vorzug, dass sie die offiziell, von den Finanz- und Versicherungsbehörden erhobenen

2 2.000 x 12 = 24.000 Euro pro Jahr; 24.000 x 20 = 480.000 Euro in 20 Jahren.

3 Diese können daneben auch noch eine unselbständige Beschäftigung ausüben; für eine detaillierte Gegenüberstellung vgl. Streissler 1994, S. 508.

Daten über alle unselbständig Erwerbstätigen und – im Falle der Einkommenssteuerstatistik – auch die Selbständigen mehr oder weniger lückenlos und genau beinhalten. Diese Statistiken haben aber zumindest drei Nachteile.

1) Es werden nur offiziell angegebene Einkommen erfasst, dagegen keine Schwarzarbeit und andere Formen von Nebeneinkommen. Angesichts der hohen Steuerbelastung der Unternehmen, die sich wiederum in hohen Konsumentenpreisen für Dienstleistungen niederschlagen, besteht eine Tendenz zum Ausweichen auf nichtgemeldete Arbeit und Dienstleistungen sowohl bei Arbeitgebern als auch bei Arbeitnehmern. Ökonomen schätzen deren Umfang für Österreich für das Jahr 2000 auf nicht weniger als 272 Milliarden Schilling oder 10 Prozent des offiziellen Bruttoinlandsprodukts; 1975 waren es 2 Prozent gewesen (Schneider 1995). Nach einer anderen Berechnung betrug die Schattenarbeit nur 40 Milliarden oder 3,8 Prozent des BIP (Skolka o.J., S. 89).[4] Die neuesten Schätzungen von F. Schneider für 2007 betragen rund 20 Milliarden Euro[5] – also kein wesentlicher Rückgang.

2) Die Erfassung der Einkommen der Selbständigen ist bekanntlich sehr unscharf. Ihnen stehen viele Möglichkeiten offen, Einkommen bzw. Gewinne in Form von Abschreibungen, Investitionen umzudefinieren, sodass selbst ein gut verdienender Selbständiger vor dem Fiskus als ein armer Schlucker dastehen kann.

3) Amtliche Statistiken haben den Nachteil, dass sie – abgesehen von einigen demographischen und beruflichen Merkmalen – nur sehr wenig zusätzliche Informationen über die Einkommensbezieher enthalten. Damit sind der soziologischen Analyse dieser Daten enge Grenzen gesetzt. Weiters sind die Angaben aus den verschiedenen Quellen oft schwer miteinander vergleichbar, da sie jeweils andere Einkommensdefinitionen verwenden bzw. andere Grundgesamtheiten umfassen (in der Lohnsteuerstatistik z.B. nur Unselbständige, in der Einkommenssteuerstatistik vor allem Selbständige usw.).

Die meisten dieser Nachteile können aufgehoben werden durch *Befragungen über die Einkommensverhältnisse*. Diese haben zumindest drei Vorteile: Zum ersten kann man das Einkommen aller Personen mit ein- und derselben Methode erfassen, unabhängig davon, ob jemand als Selbständiger oder Unselbständiger erwerbstätig ist, als Student, Hausfrau usw. vielleicht nur gelegentliche Einkünfte beziehen, oder als Arbeitsloser oder Pensionist hauptsächlich von Sozialtransfers lebt. Zum zweiten kann man genaue Informationen über die Höhe und die verschiedenen Quellen des Einkommens sammeln. Drittens kann man zugleich mit dem Einkommen eine Vielzahl anderer relevanter Variablen erfassen, sodass es möglich wird, die mit niedrigen und hohen Einkommen

4 Vgl. die Informationen auf der Webseite des Universitätsinstituts von Prof. Friedrich Schneider: www.economics.uni-linz.ac.at/

5 Siehe http://www.krone.at/... (30.1.2008).

korrelierenden sozialen Faktoren (von denen manche als Ursachen, manche als Folgen betrachtet werden können) genau zu untersuchen.

Aber auch Einkommensbefragungen haben ihre Tücken: Zum ersten wissen viele Menschen schlicht nicht genau, wie viel sie monatlich brutto oder netto verdienen. Zum zweiten sind viele Befragte nicht bereit, das Einkommen dem Interviewer offen zu legen[6]. Drittens ist eine normale Bevölkerungsstichprobe von etwa 1.000 Personen zu klein, um noch verlässliche Aussagen über soziologisch besonders interessierende Gruppen (etwa Arme oder Reiche, Angehörige bestimmter Berufsgruppen usw.) treffen zu können.

Einen partiellen Ausweg aus diesen Dilemmata eröffnen amtliche Großerhebungen wie der *Mikrozensus* oder die *Einkommens- und Verbrauchserhebung* der Statistik Austria, in denen mehrere zehntausend Haushalte und deren Mitglieder sehr detailliert über ihre Einkommens- und Konsumgewohnheiten befragt werden.

Zusammenfassend kann man feststellen: Für ökonomische Analysen, denen es vor allem um eine möglichst exakte Erfassung der Einkommensverhältnisse und ihrer Veränderung im Laufe der Zeit geht, werden die amtlichen Daten unentbehrlich sein. Für soziologische Untersuchungen werden im Allgemeinen jedoch Einkommensdaten im Rahmen von Umfragen mehr bringen, wobei man deren Unschärfen jedoch nicht vergessen darf. Im Folgenden werden Einkommensdaten aus diesen beiden Quellen herangezogen. In den entsprechenden Tabellen wird jeweils angegeben, woher die Daten stammen.

Methoden zur Darstellung der Einkommensungleichheit

Einige Bemerkungen sind vorher notwendig im Hinblick auf die Methoden zur Darstellung der Ungleichheit des Einkommens, der Einkommensverteilung. Hier gibt es mehrere Möglichkeiten (vgl. auch Blümle 1975, S. 26ff.; Hradil 1999, S. 216ff.).

Eine erste Gruppe von Maßzahlen stellen Durchschnittswerte dar. Hier ist zu unterscheiden der *arithmetische Mittelwert* vom *Modalwert* oder *Median*, jenem Wert, der die unteren von den oberen 50 Prozent der Einkommensbezieher trennt. Der Median ist besser brauchbar, weil er näher bei jenem Wert liegt, den ein »durchschnittlicher« Einkommensempfänger bezieht. Der Median ist infolge der nach rechts weit ausgezogenen Kurve der Einkommensverteilung (wenige Bezieher sehr hoher Einkommen) meist niedriger als der arithmetische Mittelwert.

Die gesamte Einkommensverteilung lässt sich darstellen durch die Verteilung der verschiedenen Einkommensbezieher und ihres jeweiligen Einkommens auf Dezile, Quintile usw. Bei dieser *Darstellung nach Quantilen* wird angegeben,

6 Im Sozialen Survey 1986 (einer repräsentativen Bevölkerungsumfrage unter 2000 ÖsterreicherInnen) gab es bei der Frage nach dem persönlichen Einkommen 16,7 Prozent Nichtangaben, im SSÖ 1993 7,7 Prozent, im SSÖ 2003 jedoch wieder 22 Prozent.

wie viel vom Gesamteinkommen z.B. auf die 10 Prozent am wenigsten Verdienenden, auf die 20 Prozent am wenigsten Verdienenden, usw., oder auf die 10 Prozent am meisten Verdienenden entfällt. Ein Vorteil dieser Kennwerte ist, dass sie einen Einblick in die relative Einkommenslage der besonders Armen, Reichen usw. geben. Für Darstellungen zeitlicher Veränderungen der Verteilung liegt ein Problem dieser Methode darin, dass sich infolge der Steigerung der Einkommen die Dezilgrenzen verschieben. Bei internationalen Vergleichen gibt es Probleme der Vergleichbarkeit der Kaufkraft, der Wechselkurse usw.

Ein globales Maß, das nicht mit diesen Problemen behaftet ist, ist der *Gini-Koeffizient.* Dieser gibt an, wie sich alle Einkommensbezieher auf die gesamte Einkommensskala verteilen. Er variiert zwischen 0 und 1 (je näher bei 1, desto ungleicher ist die Einkommensverteilung). Für internationale und historische Vergleiche ist dieser Indikator gut verwendbar. Mit ein- und demselben Gini-Koeffizienten sind jedoch recht unterschiedliche Verteilungen vereinbar, sodass dieser nur neben anderen Messziffern (insbesondere auch der Verteilung nach Quantilen) herangezogen werden sollte.

Soziologisch interessant sind Maßzahlen, die *spezielle Wohlfahrtspositionen* bzw. *Positionen der Benachteiligung* der Einkommensbezieher angeben. Hier ist ein häufig verwendeter Indikator die *Armutsgrenze*, die z.B. statistisch meist definiert wird als der Anteil jener Personen, die um die Hälfte weniger als der Durchschnitt der Gesamtbevölkerung verdienen.

Eine weitere, häufig dargestellte Maßzahl ist die *Lohnquote*, die angibt, welcher Anteil des gesellschaftlichen Gesamteinkommens auf unselbständig Erwerbstätige entfällt. Hier geht es also nicht um die personelle (oder haushaltsbezogene) Einkommensverteilung, wie bei den vorherigen Maßen, sondern um die *funktionale Verteilung* zwischen Einkommen aus unselbständiger und selbständiger Erwerbstätigkeit (Blümle 1975, S. 101ff.).

Die funktionale Lohnquote ist direkt auf das Klassenkriterium der Selbständigkeit bezogen und kann daher als Indikator für das relative Kräfteverhältnis von Kapital und Arbeit angesehen werden. Sie ist allerdings auch abhängig von Veränderungen in den Anteilen von Selbständigen und Unselbständigen (was durch die »bereinigte Lohnquote« ausgeglichen wird). So zeigt sich denn auch im konjunkturellen Verlauf, dass die Lohnquote in Phasen der Arbeitskräfteknappheit steigt, in solchen eines Überhangs der Nachfrage nach Arbeitsplätzen (also hoher Arbeitslosigkeit) tendenziell sinkt. Dies war in Österreich seit Mitte der 1970er Jahre der Fall (vgl. *Abbildung 9.1*). Bis Anfang der 1980er Jahre betrug sie etwa 70 Prozent. Seither sinkt sie kontinuierlich; 2006 betrug sie nur noch 56 Prozent (Guger/Marterbauer 2007, S. 16). Das Sinken der Lohnquote in den letzten Jahrzehnten – ein Indiz für eine sinkende Macht der Arbeit gegenüber dem Kapital – ist durchaus verständlich. Im gleichen Zeitraum hat nicht nur die Arbeitslosigkeit kontinuierlich zugenommen, sondern auch der Anteil der ausländischen Arbeitskräfte – beides Faktoren, die eine bremsende Wirkung auf Lohnsteigerungen haben (Pollan 1984, S. 169f.; Natter/Reinprecht 1992, S. 240ff.).

Abbildung 9.1: Die Entwicklung der Lohnquote in Österreich, 1960–2004

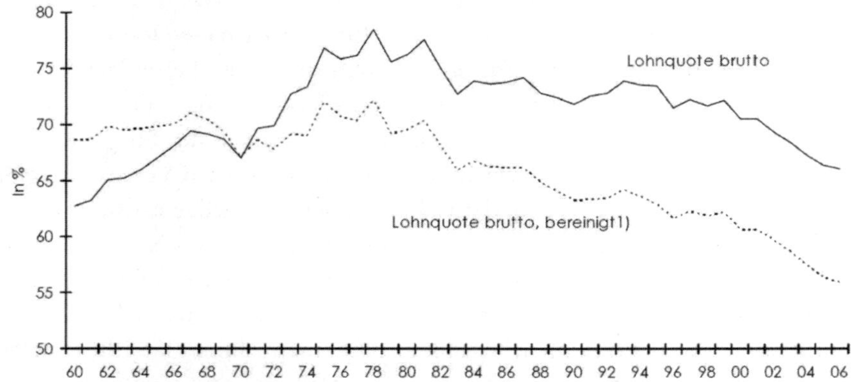

Quelle: A. Guger und M. Marterbauer (WIFO), Langfristige Tendenzen der Einkommensverteilung in Österreich, in: WIFO Monatsberichte 9/2005, S. 623; Daten: Statistik Austria, WIFO.

Im Hinblick auf eine weitgehende Interpretation der Lohnquote als Ausdruck von Kräfteverhältnissen zwischen den großen gesellschaftlichen Klassen Arbeit und Kapital ist allerdings Vorsicht am Platz. Die Unterscheidung zwischen Einkommen aus selbständiger bzw. aus unselbständiger Arbeit deckt sich nicht mit homogenen Klassenlagen. Zum einen finden sich unter den Unselbständigen auch hochbezahlte Manager, deren Klasseninteressen eher mit jenen des Kapitals als mit jenen der einfachen Arbeitnehmer zusammenfallen, und natürlich alle Beamten, deren Gehälter nur indirekt mit Lohnentwicklungen in der privaten Marktwirtschaft verknüpft sind. Unter den Selbständigen befinden sich zum anderen sehr viele, die überhaupt keine lohnabhängigen Arbeitskräfte beschäftigen und ihr Einkommen ausschließlich durch eigene Arbeit erwirtschaften. Manche von ihnen, wie vor allem (Klein-)Bauern und kleine Gewerbetreibende, gehören zu den niedrigsten Einkommensbeziehern überhaupt.

9.2 Die Ungleichheit des Einkommens: Ausmaß, Entwicklung und soziale Determinanten

In diesem Abschnitt wird zunächst ein Blick auf die generelle Entwicklung und Verteilung von Einkommen und Lebensstandard in den vergangenen Jahrzehnten geworfen und im Anschluss daran die Einkommensungleichheit nach beruflichen Positionen bzw. Berufsgruppen und nach Wirtschaftssektoren dargestellt. Es folgt eine Analyse der Einkommensungleichheit nach Altersgruppen. Bei den meisten dieser Analysen werden Männer und Frauen getrennt betrachtet, da die geschlechtsspezifische Ungleichheit des Einkommens eines der auffallendsten und dauerhaftesten Merkmale fortgeschrittener Gesellschaften darstellt. Eine kurze Darstellung der Einkommen der Selbständigen im Vergleich zu den Unselbständigen beschließt den Abschnitt.

Die Entwicklung von Einkommen und Lebensstandard seit dem Zweiten Weltkrieg

Eine der spektakulärsten Entwicklungstendenzen der Nachkriegszeit war ohne Zweifel die allgemeine Anhebung der Einkommen und des Lebensstandards (für Österreich vgl. auch Wohlgenannt 1995). Noch nie zuvor gab es in der Geschichte der westlichen, industrialisierten Welt eine derart lange Periode mit einem – trotz zwischenzeitlicher Rezessionen – mehr oder weniger kontinuierlichen Wirtschaftswachstum. Dieses Wachstum ist in der Tat auch den breiten Bevölkerungsschichten zugute gekommen.

Aus *Tabelle 9.1* können wir ersehen, dass die nominellen Einkommen um das 27fache gestiegen sind. Berücksichtigt man die Geldentwertung, die in dieser Periode gleichzeitig stattgefunden hat (die Verbraucherpreise stiegen um etwa das sechsfache), so bleibt immer noch ein realer Einkommensanstieg auf das Vierfache. Auch ohne Inflation wäre das Einkommen eines Beschäftigten in der österreichischen Industrie in den 50 Jahren zwischen 1953 bis 2005 von 1.577 auf 7.205 Schilling gestiegen – ein zweifellos dramatischer Zuwachs. Es zeigt sich auch, dass Arbeiter und Angestellte etwa gleich stark von diesem Zuwachs profitieren konnten.[7]

Diese Steigerung der Einkommen hat zu sehr starken Verbesserungen des Lebensstandards nahezu aller Schichten der Bevölkerung geführt. So besaßen 2001 nicht weniger als 47,1 Prozent der Haushalte ein Eigenheim und weitere 9,5 Prozent eine Eigentumswohnung[8]. Die Größe und Ausstattung aller Wohnungen hat sich signifikant verbessert. Fließendes Wasser, Bad oder Dusche und Zentralheizung, aber auch stark arbeitserleichternde Haushaltsgeräte wie Waschmaschine, Kühlschrank, Staubsauger, Elektroherd usw. gehören heute zur Standardausrüstung. Darüber hinaus verfügt die große Mehrheit aller Haushalte über »Luxusgüter« wie Farbfernseher (96 Prozent), Videorecorder (63 Prozent), HiFi-Stereoanlagen (64 Prozent)[9], Privat-PKW's (1998 gab es 4 Millionen PKW's)[10] und anderes. Selbst wenn man berücksichtigt, dass viele dieser

---

7 Im längerfristigen Vergleich kann dieser relative Zuwachs durchaus anders aussehen. So haben nach Carlsson (1968, S. 192) die Arbeiter zwischen 1913 und 1945 weit stärkere Einkommenszuwächse erzielt als die Angestellten. Die Einkommensverteilung insgesamt erweist sich in längeren Friedensperioden meist als sehr stabil; die Ungleichheit nimmt jedoch in Perioden von Kriegen und anderen Umbrüchen ab, weil in solchen Perioden eher das Bedürfnisgegenüber dem Leistungsprinzip zum Zuge kommt (Blümle 1975, S. 86). Man müsste aber als wichtige Ursache auch die Tatsache nennen, dass in Kriegszeiten die nationale Einheit und Bereitschaft zur Zustimmung zu großen Opfern durch alle Bevölkerungsschichten und organisierten Gruppen sehr wichtig ist, Regierungen und herrschende Klassen daher eher bereit sind, diesen Zugeständnisse zu machen.

8 Statistisches Jahrbuch Österreichs 2007, S. 267; die Daten basieren auf dem Mikrozensus. Zur Zeit der Volkszählung 2001 hatten 49,2 Prozent der Haushalte ein Eigenheim oder eine Eigentumswohnung.

9 Statistisches Jahrbuch Österreichs 2001, S.227 (Datenquelle: Mikrozensus 1998)

10 Statistisches Jahrbuch Österreichs 2001, S.406 (Datenquelle: Mikrozensus 1998)

Güter inzwischen als notwendige Basisausstattung eines Haushalts zu betrachten sind (wie etwa ein PKW im Falle einer fehlenden Anbindung an öffentliche Verkehrsmittel oder einer Erwerbstätigkeit, die Pendeln notwendig macht), muss man von einer spektakulären Anhebung des allgemeinen Lebensstandards seit dem Zweiten Weltkrieg sprechen. Dies zeigt sich nicht zuletzt darin, dass heute in vielen Haushalten auch Kinder und Jugendliche erhebliche finanzielle Mittel zur Verfügung haben.

Tabelle 9.1: Die Entwicklung der Bruttomonatsverdienste[3] in der Industrie bei Arbeitern und Angestellten und die Entwicklung des Verbraucherpreisindex, 1953–2005

	Industriebeschäftigte Insgesamt	*Arbeiter*	*Angestellte*	*Verbraucherpreisindex[2]*
	ATS (Euro)[1]	ATS (Euro)[1]	ATS (Euro)[1]	(1950=100)
1953	1.577	1.419	2.371	143,7
1955	1.810	1.605	2.810	151,1
1960	2.449	2.159	3.783	168,5
1965	3.580	3.141	5.275	205,0
1970	5.357	4.662	7.663	240,1
1975	10.158	8.730	13.742	341,5
1980	14.628	12.495	19.766	441,5
1985	19.763	16.395	27.539	560,2
1990	25.151	20.496	35.182	623,7
1995[4]	32.821	28.201	43.263	731,6
2000[4]	37.745 (2.743)	32.337 (2.350)	49.028 (3.563)	784,0
2005[4]	43.483 (3.160)	36.836 (2.677)	56.280 (4.090)	867,1
Einkommenszuwachs 1953–2005 (1953=100)	2.757	2.596	2.374	
Realverdienst 2005 (zur Basis 1953)	7.205	6.105	9.328	
Reallohnzuwachs 1953–2005 (1953=100)	457	430	393	

1 Schilling (Euro)

2 Der Verbraucherpreisindex wird erfasst durch regelmäßige Erhebungen der Preise einer großen Anzahl unterschiedlicher Güter und die Berechnung der durchschnittlichen Steigerung ihrer Preise zwischen den beiden Erhebungszeitpunkten.

3 Inklusive Sonderzahlungen

4 Bruttomonatsverdienst nach dem 3. Quartil (75 Prozent verdienen pro Monat weniger als […] Schilling (Euro))

Quellen: 1953–1990: Republik Österreich 1945–1995, Tabelle 4.1 und Tabelle 4.4; 1995: Statistisches Jahrbuch Österreichs (SJÖ) 1996, Tabelle 9.03; 2000: SJÖ 2002, Tabelle 9.08; 2005: SJÖ 2007: Tabelle 9.08 und Tabelle 10.01.

Tabelle 9.2: Die Veränderung des privaten Konsums[1] nach Verbrauchsgruppen, 1954–2005

Verbrauchsgruppe	*1954*	*1965*	*1975*	*1985*	*1995*	*2005*
	Anteile an Verbrauchsgruppen in Prozent					
Nahrungsmittel, Getränke	46,0	35,6	26,4	21,7	14,5	12,5
Kleidung, Schuhe	12,1	12,1	11,6	10,2	7,3	6,2
Wohnungsnutzung, Heizung	11,0	10,1	14,1	19,6	17,3	19,6
Haushaltseinrichtung u. -führung	5,9	10,0	9,8	7,0	8,8	6,9
Gesundheit	2,0	2,9	4,1	4,9	3,1	3,0
Verkehr, Nachrichten	6,5	10,1	13,5	15,7	12,8	14,2
Bildung, Unterhaltung	4,1	5,7	5,3	5,0	10,8	11,7
Beherbergungs- u. Gaststättendienstleistungen					10,4	11,6
Inländerkonsum im Ausland	0,9	4,1	6,5	7,3	6,5	5,7
Sonstiges	11,6	10,0	8,8	8,6	8,5	8,6
Zusammen	*100,1*	*100,6*	*100,1*	*100,0*	*100,0*	*100,0*
Privater Konsum in Mrd. ATS (laufende Preise)	58,7	145,8	368,2	775,5	1.479,4	2.042,3[2]

[1] bis 1985: Privater Inländerkonsum; ab 1995: Privater Inländerkonsum plus Ausländerkonsum im Inland;

[2] entspricht 148,4 Mrd. EUR

Quellen: 1954–1985: Republik Österreich 1945–1995, S. 158; 1995 und 2005: Statistisches Jahrbuch Österreichs 2007, S. 256, Tabelle 11.01

Die Steigerung von Einkommen und Lebensstandards hat zu einer starken *Verschiebung der Verbrauchsausgaben* geführt, wie *Tabelle 9.2* zeigt. Mussten Mitte der 1950er Jahre noch drei Viertel der Ausgaben für den Grundbedarf (Nahrungsmittel, Kleidung, Wohnungseinrichtung und Haushaltsführung) ausgegeben werden, so sank dieser Anteil bis 2005 auf 38,3 Prozent; der Anteil der Ausgaben für Nahrungsmittel und Getränke allein sank von 46 Prozent auf 12,5 Prozent (wobei hier heute auch mehr »Luxusgetränke« enthalten sind als früher, z.B. Mineralwasser anstelle von Leitungswasser). Demgegenüber haben die Ausgaben für moderne Dienste durchwegs stark zugenommen: für Gesundheit, Verkehr, Bildung und Unterhaltung und Auslandsreisen.

Im Vergleich zu anderen europäischen Ländern (vgl. *Tabelle 9.3*) liegt Österreich bei allen Indikatoren in der Spitzengruppe oder zumindest im oberen Bereich. Hinsichtlich seines Bruttoinlandprodukts von 28.000 EURO (Durchschnitt EU-15: 25.300) pro Kopf (nach Kaufkraftparitäten) lagen im Jahre 2005 nur mehr vier Länder (Luxemburg, Irland, Dänemark und die Niederlande) vor Österreich; knapp dahinter folgen Großbritannien, Finnland und Schweden, deutlicher dahinter schon Frankreich und Deutschland. Klar abgeschlagen wurden die südeuropäischen Staaten (einschließlich Italien, das von Spanien nahezu eingeholt wurde), und vor allem die acht neuen Mitgliedsländer im Osten; ihr durchschnittliches BIP/Kopf betrug 13.450 EURO, das ist weniger als die Hälfte des österreichischen.

Ähnliches zeigt sich im Hinblick auf den privaten PKW-Besitz: hier liegen nur drei westeuropäische Länder (Deutschland, Italien[11] und Luxemburg) vor Österreich, Großbritannien und Frankreich etwa gleichauf. Alle anderen Länder liegen deutlich hinter Österreich. Des Weiteren weist Österreich, wie die meisten fortgeschrittenen Länder West- und Nordeuropas, eine sehr hohe Lebenserwartung bei Männern und Frauen auf (75,9 bzw. 81,6 Jahre).

Österreich gehört im Hinblick auf die Entwicklung der sozioökonomischen Lebensverhältnisse seit der Nachkriegszeit also zu den erfolgreichsten Ländern in Europa. Dies zeigt sich in *Übersicht 9.1*, welche die relative Lage der 23 größeren Länder Europas (einschließlich der ehemaligen Sowjetunion) im Hinblick auf das Bruttoinlandsprodukt pro Kopf zu vier Zeitpunkten – 1950, 1965, 1980 und 2000 – wiedergibt.

Wir können hier sehen, dass Österreich eine kontinuierliche Entwicklung nach oben durchgemacht hat. Lag es nach dem Zweiten Weltkrieg noch in der unteren Mittelgruppe, so stieg es bis 1965 in die obere Mittelgruppe auf, und bis 1980 sogar in die höchste Gruppe. Damit hat Österreich eine Reihe von Ländern eingeholt, oder sogar überholt, die früher deutlich vor ihm lagen, wie die Beneluxstaaten und die skandinavischen Länder. Auch die großen westeuropäischen Staaten (Deutschland, Frankreich, Großbritannien) wurden in manchen Indikatoren zurückgelassen. Noch eklatanter war der wirtschaftlich-soziale Aufstieg Österreichs im Vergleich zu seinen unmittelbar benachbarten Ländern im Osten. Noch um 1950 war etwa die Tschechoslowakei im Entwicklungsniveau mit Österreich vergleichbar.[12] Auf die Frage, wie diese Leistung Österreichs zu erklären ist, werden wir am Ende dieses Kapitels zurückkommen.

Diese Befunde machen nochmals klar, dass die Funktion von Einkommen heute für die breiten Kreise der Bevölkerung nicht mehr nur die Sicherung des Lebensunterhalts ist, sondern immer mehr Bedeutung auch für Selbständigkeit und sozialen Status gewinnt. Damit sind zum einen nicht mehr so sehr absolute Notlagen und Benachteiligungen relevant, sondern die *relative* Benachteiligung und Privilegierung. Diese ist nicht nur schwerer festzustellen, sie wird gesellschaftlich oft nicht als Armut anerkannt und von den Betroffenen deshalb oft verheimlicht oder negiert. Dafür gewinnen neue Probleme, die mit Einkommen zusammenhängen, an Bedeutung, wie Verschuldung aufgrund plötzlicher Arbeitslosigkeit oder leichtsinnigen Geldausgebens, nicht zuletzt als Folge aggressiver Werbe- und Verkaufsmethoden des Handels.

---

11 Die hohen Werte für Italien (mit 590 PKW/1.000 Einwohner an der Spitze) mögen wohl mit dem hohen Anteil an Kleinwagen zusammenhängen, der für dieses Land typisch ist.

12 Vor allem für dieses Land hat der Einschluß in den ehemaligen »Ostblock«, die von der UdSSR beherrschten COMECON-Wirtschaftsgruppe, eine deutliche Verzögerung der wirtschaftlichen Entwicklung mit sich gebracht. Böhmen und Mähren gehörten im Rahmen der k.u.k. Monarchie zu den höchstentwickelten Regionen und sie brauchten auch einen Vergleich mit fortgeschrittenen westeuropäischen Industrieregionen nicht zu scheuen.

Tabelle 9.3: Lebensverhältnisse in der Europäischen Union, ca. 2003–2005

	Lebenserwartung bei Geburt (2003)		*BIP pro Kopf in KKS[1] (2005)*	*Ausgaben der privaten Haushalte (2003)*		*Pkw (2003)*	*Primärenergieverbrauch (2004)*
	Männer	*Frauen*		*Nahrungsmittel, alkoholfreie Getränke*	*Wohnung, Wasser, Elektrizität, Gas, andere Brennstoffe*	*je 1.000 Einwohner*	
Land	*Jahre*		*Euro*	*Prozent*		*Anzahl*	*t RÖE[2]*
Belgien	75,9	81,7	27.600	13,7	23,1	459	6.460[3]
Dänemark	75,1	79,9	28.600	11,9	27,8	351	3.400
Deutschland	75,7	81,4	25.000	11,7	23,8	546	4.000
Finnland	75,1	81,8	26.600	12,8	25,7	436	5.470
Frankreich	75,9	82,9	25.900	14,4	24,1	493	4.350
Griechenland	76,5	81,3	19.500	15,3	15,6	352	2.960
Großbritannien	76,2	80,7	27.600	9,1	18,6	501	3.790
Irland	75,8	80,7	31.900	9,6	20,6	374	3.510
Italien	76,8	82,5	23.700	14,7	20,3	593	3.160
Luxemburg	75,0	81,0	51.200	9,8	21,5	650[4]	-[5]
Niederlande	76,2	80,9	28.700	11,2	20,6	423[6]	5.850
Österreich	**75,9**	**81,6**	**28.000**	**10,7**	**19,1**	**498[4]**	**4.040**
Portugal	74,2	80,5	17.500	17,2	13,4	379	2.380
Schweden	77,9	82,5	27.000	12,6	29,4	454	5.380
Spanien	76,9	83,6	23.100	16,0	14,4	443	3.410
Europ. Union (EU-15)	75,9	81,8	25.300	12,6	21,2	-	3.940
Eurozone	75,9	81,9	24.700	13,4	21,5	-	3.940
Neue Mitgliedsstaaten							
Estland	66,0	76,9	12.900	20,6	22,2	321	-
Lettland	65,7	75,9	10.800	24,2[6]	21,3[6]	280	-
Litauen	66,5	77,7	11.900	28,0	15,2	365	2.620
Malta	76,7	80,7	16.100	19,0[6]	9,0[6]	506	-
Polen	70,5	78,8	11.200	19,4	24,8	294	2.400
Slowakei	69,9	77,8	12.900	21,3	26,0	252	3.460
Slowenien	72,6	80,4	18.700	16,6	19,3	446	-
Tschech. Republik	72,1	78,7	16.700	17,0	22,9	363[4]	4.360
Ungarn	68,4	76,7	14.500	18,2	18,6	275	2.340
Zypern	77,0	81,4	19.100	16,3	12,7	414	-
Europ. Union (EU-25)	74,9	81,3	23.300	12,9	21,3	-	-

1 Bruttoinlandsprodukt in Kaufkraftparitäten (d.h., gewichtet nach der tatsächlichen Kaufkraft der Einkommen in den verschiedenen Ländern);
2 1 Tonne Rohöleinheit (t RÖE) = 41.860 kJ Hu/kg (unterer Heizwert/kg);
3 Einschl. der Angaben für Luxemburg;
4 Einschließlich Kombinationskraftwagen;
5 In den Angaben für Belgien enthalten;
6 2002

Quellen: Lebenserwartung, Pkw und Primärenergieverbrauch: Datenreport 2006, S. 430, Tabelle 10; BIP/Kopf: WISO-Taschenbuch 2006, S. 35; Ausgaben der privaten Haushalte: EUROSTAT Langfristindikatoren zu »Bevölkerung und soziale Bedingungen« unter http://epp.eurostat.cec.eu.int (30.11.2005)

Übersicht 9.1: Die relative Position von 23 europäischen Ländern im Hinblick auf das Bruttoinlandsprodukt pro Kopf 1950, 1965, 1980 und 2000

Gruppe	*1950*	*1965*	*1980*	*2000*[1]
Reich	Dänemark	Dänemark	**Österreich**	**Österreich**
	Schweden	Schweden	Belgien	Belgien
	Schweiz	Schweiz	Dänemark	Dänemark
			Frankreich	Irland
			West Deutschland	Niederlande
			Norwegen	Norwegen
			Schweden	Schweiz
			Schweiz	
Obere Mittelgruppe	Belgien	**Österreich**	Finnland	Finnland
	Niederlande	Belgien	Italien	Frankreich
	Norwegen	Finnland	Niederlande	Deutschland
	Großbritannien	Frankreich	Großbritannien	Italien
		Westdeutschland	Tschechoslowakei	Schweden
		Niederlande	Ostdeutschland	Großbritannien
		Norwegen		
		Großbritannien		
		Tschechoslowakei		
Untere Mittelgruppe	**Österreich**	Irland	Griechenland	Griechenland
	Finnland	Italien	Irland	Portugal
	Frankreich	Spanien	Portugal	Spanien
	Westdeutschland	Bulgarien	Spanien	Tschechoslowakei
	Tschechoslowakei	Ungarn	Bulgarien	Ungarn
		Polen	Ungarn	Slowakei
		Rußland	Polen	Slowenien
			Rußland	
			Jugoslawien	
Arm	Griechenland	Griechenland	Rumänien	Bulgarien
	Irland	Portugal		Kroatien
	Italien	Rumänien		Polen
	Portugal	Jugoslawien		Rumänien
	Spanien			Rußland
	Bulgarien			Serbien/Montenegro
	Ostdeutschland			
	Ungarn			
	Polen			
	Rußland			
	Jugoslawien			

[1] Gruppenbildung nach realem BSP je Einwohner in PPP-$: Reich (≥ 25.000 $), Obere Mittelgruppe (20.000–24.999 $), Untere Mittelgruppe (10.000–19.999 $), Arm (≤ 9.999 $); Nachfolgestaaten der Tschechoslowakei und von Jugoslawien angegeben.

Quellen: 1950–1980: Therborn, European Modernity and Beyond (1995), S. 138; 2000: Fischer Weltalmanach 2003, S. 31ff.

Die Entwicklung der Einkommensverteilung

Aus sozialwissenschaftlicher, aber auch aus sozialpolitischer Sicht stellt die generelle Einkommenssteigerung nur einen Aspekt der Veränderung der Lebensverhältnisse dar. Der andere, ebenso wichtige, betrifft die Verteilung der Einkommen, d.h. die Frage, in welcher Weise die verschiedenen Gruppen der Bevölkerung an diesem Einkommen partizipieren und ob der Zuwachs allen Gruppen in gleicher Weise zugute gekommen ist. Ökonomen geben vier Gründe dafür an, warum eine »gerechte« Verteilung von Einkommen und Vermögen wichtig ist (Guger/Marterbauer 2007, S. 2):

1) Ergebnisse der Glücksforschung zeigen, dass Menschen ihr Einkommen relativ zu jenen anderer beurteilen; sehr große Unterschiede führen zu Unzufriedenheit. (Frey/Stutzer 2002; Layard 2005; Haller/Hadler 2004; Ruckriegel 2006)
2) Erzielte und erwartete Einkommen beeinflussen die Bereitschaft Arbeit aufzunehmen, vor allem im unteren Einkommensbereich.
3) Die Einkommensverteilung beeinflusst die Entwicklung der Konsumnachfrage und damit auch das Wirtschaftswachstum.
4) Die Höhe des Einkommens und Vermögens beeinflusst das Sicherheitsgefühl der Einzelnen und die Verteilung ökonomischer und gesellschaftlicher Macht.

Als Einstieg in die Analyse der Einkommensungleichheit erscheint es notwendig, einen Blick auf die generelle Einkommensverteilung im internationalen Vergleich zu werfen. Dabei ist festzuhalten, dass unterschiedliche Datensätze zu diesem Thema oft erhebliche Abweichungen voneinander zeigen. Man kann also nur durch Heranziehung mehrerer Quellen zu einem verlässlichen Gesamtbild kommen.

Tabelle 9.4 zeigt den Anteil von drei Einkommensdezilen am Gesamteinkommen und den Gini-Index. Die Betrachtung der Verteilung über alle Länder hinweg zeigt generell mehr Ähnlichkeiten als Unterschiede.

In allen 18 Ländern beziehen die untersten 10 Prozent der Einkommensbezieher weniger als 5 Prozent des Gesamteinkommens, das unterste Fünftel weniger als ein Zehntel; dagegen entfällt auf die obersten 10 Prozent durchwegs zwischen einem Viertel und einem Drittel des Gesamteinkommens. Weiters zeigt sich auf der einen Seite, dass die Armen (Personen, die zu den untersten 10 Prozent der Einkommensbezieher gehören) in Großbritannien und den USA besonders schlecht dastehen; auch in der Schweiz, Südeuropa, Frankreich, den Niederlanden und Dänemark ist der Einkommensanteil dieser Gruppe niedriger als in Österreich. Höher ist er dagegen in Norwegen und Schweden, sowie der Tschechischen Republik und Ungarn. Hier zeigt sich wohl recht

Tabelle 9.4: Die Einkommensverteilung in ausgewählten europäischen und außereuropäischen Ländern, ca. 1994–2002

	Erhebungsjahr	Anteil am Gesamteinkommen Unterste 10 Prozent	Unterste 20 Prozent	Oberste 10 Prozent	GINI-Index
Österreich	2000	3,3	8,6	23,0	29,1
Schweiz	2000	2,9	7,6	22,2	33,7
Deutschland	2000	3,2	8,5	22,1	28,3
Norwegen	2000	3,9	9,6	23,4	25,8
Schweden	2000	3,6	9,1	22,2	25,0
Dänemark	1997	2,6	8,3	21,3	24,7
Niederlande	1999	2,5	7,6	22,9	30,9
Großbritannien	1999	2,1	6,1	28,5	36,0
Frankreich	1995	2,8	7,2	25,1	32,7
Spanien	2000	2,6	7,0	26,6	34,7
Italien	2000	2,3	6,5	26,8	36,0
Tschechische Republik	1996	4,3	10,3	22,4	25,4
Ungarn[1]	2002	4,0	9,5	36,5	26,9
Polen[1]	2002	3,1	7,5	27,0	34,5
Slowenien	1999	3,6	9,1	21,4	28,4
USA	2000	1,9	5,4	29,9	40,8
Kanada	2000	2,6	7,2	24,8	32,6
Australien	1994	2,2	6,7	22,7	31,7

[1] Anteile beziehen sich auf Konsumausgaben.

Quelle: World Development Indicators 2006, »Distribution of income or consumption«, verfügbar unter http://devdata.worldbank.org/wdi2006/contents/Table2_8.htm (18.5.2007)

deutlich ein positiver Effekt des Wohlfahrtsstaats (und des früheren staatssozialistischen Systems). Überraschend sind jedoch die Befunde im Hinblick auf die Privilegierung der Reichen oder Wohlhabenden. Diese sind deutlich besser gestellt nur in den USA, etwas besser auch in Großbritannien, Frankreich und Südeuropa; Wohlhabende in der Schweiz, Deutschland, Dänemark und den Niederlanden können dagegen keinen so großen Anteil des volkswirtschaftlichen Kuchens für sich abschneiden wie jene in Österreich. Der GINI-Index gibt ein Gesamtmaß für das Ausmaß der Einkommensungleichheit (ein Wert von 0 würde bedeuten, dass alle gleich viel verdienen, ein Wert von 100, dass nur eine kleine Gruppe das gesamte Einkommen verdient). Mit einem Wert von 29.1[13] liegt Österreich etwa gleichauf mit Frankreich und der Schweiz; die Ungleichheit ist deutlich höher in Italien, Großbritannien und den USA; niedriger ist sie dagegen in den skandinavischen Ländern sowie in Tschechien und Ungarn.

Man muss aus dieser Sicht zunächst also folgern, dass der starke Ausbau des Wohlfahrtsstaates, wie er in Europa und auch in Österreich in den letzten Jahrzehnten erfolgt ist, die Einkommensverteilung nicht sehr viel egalitärer gemacht

13 Auch für den GINI-Koeffizienten finden sich in verschiedenen Studien andere Werte; oft wird er für Österreich auch niedriger angegeben.

hat. (Dies ist auch eine Bestätigung der in Kapitel 4 vorgetragenen These, dass mit dem Wohlfahrtsstaat selbst starke Gruppeninteressen und Formen der sozialen Schließung verknüpft sind und dadurch auch neue Ungleichheiten entstehen.). Es scheint, dass der Wohlfahrtsstaat und eine Politik der Herstellung von mehr Gleichheit (wie sie etwa z.T. in den skandinavischen Ländern verfolgt wird) eher nur Korrekturen an der grundlegenden Ungleichheit in kapitalistischen Marktwirtschaften anbringen konnte. In Österreich sind zwar die Niedrigverdiener etwas weniger benachteiligt als in anderen westlichen Ländern, zugleich besitzen aber auch die Privilegierten mehr Einkommensvorteile.

Was kann man zur *Entwicklung der Einkommensverteilung* in den letzten Jahrzehnten sagen? In einer Studie über die Periode von 1973 bis 1990 stellte Agnes Streissler (1994, S. 186) fest, dass die Einkommensverteilung etwas ausgeglichener geworden ist. Insbesondere der Anteil des obersten Dezils ist von 48 Prozent auf 44 Prozent zurückgegangen (vgl. auch Guger 1989). Seit Mitte der 1990er Jahre zeigt sich allerdings eine Umkehr des Trends. Seither nimmt die Einkommensungleichheit wieder deutlich zu (Guger/Marterbauer 2007).

Von 1970 bis 1990 lag der Einkommensteil der Personen in den zwei untersten Fünftel der Einkommensverteilung am volkswirtschaftlichen Gesamteinkommen ständig etwa bei 21 Prozent (jener des untersten Fünftels erhöhte sich sogar etwas); 2005 war er auf 18,1 Prozent gesunken. Demgegenüber nahm der Einkommensanteil des obersten Fünftels zwischen 1990 und 2005 von 38,2 Prozent auf 40,5 Prozent zu. Der Gini-Koeffizient erhöhte sich von rund 0.30 auf 0.44. Diese zunehmende Ungleichheit ist auf eine Zunahme der Arbeitslosigkeit und Teilzeitarbeit bei den unteren Einkommensgruppen, sowie besonders starke Zugewinne bei den hohen Einkommen zurückzuführen.

Von einer längerfristigen Polarisierung zwischen Arm und Reich, einem eindeutigen Weg zur »Zweidrittelgesellschaft«, wie er in manchen Arbeiten behauptet wird (vgl. z.B. Natter/Reinprecht 1992, S. 237ff; Wohlgenannt 1995) kann man deswegen aber (noch) nicht sprechen. Dabei ist z.B. auch zu beachten, dass der Anstieg der Einkommensungleichheit als Folge von Teilzeitarbeit nicht immer als globale Zunahme der sozialen Ungleichheit zu sehen ist. Die Ungleichheit der Haushaltseinkommen kann sich dadurch, dass mehr Personen zum Einkommen beitragen, sogar verringern.

Die Einkommensungleichheit nach beruflichen Positionen und Klassenlagen

Wir kommen damit zu einer zentralen Frage dieses Kapitels, der Ungleichheit des Einkommens nach beruflichen Positionen und Klassenlagen bei den unselbständig Erwerbstätigen. Betrachten wir hierzu zunächst eine grobe Aufgliederung nach *Stellung im Beruf* – differenziert nach Arbeitern, Angestellten und

Beamten (inklusive Vertragsbedienstete[14]) – sowie Geschlecht. Vielfach wird der Unterschied Arbeiter – Angestellte/Beamte auch als solcher zwischen Arbeiterklasse und Mittelschicht gesehen. Dies ist insofern nicht ganz unplausibel, als Arbeiter vor allem in manuellen Berufen, Angestellte und Beamte in nichtmanuellen Berufen tätig sind (im Englischen daher auch als *blue collar* und *white collar workers* bezeichnet).

Abbildung 9.2: Durchschnittliche Netto-Jahreseinkommen der unselbständig Erwerbstätigen und ihre Belastung mit Lohnsteuer[1] und SV-Beiträgen (Österreich 2000)[15]

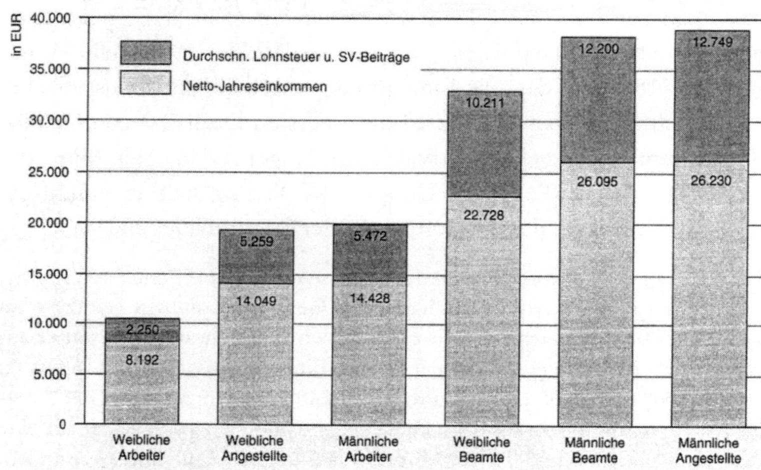

1 Vor Arbeitnehmerveranlagung

Quelle: M. Bauer/B. Stadler in: Statistische Nachrichten 4/2002, S. 275, Grafik 3; Datenbasis: Statistik Austria, Lohnsteuerstatistik 2000 – Sozialstatistische Auswertungen

Hier zeigt *Abbildung 9.2* einen klaren Bruch: Arbeiter beiderlei Geschlechts, aber auch weibliche Angestellte beziehen deutlich niedrigere Einkommen als männliche Beamte beider Geschlechter oder männliche Angestellte. Aus dieser Sicht erweist sich die Differenzierung zwischen Arbeitern und Angestellten, aber auch jene zwischen Männern und Frauen als sehr bedeutsam. Wie sieht es aus, wenn man innerhalb dieser drei großen Gruppierungen genauer nach Qualifikation bzw. innerbetrieblicher Position unterscheidet?

---

14 In der Gruppe der Beamten sind meist auch die *Vertragsbediensteten* enthalten. Dies sind öffentlich Bedienstete, die zwar keine unkündbare Lebensstellung innehaben wie die Beamten, diesen aber hinsichtlich der Sicherheit des Arbeitsplatzes wenig nachstehen. Vertragsbedienstete sind jedoch typischerweise in unteren beruflich-betrieblichen Positionen tätig, daher ist ihr durchschnittliches Einkommen niedriger als das der Beamten.

15 Die präsentierten Daten beinhalten standardisierte Brutto-Jahresbezüge, also Jahreseinkommen, bei denen die unterschiedliche Anzahl von Monatsgehältern in Rechnung gestellt worden ist (im öffentlichen Dienst 14, im Bereich der Banken und Versicherungen manchmal bis zu 16 oder 18.

Die *Tabellen 9.5* und *9.6* enthalten relativ verlässliche und aussagekräftige Daten für Arbeiter, Angestellte und Beamte; diese Daten wurden von der Statistik Austria aufgrund eines Auftrags des Gesetzgebers im »*Bezügebegrenzungsgesetz*«[16] (1997) auf der Basis von Lohnsteuerstatistik und Mikrozensuserhebungen erstellt.

Wir können hier eine enorme Streuung der Jahreseinkommen sehen. Das Schlusslicht mit dem niedrigsten Einkommen bilden landwirtschaftliche Hilfsarbeiterinnen mit rund 12.000 Euro jährlich brutto, das Spitzengehalt beziehen männliche Angestellte in leitenden Positionen mit 73.000 Euro jährlich, also gut das Sechsfache. Wir können diese Daten im Hinblick auf vier Aspekte betrachten.

Die erste Frage lautet: Zeigt sich auch hier ein deutlicher Unterschied zwischen Arbeitern einerseits, Angestellten und Beamten andererseits? Die Daten zeigen, dass diese Frage mit Nein und Ja zu beantworten ist.

Tabelle 9.5: Durchschnittliches Bruttojahreseinkommen[1] nach beruflichen Positionen und Geschlecht, 2005

Berufliche Position	*Männer*		*Frauen*		*Verhältnis Frauen- zu Männereinkommen*[2]
	Anzahl Personen	*Euro*	*Anzahl Personen*	*Euro*	
Hilfsarbeiter	118.000	16.774	159.100	12.127	72
Angelernte Arbeiter	319.300	24.351	187.700	14.829	61
Facharbeiter	404.100	26.965	65.000	14.666	54
Vorarbeiter, Meister	38.400	32.333	-	-	-
Zusammen	879.800	24.883	411.800	13.775	55

1 Arithmetisches Mittel aus der Summe aller Bruttobezüge gemäß § 25 EStG (Lohnzettel – Kennziffer 210)

2 Einkommen der Männer = 100

Quelle: siehe Tabelle 9.6

Auf der einen Seite zeigt sich eine starke Überschneidung zwischen den höheren Arbeiterkategorien und den unteren Angestellten- und Beamtenkategorien: Facharbeiter und Vorarbeiter verdienen bei den Männern deutlich mehr als Angestellte und Beamte in Hilfs- oder gelernter Tätigkeit. Dies ist durchaus plausibel. So gibt es zahlreiche Angestelltentätigkeiten, die wenig Qualifikationen voraussetzen und von jedermann/frau ausgeübt werden können; zum anderen werden heute vielfach Arbeiter formalrechtlich als Angestellte beschäftigt; hier scheint es fast, als würden diese sogar noch weniger gut bezahlt als Arbeiter im Arbeiterstatus.

16 Dieses Gesetz wurde erlassen, um eine verlässliche Basis Feststellung hoher Einkommen in all jenen Institutionen zu haben, die der Kontrolle des Rechnungshofes unterliegen.

Tabelle 9.6: Durchschnittliches Bruttojahreseinkommen[1] der Angestellten und öffentlich Bediensteten nach beruflichen Positionen bzw. Art der Tätigkeit und Geschlecht, 2005

Berufliche Position bzw. Art der Tätigkeit	Männer			Frauen			Verhältnis Frauen- zu Männer-einkommen[3]
	Anzahl Personen	Euro	Verhältnis öffentl. Bed. zu Angest.[2]	Anzahl Personen	Euro	Verhältnis öffentl. Bed. zu Angest.[2]	
Angestellte							
Hilfs- oder angelernte Tätigkeit	92.300	18.513		197.100	10.988		59
Facharbeiter- oder Meistertätigkeit	116.700	31.637		123.700	17.590		56
Mittlere Tätigkeit	272.500	33.844		503.900	20.166		60
Höhere Tätigkeit	170.900	50.329		146.600	29.085		58
Hochqualifizierte Tätigkeit	84.300	55.675		49.900	35.281		63
Führende Tätigkeit	102.800	74.820		33.800	36.142		48
Zusammen	839.500	42.416		1.055.000	20.614		49
Öffentlich Bedienstete[4]							
Hilfs- oder angelernte Tätigkeit	22.800	27.397	148	19.800	16.660	152	61
Facharbeiter- oder Meistertätigkeit	28.300	32.273	102	8.700	23.030	131	71
Mittlere Tätigkeit	92.900	35.485	105	91.500	26.778	133	75
Höhere Tätigkeit	55.400	44.945	89	60.500	34.532	119	77
Hochqualifizierte Tätigkeit	24.100	53.992	97	22.900	37.750	107	70
Führende Tätigkeit	22.800	63.800	85	6.500	47.529	132	74
Zusammen	246.300	40.923	95	209.900	29.744	144	73

1 Arithmetisches Mittel aus der Summe aller Bruttobezüge gemäß § 25 EStG (Lohnzettel – Kennziffer 210)
2 Einkommen der Angestellten = 100
3 Einkommen der Männer = 100
4 Beamte und Vertragsbedienstete

Quelle: Bericht des Rechnungshofes gemäß Art. 1 § 8 Bezügebegrenzungsgesetz BGBl. I Nr. 64/1997, 2004 und 2005, S. 153ff.; Datenbasis: Lohnsteuerstatistik und Mikrozensus (Arbeitskräfteerhebung) 2005.

Die Frage der Abgrenzung zwischen Arbeitern und Angestellten im Hinblick auf das Einkommen muss aus einer anderen Sicht aber auch mit Ja beantwortet werden.

Es zeigt sich nämlich, dass die Angestellten und Beamten in einer höheren oder hochqualifizierten bzw. leitenden Position einkommensmäßig sehr deutlich von den übrigen Arbeiterinnen und Arbeitern abgehoben sind. Die ersteren verdienen gut das Doppelte dessen, was ein einfacher Angestellter oder Beamter verdient. Es bestätigt sich hier also neuerdings, dass die wichtigste klassenspezifische Grenzlinie innerhalb der Unselbständigen nicht zwischen Arbeitern und Angestellten/Beamten liegt, sondern innerhalb der Angestellten und Beamten zwischen jenen, die eher nur ausführende Tätigkeiten innehaben, und jenen, die für ihre Tätigkeit hohes Fachwissen benötigen bzw. innerbetriebliche Leitungs- und Führungsfunktionen inne haben (vgl. auch Carlsson 1968, S. 193; Haller u.a. 1982a, S. 75ff.; Datenreport 1999, S. 340).

Ein anderes Bild ergibt eine Betrachtung der Einkommensdifferenzen innerhalb der *Arbeiterschaft*. Facharbeiter verdienen bei Männern und Frauen jeweils nur etwa ein Viertel mehr als Hilfsarbeiter. Deutlich höhere Einkommen erreichen lediglich männliche Vorarbeiter und Meister, bei denen man von einer Teilhabe an der »Managementfunktion« in Unternehmen sprechen kann.[17] Auffallend ist auch, dass Hilfsarbeiter bei den Männern sogar etwas mehr verdienen als angelernte Arbeiter, was deutlich darauf hinweist, dass die Qualifikation eines »angelernten Arbeiters« eher eine bescheidene ist.

Ein weiterer interessanter Befund in *Tabelle 9.6* betrifft den Einkommensvergleich zwischen Angestellten und Beamten. Vielfach wird ja behauptet die weit höheren Pensionen der Beamten seien dadurch gerechtfertigt, dass sie in ihrem aktiven Erwerbsleben weniger verdienen als Arbeiter und Angestellte in der Privatwirtschaft. Die Daten zeigen, dass davon kaum eine Rede sein kann. Im Gesamtdurchschnitt verdienen männliche Beamte zwar in der Tat etwa 15 Prozent weniger als männliche Angestellte; bei den Frauen haben die Beamtinnen gegenüber Privatangestellten jedoch einen Gehaltsvorsprung von nicht weniger als 25 Prozent. Auch bei den Männern zeigt die detaillierte Betrachtung, dass in einzelnen Gruppen die öffentlich Bediensteten sogar mehr verdienen als unselbständig Erwerbstätige in gleichen Positionen in der Privatwirtschaft (so etwa Beamte in Hilfs- und angelernten Tätigkeiten).

Hinsichtlich der *geschlechtsspezifischen Einkommensdifferenzen* geben die Daten eine eindeutige Antwort: in allen Positionskategorien besteht ein sehr starker Einkommensvorsprung der Männer gegenüber den Frauen. Er ist am stärksten bei den Arbeitern, wo die Frauen sogar weniger als die Hälfte der Einkommen von Männern beziehen. Bei den Angestellten liegt der Rückstand zwischen 35 und 46 Prozent. Da die Frauen aber stärker auf die niedrigeren Positionen konzentriert sind als die Männer, beträgt der globale, geschlechtsspezifische Einkommensrückstand bei weiblichen Angestellten ebenfalls rund 50 Prozent. Nur bei den Beamten ist die geschlechtsspezifische Einkommensdifferenz weniger ausgeprägt: weibliche Beamte und Vertragsbedienstete verdienen im Durchschnitt um etwa ein Viertel weniger als ihre männlichen Kollegen. Dieser Unterschied ist bei den niedrigeren Kategorien etwas schwächer, bei der mittleren Kategorie stärker.

Diese Befunde über die wichtigsten berufs- und klassenspezifischen Differenzierungslinien werden bestätigt, wenn wir einen Blick auf die *Einkommensunterschiede nach Berufsgruppen bzw. –schichten* bei den unselbständig Erwerbstätigen werfen. Hier sehen wir wieder sehr deutlich, dass nur die hochqualifizierten und leitenden Angestellten und Beamten in ihrem Einkommen deutlich von allen anderen abgehoben sind. Leitende Angestellte und Beamte verdienen etwa doppelt so viel (Bruttojahreseinkommen 61.670 Euro), Erwerbstätige in hochqualifizierten wissenschaftlichen und professionalisierten Tätigkeiten um die Hälfte mehr (46.470 Euro) als ein durchschnittlicher Einkommensbezieher. Etwas über dem Durchschnitt liegen noch die kaufmännischen und technischen Angestellten. Deutlich darunter liegen alle unselbständig Erwerbstätigen in

17 Als eine Anomalie erscheint der Befund, dass bei den Frauen Vorarbeiterinnen und Meisterinnen sogar weniger zu verdienen scheinen als Facharbeiterinnen. (Dieser Befund ist jedoch statistisch nicht verlässlich). Dies mag vielleicht darauf zurückzuführen sein, dass Frauen in weiblich dominierten Branchen auch Vorarbeiterinnen werden, diese Branchen aber zu den schlechter bezahlten gehören (Evidenz dafür zeigt sich in *Tabelle 9.5* unten).

Dienstleistungsberufen, die große Gruppe der Verkäufer (24.660 Euro), sowie sämtliche manuellen Berufe, seien sie gelernt oder ungelernt (21.000 – 26.000 Euro). Auch in dieser Tabelle zeigt sich wieder der große Rückstand der unselbständig Erwerbstätigen weiblichen Geschlechts gegenüber den Männern. In den meisten Berufsgruppen beträgt das Bruttojahreseinkommen der Frauen nur 52 bis 62 Prozent desjenigen der Männer; weibliche Führungskräfte verdienen jährlich brutto 31.960 Euro, Verkäuferinnen 13.270 Euro, und Hilfsarbeiterinnen 11.990 Euro. Dies sind so niedrige Einkommen, dass allein davon eine Person kaum leben könnte.

Die Einkommensunterschiede zwischen Arbeitern und Angestellten bzw. zwischen Produktions- und Dienstleistungsberufen weisen eindeutig darauf hin, dass der größte Teil der Arbeiterschicht im weiteren Sinne, oder allenfalls der unteren Mittelschicht, zuzuordnen ist. Eine klare Steigerung der Einkommen über den Durchschnitt hinaus erfolgt erst in sehr qualifizierten und leitenden Angestellten- und Beamtentätigkeiten.

Einkommensdifferenzen nach Wirtschaftssektoren

Die Daten im vorhergehenden Abschnitt haben gezeigt, dass zwischen breiten Kategorien von Berufs- und Tätigkeitsgruppen im Bereich von Arbeitern und einfachen bis mittleren Angestellten und Beamten nur relativ geringe Einkommensunterschiede bestehen. Die Mehrheit der Erwerbstätigen in diesen Gruppen bezieht Einkommen, die deutlich unterhalb des arithmetischen Mittels aller Einkommen liegen. Auf der anderen Seite haben wir gesehen, dass eine durchgehende und gravierende Einkommensbenachteiligung der Frauen festzustellen ist. Diese beiden Befunde scheinen auf den ersten Blick als Indizien für die in Kapitel 4 dargestellte These gelten zu können, dass die vertikale Ungleichheit an Bedeutung verliert und neue »horizontale« Ungleichheiten heute mehr Gewicht erlangen. Eine Betrachtung der Einkommensungleichheit nach Wirtschaftssektoren ist jedoch in der Lage, diese These zu relativieren.

Die Gliederung nach *Wirtschaftssektoren* wird im Rahmen der Sozialstrukturanalyse im Vergleich zur berufsstrukturellen Differenzierung viel zu wenig beachtet (vgl. dazu allgemein O'Connor 1974; Singelmann 1978; Zald 1978; Hodge/Meyer 1979; Haller 1980a, S. 113ff.). Während die berufliche Gliederung primär auf die Ausbildung und Qualifikation der erwerbstätigen Individuen bezogen ist, bezieht sich die Ebene der Wirtschaftssektoren unmittelbar auf Differenzierungen und Interessen, die mit Klassenlagen zusammenhängen. Jedes Unternehmen muss sich zunächst in einer bestimmten Branche etablieren und behaupten. Auch die Interessenvertretungen der Arbeitnehmer (Gewerkschaften) sind nach Wirtschaftsbranchen organisiert (für Österreich vgl. dazu Ucakar 1974; Traxler 1982, 1986). Das heißt, dass die Lohnverhandlungen wie auch die für die Lohnbildung relevanten Prozesse der Arbeitsmarktsegmentierung in diesen Sektoren erfolgen. Unternehmen in stark expandierenden und prosperierenden Branchen, wie auch Unternehmen mit der Möglichkeit zu einer quasimonopolistischen Preisgestaltung können selber hohe Gewinne erzielen, und es ist für sie relativ leicht, auch ihren Arbeitnehmern höhere Löhne zu bezahlen. Des weiteren haben die Gewerkschaften in Branchen mit einem hohen gewerkschaftlichen Organisationsgrad eine größere Durchschlagskraft gegenüber den Unternehmern und können für die Beschäftigten ihrer Branche höhere Löhne erkämpfen als Branchen mit einem geringen Organisationsgrad. Einkommensdifferenzierungen nach Wirtschaftsbranchen reflektieren daher auch klassenbezogene Ungleichheiten.

Tabelle 9.7 zeigt, dass zwischen den Wirtschaftsbranchen in der Tat sehr große Einkommensunterschiede bestehen (für neueste Daten vgl. Guger/ Marterbauer 2007). Berechnet man die Relation zwischen den Einkommen in der am schlechtesten bezahlten Branche (private Haushalte) zu der am besten bezahlten (Mineralölverarbeitung), so verdienen ArbeitnehmerInnen in der zuerst Genannten nur etwa ein Viertel dessen, was jene in der letzteren verdienen. Dieser Unterschied ist praktisch ebenso groß wie jener nach beruflichen Positionen. Selbst wenn man die stark unterbezahlten Bereiche Landwirtschaft und private Haushalte weglässt und die nächste am schlechtesten bezahlten Branche (Beherbergung, Gaststätten) betrachtet, zeigt sich, dass die Lohnabhängigen hier nur ein Drittel so viel verdienen wie jene in der bestbezahlten Branche. Diese großen Unterschiede haben mit vier klassenspezifisch vor- und nachteilhaften Formen der Profiterzielung bzw. Lohn- und Gehaltsbildung zu tun.

1) Die drei Branchen mit den höchsten Einkommen der Unselbständigen – Mineralverarbeitung, Energie- und Wasserversorgung, Kredit- und Versicherungswesen – sind durchweg solche, in denen die Preise der Produkte bzw. Leistungen noch bis vor kurzer Zeit mehr oder weniger amtlich festgesetzt wurden; aber auch nach ihrer Privatisierung handelt es sich hier um *Quasi-Monopole*. Das heißt, es bestehen pro Sektor nur ganz wenige, große Anbieter und die Kunden haben real kaum die Möglichkeit zu einem genauen Preisvergleich und einem Wechsel des Anbieters.

2) Es ist evident, dass der *gewerkschaftliche Organisationsgrad* eine Rolle spielt und mit der Lohnhöhe in den verschiedenen Branchen korreliert; unter den Branchen mit den höchsten Einkommen finden sich insbesondere solche mit einem hohen Grad gewerkschaftlicher Organisierung (Chemie, Bergbau, Mineralölverarbeitung), unter jenen mit niedrigen Einkommen solche mit einem niedrigen Grad (Privathaushalte, Landwirtschaft, Beherbergung, Handel usw.; vgl. dazu Haller 1980b, S.235; WISO-Taschenbuch 2003, S.384).

Tabelle 9.7: Medianeinkommen[1] von Arbeitern und Angestellten nach Wirtschaftsbereichen und Geschlecht (2005), gereiht nach der Höhe des Einkommens

	50% verdienen weniger/mehr als Euro brutto im Monat			*Anteile von … (in Prozent)*	
	Insgesamt	*Männer*	*Frauen*	*Selbständigen*	*Frauen*
Kokerei, Mineralölverarbeitung	3.621	-[2]	3.127	0,0	33,3
Energie- und Wasserversorgung	2.926	3.159	1.907	1,0	18,4
Kredit- und Versicherungswesen	2.535	3.161	2.001	6,4	52,6
Herstellung von Chemikalien u. chem. Erzeugnissen	2.392	2.611	1.911	2,1	33,7
Bergbau, Steine, Erden	2.369	2.428	1.674	1,6	14,5
Papier, Verlage, Druck	2.321	2.573	1.689	6,8	39,9
Maschinenbau	2.294	2.423	1.670	3,9	13,2
Büromaschinenherstellung, Feinmechanik, Optik	2.265	2.599	1.675	4,6	27,9
Fahrzeugbau	2.258	2.384	1.809	1,4	19,1
Metallerzeugung und -verarbeitung	2.156	2.266	1.598	3,1	18,0
Herstellung/Bearbeitung von Glas u. Steinwaren	2.108	2.241	1.646	4,2	23,8
Exterritoriale Organisationen und Körperschaften	2.040	2.149	1.993	0,0	48,2
Herstellung von Gummi- und Kunststoffwaren	1.961	2.103	1.525	2,0	29,3
Bauwesen	1.912	1.953	1.361	9,7	11,9
Öffentliche Verwaltung, Landesverteidigung, SV	1.770	2.027	1.619	0,0	42,7
Be- und Verarbeitung von Holz (ohne Möbel)	1.751	1.837	1.358	7,6	21,6
Verkehr und Nachrichtenübermittlung	1.738	1.819	1.479	6,1	26,4
Herstellung von Möbeln, Schmuck, Spielzeug	1.635	1.721	1.341	10,0	21,3
Unterrichtswesen	1.588	1.816	1.445	2,9	69,7
Realitäten, unternehmensbezogene Dienstleistungen	1.583	1.791	1.268	19,8	42,7
Dienstleistungen[3]	1.554	1.847	1.305	-	-
Nahrungs- und Genussmittelherstellung	1.539	1.928	1.203	3,7	40,5
Handel, Kfz- u. andere Reparaturen	1.520	1.903	1.185	10,4	57,6
Textil- und Bekleidungsherstellung	1.505	1.960	1.257	9,9	56,8
Gesundheits-, Veterinär- und Sozialwesen	1.451	1.941	1.343	7,8	77,0
Sonstige öffentl. u. persönliche Dienstleistungen	1.374	1.785	1.192	19,5	59,2
Ledererzeugung und -verarbeitung	1.285	1.547	1.206	9,8	47,2
Beherbergungs- und Gaststättenwesen	1.163	1.299	1.090	18,8	66,5
Land- und Forstwirtschaft	1.088	1.210	913	84,3	35,4
Private Haushalte	824	935	813	0,0	95,6
Sachgütererzeugung II[4]	2.032	2.253	1.472	4,1	23,1
Sachgütererzeugung I[5]	2.009	2.226	1.465	5,4	44,3
Sachgütererzeugung III[6]	1.983	2.118	1.458	9,5	38,8

[1] Ohne Sonderzahlungen; [2] Liegt über der Höchstbeitragsgrundlage von Euro 3.630 (2005); [3] Undefinierter Bereich, deshalb kein Selbständigen- und Frauenanteil; [4] Herstellung und Verarbeitung von Holz, Papier, Mineralölen, Chemikalien, Gummi- u. Kunststoffwaren, Glas, Steinen und Erden und Metallen; [5] Herstellung und Verarbeitung von Nahrungs- und Genussmitteln, Textilien, Bekleidung und Leder; [6] Fahrzeugbau, Herstellung von Möbeln, Schmuck, Sportgeräten, Spielwaren und sonstigen Erzeugnissen, Energie- und Wasserversorgung, Bauwesen.

Quellen: Medianeinkommen: WISO-Taschenbuch 2007, online verfügbar unter http://www1.arbeiterkammer.at/taschenbuch/tbi2007/seite_203.htm (20.06.2007); Selbständigen- und Frauenanteil: WISO-Taschenbuch 2006, S. 83ff.; Datenbasis: HV der österreichischen Sozialversicherungsträger.

3) Die die gut bezahlten Sektoren sind tendenziell solche, in denen vor allem *größere Unternehmen* vorherrschen (was seinerseits mit hohem Gewerkschaftsgrad korreliert), während in den Branchen mit den niedrigsten Löhnen (wie Beherbergungswesen, private Haushaltung, Landwirtschaft) Familien- und Kleinbetriebe bzw. (Schein-) Selbständigkeit typisch sind.

4) Die *geschlechtsspezifische Zusammensetzung* einer Branche spielt eine erhebliche Rolle: Je höher der Frauenanteil, desto niedriger tendenziell die Löhne. Unter den gutbezahlten Branchen befindet sich nur eine einzige mit einem hohen Frauenanteil (Geld- und Kreditwesen). Unter den acht am schlechtesten bezahlten Branchen beträgt der Frauenanteil mit einer Ausnahme (Landwirtschaft) durchwegs 50 Prozent und mehr. Bei dieser eindeutigen Korrelation Frauenanteil – niedrigere Einkommen mögen zweierlei Faktoren eine Rolle spielen: Zum einen das Verständnis der Frauenerwerbstätigkeit als Grundlage für einen »Zweitverdienst« in der Familie, das dazu führt, dass Frauen einerseits häufiger nur eine Teilzeitarbeit ausüben, sich individuell auch mit geringeren Einkommen zufrieden geben und mit ihrer Berufsarbeit allgemein zufriedener sind als Männer (Cyba 1987). Zum anderen die geringere Bereitschaft der Frauen, sich gewerkschaftlich zu organisieren. Diese ermöglicht es Unternehmern, Frauenarbeitsplätze und -tätigkeiten als »leichter« zu definieren bzw. einzustufen und damit auch geringer zu bezahlen.

Dass hier ein erhebliches Ausmaß an Diskriminierung besteht, kann kaum bezweifelt werden. Eine exakte Beantwortung der Frage, welche Rolle die vorgenannten Faktoren jeweils spielen, würde allerdings eine differenzierte multivariate statistische Analyse unter gleichzeitiger Berücksichtigung weiterer Variablen erfordern, wie insbesondere Arbeitszeit und Ausbildung der Berufstätigen. Eine detaillierte multivariate Analyse mit Daten aus den späten 1970er Jahren ergab, dass die Bildung im Vergleich zur beruflich-betrieblichen Position nur einen geringen Anteil der Einkommensvarianz erklärt (Haller 1982a, S. 88ff.). In Kapitel 1 zeigte sich allerdings, dass Bildung und Berufsposition bei getrennter Betrachtung das Einkommen jeweils etwa gleich stark bestimmen (vgl. *Tabelle 1.1,* S. 40). Genauere Analysen zeigen außerdem, dass auch bei einer Kontrolle der Arbeitszeit Frauen in vergleichbaren Berufspositionen immer noch signifikant weniger verdienen als Männer. So betrug das Medianeinkommen von ganzjährig in Vollzeit erwerbstätigen Männer in leitenden Tätigkeiten 2001 55.340 Euro, jenes der Frauen 43.200 Euro; bei Büroberufen betrugen die Einkommen 33.380 bzw. 25.030 Euro, bei Handwerksberufen 27.460 bzw. 18.900, bei Hilfsarbeitskräften 27.580 bzw. 18.060 Euro.[18]

18 WISO-Taschenbuch 2003, S.278ff.

Bevor man im Hinblick auf die Einkommensverhältnisse einer bestimmten Berufsgruppe oder Branche wirklich von »*Benachteiligung*« oder »*Privilegierung*« sprechen kann, müsste man darüber hinaus auch die beruflichen Belastungen und Leistungen ihrer Inhaber in Betracht ziehen und statistisch kontrollieren. Dies wurde ansatzweise in einer Studie mit Daten aus den 1970er Jahren durchgeführt (Haller 1980b). Hier wurden zwei Faktoren, nämlich die Arbeitszeit und die berufsbedingten Belastungen (wie körperlich schwere Arbeit, belastende Umweltverhältnisse usw.), zugleich mit dem Einkommen in den verschiedenen Wirtschaftssektoren in Betracht gezogen, um herauszufinden, welche Wirtschaftssektoren eher als benachteiligt, welche eher als privilegiert anzusehen sind. Tatsächlich zeigte sich, dass es auch bei einer solchen Betrachtung ohne Zweifel berechtigt ist, die Begriffe von »Benachteiligung« und »Privilegierung« zu verwenden. Es gibt Wirtschaftssektoren, in denen die Belastungen sehr hoch sind (lange Arbeitszeiten, hohe Umwelt- und Arbeitsbelastung), die aber trotzdem zu den am schlechtesten bezahlten gehören. In diese Gruppe fallen durchwegs stark kleinbetrieblich geprägte Branchen (die Landwirtschaft, das Beherbergungs- und Gaststättenwesen, die Holzverarbeitung und das Baunebengewerbe, die privaten Haushaltsdienste). Auf der anderen Seite gehören zu den Sektoren mit sehr günstigen Arbeitsbedingungen, aber auch hohen Einkommen großteils solche des öffentlichen oder halböffentlichen Bereichs: Unterricht und Forschung, Geld- und Kreditwesen, Gebietskörperschaften, Bahn und Post. Eher nur von »kompensatorischen Konstellationen« wird man im Falle des Handels (hier gibt es etwa viel Teilzeitarbeit) und der Industrie (Metallbearbeitung) sprechen können.

Die Folgerung aus all diesen Befunden ist evident: Die starken Lohn- und Einkommensdifferenzen zwischen den Wirtschaftssektoren, aber selbst der Unterschied zwischen Männern- und Fraueneinkommen, haben in hohem Maße mit klassenbezogenen Ressourcen von Arbeitgebern und -nehmern – Marktmacht, gewerkschaftlichem Organisationsgrad usw. – zu tun. Sie untermauern die fortdauernde Relevanz der klassenbezogenen Ungleichheiten und nicht deren Ablösung durch neue »horizontale« Differenzierungslinien.

Die Einkommensentwicklung im Karriere- und Lebensverlauf

Einer der zentralen Kritikpunkte an der These von der Ablösung klassen- und schichtspezifischer Ungleichheiten durch horizontale Differenzierungslinien lautet, dass dahinter ein statisch-deskriptives Klassenkonzept steht, das die altersgruppenspezifischen Lebenschancen und die Veränderung von Lebenslagen im Zeitverlauf nicht beachtet bzw. Unterschiede in dieser Hinsicht zu autonomen »sozialen Lagen« und »Lebensstilen« hochstilisiert. So ist etwa in der Definition dieser sozialen Lagen bei Hradil oder in der österreichischen Life-Style Studie (vgl. Übersicht 4.2, S. 130) evident, dass hier bestimmte Lebensabschnittsphasen willkürlich von den späteren Phasen getrennt werden, wenn etwa die »Studenten« oder die Pensionisten als eigene soziale Lage herausgehoben werden.

Die Bedeutung der dynamisch-lebensgeschichtlichen Perspektive gilt auch für die Erwerbstätigen selber. Wie bereits oben angesprochen wurde, macht es einen großen Unterschied, ob jemand ein hohes oder niedriges Einkommen auf Dauer beziehen kann bzw. muss, oder ob er weiß, dass dies nur ein mehr oder weniger vorübergehender Zustand ist. In dieser Hinsicht besteht zwischen Arbeitern und Angestellten in einfachen Tätigkeiten einerseits, Angestellten in qualifizierteren Tätigkeiten und vor allem Beamten andererseits ein Unterschied, der eine weitere Facette zu den bereits festgestellten Differenzen in den Einkommenschancen beisteuert.

Tabelle 9.8 zeigt das mittlere Einkommen (Median) von ArbeiterInnen und Angestellten nach fünfjährigen Altersgruppen.

Tabelle 9.8: Monatliches Medianeinkommen[1] von Arbeitern und Angestellten nach Alter und Geschlecht, 2005

Altersgruppe	*Arbeiter/Arbeiterinnen*				*Angestellte*			
	Männer	*Frauen*		*Insgesamt*	*Männer*	*Frauen*		*Insgesamt*
	50% verdienen mehr/weniger als … Euro brutto pro Monat							
bis 19 Jahre	1.251	927	(74)[2]	1.099	837	815	(97)[2]	828
20–24	1.593	1.181	(74)	1.480	1.510	1.299	(86)	1.370
25–29	1.729	1.154	(67)	1.588	2.084	1.658	(80)	1.823
30–34	1.825	1.053	(58)	1.621	2.565	1.641	(64)	2.057
35–39	1.879	1.050	(56)	1.631	2.911	1.529	(53)	2.108
40–44	1.905	1.089	(57)	1.631	3.087	1.625	(53)	2.168
45–49	1.925	1.132	(59)	1.629	3.231	1.761	(55)	2.283
50–54	1.940	1.166	(60)	1.636	3.302	1.863	(56)	2.397
55–59	1.981	1.161	(59)	1.721	3.360	1.887	(56)	2.673
60 und älter	1.840	837	(45)	1.592	3.501	1.649	(47)	3.111

1 Ohne Sonderzahlungen

2 Einkommen der Frauen in Prozent des Einkommens von Männern

Quelle: WISO-Taschenbuch 2007, online verfügbar unter http://www.arbeiterkammer.at/; Datenbasis: Hauptverband der österreichischen Sozialversicherungsträger.

Wir sehen hier, dass männliche Arbeiter einen leichten, aber doch kontinuierlichen Einkommenszuwachs mit dem Alter – vor allem in den jüngeren Altersgruppen von 19 bis etwa 30 Jahren – erfahren, nicht jedoch Frauen in Arbeitertätigkeiten. Bei diesen liegt das (Brutto-)Einkommen in allen Altersgruppen zwischen 25 und 54 Jahren bei etwas über 1.600 Euro im Monat. Anders bei den Angestellten: hier zeigt sich bei den Männern ein sehr deutlicher, bei den Frauen ein abgeschwächter, aber auch noch stetiger Einkommenszuwachs mit dem Alter. So verdient ein 60jähriger Angestellter etwa das Doppelte eines 20jährigen. In der höchsten Altersgruppe (60jährige und älter) sieht man wieder eine Benachteiligung der Frauen, da ihr Einkommen niedriger ist als jenes der 55

– 59jährigen. Der Grund liegt wahrscheinlich darin, dass Frauen in wenig qualifizierten Tätigkeiten erst später in den Ruhestand gehen können.

In graphischer Form treten diese altersspezifisch sehr unterschiedlichen Einkommensverläufe sehr deutlich hervor (vgl. *Abbildung 9.3*): Kontinuierliche und starke Einkommenszuwächse im Lebensverlauf bei männlichen Angestellten und Beamten beiderlei Geschlechts, sehr viel schwächere Anstiege und sogar Einkommensverluste in der höchsten Altersgruppe (60 und älter) bei den Arbeiterinnen und Arbeitern. Diese unterschiedlichen Einkommenschancen im Laufe des Alters hängen vor allem mit drei Faktoren zusammen. In Querschnittsdaten wie den vorhin präsentierten können sie leider nicht genau voneinander separiert werden. Notwendig wären dazu Karriere- oder Lebensverlaufsstudien, in der die Einkommensentwicklung jedes Erwerbstätigen im Zusammenhang mit seiner beruflichen Karriere laufend genau erhoben wird.

Die erste Determinante altersbezogener Einkommenschancen ist die *Berufskarriere*: Viele Angestellte und Beamte erfahren im Berufsverlauf einen Aufstieg in qualifiziertere und verantwortungsvollere Positionen, der auch mit Einkommensverbesserungen verbunden ist. Im Bereich der Arbeitertätigkeiten gibt es viel weniger Aufstiegsmöglichkeiten. Zwischen un- und angelernten Arbeitern einerseits, Facharbeitern anderseits besteht eine nahezu unüberwindliche Barriere (der Zugang zu Facharbeitertätigkeiten erfolgt fast ausschließlich über eine

Abbildung 9.3: Mittlere Brutto-Jahreseinkommen[1] *der unselbständig Erwerbstätigen nach Altersgruppen, 2005*

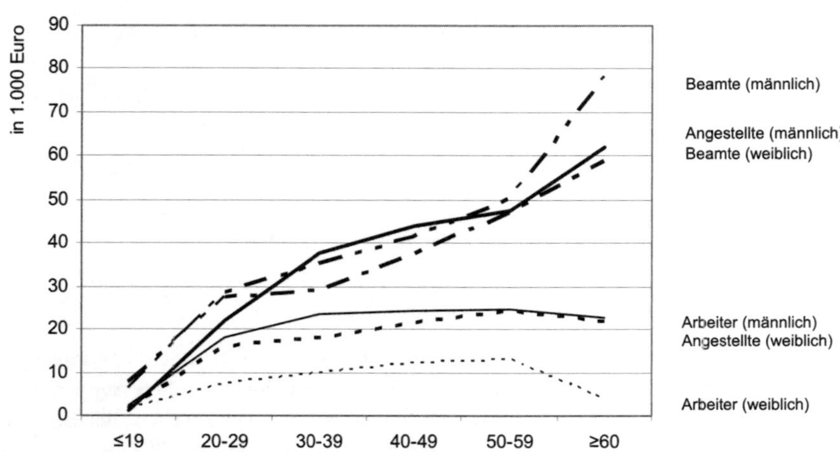

[1] Brutto-Jahresbezüge gemäß §25 EStG, ohne Lehrlinge

Quelle: Statistik Austria: jährliche Personen-Einkommen, siehe »Statistiken > Soziales > Personen-Einkommen« unter www.statistik.at (25.7.2007); Datenbasis: Lohnsteuerstatistik - Sozialstatistische Auswertungen

Lehre); die Chancen des Aufstiegs von Facharbeitertätigkeiten in Vorarbeiter- und Meisterpositionen sind sehr begrenzt, da es relativ wenige solcher Positionen gibt. Zum anderen haben die unterschiedlichen Einkommenszuwächse auch mit der Klassenlage zu tun: Arbeiter und Arbeiterinnen werden – unabhängig vom Alter – mehr oder weniger direkt entsprechend ihrer Leistung entlohnt, gemessen in Arbeitsstunden bzw. – bei direkt leistungsbezogenen Entlohnungsformen wie Akkord oder Stücklohn – nach ihrem Arbeitsausstoß. Dies hat die unmittelbare Folge, dass ältere, nicht mehr so leistungsfähige ArbeiterInnen entweder in ihrer Tätigkeit weniger leisten können oder in andere, schlechter bezahlte Tätigkeiten und Berufe wechseln müssen, deren Anforderungen sie noch gerecht werden können.

Ein zweiter, wichtiger Faktor ist die bereits erwähnte, unterschiedliche *Entlohnungsform* bei Arbeitern und Angestellten bzw. Beamten. Während Arbeiter leistungsbezogen entlohnt werden, beziehen Angestellte und Beamte ein *Gehalt*, das mit der Leistung nur sehr vermittelt zusammenhängt. Darüber hinaus gibt es bei höheren Angestellten, vor allem aber bei den Beamten, automatische Lohnvorrückungen mit dem Alter (bei den Beamten alle zwei Jahre, die sog. *Biennalsprünge*). Diese automatischen Lohnerhöhungen garantieren selbst jenem Angestellten oder Beamten, der im Beruf sein »Soll,« aber auch nicht viel mehr, erfüllt, einen sicheren Einkommenszuwachs im Lebensverlauf. Dazu kommt – vor allem bei den Beamten – noch der fragwürdige Brauch, ihnen kurz vor Antritt der Pension eine Extra-Gehaltsaufbesserung zu gewähren, damit sie in der Pension in eine höhere Einkommenskategorie fallen. Dadurch ist wohl auch der deutliche Gehaltssprung zu erklären, der sich bei den Beamten in der höchsten Altersgruppe (60 und mehr Jahre) in *Abbildung 9.3* zeigt.[19]

Die klassenbezogenen Ungleichheiten zwischen Arbeitern und Angestellten/Beamten (genauer gesagt: vor allem den mittleren und höheren Kategorien der letzteren) stellen sich also auch aus der Sicht des Karriere- und Lebensverlaufes als sehr bedeutsam dar. Junge Arbeiter oder Angestellte in einer wenig qualifizierten Tätigkeit und ihre Familie können nicht wie Beamte oder höhere Angestellte mit einer kontinuierlichen Verbesserung der materiellen Situation im Lebensverlauf rechnen – ganz im Gegenteil, sie müssen im höheren Alter oft sogar eine Einkommenseinbuße hinnehmen.[20]

---

19 Die Motivation zu solchen Schein-Beförderungen sollte nach den jüngsten Pensionsreformen allerdings sinken, da für die Berechnung der Höhe der Pensionen nunmehr ein längerer Durchrechnungszeitraum (15 Jahre) der aktiven Erwerbstätigkeit herangezogen wird (2003 waren es die 15 Jahre mit den höchsten jährlichen Beiträgen seit 1956; vgl. WISO-Taschenbuch 2003, S. 431).

20 Zu berücksichtigen wäre in diesem Zusammenhang auch die Tatsache, dass ein erheblicher Teil von (Fach-) Arbeitern einen Aufstieg in eine einfache oder mittlere Angestelltentätigkeit schafft; in diesen Fällen stellt sich die Einkommensentwicklung im Lebensverlauf zum Teil (aber auch nicht immer, wie wir unten noch sehen werden!) günstiger dar.

Die Ungleichheit des Einkommens zwischen Selbständigen und Unselbständigen

Kommen wir nun zu einer Betrachtung der Einkommen der Selbständigen. Zunächst werden sie den Unselbständigen gegenübergestellt, dann wird die interne Ungleichheit innerhalb dieser beiden Klassen bzw. Gruppen dargestellt.

Zwei Sachverhalte gehen aus *Tabelle 9.9* sehr deutlich hervor. Zum ersten zeigt sich, dass die Selbständigen im Gesamtdurchschnitt deutlich mehr verdienen als die Unselbständigen. Der Median des Brutto-Jahreseinkommens beträgt bei allen Selbständigen 32.484 Euro, bei den Unselbständigen 23.256 Euro. Der Einkommensvorsprung der Selbständigen gilt bei beiden Geschlechtern, jedoch deutlich stärker bei den Männern als bei den Frauen.

Tabelle 9.9: Brutto-Jahreseinkünfte von Selbständigen und Unselbständigen nach Geschlecht, 2003

	Selbständige	*Unselbständige*
	Brutto-Jahreseinkünfte in Euro[1]	*Standardisiertes Brutto-Jahreseinkommen in Euro*
Frauen		
1. Quartil[2]	12.167	10.490
Median[3]	21.056	17.353
3. Quartil[4]	43.822	25.787
Männer		
1. Quartil	18.051	20.596
Median	38.543	27.647
3. Quartil	88.110	38.281
Gesamt		
1. Quartil	15.748	14.554
Median	32.484	23.256
3. Quartil	74.962	32.971

1 Ohne Einkünfte aus Gewerbebetrieben, Land- und Forstwirtschaft, Vermietung und Verpachtung

2 25 Prozent der Personen verdienen weniger als....

3 50 Prozent der Personen verdienen weniger als...

4 75 Prozent der Personen verdienen weniger als...

Quellen: Selbständige: Statistisches Jahrbuch 2007, S. 240, Tabelle 9.13; Unselbständige: Statistisches Jahrbuch Österreichs 2005, S. 217, Tabelle 9.04. Datenbasis: Lohnsteuerstatistik.

Diese globale Aussage scheint jedoch wenig Bedeutung zu haben, wenn wir uns die Streuung der Einkommen innerhalb der Selbständigen ansehen. Hier zeigen sich nämlich enorme Differenzen. Die relativ gut verdienenden Selbständigen – jene, die oberhalb des Einkommens von 75 Prozent aller Selbständigen liegen – beziehen mit 74.962 Euro ein fünfmal so hohes Einkommen wie jene Selbständigen, die mit 12.167 Euro typisch für niedrige Einkommensbezieher sind (jene, die gerade noch mehr als 25 Prozent der am schlechtesten Verdienenden beziehen); bei den unselbständig Erwerbstätigen betragen diese Relationen nur das zweifache. Die Kluft zwischen den obersten 10 Prozent oder sogar 1 Prozent der am besten verdienenden Selbständigen und den ganz kleinen Selbständigen muss noch viel höher sein, da die hohen Einkommen generell sehr rechtslastig-schief verteilt sind (mit überproportional steigenden Einkommen, je weniger Einkommensbezieher es in einer Klasse gibt).

Warum sind Einkommen aus selbständiger Arbeit und Vermögen viel ungleicher verteilt? Dieses auch soziologisch sehr interessante Faktum lässt sich durch drei Faktoren erklären. Zum ersten kann ein Reicher, dessen Vermögen einen gewissen Wert überschreitet, viel leichter und schneller zusätzliches Vermögen anhäufen als ein Unselbständiger. Zum zweiten kann Vermögen vererbt werden; ein großer Teil der Reichen konnte das Erwerbsleben bereits auf einem guten »Polster« beginnen. Zum dritten spielen äußere Umstände, auch schlichter Zufall, für das Einkommen bei Selbständigen eine erhebliche Rolle. Schon ein Inhaber einer Tabaktrafik, dessen Geschäft in einer sehr belebten Straße liegt, kann ein sehr hohes Einkommen erzielen. Schafft ein Unternehmer mit einem neuen Produkt einen Durchbruch, kann er in ein, zwei Jahrzehnten zum Multimillionär aufsteigen; die Durchsetzung solcher Produkte hat nicht selten mehr mit Zufall und guten Marketingstrategien zu tun als mit extrem innovativen Leistungen.

Die Reichen und Superreichen in Österreich

Wenn es sich bei den Reichen auch nur um eine kleine Gruppe handelt, sind sie doch soziologisch von besonderer Bedeutung. Dies zum einen, weil sie besonders stark privilegiert sind, zum anderen, weil sie einen überproportionalen Einfluss auf politische Entscheidungsprozesse ausüben können. Dieser Einfluss entzieht sich vielfach dem Blick der Öffentlichkeit. Aus den amtlichen oder offiziellen Daten lässt sich zur Gruppe der Reichen eher wenig sagen, da sie statistisch kaum erfassbar sind. Schwierig und nur über Spezialstudien möglich ist ein Zugang insbesondere zu den Superreichen. In diesem Bereich besteht in Österreich (etwa im Unterschied zu Deutschland) ein besonders großes Manko an soliden empirischen Daten und Studien.[21]

Soziologische Studien über die Reichen fehlen weitgehend. Der Wiener Soziologe Roland Girtler (1990) hat ein recht amüsantes, aber wenig kritisches Buch über »*Die feinen Leute*« geschrieben. Dieses Werk stellt keine systematische Studie über die Oberschicht dar, sondern beschreibt vor allem die Lebensstile und Methoden des Prestigegewinns von Menschen in allen sozialen Schichten.

---

21 Immerhin liegen einige Studien von Ökonomen vor; vgl. Chaloupek 1977, Streissler 1994; Guger/Marterbauer 2007.

Eine gewissen Information liefern die Listen der »Hundert reichsten ÖsterreicherInnen«, die von der Zeitschrift »trend« seit 2001 jährlich veröffentlicht werden.[22] Man kann hier drei Typen von Superreichen unterscheiden:

1) Ausschließlich oder primär auf *Erbschaft* beruhende Vermögen; hier handelt es sich um Witwen von Millionären (z.B. Heidi Horten) oder um Angehörige alter Adelsfamilien (Familie Liechtenstein, Melinda Esterhazy).
2) *Ererbte und vergrößerte Vermögen*: dies sind meist Unternehmer, die Firmen übernommen und diese erfolgreich weiter ausgebaut haben. Dies ist der häufigste Typus; zu ihm gehören 13 der 20 Fälle (z.B. Friedrich Flick, Familien Porsche, Swarowski).
3) Vermögen, die von *self-made-men* im Laufe ihres eigenen Lebens geschaffen wurden; dies sind immerhin 4 der 20 Fälle (Karl Wlaschek, Dietrich Mateschitz, Frank Stronach).

Zwei allgemeine Befunde zeichnen sich hier also ab. Zum ersten kann man sagen, dass ein Spitzenvermögen in der Regel auf ererbtem Reichtum und Besitz beruht und von den Firmenerben vergrößert werden konnte. Zum zweiten ist jedoch überraschend, dass es einen hohen Anteil an Superreichen gibt, die ihren Reichtum im Laufe ihres Lebens selbst aufgebaut haben. Dieses Faktum wird auch im internationalen Vergleich bestätigt. In einer Liste der reichsten Menschen der Welt, die vom US-Magazin *Forbes* veröffentlicht wird, befinden sich unter den 20 reichsten nicht weniger als 12 *self-made-men*.[23] An der Spitze steht der Gründer von Microsoft, Bill Gates. Wie dieser Fall zeigt, spielen für den Aufstieg in den Klub der Superreichen neben zweifellos gegebenen individuellen Fähigkeiten sicherlich auch die Umstände eine wesentliche Rolle. So vor allem die Tatsache, dass die hergestellten Produkte innovativ sind und (im Sinne von Schumpeter) die Erzielung von Monopolgewinnen ermöglichen. Jene Unternehmer, die sich im Aufstiegskampf und Wettbewerb in einer neuen Branche durchsetzen, müssen keine Genies sein; sie müssen nur »besser« sein als ihre jeweiligen Konkurrenten. Die relevanten Fähigkeiten beinhalten dabei nicht nur technischen Erfindergeist, sondern auch kaufmännische und politische Fähigkeiten.

Die Tatsache, dass es unter den Superreichen einen so erheblichen Anteil an *self-made men* gibt, ist ein Faktum, das auch für die Beurteilung der Offenheit der Gesellschaft wichtig ist. So trägt der damit verbundene Mythos des Aufstiegs »vom Tellerwäscher zum Millionär« (der offensichtlich nicht nur eine Erfindung ist) sicherlich mit bei zur Legitimierung der bestehenden Verteilungsstrukturen.

Neben den Unternehmern gibt es unter den Superreichen noch eine kleine Gruppe von Menschen aus ehemaligen Adelsfamilien, die heute oft noch Besit-

22 Die Genauigkeit der darin angegebenen Vermögenswerte ist nicht leicht abschätzbar. Dies ist jedoch kein besonderes Problem. Es ist auf jeden Fall anzunehmen, dass kaum eine/r der Superreichen nicht erfasst wurde bzw. eine grobe Überschätzung erfolgte.

23 »The World's Richest People«; siehe http://www.forbes.com/lists/2006/10/Rank_1.html

zer riesiger Ländereien sind (wie Liechtenstein, Esterhazy), sowie Schauspieler, Schriftsteller oder auch Frauen bzw. Erbinnen von erfolgreichen Unternehmern oder Künstlern (Heidi Horten). Bei diesen letzteren Gruppen ist es eher unwahrscheinlich, dass sie ihren Reichtum ungeteilt an die Kinder weitergeben; das große Vermögen löst sich auf diese Weise wieder auf. Die Marxsche Prognose, dass die Reichen immer reicher, und die Armen immer ärmer werden, hat sich nicht bewahrheitet. Wäre sie eingetroffen, dürfte es heute nur mehr ganz wenige Superreiche geben. De facto jedoch sind in den Listen der reichsten Menschen eines Landes nach wenigen Jahrzehnten meist schon ganz andere Namen enthalten, nach einem halben Jahrhundert überhaupt nur mehr ein kleiner Anteil. [24]

Einkommen von Rentnern und Pensionisten

Gibt es wenigstens im Alter einen gewissen Ausgleich für die Ungleichheiten im Einkommen, die wir bei den Erwerbstätigen unterschiedlicher Klassen und Berufsschichten festgestellt haben? Ist die Lebenslage der Pensionisten durch gemeinsame Formen von Benachteiligungen gekennzeichnet, die sie von allen Erwerbstätigen unterscheidet? Oder muss man eher sagen, dass die sozioökonomische Lage im Ruhestand eher nur eine Fortsetzung jener Einkommenslage ist, die man während der größten Zeit des aktiven Erwerbslebens eingenommen hat? Auch die Beantwortung dieser Fragen ist von Bedeutung für die grundsätzliche Problematik, inwieweit klassen- und schichtbezogene vertikale soziale Ungleichheiten heute noch von Bedeutung sind oder durch neue, horizontale Differenzierungen abgelöst werden.
Tabelle 9.10 erlaubt relativ genaue Aufschlüsse im Hinblick auf diese Fragen. Sie zeigt die Monatseinkommen von Pensionisten in detaillierter Form, aufgegliedert nach ihrer zuletzt ausgeübten beruflichen Position, wobei sowohl Selbständige wie Unselbständige einbezogen werden. Mehrere Befunde aus dieser umfangreichen Tabelle sind hier von Interesse.

1) Die Streuung der Einkommen bei den Pensionisten ist geringer als bei den Erwerbstätigen. Sie ist aber immer noch sehr groß. Bei den Männern reichen die Einkommen von 9.700 Schilling (Bauern) bis zu 23.300 Schilling bei Beamten in hochqualifizierten Tätigkeiten; bei den Frauen von 7.300 Schilling (ehemaligen Bäuerinnen) bis zu 19.700 Schilling bei Beamtinnen, die früher in einer mittleren Tätigkeit arbeiteten. Dies ist jeweils das 2,4fache bzw. 2,7fache, also eine deutlich geringere Ungleichheit, als wir sie bei den aktiv Erwerbstätigen gesehen haben.

24 Der amerikanische Ökonom Stanley Lebergott (1976) hat gezeigt, dass dieses Faktum u.a. damit zu erklären ist, dass die Nachkommen (beginnend mit den Witwen) den Reichtum oft innerhalb kurzer Zeit verschleudern. Nicht nur hieraus ergibt sich die normative und politische Berechtigung einer Erbschaftssteuer (vgl. dazu auch Farny et al. 1996).

Tabelle 9.10: Durchschnittliches monatliches Netto-Personeneinkommen[1] von Rentnern und Pensionisten nach zuletzt ausgeübter Tätigkeit und Geschlecht (Einkommen in Schilling, Median, 1997)

Berufsschicht (nach der zuletzt ausgeübten Tätigkeit)	*Männer*		*Frauen*	
	Pensionisten Insgesamt (in 1.000)	*Nettopersonen-einkommen*	*Pensionistinnen Insgesamt (in 1.000)*	*Nettopersonen-einkommen*
Arbeiter[2)] zusammen	*299,1*	*13.100*	*299,6*	*8.400*
Hilfsarbeiter, Landwirte	7,7	11.000	21,1	8.200
Hilfsarbeiter, andere	47,8	11.300	116,4	8.400
Angelernte Arbeiter	94,2	13.000	116,7	8.500
Facharbeiter	126,5	13.700	42,8	8.600
Vorarbeiter, Meister	22,8	14.800	X	X
Angestellte[3)] zusammen	*130,3*	*16.800*	*246,1*	*10.700*
Hilfstätigkeit	13,3	13.300	49,8	9.800
Gelernte Tätigkeit	25,1	14.800	80,4	9.900
Mittlere Tätigkeit	34,9	17.200	84,5	11.800
Höhere Tätigkeit	21,9	18.700	21,3	12.500
Hochqualifizierte Tätigkeit	17,7	18.400	7,2	15.300
Führende Tätigkeit	17,4	18.800	(3,1)	(13.900)
Beamte zusammen	*138,2*	*17.000*	*58,3*	*13.900*
Handwerkliche Tätigkeit	30,4	14.900	(3,1)	11.200
Einfache Tätigkeit	17,9	14.300	7,6	12.000
Mittlere Tätigkeit	40,2	17.400	19,1	12.800
Höhere Tätigkeit	26,2	20.700	20,9	19.700
Hochqualifizierte Tätigkeit	24,1	23.300	5,5	19.200
Führende Tätigkeit	(3,3)	(19.700)	X	X
Unselbständige zusammen	*567,6*	*14.400*	*604,0*	*9.500*
Selbständige Landwirte[4)]	*66,4*	*9.700*	*105,6*	*7.300*
Andere Selbständige[5)]	*46,4*	*12.400*	*54,7*	*9.000*
Freiberufler	*7,1*	*18.500*	*(4,2)*	*11.000*
Selbständige zusammen	*119,9*	*11.500*	*164,5*	*7.800*
Pensionisten insgesamt	706,2	13.900	886,3	9.000

1 Ein Vierzehntel des Jahreseinkommens, einschließlich regelmäßiger Nicht-Pensionseinkommen
2 Einschließlich Vertragsbedienstete mit Arbeitertätigkeit
3 Einschließlich andere Vertragsbedienstete
4 Die Streuung des Einkommens nach Betriebsgröße beträgt bei Männern (in Klammer: Frauen): Kleinbauern 8.800 (7.200), Mittelbauern 10.000 (7.400), Großbauern 11.200 (8.100)
5 Streuung nach Betriebsgröße bei Männern (in Klammer: Frauen): Betrieb ohne Arbeitnehmer 11.800 (8.500), Kleinbetrieb 12.000 (8.800), Mittelbetrieb 14.700 (10.500), Großbetrieb 14.000 (10.000)

Quelle: Statistische Nachrichten 7/1999, S. 529 (»Personen- und Haushaltseinkommen von Pensionist/innen/en 1997«); Datenbasis: Mikrozensus 1997.

2) Auch hier besteht wieder zwischen Arbeitern einerseits, Angestellten und Beamten andererseits sowohl eine Überschneidung wie auch eine deutliche Differenzierung. Angestellte in Hilfs- oder gelernter Tätigkeit beziehen Pensionseinkommen, die nicht sehr viel höher sind als jene von Arbeitern in vergleichbarer Position (bei Facharbeitern 13.700 Schilling). Ab der Position eines mittleren Angestellten steigen die Angestellten- und Beamtenpensionen aber deutlich über das von Arbeiterpensionisten erreichbare Niveau hinaus (17.000 Euro und mehr).

3) Es zeigt sich ein Unterschied zwischen Angestellten und Beamten: die beiden höchsten Beamtenkategorien beziehen deutlich höhere Pensionen als die entsprechenden Angestelltengruppen. Die früher in höheren und hochqualifizierten Tätigkeiten beschäftigten Beamten erhalten, wie bereits festgestellt, die höchsten Pensionen überhaupt – sie liegen noch über den akademischen Freiberufen.

Bei den Selbständigen zeigt sich wieder, dass intern eine hohe Streuung besteht, wobei in diesem Fall allerdings nur die Freiberuflichen durch deutlich höhere Altersbezüge hervorstechen, während Landwirte die niedrigsten Pensionen bzw. Renten erhalten. Auch die anderen Selbständigen verfügen nur über bescheidene Altersbezüge; sie erhalten Pensionen, die etwa jenen angelernter Arbeitern entsprechen.

Schließlich bestehen auch im Alter die markanten geschlechtsspezifischen Unterschiede im Einkommen weiter. Bei den Arbeitern und Angestellten beziehen Frauen nur etwa zwei Drittel der Renten bzw. Pensionen von Männern (bei den Freiberuflern noch weniger), bei den Beamten immerhin 81 Prozent.

Diese Befunde sprechen wohl eindeutig für die These, dass die soziale Lage der Rentner und Pensionisten nicht als eine von den Erwerbstätigen völlig verschiedene Lage zu sehen ist. Die wichtigsten klassen- und schichtspezifischen Unterschiede bestehen auch im Alter fort, wenngleich in etwas abgeschwächter Form. Dabei ist jedoch zu berücksichtigen, dass nicht wenige Menschen in höheren Einkommensklassen bei Eintritt in den Ruhestand auch ein erhebliches Vermögen (z.B. in Form einer Eigentumswohnung oder eines Eigenheims) angesammelt haben und ihre sozioökonomische Lage besser sein wird, als es die Höhe der Pension allein anzeigt.

Um ein umfassendes Bild von der Lebenslage der älteren Menschen zu gewinnen, müsste man neben ihrem Einkommen eine Reihe weiterer individuell und sozialstrukturell bedingter Faktoren beachten. Zu den ersteren gehören vor allem die individuelle Gesundheit und Leistungsfähigkeit, zu den letzteren die Unterstützung durch soziale Netzwerke (Verwandte, Bekannte) und durch den Wohlfahrtsstaat.

Nicht nur das Einkommen, sondern auch alle anderen Faktoren, die das Alter lebenswert machen, können klassen- und schichtspezifisch unterschiedlich verteilt sind. Dies betrifft die Gesundheit und körperliche Leistungsfähigkeit, die Lebenserwartung, den Umfang an sozialen Netzwerken und Unterstützung durch Angehörige und die Möglichkeiten und Fähigkeiten, die schönen Seiten des Lebens zu genießen, wie Urlaub machen, Reisen usw. (vgl. dazu auch den Altersbericht 1999 des Bundesministeriums für Umwelt, Jugend und Familie). Menschen, die ein Leben lang körperlich schwer gearbeitet haben, sind beim Eintritt in den Ruhestand weit mehr ausgelaugt als jemand, der sein Berufsleben in einem Büro zubringen konnte. Gerade für Menschen, die ihr Leben lang neben der Erwerbsarbeit wenig andere Aktivitäten und Hobbies gepflegt haben (oder pflegen konnten), mag das »Nichtstun« nach der Pensionierung eher ein Problem als eine Chance darstellen. Daten zu solchen schichtspezifischen Differenzen im Hinblick auf Aktivitäten, Gesundheit und Wohlbefinden im Alter fehlen für Österreich noch weitgehend. Es ist jedoch zu erwarten, dass die Konklusion aus solchen Daten nicht viel anders lauten würde als in einer Zusammenfassung einschlägiger Studien in Deutschland, in der es heißt: »dass der jeweilige Lebensstil im Alter in zentralem Ausmaß durch die schichtspezifisch differenzierte Einkommens- und Vermögenssituation bestimmt wird und nicht durch die gegenwärtig diskutierte sozio-kulturelle Pluralisierung von subjektiven Präferenzen und Werten.« (Woll-Schumacher 1994, S. 231)

9.3 Armut im Wohlfahrtsstaat als ökonomisches, soziales und kulturelles Problem

Gibt es in reichen Gesellschaften mit einem gut ausgebauten Wohlfahrtsstaat noch Armut? Diese Frage ist sicherlich zu bejahen. Man muss aber auch sehen, dass absolute Armut und Not weitgehend beseitigt werden konnten und die noch bestehenden oder neu entstandenen Formen von Armut immer weniger »sichtbar« sind. Überlegen wir uns einleitend, wie Armut soziologisch zu sehen ist.

Armut als ökonomische Depravierung und soziokulturelle Ausschließung

Armut ist ein mehrdimensionales Phänomen, das unter mehreren Aspekten gesehen werden muss, nämlich dem materiellen und sozialen oder soziokulturellen Aspekt, und unter einer strukturellen und einer dynamischen bzw. akteursbezogenen Perspektive. Die neuere Armutsforschung hat gezeigt, dass Armut oft nur ein vorübergehendes Stadium in einen bestimmten Lebensabschnitt darstellt (vgl. allgemein dazu Leibfried/Voges 1992; Barlösius/Mayerhofer 2001). In Österreich war die Hälfte aller Personen, die von 1994 bis 1998 von Armut betroffen waren, für nur ein Jahr dieser Situation ausgesetzt (Bericht über die soziale Lage 2001–02, S. 15). Armut (im rein statistisch-ökonomischen Sinn) ist nicht immer als eine den Betroffenen aufgezwungene Situation zu sehen, sondern wird oft sogar bewusst in Kauf genommen, weil einem andere Ziele wichtiger sind. Sozialwissenschaft, Sozialarbeit und Sozialpolitik dürfen diese individuellen Einstellungen und Entscheidungen nicht übergehen, da sie ansonsten in eine paternalistisch-bevormundende Haltung verfallen würden.

Mit diesem Hinweis soll die Relevanz des Themas »Armut im Wohlfahrtsstaat« keineswegs verharmlost werden. Eine dynamische Perspektive zeigt nämlich auch, dass das Risiko, jemals arm zu werden, sehr viel mehr Menschen trifft, als es der zu einem Zeitpunkt erfasste Bestand an Armen suggeriert. Wir müssen auch sehen, dass nicht jede Person, Organisation oder Bewegung, die sich mit Armut befasst, per se schon als idealistisch anzusehen und von jeder Kritik auszunehmen ist. Die Geschichte ist voll von Bewegungen und Organisationen mit besten Absichten, die sich im Laufe ihres Bestandes alles andere als idealistisch verhalten bzw. als wohltätig erwiesen haben. So haben auch all jene, die sich aus beruflichen, professionellen oder politischen Gründen mit Armut befassen – Wissenschaftler, Sozialarbeiter, Sozialpolitiker, karitative Organisationen – Eigeninteressen, die in der Regel eher gefördert werden, wenn sich der Umfang und die Folgen der Armut als groß bzw. als gravierend darstellen. Niemandem – am wenigsten den Armen selber – ist jedoch gedient, wenn wir uns auf unzutreffende Analysen der sozialen Realität verlassen. Auch der moderne Wohlfahrtsstaat darf nicht als ein unerschöpfliches Füllhorn gesehen werden. Die Frage, wer wirklich als »arm« zu bezeichnen ist und wer nicht, ist also nicht nur von akademischem Interesse. Aus ihrer Beantwortung ergeben sich konkrete politische Strategien; die gesamte aktuelle Debatte um den Umfang und die angemessenen Funktionen des Wohlfahrtsstaates hängt damit zusammen (vgl. auch Matzner 1982; Prisching 1996a; Ullrich 2005).

Wie bereits angesprochen, muss eine adäquate Betrachtung der Armut aus soziologischer Sicht zwei Dimensionen betrachten, die materielle und die soziale. Durch ihre Kombination ergibt sich eine sehr einfache Typologie (vgl. *Übersicht 9.2*). Wer über ein sehr niedriges Einkommen und kein Vermögen verfügt, ist in einer reichen Gesellschaft wie Österreich ohne Zweifel materiell benachteiligt. Als »arm« im soziologischen Sinne muss er deshalb noch nicht bezeichnet werden. Dies wird vor allem klar, wenn man auch die dynamisch-lebensgeschichtliche Perspektive einbezieht (vgl. das früher genannte Beispiel der Studenten).

Zeitlich begrenzte Situationen materieller Deprivation gibt es vielleicht viel mehr, als man annehmen würde. Darunter fallen auch Personen, die vorübergehend freiwillig aus dem Erwerbsleben ausscheiden, eine Teilzeitarbeit annehmen usw. Weitere Gruppen von Menschen, die unter Typ C fallen, sind etwa Bauern, Rentner oder kinderreiche Familien. Armut hängt also auch stark mit dem Lebenslauf und Familienzyklus zusammen. Alle vorhin genannten Grup-

Übersicht 9.2: Typen der Armut aus soziologischer Sicht und ihr Anteil an der Gesamtbevölkerung (2003)

Soziokultureller Aspekt	*Materiell-ökonomischer Anteil*	
	arm	*nicht arm*
Arm	A. »Die Ärmsten der Armen« 4%*)	B. Sozial Isolierte und/oder stigmatisierte Randgruppen 16%
nicht arm	C. Wirtschaftlich Benachteiligte 9%	D. Wirtschaftlich und sozial adäquat Integrierte 72%

*) Anteilwerte aus Hummer 2005, S. 197

pen sind, statistisch gesehen, zweifellos »arm« und in ihrem Fall ist die Armut auch zeitlich kaum begrenzt. Viele, vielleicht sogar die meisten unter ihnen, werden sich aber selber nicht als arm empfinden, vor allem dann nicht, wenn ihre Lebensumstände nicht eklatant von ihren Erwartungen abweichen und sie die Situation, die mit dem niedrigen Einkommen zusammenhängt, selbst (mehr oder weniger frei) gewählt haben. Auch ein umfangreiches und befriedigendes Netzwerk von Menschen, denen sie sich nahe fühlen und die sie im Falle von Notlagen unterstützen, wird das Gefühl reduzieren, arm im sozialen Sinn zu sein. Dies mag auch der Hauptgrund dafür sein, dass die Menschen in relativ armen südamerikanischen Ländern wie Venezuela oder Kolumbien im internationalen Vergleich als zu den mit ihrem Leben insgesamt am glücklichsten gehören (Haller/Hadler 2006).

Als arm in einem solchen Sinn sind dagegen auch Menschen zu betrachten, die zwar materiell gesichert sind, aber in sozialer Hinsicht isoliert sind. Diese Situation scheint in reichen Gesellschaften immer häufiger zu werden. Die Kehrseite des Strebens nach individueller, von anderen unabhängiger Lebensgestaltung mag viele Menschen dazu bringen, dass sie am Ende allein dastehen. So zeigen Studien über Singles in fortgeschrittenerem Alter, dass dieser Status sehr selten gewollt herbeigeführt wurde. Auch technische Neuerungen der letzten Jahrzehnte, wie Fernsehen und Internet, können die Tendenz zur einsamen Zeitverbringung noch fördern, wenn eine Disposition dafür vorhanden ist. Hohe Unfall- und Selbstmordraten (insbesondere bei alten Menschen), zunehmende Lebensunlust und Depression bei jungen Menschen und andere Phänomene zeigen, wie gravierend diese Probleme sind. Im Übrigen hängt auch soziale Isolation mit dem sozialen Status zusammen. Im *Sozialen Survey 1986* gaben etwa 29 Prozent der Befragten mit Pflichtschulbildung an, keine persönlichen Freunde zu haben; bei Lehr- und Fachschulabsolventen waren dies 20 Prozent; bei jenen mit Matura oder Hochschule nur 13 Prozent (Höllinger 1987, S. 119).

Als die »Ärmsten der Armen« sind jedoch jene Menschen zu bezeichnen, die materiell depraviert sind, zugleich aber auch in sozialer Hinsicht auf nur wenig oder gar keine Unterstützung bauen können und möglicherweise noch dazu in soziokultureller Hinsicht stigmatisiert werden (Typ A in *Übersicht 9.2*). Hierunter fallen Obdachlose aller Altersgruppen, vereinsamte Rentner mit Niedrigstrenten und -pensionen, aber vielleicht auch manche jungen, ungelernten Arbeitslosen ohne berufliche Zukunftsperspektiven sowie geschiedene Frauen und Männer, deren materieller Absturz einherging mit einem Abbruch der meisten bisherigen Bekanntschafts- und Freundschaftsbeziehungen. Angesichts hoher Arbeitslosigkeit, steigender Scheidungsraten usw. kann es sich hier durchaus um beachtliche Gruppen handeln. Einen zunehmenden Anteil stellen dabei ausländische Mitbürger in unqualifizierten Tätigkeiten, Asylbewerber oder Arme unter Minderheiten wie den Roma dar. Ökonomische Armut, soziale Isolierung und soziokulturelle Diskriminierung hängen in all diesen Fällen eng miteinander zusammen. Ökonomisch Benachteiligte haben auch weniger Chancen zu sozialer Teilnahme, oder ziehen sich selbst zurück; Menschen ohne Unterstützungsnetzwerke geraten eher in wirtschaftliche Notlagen; sichtbar Arme werden auch sozial diskriminiert. Bei manchen in Österreich gravierenden Problemlagen, wie etwa dem *Alkoholismus*, tendieren die Betroffenen und ihre Familien zur Geheimhaltung, so lange es geht; die Folge ist ein Eisberg an weiteren, verheimlichten Folgeproblemen, wie *Gewalt in der Familie* (vor allem gegen Frauen), oder sexueller Missbrauch von Kindern. Auch bei diesen Phänomenen zeigt sich wieder, dass sie schichtspezifisch keineswegs gleichverteilt sind, sondern in Unterschichten deutlich häufiger vorkommen als in Mittel- und Oberschichten (Haller u.a. 1998, S. 60ff.).

Armut und ihre Formen in Österreich heute

Im letzten »Bericht zur sozialen Lage 2003–2004« (S. 230) wird der hier vorgeschlagenen Differenzierung zwischen dem materiellen und sozialen Aspekt Rechnung getragen (vgl. auch ÖGPP 2004). Hier wird berichtet, dass sich im Jahre 2003 insgesamt 467.000 Personen oder 5,9 Prozent der Bevölkerung in einer »verfestigten Armutssituation« befanden, d.h., sowohl im Einkommen wie in den sozialen Beziehungen Defizite aufweisen. Weiters waren 1.560.000 Personen (19,7 Prozent der Bevölkerung) als sozial, 577.000 (7,3 Prozent) als ökonomisch ausgegrenzt anzusehen. *Tabelle 9.11* führt die wichtigsten Gruppen an, die man als armutsgefährdet bzw. arm bezeichnen kann. Nach den Empfehlungen des Europäischen Statistischen Amtes (Eurostat) wird dabei *Armutsgefährdung* über Einkommensrisiken definiert: Als armutsgefährdet gelten Personen, deren gewichtetes Pro-Kopf-Haushaltseinkommen unter 60 Prozent des Medianwertes des österreichischen Pro-Kopf-Einkommens liegt. Dieser Schwellenwert

Tabelle 9.11: Armutsgefährdung und akute Armut nach demographischen Merkmalen und sozialen Gruppen, 2003

	Armutsgefährdet			*Akut Arme*[1]		
	in 1.000	*Anteil am Merkmal (Prozent)*	*Armutsgefährdungsrate (Prozent)*	*in 1.000*	*Anteil am Merkmal (Prozent)*	*Armutsrate (Prozent)*
Geschlecht						
Männer	472,7	45	12	110	35	2,9
Frauen	571,3	55	14	204	65	4,9
Alter						
bis 19	278,3	27	15	87[2]	28	4,8[2]
20–39	290,9	28	13	28[3]	9	3,4[3]
40–64	276,9	27	11	58/33[4]	29	2,5/3,1[4]
65 und älter	197,9	19	16	107[5]	34	5,7[5]
Staatsbürgerschaft						
Österreich, EU	923,4	88	12	290	92	3,8
MigrantInnen	120,6	12	27	24	8	7,2
Haushaltsform						
EPH[6] mit Pension	103,7	15	26	68	26	13,5
MPH[7] mit Pension	136,3	20	13	30	12	3,3
Alleinerziehende	88,5	13	31	39	15	9,3
MPH , 2 Kinder	194,1	29	12	71	28	3,6
MPH, 3 u.m. Kinder	149,1	22	18	50	19	4,7
Schulbildung						
Kein oder Pflichtschulabschluss	365,2	46	20	146	57	6,3
Lehre/mittlere Schule	301,6	38	10	73	29	2,6
Matura	98,1	12	10	27	11	2,7
HS/Universität	28,7	4	7	8	3	1,7
Haupttätigkeit						
Erwerbstätig	287,5	28	8	53	67	1,6
Pensionist	238,2	23	14			
Arbeitslos	53,8	5	27	26	33	9,4
Hausfrau/-mann	135,4	13	23			
Kind oder in Ausbildung	301	30	16			
Insgesamt	1.044	100	13	314	100	3,9

1 1999
2 Alter: bis 20
3 Alter: 21–29
4 Alter: 30–49/50–59
5 Alter: 60 und älter
6 EPH: Einpersonenhaushalt
7 MPH: Mehrpersonenhaushalt

Quellen: 1999: Bericht über die soziale Lage 2001–02, S. 190, 192; 2003: Einkommen, Armut und Lebensbedingungen 2003, S. 92ff; Datenbasis: EU-SILC 2003.

betrug 2003 ca. 9.425,- Euro (129.000 Schilling) jährlich (vgl. *Bericht über die soziale Lage* 2003-04, S. 212). Als von *akuter Armut* betroffen wird jemand bezeichnet, wenn zusätzlich zu diesem niedrigen Einkommen eine der folgenden fünf Situationen auftritt: Substandardwohnung; Zahlungsrückstände bei Mieten oder Krediten; Probleme beim Beheizen der Wohnung, bei der Anschaffung neuer Kleider und bei der Möglichkeit, jemanden einmal im Monat zu sich nach Hause zum Essen einzuladen.

Nach diesen Definitionen waren 2003 in dem so reichen Land Österreich erschreckend viele, nämlich gut eine Million Menschen (genau 1.044.000 Personen) oder 13 Prozent der Bevölkerung von Armutsgefährdung betroffen; 314.000 Personen (knapp 4 Prozent der Bevölkerung) waren als akut arm zu betrachten. Besonders von Armutsgefährdung oder akuter Armut betroffen sind die folgenden Gruppen:

- Kinder und Jugendliche,
- Pensionistinnen- und Pensionistenhaushalte, insbesondere dann, wenn es sich um Einzelpersonenhaushalte handelt,
- Alleinerziehende,
- Personen, die nur über Pflichtschulbildung verfügen,
- Ausländer aus Nicht-EU-Staaten.

Zwei traditionell arme Gruppen stellen weiterhin die absolut größte Zahl von Armen, nämlich Haushalte von Pensionisten, vor allem alleinlebende ältere Frauen, und kinderreiche Familien. Dies bedeutet, dass Frauen und Kinder überproportional stark von Armut betroffen sind. Eine erhebliche Gruppe stellen auch die Alleinerziehenden dar; sind diese nicht erwerbstätig, zeigt sich die höchste Armutsrate überhaupt (50 Prozent). Die Aufgliederung nach Schulbildung zeigt, dass Armut auch schichtspezifisch höchst ungleich verteilt ist: Personen ohne Berufs- und weiterführende Schulbildung sind nicht nur von Arbeitslosigkeit, sondern auch von Armut besonders stark betroffen.

Eine Übersicht über weitere Merkmale der aktuell Armen in Österreich findet sich im *Bericht über die soziale Lage 2003–2004* (S. 216ff.). Zusätzlich zur Armutsgefährdung kann man auch den Grad an Einkommensdepravierung (»Einkommenslücke«) betrachten. Dieser ist bei Jugendlichen und Menschen mittleren Alters höher als bei Kinder und älteren Menschen (weil diese zumindest alle eine Mindestrente beziehen). Im Zeitverlauf der 1990er Jahre gab es keine großen Änderungen im Anteil der Armen.

Im *Vergleich innerhalb der Europäischen Union* schneidet Österreich relativ gut ab. Bei einer Gesamt-Armutsrate von 16 Prozent (absolut 65 Millionen Menschen in den 15 Mitgliedsstaaten) gehörte es zur Ländergruppe mit den zweitniedrigsten Raten (10-13 Prozent), gemeinsam mit Schweden, den Niederlanden und Luxemburg; nur Finnland und Dänemark haben Raten unter 10 Prozent. Deutlich höhere Armutsraten als Österreich haben Deutschland, Belgien, Frankreich und Irland (16-17 Prozent); sehr hohe (19-20 Prozent) Großbritannien und die südeuropäischen Länder.

Die Rolle des Wohlfahrtsstaats und privater Unterstützungsnetzwerke bei der Armutsbekämpfung

Wohlfahrtsstaatliche Maßnahmen sind unerlässlich, wenn Armut signifikant reduziert werden soll. Dies betrifft sowohl Maßnahmen der horizontalen Umverteilung, zwischen Jung und Alt, Erwerbstätigen und nicht Erwerbstätigen, aber auch Maßnahmen der vertikalen Umverteilung von Reichen zu Armen (durch differentielle Besteuerung, direkte und indirekte Beihilfen für Arme, kinderreiche Familien usw.). Insbesondere familienbezogene Transfers – wie das 2002 neu eingeführte Kindergeld – stellen den größten Anteil an einkommenswirksamen Sozialtransfers dar. Dass hohe Sozialabgaben und Sozialleistungen Ungleichheit und Armut reduzieren können, zeigt sich auch daran, dass die am stärksten ausgebauten skandinavischen Wohlfahrtsstaaten eine signifikant niedrigere Einkommensungleichheit aufweisen als die meisten kontinental-europäischen Länder. Insgesamt führen diese sozialstaatlichen Leistungen jedoch kaum dazu, dass Haushalte mit niedrigem Einkommen dadurch einen wirklich höheren Lebensstandard erreichen; ein solcher setzt auch hohe Markteinkommen voraus (Sozialbericht 2001–2002, S. 28ff.).

Allerdings verteilt der westeuropäische Sozialstaat bei weitem nicht so stark um, wie man annehmen könnte. Zum einen hat Sozialpolitik einen »*selektiven Charakter*« (Talos 1981, S. 413). Bei der Thematisierung sozialer Probleme und sozialpolitischer Maßnahmen spielt nicht nur die objektive Situation eine Rolle, sondern auch die Frage, inwieweit ein gesellschaftliches Bewusstsein darüber besteht, und inwieweit es durchschlagkräftige kollektive Akteure gibt, die diese Probleme öffentlich thematisieren. Neben Parteien und Verbänden sind dies auch Selbstorganisationen der Betroffenen. So sind auch Probleme der Benachteiligung der Frauen, der Behinderten usw. in den letzten Jahrzehnten nicht zuletzt deswegen zu öffentlichen Angelegenheiten geworden, weil dahinter schlagkräftige Bewegungen stehen. Auch bei dieser Thematisierung von Problemlagen und Interessen gibt es einen klassen- und schichtspezifischen »Bias«, weil höher Gebildete und mittlere und höhere Klassen und Schichten mehr Möglichkeiten und Chancen zur Thematisierung ihrer Interessen und Probleme haben.

Es gibt noch einen zweiten Aspekt, der die Möglichkeiten und Effekte wohlfahrtstaatlicher Umverteilungs- und Sozialpolitik begrenzt. Hier könnte man sogar behaupten, dass der Wohlfahrtsstaat manche Phänomene neuer Armut selber erst erzeugt. Dies betrifft etwa die Entstehung der wohl umfangreichsten Gruppe armer Menschen, nämlich der älteren, alleinstehenden und verwitweten Frauen mit Mindestrenten – eine Situation, in die sie infolge ihres kinderbedingten langen Ausscheidens aus dem Erwerbsleben gekommen sind. Sie sind also letztlich infolge einer krassen wohlfahrtsstaatlichen Benachteiligung in eine »Alters-Armutsfalle« geraten. Das in Österreich bestehende System benachteiligt Familien mit mehreren Kindern und insbesondere jene Frauen und Mütter, die viele Jahre ihres Lebens der Erziehung der Kinder widmen. Ein anderes Beispiel sind männliche Obdachlose, die in diese Situation infolge unzumutbarer wirtschaftlicher Belastungen nach einer Ehescheidung gerieten (vgl. Jäckel 1997).

Enge familiäre und andere soziale Netzwerke stellen einen Schutz für das Individuum dar, wenn es in ökonomische oder psychisch-soziale Notlagen gerät (Diwald 1991). In der Schule, auf der Universität und im Berufsleben bemüht man sich oft wenig, Näheres über die Menschen zu erfahren, neben denen man sitzt oder mit denen man jahrelang zusammenkommt. Hier besteht ein breites Feld an möglichen und sinnvollen Aktivitäten, die vor allem in der amerikanischen Sozialphilosophie und Soziologie unter Stichworten wie »Zivilgesellschaft« oder »gesellschaftliche Gemeinschaft« theoretisch thematisiert wurden (vgl. u.a. Etzioni 1997).

In diesem Sinne ist auch der Befund einer Studie zu interpretieren, dass Arbeitslosigkeit in Spanien für die Betroffenen weniger gravierend ist als in Großbritannien (Marsh/Alvaro 1990) oder dass im weltweiten Vergleich über »happiness« oder Lebenszufriedenheit die Menschen in südamerikanischen Ländern wie Venezuela und Kolumbien an der Spitze stehen (Haller/Hadler 2004). Hier gibt es keinen materiellen Wohlstand wie in Westeuropa oder Nordamerika, dafür aber vermutlich sehr viel engere und »wärmere« soziale Netzwerke und mehr Zeit für soziale Beziehungen und ihre Pflege. Besteht in einer Gesellschaft aber eine schlechte ökonomische Situation und gleichzeitig auch wenig private Netzwerke – wie besonders in den postkommunistischen Transformationsländern –, steigt die Selbstmordquote dramatisch und das Glücksniveau sinkt unter jenes aller anderen Länder.

Aber auch die Einwanderungsgesellschaften wie die USA oder Australien scheinen in dieser Hinsicht in Form *privater Unterstützungsnetzwerke* Mechanismen entwickelt zu haben, die der Isolierung und Vereinsamung des Einzelnen entgegenwirken können. So nimmt die Zahl persönlicher Freunde bei älteren Menschen (ab 55–60 Jahren) in Österreich – wie auch in Deutschland und besonders stark in Ungarn – ab, während sie in den USA und Australien gleich hoch bleibt (Höllinger/Haller 1990). Selbstmorde sind aber besonders bei alten Menschen überproportional häufig.

Private Unterstützungsnetzwerke können wohlfahrtsstaatliche Interventionen aber natürlich nicht ersetzen, wie vor allem all jene allgemeinen Maßnahmen, die Armut direkt oder indirekt reduzieren, wie adäquate Sozialhilfebeträge, Mindestrenten, eine Politik zur Reduktion von Arbeitslosigkeit, adäquate Berufsausbildung für Jugendliche usw. Durch eine ausreichende Höhe von Mindestrenten, Sozialhilfebeiträgen, Arbeitslosengeld, Studienstipendien usw. muss der Staat hier weiterhin direkt einspringen. Die Reduktion der Mindeststandards in vielen dieser Zahlungen, die als soziale Rechte, und nicht als Almosen zu sehen sind, ist zweifellos sehr problematisch und durch die dafür gegebenen Begründungen (z.B. Reduktion von Missbrauch) oft nicht gerechtfertigt.

Eine weitere Form sind spezifische Maßnahmen des Staates, aber auch nichtstaatlicher Organisationen, Verbände und Vereinigungen, die konkrete Gruppen von Armen betreffen. Hier ist zu denken an Maßnahmen wie Schuldnerberatung, Betreuung von Flüchtlingen und Einwandern, Integration von Behinderten, Drogen- und Suchtberatungsstellen und ähnliches.

Resümee

Ökonomische Ungleichheit ist auch aus soziologischer Sicht eine zentrale Determinante der sozialen Lage; Einkommen und Vermögen können als »primäre Schichtungsdeterminanten« angesehen werden. Dies gilt in modernen Arbeitnehmer- und Konsumgesellschaften sogar in zunehmender Weise. Zwei Fragen standen in diesem Zusammenhang im Zentrum: Wie sieht die Einkommensentwicklung und -verteilung in Österreich aus und wie hat sie sich in letzter Zeit verändert? Gibt es Indizien dafür, dass sich die Beziehung zwischen Klassenlage und Einkommen lockert? Zur ersten Problematik zeigen die Daten, dass in Österreich seit 1945 zwar ein spektakulärer Einkommenszuwachs stattgefunden hat, dass die generelle Ungleichheit der Verteilung der Einkommen sich dadurch nicht wesentlich geändert hat. In der letzten Zeit ist sogar eine deutliche Zunahme der Ungleichheit zu konstatieren. Im europäischen Vergleich ist Österreich etwas, aber nicht viel egalitärer. Die Analyse der Einkommensunterschiede nach sozioökonomischen Merkmalen zeigt, dass die Klassenlage nach wie vor als Hauptdeterminante anzusehen ist. Dies zeigt sich in einer Reihe von Indizien: Große Einkommenszuwächse erfolgen vor allem in höheren und leitenden Positionen gegenüber den Arbeiter- und einfachen Angestelltenpositionen; eine positive Einkommensentwicklung im Karriereverlauf gibt es nur auf den mittleren und höheren Ebenen der Schichtungsskala; in Wirtschaftsbranchen mit starkem Kapital und gut organisierten Gewerkschaften sind die Einkommen weit höher als in anderen; im Alter gleichen sich die wirtschaftlichen Ungleichheiten nicht aus, sondern bestehen in nur leicht abgeschwächter Form weiter. Im Einkommen erweist sich das Geschlecht als sehr wichtig: Frauen verdienen fast durchwegs deutlich weniger als Männer. Zur Thematik des Einkommens gehört auch die Betrachtung der Reichen einerseits, der Armen andererseits. Die ersteren stellen noch immer ein wenig erforschte Gruppe dar. In Bezug auf Armut wurde hervorgehoben, dass nicht nur ökonomische, sondern auch soziale und kulturelle Aspekte wissenschaftlich wie sozialpolitisch von Bedeutung sind.

Vertiefende Fragen

1) Wie ist es zu erklären, dass man in Österreich 14 (manchmal sogar 16 bis 18) Monatsgehälter bezieht, obwohl ein Jahr nur 12 Monate hat? Wer hat (hatte) ein Interesse daran, solche Regelungen einzuführen und beizubehalten? Gibt es andere Formen der Entlohnung, die ähnliche Funktionen erfüllen?
2) Warum gibt es in Österreich immer wieder »Skandale« um Politikereinkommen und -privilegien? Wieviel sollten Politiker verdienen?
3) Welche Folgen hatte der starke Anstieg von Einkommen und Lebensstandard seit dem Zweiten Weltkrieg für die Lebensweise und die Zufriedenheit der Menschen? Besteht zwischen Einkommenshöhe und Lebenszufriedenheit ein Zusammenhang?
4) Welche Bedeutung hat das Einkommensniveau der Familie für das Leben, die Chancen und die Zufriedenheit von Kindern?
5) Welche Wirkungen hat die Einführung (und laufende Anpassung) eines gesetzlichen Mindestlohns, insbesondere im Hinblick auf die Reduzierung von Armut, aber auch auf andere Probleme (z.B. Arbeitslosigkeit)?

Weiterführende Literatur

Bericht über die soziale Lage 2003–2004. Ressortaktivitäten und Analysen (erscheint laufend), hrsg. vom Bundesministerium für Soziale Sicherheit und Generationen und Konsumentenschutz, Wien, 276 Seiten (auch abrufbar unter http://www.bmsg.gv.at).
Umfassende Information über die Tätigkeit des Sozialministeriums, staatliche Sozialausgaben, Armut, Vermögensbildung und Einkommensverteilung.

Guger, Alois/Markus Marterbauer (2007), Langfristige Tendenzen der Einkommensverteilung in Österreich – ein Update, Österreichisches Institut für Wirtschaftsforschung, Wien
Konzise Darstellung der Einkommensentwicklung in Österreich seit 1960/70 durch zwei Ökonomen.

Härpfer, Marco/ Johannes Schwarze (2006), »Wie gleich ist Europa? Empirische Befunde zur Entwicklung der Einkommensungleichheit in den bisherigen EU-Mitgliedstaaten«, in Martin Heidenreich (Hrsg.), *Die Europäisierung sozialer Ungleichheit. Zur transnationalen Klassen- und Sozialstrukturanalyse*, S. 137–153
Guter Überblick über die Einkommensverteilung in den Mitgliedsländern der EU (1997 und 2001) anhand der Daten des Europäischen Haushaltspanel (ECHP).

Natter, Ehrenfried/ Christoph Reinprecht (1992), *Achtung Sozialstaat. Ein Handbuch*, Wien/Zürich: Europaverlag, 546 Seiten
Ein »Reiseführer durch das soziale Österreich« mit detaillierten Daten und Hinweisen auf soziale Maßnahmen und Einrichtungen in den Bereichen von Schule, Arbeit und Beschäftigung, Familie, Einkommen, Gesundheit, Alter. Sehr engagiert und informativ, Datenbasis und Thesen jedoch manchmal unklar bzw. überzogen.

Kapitel 10: Soziale Ungleichheit im gesellschaftlichen Bewusstsein und im politischen Prozess

Eine Analyse der Sozialstruktur hat auch die Frage zu stellen, welche Faktoren zu ihrer Aufrechterhaltung oder ihrer Veränderung beitragen. Wir betreten damit das Feld der politischen Soziologie der sozialen Ungleichheit (Kreckel 1992) und kommen zum dritten Element der berühmten Triade von Klassen, Ständen und Parteien, die von Max Weber als »Phänomene der Machtverteilung innerhalb der Gemeinschaft« behandelt wurden. Soziale Ungleichheit wird ohne Zweifel in hohem Grade durch die Machtverteilung in einer Gemeinschaft bestimmt, wie Gerhard Lenski (1973) in seinem großen Werk postuliert. Diese hängt auch sehr eng damit zusammen, wie die Sozial- und Klassenstruktur im »gesellschaftlichen Bewusstsein« zum Ausdruck kommt (Ossowski 1962). Fragen der sozialen Ungleichheit und Machtverteilung können erst zum Objekt politischer Auseinandersetzung werden, wenn sie von der Öffentlichkeit wahrgenommen und thematisiert werden. In einer Demokratie hängt eine Politik der Gleichheit von den Wertorientierungen, dem Wissen und den Einstellungen der Bürger zu diesem Thema ab, die ihrerseits durch die öffentliche Meinung und »Meinungsmacher« – Medien, Wissenschaftler und Experten, Verbände und Parteien, und Politiker – beeinflusst werden.

In diesem Kapitel werden einige Grundaspekte dieser Prozesse und Zusammenhänge dargestellt. Im ersten Abschnitt sind dies die strukturell-institutionellen Charakteristika der österreichischen Sozialpartnerschaft. Im zweiten Abschnitt wird untersucht, inwieweit die Parteien heute noch als relevante Akteure gelten können, wenn es um die Reproduktion klassenspezifischer Ungleichheiten geht. Im dritten Abschnitt wird dargestellt, wie soziale Ungleichheit von den Bürgern wahrgenommen und beurteilt wird.

10.1 Die Sozialpartnerschaft als Rahmenbedingung für die Thematisierung von Ungleichheit

Österreich, wenngleich politisch seit 1955 ein neutraler Staat, ist in jeder Hinsicht eine westliche Demokratie und kapitalistische Marktwirtschaft. Doch zum Verständnis einer Gesellschaft reicht die bloße Berücksichtigung des institutionellen »Grundgerüsts«, wie es diese beiden Begriffe implizieren, in keiner Weise aus. Bereits in der kodifizierten politischen Verfassung und wirtschaftlichen Ordnung fortgeschrittener Länder – von Westeuropa bis Nordamerika und Fernost (Japan und die neuen »Tigerstaaten«) – gibt es signifikante Unterschiede in den rechtlichen Rahmenbedingungen, unter denen sich das Wechselverhältnis von politischen und wirtschaftlichen Interessen praktisch entfalten kann. So setzt das Mehrheitswahlsystem in Großbritannien selbst dann, wenn eine Partei weniger als 45 Prozent der Wählerstimmen, aber die Mehrheit der Wahlkreise auf sich vereint, eine Regierung in die Lage, durch ihre starke Mehrheit im Parlament weitreichende Reformen durchzusetzen. Deshalb konnte etwa Margaret Thatcher mit ihrer neoliberalen, unternehmer- und kapitalfreundlichen Politik Großbritannien geradezu umkrempeln und die Machtbalance zwischen Kapital und Arbeit entscheidend zugunsten des Kapitals verschieben.

Vielleicht noch wichtiger als die geschriebene Verfassung sind nationale Charakteristika in der »*Realverfassung*« eines Landes; gemeint ist damit die Art und Weise, wie Interessenorganisationen und politische Institutionen tatsächlich »funktionieren«. Hier kommen wir sofort zum Begriff der »*Sozialpartnerschaft*«, der sich als Bezeichnung der spezifisch österreichischen Form der wirtschaftlich-politischen Verfassung durchgesetzt hat.

Es gibt einige grundlegende Eigenheiten dieser Sozialpartnerschaft, die wir auch in anderen europäischen Ländern kennen, die meist unter den Begriffen des »*Korporatismus*« und der *Konkordanzdemokratie* (»consociational democracy«; vgl. Lijphart 1984) zusammengefasst werden. Damit sind politische Systeme gemeint, in denen es eine enge und eher friedlich-konsensuelle Kooperation zwischen den großen wirtschaftlichen Interessenverbänden und den Regierungen gibt (vgl. zusammenfassend Lehmbruch 1985). Besonders ausgeprägt ist eine solche Form der Kooperation in Kleinstaaten wie Schweden, Norwegen, der Schweiz und in den Niederlanden. Dies ist kein Zufall, da in kleinen Staaten die wirtschaftlichen und politischen Eliten persönlich viel häufiger direkt miteinander in Kontakt treten als in großen. Sie ist tendenziell aber auch in Deutschland in höherem Maße vorhanden als etwa in Konflikt- und Konkurrenzdemokratien wie Großbritannien und USA.

Doch die österreichische Sozialpartnerschaft weist sehr spezifische Merkmale auf, die auf die besonderen, historisch entstandenen und institutionell geprägten Eigenheiten ihrer Klassen- und Schichtstruktur zurückzuführen sind. Im Folgenden werden einige ihrer soziologisch relevanten Charakteristika herausgearbeitet.

Die Entstehung der Sozialpartnerschaft

Der historische Ursprung der Sozialpartnerschaft in der Nachkriegszeit weist bereits auf ihre wichtigsten Zielsetzungen und Charakteristika hin. Sie entstand im Zuge des Wiederaufbaus nach dem Kriege, in einer wirtschaftlich kritischen Zeit mit hoher Arbeitslosigkeit und Inflation. Zwischen 1947 und 1951 wurden zwischen den Verbänden der Arbeitnehmer und Arbeitgeber und der Regierung fünf Preis-Lohn-Abkommen geschlossen und 1957 in der »*Paritätischen Kommission für Lohn- und Preisfragen*« formell institutionalisiert. Damit sollte die Entwicklung von Löhnen und Preisen kontrolliert und eine Koordinierung aller wirtschafts- und sozialpolitischen Maßnahmen ermöglicht werden, um das gesamtwirtschaftliche Wachstum zu sichern und zu fördern. Diese Kommission wurde in der Folgezeit durch eine Reihe von weiteren formellen und informellen Gremien ergänzt, die sehr einflussreich wurden und die Wechsel von den Koalitions- zu Einparteienregierungen bis Ende der 1960er Jahre überdauerten, weshalb sie nicht ganz zu Unrecht als *Nebenregierung* apostrophiert wurden.

Dieser Begriff ist jedoch insofern irreführend, als die Regierung in der Paritätischen Kommission durch den Bundeskanzler (als Vorsitzendem) und drei weitere Regierungsmitglieder (die Bundesminister für Arbeit und Soziales, für wirtschaftliche Angelegenheiten und für Landwirtschaft) vertreten ist. Daneben gehören ihr die Präsidenten und ein bis zwei Vizepräsidenten der vier großen Interessensorganisationen an (Arbeiterkammern und ÖGB auf der Arbeitnehmerseite, Landwirtschafts- und Handelskammern auf der Arbeitgeberseite), sowie deren Generalsekretäre und zuständige Referenten und Beamte (Talos 1992, S. 399).

Bevor die Paritätische Kommission zusammentritt, werden in einer informellen, aber wichtigen »Präsidentenvorbesprechung«, die Grundlinien der Entscheidungen abgestimmt und festgelegt. Weitere Grundlagen für die Verhandlungen und Vorentscheidungen werden ausgearbeitet bzw. getroffen in drei Unterausschüssen der Paritätischen Kommission, in denen auch wissenschaftliche Experten der Kammern sitzen (Lohnunterausschuss, Preisunterausschuss und Beirat für Wirtschafts- und Sozialfragen).

Neben diesen zentralen Gremien gibt es eine Vielzahl weiterer Ausschüsse, Beiräte, Kommissionen, Konferenzen, Komitees, Arbeits- und Studiengruppen, in denen vielfältige formelle und informelle Interaktionen zwischen Regierung und den Interessenorganisationen stattfinden.

In den letzten Jahrzehnten wurde der Einfluss der Paritätischen Kommission durch mehrere Faktoren abgeschwächt. Dies war u.a. die Veränderung des Parteiensystems (vorübergehender Aufstieg der FPÖ, eine stärkere Polarisierung zwischen den Parteien), den Beitritt Österreichs zur EU, der den autonomen wirtschaftspolitischen Handlungsspielraum reduzierte und das Aufkommen neuer politischer Themen (wie Umweltschutz), die z.T. quer zu den Interessen von Arbeitgebern und Arbeitnehmern liegen. Die Thematik von Konkordanzdemokratie und Sozialpartnerschaft hat unerwartete Aktualität durch die europäische Integration erhalten, denn auch das politische System der EU funktioniert nach ähnlichen Prinzipien (Haller 2008).

Die Sozialpartnerschaft ist nur zum geringeren Teil gesetzlich bzw. verfassungsmäßig institutionalisiert. Gesetzlich eingerichtet wurde die spezifisch österreichische Institution der *Kammern*, der Interessenvertretungen von Arbeitnehmern, Handel und Gewerbe und Landwirtschaft. Die Kammern fungieren indes eher als *think-tanks* der Sozialpartner (mit wissenschaftlichen Abteilungen, Weiterbildungsangeboten usw.) denn als Interessenvertretungen. Diese sind der Österreichische Gewerkschaftsbund bei den Arbeitnehmern (formell nur ein privatrechtlicher Verein), der Wirtschaftsbund, die Industriellenvereinigung und der Bauernbund bei den Arbeitgebern bzw. Selbständigen. Anfang der 1960er Jahre stellte der Journalist Alexander Vodopivec (1960, S. 335ff.) fest, dass die Spitzenfunktionäre dieser Verbände, die hohen Beamten und Politiker einen »geschlossenen Führungsring« bilden, bei dessen Entscheidungen auch die meisten Abgeordneten wenig mitzureden haben, von der breiten, politisch eher »apathischen Masse« ganz zu schweigen. Der Aufstieg neuer Bewegungen und Parteien, die Entflechtung von Ämtern etwa beim ÖGB hat hier einiges verbessert, doch der Rückgang der Beteiligung an den Nationalratswahlen (von 90 Prozent bis 95 Prozent Anfang der 1950er Jahre auf 78 Prozent 2006) schwächt dagegen den demokratischen Charakter der Entscheidungen dieser Führungszirkel.

Charakteristika der österreichischen Sozialpartnerschaft

Zweifellos hat die Institution der Sozialpartnerschaft großen Einfluss nicht nur in Österreich auf die Entwicklung der sozialen Ungleichheit und ihre öffentliche Thematisierung. Im nächsten Abschnitt werden einige auf Umfragen aus international vergleichenden Erhebungen basierende Tatsachen aufgeführt, die auf einen recht engen Zusammenhang zwischen Sozialpartnerschaft und der Entwicklung der Sozialstruktur verweisen. Betrachten wir zuerst jedoch fünf strukturelle Charakteristika der Sozialpartnerschaft.

1) Kontinuierliche *horizontale Kommunikation und Kooperation* in mehrfacher Hinsicht: zwischen den großen Interessenblöcken von Arbeit und Kapital; innerhalb dieser zwischen den unterschiedlichen Fraktionen des Kapitals bzw. der Arbeitgeber (zwischen Kleinbetrieben und Großunternehmen; zwischen Landwirtschaft, Gewerbe, Handel und Industrie, zwischen unterschiedlichen Industriebranchen usw.); zwischen den wirtschaftlichen Interessenverbänden, der Regierung und anderen öffentlichen und halböffentlichen Institutionen (Sozialversicherungen, Landesregierungen usw.).

2) *Informalität der Kommunikation und Kooperation.* Viele der sozialpartnerschaftlich relevanten Kommissionen, Ausschüsse usw. sind formell gar nicht institutionalisiert. Aber selbst in den institutionalisierten Gremien spielt die informelle Arbeitsweise eine große Rolle: Die wichtigen Entscheidungen fallen in der Regel nicht in harten Auseinandersetzungen im Rahmen öffentlicher Diskussionsprozesse, sondern durch informelles Abtasten und Aushandeln von Kompromissen vor den Sitzungen der entscheidungsbefugten Organe, deren Beschlüsse dann nur mehr rituellen Charakter besitzen.

3) *Exklusiv-elitäre Struktur der Verhandlungs- und Entscheidungsprozesse*: Verhandlungsprozesse und Entscheidungen werden grundsätzlich nur in den jeweils zuständigen Gremien geführt und getroffen; je wichtiger bestimmte *Issues* sind, desto höher die Ebene der beteiligten Entscheidungsträger. Die Spitzenfunktionäre »sind durch Ämterkumulation zugleich auch Exponenten eines komplexen Netzwerkes von Verbänden, Kammern und Parteien. Die Kommissionen selbst sind ›von einem personell überschaubaren, relativ homogenen‹ Corps, von Verbands-Experten und Funktionären besetzt« (Fürstenberg 1985, S. 30). Hierbei spielen auch Wissenschaftler und Fachleute – insbesondere Ökonomen – der beiden Lager eine zentrale Rolle. Voraussetzung hiefür ist ein hoher *Zentralisationsgrad* bei den relevanten Arbeitnehmer- und Arbeitgeberverbänden und Parteien. Deren Spitzenfunktionäre interagieren kontinuierlich miteinander. Bernd Marin hat in einer umfassenden Fallstudie über die Paritätische Kommission in diesem Zusammenhang von der Entstehung »einer neuen, aufstrebenden Klasse der *Technobürokratie* gesprochen (Marin 1982).

4) *Klientelismus* und *Ämterpatronage bei der Vergabe von Positionen im öffentlichen und halböffentlichen Bereich.* Es war – und ist bis heute in vielen Bereichen noch immer – ein wenig positives Kennzeichen der österreichischen Sozialpartnerschaft, dass eine große Anzahl von Führungsposten in den vom Staat direkt oder indirekt kontrollierten Bereichen nach parteipolitischen Gesichtspunkten besetzt wurden. Zu diesen Bereichen gehörten früher die in Staatseigentum befindlichen Unternehmen und die verstaatlichte Industrie bis hin zu Banken und Versicherungen; in Energieversorgungsunternehmen und Sozialversicherungen, aber auch Schulen und außeruniversitären wissenschaftlichen Institutionen ist es noch immer der Fall. Dabei kamen bzw. kommen in der Regel nur die beiden großen Parteien ÖVP und SPÖ zum Zuge, indem häufig ein rot-schwarzes Tandem als Führungsspitze eingesetzt wurde. Nebenbei sei bemerkt, dass solche Formen der (parteipolitischen) Ämterpatronage nichts spezifisch Österreichisches sind, sondern in kleinräumigen Kontexten auch in Deutschland zu beobachten sind (Scheuch 1992).

5) *Konsensuelle Verhandlungs- und Entscheidungsfindung.* Es liegt auf der Hand, dass diese Form der Kooperation offene Auseinandersetzungen und Konflikte aus mehreren Gründen scheuen muss. Stattdessen agiert man nach dem Prinzip des *do ut des* (»Geben um zu nehmen«), d.h. man bearbeitet stets größere Verhandlungspakete, wobei beide

Partner einander in unterschiedlichen Punkten Zugeständnisse machen. Ein solches System kann langfristig nur auf der Basis zweier Prinzipien funktionieren. Zum einen müssen beide Partner wissen, dass auf den anderen Verlass ist und dieser sich für eventuelle heutige Zugeständnisse seinerseits zu einem späteren Zeitpunkt revanchieren wird. Ein solches reziprokes »Geben und Nehmen« wäre in Frage gestellt, würden sich bei jeder wichtigen Frage die Fronten neu bilden. Zum anderen werden die Beteiligten öffentliche Diskussionen strittiger Fragen eher zu vermeiden trachten, weil dadurch die Praktiken der informellen Vergabe von Posten und Pfründen ans Licht kommen und angeprangert werden könnten. Konnte eine Einigung über strittige Fragen auf konsensuellem Wege nicht erzielt werden, bleibt als typischer »Lösungsweg« ihr Aufschieben oder ihre gänzliche Ausklammerung aus der politischen Tagesordnung. Die Ende 2007, Anfang 2008 thematisierte, aber nicht wirklich gelöste Pflegeproblematik ist ein jüngstes Beispiel für solche Strategien.

Es ist evident, dass ein solches System eine Reihe von Vorzügen, aber auch manche problematischen Aspekte in sich vereint. Die bedeutendste Leistung liegt darin, dass die gesamtwirtschaftliche und politische Entwicklung verstetigt wird, da die wichtigsten wirtschafts- und gesellschaftspolitischen Akteure in die Entscheidungen eingebunden sind und damit offene Konflikte vermieden werden können. So besteht unter Ökonomen Übereinstimmung darüber, dass die Sozialpartnerschaft als ein entscheidendes Element in der sehr erfolgreichen wirtschaftlichen Entwicklung Österreichs seit 1960 betrachtet werden kann (Seidel 1985; Winckler 1985; Casey/Gold 2000). In dieser Hinsicht mag sich die scheinbar kontraproduktive Strategie des Aufschiebens wichtiger und notwendiger Reformen mitunter auch positiv auswirken, da die Strategie des »Zuwartens« von unmittelbarem Problemdruck entlastet und der »Mitläufer« erst dann handeln kann, »wenn sich die Handlungsergebnisse der Vorreiter schon abzeichnen« (Fürstenberg 1985, S. 36).

Die Sozialpartnerschaft hat jedoch auch problematische Seiten. Eine davon liegt in ihrer immer wieder zutage tretenden Reformunfähigkeit. Dies war bzw. ist besonders oft der Fall bei großen Koalitionen zwischen ÖVP und SPÖ, einem »natürlichen Kind« der Sozialpartnerschaft. Als Regierungsprogramm und noch mehr faktische Entscheidungsgrundlage bei solchen Koalitionen dient vielfach nur der »kleinste gemeinsame Nenner«. Die als Rechtfertigung meist genannte Notwendigkeit tiefgreifender Reformen schlägt so ins Gegenteil um. Dafür nützen die Regierungspartner ihre Zweidrittel-Mehrheit im Parlament häufig in einer Weise aus, die dem Geist der Verfassung klar widerspricht. Nebensächliche Gesetze, die nur die Interessen kleiner Gruppen betreffen, werden in den Verfassungsrang erhoben, um zu verhindern, dass sie vom Verfassungsgerichtshof eventuell für ungültig erklärt werden. Diese Schwäche der Sozialpartnerschaft bzw. von großen Koalitionen wurde auch als Argument dafür bemüht, um den Beitritt Österreichs zur Europäischen Union zu begründen, nämlich um die verkrusteten Strukturen hierzulande aufzubrechen. Damit haben die herrschenden Eliten aber nichts anderes als ihre eigene Unfähigkeit deklariert.

Eine weitere Schwäche der Sozialpartnerschaft hängt mit der Tatsache der engen Verflechtung und Kooperation zwischen den Mitgliedern der herrschenden Eliten zusammen. Diese ist nicht für die Öffentlichkeit intransparent, sondern verleitet Mächtige mit einem unzureichend entwickelten ethisch-moralischen Verantwortungsbewusstsein auch immer wieder zum Aufbau fragwürdiger Seilschaften bzw. zur Praktizierung halb- und illegaler Verhaltensweisen. Die Verfilzung der wirtschaftlichen und politischen Eliten in Österreich tritt besonders deutlich zutage bei den immer wieder auftretenden öffentlichen Skandalen. Hier eine kurze Darstellung einiger der größten Skandale der 2. Republik (vgl. dazu auch Gehler/Sickinger 1995).

Am 17. September 1979 fand im Gebäude des Österreichischen Parlaments in Wien ein krimi-reifes Treffen statt: Ein Herr namens Bela Rabelbauer brachte in einem Koffer 3 Millionen Schilling in bar und übergab diesen, in Anwesenheit weiterer wichtiger ÖVP-Politiker, dem seinerzeitigen ÖVP-Klubobmann und nachmaligen Vizekanzler Alois Mock. Damit wollte sich Rabelbauer ein Parlamentsmandat sichern; Bedingung dafür war, dass Weber 10 Millionen spenden sollte (wozu er auch bereit war). In der Folge stellte sich heraus, dass Rabelbauer ein wegen mehrfacher Steuervergehen amtsbekannter und übel beleumdeter internationaler Finanzjongleur war. Da der Vorgang relativ rasch aufgedeckt wurde, verzichtete man auf das Geschenk und die Affäre blieb ohne weitere Folgen.

Der größte Bauskandal der 2. Republik betraf die Errichtung des Allgemeinen Krankenhauses (AKH) in Wien. Der Bau wurde 1955 mit einer projektierten Bauzeit von 10 Jahren und einer veranschlagten Summe von 1 Milliarde Schilling beschlossen. Vollkommen fertig gestellt wurde er erst 1994, fast 40 Jahre später, mit faktischen Kosten von 45 Milliarden Schilling. Im Zuge der immer wieder verzögerten und mit immensen Preissteigerungen verbundenen Durchführung dieses Projektes wurden eine Reihe von Baumanagern und Firmeninhabern wegen massiv überhöhter Honorarzahlungen, Geldtransaktionen in ausländische Finanzoasen usw. rechtskräftig verurteilt. In den Skandal involviert war auch der seinerzeitige SPÖ-Finanzminister Hannes Androsch mit seiner Steuerberatungsfirma Consultatio. Er wurde 1989 wegen Falschaussage vor dem parlamentarischen AKH-Untersuchungsausschuss zu einer hohen Geldstrafe verurteilt.[1] In den Medien immer wieder geäußerte Vermutungen, dass im Zuge dieses Skandals auf Umwegen auch Parteienfinanzierung betrieben wurde, konnten nicht verifiziert werden.

Am Sonntag, 22.1.1977, erschütterte ein gewaltiger Knall den zu dieser Zeit ruhigen Indischen Ozean. Durch eine Explosion wurde das Frachtschiff *Lucona* praktisch in zwei Teile zerrissen, fünf der zehn Seeleute bzw. Mitfahrer fanden an dieser 6000 m tiefen Stelle den Tod. Die auf dem Schiff in zwei 5 m langen Behältern mitgeführte Sprengladung war durch eine Fernzündung zur Explosion gebracht worden (Pretterebner 1993, S. 326ff.; vgl. auch Pretterebner 1987). Auftraggeber war die schillernde Person Udo Proksch, Inhaber der berühmten Hofzuckerbäckerei Demel im Zentrum von Wien und Gründer des »Club 45«, einer lockeren Vereinigung meist SPÖ-naher Spitzenpolitiker.

1 Vgl. http://roteskandale.at/skandale/akh.html

Mit der Sprengung des Schiffes wollte Proksch einen Versicherungsbetrag von 212 Millionen Schilling lukrieren. Da die betroffene Bundesländer-Versicherung jedoch Betrug witterte, kam es nicht dazu, sondern vielmehr zur Aufdeckung des Verbrechens. In dessen Folge wurden 16 Politiker, Juristen und hohe Beamte ihres Amtes enthoben; zwei SPÖ-Spitzenpolitiker (Nationalratspräsident Leopold Gratz und Innenminister Karl Blecha) mussten aufgrund ihrer aktiven Versuche, Proksch zu entlasten, zurücktreten.

Weitere Skandale gab und gibt es in Österreich bis heute. Zur Zeit der Endkorrektur dieses Manuskripts (März 2007) läuft in Wien ein Monsterprozess wegen Untreue, schweren Betrugs und Bilanzfälschung gegen den ehemaligen Generaldirektor der gewerkschaftseigenen Bank für Arbeit und Wirtschaft (BAWAG), Helmut Elsner und seine Mit-Direktoren in den Jahren 1998 bis 2005. Sie hatten von Wolfgang Flöttl (Sohn des früheren BAWAG-Generaldirektors Walter Flöttl) äußerst riskante Spekulationsgeschäfte durchführen lassen und die enormen Verluste daraus in den Bilanzen versteckt. Für die Verluste musste der Österreichische Gewerkschaftsbund haften, sich um rund 2 Milliarden Euro verschulden und in der Folge die BAWAG verkaufen.[2] Hauptverantwortlich für die Zustimmung des ÖGB zu den Transaktionen der BAWAG waren Präsident Fritz Verzetnitsch und der von der Gewerkschaft nominierte BAWAG-Aufsichtsratsvorsitzende Günter Weninger gewesen; beide mussten zurücktreten. Erst kurz zurück liegt die Affäre um den früheren Finanzminister (2000–2007) Karl-Heinz Grasser, dem von der Industriellenvereinigung um einen weit überhöhten Betrag eine Internet-homepage gesponsert worden war und der immer wieder auch wegen anderer fragwürdiger Verhaltensweisen von den Medien angegriffen wurde. Diese waren insgesamt sicherlich weit weniger gravierend als die vorgenannten Skandale; interessant bzw. problematisch an ihnen ist jedoch, dass sie einen amtierenden Minister aus dem Umkreis der FPÖ betrafen.[3]

Die Existenz politischer Skandale muss nicht per se als Indikator für eine generell korrupte Gesellschaft und Politik gesehen werden. Ihre Aufdeckung, die natürlich von den jeweiligen politischen Gegnern weidlich unterstützt wird, stellt auch einen »Selbstreinigungsakt« eines politischen Systems dar und ist insofern Zeichen einer funktionierenden Demokratie. Nach dem Korruptionsindex von *Transparency International* liegt Österreich 2007 mit einem Indexwert von 8.1 an sehr guter 15. Stelle, noch vor Deutschland (7.8) und weit vor Italien (5.2). Als korruptionsfreiestes Land der Welt steht Dänemark an der Spitze mit 9.4, am Ende Somalia (179. Stelle) mit 1.4.[4] Bei der Aufdeckung von Verfilzung

---

2 Vgl. http://de.wikipedia.org/wiki/BAWAG-Aff ProzentC3 ProzentA4re

3 Die oben genannten Beispiele erwecken den Eindruck, dass die SPÖ in mehr Skandale verwickelt war als die ÖVP. Dies mag in der Tat zutreffen seit der Erringung der absoluten Mehrheit durch Kreisky im Jahre 1970/71, in dessen Gefolge auch Karrieristen und Scharlatane gute Chancen vorfanden (vgl. auch Chorherr 2000). Man wird daraus aber nicht folgern können, dass die bürgerliche Seite eine bedeutend weißere Weste hätte. Zum einen dominierte sie in einer Zeit (1945–1970), in der illegale Praktiken wahrscheinlich noch leichter zu vertuschen waren. Zum anderen geht es bei ihr um Verfilzungen zwischen großen Institutionen bzw. Machtgruppen (z.B. Raiffeisen), bei denen Ungereimtheiten schwer nachweisbar sind.

4 Siehe www.transparency.de

und Korruption spielen insbesondere kritische Journalisten eine wichtige Rolle; so wurde der AKH-Skandal vor allem durch Alfred Worm, der Lucona-Skandal durch Hans Pretterebner aufgedeckt.

Bedeutsam war der Einfluss der Sozialpartnerschaft auch auf die Einkommensentwicklung, worauf wir später noch zurückkommen. Im Folgenden werden Befunde aus österreichischen und international vergleichenden Umfragen dargestellt, die vor dem Hintergrund der dargestellten Charakteristika der österreichischen Sozialpartnerschaft interessante Schlüsse zulassen.

Die Sozialpartnerschaft und gesellschaftliche Machtverteilung im öffentlichen Bewusstsein

Die Einstellungen der Österreicher zeigen, dass die Sozialpartnerschaft insgesamt zwar sehr positiv gesehen wird, aber auch mit ambivalenten Haltungen verknüpft ist. *Tabelle 10.1* zeigt die Ergebnisse dreier repräsentativer sozialwissenschaftlicher Umfragen unter jeweils 2000 erwachsenen Österreichern.

Tabelle 10.1: Wahrnehmung gesellschaftlicher Machtverhältnisse und Ungleichheiten in Österreich, 1986, 1993 und 2003

Aussagen	*Anteil der zustimmenden Antworten in Prozent*		
	1986	*1993*	*2003*
Auch bei uns in Österreich gibt es, wie anderswo, ›die oben‹, die kommandieren, und ›die unten‹, die gehorchen	87	86	82
Durch die verschiedenen Interessensvertretungen ist es in Österreich gesichert, dass jeder zu dem kommt, was ihm zusteht	49	51	46
Jeder, der sich wirklich anstrengt, hat bei uns die Chance, hoch hinauf zu kommen	64	68	65

Quellen: 1986 und 1993: K. Holm, Wandel politischer Einstellungen (1996), S. 223; 2003: M. Haller, Auf dem Weg zur mündigen Gesellschaft? (2005), S. 57, Tabelle 2.5; Datenbasis: Sozialer Survey 1986, 1993, 2003, N jeweils 2.000.

Auf der einen Seite scheint es eine breit geteilte Kritik an der gesellschaftlichen Machtverteilung zwischen »unten« und »oben« zu geben; die übergroße Mehrheit stimmt der doch sehr »pessimistischen« bzw. kritischen Aussage zu, auch in Österreich können »die oben« »kommandieren«, und »die unten« müssten nur gehorchen. Diese Wahrnehmung ist nur ganz leicht zurückgegangen. Zugleich aber wird das System der Interessenvertretungen von knapp der Hälfte der Befragten positiv beurteilt (»Durch die Interessenvertretungen ist gesichert, dass jeder zu dem kommt, was ihm zusteht«). Ähnliches gilt im Hinblick auf die wahrgenommenen Aufstiegschancen, die zwei Drittel der Befragten als sehr positiv beurteilen. Diese drei Aussagen stehen hier nur exemplarisch für viele andere, die in eine ähnliche Richtung weisen.

Zwei weitere, relevante Befunde sind in *Abbildung 10.1* enthalten. Sie beruhen auf den *International Social Survey Programme* (ISSP), in dessen Rahmen im Jahre 1992 in 17 Ländern die Gleichheitsorientierungen und die Wahrnehmung von

Abbildung 10:1: Kritische Wahrnehmung sozialer Ungleichheit in 10 Ländern

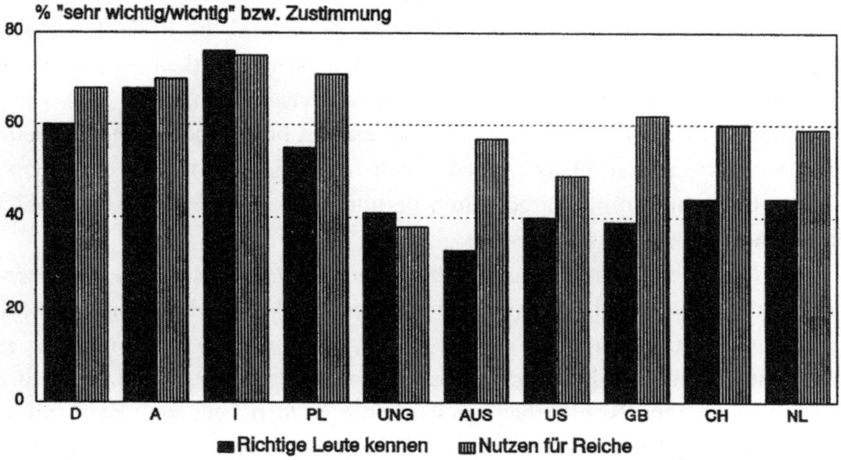

Quelle: Haller/ Mach/ Zwicky, Egalitarismus und Antiegalitarismus [...] (1995), S. 238, Abbildung 4 Datenbasis: ISSP-87 »Einstellungen zur sozialen Ungleichheit«

Ungleichheiten durch die Bevölkerung erhoben wurden. Darin wurde u. a. gefragt, welche Faktoren man als wichtig für das Vorwärtskommen im Leben betrachte. Neben Faktoren der persönlichen Leistung (Bildung, harte Arbeit) oder persönlichen Eigenschaften (Geschlecht usw.) wurden zwei Aussagen vorgegeben, die hier besonders interessant sind:

- Um im Leben vorwärts zu kommen ist es wichtig, die richtigen Leute zu kennen
- Um im Leben vorwärts zu kommen ist es wichtig, über ausreichend Geld zu verfügen.

Die Befunde zeigen, dass die Österreicher im Hinblick auf die erste dieser beiden Aussagen an zweiter Stelle unter den zehn in *Abbildung 10.1* enthaltenen Ländern stehen (sie bleiben dies auch, wenn 17 Länder betrachtet werden). Eine große Mehrheit der Befragten, knapp zwei Drittel, betrachten »richtige Beziehungen« als wichtig für das Vorwärtskommen; lediglich in Italien sind es noch etwas mehr (72 Prozent). Ähnliche Befunde ergeben sich beim Item »politische Beziehungen« (nicht enthalten in der Abbildung). Diese werden ebenfalls von den Österreichern am zweithäufigsten als wichtig angesehen (zu 39 Prozent; hier liegen wieder die Italiener mit 51 Prozent in Front); im Durchschnitt aller 17 Länder sind es nur 20 Prozent.

Noch bis vor nicht allzu langer Zeit war in Österreich der Besitz eines Parteibuchs beim Zugang zu Stellen in öffentlichen oder politisch beeinflussten Bereichen sehr hilfreich. Dies ist inzwischen, nicht zuletzt wegen umfangreicher Privatisierungen und Umwandlung von staatlichen Institutionen in eigenverantwortliche Gesellschaften, in dieser Form nicht mehr der Fall. Für große Unternehmer und Besitzende spielen persönliche Beziehungen untereinander und zur »politischen Klasse« nach wie vor eine wesentliche Rolle. Sie werden erleichtert durch die Kleinheit des Landes und seiner starken Konzentration aller Entscheidungszentralen auf die Bundeshauptstadt Wien.

Zugleich ist die Kritik der Österreicher an den bestehenden Ungleichheiten sehr hoch, wie andere Daten zeigen. Auch hier zeigt sich wieder ein gewisser Widerspruch zum vorher dargestellten Befund, dass man nämlich sehr wohl an die Chancen eines starken Aufstiegs glaubt.

Auch ein Befund in Bezug auf die *Wahrnehmung der Stärke klassenbezogener, vertikaler Konflikte* mag hier präsentiert werden. In Österreich war in der Nachkriegszeit die Streikhäufigkeit äußerst gering, offensichtlich eine Folge der sozialpartnerschaftlichen Kooperation. Diese Tatsache ist durchaus ambivalent zu beurteilen: Geringe Konflikthäufigkeit könnte ja auch bedeuten, dass Interessenskonflikte und -widersprüche, Benachteiligungen usw. eher unter den Tisch gekehrt werden.

*Abbildung 10.2: Durchschnittliche Konfliktwahrnehmung nach Ländern**

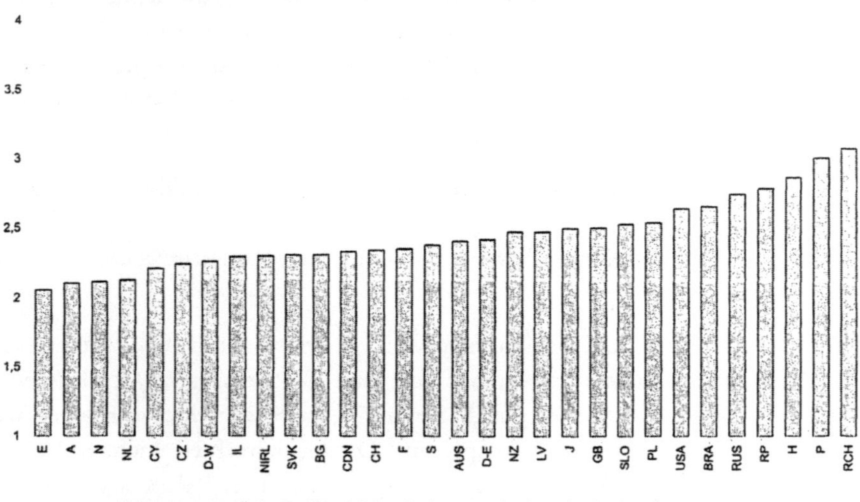

* Länderabkürzungen: E Spanien, A Österreich, N Norwegen, NL Niederlande, CY Zypern, CZ Tschechische Republik, D-W Deutschland West (alte Bundesländer), IL Israel, NIRL Nordirland, SVK Slowakei, BG Bulgarien, CDN Kanada, CH Schweiz, F Frankreich, S Schweden, AUS Australien, D-E Deutschland Ost (neue Bundesländer), NZ Neuseeland, LV Lettland, J Japan, GB Großbritannien, SLO Slowenien, PL Polen, USA, BRA Brasilien, Russland, RP Philippinen, H Ungarn, P Portugal, RCH Chile.

Quelle: M. Hadler, Ist der Klassenkonflikt überholt? (2003), S. 185, Übersicht 3; Datenbasis: ISSP Erhebung »Social Inequality« 1999/2000.

In einer Replikation der ISSP-Studie zur Wahrnehmung sozialer Ungleichheit in den Jahren 1999/2000 wurde die Frage gestellt, ob man starke, weniger starke oder keine Konflikte zwischen verschiedenen gesellschaftlichen Gruppen sieht; dabei wurden u.a. angeführt Konflikte zwischen Armen und Reichen, Menschen, die gesellschaftlich oben und unten stehen, Unternehmern und Arbeitnehmern und zwischen Arbeitern und Mittelstand. Aus diesen vier Aussagen wurde ein Gesamtindex »Stärke der Wahrnehmung vertikaler Konflikte« gebildet (vgl. Hadler 2003). Es zeigt sich, dass unter den 30 verglichenen Ländern Österreich wieder eine Extremposition einnimmt; nach Spanien werden die zweitschwächsten Konflikte wahrgenommen (vgl. *Abbildung 10.2*, Österreich befindet sich ganz links in der Grafik). Nun ergibt sich aus der detaillierten Analyse der Daten, dass u.a. die objektive Konflikthäufigkeit (gemessen z.B. in Streiktagen) eine Rolle spielt; diese hatten die Befragten sicherlich auch im Auge. Manche der Befragten nehmen aber sicherlich an, dass es objektiv in Österreich heute tatsächlich keine wirklichen Interessengegensätze mehr gebe.

Alle diese Befunde zeigen, dass die Sozialpartnerschaft in den Augen der österreichischen Bevölkerung zwar grundsätzlich positiv, aber zugleich kritisch gesehen wird. Dass auch letzteres tatsächlich zutrifft, belegt nicht zuletzt der Aufstieg der FPÖ unter Jörg Haider, dessen sozialstrukturelle Hintergründe im Folgenden etwas näher beleuchtet werden sollen.

Der Aufstieg der FPÖ unter Haider als Ausdruck der Unzufriedenheit mit dem parteipolitischen Proporzsystem

Seit Beginn der 1980er Jahre lässt sich ein Bedeutungsrückgang der Sozialpartnerschaft nachweisen (vgl. dazu die umfassende Publikation »*Sozialpartnerschaft in der Krise*«, Gerlich u. a. 1985). Verstärkt hat sich dieser Prozess insbesondere durch den Aufstieg der FPÖ unter Haider seit 1986 und mit dem Eintritt der FPÖ in eine bürgerliche Koalitionsregierung unter Wolfgang Schüssel im Jahre 2000; diese Regierung hat radikale Reformen auch unter massivem Widerstand großer Teile der Bevölkerung, insbesondere großer Gruppen von Arbeitnehmern, durchgesetzt. Es erscheint angebracht, dass wir uns speziell mit dem Aufstieg der FPÖ näher befassen.

Man kann ohne Zweifel argumentieren, dass der Aufstieg der Haider-FPÖ eng mit den Charakteristika der österreichischen Sozialpartnerschaft zusammenhing. Zur Debatte steht hier insbesondere die elitär-technokratische Funktionsweise der Sozialpartnerschaft und ihres Proporzsystems, das vielfach notwendige Reformen blockierte, was zu einem »zunächst nur von Randgruppen offen artikulierten, aber doch latent weit verbreiteten ›Unbehagen‹ führte« (Fürstenberg 1985, S. 36). Damit kann auch sein abrupter Niedergang seit 2002 (nur mehr 10 Prozent der Stimmen bei der Nationalratswahl gegenüber dem Höhepunkt von fast 27 Prozent 1999) erklärt werden. Es hatte sich herausgestellt, dass es der FPÖ in der Regierung vor allem darum ging, auch den »Blauen« (wie die FPÖ und ihr Lager genannt wurden) einen angemessenen Anteil an den politischen Pfründen zu sichern, und viel weniger darum, dieses System grundsätzlich zu reformieren.

Detaillierte Analysen der Wählerströme zeigten, dass unter den Hauptmotiven der FPÖ-Wähler seit der Übernahme der Obmannschaft durch Haider insbesondere das Unbehagen am sozialpartnerschaftlichen »Filz« eine wachsende Rolle spielte. *Tabelle 10.2* zeigt, dass zunächst vor allem die Person Haider ein wichtiges Wahlmotiv darstellte, dieses Motiv aber extrem stark zurückging – von 54 Prozent 1986 auf nur mehr 12 Prozent im Jahre 1999. Das zweite Hauptmotiv waren die negativen Seiten der Institution des Proporzes, wie sie sich in drei Jahrzehnten Sozialpartnerschaft und großen Koalitionen herausgebildet hatten. Dafür stehen Wahlmotive wie Einsatz der FPÖ gegen Skandale und Privilegien, die Notwendigkeit von Opposition und Kontrolle, ein Denkzettel für die Großparteien, die Hoffnung auf Veränderung. Diese Motive zusammen wurden 1986 von einem Drittel, in der Folge sogar von mehr als 40 Prozent der FPÖ-Wähler als die wichtigsten genannt. Nur sehr geringe Bedeutung hatte dagegen das Parteiprogramm der FPÖ, wie auch die immer wieder durchschimmernde Sympathie Haiders für das Dritte Reich und die ehemaligen Mitkämpfer des Nationalsozialismus (Haller u. a. 1996a, S. 119).

Tabelle 10.2: Die wichtigsten Wahlmotive für die FPÖ bei den Nationalratswahlen 1986–1999 (in Prozent)[1]

	1986	*1990*	*1994*	*1995*	*1999*
Person/Image/Auftreten/Ideen von Jörg Haider	54	23	17	19	12
Einsatz gegen Skandale, Privilegien etc.	9	22	22	20	-
Opposition, Kontrolle	6	7	11	4	3
Denkzettel, Ablehnung, Kritik an Großparteien	7	11	10	7	7
Hoffnung auf Veränderung, frischer Wind	10	6	-	12	22
(Zusammen)	(32)	(46)	(43)	(43)	(30)
Ausländerfrage	-	7	12	12	14
Parteiprogramm, Ideologie	8	9	5	8	-

[1] Vercodung spontaner, ungestützter Nennungen in Prozent der FPÖ-Wähler. In dieser Tabelle wurden nur Nennungen mit ca. 10 Prozent Häufigkeit aufgenommen.

Quelle: Plasser/ Ulram 2000, S. 229f; Datenquelle: Fessel & GfK Exit Polls zu den Nationalratswahlen.

Ganz eindeutig haben also die Verfilzung von Politik und Gesellschaft, die zunehmende politische Immobilität, und die allmähliche Herausbildung einer abgehobenen Funktionärsschicht breite Wählergruppen in allen sozialen Klassen und Schichten dazu motiviert, die systemkritisch eingestellte FPÖ zu wählen. Wenn es sich hier auch nicht um einen direkten Klassenbezug handelte, ist doch klar, dass es ganz zentral um Fragen der Verteilung von Macht und Privilegien ging. Eine Interpretation, die eine Erosion der traditionellen Wählerlager, berufliche Umschichtungen (von Landwirtschaft zu Industrie bzw. Dienstleistungen), Veränderungen ökonomischer Interessenlagen als Erklärung für den Aufstieg der FPÖ bemüht (Plasser/Ulram 2000, S. 238), ist eher irreführend. Dies zeigt sich nicht zuletzt im totalen Absturz der FPÖ nach dem von Haider mitverursachten Rücktritt von drei ihrer führenden Regierungsmitglieder bzw. Funktionäre im Jahre 2003. Kein sozialstruktureller und -kultureller Wandlungsprozess geht in so kurzer Zeit vonstatten. Der FPÖ-Absturz war vielmehr, wie oben argumentiert, Hauptfolge des Verhaltens ihrer Politiker an der Macht wie auch von Haider selbst (Haller 1995).

Einkommenspolitische Zielsetzungen und Strategien im Rahmen der Sozialpartnerschaft

Wie oben festgestellt, war der Ausgangspunkt für die Entstehung der Sozialpartnerschaft das Bestreben, die Lohn- und Preisentwicklung zu verstetigen. Geboren aus der »Not der unmittelbaren Nachkriegszeit« und der Notwendigkeit, die politische Autonomie und wirtschaftliche Autarkie Österreichs wiederherzustellen, »tolerierten einerseits die Sozialisten die Verbesserung der Gewinnsituation der Unternehmungen mit temporärem Reallohnverzicht der Arbeiter, andererseits die Gruppen der Volkspartei den Wirtschaftsdirigismus und die Verstaatlichung von Unternehmen.« (Winckler 1985, S. 295) Die Erfahrungen der Ersten Republik hatten gezeigt, dass Verteilungskämpfe eher zu ökonomischer Stagnation denn zu Umverteilung und Egalisierung führen.

Die Bedeutung der Sozialpartnerschaft für die Entwicklung von Lohngestaltung und Einkommen war und ist erheblich (vgl. dazu auch Chaloupek/ Ostleitner 1974; Flanagan 1988; Armingeon 1992). Die Aufgabe der Paritätischen Kommission bzw. ihres Lohnunterausschusses besteht darin zu bestimmen, wann mit Kollektivverhandlungen begonnen werden darf; diese werden dann von den Sozialpartnern selber geführt. Damit werden Lohnverhandlungen einem »doppelten Filter« unterzogen: im Hinblick auf ihren zeitlichen Beginn, und im Hinblick auf die Höhe der Forderungen, die im Rahmen der Vorverhandlungen ebenfalls zur Sprache kommen. Ein Haupteffekt der Zentralisierung der Lohnverhandlungen liegt darin, dass die Lohn- und Einkommensrelationen zwischen den großen Gruppierungen relativ unverändert bleiben. Das Ziel des Lohn-Preis-Kontrakts im Rahmen der Sozialpartnerschaft bestand und besteht darin, »weder durch Lohn- noch durch Preiserhöhungen die Einkommen in Österreich umzuverteilen.« (Winckler 1985, S. 301). Dies gilt vielleicht weniger im Hinblick auf die Lohnquote insgesamt, die sich – wie im vorigen Kapitel gezeigt wurde, ja deutlich verschoben hat – als vielmehr für die Einkommensrelationen zwischen den Branchen, Berufsgruppen usw. »Die Sozialpartnerschaft kann signifikante Umverteilung zwischen den die Verbände tragenden Gruppen gar nicht bewerkstelligen, sie kann eine Umverteilung auch nicht zulassen. Zumindest ist es einem grundlegenden Verband, der die Sozialpartnerschaft konstitutiv bestimmt, nicht zumutbar, die relative Verschlechterung ›seines‹ Anteils am Sozialprodukt auch noch zu legitimieren« (Pelinka 1981, S. 176). Die Schwierigkeit einer Umverteilung gilt aber nicht nur in horizontaler

Hinsicht, zwischen Kapital und Arbeit, oder zwischen den Branchen, sondern auch im Hinblick auf die personellen Einkommen innerhalb der Unselbständigen. Hier gilt international, »dass die Realisierungschancen einer solidarischen Lohnpolitik in einer kapitalistischen Marktwirtschaft [...] aus einer Vielzahl von Gründen äußerst gering sind.« (Pfromm 1975, S. 109). Man muss also insgesamt wohl mit Talos (1992, S. 404f.) feststellen, die Sozialpartnerschaft trage generell eher »zur Aufrechterhaltung bestehender ökonomischer Ungleichheiten bei. Die in den letzten Jahrzehnten betriebene Lohnpolitik ließ die traditionelle geschlechtsspezifische Einkommensungleichheit [...] ebenso weitgehend unangetastet wie die – im europäischen Vergleich – größten Lohndifferentiale zwischen den Branchen« (vgl. auch Guger 1989).

10.2 Die Parteien und ihre Beziehung zu sozialen Klassen und Ständen

Als Instanzen der Machtverteilung hat Max Weber die Parteien als drittes Element der Triade »Klassen, Stände und Parteien« hervorgehoben. Heutige Klassentheoretiker, auch wenn sie an Weber anknüpfen, gehen auf die Thematik der Parteien allerdings nur selten ein oder behaupten überhaupt, dieses Thema besitze keine Relevanz (vgl. Kreckel 1992, S. 62). Weshalb dies eine Fehleinschätzung ist, wird im nächsten Abschnitt begründet. Im Anschluss daran werden kurz die interne organisatorische Struktur und die ideologische Ausrichtung der zwei großen und tonangebenden österreichischen »Volksparteien« der Nachkriegszeit, der ÖVP und SPÖ skizziert. Schließlich wird die strittige Frage untersucht, ob man heute noch von einer Klassenbindung dieser Parteien sprechen kann.

Die Bedeutung der Parteien als Instanzen der gesellschaftlichen Machtverteilung

Warum betrachtet Weber Parteien als wichtig für die Machtverteilung? Welche Beziehung besteht zwischen Parteien und Klassenstrukturen? Zunächst ist klar, dass Weber hier von einem breiteren Verständnis von Parteien ausgeht, das nicht nur politische Parteien als spezifische Institutionen der pluralistischen Demokratie umfasst.

»[...] Parteien (sind) primär in der Sphäre der ›Macht‹ zu Hause. Ihr Handeln ist auf soziale ›Macht‹, und das heißt: auf ein Gemeinschaftshandeln gleichviel welchen Inhalts ausgerichtet: es kann Parteien prinzipiell in einem geselligen ›Klub‹ ebenso gut geben wie in einem ›Staat‹. Das ›parteimäßige‹ Gemeinschaftshandeln enthält, im Gegensatz zu dem von ›Klassen‹ und ›Ständen‹, bei denen dies nicht notwendig der Fall ist, stets eine Vergesellschaftung. Denn es ist stets auf ein planvoll erstrebtes Ziel, sei es ein ›sachliches‹: die Durchsetzung eines Programms um ideeller oder materieller Zwecke willen, sei es ein ›persönliches‹: Pfründen, Macht und, als Folge davon, Ehre für ihre Führer und Anhänger oder, und zwar gewöhnlich, auf dies alles zugleich gerichtet.« (Weber 1964 [1922], S. 688)

Von »Parteien« kann man also überall dort sprechen, wo sich eine Gruppe von Menschen zusammentut um bestimmte Ziele, man könnte sagen, egoistische ebenso wie altruistische, durchzusetzen; auch der Grad der Formalisierung dieses Zusammenwirkens mag höchst unterschiedlich sein. Eine solche Sicht erscheint zunächst schon recht erhellend im Hinblick auf das paradoxe Faktum, dass die politischen Parteien – obwohl für den politischen Prozess in Demokratien von zentraler Bedeutung – in vielen Verfassungen meist nicht einmal erwähnt werden.[5] Vielleicht war den Gesetzgebern unbewusst klar, dass Interessen, auf denen Parteien aufbauen, unterschiedlichster Art sein und sich im Laufe der Zeit nachhaltig verändern können, sodass es geboten schien eher keine fixen Regelungen dazu in die Verfassung hineinzuschreiben.

Wichtig ist für Weber aber der Hinweis, dass Parteien nur innerhalb von Gemeinschaften entstehen können, die eine »rationale Ordnung und einen Apparat von Personen besitzen, welche sich zu deren Durchführung bereit halten.« (Ebd. S.689) Ziel der Parteien ist es dann vor allem, diesen Apparat mit eigenen Leuten zu besetzen. Das ist eine äußerst prosaische, aber – nicht nur für den Fall Österreich – auch sehr wirklichkeitsnahe und aktuelle Sicht der Parteien.[6]

Die Beziehung zwischen Klassen, Ständen und Parteien charakterisiert Weber folgendermaßen: Die Parteien »können im Einzelfall durch ›Klassenlage‹ oder ›ständische Lage‹ bedingte Interessen vertreten und ihre Anhängerschaft entsprechend rekrutieren. Aber sie brauchen weder reine ›Klassen‹- noch rein ›ständische‹ Parteien zu sein und sind es meist nur zum Teil, oft gar nicht.« (Ebd.). Wie in seinem Klassenbegriff generell, vollzieht Weber auch hier einen klaren Bruch mit der marxistischen Tradition (Klassenparteien als »wahre« Vertreter der Klassen), ohne jedoch die wichtige Einsicht des Marxismus auf-

---

5 In Österreich sind die Parteien inzwischen gesetzlich verankert, wenn auch nur in einer sehr knappen Form. Im Bundesverfassungsgesetz (Art.26) werden sie u.a. kurz als »Wahlparteien« erwähnt, als die bei Wahlen kandidierenden politischen Gruppen, weiter als »Partei im Parlament« (Art.35 und 55). Explizit wird ihre Funktion erst definiert durch das Parteiengesetz von 1975; dort heißt es in §1: »(1) Die Existenz und Vielfalt politischer Parteien sind wesentliche Bestandteile der demokratischen Ordnung der Republik Österreich; (2) Zu den Aufgaben der politischen Parteien gehört die Mitwirkung an der politischen Willensbildung.« (zit. nach Müller 1992a, S. 181).

6 Dass die Parteien vor allem Organisationen zur Aufstellung von Kandidaten bei politischen Wahlen und für die Vergabe von Macht und Posten nach der Wahl darstellen, wird noch deutlicher, wenn man sich etwa das politische System der Vereinigten Staaten ansieht, wo die Parteien zwischen den Wahlen fast überhaupt nicht in Erscheinung treten.

zugeben, dass ökonomische und klassenbezogene Interessen bei der Formierung und beim Verhalten politischer Parteien eine bedeutende Rolle spielen.

Der Zusammenhang zwischen Klassenstruktur und Parteiensystem

In der gegenwärtigen politikwissenschaftlichen Diskussion scheint sich – ebenso wie in der deutschen Sozialstrukturdebatte – die These durchzusetzen, dass Parteien ihren Klassencharakter heute immer mehr verlieren und sich zu ideologisch kaum mehr unterscheidbaren Parteien der Mitte hin entwickeln (vgl. Müller 1992a; Horner 1992; Plasser/Ulram 2000). Für eine solche Entwicklung sprechen u.a. die Neuformulierung der Programme der sozialdemokratischen Parteien in der Nachkriegszeit (Abkehr von der marxistischen Klassenkampf-Terminologie), die Anreicherung der Programme aller Parteien mit klassenneutralen Begriffen und Zielen (wie Lebensqualität, Modernisierung, internationale Wettbewerbsfähigkeit usw.), die Durchsetzung »amerikanisierter« Wahlkämpfe, in denen die Wahlprogramme eher von Marketingstrategen denn von politischen Ideologen erstellt werden sowie die abnehmende Lagerbindung und steigende Mobilität der Wähler zwischen den Parteien. Nicht zustimmen kann man jedoch der Behauptung, Wahlen seien erst heute zunehmend auf politische Persönlichkeiten zugeschnitten, wie der Aufstieg der »Haider-FPÖ« ja belegt.

Die Beziehung zwischen sozialen Klassen und Parteien ist aber weiterhin von großer Bedeutung. Dafür sprechen vor allem drei Argumente:

1) Weil Klassen sich durch die Vermögens- und Einkommenssituation ihrer Mitglieder bilden und es im politischen Prozess zu einem großen Teil um wirtschafts- und sozialpolitische Interessen geht, werden politische Parteien immer zu einem erheblichen Teil auf die Interessen von sozialen Klassen und Ständen bzw. Schichten bezogen sein. Umgekehrt kann man auch formulieren: Es gibt keine anderen politischen Einheiten oder Akteure, die in Bezug auf die Thematik der Ungleichheit so wichtig sind wie Parteien, als zentrale Träger und Kristallisationskerne politischer Macht. Eine Klassenanalyse und Soziologie der sozialen Ungleichheit muss sich daher immer auch systematisch mit der Rolle der Parteien befassen.
2) Weil Konflikte nahezu immer eine antagonistische, dichotome Struktur aufweisen (Coser 1965), und die Grunddifferenz im Hinblick auf Klassenlagen jene zwischen Besitzenden und Nichtbesitzenden bzw. Privilegierten und Benachteiligten darstellt, wird auch die Parteienstruktur zu einer Polarisierung in zwei einander entgegengesetzte »Lager« tendieren. Diese Polarisierung kann weiterhin mit dem Begriffspaar links–rechts am besten erfasst werden, weil darin der Gegensatz zwischen den eher an Erhaltung des Bestehenden (den Besitzenden, Privilegierten) und den eher an seiner Verände-

rung (durch Umverteilung usw.) Interessierten am deutlichsten zum Ausdruck kommt.

3) In der Realität ist die Beziehung zwischen Klassenlage und Parteienstruktur aus zwei Gründen jedoch sehr komplex: Zum ersten ist die Sozialstruktur selber sehr vielfältig differenziert und Privilegierungen und Benachteiligungen sind nicht immer einfach auszumachen. Zum zweiten gilt, dass viele anderen, klassenunabhängigen Faktoren (z.B. religiöse Ideologien, politische Persönlichkeiten) nicht nur Programme und Strategien, sondern auch den Erfolg von Parteien entscheidend mitbestimmen.

Das österreichische Parteiensystem

Das österreichische Parteiensystem der Nachkriegszeit war sehr lange durch eine im internationalen Vergleich einmalige extreme Dominanz der beiden großen Parteien ÖVP und SPÖ gekennzeichnet.[7] Zusammen erhielten diese beiden Parteien zwischen 1945 und 1986 immer mindestens 83 Prozent der Stimmen, meist sogar 90 Prozent und mehr. Erst 1990 sank der Anteil erstmals auf rund 75 Prozent (Müller 1992a, S. 188). Deshalb beschränken wir uns hier auf die Struktur und Entwicklung dieser beiden Parteien zur Beantwortung der Frage, inwieweit die Parteien in Österreich noch klassen- und schichtbezogene Interessen vertreten. Beide sind aufgrund ihrer politischen Stärke und der Breite ihrer Wähler- und Mitgliederbasis eher als »Volksparteien« anzusehen, denn als bloße Wahlverbände oder Vertreter spezifischer Interessen (Nick/Pelinka 1983, S. 43ff.).

Die *Sozialistische Partei* bzw. (durch den Vorsitzenden Vranitzky wieder umbenannte) *Sozialdemokratische Partei Österreichs* (SPÖ), besitzt eine viel längere Tradition und ein klareres parteipolitisches Profil als die ÖVP.

Gegründet bereits 1874, konsolidierte sich die SPÖ (damals Sozialdemokratische Arbeiterpartei Österreichs) auf dem Hainfelder Parteitag von 1888. Auf diesem Parteitag gelang es dem charismatischen Arbeiterführer Viktor Adler, die unterschiedlichen Strömungen innerhalb der Partei auf ein Programm zu einigen. Dieses Programm setzte der Partei das Ziel, »das gesamte Volk ohne Unterschied der Nation, der Rasse und des Geschlechtes [...] aus den Fesseln der ökonomischen Abhängigkeit, [...] der politischen Rechtlosigkeit und [...] der geistigen Verkümmerung zu befreien und das Proletariat politisch zu organisieren, geistig und physisch kampffähig zu machen« (Ucakar 1992, S. 211).

---

7 Dies bezieht sich nur auf Länder mit einem Verhältniswahlrecht. In Ländern mit Mehrheitswahlrecht (Großbritannien, USA) besteht de facto fast immer ein Zwei-Parteiensystem, weil kleinere Parteien keine Chance haben, eine zur Regierungsbildung ausreichende Stärke im Parlament zu erhalten bzw. den Präsidenten zu stellen.

Zwei Tatsachen sind vor allem bedeutsam für den späteren Aufstieg der SPÖ zur staatstragenden und durch mehrere Jahrzehnte hindurch politisch führenden Kraft. (Die SPÖ spielte die führende Rolle beim Aufbau der Ersten Republik 1918–1920 und stellte, nach ÖVP-Kanzlern von 1945 bis 1970, von 1970 bis 2000, und auch wieder seit 2007 durchgehend den Bundeskanzler.) Zum einen die Tatsache, dass das Hainfelder Programm zwar relativ radikal war, aber ohne marxistisch-klassentheoretische Parolen auskam[8]; auch die parlamentarische Demokratie wurde akzeptiert und in späteren Programmen – wie auch im konkreten politischen Kampf – noch stärker hervorgehoben. Zum anderen die Tatsache, dass sich die österreichische Linke von Beginn an weitgehend einigen konnte und sich auch in den stürmischen Zeiten der Zwischenkriegszeit nicht spaltete und aktiv gegen den Faschismus kämpfte.[9] Auch dieser Faktor trug ohne Zweifel zum positiven Image der SPÖ als einer politisch integrativen und maßgeblichen Kraft bei.[10]

Die Organisationsstruktur der SPÖ ist relativ stark zentralisiert und hierarchisch aufgebaut. Basiseinheit ist die Ortsorganisation (in größeren Städten bestehend aus mehreren Sektionen), in der alle Parteimitglieder eines Orts zusammengefasst sind; die Ortsorganisationen sind wieder organisiert in Bezirks- und Landesorganisationen. Gewählte Ausschüsse bzw. Vorstände auf allen Ebenen leiten diese Einheiten; der Bundesparteitag aus Delegierten aller Bezirke wählt den Bundesparteivorstand, dem die Führung und Verwaltung der Partei obliegt. Die starke Zentralisierung, relativ straffe Disziplin und hohe Kontinuität der personellen Führungsspitze kommt auch dadurch zum Ausdruck, dass die SPÖ seit Viktor Adler 1888 bis heute (2007, Parteivorsitzender Alfred Gusenbauer) erst acht Vorsitzende hatte. Auf der anderen Seite förderte diese straffe Durchorganisierung Tendenzen der *Oligarchisierung*, das heißt, einer zunehmenden Kluft zwischen den tonangebenden Spitzenfunktionären in hohen Positionen, und den »einfachen« Mitgliedern und Wählern. Wie alle Parteien, hat deshalb auch die SPÖ mit der Tatsache zu kämpfen, dass der größte Teil der Mitglieder »passiv« ist, was nicht zuletzt darauf zurückzuführen ist, dass sie bei wichtigen inhaltlichen und personellen Entscheidungen nicht mitbestimmen können.

8 Dies geschah bezeichnenderweise erst im Linzer Programm von 1926, das im Zuge der verschärften Auseinandersetzungen in der Ersten Republik verabschiedet wurde. Infolge von Ständestaat und nationalsozialistischer Herrschaft bis 1945 und einer raschen Umorientierung der Partei in der Zeit nach 1945 gewann dieses Programm aber nie wirklich große Bedeutung.

9 Es gibt auch in Österreich schon lange eine Kommunistische Partei, jedoch erreichte diese nie wesentliche Anteile der Wählerschaft.

10 Man muss sich als Gegenbeispiel hier insbesondere Deutschland vor Augen halten, wo die Sozialdemokraten am Ende des Ersten Weltkriegs eine äußerst fragwürdige Rolle beim gewaltsamen Ausschalten der Linkssozialisten bzw. Marxisten um Karl Liebknecht und Rosa Luxemburg spielten, und dann wieder beim Aufstieg von Hitler. Diesen hätte eine vereinte Linke viel eher stoppen können als eine in zwei Gruppen von Sozialdemokraten und Kommunisten gespaltene Linke.

Zwei weitere Merkmale der SPÖ sind hier noch zu erwähnen. Zum einen ihre hohe *Organisationsdichte*, die Tatsache, dass sie über eine enorm breite Basis an eingeschriebenen Mitgliedern verfügt.

Tabelle 10.3: Wähler, Mitglieder und Organisationsgrad von SPÖ und ÖVP, 1953, 1975, 1990 und 2002

Jahr der Nationalratswahl	*SPÖ*				*ÖVP*					
	Wähler		*Mitglieder*	*Organisationsgrad*[1]	*Wähler*		*Mitglieder*		*Organisationsgrad*[1]	
	(in 1.000)	*(%)*	*(in 1.000)*	*(%)*	*(in 1.000)*	*(%)*	*unberein.*[2]	*berein.*[3]	*unberein.*[2]	*berein.*[3]
1953	1.818,5	42,1	657,0	36,1	1.781,8	41,3				
1975	2.324,3	50,4	693,1	29,7	1.981,3	42,9	805,7	539,0	40,7	27,2
1990	2.012,7	42,8	597,4	29,6	1.508,6	32,1	813,3	555,0	53,9	36,8
2002	1.792,5	36,5	328,7	18,3	2.076,8	42,3	630,0		30,3	

1 Anteil der Parteimitglieder an den Wählern der Partei
2 Unbereinigt: Summe der Mitglieder der einzelnen Bünde
3 Bereinigt: Abzüglich der Mehrfachmitglieder und wenig zahlenden Mitglieder

Quellen: 1953–1990: Ucakar 1992, S. 221; Müller 1992b, S. 232; 2002: 60 Jahre Steirische Volkspartei, Graz 2005, S. 413; Jahrbuch des 38. ordentlichen Bundesparteitages der SPÖ, Wien 2004, S. 64; ÖVP »Wir sind Zukunftsfest!« unter www.oevp.at/Jubliaeum/artikel.aspx?where =12279 (30.12.2005)

Wie *Tabelle 10.3* zeigt, hatte die SPÖ um 1990 noch immer – trotz eines Rückgangs – rund 600.000 Mitglieder. Angesichts von rund 2 Millionen Wählern bedeutete dies einen Organisationsgrad von fast 30 Prozent. Bis 2005 ist die Zahl allerdings weiter stark gesunken auf 301.251, mit einem Organisationsgrad von 18 Prozent (Dachs 2006); dies ist international gesehen immer noch ein hoher Wert. Dieser Organisationsgrad bedeutet, dass die SPÖ in der Tat – zumindest in Form eines Parteibuches – in weite Schichten der Bevölkerung hinein verankert ist.[11] Zu erklären ist dieser hohe Organisationsgrad sowohl mit der langen Tradition der Partei, ihren vielfältigen Aktivitäten im politischen, sozialen und kulturellen Bereich, als auch mit den handfesten materiellen Vorteilen (etwa im Hinblick auf die Vergabe von Arbeitsplätzen und Positionen, von Wohnungen, von Subventionen aller Art usw.), die der Besitz eines Parteibuches in einer »Proporzgesellschaft« wie der österreichischen mit sich brachte und z. T. noch immer bringt.

Das zweite wichtige Merkmal der SPÖ ist die Tatsache, dass sie seit jeher eine ideologisch profilierte politische *Programmpartei* war. Parteiprogramme spielten – auch wenn sie nie Eins-zu-Eins in praktische Politik umgesetzt wurden – seit jeher eine wichtige Rolle für das Selbstverständnis der SPÖ. Sie wurden erarbeitet in einem breiten Diskussionsprozess, in den auch sehr viele Mitglieder an der Basis mit einbezogen wurden (Ucakar 1992, S. 222ff.).

11 Es wäre eine sehr interessante und wichtige Forschungsfrage, die Mitgliederstruktur der SPÖ – wie auch der ÖVP – aufzugliedern nach der sozialen Klassen- bzw. Schichtzugehörigkeit, dies ausdifferenziert auch auf die unterschiedlichen hierarchischen Ebenen (einfache Parteimitglieder, untere und mittlere Funktionäre, Führungskader).

Die Programme der SPÖ waren zwar von Beginn an durchaus radikal, dabei aber trotzdem nicht realitätsfern in dem Sinne, dass sie unrealistisch-utopische Ziele oder Maßnahmen mit unübersehbaren und potentiell verhängnisvollen Konsequenzen enthalten hätten. Vergegenwärtigt man sich die oben zitierten, kurzen Auszüge aus dem Hainfelder Programm von 1888, so könnte man dieses – vielleicht in etwas zeitgemäßerer Diktion – durchaus auch heute noch als aktuell betrachten. Ziele, wie die demokratische Beteiligung auf allen Ebenen zu fördern, mehr Gleichheit in den Lebenschancen der Bürger herzustellen, oder neu auftretende Ungleichheiten zu beseitigen, sind auch heute noch mehrheitsfähige politische Programmatiken.

Die *Österreichische Volkspartei* (ÖVP) ist, ähnlich der SPÖ, eine durch ihre Mitgliederstruktur sehr breit in der Bevölkerung verankerte Partei. Auch sie hat einen sehr hohen Organisationsgrad, wobei die Straffheit der Organisation allerdings nicht an jene der SPÖ herankommt.

Mitglied der ÖVP kann man in der Regel nur indirekt werden, indem man einem ihrer »Bünde« bzw. Unterorganisationen beitritt. Es sind dies einerseits der Österreichische Arbeiter- und Angestellten-Bund (ÖAAB), der Wirtschaftsbund (ÖWB), und der Bauernbund (ÖBB); daneben gibt es noch die Frauenbewegung (ÖFB), die Jugendbewegung und den Seniorenbund (ÖSB). Die Summe der Mitglieder dieser Organisationen betrug 1990 nicht weniger als rund 800.000 Personen und 2002 immer noch 630.000 Personen. Zieht man Mehrfachmitgliedschaften und nichtzahlende Mitglieder ab, bleiben immer noch über eine halbe Million Mitglieder.

Neben dieser bündisch-horizontalen Gliederung ist die ÖVP auch territorial von oben nach unten strukturiert, wobei der Bundesvorstand an der Spitze steht. Besonders wichtig ist jedoch die Tatsache, dass die Länderorganisationen der ÖVP relativ unabhängig sind und infolge ihrer Stärke bei Wahlen noch bis vor kurzem in der Mehrheit der Bundesländer den Landeshauptmann stellten und die Landespolitik bestimmten.

Diese höchst komplexe Struktur führt dazu, dass sich die ÖVP als eine im Vergleich zur SPÖ weit weniger geschlossene Partei, eher als ein »*Kanzlerwahlverein*« (im amerikanischen Sinne) darstellt. Dies kommt auch zum Ausdruck in dem sehr hohen Verschleiß an Bundesparteiobmännern in Zeiten, in denen die ÖVP nicht den Bundeskanzler stellt.

Allerdings verfügt die ÖVP von allen Parteien über »das dichteste Netz an Lokalorganisationen und ist praktisch flächendeckend in ganz Österreich mit Orts- und Gemeindeorganisationen bzw. Sektionen und Stadtorganisationen vertreten« (Müller 1992b, S. 231). Ein Hauptgrund dafür ist die Dominanz der ÖVP in den noch immer stark landwirtschaftlich geprägten, vielen kleinen und mittleren Gemeinden Österreichs. Zur inhaltlich-praktischen Willensbildung der Gesamtpartei können die vielen Hunderttausend Mitglieder und – wahrscheinlich – Zehntausende von Kleinfunktionären aber vermutlich noch weniger beitragen als in der SPÖ. Wenig transparent ist auch – wie in der SPÖ – die Parteifinanzierung, da diese im Falle der ÖVP über die Landes- und Teilorganisationen läuft (vgl. dazu auch Sickinger/Nick 1990).

Der größte Unterschied der ÖVP zur SPÖ besteht aber wohl in der *inhaltlich-programmatischen Ausrichtung*: mit ihren Bünden, die Arbeitnehmer, Bauern und kleine Gewerbetreibende bis hin zu Unternehmern und Großindustriellen umfassen, beinhaltet die ÖVP ein Spektrum aller sozialen Klassen und Schichten. Dazu kommt eine ideologische Heterogenität: eher wirtschaftsliberalen Haltungen bei den Unternehmern und im Bürgertum steht das christlich-soziale Gedankengut gegenüber, das vor allem der ÖAAB vertritt, und das von katholischen Teilorganisationen bis hin zu linkssozialistischen Ideen reicht. Dies führt auch innerhalb der ÖVP manchmal zu großen Konflikten, da die »linkeren« Bünde und Kreise viel stärker sozialstaats- und interventionsfreundlich gesinnt sind als die «rechten« Wirtschafts- und Unternehmerkreise. Auch im gesellschaftlich-kulturellen Bereich stehen moralkonservative Haltungen oft in Gegensatz zu gesellschaftsliberalen und progressiven Auffassungen.

Zusammenfassend ist festzuhalten, dass ÖVP wie SPÖ eine sehr breite Mitglieder- und Funktionärsbasis haben, und auch in ihrer Programmatik relativ umfassend und – so vor allem die ÖVP – heterogenen Interessen und Ideen verpflichtet sind. Es ist daher schwerlich zu erwarten, dass sich im Wahlverhalten und anderen Aspekten des politischen Verhaltens eine sehr enge Zuordnung dieser beiden Parteien zu sozialen Klassen vornehmen lässt. Dies muss aber nicht bedeuten, dass der Zusammenhang zwischen Klassen und Parteien heute nur mehr von untergeordneter Bedeutung ist, was im Folgenden gezeigt wird.

Parteien und Klasseninteressen

Interessante Einblicke in die Frage, inwieweit die Bevölkerung die politischen Parteien heute noch als Vertreter bestimmter Klasseninteressen sieht, erbrachte eine repräsentative Umfrage des Meinungsforschungsinstituts Market im Jahre 2003. Es ging dabei um die Frage, welche Kompetenzen die Befragten den vier im Parlament vertretenen Parteien in besonderer Weise zuschreiben. Eine breite Palette von 65 in der Politik aktuellen Themen wurden abgefragt.

Von den Kompetenzzuschreibungen der Bürger an die Parteien lässt sich nicht umstandslos auf deren faktische Prioritäten und Kompetenzen schließen. Dies ist im vorliegenden Zusammenhang aber nicht das Problem. Das Bild der Parteien in den Augen der Bürger ist für die politischen Einstellungen und das politische Verhalten – vor allem das Wahlverhalten – dieser Bürger selbst ohne Zweifel relevant. Diese Vorstellungen sind aber auch für die Strategen der Parteien wichtig, können sie anhand derartiger Befunde doch versuchen, in bestimmten Bereichen ihre Kompetenzen zu vertiefen (und sei es auch nur durch *public relations* Aktionen) oder in Bereichen, wo ihnen keine oder nur geringe Kompetenz zugeschrieben wird, solche zu erwerben oder zu verstärken.

Tabelle 10.4: Parteikompetenzen in den Augen der Bürger (Herbst 2003)

Frage: Ganz allgemein stehen die Parteien für unterschiedliche Themen, Interessen oder Meinungen. Auf diesen Karten stehen solche Dinge: Welche Partei steht für dieses Anliegen am stärksten?

Die einzelnen Parteien stehen am stärksten für:	SPÖ	ÖVP	FPÖ	DIE GRÜNEN
Verringerung der Umweltverschmutzung	8	3	3	78
Schutz der Natur (z.B. durch Nationalparks)	6	7	4	75
Steuersenkung	43	13	28	5
Schaffung von Arbeitsplätzen	49	23	17	3
Stärkung der Stellung der Familie	35	29	18	9
Entpolitisierung des öffentlichen Dienstes	17	22	36	12
Verbesserung des öffentlichen Verkehrs	30	27	11	21
Verbesserungen im Straßenverkehr	30	37	14	9
Alterssicherung für die heute arbeitende Bevölkerung	49	25	12	4
Eine gute Allgemeinbildung	41	34	7	8
Eine berufsorientierte Bildung	39	33	13	4
Eine Gesamtschule (bis 14 Jahre)	40	22	11	14
Einen freien Zugang zu den Bildungseinrichtungen	51	14	11	14
Mehr unternehmerische Freiheit	15	42	25	8
Steuererhöhung	14	51	16	9
Abbau von Freunderlwirtschaft	12	11	53	13
Mehr Lebensqualität	32	19	13	27
Einen starken Euro	24	52	9	2
Nato-Beitritt	10	64	14	1
Neutralität	48	18	11	15
Senkung der Kriminalität	25	25	30	8
Menschenrechte	24	13	9	44
Datenschutz	27	20	17	21
Interessen von Senioren	54	22	10	4
Interessen von Beamten	42	40	6	1
Interessen von Angestellten	45	32	8	2
Interessen von Managern	15	53	17	2
Interessen einfacher Arbeiter	58	11	18	4
Interessen von Freiberuflern	16	48	19	5
Interessen von Unternehmern	12	60	16	2
Interessen von Ausländern	24	14	9	44
Interessen von Kapitalanlegern	15	54	15	3
Interessen von Arbeitslosen	54	11	10	14
Interessen von Autofahrern	31	34	15	5
Interessen des internationalen Großkapitals	15	56	14	1
Interessen der Kirche	11	67	3	6
Interessen der Bauern	9	61	9	10
Ein reichhaltiges Kulturangebot	31	25	11	20
Die Förderung heimischer Kulturschaffender	30	22	10	24
Eventkultur	49	14	12	12
Traditions- und Brauchtumspflege	16	47	18	9
Theater und Oper	31	38	5	11
Kultur abseits vom Massengeschmack	23	19	10	33
Medienfreiheit	28	16	24	20
Lebenslust	24	12	16	31
Die Förderung von Privatschulen und Universitäten	32	37	9	9
Verstaatlichung	55	21	10	3
Recht und Ordnung	26	29	27	5
Die Förderung von Begabten	31	32	11	9
Die Integration lernschwacher und behinderter Kinder	40	17	8	22
Einschränkung der persönlichen Freiheit	14	20	39	12
Interessen von sexuellen Minderheiten	17	8	12	49
Sozialen Frieden	47	17	7	16
Chancengleichheit von Armen und Reichen	40	12	18	17
Chancengleichheit von Männern und Frauen	36	12	15	25
Niedrige Mieten	45	11	19	11
Die Interessen von Häuslbauern	31	33	16	4
Die Interessen von Wohnungseigentümern	25	42	16	3
Gegen Verschwendung	14	16	27	29
Mehr Demokratie	35	15	16	21
Kultivierten Umgangston in der Politik	21	33	8	23
Sichere Lebensmittel	20	15	9	43
Eine Leistungsgesellschaft	18	44	20	3
Die Senkung des Wahlalters	31	22	19	17
Die Vereinbarkeit von Familie und Beruf	40	18	16	14
Summe	**1920**	**1814**	**979**	**1002**

Quelle: Der Standard (Wien), 27./28. 12. 2003, S. 7; Datenbasis: Repräsentative Bevölkerungsumfrage (face-to-face Interviews) des Market-Instituts, Herbst 2003; N=1.018

Tabelle 10.4 zeigt die gesamten Ergebnisse für alle Aussagen und Parteien. Wir können hieraus z. B. ersehen, dass die SPÖ für gut die Hälfte der Befragten für politische Interessen von Senioren, einfachen Arbeitnehmern und Arbeitslosen steht; aber auch für Themen wie Schaffung von Arbeitsplätzen, freien Zugang zu Bildungseinrichtungen, Verstaatlichung, Neutralität und sozialen Frieden. In all diesen Bereichen werden der ÖVP nur von ca. 10–25 Prozent der Befragten besondere Kompetenzen zugeschrieben.

Die ÖVP ist dagegen überproportional stark bzw. wird assoziiert mit Themen wie Nato Beitritt, Steuererhöhung oder starker Euro.

Für die Analyse des Zusammenhangs zwischen Parteiimages und Sozialstruktur wurde eine zusätzliche Auswertung der Ergebnisse vorgenommen. Zuerst wurden die Themen danach geordnet, ob sie einen Bezug zur Klassen- und Sozialstruktur bzw. sozialer Ungleichheit aufweisen; sodann wurden die Nennungen der Parteien mit der höchsten Kompetenz im jeweiligen Thema ausgezählt. Wenn eine Partei einen Nennungsvorsprung von mindestens 10 Prozent gegenüber den anderen aufwies, wurde sie in einem Thema als die kompetenteste erst gezählt (in den meisten Fällen waren die Differenzen noch erheblich größer; die Zuordnung der Hauptkompetenz zu nur einer Partei war also recht einfach.) Ein Beispiel ist das Thema »Schaffung von Arbeitsplätzen«; darin wurde von 49 Prozent der Befragten die SPÖ, von 28 Prozent die FPÖ, von 23 Prozent die ÖVP und von 3 Prozent die Grünen als kompetent angesehen. Im Fall »mehr unternehmerische Freiheit« erhielt die ÖVP 42 Prozent der Nennungen, die FPÖ 25 Prozent, die SPÖ 15 Prozent und die Grünen 8 Prozent. Wurden mehrere Parteien zugleich als relativ kompetent ausgewiesen, wird dies gesondert ausgewiesen. Beispiele für Bereiche, die als »nicht klassenspezifisch« gewertet wurden, sind etwa Alterssicherung, Lebensqualität, Vereinbarkeit Beruf-Familie, Stärkung der Familie, Verkehrs- und Umweltpolitik, Bekämpfung der Kriminalität, Kulturpolitik, Neutralität.

Tabelle 10.5 spiegelt die zum Zeitpunkt der Befragung (Dezember 2003) geringe Popularität der die Regierung dominierenden ÖVP wider, bedingt nicht zuletzt durch ihre Strategie des »Darüberfahrens« bei großen Reformen (Pensionsreform, Umbau der Sozialversicherung, ÖBB-Reform mit dem größten Streik seit Jahrzehnten usw.).

Bemerkenswert ist die Tatsache, dass ein gutes Drittel der genannten Themen und Interessen eindeutig als klassen- und sozialstrukturbezogen bezeichnet werden kann. Noch auffallender ist, dass eine geradezu perfekte Zuordnung der Interessen der Nichtbesitzenden, Arbeiter, sozial Schwachen usw. und der Begriffe der Chancengleichheit, Offenheit des Bildungssystems usw. zur SPÖ, der Interessen der Besitzenden, Unternehmer, Manager, der »Leistungsgesellschaft« zur ÖVP möglich ist. Sehr bemerkenswert ist dabei auch die Zuordnung der verschiedenen beruflichen Schichten: der SPÖ wird die Vertretung der Interessen von Arbeitern und (einfachen) Angestellten, der ÖVP jene von Unternehmern, Selbständigen und Managern zugeordnet. Genau diese Unterscheidung innerhalb der Arbeitnehmer – Arbeiter und einfache bis mittlere Angestellte versus hochqualifizierte und leitende Angestellte – hat sich auch aus der Analyse der Einkommenssituation als die wichtigste klassenspezifische Grenzlinie dargestellt, und nicht die pauschale Unterscheidung zwischen Arbeitern und Angestellten.

Tabelle 10.5: Die Zuordnung klassenbezogener Kompetenzen und Interessen an die vier im Nationalrat vertretenen Parteien durch die Bürger (Dezember 2003)

Klassen- und Sozialstrukturbezug der Kompetenzen/Interessen	*Partei*						
	SPÖ	*ÖVP*	*FPÖ*	*Grüne*	*mehrere*	*Zusammen*	
	absolute Zahlen						*Prozent*
Klasseninteressen zusammen	11	11	1	0	2	25	(38)
Interessen der Nichtbesitzenden, Arbeiter, Gleichheit u. ä.	11	0	1	0	0	12	(18)
Interessen der Besitzenden, Unternehmer, Leistung u. ä.	0	11	0	0	2	13	(20)
Nicht klassenbezogene Interessen	10	6	1	7	16	40	(62)
Insgesamt	21	17	2	7	18	65	
(in Prozent)	(32)	(26)	(3)	(11)	(28)		(100)

Klassenbezogene Kompetenzen der SPÖ	*Klassenbezogene Kompetenzen der ÖVP*
Schaffung von Arbeitsplätzen	Entpolitisierung des öffentlichen Dienstes
Eine Gesamtschule (bis 15 Jahre)	Mehr unternehmerische Freiheit
Interessen von Angestellten	Interessen von Managern
Interessen von einfachen Arbeitern	Interessen von Freiberuflern
Interessen von Arbeitslosen	Interessen von Unternehmern
Verstaatlichung	Interessen von Kapitalanlegern
Integration behinderter Kinder	Interessen des internationalen Großkapitals
Chancengleichheit arm – reich	Interessen der Bauern
Chancengleichheit Männer-Frauen	Förderung von privaten Schulen/Universitäten
Niedrige Mieten	Interessen von Wohnungseigentümern
Freier Zugang zu Bildungseinrichtungen	Eine Leistungsgesellschaft

Quelle: Siehe Tabelle 10.4

Interessant ist auch die Zuordnung der in der obigen Übersicht nicht enthaltenen Kompetenzbereiche, die keinen direkten Bezug zur Sozialstruktur beinhalten. Einige davon zeigen sehr deutlich, dass die »sozialpartnerschaftliche« Aufteilung der entsprechenden Kompetenzen (und Einflussbereiche!) den Befragten sehr wohl bewusst war. So wird der SPÖ und ÖVP gleichermaßen Kompetenz in der Vertretung der Interessen von Beamten, Autofahrern und Häuslbauern, oder der Förderung von Begabten zugeschrieben.

Die beiden kleineren Parteien, FPÖ und Grüne, erscheinen seltener als »Themenführer« in bestimmten Bereichen. Die Grünen sind thematisch stark festgelegt auf Umwelt- und Menschenrechtsthemen, wo sie immerhin siebenmal als kompetenteste Partei angesehen werden; bei klassenbezogenen Themen tauchen sie jedoch nicht auf. Insofern könnte man in der Tat sagen, dass die Grünen eine »post-materialistische« oder »postmoderne« Partei repräsentieren.

Anders bei der FPÖ: Sie taucht zwar insgesamt nur zweimal in der gesamten Liste auf (sicherlich eine Folge ihres katastrophalen Absturzes in der Wählergunst seit dem Knittelfelder Parteitag 2003, der zum Rücktritt von drei führenden FPÖ-Politikern und zu Neuwahlen führte). In einem Fall ist eine sozialstrukturbezogene Zuordnung möglich: Abbau der »Freunderlwirtschaft« ist wohl eindeutig unter die Interessen der Nichtbesitzenden zu subsumieren. Auch dies ist ein Indiz dafür, dass der Aufstieg der FPÖ vor allem auf Haiders vehemente Kritik an der Versäulung und Verfilzung der österreichischen Gesellschaft durch die Sozialpartnerschaft zurückzuführen war.

Das Fazit aus dieser Studie ist eindeutig: Den beiden größeren Parteien werden von den Bürgern Kompetenzen in der Vertretung von Interessen zugesprochen, die zu einem erheblichen Teil eindeutig klassenspezifisch sind. Es gibt in dieser Hinsicht nahezu eine perfekte Zuordnung der Interessen der Nichtbesitzenden und sozial schwachen Gruppen und Schichten zur Sozialdemokratischen Partei, der Interessen der Besitzenden und Leistungsfähigen zur bürgerlich-konservativen Volkspartei.

Die Frage ist nun, ob sich diese Zuordnung auch im Wahlverhalten zeigt. Hier wurde ja vielfach argumentiert, dass die Parteien sich programmatisch heute so stark einander angenähert hätten, dass das Wahlverhalten immer weniger durch die Klassenlage und klassenbezogene Interessen bestimmt werde.

Klassenlage, Wahlverhalten und Parteipräferenzen

Das österreichische Parteiensystem mit der traditionellen Dominanz der zwei großen Parteien (faktisch ein »*Zweieinhalb-Parteiensystem*«; Haerpfer 1992) bis 1986 ist mit dem Aufstieg der FPÖ und mit der Gründung neuer Parteien (Liberales Forum, Grüne) erheblich komplexer geworden. Seit Anfang des 21. Jahrhunderts gibt es im österreichischen Nationalrat vier relativ fest etablierte Parteien (SPÖ, ÖVP, Grüne und FPÖ).

Wie aber sieht es mit der *Wählerbasis* dieser Parteien aus? Kann man noch von einer signifikanten Vorherrschaft der traditionellen Klassen-Klientel unter den Wählern der Parteien sprechen, wie es die Bauern, Gewerbetreibenden und Beamten bei der ÖVP, die Arbeiter, einfachen Angestellten und Beamten bei der SPÖ waren?

Tabelle 10.6: Wählerströme bei den österreichischen Nationalratswahlen 1983–2002 nach Wählertypen in Prozent der Wahlberechtigten

	79–83	83–86	86–90	90–94	94–95	95–99	99–02
ParteiwechslerInnen	7	13	14	16	12	14	21
Mobilisierte NichtwählerInnen	3	1	2	6	7	1	7
Demobilisierte ParteiwählerInnen	2	3	7	10	3	8	2
WechselwählerInnen insgesamt	12	17	23	31	22	24	30
Konstante NichtwählerInnen	6	7	9	14	16	17	15
Konstante ParteiwählerInnen	82	76	68	55	62	59	55
Konstante WählerInnen insgesamt	88	83	77	69	78	76	70
Wahlberechtigte	100	100	100	100	100	100	100

Quelle: Hofinger u. a., Der Wahltag als Wandertag (2003), S. 171.

Zur Beantwortung dieser Frage betrachten wir zunächst die Befunde aus einer Analyse der Nationalratswahl von 2002. Hier werden die Wählerströme zwischen den Parteien von der vorhergehenden Wahl zu dieser im Vergleich mit früheren Wahlen dargestellt (vgl. *Tabelle 10.6*). Es zeigt sich, dass der Umfang dieser Wählerströme in der Tat seit Beginn der 1980er Jahre deutlich angestiegen ist. Gab es 1979–1983 erst 12 Prozent Wähler, die explizit angaben, im Vergleich zu den vorhergegangenen Wahl anders gewählt zu haben, so waren dies bei den Wahlen 2002 nicht weniger als 30 Prozent (vgl. Hofinger u.a. 2003). Abgenommen hat auch die Parteibindung. Gaben im *Sozialen Survey* 1986 noch 24 Prozent der Befragten an, Mitglied einer Partei zu sein, waren es 1993 20 Prozent und 2003 nur mehr 13 Prozent.

Auch wenn eine zunehmende Wählermobilität festzustellen ist, muss die These von der sozialstrukturellen Bedingtheit des Wahlverhaltens nicht unbedingt fallengelassen werden. Zum einen zeigen die Daten, dass der Anteil der Stammwähler auch heute noch sehr hoch ist und deutlich über zwei Drittel der Wähler umfasst. Aus »Tradition« eine Partei zu wählen, ist immer noch eines der beiden wichtigsten Wahlmotive, auch wenn es nur mehr von einem Viertel der Wähler angegeben wird (Sebinger/ Nemella 2005, S. 443). Zum anderen vertritt ja auch die bürgerlich-konservative ÖVP in ihrem christlich-sozialen Flügel sehr arbeiter- und arbeitnehmerfreundliche Positionen und auch die Grünen stehen in wirtschafts- und sozialpolitischer Hinsicht auf einer bestimmten Seite (eher links). Ein Teil der Wählerwanderungen muss also nicht unbedingt eine Abkehr von einem »klassenbewussten« Wahlverhalten bedeuten.

In einer Reihe von politikwissenschaftlichen Studien wurde das Wahlverhalten der Österreicher in Beziehung zu ihrer beruflichen Stellung gesetzt (vgl. z.B. Plasser u.a. 2002; Hofinger u.a. 2003). Die verwendete Klassifikation nach Stellung im Beruf in diesen Studien ist meist nur sehr grob und beinhaltet keine Untergliederung innerhalb der Angestellten und Beamten nach beruflich-betrieblicher Position. Aus klassentheoretischer Sicht ist dies jedoch ein grundlegender Mangel, da die entscheidende Bruchlinie zwischen den Grundschichten (Arbeiter- und untere Mittelschicht) und den deutlich abgehobenen Mittel- und Oberschichten und nicht pauschal zwischen Arbeitern und Angestellten/ Beamten bzw. Selbständigen verläuft. Die »Grundschichten« setzen sich zusammen aus den manuellen Arbeitern und den einfachen Angestellten und Beamten in Routine-Verwaltungsberufen und einfachen Dienstleistungsberufen (Verkehr, Handel, Gastgewerbe usw.).

So ist es nicht überraschend, dass diese Studien in der Regel nur eine sehr schwache Beziehung zwischen beruflich-sozialer Lage und gewählter Partei feststellen. Arbeiter und Beschäftigte im öffentlichen Dienst wählen zwar etwas häufiger die SPÖ als die ÖVP, die Unterschiede sind jedoch gering. Die Selbständigen (sonstige Erwerbstätige) tendieren etwas stärker zur ÖVP, auch zur FPÖ. Etwas deutlichere Unterschiede zeigen sich im Hinblick auf das Bildungsniveau: Hier wählen vor allem Pflichtschulabsolventen häufiger die SPÖ als die ÖVP; diese verfügt über mehr Wähler in den höheren Bildungsschichten (mittlere Schule aufwärts). Auch die Grünen können unter diesen stärker punkten; wenn man bedenkt, dass die Grünen auch mit der SPÖ um Stimmen konkurrieren, könnte man sagen, dass die SPÖ vor allem die unteren Bildungsschichten, die Grünen die höheren Bildungsschichten ansprechen.

Eine bessere Aufgliederung der Berufsschicht bzw. Klassenlage kann jedoch anhand der Daten der *Sozialen Surveys* von 1986, 1993 und 2003 vorgenommen werden (vgl. dazu ausführlich Holm 1996). Hier sind Arbeiter und Angestellte/Beamte genauer nach ihrer beruflich-betrieblichen Position aufgegliedert. *Tabelle 10.7* zeigt die Ergebnisse. Hier besteht ein sehr deutlicher Zusammenhang zwischen Berufsschicht bzw. Klassenlage und Wahlverhalten: Die Anteile der SPÖ-Wähler betragen bei Arbeitern 50–80 Prozent, bei einfachen Beamten (z.B. bei Bahn und Post) 60–80 Prozent, bei einfachen und mittleren Angestellten 40–50 Prozent und sie sinken bei leitenden Angestellten und qualifizierten Angestellten und Beamten auf 19–36 Prozent ab. Schon hier sieht man, wie irreführend es ist, die Beamten und Angestellten pauschal zusammenzufassen. Bei den einfachen und den höheren Beamten gibt es etwa völlig unterschiedliche Parteipräferenzen.

Fast spiegelverkehrt sehen die Parteipräferenzen bei den Wählern der ÖVP aus: sie verfügt über eine absolute Mehrheit (80 Prozent u. m.) bei den Bauern, und einen deutlich höheren Anteil bei leitenden Angestellten und bei qualifizierten, höheren Beamten (rund 40 Prozent); bei einfachen Angestellten sinkt ihr Anhang bereits, bei Arbeitern beträgt er nur mehr bis 30 Prozent; am niedrigsten ist er bei einfachen Beamten, wo 2003 nur 3 Prozent angeben, die ÖVP gewählt zu haben.

Die relative Konstanz des klassenspezifischen Wahlverhaltens zeigt sich auch im Zeitvergleich (vgl. *Abbildung 10.3*): Die Präferenzen der Arbeiter für ihre »Stammpartei«, die SPÖ, sind zwar 1993 vorübergehend gesunken, dann aber wieder gestiegen; jene der Bauern, qualifizierten und leitenden Angestellten für die ÖVP praktisch gleich geblieben. Ein tendenzieller Rückgang zeigt sich hier nur bei den Selbständigen.

Der Aufstieg der FPÖ unter Haider, der diese Partei bei den Wahlen von 1999 sogar zur stärksten Partei unter der Arbeiterschaft machte[12], ist kein zwingendes Argument für eine Aushöhlung der Klassenbindung des Wahlverhaltens, denn das Hauptmotiv der FPÖ-Wähler bei allen Wahlen ab 1990 war ja die Erwartung, dass nur diese Partei die verkrusteten Strukturen des Proporzsystems aufzubrechen in der Lage sei. Gerade die Arbeiter profitieren aber von einem Proporzsystem wenig, da einfache Stellen kaum dem Proporz unterliegen; außerdem haben viele Arbeiter direkt die Folgen liberal-konservativer Regierungspolitik unter Mitwirkung der SPÖ verspürt, die zu einem Abbau von Stellen im öffentlichen und halböffentlichen Bereich (etwa auch der verstaatlichten Industrie) führte.

12 Laut Plasser u.a. (2000, S. 81) wählten die Arbeiter bei dieser Nationalratswahl zu 35 Prozent SPÖ, zu 12 Prozent ÖVP und zu 47 Prozent FPÖ.

Tabelle 10.7: Parteipräferenzen nach beruflicher Stellung 1986, 1993 und 2003

Berufliche Stellung		*Parteipräferenz*																	
		1986						*1993*						*2003*					
		SPÖ	*ÖVP*	*FPÖ*	*Grüne*	*Gesamt (N)*		*SPÖ*	*ÖVP*	*FPÖ*	*Grüne*	*Gesamt (N)*		*SPÖ*	*ÖVP*	*FPÖ*	*Grüne*	*Gesamt (N)*	
Landwirte u. Mithelfende	%	18	80	1	1	100	(186)	8	83	7	2	100	(119)	7	82	4	7	100	(28)
Andere Selbständige	%	28	63	5	3	99	(121)	21	45	20	14	100	(71)	29	38	11	23	101	(56)
Hilfsarbeiter	%	61	36	1	1	99	121	62	25	11	2	100	(105)	83	9	6	2	100	(47)
Angelernte Arbeiter	%	60	33	4	4	101	161	56	31	11	2	100	(169)	52	30	7	11	100	(83)
Facharbeiter	%	63	31	2	3	100	220	52	27	19	3	101	(187)	47	34	15	5	101	(83)
Einfache Angestellte	%	49	45	3	5	101	138	45	34	13	8	100	(127)	49	35	5	12	101	(103)
Qualifizierte Angestellte	%	50	43	1	5	99	232	42	36	9	13	100	(255)	36	34	3	27	100	(124)
Leitende Angestellte	%	43	45	8	4	100	87	39	36	21	5	101	(67)	19	42	7	33	101	(43)
Einfache Beamte	%	72	23	0	5	100	61	57	26	7	10	100	(42)	77	3	10	10	100	(30)
Qualifizierte Beamte	%	46	38	3	5	92[1]	136	42	38	7	13	100	(140)	37	33	1	30	101	(126)
Gesamt	%	48	46	3	4	101	(1.463)	43	38	12	7	100	(1.282)	43	33	6	18	100	(723)

[1] Differenz auf 100 aufgrund eines Datenfehlers in der Quelle.

Quellen: 1986: K. Holm, Sozialstruktur, politische Grundorientierung und Parteipräferenz (1987), S. 196, Tabelle 2; eigene Auswertung; *Datenbasis*: Soziale Surveys 1986, 1993 und 2003.

Abbildung 10.3: Parteipräferenzen nach beruflicher Stellung, 1986, 1993 und 2003

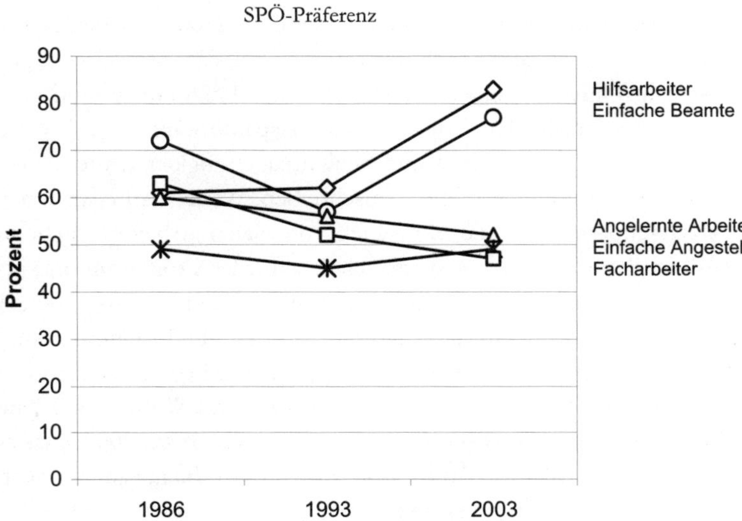

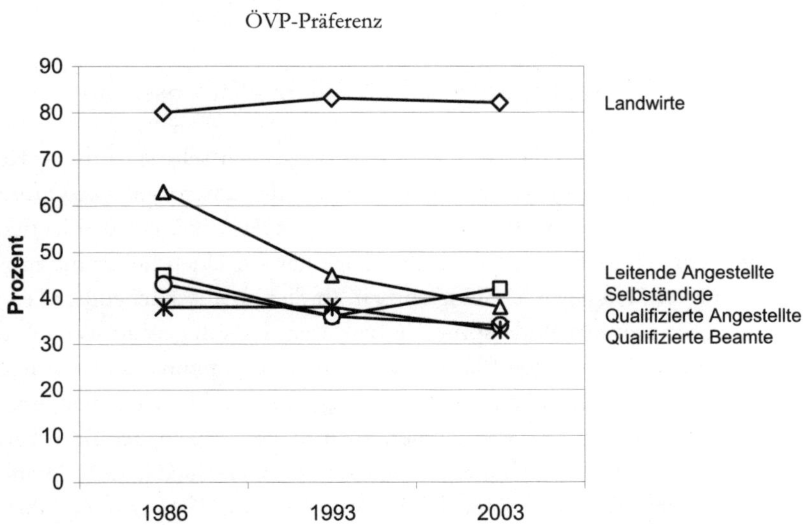

Quellen: siehe Tabelle 10.7

Zusammenfassend kann man zwar sagen, dass der Zusammenhang zwischen der Wahl einer bestimmten Partei und der Klassenlage der Wähler in den letzen Jahrzehnten abgenommen hat. Dazu trägt neben dem Trend der beiden Großparteien zur ideologischen Mitte auch die Tatsache bei, dass »soziale« Ungleichheit und »soziale Gerechtigkeit« äußerst komplexe Phänomene sind, wie in Kapitel 4 aufgezeigt wurde. Trotz dieser beiden Aspekte wäre es weit verfehlt, der sozialen Lage bzw. Klassenlage und Schichtzugehörigkeit heute keine Bedeutung für das Wahlverhalten mehr zuzuschreiben. Wenn man etwa feststellt, dass eine »Klassenpartei« wie die SPÖ auch von vielen Arbeitern nicht mehr gewählt wird, ist dafür auch deren spezifisches, aktuelles Programm und politisches Verhalten mit verantwortlich. Wenn die SPÖ – und ebenso andere Parteien – jedoch wieder einmal in der Lage sein würden, ihr Programm entsprechend schärfer zu profilieren und dafür auch glaubwürdige Spitzenkandidaten aufzustellen, kann die Klassenlage der Wählerinnen und Wähler auch wieder eine größere Rolle spielen. So zeigte sich etwa im *Sozialen Survey* 2003, dass eines der beiden wichtigsten Motive dafür, eine Partei zu wählen, lautete: »vertritt meine Werthaltungen« (Sebinger/Nemella 2005).

10.3 Die Sozialstruktur im gesellschaftlichen Bewusstsein

Wir haben gesehen, dass die Bevölkerung den Parteien sehr spezifische Kompetenzen und Schwerpunkte in der Vertretung der Interessen verschiedener Klassen und Schichten zuspricht. Zugleich scheint das konkrete Wahlverhalten aber nur mehr schwach von der sozialen Lage der einzelnen bestimmt zu werden. Hier besteht ein gewisser Widerspruch. In diesem abschließenden Teil soll versucht werden, diesen Widerspruch aufzuklären. Es soll gezeigt werden, dass 1) – trotz einer auf den ersten Blick stark egalitären Gesinnung der Österreicherinnen und Österreicher – die Begriffe der Gleichheit und Ungleichheit, und die entsprechenden politischen Maßnahmen auch in den Augen der Bevölkerung sehr unterschiedliche Dimensionen umfassen und unterschiedliche Maßnahmen erfordern; 2) die offizielle Politik der Regierungen von 1945 bis zur Jahrhundertwende das Thema der »Ungleichheit« nur sehr indirekt und am Rande angesprochen hat; 3) eine Reihe von *vested interests* der unterschiedlichsten Art verhindern, dass es berechtigte Anliegen objektiv benachteiligter sozialer Gruppen zu einer hohen Priorität auf der Tagesordnung der politischen Agenda bringen können.

Der Egalitarismus der Österreicher und seine Hintergründe

Stanislaw Ossowski (1962 [1957]) hat in einer originellen wissenssoziologischen Studie gezeigt, dass jede Gesellschaft durch eine spezifische, dominante Vorstellung von ihrer Sozial- und Klassenstruktur gekennzeichnet ist. Man könnte sagen, dass er damit das Konzept des *conscience collective*, des kollektiven gesellschaftlichen Bewussteins von Emile Durkheim, für den Bereich der Sozialstruktur und sozialen Ungleichheit konkretisiert hat. Ossowski verfolgt die Gleichheits- und Ungleichheitsvorstellungen zurück bis in religiöse Schriften vom Altertum bis in die frühe Neuzeit und vergleicht die Vereinigten Staaten mit der Sowjetnion im Hinblick auf ihre jeweiligen Ideologien von Gleichheit und Leistung (wobei er erstaunlich viele Parallelen zutage fördern kann).

Hier sollen Befunde aus einer in diesem Geiste durchgeführten internationalen Studie präsentiert werden, die ein interessantes Licht auf die Frage der Gleichheitsorientierungen der Österreicher werfen (vgl. auch Norden 1985). Im Rahmen des *International Social Survey Programme* (ISSP) wurde mehrfach die Frage der Wahrnehmung und Beurteilung der sozialer Ungleichheit durch die Bevölkerung der beteiligten Länder (inzwischen weltweit rund 40) erfasst. Einige Befunde aus der ersten dieser Erhebungen, die 1987 durchgeführt wurde, sind von unmittelbarer Relevanz für unser Thema (vgl. Haller/Mach/Zwicky 1995).

Abbildung 10.4 zeigt, dass die Österreicher im Vergleich zu neun anderen westlichen Ländern durch eine besonders stark ausgeprägte Gleichheitsorientierung bzw. kritische Wahrnehmung der Ungleichheit gekennzeichnet sind. Am höchsten überhaupt – über 80 Prozent - ist der Anteil jener, die der Meinung sind, die Ungleichheit in ihrem Land sei zu hoch. Hohe Werte zeigen sich in dieser Aussage auch bei Italienern, Deutschen und Engländern, Polen und Ungarn; weit niedrigere dagegen bei den Australiern und US-Amerikanern (50–60 Prozent). Dies ist bereits ein bemerkenswerter Befund, zeigt er doch, dass die Wahrnehmung von Ungleichheit nicht unbedingt stark mit dem objektiven Ausmaß der Ungleichheit korreliert, das in einer Gesellschaft besteht. So ist die Ungleichheit in Österreich wie anderen europäischen Ländern ja geringer als in den USA, wie in Kapitel 9 gezeigt wurde.

Im Rahmen dieser Studie wurde eine komplexe statistische (latent-class) Analyse mehrerer Aussagen zur sozialen Ungleichheit durchgeführt, um zu sehen, ob sich die Bevölkerung der verschiedenen Länder durch ganz spezifische Bündel von Wahrnehmungen und Einstellungen charakterisieren lässt. Aussagen folgender Art, die den Befragten zur Zustimmung oder Ablehnung vorgelegt wurden, gingen in die Analyse ein: Wichtig für das Vorwärtskommen im Leben ist gute Ausbildung/ harte Arbeit/ richtige Leute kennen; der Staat hat die Aufgabe einen Arbeitsplatz für jeden bereitzustellen und die Einkommensunterschiede zu verringern; es gibt Konflikte zwischen Armen und Reichen.

Abbildung 10.4: Die Gleichheitsorientierung der Österreicherinnen und Österreicher im internationalen Vergleich von 10 Ländern

a) Beurteilung der Einkommensungleichheit und Einstellungen zur Umverteilung durch den Staat

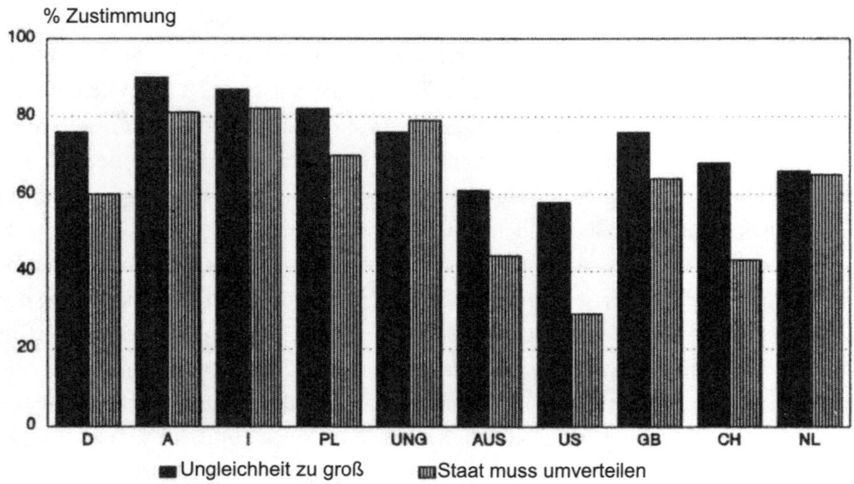

b) Latente Typen von Gleichheits- und Ungleichheitsorientierungen

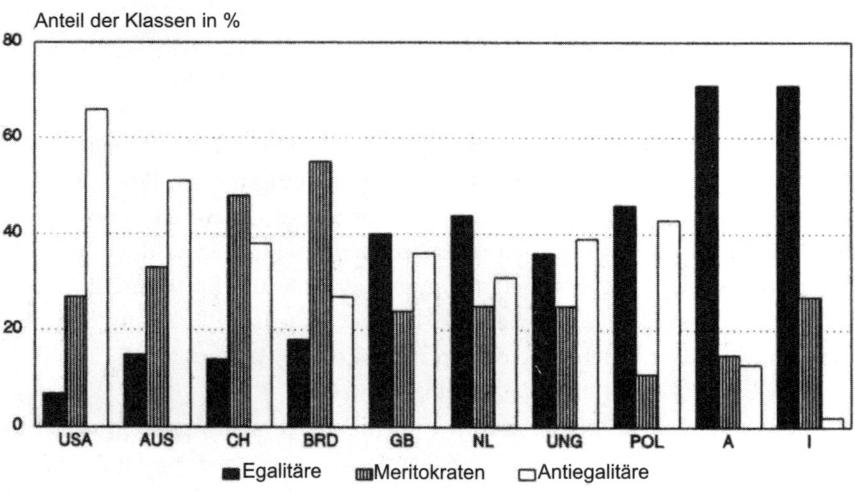

Quelle: Haller/Mach/Zwicky, Egalitarismus und Antiegalitarismus [...] (1995), S. 237 und 244, Abbildung 3 und 7a; Datenbasis: ISSP-87 »Einstellungen zur sozialen Ungleichheit«, »Einstellungen zur Ungleichheit«.

Die Analyse ergab die folgenden drei »latenten Klassen« oder Typen von gleichheitsbezogenen Orientierungen:

- die *Egalitären* sind Menschen, die am ausgeprägtesten die Meinung vertreten, dass es Aufgabe des Staates sei, Arbeitsplätze für alle bereitzustellen und die Ungleichheit zu reduzieren; sie sind auch häufig der Meinung, gute Ausbildung sei wichtig für Vorwärtskommen;
- die *Meritokraten* sehen vor allem gute Ausbildung als wichtig für Vorwärtskommen; sie sind aber auch der Meinung, richtige Leute zu kennen sei wichtig und der Staat solle die Ungleichheit reduzieren;
- die *Antiegalitären* (vielleicht wäre besser zu sagen: die Vertreter eines *individualistischen Leistungsprinzips*) sind vor allem der Meinung, gute Ausbildung und harte Arbeit seien wichtig für Vorwärtskommen; sehr viel seltener befürworten sie Interventionen des Staates.

Die Befunde in *Abbildung 10.4* zeigen zwei interessante Sachverhalte. Zum ersten kann man die Länder danach vergleichen, wie homogen die Orientierungen in Bezug auf Gleichheit und Ungleichheit in einem Land jeweils sind. Hier sehen wir, dass in Österreich und Italien ein Typ – die Egalitären – mit Abstand dominiert, genauso wie in den USA (und etwas weniger ausgeprägt auch in Australien) der Typ des Antiegalitären bzw. Vertreter des *individualistischen Leistungsprinzips* mit Abstand am häufigsten ist. Das bedeutet, dass in Österreich quer über die objektive Lage der Befragten und ihre politischen Orientierungen hinweg eine relativ einheitliche Grundauffassung besteht.

Zum zweiten zeigen die Befunde, dass Österreich – neben Italien – durch den höchsten Anteil an »Egalitären« charakterisiert ist (nahezu drei Viertel der Befragten). In der Studie, aus der diese Daten stammen, konnten auch einige der wichtigsten Makrofaktoren (Merkmale der jeweiligen Gesellschaften insgesamt) herausgearbeitet werden, die im internationalen Vergleich zu einem hohen Ausmaß dieses Egalitarismus führen. Diese Faktoren sind: dominante Religion katholisch, hoher Grad gewerkschaftlicher Organisierung, bedeutende Rolle sozialistischer Parteien. Darüber hinaus zeigte sich auch ein Effekt des »Kulturkreises«: in den deutschsprachigen Ländern werden z.B. viel weniger Konflikte zwischen arm und reich wahrgenommen als in den angelsächsischen Ländern.

Sind die Österreicher und Österreicherinnen wirklich so egalitär, wie es diese Befunde nahelegen? Hier ist vor allem eine Einschränkung zu machen. Zwei der Aussagen, die den Egalitarismus messen sollten, enthielten auch den Hinweis »Der Staat hat die Aufgabe […]«. Hier liegt ein Faktor, der ohne Zweifel mit zu den hohen Werten in Österreich beiträgt: Der hohe Egalitarismus bedeutet bei vielen Befragten vielleicht weniger die Befürwortung einer substantiellen oder radikalen Umverteilung, als eine grundsätzliche Auffassung, dass der Staat sich dieser Aufgabe stellen muss. Es schimmert also auch hier wieder die bereits mehrfach konstatierte große Rolle der *Staatsgläubigkeit* der Österreicher durch (vgl. dazu umfassend Hanisch 1994).

Die Komplexität der Beziehungen zwischen Gleichheit in verschiedenen Formen und Bereichen

Man könnte sich – mit dem amerikanischen Klassentheoretiker Erik O. Wright (1985) – fragen, warum in modernen, kapitalistischen Gesellschaften keine Koalition der arbeitenden und eher benachteiligten Klassen zustande kommt, würden doch mindestens 50 Prozent der Bevölkerung von einer substantiellen Umverteilung profitieren. In diesem Abschnitt wird die Frage behandelt, welche Chancen eine gleichheitsorientierte Politik in Österreich heute haben könnte, welche Kräfte und Mechanismen sie verhindern oder bremsen. Drei Aspekte sind dabei von besonderer Bedeutung:

1) die Komplexität des Gleichheitskonzeptes und der gleichheitsbezogenen Maßnahmen selber;
2) die Notwendigkeit einer kontinuierlichen Abstimmung zwischen dem Ziel der Herstellung von größerer Gleichheit und Gerechtigkeit im Vergleich mit anderen gesellschaftlichen und politischen Zielen;
3) die ungleichen Chancen in der Thematisierung und Durchsetzung gleichheitsbezogener Zielsetzungen.

Hierbei spielen neben dem Machtgefälle zwischen privilegierten und einflussreichen und eher benachteiligten sozialen Klassen und Gruppen auch die vielfältigen Verflechtungen der letzteren in das komplexe wohlfahrtsstaatliche System von Begünstigungen eine Rolle.

In Kapitel 4 wurde dargestellt, dass der Begriff der »Gleichheit« selbst sehr komplex ist in zweierlei Hinsicht:

– Zum einen im Hinblick auf den Grad der »Radikalität«: hier gibt es ein Kontinuum von den relativ liberalen Konzepten der »Chancengleichheit« und »Verteilungsgerechtigkeit«, denen jedermann zustimmen kann, bis hin zu den tiefer greifenden Konzepten der Gleichheit der Verteilung oder sogar der Gleichheit der (beruflichen) Aufgaben und Tätigkeiten.
– Zum anderen in inhaltlicher Sicht: Man kann von Gleichheit in unterschiedlichen gesellschaftlichen Bereichen sprechen, etwa im Bereich der Bildung, der Einkommensverteilung, der Gleichheit zwischen den Geschlechtern, zwischen ethnischen Gruppen usw.

Diese Komplexität ist zu beachten, wenn man über die politischen Chancen zur Herstellung von mehr Gleichheit und Gerechtigkeit sprechen will. Politische Maßnahmen lassen sich nicht ohne weiteres trennen in solche, die nur die Chancengleichheit befördern, und solche, die substantielle Gleichheit herstellen wollen. Chancengleichheit kann offenkundig in manchen Bereichen nur durchgesetzt werden, wenn sie mit substantiell relevanten Maßnahmen untermauert wird; diese kommen aber sehr häufig mit anderen gesellschaftlichen Grundprinzipien, selbst solchen der Gerechtigkeit, in Konflikt. Das Ziel, dass Frauen ebenso stark in Führungspositionen vertreten sein sollten wie Männer, könnte durch Quotenfestlegungen einfach und rasch erreicht werden; eine solche Maßnahme wird aber in vielen Fällen dem Prinzip der (Leistungs-)Gerechtigkeit widersprechen, welches fordert, dass der bestgeeignete Bewerber um eine Position ausgewählt wird.

In einer Analyse der Zusammenhänge zwischen den verschiedenen Teilbereichen der sozialen Ungleichheit zeigte sich, dass von den insgesamt 252 möglichen Zusammenhängen nur 41 eine einigermaßen bedeutsame Stärke erreichten, also nur etwa 16 Prozent. Die meisten Zusammenhänge bestehen innerhalb spezifischer fünf Bereiche, sehr wenige jedoch über die Bereiche hinweg. Dies bedeutet, dass Befragte, die etwa die Herstellung von Chancengleichheit im Bildungssystem stark befürworten, dies keineswegs auch tun im Hinblick auf die Herstellung von Gleichheit zwischen den Geschlechtern usw. Ganz allgemein bedeutet dies, dass es keine allgemeine egalitäre Einstellungsdimension (»Befürwortung sozialer Gleichheit«) gibt, sondern diese in sehr unterschiedliche, voneinander relativ unabhängige Teil-Dimensionen zerfällt (z.B. Einkommensegalitäre, Bildungsegalitäre, Geschlechteregalitäre).

Aus den Ergebnissen der Studie konnten jedoch einige allgemeine Folgerungen abgeleitet werden (vgl. dazu auch Norden 1985; ausführlich dazu Haller 1987; Haller 2005).

Abbildung 10.5: Die Befürwortung verschiedener politischer Maßnahmen zur Verbesserung der Lage der Frau[1]

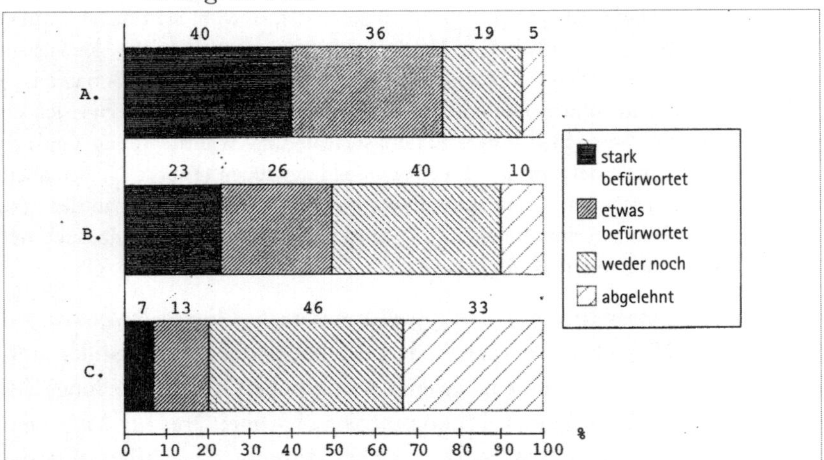

A. Der Staat sollte die beruflichen Chancen von Frauen verbessern

B. Der Staat sollte Frauen den Besuch von Hochschulen erleichtern

C. Bei der Vergabe von Arbeitsplätzen oder Beförderungen sollten Frauen bevorzugt behandelt werden

1 Entspricht der Frage G11 im Sozialen Survey 1986

Quelle: M. Haller, Gesellschaftliche Gleichheit als Grundwert des Wohlfahrtsstaates? (1987a), S. 152, Abbildung 3

1) *Allgemeine Aussagen zur Reduktion von Ungleichheit werden eher befürwortet als spezifisch-konkrete Maßnahmen.* Je spezifischer eine politische Maßnahme, desto weniger wird sie befürwortet.

Als Beispiel wird in *Abbildung 10.5* die Zustimmung zu verschiedenen Maßnahmen zur Verbesserung der Lage der Frauen dargestellt. Wir sehen hier, dass die große Mehrheit – drei Viertel der Befragten – der Aussage zustimmt, der Staat solle die beruflichen Chancen von Frauen verbessern (wie immer er das tun möge). Schon deutlich weniger – etwa die Hälfte – möchten auch noch, dass der Staat den Frauen den Hochschulzugang erleichtern solle; gerade noch 20 Prozent befürworten es, dass Frauen bei der Vergabe von Arbeitsplätzen bevorzugt werden sollten.

2) *Soziokulturelle Nähe fördert Solidaritätsgefühle und Solidaritätsbereitschaft.* Maßnahmen für soziale Gruppen, die einem näher stehen, und für Lebenssituationen, die einen potentiell selbst betreffen können, befürwortet man deutlich häufiger als einem selbst fernstehende Gruppen oder Probleme, die einen nicht betreffen.

So zeigt sich etwa, dass Frauen Maßnahmen der Gleichstellung eher befürworten (wenn auch nicht besonders mehr) als Männer; dass Rentner die Sicherung des Lebensstandards im Alter als wichtiger erachten als jüngere Befragte. Die Bedeutung der sozialen Nähe für das Solidargefühl kann sogar so stark werden, dass objektiv gegebene Benachteiligungen völlig verkehrt wahrgenommen werden. Dies zeigt sich in *Abbildung 10.6*, in der die Wahrnehmung der derzeitigen Rechte von drei Minderheitengruppen dargestellt wird, von Gastarbeitern, von Slowenen in Kärnten und Südtirolern in Italien. Die Rechte der Südtiroler, zu denen viele Österreicher immer noch ein sehr nostalgisches Verhältnis haben, werden als am geringsten eingeschätzt, obwohl sie objektiv umfangreicher sind als jene der slowenischen Minderheit in Kärnten oder jene der ausländischen Arbeiter in Österreich.[13] Manchmal geben die Meinungen der Befragten aber durchaus objektive Situationen und Veränderungen adäquat wieder. So zeigt sich etwa ein Interaktionseffekt zwischen Alter, Bildungsniveau und Wahrnehmung ungleicher Bildungschancen: ältere Befragte mit Pflichtschulbildung sehen größere Ungleichheiten der Bildungschancen als junge; hier spiegelt sich deutlich der starke Ausbau der mittleren und höheren Bildungseinrichtungen, der einen weiterführenden Schulbesuch heute wohl jedem interessierten jungen Menschen ermöglicht.

3) *Es gibt in Österreich eine universelle, egalitär-solidarische Grundhaltung.* Trotz der teilweisen Unabhängigkeit der verschiedenen Dimensionen voneinander gibt es doch so etwas wie eine allgemeine egalitär-solidarische Grundeinstellung. Zentral hierfür sind die Aussagen zur Einkommensungleichheit und zur Aufgabe des Staates, mehr Gleichheit in sozioökonomischer Hinsicht zu schaffen. Wer diese

13 Es ist sogar objektiv so, dass man heute von einer Privilegierung der autonomen Provinz Bozen im Rahmen des italienischen Staates sprechen muss; das Land erhält einen größeren Anteil an öffentlichen Mitteln als seine Bürger und Unternehmer an Steuern abliefern. Nicht zuletzt deswegen gehört Südtirol heute zu den reichsten Provinzen Italiens.

Abbildung 10.6: Meinung über die Rechte von Minderheiten-Gruppen (ohne Nichtbeantwortungen)

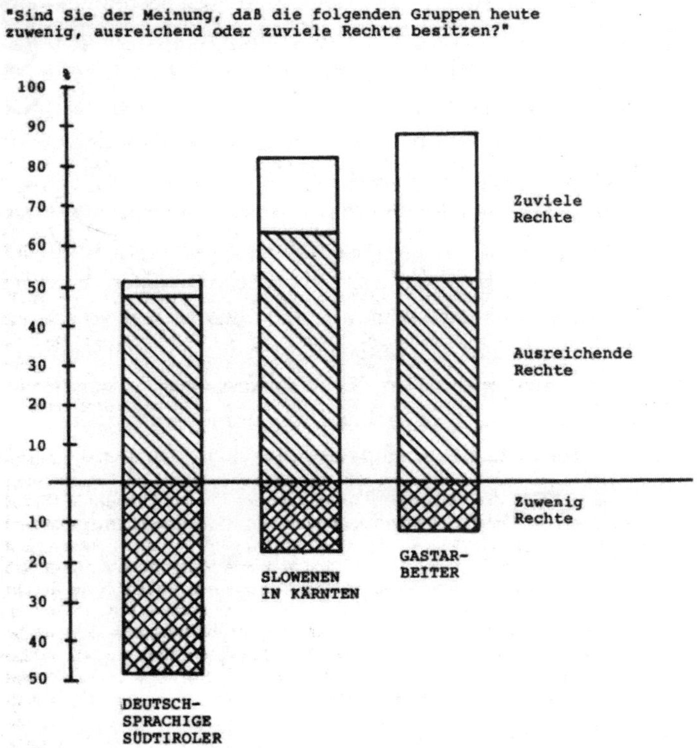

Quelle: M. Haller, Kulturelle Gemeinsamkeit – staatliche Grenzen? (1987a), S. 279, Abbildung 2

Aussagen befürwortet, unterstützt die Herstellung von mehr Gleichheit auch in vielen anderen Aspekten und gesellschaftlichen Bereichen. Diese egalitär-solidarische Grundhaltung ist aber vielleicht ein allgemeines Kennzeichen der Europäer, nicht nur der Österreicher.

4) *Berufsschicht bzw. Klassenlage ist die wichtigste Determinante der Gleichheitsorientierungen.* Im Sozialen Survey 1986 wurde auch untersucht, welche sozialen Merkmale der Befragten ihre Einstellungen zu Gleichheit und Ungleichheit beeinflussen. Hier zeigte sich, dass eine Variable – nämlich die Berufsschicht bzw. Klassenlage der Befragten – bedeutender war als alle anderen (wie Alter, Geschlecht usw.). Arbeiter und einfache Angestellte, aber auch Bauern, sehen die Ungleichheit kritischer und befürworten Maßnahmen zur ihrer Reduktion deutlich stärker als Angehörige höherer beruflich-sozialer Schichten. Dies bestätigt nochmals die Feststellung, dass dieser Variable weiterhin eine sehr große, wenn nicht die größte Bedeutung für Lebenslage und gesellschaftliche Orientierungen der Menschen zukommt.

Welche Folgerung kann man aus diesen Befunden ziehen im Hinblick auf die Frage, welche Chancen eine gleichheitsorientierte Politik in Österreich heute hat? Man könnte meinen, dass sie sehr gering sind, weil bestimmte Maßnahmen ja jeweils nur von ganz spezifischen Bevölkerungsgruppen unterstützt werden, aber schwer eine Mehrheit dafür zu gewinnen sein wird. Man könnte auch anders argumentieren. Es muss nicht so sein, dass jemand, der eine Maßnahme, die anderen zugute kommt, ablehnt (außer es geht um eine direkte Umverteilung von der eigenen Gruppe zur anderen). Verspricht eine politische Partei jedoch ganz gezielte Maßnahmen zu Gunsten speziell betroffener Gruppen, so wird sie unter diesen auf jeden Fall viele Anhänger (Wähler, Aktivisten usw.) finden. Durch deren Aufklärungsarbeit, politische Aktivitäten usw. werden die entsprechenden Anliegen und Maßnahmen dann breiteren Bevölkerungskreisen bekannt und von diesen auch als unterstützungswürdig wahrgenommen. Man könnte aus den obigen Ergebnissen daher folgern, dass es gerade darauf ankommt, dass Parteien solche spezifischen Programme und gezielte Maßnahmen für jeweils besonders bedürftige Gruppen entwickeln. Selbst für Maßnahmen, die bestimmte Bevölkerungsteile negativ treffen, kann Zustimmung gefunden werden, wenn sie mit Überzeugung vorgetragen und begründet werden. Das vielfach beklagte Problem der großen Allerwelts-Parteien heute besteht ja darin, dass sie nur sehr allgemein gehaltene, vage Aussagen und Zielsetzungen verkünden, denen jedermann zustimmen kann. Diese reißen aber niemanden »vom Sessel« und motivieren kaum zu aktiver eigener Unterstützung dieser Parteien und ihrer Ziele. Ja, oft wird es in Österreich geradezu absichtlich vermieden, solche gezielten Maßnahmen – auch dann, wenn es sich um längst fällige Reformvorhaben handelt – vor Wahlen überhaupt anzusprechen, um dadurch ja nicht Wählerschichten zu verprellen.[14] Eine Fokussierung der sozialstaatlichen Ausgaben auf die wirklich bedürftigen Zielgruppen ist auch notwendig aus der Sicht der öffentlichen Finanzen. Schon im Zuge demografischer Prozesse (Zunahme des Anteils älterer Menschen, steigende Kosten des Gesundheitswesens) ergibt sich ja ein zunehmender Druck auf Eingrenzung des Anstiegs der wohlfahrtsstaatlichen Ausgaben.

Machtkonzentrationen und Interessenverfilzungen der korporativ-ständischen Gesellschaft als Garanten für sozialen Ausgleich und Fortbestand sozialer Ungleichheit

Vom deutschen Soziologen Robert Michels (1925) stammt das *»eherne Gesetz der Oligarchie«*, wonach in allen großen Organisationen, insbesondere auch in den Arbeiterparteien und Gewerkschaften, die Führungsspitze und -kader dazu

14 Ein markantes, demokratiepolitisch sehr fragwürdiges Beispiel hiefür war die Tatsache, dass die Regierung Schüssel ihre Pläne im Hinblick auf die Pensionsreform vor der Wahl 2000 in keiner Weise thematisierte, bald nach der Wahl aber mit einem radikalen Reformprogramm hervortrat (vgl. dazu Haller/Hadler 2003).

tendieren, sich von den einfachen Mitgliedern abzusondern und zunehmend eigene Interessen zu vertreten. Diese Tendenz werde, so der Journalist Alexander Vodopivec in einem schon 1960 veröffentlichten Buch mit dem Titel »*Wer regiert in Österreich?*«, durch die Sozialpartnerschaft besonders gefördert und es habe sich »ein Führungskreis von etwa 400 Personen herauskristallisiert, der bestimmenden Einfluss auf Politik und Wirtschaft hat« (1960, S. 337). Zu diesem Führungskreis gehören laut Vodopivec die Mitglieder der Bundes- und Landesregierungen, die Spitzenfunktionäre der Parteien, Verbände, und wirtschaftlichen Interessengruppen, sowie hohe Beamte. Ein großer Teil der Parlamentarier dagegen habe praktisch keine Macht und sei nur Ausführungsgehilfe, insbesondere im bürgerlichen Lager. Im linken Lager seien die Parlamentarier wichtiger, aber es gebe auch hier eine gewisse Zahl einflussreicher Partei-, Kammer- und Gewerkschaftsfunktionäre, die ausschlaggebend sind. Vodopivec beschreibt diese Oligarchie und die Reaktionen, die ihre Existenz in der Bevölkerung schon damals auslöste, recht treffend wie folgt:

»*Die Oligarchie ist ein gesellschaftlich ziemlich homogener Kreis.* Beobachtet man ihn bei Empfängen, Cocktails und anderen offiziellen Anlässen, so hat man keineswegs den Eindruck, dass sich hier die Repräsentanten zweier feindlicher Lager gegenüberstehen. Sie mischen sich zwanglos wie Bekannte, die ähnliche Einkommen, gleiches Prestige, dieselben Autos und im Grund nicht allzu entgegengesetzte Interessen haben.

Das Vorhandensein eines geschlossenen Führungsringes hat manche Vorteile. Die herrschende Klasse der Zweiten Republik kann auf beachtliche Leistungen verweisen. Ihre Erfolge wurden in allgemeinen und freien Wahlen durch ein überwältigendes Votum zugunsten der Koalitionsparteien sanktioniert.

Trotzdem breitet sich Unbehagen an den bestehenden Verhältnissen aus. Dieses wird vor allem durch die Einsicht hervorgerufen, dass die Demokratie in Österreich noch immer auf recht schwachen Beinen steht. Einer kleinen Spitzengruppe und einer dünnen mittleren Funktionärsschicht steht eine politisch gleichgültige, apathische Masse gegenüber, die selbst dort, wo sie gut organisiert ist und Mitgliedsbeiträge bezahlt, nur schwer für eine aktive Beteiligung am öffentlichen Leben zu gewinnen ist.« (Vodopivec 1960, S. 339; Hervorhebungen MH)

Diese soziologisch kaum erforschte Oligarchie mag in den letzten Jahrzehnten in mancher Hinsicht etwas aufgebrochen worden sein – etwa durch die Privatisierung verstaatlichter Unternehmen, die den Einfluss der Politiker zurückdrängte, und durch den Zustrom ausländischen Kapitals, der die Macht der heimischen Unternehmer und ihrer Verbände beschränkte sowie den Aufstieg neuer Parteien und Bewegungen. Auf der anderen Seite gibt es Tendenzen, die auf eine weitere Schließung dieser Oligarchie hinweisen.

Dazu hat vor allem beigetragen, dass seit Anfang der 1970er Jahre, nicht zuletzt dank der Persönlichkeit von Bruno Kreisky, auch die Sozialdemokraten zu einem bestimmenden Faktor in der Politik aufgestiegen sind. So hatten deren letzte Bundeskanzler typische Karrieren ausschließlich im Umkreis von Parteien und Unternehmen mit öffentlichem Einfluss gemacht. Selbst die führenden Gewerkschafts- und Arbeiterkammerfunktionäre sind heute meist nicht mehr ehemalige Arbeiter, sondern zeit ihres Lebens von diesen Organisationen angestellte, meist akademisch ausgebildete Funktionäre. Dass Karrieren von Politikern heute vielfach nur mehr im Rahmen des Verbände- und Parteienspektrums stattfinden, gilt ebenso für die meisten Spitzenfunktionäre des bürgerlichen Lagers. Die in Kapital 9 dargestellte, erstaunliche Tatsache, dass die oberen 10 Prozent der Einkommensbezieher in Österreich einen höheren Anteil am Gesamteinkommen beziehen als in vielen anderen westlichen Ländern, findet in dieser engen Vernetzung innerhalb der politischen und wirtschaftlichen Eliten eine Erklärung.

Aus demokratiepolitischer Perspektive besonders problematisch ist in dieser Hinsicht die *Konzentration im Medienbereich*. Österreich hat heute die mit Abstand höchste Pressekonzentration in Westeuropa (Fidler 2004). Dabei nimmt die deutsche Zeitungsgruppe WAZ bzw. die österreichische *Mediaprint* eine extrem beherrschende Stellung ein. Die von ihr herausgegebenen Zeitungen »*Kronenzeitung*« und »*Kurier*« stellen über die Hälfte der Gesamtauflage der österreichischen Zeitungen; darüberhinaus kontrolliert sie nach der Fusion mit dem Zeitschriftenverlag »News« auch die wichtigsten Wochen-Magazine (News, Profil, Format u.a.). Zum Vergleich: das mit Abstand größte deutsche Boulevardblatt »*Bildzeitung*« hat eine Auflage von 3,5 Millionen und erreicht etwa 11 Millionen Leser; das sind aber nur 17 Prozent aller Erwachsenen.[15]

Der Politikwissenschaftler Hans Heinz Fabris (1995, S. 642f.) schreibt dazu: »›Natürliche‹ Monopole: Kartelle und Monopole, anstelle eines funktionierenden Wettbewerbs, stellen in Österreich nicht nur im Medienbereich – überspitzt formuliert – beinahe so etwas wie einen natürlichen Zustand dar. Das ORF-Monopol oder der höchste Konzentrationsgrad der Printmedien im europäischen Vergleich, das langjährige Kartell der Schallplattenproduzenten, regionale Medienmonopole oder die hochgradige Konzentration auf dem Vertriebs- oder Verleihsektor haben vergleichsweise wenig gesellschaftliche oder gar medienpolitische Aufmerksamkeit hervorgerufen. Die Folgen dieses Zustands sind sicherlich differenziert zu beurteilen, auf der Negativseite stehen jedoch eine geringe Neuerungsbereitschaft und eine Einengung der Meinungsvielfalt, des gesellschaftlichen Pluralismus«.

Es wurde bereits oben ausgeführt, dass es im Rahmen eines korporativ-konsensuellen Systems sehr schwer, wenn nicht überhaupt unmöglich ist, substantielle Umverteilungen vorzunehmen. Das heißt nicht, dass in Österreich nicht in vielfältiger Weise vom Staat ausgeteilt und umverteilt würde. Der Wohlfahrtsstaat besteht aus einem selbst von Experten nur mehr schwer durchschaubaren Netz von Sozialleistungen, Unterstützungen, Subventionen, Ausgleichszahlungen usw., sodass seine Segnungen praktisch jedem Bürger in der einen oder

15 http://de.wikipedia.org/wiki/Bild_Zeitung (5.3.2008)

anderen Weise zugute kommen. So profitieren alle in irgendeiner Form vom Wohlfahrtsstaat und es gibt kaum Anlass zu eindeutiger Kritik oder offenen Konflikten insbesondere bei Themen, die alle in ähnlicher Weise betreffen. In einem internationalen Vergleich von 30 Ländern liegt Österreich an der zweiten Stelle in Bezug auf die Wahrnehmung geringer Verteilungskonflikte durch die Bevölkerung (vgl. *Abbildung 10.2* S. 396). De facto erfolgt jedoch in weiten Bereichen nur eine »Umverteilung von der linken in die rechte Tasche« (Tichy/ Steinhöfler o.J., S. 301) und die Vielzahl der Fehlerquellen im Hinblick auf die soziale Treffsicherheit macht die Umverteilung zu »einem stochastischen Prozess mit einem Erwartungswert von Null« (Weissel 1978, S. 360). Was man auf der einen Seite erhält, muss man auf der anderen Seite in Form von Steuern, Sozialversicherungsbeiträgen, Verwaltungsgebühren usw. wieder abgeben.

Das sozialstaatliche Füllhorn ist aber keineswegs klassenneutral. Die größten Chancen, ihre Interessen durchzusetzen haben gesellschaftliche Klassen und Gruppen, die gut organisiert sind oder eigene Vertreter direkt in den politischen Entscheidungszentren sitzen haben. Hier sind in erster Linie die Beamten zu nennen, von denen wir ja gesehen haben, dass sie heute auch objektiv zu den deutlich privilegierten Gruppen gehören; neben einem unkündbaren Arbeitsplatz, in aller Regel günstigen Arbeitsbedingungen und überproportional hohen Pensionen beziehen sie Gehälter, die denen in der Privatwirtschaft nicht nachstehen. Die Macht der Beamten ergibt sich aus ihrem hohen Organisationsgrad ebenso wie aus der Tatsache, dass sie die Berufsgruppe mit der stärksten Repräsentanz im Parlament darstellen – bedingt nicht zuletzt durch die großzügigsten Gehaltsregelungen und Arbeitsplatzsicherstellungen im Falle der Annahme eines Mandats. Der Politikwissenschaftler und ehemals als Staatssekretär für diesen Bereich zuständige Universitätsprofessor Heinrich Neisser (1974, S. 246) sprach in diesem Zusammenhang schon vor 30 Jahren von einer »Insuffizienz demokratischer Kontrolle« der Bürokratie. Eine weitere Gruppe, welche direkt von der Entwicklung des Wohlfahrtsstaats profitiert, sind all jene, die in den einschlägigen Institutionen Beschäftigung finden, insbesondere im öffentlichen Bildungs-, Gesundheits- und Fürsorgewesen (de Swaan 1993, S. 249).

Einfache Menschen mit weniger Bildung und soziokulturellen Ressourcen haben weit weniger Chancen, aktiv am politischen Geschehen teilzunehmen (Rosenmayr 1980). Selbst einfache Gewerkschafts- und Parteimitglieder, aber auch kleinere Interessenverbände, die über keine öffentlich wirksamen Mittel zur Propagierung ihrer Anliegen verfügen, können zentrale politische Entscheidungen kaum beeinflussen. Wenn es bestimmten Interessenverbänden doch gelingt, ihren Forderungen wirksam öffentliche Aufmerksamkeit zu verschaffen, dienen diese oft eher den Interessen ihrer ohnehin besser gestellten Mitglieder als jenen der eher benachteiligten. Dies ist deutlich nachweisbar im Falle der Landwirtschaft, wo die Großbauern sehr viel mehr Gewicht besitzen als die kleinen. Politikwissenschaftler haben in diesem Zusammenhang von der Agrarpolitik als einer »Politik gegen die Bauern« gesprochen (Krammer/Scheer 1980). Ähnlich scheint es zu sein im Falle der Frauenbewegung, wo z.B. die Unterrepräsentation von Frauen in Führungspositionen ebenso stark wenn nicht stärker thematisiert wird als die krasse Diskriminierung von Frauen in Branchen mit sehr niedrigen Löhnen.

Interessen und soziale Gruppen, die sich überhaupt schwer organisieren und artikulieren lassen, haben die geringste Chance sich öffentlich durchzusetzen. Hier ist zu denken an Arbeitslose, insbesondere Jugendliche, deren Anzahl am Anfang des 21. Jahrhunderts den höchsten Stand seit 1945 erreicht hat, ohne dass die Regierung einen besonderen Handlungsbedarf sah bzw. glaubte, dem Problem mit einigen Alibiaktionen gerecht werden zu können. Es betrifft auch die ausländischen Arbeitnehmer und deren Kinder, die im Bildungssystem noch mehr benachteiligt werden als österreichische Kinder aus Arbeiter- und Bauernfamilien. Es betrifft auch viele neuen Formen von Armut im Gefolge von beruflichen und privat-familären Ereignissen und Problemen (Arbeitslosigkeit, Ehescheidungen usw.), die vielfach keine einheitlichen Massenerscheinungen darstellen, sondern eine Häufung von sehr komplexen Einzelschicksalen (vgl. auch Katschnig-Fasch 2003). In diesem Zusammenhang ist auch jenes *wohlfahrtsstaatliche Paradoxon* relevant, das darin besteht, dass ein erheblicher Anteil von Bedürftigen, die Anspruch auf sozialstaatliche Leistungen hätten, diese selber gar nicht einfordern (Henkel 1981).

Ein zweiter Faktor, der zur relativen »Stille« der Politik (es sind eher private Wohlfahrtsinstitutionen wie die Caritas, die solche Themen immer wieder thematisieren) im Hinblick auf die bestehenden Ungleichheiten in Österreich beiträgt, ist das erstaunliche Wirtschaftswachstum und der international gesehen unbestreitbare Erfolg Österreichs in dieser Hinsicht. In ihrer Studie über die Entwicklung der Einkommensverteilung bis Anfang der 1970er Jahre, in der sie für die Nachkriegszeit praktisch keine signifikante Veränderung konstatierten, schreiben die Ökonomen Günther Chaloupek und Herbert Ostleitner (1974, S.462): »Die Nichtexistenz der Verteilungspolitik in Österreich bei gleichzeitig höchster sozialer Stabilität kann auf zwei Faktoren zurückgeführt werden: Die Interessenkonstellation der ›Sozialpartnerschaft‹ und das Egalitätsillusionen fördernde rasche wirtschaftliche Wachstum.« Die soziale Stabilität ist nach dem Aufstieg der FPÖ von Haider und der Bildung der bürgerlichen Koalitition zwischen ÖVP/FPÖ einigermaßen ins Wanken geraten. Ob sie sich im Zuge der neuerlichen großen Koalition SPÖ/ÖVP (ab Jänner 2007) wieder einstellt, wird sich erst herausstellen.

Als Sozialwissenschaftler kann man das politische Geschehen nicht direkt beeinflussen. Man kann jedoch einen Beitrag dazu leisten, dass die Debatte über Fragen der sozialen Ungleichheit immer wieder auf die Tagesordnung kommt und mit empirisch fundiertem Wissen untermauert wird. In diesem Sinne haben auch die beiden vorhin zitierten Ökonomen moniert, dass in Österreich viele grundlegenden Informationen über die Einkommensverteilung fehlen nicht zuletzt deshalb, weil Parteien und Interessenverbände, auch die Gewerkschaften, wenig Interesse daran haben. Solche Informationen sind jedoch unerlässlich. Für soziologische Daten zur Ungleichheit gilt genau dasselbe, was diese Autoren im Hinblick auf die fehlenden ökonomischen Daten monieren:

»Werden die Indikatoren Wachstumsrate, Inflationsrate und Arbeitslosenquote laufend veröffentlicht und diskutiert, so fehlt für die personelle Einkommensverteilung ein ähnlicher Indikator gänzlich, denn der funktionellen Verteilung, die bereinigte Lohn- bzw. Gewinnquote, kommt in der wirtschaftspolitischen Debatte in Österreich kaum Bedeutung zu. Da man nicht weiß und auch nicht wissen will, welcher Zustand eigentlich ›verbessert‹ oder ›gerechter‹ gemacht werden soll, findet sich folgerichtig in keiner programmatischen Erklärung eine auch nur grob quantifizierte Bestimmung dieses ›Ziels‹. Seine gelegentliche Beschwörung soll gesellschaftlichen Unmut absorbieren, nicht politisches Handeln anleiten[...]

Die fehlende Information, an deren Stelle die permanente Wiederholung irreführender Behauptungen und die manipulativ hergestellte Verwirrung um die Verteilungsfrage überhaupt tritt, mag mit dazu beitragen, die ungleiche Einkommensverteilung aus dem Bewusstsein der Arbeiter und Angestellten zu verdrängen.« (Chaloupek/ Ostleitner 1974, S. 462)

Resümee

Thema dieses Kapitels war die politische Seite der Reproduktion sozialer Ungleichheit. Diese Fragestellung wurde unter drei Aspekten behandelt: die Effekte des spezifisch österreichischen politischen Systems, der Sozialpartnerschaft, die Rolle der politischen Parteien und schließlich die Wahrnehmung und Beurteilung der sozialen Ungleichheit durch die österreichische Bevölkerung. Die Sozialpartnerschaft ist dadurch gekennzeichnet, dass sie einerseits ein relativ elitär-geschlossenes System der Interaktionen und Beziehungen zwischen den herrschenden Eliten darstellt, andererseits aber auch allen großen, organisierten Bevölkerungsgruppen eine gewisse Vertretung im politischen Prozess sicherstellt. Durch die Einbeziehung aller Lager ist es notwendig, gesamtwirtschaftliche Zielsetzungen etwa bei Lohnverhandlungen ebenso einzubeziehen wie die Interessen der verschiedenen Klassen und Schichten an einer Wahrung ihres jeweiligen Anteils am gesamtwirtschaftlichen Kuchen. Deutlich benachteiligt sind jedoch jene Gruppen, die über keine kollektiven Interessenvertretungen verfügen. Die Folge ist einerseits, dass ein sozialpartnerschaftliches System kaum Umverteilung erzeugt, dafür aber stetiges wirtschaftliches Wachstum begünstigt. Die Rolle der Parteien in den Auseinandersetzungen um gesellschaftliche Ungleichheit und Maßnahmen zur Umverteilung ist als sehr wichtig anzusehen. Empirische Daten zeigen, dass der Zusammenhang zwischen Sozialstruktur und Parteipräferenzen deutlich stärker ist, als in neueren einschlägigen Analysen vielfach behauptet. Außerdem haben die verschiedenen Parteien in den Augen der Bürger immer noch sehr klar unterscheidbare Profile, wenn es um Fragen der Repräsentation der Interessen verschiedener sozialer Klassen und Gruppen geht. Die Analyse der Wahrnehmung und Beurteilung sozialer Ungleichheit durch die Bevölkerung erbrachte als Hauptbefund, dass die Einstellungen zu verschiedenen Teilaspekten der Ungleichheit nur schwach miteinander verbunden sind. Dies muss nicht heißen, so wurde argumentiert, dass eine prononcierte Politik der Herstellung von größerer sozialer Gleichheit und Gerechtigkeit chancenlos ist – ganz im Gegenteil. Sehr gezielte Politiken in verschiedenen Teilbereichen könnten einer Partei sogar bessere Chancen bieten, bei großen Wählergruppen Anklang zu finden als ein Programm, an dem alle Kanten und Ecken abgeschliffen wurden, so dass für die Wähler nicht mehr erkennbar ist, wofür die verschiedenen Parteien wirklich stehen.

Vertiefende Fragen

1) Welche Bevölkerungsgruppen (Klassen, Schichten) profitieren vermutlich am meisten von einem ökonomisch-politischen System wie der Sozialpartnerschaft, welche am wenigsten?

2) Wie würden sich die Strukturen der sozialen Ungleichheit in Österreich verändern, wenn an die Stelle der Sozialpartnerschaft ein konfliktorientiertes politisches System wie in den angelsächsischen Ländern treten würde?

3) Wer gehört in Österreich heute zur Machtelite? Wie könnte man genaue Informationen und Daten darüber erhalten, welche Art von Erhebungen wären dafür nötig?

4) Wie gut sind einfache soziale Klassen und Schichten im politischen Prozess vertreten? Wer (Personengruppen, Verbände, Organisationen etc.) vertritt noch am ehesten ihre Interessen? Was könnte man tun, um ihren Einfluss zu verstärken?

Weiterführende Literatur

Gerlich, Peter/Edgar Grande/Wolfgang C. Müller, Hrsg. (1985), *Sozialpartnerschaft in der Krise. Leistungen und Grenzen des Neokorporatismus in Österreich*, Wien/Köln/Graz: Böhlau

Umfassendes Werk über die österreichische Sozialpartnerschaft mit Beiträgen vieler namhafter Sozial- und Politikwissenschaftler.

Hadler, Markus (2003), «Ist der Klassenkonflikt überholt? Die Wahrnehmung von vertikalen Konflikten im internationalen Vergleich«, *Soziale Welt* 54:175–200

Haller, Max (1986b), »Die Legitimation der sozialen Ungleichheit im Wohlfahrtsstaat«, *Journal für Sozialforschung*, 26:443–468.

Haller, Max/ Bogdan Mach/ Heinrich Zwicky (1995), »Egalitarismus und Antiegalitarismus zwischen gesellschaftlichen Interessen und kulturellen Leitbildern. Ergebnisse eines internationalen Vergleichs«, in: Hans-Peter Müller/ Bernd Wegener (Hrsg.) *Soziale Ungleichheit und soziale Gerechtigkeit* (Reihe Sozialstrukturanalyse, Bd. 4), Opladen: Leske + Budrich, S. 221–264

Drei Aufsätze mit empirischen Befunden zur Wahrnehmung von sozialer Ungleichheit und klassenbezogenen Konflikten in Österreich und im internationalen Vergleich.

Prisching, Manfred (1996b), *Die Sozialpartnerschaft. Modell der Vergangenheit oder Modell für Europa?* Wien: Manz

Flott geschriebener Überblick über Charakteristik und aktuelle Probleme der österreichischen Sozialpartnerschaft, wobei die unterschiedlichen Ziele und Interessen, die mit ihr verknüpft sind, pointiert hervorgehoben werden.

Literatur

Abendroth, Wolfgang/Helmut Ridder/Otto Schönfeldt, Hrsg. (1968), *KPD-Verbot oder mit Kommunisten leben?* Reinbek: Rowohlt

Abbott, Andrew (1988), *The System of Professions. An Essay on the Division of Expert Labour*, Chicago/London: The University of Chicago Press

Abbott, Andrew (2001), »On the Concept of Turning Point«, in: Andrew Abbott, *Time Matters. On Theory and Method*, Chicago/London: The University of Chicago Press, S. 240–260

Acham, Karl, Hrsg. (1999), *Geschichte der Österreichischen Humanwissenschaften*, Bd. 1: *Historischer Kontext, wissenschaftssoziologische Befunde und methodologische Voraussetzungen*, Wien: Passagen Verlag

Ackermann, Ulrike (2000), *Sündenfall der Intellektuellen. Ein deutsch-französischer Streit von 1945 bis heute*, Stuttgart: Klett-Cotta

Adamovich, Ludwig K./Bernd-Christian Funk (1985), *Österreichisches Verfassungsrecht*, Wien/New York: Springer Verlag

Aiginger, Karl/Gunther Tichy (1985), *Die Größe der Kleinen. Die überraschenden Erfolge kleiner und mittlerer Unternehmungen in den achtziger Jahren*, Wien: Signum Verlag

Albrow, Martin (1999), *Abschied vom Nationalstaat*, Frankfurt/Main: Suhrkamp

Altrichter, Herbert et al. (2005), »Merkmale und Fragen einer Governance-Reform am Beispiel des österreichischen Schulwesens«, *Österreichische Zeitschrift für Soziologie* 30:6–28

Amann, Anton (2004), *Die großen Alterslügen. Generationenkrieg – Pflegechaos – Fortschrittsbremse?* Wien etc.: Böhlau

Ausch, Karl (1968), *Als die Bomben fielen*, Wien etc.: Europa-Verlag

Archibald, Peter W. (1976), »Face-to-Face. The Alienating Effects of Class, Status and Power Divisions«, *American Sociological Review* 41:819–837

Arendt, Hannah (1974), *Über die Revolution*, München: Piper

Armingeon, Klaus (1992), »Einkommenspolitik«, in: Manfred G. Schmidt, Hrsg., *Die westlichen Länder*, Lexikon der Politik, Bd. 3, München: Beck, S. 78–83

Arndt, Helmut (1980), *Wirtschaftliche Macht*, München: Beck

Atkinson, Anthony B., Hrsg. (2000), *Handbook of Income Distribution*, Amsterdam etc.: Elsevier

Bach, Maurizio, Hrsg. (2000), »Die Europäisierung nationaler Gesellschaften«, Sonderheft 40, *Kölner Zeitschrift für Soziologie und Sozialpsychologie* 40:11–35

Bacher, Johann (2003), »Soziale Ungleichheit und Bildungspartizipation im weiterführenden Schulsystem Österreichs«, *Österreichische Zeitschrift für Soziologie* 28:3–32

Balog, Andreas (1999), »Der Begriff ›Gesellschaft‹«, *Österreichische Zeitschrift für Soziologie* 24:66–93

Baltl, Hermann (1982), *Österreichische Rechtsgeschichte. Von den Anfängen bis zur Gegenwart*, Graz: Leykam Verlag

Bamshad, Michael J./Steve E. Olson (2003), »Does race exist?« *Scientific American*, Dec. 2003 (auch unter: http://www.skepdic.com/iqrace.html)

Barber, Benjamin (1957), *Social Stratification: A Comparative Analysis of Structure and Process*, N.Y. etc.: Harcourt, Brace & World

Barlösius, Eva/Wolfgang Ludwig-Mayerhofer, Hrsg. (2001), *Die Armut der Gesellschaft*, Opladen: Leske + Budrich

Barry, Brian (2005), *Why Social Justice Matters*, Cambridge: Polity Press

Bauböck, Rainer (1995), *Transnational Citizenship: Membership and Rights in International Migration*, Aldershot: E. Elgar

Bauer, Adelheid (2005), »Volkszählung 2001: Soziodemografische Determinanten der Bildungsbeteiligung«, *Statistische Nachrichten* 2/2005:108–199

Bauer, Otto (1923), *Die Österreichische Revolution*, Wien: Wiener Volksbuchhandlung (Neuauflage 1976)

Bauer, Sandra/Bernadette Müller/Melanie Sax (2003), *Kinderbetreuungseinrichtungen und die Erwerbstätigkeit von Müttern in der Steiermark*, Diplomarbeit am Institut für Soziologie der Karl Franzens-Universität Graz

Beck, Ulrich (1986), *Risikogesellschaft. Auf dem Weg in eine andere Moderne*, Frankfurt: Suhrkamp

Beck, Ulrich (2006), »Europäisierung – Soziologie für das 21. Jahrhundert«, in: Karl-Siegbert Rehberg, Hrsg., *Soziale Ungleichheit, Kulturelle Unterschiede. Verhandlungen des 32. Kongresses der Deutschen Gesellschaft für Soziologie in München 2004*, Teil 1, Frankfurt/New York: Campus Verlag, S. 513–525

Beck, Ulrich/Michael Brater (1980), *Soziologie der Arbeit und Berufe. Grundlagen, Problemfelder, Forschungsergebnisse*, Reinbek: Rowohlt

Becker, Ruth/Beate Kortendieck, Hrsg. (2004), *Handbuch Frauen- und Geschlechterforschung. Theorie, Methoden, Empirie,* Wiesbaden: VS Verlag für Sozialwissenschaften

Beck-Gernsheim, Elisabeth (1994), »Auf dem Weg in die postfamiliale Familie. Von der Notgemeinschaft zur Wahlverwandtschaft«, in: Ulrich Beck/Elisabeth Beck-Gernsheim, Hrsg., *Riskante Freiheiten. Individualisierung in modernen Gesellschaften*, Frankfurt/Main: Suhrkamp, S. 115–138

Bell, Daniel (1975), *Die nachindustrielle Gesellschaft*, Frankfurt/New York: Campus (engl. 1973)

Bell, Daniel (1976), *Die Zukunft der westlichen Welt. Kultur und Technologie im Widerstreit*, Frankfurt/Main: Fischer (engl.: 1976)

Bendix, Reinhard (1964), *Nation-building and Citizenship. Studies of Our Changing Social Order*, New York: Wiley

Bendix, Reinhard, Seymour M. Lipset Hrsg., (1966), *Class, Status and Power. Social Stratification in Comparative Perspective*, New York/London: Free Press-Collier MacMillan

Benninger, Werner (2004), *Beamtenrepublik Österreich. Die unglaublichen Privilegien unserer »Staatsdiener«*, Wien: Ueberreuter

Berger, Johannes/Claus Offe (1980), »Die Entwicklungsdynamik des Dienstleistungssektors«, *Leviathan* 8:41–75

Berger, Peter A. (1986), *Entstrukturierte Klassengesellschaft? Klassenbildung und Strukturen sozialer Ungleichheit im historischen Wandel*, Opladen: Westdeutscher Verlag

Berger, Peter/Stefan Hradil, Hrsg. (1990), »Lebenslagen, Lebensläufe, Lebensstile«, *Soziale Welt*, Sonderband 7, Göttingen: O. Schwartz

Bergmann, Joachim u.a. (1969), »Herrschaft, Klassenverhältnis und Schichtung«, in: T.W. Adorno, Hrsg., *Spätkapitalismus oder Industriegesellschaft. Verhandlungen des 16. Deutschen Soziologentages*, Stuttgart: Enke, S. 67–87

Birg, Herwig (1996), *Die Weltbevölkerung. Dynamik und Gefahren*, München: Beck

Birkelund, Gunn Elisabeth/Johan Heldal (2003), »Who marries whom? Educational homogamy in Norway«, *Demographic Research* 8:1–29

Blasius, Jörg/J. Winkler (1989), »Gibt es die ›feinen Unterschiede‹? Eine empirische Überprüfung der Bourdieuschen These«, *Kölner Zeitschrift für Soziologie und Sozialpsychologie* 41:72–94

Blau, Peter M. (1977), *Inequality and Heterogeneity: A Primitive Theory of Social Structure*, New York: Free Press

Blau, Peter M. (1978), »Parameter sozialer Strukturen«, in ders. Hrsg., *Theorien sozialer Strukturen: Ansätze und Probleme*, Opladen: Westdeutscher Verlag, S. 203–233

Blossfeld, Hans-Peter (1985), *Bildungsexpansion und Berufschancen. Empirische Analysen zur Lage der Berufsanfänger in der Bundesrepublik*, Frankfurt/New York: Campus

Blossfeld, Hans-Peter/Klaus Timm, Hrsg. (2003), *Who Marries Whom? Educational Systems as Marriage Markets in Modern Societies*, Dordrecht/Boston/London: Kluwer

Blümle, Gerold (1975), *Theorie der Einkommensverteilung*, Berlin/Heidelberg/New York: Springer

Bodzenta, Erich (1985), »Entwicklung und Struktur der österreichischen Gesellschaft«, in: Bodzenta/Seidel/Stiglbauer, *Österreich im Wandel*, S. 1–76

Bodzenta, Erich/Hans Seidel/Karl Stiglbauer, Hrsg. (1985), *Österreich im Wandel. Gesellschaft, Wirtschaft, Raum*, Wien/New York: Springer Verlag

Bögenhold, Dieter (1985), *Die Selbständigen. Zur Soziologie dezentraler Produktion*, Frankfurt/ New York: Campus

Bögenhold, Dieter (1996), *Das Dienstleistungsjahrhundert. Kontinuitäten und Diskontinuitäten in Wirtschaft und Gesellschaft*, Stuttgart: Enke

Bohn, Cornelia/Alois Hahn (1999), »Pierre Bourdieu«, in: Dirk Käsler, Hrsg., *Klassiker der Soziologie*, München: C.H. Beck, Bd. 2, S. 252–271

Bolte, Karl-Martin (1966), *Deutsche Gesellschaft im Wandel*, Opladen: Leske + Budrich

Bornschier, Volker, Hrsg. (1991), *Das Ende der sozialen Schichtung?* Zürich: Seismo

Bouffartigue, Paul, Hrsg. (2004), *Le Retour des Classes Sociales. Inégalités, Dominations, Conflicts*, Paris: La Dispute/SNEDIT

Bourdieu, Pierre (1981), *Titel und Stelle. Über die Reproduktion sozialer Macht*, Frankfurt/ Main: Europäische Verlagsanstalt

Bourdieu, Pierre (1983), »Ökonomisches Kapital, kulturelles Kapital, soziales Kapital«, in: Kreckel, Hrsg., *Soziale Ungleichheiten*, S. 183–198

Bourdieu, Pierre (1997), *Die feinen Unterschiede. Kritik der gesellschaftlichen Urteilsfähigkeit*, Frankfurt/Main: Suhrkamp (frz.: 1979)

Bourdieu, Pierre et al. (1998), *Das Elend der Welt. Zeugnisse und Diagnosen alltäglichen Leidens an der Gesellschaft*, Konstanz: UVK (frz.: 1993)

Bourdieu, Pierre/Jean Claude Passeron (1971), *Die Illusion der Chancengleichheit. Untersuchungen zur Soziologie des Bildungswesens am Beispiel Frankreichs*, Stuttgart: Klett (frz.: 1964)

Braverman, Harry (1977), *Die Arbeit im modernen Produktionsprozess*, Frankfurt/New York: Campus (engl.: 1974)

Bréchon, Pierre (2002), [Les grandes enquêtes internationales], (Eurobarometres, Valeurs, ISSP): »Apports et limites«, *L'Année sociologique* 52:105–130

Brinig, Margaret F./Douglas W. Allen (2000), »›These boots are made for walking‹: Why most divorce filers are women«, *American Law and Economics Review*, V2/N1, S. 126–169

Brinkmann, Gerhard (1981), *Ökonomik der Arbeit*, Bd. 1: *Grundlagen*; Bd. 2: *Die Allokation der Arbeit*, Stuttgart: Klett-Cotta

Brinkmann, Gerhard (1984), *Ökonomik der Arbeit*, Bd.3: *Die Entlohnung der Arbeit*, Stuttgart: Klett-Cotta

Brotz, Howard (1962), »Social Stratification and the Political Order«, in: A. M. Rose, Hrsg., *Human Behavior and Social Processes*, London: Routledge & Kegan, S. 307–320

Browning, H. L./J. Singelmann (1978), »The Transformation of the U.S. Labor Force: The Interaction of Industry and Occupation«, *Politics and Society* 8:481–509

Bruckmüller, Ernst (1983), »Sozialstruktur und Sozialpolitik«, in: Weinzierl/Skalnik, *Österreich 1918–1938*, S. 381–436

Bruckmüller, Ernst (1984), *Nation Österreich. Sozialhistorische Aspekte ihrer Entwicklung*, Wien/Köln/Graz: Böhlau

Bruckmüller, Ernst (1996), *Nation Österreich. Kulturelles Bewusstsein und gesellschaftlich-politische Prozesse*, Wien/Köln/Graz: Böhlau

Brünner, Christian (1985), »Geschichte, Inhalt und Determinanten der Reform des Hochschullehrer-Dienstrechtes«, in: Kurt Freisitzer, Hrsg., *Tradition und Herausforderung. 400 Jahre Universität Graz*, Graz: Akademische Druck- und Verlagsanstalt, S. 611–639

Buchmann, Marlies (1989), »Subkulturen und gesellschaftliche Individualisierungsprozesse«, in: M. Haller u.a., *Kultur und Gesellschaft*, Frankfurt/New York: Campus, S. 627–638

Burzan, Nicole (2004), *Soziale Ungleichheit: Eine Einführung in die zentralen Theorien*, Wiesbaden: VS Verlag für Sozialwissenschaften

Buß, Eugen (1985), *Lehrbuch der Wirtschaftssoziologie*, Berlin/New York: Walter de Gruyter

Carlsson, Gösta (1968), »Ökonomische Ungleichheit und Lebenschancen«, in: David V. Glass/René König, Hrsg., *Soziale Schichtung und Mobilität*, Sonderheft 5 der *Kölner Zeitschrift für Soziologie und Sozialpsychologie*, S. 189–199

Casey, Bernard/Michael Gold (2000), *Social Partnership and Economic Performance. The Case of Europe*, Cheltenham, UK/Northampton, MA, USA: Edward Elgar

Castells, Manuel (2001), *Das Informationszeitalter. Wirtschaft, Gesellschaft, Kultur*. Bd. 1: Die Netzwerkgesellschaft, Opladen: Leske + Budrich (engl.: 1996)

Chaloupek, Günther (1977), »Die Verteilung der persönlichen Einkommen in Österreich. I. Die hohen Einkommen«, *Wirtschaft und Gesellschaft* 3:9–22

Chaloupek, Günther (1979), »Der sanfte Abstieg einer Klasse – Die ›Euthanasie des Rentiers‹ in der Perspektive«, in: Wirtschaftspolitik zwischen Weltanschauung und Sachzwang, Festschrift für M. Szecsi, Sonderheft von *Wirtschaft und Gesellschaft*, Wien, S. 61–69

Chaloupek, Günther/Herbert Ostleitner (1974), »Einkommensverteilung und Verteilungspolitik in Österreich«, in: Fischer, *Das politische System Österreichs*, S. 453–468

Chauvel, Louis (2001), »Le retour des classes sociales?«, *Revue de l'OFCE* 79:315–359

Cicourel, Aaron (1973), »Basisregeln und normative Regeln im Prozess des Aushandelns von Status und Rolle«, in: Arbeitsgruppe Bielefelder Soziologen, Hrsg., *Alltagswissen, Interaktion und gesellschaftliche Wirklichkeit I*, Reinbek: Rowohlt, S. 147–188

Coleman, James S. (1990), *Foundations of Social Theory*, Cambridge/London: The Belknap Press

Coleman, James S. (1979), *Macht und Gesellschaftsstruktur*, Tübingen: Mohr

Coleman, Richard P./Bernice Neugarten (1971), *Social Status in the City*, San Francisco: Jossey Bass

Collins, Randall (1971), »Functional and Conflict Theories of Educational Stratification«, *American Sociological Review* 36:1002-1019

Collins, Randall (1975), *Conflict Sociology. Toward an Explanatory Social Science*, New York etc.: Academic Press

Collins, Randall (1979), *The Credential Society. An Historical Sociology of Educational Stratification*, New York: Academic Press

Coser, Lewis A. (1965), *Theorie sozialer Konflikte*, Neuwied u.a.: Luchterhand

Crompton, Rosemary (1998), *Class and Stratification. An Introduction to Current Debates*, Cambridge: Polity Press

Crothers, Charles (1996), *Social Structure*, London/New York: Routledge

Cyba, Eva (1987), »Arbeitsbedingungen und berufliche Wertorientierungen«, in: Haller/Holm, *Werthaltungen und Lebensformen in Österreich*, S. 37–97

Cyba, Eva (2000), *Geschlecht und soziale Ungleichheit. Konstellationen der Frauenbenachteiligung*, Opladen: Leske & Budrich

Dachs, Herbert u.a., Hrsg. (1992), *Handbuch des Politischen Systems Österreichs*, Wien: Manz (2. Auflage)

Dachs, Herbert, Hrsg. (2006), *Politik in Österreich. Das Handbuch*, Wien: Manz

Dahrendorf, Ralf (1966), *Über den Ursprung der Ungleichheit unter den Menschen*, Tübingen: Mohr

Dahrendorf, Ralf (1968a), *Gesellschaft und Demokratie in Deutschland*, München: Piper

Dahrendorf, Ralf (1983), »Wenn der Arbeitsgesellschaft die Arbeit ausgeht«, in: Joachim Matthes, Hrsg., *Krise der Arbeitsgesellschaft? Verhandlungen des 21. Deutschen Soziologentages in Bamberg 1982*, Frankfurt/New York: Campus, S. 25–37

Dahrendorf, Ralf (1994), *Der moderne soziale Konflikt. Essay zur Politik der Freiheit*, München: Deutscher Taschenbuch-Verlag

Dangschat, Jens S. (1998), »Klassenstrukturen im Nach-Fordismus«, in: Peter A. Berger/Michael Vester, Hrsg., *Alte Ungleichheiten. Neue Spaltungen*, Opladen: Leske + Budrich, S. 49–87

Dangschat, Jens S., Hrsg. (1999), *Modernisierte Stadt - gespaltene Gesellschaft. Ursachen von Armut und sozialer Ausgrenzung*, Opladen: Leske + Budrich

Dann, Otto (1975), »Gleichheit«, in: Otto Brunner u.a., Hrsg., *Geschichtliche Grundbegriffe*, Bd. 2, Stuttgart: Klett-Cotta, S. 997–1046

Davis, Kingsley/Wilbert Moore (2000), (engl.: 1945) »Einige Prinzipien der sozialen Schichtung«, in: Heinz Hartmann, Hrsg., *Moderne amerikanische Soziologie*, S. 347–358

De Botton, Alain (2004), *StatusAngst*, Frankfurt: S. Fischer

De Swaan, Abram (1993), *Der sorgende Staat. Wohlfahrt, Gesundheit und Bildung in Europa und den USA der Neuzeit*, Frankfurt/New York: Campus

Decker, Franz (1975), *Einführung in die Dienstleistungsökonomie*, Paderborn: F. Schöningh

Deutsch, Karl W. (1966), *Nationalism and Social Communication*, Cambridge, Mass./ London: The M.I.T. Press

Deutschmann, Christoph (2002), *Die gesellschaftliche Macht des Geldes*, Wiesbaden: VS-Verlag

Dietzen, Agnes (1993), *Soziales Geschlecht. Soziale, kulturelle und symbolische Dimensionen des Gender-Konzepts*, Opladen: Westdeutscher Verlag

Diwald, Martin (1991), *Soziale Beziehungen: Verlust oder Liberalisierung? Soziale Unterstützung in informellen Netzwerken*, Berlin: edition sigma

Doblhammer, Gabriele u.a. (1997), *Familien- und Fertilitätssurvey (FFS) 1996*, Wien: Österreichisches Institut für Familienforschung

Doering-Manteuffel, Anselm (1983), *Die Bundesrepublik Deutschland in der Ära Adenauer. Außenpolitik und innere Entwicklung 1949–1963*, Darmstadt: Wissenschaftliche Buch-Gesellschaft

Duncan, Otis D. (1968), »Social Stratification and Mobility. Problems in the Measurements of Trend«, in: E. B. Sheldon/W. B. Moore, Hrsg., *Indicators of Social Change*, N.Y.: Russell Sage, S. 675–719

Durkheim, Émile (1973) (frz.: 1897), *Der Selbstmord*, Neuwied-Berlin: Luchterhand

Eckland, Bruce (1968), »Theories of Mate Selection«, in: *Eugenics Quarterly* 15:71–84

Edwards, Richard (1981), *Herrschaft im modernen Produktionsprozess*, Frankfurt/New York: Campus (engl. 1979)

Eibl-Eibesfeldt, Irenäus (1995), *Die Biologie menschlichen Verhaltens. Grundriss der Humanethologie*, München: Seehamer Verlag

Elias, Norbert (1971), *Was ist Soziologie?* München: Juventa

Elias, Norbert (1987), *Engagement und Distanzierung. Arbeiten zur Wissenssoziologie I*, Frankfurt/Main: Suhrkamp

Ellis, Walter (1994), *The Oxbridge Conspiracy. How the Ancient Universities Have Kept Their Stranglehold on the Establishment*, Harmondsworth: Penguin

Engelmann, Bert (1993), *Wir Untertanen. Ein deutsches Geschichtsbuch*, Göttingen: Steidl

Engelmann, Bert (1998), *Einige gegen Recht und Freiheit. Ein deutsches Geschichtsbuch*. Zweiter Teil, Göttingen, Steidl

Engels, Friedrich (1972), *Die Lage der arbeitenden Klasse in England*, Berlin: Dietz

Erbslöh, Barbara, u.a. (1990), *Ende der Klassengesellschaft? Eine empirische Studie zu Sozialstruktur und Bewusstsein in der Bundesrepublik*, Regensburg: Transfer Verlag

Erhard, Ludwig (1957), *Wohlstand für alle*, Düsseldorf: Econ

Erikson, Robert/John Goldthorpe (1992), *The constant flux. A study of class mobility in industrial societies*, Oxford: Clarendon Press

Esping-Andersen, Gøsta (1990), *The Three Worlds of Welfare Capitalism*, Cambridge: Polity Press

Esping-Andersen, Gøsta, Hrsg., (1993), *Changing Classes. Stratification and Mobility in Post-industrial Societies*, London: Sage

Esping-Andersen, Gøsta (1998), »Die drei Welten des Wohlfahrtskapitalismus. Zur Politischen Ökonomie des Wohlfahrtsstaates«, in: Stephan Lessenich/Ilona Ostner, Hrsg., *Welten des Wohlfahrtskapitalismus. Der Sozialstaat in vergleichender Perspektive*, Frankfurt/New York: Campus, S. 19–56

Etzioni, Amitai (1979), »Elemente einer Makrosoziologie« in: Wolfgang Zapf, Hrsg., *Theorien des sozialen Wandels*, Königstein/Ts.: Verlagsgruppe Athenäum, Hain, Scriptor, Hanstein, S. 147-176

Etzioni, Amitai (1997), *Die Verantwortungsgesellschaft. Individualismus und Moral in der heutigen Demokratie*, Frankfurt/New York: Campus (engl.: 1979)

Fabris, Hans Heinz (1995), »Der österreichische Weg in die Mediengesellschaft«, in: Sieder/Steinert/Talos, *Österreich 1945–1995*, S. 641–654

Farber, Bernard (1970), »Affinität und Abstammung in industriellen Gesellschaften«, in: Günther Lüschen/ Eugen Lupri, Hrsg., Soziologie der Familie, Sonderheft 14 der Kölner Zeitschrift für Soziologie und Sozialpsychologie, S. 20–31

Farny, Otto/Franz Gall/Margit Predl (1996), Vermögen, Erben und Erbschaftssteuer in Österreich, Arbeiterkammer Wien (Forschungsbericht)

Fassmann, Heinz (1995), »Der Wandel der Bevölkerungsstruktur in der Zweiten Republik«, in: Sieder/Steinert/Talos, *Österreich 1945–1995,* S. 395–408

Fassmann, Heinz, Hrsg. (2002), *Zuwanderung und Segregation. Europäische Metropolen im Vergleich*, Klagenfurt/Celovec: Drava-Verlag

Fassmann, Heinz/Rainer Münz (1995), *Einwanderungsland Österreich? Historische Migrationsmuster, aktuelle Trends und politische Maßnahmen*, Wien: Jugend & Volk

Fidler, Harald (2004), *Im Vorhof der Schlacht. Österreichs alte Medienmonopole und neue Zeitungskriege*, Wien: Falter Verlag

Findl, Peter (1982), »Schichtspezifische Prozesse der Bildung, Erweiterung und Auflösung von Familien«, in: Haller, *Klassenbildung und soziale Schichtung in Österreich*, S. 325–367

Fischer, Heinz (1976), »Gleichheitsprinzip und Gesellschaftsordnung«, in: Michael Meider, Hrsg., *Festschrift für Christian Broda*, Wien: Europaverlag, S. 17–47

Fischer, Heinz, Hrsg. (1974), *Das politische System Österreichs*, Wien: Europaverlag

Fischer-Kowalski, Marina/Josef Bucek, Hrsg. (1980), *Lebensverhältnisse in Österreich. Klassen und Schichten im Sozialstaat*, Frankfurt/New York: Campus

Fishkin, James S. (1983), *Justice, Equal Opportunity, and the Family*, New Haven/London: Yale University Press

Flanagan, Robert J. (1988), »Einkommenspolitik in Österreich«, *SWS-Rundschau* 28:209ff.

Flora, Peter (1974), *Modernisierungsforschung. Zur empirischen Analyse der gesellschaftlichen Entwicklung*, Opladen: Westdeutscher Verlag

Flora, Peter (1981), »Stein Rokkans Makro-Modell der politischen Entwicklung Europas: Ein Rekonstruktionsversuch«, *Kölner Zeitschrift für Soziologie und Sozialpsychologie* 33:397–436

Foucault, Michel (1977), *Überwachen und Strafen. Die Geburt des Gefängnisses*, Frankfurt: Suhrkamp (frz.: 1975)

Fourastiè, Jean (1966), *Die 40.000 Stunden. Aufgaben und Chancen der sozialen Evolution*, Düsseldorf/Wien: Econ (frz.: 1965)

Fourastiè, Jean (1969), *Die große Hoffnung des XX. Jahrhunderts*, Köln: Deutz (frz.: 1949)

Fox, Robin (1967), *Kinship and Marriage. An Anthropological Perspective*, Harmondsworth: Penguin

Franz, Wolfgang (1999), *Arbeitsmarktökonomik*, Berlin etc.: Springer

Freeman, Gary P. (1997), »Immigration as a Source of Political Discontent and Frustration in Western Democracies«, *Studies in Comparative International Development* 32:42-64

Freeman, Richard B. (1976), *The Overeducated American*, New York etc.: Academic Press

Frerichs, Petra, Hrsg. (1993), *Soziale Ungleichheit und Geschlechterverhältnisse*, Opladen: Leske + Budrich

Frey, Bruno S./Alois Stutzer (2002), *Happiness and Economics. How the Economy and Institutions Affect Well-being*, Princeton, NJ etc.: Princeton University Press

Fuchs-Heinritz, Werner/Alexandra König (2005), *Pierre Bourdieu. Eine Einführung*, Konstanz: UVK

Funk, Bernd-Christian (2001), »Entwicklungen im Hochschulrecht. Trends und Perspektiven«, in: *Zeitschrift für Hochschulrecht* 1, S. 1–9

Fürstenberg, Friedrich (1966), »Sozialstruktur als Schlüsselbegriff der Soziologie«, *Kölner Zeitschrift für Soziologie und Sozialpsychologie* 18:439–453

Fürstenberg, Friedrich (1969), *Das Aufstiegsproblem in der modernen Gesellschaft*, Stuttgart: Enke

Fürstenberg, Friedrich (1985), »Sozialkulturelle Aspekt der Sozialpartnerschaft«, in: Gerlich u.a., *Sozialpartnerschaft in der Krise*, S. 29–39

Galbraith, John K. (1974), *Wirtschaft für Staat und Gesellschaft*, München/Zürich: Droemer Knaur (engl. 1973)

Gallie, Duncan (1983), *Social Inequality and Class Radicalism in France and Britain*, Cambridge etc.: Cambridge University Press

Gartman, David (1991), »Culture as class symbolization or mass reification? A critique of Bourdieu's distinction«, *American Journal of Sociology* 97:421–447

Gastarbeiter. Wirtschaftliche und soziale Herausforderung, Wien: Österreichischer Wirtschaftsverlag (hrsg. vom Arbeitskreis für ökonomische und soziologische Studien)

Gehler, Michael/Hubert Sickinger, Hrsg. (1995), *Politische Affären und Skandale in Österreich: von Mayerling bis Waldheim*, Wien: Kulturverlag

Geiger, Theodor (1932), *Die soziale Schichtung des deutschen Volkes*, Stuttgart: Ferdinand Enke Verlag

Geiger, Theodor (1949), *Die Klassengesellschaft im Schmelztiegel*, Köln/Hagen: Kiepenheuer & Witsch

Geissler, Rainer, Hrsg. (1994), *Soziale Schichtung und Lebenschancen in Deutschland*, Stuttgart: Enke

George, Katherine und Charles H. (1966), »Roman Catholic Sainthood and Social Status«, in: Bendix/Lipset, *Class, Status, and Power*, S. 394–401

Gerlich, Peter/Edgar Grande/Wolfgang C. Müller, Hrsg. (1985), *Sozialpartnerschaft in der Krise. Leistungen und Grenzen des Neokorporatismus in Österreich*, Wien/Köln/Graz: Böhlau

Gershuny, Jonathan (1981), *Die Ökonomie der nachindustriellen Gesellschaft*, Frankfurt/New York: Campus (engl. 1978)

Giddens, Anthony (1979), *Die Klassenstruktur fortgeschrittener Gesellschaften*, Frankfurt/New York: Campus (engl. 1973)

Giddens, Anthony (1983), »Klassenspaltung, Klassenkonflikt und Bürgerrechte – Gesellschaft im Europa der achtziger Jahre«, in: Kreckel, *Soziale Ungleichheiten*, S. 15–33

Giele, Janet Z. (1988), »Gender and Sex Roles«, in: Neil J. Smelser, ed., *Handbook of Sociology*, Newbury Park etc.: Sage, S. 291–323

Girtler, Roland (1990), *Die feinen Leute. Von der vornehmen Art, durchs Leben zu gehen*, Frankfurt/New York: Campus

Glassman, Ronald M. (1989), *Democracy and Equality. Theories and Programs for the Modern World*, New York etc.: Praeger

Goffman, Erving (1969), *Wir alle spielen Theater*, München: Piper (engl. 1959)

Goldthorpe, John H. (1985), »Soziale Mobilität und Klassenbildung. Zur Erneuerung einer Tradition soziologischer Forschung«, in: Strasser/Goldthorpe (1985), Die Analyse der sozialen Ungleichheit, S. 174–204

Good, David F. (1986), *Der wirtschaftliche Aufstieg des Habsburgerreiches 1750–1914*, Wien/Köln/Graz: H. Böhlaus Nachf.

Goode, William J. (1978), *The Celebration of Heroes. Prestige as a social Control System*, Berkeley/Los Angeles/London: University of California Press

Gorer, Geoffrey (1956), *Die Amerikaner. Eine völkerpsychologische Studie*, Hamburg: Rowohlt (engl. 1947)

Gorz, André (1983) (frz.: 1980), *Abschied vom Proletariat. Jenseits des Sozialismus*, Reinbek: Rowohlt

Granick, David (1972), *Managerial Comparisons of Four Developed Countries: France, Britain, United States and Russia*, Cambridge, Mass./London: MIT Press

Greiffenhagen, Martin (1975), *Freiheit gegen Gleichheit? Zur ›Tendenzwende‹ in der Bundesrepublik*, Hamburg: Hoffmann & Campe

Guest, Robert (2004), *The Shackled Continent: Power, Corruption, and African Lives*, Washington, D.C.: Smithsonian Books

Guger, Alois (1989), »Einkommensverteilung und Verteilungspolitik in Österreich«, in: Abele u.a., *Handbuch der österreichischen Wirtschaftspolitik*, S. 183–202

Guger, Alois/Markus Marterbauer (2007), *Langfristige Tendenzen der Einkommensverteilung in Österreich – ein Update*, Österreichisches Institut für Wirtschaftsforschung, Wien

Gumplowicz, Ludwig (1885), *Grundriss der Soziologie*, Wien: Manz

Günther, Adolf (1930), *Die alpenländische Gesellschaft als sozialer und politischer, wirtschaftlicher und kultureller Lebenskreis*, Jena: G. Fischer

Guttentag, M./P.F. Secord (1983), *Too Many Women? The Sex Ratio Question*, Beverly Hills: Sage

Habakkuk, H.J./M. Postan (1965), *The Cambridge history of Europe, vol. VI: The industrial revolutions and after: Incomes, population and technological change (I)*, Cambridge: Cambridge University Press

Habermas, Jürgen (1985), *Die Neue Unübersichtlichkeit*, Frankfurt a.M.: Suhrkamp

Hadler, Markus (2003), »Ist der Klassenkonflikt überholt? Die Wahrnehmung von vertikalen Konflikten im internationalen Vergleich«, *Soziale Welt* 54:175–200

Hadler, Markus (2005), »Why do people accept different income ratios? A multi-level comparison of thirty countries«, *Acta Sociologica* 48:131–154

Haerpfer, Christian (1992), »Wahlverhalten«, in: Dachs u.a., *Handbuch des Politischen Systems Österreichs*, S. 475-492

Härpfer, Marco/Johannes Schwarze (2006), »Wie gleich ist Europa? Empirische Befunde zur Entwicklung der Einkommensungleichheit in den bisherigen EU-Mitgliedstaaten«, in: Heidenreich (Hrsg.), *Die Europäisierung sozialer Ungleichheit*, S. 137–153

Haferkamp, H. (1987), »Angleichung ohne Gleichheit«, in: B. Giesen/H. Haferkamp, Hrsg., *Soziologie der sozialen Ungleichheit*, Opladen: Leske + Budrich, S. 146-188

Haider, Günter/Claudia Reiter, Hrsg. (2004), *Pisa 2003. Internationaler Vergleich von Schülerleistungen. Nationaler Bericht*, Graz: Leykam

Hakim, Catherine (2003), *Models of the Family in Modern Societies. Ideals and Realities*, Aldershot/Hunts: Ashgate

Haller, Max (1980a), »Das Heiratsinserat. Ein Beispiel für die Interdependenz von Statushierarchie und Heiratsmarkt«, *Österreichische Zeitschrift für Soziologie* 5:62–65

Haller, Max (1980b), *Berufliche und wirtschaftliche Differenzierungen als Basis für Klassen- und Schichtstrukturen*, Forschungsbericht Nr.155, Institut für Höhere Studien, Wien

Haller, Max (1981), »Marriage, Women and Social Stratification. A Theoretical Critique«, *American Journal of Sociology*, 86:766–795

Haller, Max (1982a), *Klassenbildung und soziale Schichtung in Österreich. Analysen zur Sozialstruktur, sozialen Ungleichheit und Mobilität*, Frankfurt/New York: Campus (mit Beiträgen von Erich Dimitz, Peter Findl und Peter Mitter)

Haller, Max (1982b), »Auf dem Weg zur Dienstleistungsgesellschaft? Tendenzen und Implikationen der Umschichtung der Berufs- und Klassenstruktur der Nachkriegszeit am Beispiel Österreich«, *Wirtschaft und Gesellschaft* 8:607–654

Haller, Max (1983a), *Theorie der Klassenbildung und sozialen Schichtung*, Frankfurt/New York: Campus Verlag

Haller, Max (1986a), Sozialstruktur und Schichtungshierarchie im Wohlfahrtsstaat. Zur Aktualität des vertikalen Paradigmas der Ungleichheitsforschung, *Zeitschrift für Soziologie* 15:443–468

Haller, Max (1986b), »Die Legitimation der sozialen Ungleichheit im Wohlfahrtsstaat«, *Journal für Sozialforschung* 26:443–468.

Haller, Max (1987a), »Kulturelle Gemeinsamkeit – staatliche Grenzen? Wertorientierungen der Österreicher und Südtiroler im Vergleich«, in: Haller/Holm, *Werthaltungen und Lebensformen in Österreich*, S. 249–290

Haller, Max (1987), »Gesellschaftliche Gleichheit als Grundwert des Wohlfahrtsstaates? Die Wahrnehmung und Bewertung unterschiedlicher Formen sozialer Ungleichheit«, in: Haller/Holm, *Werthaltungen und Lebensformen in Österreich*, S. 141-190

Haller, Max (1988), »Grenzen und Variationen gesellschaftlicher Entwicklung in Europa – Eine Herausforderung und Aufgabe für die vergleichende Soziologie«, *Österreichische Zeitschrift für Soziologie* 13:5–19

Haller, Max (1989a), »Klassenbildung und Schichtung im Wohlfahrtsstaat. Ein Beitrag zur Aktualisierung der klassischen Theorie sozialer Ungleichheit«, in: *Annali di Sociologia/Soziologisches Jahrbuch*, 5. Jg., 1989-II, Università degli Studi di Trento, S. 125–148.

Haller, Max (1989b), *Klassenstrukturen und Mobilität in fortgeschrittenen Gesellschaften. Eine vergleichende Analyse der Bundesrepublik Deutschland, Österreichs, Frankreichs und der Vereinigten Staaten von Amerika*, Frankfurt/New York: Campus Verlag

Haller, Max (1993), »Klasse und Nation als komplementäre und konkurrierende Grundlagen kollektiver Mobilisierung«, *Soziale Welt* 44:30–51

Haller, Max (1995), »Gesellschaftliche Bedingungen und Träger demokratiegefährdender Einstellungen und Verhaltensweisen«, in: H. Konrad, W. Muchitsch, P. Schachner-Blazizek, Hrsg., *Staat = Fad. Demokratie heute. Markierungen für eine offene Gesellschaft*, Graz: Leykam, 1995, S. 135–177

Haller, Max (1996), *Identität und Nationalstolz der Österreicher*, Wien/Köln/Weimar: Böhlau (mit Beiträgen von S. Gruber, J. Langer, G. Paier, A.F. Reiterer, P. Teibenbacher)

Haller, Max (1997a), »Nation und Volk oder Staat und Kultur? Ein Beitrag zur Klärung einiger umstrittener Begriffe«, in: Peter Weibel, Hrsg., *Jenseits von Kunst*, Wien: Passagen Verlag, 1997, S. 16–17

Haller, Max (1997b), »Klassenstruktur und Arbeitslosigkeit - Die Entwicklung zwischen 1960 und 1990«, in: S. Hradil/S. Immerfall, Hrsg., *Die westeuropäischen Gesellschaften im Vergleich*, Opladen: Leske + Budrich, S. 377–428

Haller, Max (2002), »Theory and method in the comparative analysis of values. Critique and Alternative to Inglehart«, *European Sociological Review* 18:139–158

Haller, Max (2002a), »50 Jahre Hochschulreform in Österreich: Von der staatlich verwalteten, ständisch-korporativen Universität zum freien Bildungs- und Wissenschaftsmarkt«, in: H. Eitner u.a., Hrsg., *Res Publica. Festschrift für Peter Schachner-Blazizek zum 60. Geburtstag*, Graz: Leykam, S. 287–314

Haller, Max (2003a), *Soziologische Theorie im systematisch-kritischen Vergleich,* Opladen: Leske + Budrich (UTB 2074, 2. Aufl.)

Haller, Max (2003b), »Ist der Klassenkonflikt überholt? Die Wahrnehmung von vertikalen Konflikten im internationalen Vergleich«, *Soziale Welt* 54:175–200

Haller, Max (2003d), »Europe and the Arab-Islamic world. A sociological perspective on the socio-cultural differences and mutual (mis-) perceptions between two neighbouring cultural areas«, *Innovation* 15:285–311

Haller, Max (2005a), »Auf dem Weg zur mündigen Gesellschaft? Wertwandel in Österreich 1986 bis 2003«, in: Schulz, Haller, Grausgruber, *Österreich zur Jahrhundertwende*, S. 33–73

Haller, Max (2006), »Theorien sozialer Ungleichheit im nationalen und im europäischen Kontext. Eine wissenschaftssoziologische Analyse«, in: Martin Heidenreich, Hrsg., *Die Europäisierung sozialer Ungleichheiten, Zur transnationalen Klassen- und Sozialstrukturanalyse*, Frankfurt/Main/New York: Campus Verlag, S. 187–229.

Haller, Max (2008), *European Integration as an Elite Process. The Failure of a Dream?* London/New York: Routledge

Haller, Max/Walter Müller, Hrsg. (1983), *Beschäftigungssystem im gesellschaftlichen Wandel*, Frankfurt/New York: Campus

Haller, Max et al. (1985), »Patterns of Career Mobility and Structural Positions in Advanced Capitalist Societies«, *American Sociological Review* 50:579–603

Haller, Max/Kurt Holm, Hrsg. (1987), *Werthaltungen und Lebensformen in Österreich. Ergebnisse des Sozialen Survey 1986*, München/Wien: Oldenbourg Verlag/Verlag für Geschichte und Politik

Haller, Max /Franz Höllinger (1994), »Female Employment and the Change of Gender Roles: The Conflictual Relationship between Participation and Attitudes in International Comparison«, *International Sociology* 9:87–112

Haller, Max/Bogdan Mach/Heinrich Zwicky (1995), »Egalitarismus und Antiegalitarismus zwischen gesellschaftlichen Interessen und kulturellen Leitbildern. Ergebnisse eines internationalen Vergleichs«, in: Hans-Peter Müller/Bernd Wegener, Hrsg., *Soziale Ungleichheit und soziale Gerechtigkeit*, Opladen: Leske + Budrich, S. 221–264.

Haller, Max/Franz Höllinger (1995), »Zentren und Peripherien in Europa. Eine Analyse und Interpretation der Verschiebungen zwischen dem ersten und dritten Viertel des 20. Jahrhunderts«, in: Stefan Immerfall/Peter Steinbach, Hrsg., Historisch-vergleichende Makrosoziologie: Stein Rokkan - der Beitrag eines Kosmopoliten aus der Peripherie, *Historical Social Research – Historische Sozialforschung*, Sonderausgabe, Nr. 2, Band 20, S. 4–54

Haller, Max u.a., Hrsg. (1996a), *Österreich im Wandel. Werte, Lebensformen und Lebensqualität 1986 bis 1993*, Wien/München: Verlag für Geschichte und Politik/Oldenbourg Verlag

Haller, Max u.a. (1996b), *Kinder und getrennte Eltern. Voraussetzungen und Strategien zur Bewältigung der Ehescheidung im Lichte neuer sozialwissenschaftlicher Studien*, Wien: Österreichisches Institut für Familienforschung

Haller, Max/Franz Höllinger/Annerose Pinter/Birgit Rainer (1998), *Gewalt in der Familie. Ergebnisse einer soziologischen Studie in Zusammenarbeit mit Sozialeinrichtungen, Polizei und Gericht*, Graz: Leykam

Haller, Max mit Birgit und Margot Wohinz (2002), *Karrieren und Kontexte. Österreichs Nobelpreisträger und Wissenschaftler im historischen und internationalen Vergleich*, Wien: Passagen Verlag

Haller, Max/Markus Hadler (2003), »Moralisierung der Politik in Österreich: Gute Demokratie – schlechte Demokratie«, in: Andreas Khol u.a., Hrsg., *Österreichisches Jahrbuch für Politik 2002*, Wien/München: Verlag für Geschichte und Politik/Oldenbourg Wissenschaftsverlag, S. 239–249

Haller, Max/Markus Hadler (2004), »Happiness as an Expression of Freedom and Self-Determination. A Comparative Multilevel Analysis«, in: Wolfgang Glatzer/Susanne von Below, Matthias Stoffregen (Hrsg.), *Challenges of Quality of Life in the Contemporary World*, p. 207–231, Dordrecht/Boston/London: Kluwer

Haller, Max/Markus Hadler (2004/05), »Ist der Nationalstaat überholt? Überlegungen und Fakten über die sinnvollste Einheit bzw. Analyseebene in der international vergleichenden Sozialforschung«, Angewandte Sozialforschung 23:141–161

Haller, Max/Regina Ressler (2005), »Schlechte Arbeitsmarktchancen von Jugendlichen verringern die Geburtenrate«, *Wirtschaft und Gesellschaft* 31:583–590

Haller, Max/Markus Hadler (2006), »How social relations and structures can produce life satisfaction and happiness. An international comparative analysis«, *Social Indicators Research* 75:161–216

Hallinan, Maureen T. (2000), »Die soziologische Analyse des sozialen Wandels«, in: Dieter Bögenhold, Hrsg., *Moderne amerikanische Soziologie*, S. 177–197, Stuttgart: Lucius und Lucius

Hanisch, Ernst (1994), *Der lange Schatten des Staates. Österreichische Gesellschaftsgeschichte im 20. Jahrhundert*, Wien: Ueberreuter

Hannak, Jacques (1964), *Karl Renner und seine Zeit. Versuch einer Biografie*, Wien: Europaverlag

Hans-Peter Müller/Bernd Wegener, Hrsg. (1995), *Soziale Ungleichheit und soziale Gerechtigkeit*, Opladen: Leske + Budrich

Haring, Alexander (2005), *Ursachen der Bildungsunlust männlicher Jugendlicher im höheren Bildungssystem Österreichs*, Diplomarbeit, Institut für Soziologie der Universität Graz

Harris, Marvin (1989), *Kulturanthropologie. Ein Lehrbuch*, Frankfurt/New York: Campus

Hartfiel, Günter/Karl-Heinz Hillmann (1982), *Wörterbuch der Soziologie*, Stuttgart: Krämer

Hartmann, Michael (2002), *Der Mythos von den Leistungseliten*, Frankfurt/New York: Campus

Hartmann, Michael (2007), *Eliten und Macht in Europa. Ein internationaler Vergleich*, Frankfurt/New York: Campus

Haselbach, Dieter (1991), *Autoritärer Liberalismus und Soziale Marktwirtschaft. Gesellschaft und Politik im Ordoliberalismus*, Baden-Baden: Nomos

Haslinger, Alois/Josef Kytir (2006), »Stichprobendesign, Stichprobenziehung und Hochrechnung des Mikrozensus ab 2004«, *Statistische Nachrichten* 6:510-519

Hayek, Friedrich A. (1981), *Die Illusion der sozialen Gerechtigkeit.* Bd. 2., *Die Illusion der sozialen Gerechtigkeit*, München etc.: Verlag Moderne Industrie

Heckmann, Friedrich (1992), *Ethnische Minderheiten, Volk und Nation. Soziologie inter-ethnischer Beziehungen*, Stuttgart: F. Enke

Heer, Friedrich (1981), *Der Kampf um die österreichische Identität*, Graz etc.: Böhlau

Heidenreich, Martin, Hrsg. (2006), *Die Europäisierung sozialer Ungleichheit. Zur transnationalen Klassen- und Sozialstrukturanalyse*, Frankfurt/New York: Campus

Heinemann, Klaus (1976), »Elemente einer Soziologie des Marktes«, in: *Kölner Zeitschrift für Soziologie und Sozialpsychologie* 28:48–69

Heinsohn Gunnar/Rolf Knieper (1974), *Theorie des Familienrechts. Geschlechtsrollenaufhebung, Kindesvernachlässigung, Geburtenrückgang*, Frankfurt: Suhrkamp

Heitmeyer, Wilhelm, Hrsg. (2004), *Was treibt die Gesellschaft auseinander? Bundesrepublik Deutschland: Auf dem Weg von der Konsens- zur Konfliktgesellschaft*, Frankfurt: Suhrkamp

Helczmanovski, Heimold (1973), »Die Bevölkerung in den letzen hundert Jahren«, in: ders. Hrsg., *Beiträge zur Bevölkerungs- und Sozialgeschichte Österreichs*, Wien: Verlag für Geschichte und Politik, S. 113–116

Heller, Celia S., Hrsg. (1969), *Structured Social Inequality*, London/New York: MacMillan

Henkel, Heinrich A. (1981), *Das wohlfahrtsstaatliche Paradoxon*, Göttingen

Herz, Thomas A. (1983), *Klassen, Schichten, Mobilität*, Stuttgart: Teubner

Heschl, Franz (2008), »European integration and labour migration to Austria: How to balance employers' and employees' interests«, in: Heinz Fassmann/Max Haller/David Lane, Hrsg., *Migration in Europe: Threat or Chance?* Cheltenham (UK): E. Elgar

Hesse, H. A. (1972), *Berufe im Wandel. Ein Beitrag zur Soziologie des Berufs, der Berufspolitik und des Berufsrechts*, Stuttgart: Enke

Hettlage, Robert (1990), *Die Bundesrepublik. Eine historische Bilanz*, München: Beck

Hettlage, Robert (1992), *Familienreport. Eine Lebensform im Umbruch*, München: Beck

Heuss, Ernst (1965), *Allgemeine Markttheorie*, Tübingen: Mohr

Hirsch, Fred (1980), *Die sozialen Grenzen des Wachstums. Eine ökonomische Analyse der Wachstumskrise*, Reinbek: Rowohlt (engl.: 1976)

Hochgerner, Josef (1986), *Arbeit und Technik. Einführung in die Techniksoziologie*, Stuttgart etc.: Kohlhammer

Hodge, Robert W./Garry S. Meyer (1979), »Social stratification, the division of labour and the urban system«, in: Amos H. Hawley, Hrsg., *Societal Growth*, New York: Free Press, S. 114–140

Hofinger, Christoph/Ursula Breitenfelder/Brigitte Salfinger (2003), »Der Wahltag als Wandertag. Die Wählerströme bei der Nationalratswahl 2002«, in: Khol, *Österreichisches Jahrbuch für Politik*, S. 155–175

Hofinger, Veronika (2007), »Fremde im österreichischen Strafvollzug«, IRKS Working Paper 6, Institut für Rechts- und Kriminalsoziologie, Wien (verfügbar auf http://www.irks.at)

Hofstede, Geert (1984), *Culture's Consequences. International Differences in Work-Related Values*, Beverly Hills/London/New Delhi: Sage

Höllinger, Franz (1987), »Familie und außerfamiliäre Netzwerke als Basis für soziale Beziehungen und Hilfeleistungen«, in Max Haller/Kurt Holm, Hrsg., *Werthaltungen und Lebensformen in Österreich. Ergebnisse des Sozialen Survey 1986*, S. 111–140

Höllinger, Franz (1992), »Verfall der christlich-bürgerlichen Ehemoral – Einstellungen zu Ehe und Scheidung im internationalen Vergleich«, *Zeitschrift für Familienforschung* 4:197–220
Höllinger, Franz (1996), *Volksreligion und Herrschaftskirche. Die Wurzeln des religiösen Verhaltens in westlichen Gesellschaften*, Opladen: Leske + Budrich
Höllinger, Franz/Max Haller (1990), »Kinship and social networks in modern societies: A cross-cultural comparison among seven nations«, *European Sociological Review* 6:103–124
Holm, Kurt (1996), »Wandel politischer Einstellungen«, in: Haller/Holm, *Werthaltungen und Lebensformen in Österreich*, S. 221–242
Hondrich, Karl Otto/Claudia Arzberger (1992), *Solidarität in der modernen Gesellschaft*, Frankfurt/Main: Fischer Taschenbuch Verlag
Hönekopp, E./H. Ullmann (1980), »Auf dem Weg zur Dienstleistungsökonomie? Wirtschafts- und Beschäftigungsstrukturen ausgewählter Industriestaaten im Vergleich«, *Mitteilungen aus der Arbeitsmarkt- und Berufsforschung* 13:255–271
Höpflinger Francois (1997), *Bevölkerungssoziologie*, München: Juventa
Horner, Franz (1992), »Programme – Ideologien: Dissens oder Konsens«, in: Dachs u.a., Handbuch *des Politischen Systems Österreichs*, S. 197–209
Hout, Mike/Clem Brooks/Jeff Manza (1993), »The persistence of classes in post-industrial societies«, *International Sociology* 89:259–277
Hradil, Stefan (1987), *Sozialstrukturanalyse in einer fortgeschrittenen Gesellschaft. Von Klassen und Schichten zu Lagen und Milieus*, Opladen: Leske + Budrich
Hradil, Stefan (1999), *Soziale Ungleichheit in Deutschland*, Opladen: Leske + Budrich (7. Auflage)
Hradil, Stefan, Hrsg. (1985), *Sozialstruktur im Umbruch*, Opladen: Leske + Budrich
Hradil, Stefan/Stefan Immerfall, Hrsg. (1997), *Die westeuropäischen Gesellschaften im Vergleich*, Opladen: Leske+Budrich
Hradil, Stefan (2004), *Die Sozialstruktur Deutschlands im internationalen Vergleich*, Wiesbaden: VS Verlag
Huber, Josef (1984), *Die zwei Gesichter der Arbeit. Ungenützte Möglichkeiten der Dualwirtschaft*, Frankfurt/Main: S. Fischer
Hummer, Christian (2005), »Entwicklungen relativer Einkommensarmut in Österreich seit Mitte der 1980er Jahre«, in: Schulz et al., *Österreich zur Jahrhundertwende*, S. 179–208
Huntington, Samuel P. (1998), *Kampf der Kulturen. The Clash of Civilizations. Die Neugestaltung der Weltpolitik im 21. Jahrhundert*, Siedler Verlag (engl.: 1996)
Illich, Ivan (1972), *Entschulung der Gesellschaft*, München: Kösel
Immerfall, Stefan (2006), *Europa - politisches Einigungswerk und gesellschaftliche Entwicklung: Eine Einführung*, Wiesbaden: VS Verlag für Sozialwissenschaften
Inglehart, Ronald (1989), *Kultureller Umbruch. Wertwandel in der westlichen Welt*, Frankfurt/New York: Campus (engl.: 1989)
d'Iribarne, Philippe (1989), *La logique de l'honneur*, Paris: Seuil
Jäckel, Karin (1997), *Der gebrauchte Mann. Abgeliebt und abgezockt. Väter nach der Trennung*, München: Deutscher Taschenbuch Verlag
Jahoda, Marie/Paul Lazarsfeld/Hans Zeisel (1960), *Die Arbeitslosen von Marienthal: Ein soziographischer Versuch mit einem Anhang zur Geschichte der Soziographie*, Allensbach: Verlag für Demoskopie

Janik, Allan/Stephen Toulmin (1998), *Wittgensteins Wien*, o.O.: Döcker Verlag
Janossy, Franz (1966), *Das Ende der Wirtschaftswunder*, Frankfurt: Verlag Neue Kritik
Jessop, Bob, Hrsg. (1990), *Social Class and Class Conflict*, London: Polity Press
Johnston, William M. (1974), *Österreichische Kultur- und Geistesgeschichte*, Wien/Köln/Graz: Böhlau
Jütte, Robert (2003), *Lust ohne Last. Geschichte der Empfängnisverhütung*, München: Beck
Kaelble, Hartmut (1983), *Industrialisierung und soziale Ungleichheit*, Göttingen: Vandenhoeck & Ruprecht
Kaelble, Harmut (1997), »Europäische Vielfalt und der Weg zu einer europäischen Gesellschaft«: in: Hradil/Immerfall, *Die westeuropäischen Gesellschaften im Vergleich*, S. 27–68
Katschnig-Fasch, Elisabeth, Hrsg. (2003), *Das ganz alltägliche Elend. Begegnungen im Schatten des Neoliberalismus*, Wien: Löcker
Kellermann, Paul (1985), »Studienanfang mit und ohne Berufsperspektive«, in: Günter Burkart, Hrsg., *Maturanten, Studenten, Akademiker*, Klagenfurt: Kärntner Druck- und Verlagsanstalt, S. 83–136
Kern, Horst (1982), *Empirische Sozialforschung*, München: Beck
Kernbauer, Alois/Eduard März/Fritz Weber (1983), »Die wirtschaftliche Entwicklung«, in: Weinzierl/Skalnik, *Österreich 1918–1938*, S. 343–379
Kerr, Clark et al. (1966), *Der Mensch in der industriellen Gesellschaft. Die Probleme von Arbeit und Management unter den Bedingungen wirtschaftlichen Wachstums*, Frankfurt a.M.: Europäische Verlagsanstalt (engl.: 1960)
Kindermann, Gottfried-Karl (2003), *Österreich gegen Hitler. Europas erste Abwehrfront*, München: Langen-Müller
Kirby, Mark (1999), *Stratification and Differentiation*, Basingstoke etc.: Macmillan
Kirfel, Martina/Walter Oswalt, Hrsg. (1989), *Die Rückkehr der Führer. Modernisierter Rechtsradikalismus in Westeuropa*, Wien/Zürich: Europaverlag
Klein, Thomas (2005), *Sozialstrukturanalyse*. Eine Einführung, Reinbek: Rowohlt
Kleinert, Jörn (2004), *The Role of Multinational Enterprises in Globalization*, Berlin/Heidelberg/New York: Springer
Knöbl, Ignaz (1999), *Landwirtschaft zwischen Tradition und Moderne. Über den Strukturwandel in der österreichischen Landwirtschaft*, Forschungsbericht 42, Bundesanstalt für Bergbauernfragen, Wien
Koller, Peter (1984), »Die Idee der sozialen Gerechtigkeit. Ihre Bedeutung und ihre moralische Rechtfertigung«, in: Werner Krawietz u.a., Hrsg., *Objektivierung des Rechtsdenkens*, Berlin: Duncker & Humblot, S. 97–135
Koller, Peter (2006), »Ökonomische Verteilungsgerechtigkeit«, in: Claus Langbehn, Hrsg., *Recht, Gerechtigkeit und Freiheit*, Paderborn: mentis, S. 79–110
König, Helmut (1988), »Von der Masse zur Individualisierung. Die Modernisierung des Konservatismus in der Bundesrepublik«, *Leviathan* 2:252–275
König, René (1949), *Soziologie heute*, Zürich: Regio Verlag
König, René (1958), »Institution«, in: R. König, Hrsg., *Soziologie*, Frankfurt: Fischer, S. 134–140
König, René (1971), »West Germany«, in: M. Scotford Archer/S. Giner, Hrsg., *Contemporary Europe. Class, Status and Power*, London, S. 279–296

König, René (1973), »Einleitung«, in: ders., Hrsg., *Handbuch der empirischen Sozialforschung, Bd. 1: Geschichte und Grundprobleme der empirischen Sozialforschung*, Stuttgart: Enke, S. 1–20

Kostal, Mario (2002), »Die aktuelle Universitätsreform«, in: *Zeitschrift für Hochschulrecht* 1, S. 37–46

Kothmayr, Regina/Peter Rosner (2000), »Ist die österreichische Familienförderung effizient?« *Wirtschaft und Gesellschaft* 26:99–117

Krammer, Josef/Günther Scheer (1980), »Ursachen und Erscheinungsformen der Ungleichheit in der Landwirtschaft«, in: Fischer-Kowalski/Bucek, *Lebensverhältnisse in Österreich*, S. 352–372

Kraus, Herbert (1988), *›Untragbare Objektivität‹. Politische Erinnerungen 1917 bis 1987*, Wien/München: Amalthea

Kreckel, Reinhard (1992), *Politische Soziologie der sozialen Ungleichheit*, Frankfurt/New York: Campus (engl.: Neuausgabe 2004)

Kreckel, Reinhard, Hrsg. (1983), *Soziale Ungleichheiten*, Soziale Welt, Sonderband 2, Göttingen: O. Schwartz

Kreisky, Bruno (1986), *Zwischen den Zeiten*, Wien: Goldmann

Kron, Thomas, Hrsg. (2000), *Individualisierung und soziologische Theorie*, Opladen: Leske + Budrich

Kübler, Hans-Dieter (2005), *Mythos Wissensgesellschaft. Gesellschaftlicher Wandel zwischen Information, Medien und Wissen. Eine Einführung*, Wiesbaden: VS Verlag für Sozialwissenschaften

Kuhle, Holger (2001), *Neue Formen sozialer Ausgrenzung. Sozioökonomischer Wandel in zwei Metropolen,* Frankfurt usw.: Lang

Kurz, Karin/Walter Müller (1987), »Class mobility in the industrial world«, *Annual Review of Sociology* 13:417–442

Kutsch, Thomas/Günter Wiswede (1986), *Wirtschaftssoziologie. Grundlegung – Hauptgebiete – Zusammenschau*, Stuttgart: F. Enke

Kuzmics, Helmut (1997a), »State formation, economic development and civilization in North-Western and Central Europe: A comparison of long-term civilizing processes in Austria and England«, *Geschichte und Gegenwart* 2/97, S. 80–91

Kuzmics, Helmut (1997b), »Nestroys Beitrag zum Verständnis des österreichischen Umgangs mit Autorität. Ironische Distanz, Selbstironie und ›komische Ambivalenz‹«, in: Eva Barlösius u.a., *Distanzierte Verstrickungen. Die ambivalente Bindung soziologisch Forschender an ihren Gegenstand. Festschrift für Peter Gleichmann*, Berlin: edition sigma, S. 231–252

Lamont, Michele (1992), *Money, morals, and manners. The culture of the French and American upper-middle class*, Chicago etc.: University of Chicago Press

Lane, David (1990), *Soviet Society under Perestroika*, Boston etc.: Unwin Hyman

Lasserre, René/Joachim Schild/Henrik Uterwedde (1997), *Frankreich – Politik, Wirtschaft, Gesellschaft*, Opladen: Leske + Budrich

Lassnig, Lorenz (1995), »Bildungsreform gescheitert... Gegenreform? 50 Jahre Schul- und Hochschulpolitik in Österreich«, in: Sieder/Steinert/Talos, *Österreich 1945–1995*, S. 458–484

Layard, Peter R. G. (2005), *Die glückliche Gesellschaft. Kurswechsel für Politik und Wirtschaft*, Frankfurt/New York: Campus

Lebergott, Stanley (1976), *The American Economy. Income, Wealth and Want*, Princeton: Princeton University Press

Lehmbruch, Gerhard (1985), »Sozialpartnerschaft in der vergleichenden Politikforschung«, in: Gerlich u.a., *Sozialpartnerschaft in der Krise*, S. 109–133

Leibfried, Stephan/Wolfgang Voges, Hrsg. (1992), Armut im modernen Wohlfahrtsstaat, Sonderheft 32 der *Kölner Zeitschrift für Soziologie und Sozialpsychologie*, Opladen, Westdeutscher Verlag

Leitner, Andrea (1996), »Geschlechtsspezifische Berufsmobilität in Österreich«, in: Haller u.a., *Österreich im Wandel*, S. 112–137

Leitner, Andrea/Angela Wroblewski (2005), »Soziale Mobilität« – Haben sich die Aufstiegschancen von Frauen und Männern in Österreich gleichermaßen verbessert?« in: Schulz, Haller, Grausgruber, *Österreich zur Jahrhundertwende*, S. 117–149

Lenski, Gerhard (1973), *Macht und Privileg*, Frankfurt: Suhrkamp

Lenz, Karl (2003), *Soziologie der Zweierbeziehung*, Wiesbaden: Westdeutscher Verlag

Lepsius, M. Rainer (1979), »Soziale Ungleichheit und Klassenstrukturen in der Bundesrepublik Deutschland«, in: Hans-Ulrich Wehler, Hrsg., *Klassen in der europäischen Sozialgeschichte*, Göttingen: Vandenhoek & Ruprecht, S. 166–209

Lepsius, M. Rainer (1988), *Interessen, Ideen und Institutionen*, Opladen: Westdeutscher Verlag

Letwin, William, Hrsg. (1983), *Against Equality. Readings on Economic and Social Policy*, London/Basingstoke: MacMillan

Levin, Henry M. (1976), »Educational Opportunity and Social Inequality in Western Europe«, *Social Problems* 24:148–172

Levi-Strauss, Claude (1984), *Die elementaren Strukturen der Verwandtschaft*, Frankfurt/Main: Suhrkamp (frz.: 1948)

Levy, René (2002), »Meso-social Structures and Stratification Analysis – a Missing Link?«, *Schweizerische Zeitschrift für Soziologie* 28:193–215

Levy, René et al. (1997), *Tous égaux? De la stratification aux représentations*, Zürich: Editions Seismo

Limbach, Jutta (1988), »Wandel des Familienrechts seit 1949«, in: Rosemarie Nave-Herz, Hrsg., *Wandel und Kontinuität der Familie in der Bundesrepublik Deutschland*, Stuttgart: Enke, S. 11–35

Lipset, Seymour M. (1963), *The First New Nation*, New York: Basic Books

Loewit, Kurt (1992), *Die Sprache der Sexualität*, Frankfurt: Fischer Taschenbuch Verlag

Lorenz, Chris (1997), *Konstruktion der Vergangenheit. Eine Einführung in die Geschichtstheorie*, Köln/Weimar/Wien: Böhlau

Luhmann, Niklas (1975), »Die Weltgesellschaft«, in: ders., *Soziologische Aufklärung* 2, Opladen: Westdeutscher Verlag, S. 51–71

Luhmann, Niklas (1977), »Differentiation of Society«, in: *Canadian Journal of Sociology* 2:29–53

Luhmann, Niklas (1980), *Gesellschaftsstruktur und Semantik*, 1. Bd., Frankfurt: Suhrkamp

Luhmann, Niklas (1981), *Politische Theorie im Wohlfahrtsstaat*, München/Wien: Olzog Verlag

Luhmann, Niklas (1984), *Soziale Systeme. Grundriß einer allgemeinen Theorie*, Frankfurt a.M.: Suhrkamp

Lutz, Burkart (1976), »Bildungssystem und Beschäftigungsstruktur in Deutschland und Frankreich«, in: H. G. Mendius et al., *Betrieb – Arbeitsmarkt – Qualifikation*, Frankfurt: Aspekte, S. 83–151

Lutz, Burkart (1984), *Der kurze Traum immerwährender Prosperität. Eine Neuinterpretation der industriell-kapitalistischen Entwicklung im Europa des 20. Jahrhunderts*, Frankfurt/New York: Campus

Mackenroth, Gerhard (1952), *Bevölkerungslehre*, Berlin/Göttingen/Heidelberg: Springer

Mannheim, Karl (1969) [1929], »Wissensoziologie«, in: ders., *Ideologie und Utopie*, Frankfurt/
Main: Klostermann, S. 227–267

Mannheim, Karl (1970) [1964], »Die Bedeutung der Konkurrenz im Gebiete des Geistigen«, in: ders., *Wissenssoziologie*, Neuwied/ Berlin: Luchterhand, S. 566–613

Marcuse, Herbert (1961), »Über das Ideologieproblem in der hochentwickelten Industriegesellschaft«, in: Kurt Lenk, Hrsg., *Ideologie. Ideologiekritik und Wissenssoziologie*, Neuwied/Berlin: Luchterhand, S. 395–419

Margalit, Avishai (1999), *Politik der Würde. Über Achtung und Verachtung*, Frankfurt/Main: Fischer Taschenbuch Verlag (engl.: 1996)

Marin, Bernd (1982), *Die Paritätische Kommission. Aufgeklärter Technokorporatismus in Österreich*, Wien: Internationale Publikationen

Marsh, Catherine/José L. Alvaro (1990), »A cross-cultural perspective on the social and psychological distress caused by unemployment: A comparison of Spain and the United Kingdom«, *European Sociological Review* 6:237–256

Marshall, Gordon (1989), *Social Class in Modern Britain*, London u.a.: Hyman

Marshall, Thomas H. (1992), *Bürgerrechte und soziale Klassen. Zur Soziologie des Wohlfahrtsstaates*, Frankfurt/New York: Campus (engl.: 1950)

Martin, Hans-Peter/Harald Schumann (1996), *Die Globalisierungsfalle. Der Angriff auf Demokratie und Wohlstand*, Reinbek: Rowohlt

Marwick, Arthur (1980), *Class. Image and Reality in Britain, France and the USA since 1930*, Glasgow: Fontana/Collins

Marx, Karl (1971) [1867], *Das Kapital. Kritik der politischen Ökonomie.* 1. Band: *Der Produktionsprozess des Kapitals*, Berlin: Dietz Verlag

Matzner, Egon (1982), *Der Wohlfahrtsstaat von morgen. Entwurf eines zeitgemäßen Musters staatlicher Interventionen*, Frankfurt/New York: Campus

Maurice, Marc et al. (1979), »Die Entwicklung der Hierarchie im Industrieunternehmen: Untersuchung eines gesellschaftlichen Effekts«, *Soziale Welt* 30:295–327

McCall, G. J./J. L. Simmons (1966), *Interactions and Identities*, New York/London: Free Press

McNall, Scott G./Rhonda F. Levine/Rich Fantasia, Hrsg., (1991), *Bringing Class Back In. Contemporary and Historical Perspectives*, Boulder etc.: Westview Press

Mead, Georg H. (1968), *Geist, Identität und Gesellschaft aus der Sicht des Sozialbehaviorismus*, Frankfurt: Suhrkamp

Mesch, Michael, Hrsg. (2005), *Der Wandel der Beschäftigungsstruktur in Österreich. Branchen – Qualifikationen – Berufe*, Wien/München: Lit

Michels, Robert (1925), *Zur Soziologie des Parteiwesens in der modernen Demokratie. Untersuchungen über die oligarchischen Tendenzen des Gruppenlebens*, Leipzig: Kröner

Miller McPherson, J./James R. Ranger-Moore (1991), »Evolution on a Dancing Landscape: Organizations and Networks in Dynamic Blau Space«, *Social Forces* 70:19–42

Mills, C. Wright (1959), *The Power Elite,* London: Oxford University Press

Milner, Andrew (1999), *Class*, London etc.: Sage

Mitterauer, Michael/Reinhard Sieder (1980), *Vom Patriarchat zur Partnerschaft, Zum Strukturwandel der Familie*, München: H. Beck

Möller, Jörn P.H. (1974), *Wandel der Berufsstruktur in Österreich zwischen 1869 und 1961*, Wien: Verband der wiss. Gesellschaften Österreichs

Moore, Barrington (1982), *Ungerechtigkeit. Die sozialen Ursachen von Unterordnung und Widerstand*, Frankfurt/Main: Suhrkamp

Mörth, Ingo, Hrsg. (1994), *Das symbolische Kapital der Lebensstile. Zur Kultursoziologie der Moderne nach Pierre Bourdieu*, Frankfurt/New York: Campus

Mount, Ferdinand (2004), *Mind the Gap. The New Class Divide in Britain*, London: Short Books

Mühlfeld, Claus (1996), »Risikogesellschaft als zeitdiagnostisches Mythologem oder die Revitalisierung konservativer Deutungsmuster«, in: Kurt Salamun, Hrsg., *Geistige Tendenzen der Zeit. Perspektiven der Weltanschauungstheorie und Kulturphilosophie*, Frankfurt am Main: Peter Lang, S. 184–215

Müller, Hans-Peter (1992), *Sozialstruktur und Lebensstile*, Frankfurt: Suhrkamp

Müller, Walter (1998), »The institutional embeddedness of the stratification process«, in: Müller, Walter/Yossi Shavit (1998), *From School to Work; A Comparative Study of Educational Qualifications and Occupational Destinations*, Oxford: Clarendon Press, S. 1–48

Müller, Walter/W. Karle (1993), »Social selection and educational systems in Europe«, *European Sociological Review* 9:1–23

Müller, Walter/Susanne Steinmann/Reinhart Schneider (1997), »Bildung in Europa«, in: Hradil/Immerfall, *Die westeuropäischen Gesellschaften im Vergleich*, S. 177–245

Müller, Wolfgang C. (1992a), »Das Parteiensystem«, in: Dachs u.a., *Handbuch des Politischen Systems Österreichs*, S. 181–196

Müller, Wolfgang C. (1992b), »Die österreichische Volkspartei«, in: Dachs u.a., *Handbuch des Politischen Systems Österreichs*, S. 227–246

Münch, Richard (1986), *Die Kultur der Moderne*, 2 Bde., Frankfurt/M.: Suhrkamp

Münch, Richard (1982), *Theorie des Handelns. Zur Rekonstruktion der Beiträge von Talcott Parsons, Emile Durkheim und Max Weber*, Frankfurt a.M.: Suhrkamp

Münch, Richard (1993), *Das Projekt Europa. Zwischen Nationalstaat, regionaler Autonomie und Weltgesellschaft*, Frankfurt/Main: Suhrkamp

Münz, Rainer/Wolfgang Seifert (2001), »Immigration to Europe and its Consequences for the Host Societies«, in: Max Haller, Hrsg., *The Making of the European Union. Contributions of the Social Sciences*, Berlin/Heidelberg/N.Y.: Springer, S. 309–329

Murphy, Raymond (1988), *Social Closure. The Theory of Monopolization and Exclusion*, Oxford: Clarendon Press

Myrdal, Gunnar (1971), *Objektivität in der Sozialforschung*, Frankfurt a.M.: Suhrkamp

Nadel, Siegfried F. (1957), *The Theory of Social Structure*, London: Cohen & West

Natter, Ehrenfried/Christoph Reinprecht (1992), *Achtung Sozialstaat. Ein Handbuch*, Wien/Zürich: Europaverlag

Neckel, Sighard (1993), *Die Macht der Unterscheidung. Beutezüge durch den modernen Alltag*, Frankfurt: Fischer Taschenbuch Verlag

Neisser, Heinrich (1974), »Die Rolle der Bürokratie«, in: Fischer, *Das politische System Österreichs*, S. 233–270

Nick, Rainer/Anton Pelinka (1983), *Bürgerkrieg – Sozialpartnerschaft. Das politische System Österreichs. 1. und 2. Republik. Ein Vergleich*, Wien/München: Jugend und Volk

Noack, R. Horst (1998), »Gesundheit und Sozialstatus«, *Wiener klinische Wochenschrift* 110/H.11, 383–387

Nohlen, Dieter, Hrsg. (1991), *Wörterbuch Staat und Politik*, München/Zürich: Piper

Noiriel, Gérard (1991), *La Tyrannie du National. Le droit d'asile en Europe (1793–1993)*, Paris: Calmann-Lévy

Nollmann, Gerd (2002), »Die Hartnäckigkeit der Geschlechterungleichheit. Geschlecht als soziale Zurechnungskategorie«, *Soziale Welt* 53: 161–188

Nollmann, Gerd/Hermann Strasser (2002), »Armut und Reichtum in Deutschland«, *Politik und Zeitgeschichte* 29/30:20–28

Nollmann, Gerd (2004), »Leben wir in einer Leistungsgesellschaft?« *Österreichische Zeitschrift für Soziologie*, 29:24-48

Nolte, Paul (2006a), *Riskante Moderne. Die Deutschen und der Kapitalismus*, München: C.H. Beck

Norden, Gilbert (1985), *Einkommensgerechtigkeit. Was darunter verstanden wird*, Wien/Köln/ Graz: H. Böhlaus Nachf.

Nowotny, Ewald (1975), »Ökonomische Gleichheit als Ziel der Wirtschaftspolitik. Theoretische Grundlagen und österreichische Praxis«, in: *Österreichische Zeitschrift für Politikwissenschaft* 4: 31–47

Nozick, Robert (1976), *Anarchie, Staat, Utopia*, München: Mvg-Verlag (engl.: 1974)

Nußbaum, Martha (1999), *Gerechtigkeit oder Das gute Leben*, Frankfurt/Main: Suhrkamp

O'Connor, James (1974), *Die Finanzkrise des Staates*, Frankfurt: Suhrkamp (engl.: 1973)

ÖGPP (2004), *Armuts- und Reichtumsbericht für Österreich*, Wien: Österreichische Gesellschaft für Politikberatung und Politikentwicklung (siehe auch http://www.politikberatung.or.at)

Offe, Claus (1969), »Politische Herrschaft und Klassenstrukturen. Zur Analyse spätkapitalistischer Gesellschaftssysteme«, in: G. Kress/D. Senghaas, Hrsg., *Politikwissenschaft*, Frankfurt: Europäische Verlagsanstalt, S. 115–189

Offe, Claus (1984), *›Arbeitsgesellschaft‹: Strukturprobleme und Herausforderungen*, Frankfurt/ New York: Campus

Offe, Claus/Helmut Wiesenthal (1980), »Two Logics of Collective Action: Theoretical Notes on Social Class and Organizational Form«, *Political Power and Social Theory* 1:67−115

Olson, Marvin (1965), *The Logic of Collective Action,* Cambridge, Mass.

Ossowski, Stanislaw (1962), *Die Klassenstruktur im sozialen Bewusstsein*, Neuwied: Luchterhand (polnisch 1957)

Pakulski, Jan/Malcolm Waters (1996), *The Death of Class*, London etc.: Sage

Pappi, Franz Urban, Hrsg. (1979), *Sozialstrukturanalysen mit Umfragedaten*, Königstein/TS.: Athenäum Verlag

Parkin, Frank (1979), *Marxism and class theory: A bourgeois critique*, London: Tavistock

Parsons, Talcott (1964a), »Ansatz zu einer analytischen Theorie der sozialen Schichtung«, in: ders., *Soziologische Theorie*, Darmstadt/Neuwied: Luchterhand, S. 180–205

Parsons, Talcott (1964b), »Soziale Klassen und Klassenkampf im Lichte der neueren soziologischen Theorie«, in: ders., *Soziologische Theorie*, Darmstadt/Neuwied: Luchterhand, S. 206–222

Parsons, Talcott (1972), *Das System moderner Gesellschaften*, München: Juventa (engl.: 1971)

Parsons, Talcott (1976), *Zur Theorie sozialer Systeme*, hrsg. von S. Jensen, Opladen: Westdeutscher Verlag (engl.: 1964)

Pelinka, Anton (1981), *Modellfall Österreich? Möglichkeiten und Grenzen der Sozialpartnerschaft*, Wien

Perrow, Charles (1967), »A Framework for the Comparative Analysis of Organizations«, in: *American Sociological Review* 32:194–208

Pevetz, Werner (1987), *Lebens- und Arbeitsverhältnisse von Haupterwerbslandwirten*, Wien: Österreichischer Agrarverlag

Pfromm, Hans-Adam (1975), *Konflikte solidarischer Lohnpolitik. Zur ökonomischen und sozialen Problematik tarifpolitischer Lohnstrukturnivellierung*, Göttingen: O. Schwartz

Plasser, Fritz/Peter A. Ulram (2000), »Rechtspopulistische Resonanzen: Die Wählerschaft der SPÖ«, in:Plasser u.a., *Das österreichische Wahlverhalten*, S. 225–241

Plasser, Fritz/Peter A. Ulram/Franz Sommer, Hrsg. (2002), *Das österreichische Wahlverhalten*, Wien: Signum Verlag (Bd. 21 der Schriftenreihe des Zentrums für Angewandte Politikforschung)

Pollan, Wolfgang (1984), »Lohnpolitik und Einkommensverteilung«, in: Hanns Abele u.a., Hrsg., *Handbuch der österreichischen Wirtschaftspolitik*, Wien: Manzsche Verlags- und Universitätsbuchhandlung, S. 163–174

Preglau, Max/Rudolf Richter, Hrsg. (1998), *Postmodernes Österreich? Konturen des Wandels in Wirtschaft, Gesellschaft, Politik und Kultur*, Wien: Signum Verlag

Pretterebner, Hans (1987), *Der Fall Lucona. Ost-Spionage, Korruption und Mord im Dunstkreis der Regierungsspitze. Ein Sittenbild der Zweiten Republik*, München: Knaur

Pretterebner, Hans (1993), *Das Netzwerk der Macht: Anatomie der Bewältigung eines Skandals*, Wien: Pretterebner Verlags-Gesellschaft

Prisching, Manfred (1996a), *Bilder des Wohlfahrtsstaates*. Beiträge zur Sozioökonomie Band 4, Metropolis: Marburg

Prisching, Manfred (1996b), *Die Sozialpartnerschaft. Modell der Vergangenheit oder Modell für Europa?* Wien: Manz

Prisching, Manfred (1998), *Die McGesellschaft. In der Gesellschaft der Individuen*, Graz/Wien/Köln: Styria

Prisching, Manfred (2001), »Das Verhältnis von Universitäten und Fachhochschulen«, in: Manfred Prisching et al., Hrsg., *Das Verhältnis zwischen Universität und Fachhochschule*, Wien: Verlag Österreich, S. 141–165.

Pross, Helge/Karl W. Boetticher (1972), *Manager des Kapitalismus. Untersuchung über leitende Angestellte in Großunternehmen*, Frankfurt: Suhrkamp

Rasmussen, Thomas (1977), *Entwicklungslinien des Dienstleistungssektors. Internationaler Strukturvergleich und Perspektiven für die Bundesrepublik Deutschland*, Göttingen: Vandenhoeck & Ruprecht

Rees, John (1974), *Soziale Gleichheit. Anspruch und Wirklichkeit eines politischen Begriffs*, Frankfurt/New York: Campus (engl.: 1971)

Rehberg, Karl-Siegbert (2006a), »Die unsichtbare Klassengesellschaft«, in: Rehberg, Hrsg. (2006b), *Soziale Ungleichheit, kulturelle Unterschiede. Verhandlungen des 32. Kongresses der Deutschen Gesellschaft für Soziologie*, Teilband 1, Frankfurt/New York: Campus, S. 19–38.

Reicher, Dieter (2003), *Staat, Schafott und Schuldgefühl. Was Staatsaufbau und Todesstrafe miteinander zu tun haben*, Opladen: Leske + Budrich

Reiterer, Albert F. (1998a), *Moderne Gesellschaften. Sozialstruktur und sozialer Wandel in Österreich*, Wien: WUV-Universitätsverlag

Reiterer, Albert (1998b), *Soziale Identität. Ethnizität und sozialer Wandel: Zur Entwicklung einer anthropologischen Struktur*, Frankfurt a.M.: Peter Lang

Reiterer, Albert F. (2004), *Grenzziehungen zwischen nationalen Vorurteilen und sozialen Hierarchien*, Frankfurt/Main: Peter Lang

Ressler, Regina (2005), »Wo die ›Ehe‹ hinfällt. Muster schichtspezifischer Homogamie bzw. Heterogamie und ihre Folgen«, in: Schulz et al., *Österreich zur Jahrhundertwende*, S. 151–178

Reuband, Karl-Heinz (1974), *Differentielle Assoziation und soziale Schichtung*. Phil. Dissertation, Hamburg

Richter, Rudolf (1998), »Postmoderne (?) Ungleichheitsstruktur?«, in: Preglau/Richter, *Postmodernes Österreich?*, S. 175–197

Richter, Rudolf, Hrsg. (1994), *Sinnbasteln. Beiträge zur Soziologie der Lebensstile*, Wien/Köln/Weimar: Böhlau Verlag

Richter, Rudolf (2005), *Die Lebensstilgesellschaft*, Wiesbaden: VS Verlag für Sozialwissenschaften

Riederer, Bernhard (2005), »Tradition, Investitionsgut oder Herzenssache? Der Wunsch nach Kindern zwischen Ideal und Realität« in: Schulz et al., *Österreich zur Jahrhundertwende*, S. 367–400

Riley, Matilda White/Anne Foner/Joan Waring (1988), »Sociology of Age«, in: Neil J. Smelser, Hrsg., *Handbook of Sociology*, Newbury Park etc.: Sage, p. 243–290

Roberts, Ken (2001), *Class in Modern Britain*, Houndsmill/New York: Penguin

Rokkan, Stein (2000), *Staat, Nation und Demokratie in Europa. Die Theorie Stein Rokkans. Aus seinen gesammelten Werken rekonstruiert und eingeleitet von Peter Flora*, Frankfurt am Main: Suhrkamp

Rosenmayr, Leopold und Hilde (1978), *Der alte Mensch in der Gesellschaft*, Reinbek: Rowohlt

Rosenmayr, Leopold, Hrsg. (1980), *Politische Beteiligung und Wertwandel in Österreich. Einstellungen zu Politik und Demokratieverständnis im internationalen Vergleich*, München/Wien: R. Oldenbourg/Verlag für Geschichte und Politik

Rössel, Jörg (2004), »Von Lebensstilen zu kulturellen Präferenzen – Ein Vorschlag zur theoretischen Neuorientierung«, *Soziale Welt* 55:95–114

Rowthorn, Robert (2008), »Economic Aspects of Migration in a European Context«, in: Heinz Fassmann/Max Haller/David Lane, Hrsg., *Migration in Europe*, Houndmills (UK): Palgrave Macmillan

Ruckriegel, Karlheinz (2006), »Ergebnisse der Glücksforschung. Folgerungen für Politik und Unternehmen – ein Paradigmenwechsel«, *CRM-Monatsbrief*, Nürnberg: Georg-Simon-Ohm Fachhochschule (auch unter http://www.opus-bayern.de/ohm-hochschule)

Sachße, Christoph/Florian Tennstedt (1982), »Familienpolitik durch Gesetzgebung: Die juristische Regulierung der Familie«, in: Franz-Xaver Kaufmann, Hrsg., *Staatliche Sozialpolitik und Familie,* München/Wien: Oldenbourg, S. 87–129

Sagan, Leonard A. (1992), *Die Gesundheit der Nationen. Die eigentlichen Ursachen von Gesundheit und Krankheit im Weltvergleich*, Reinbek: Rowohlt (engl.: 1987)

Schäfer, Bodo/Carola Ferstl (1999), *Geld tut Frauen gut*. Landsberg/Lech: mvg-Verlag

Schäfers, Bernhard (2004), *Sozialstruktur und sozialer Wandel in Deutschland*, Stuttgart: Lucius & Lucius

Scheipl, Josef/Helmut Seel (1988), *Die Entwicklung des österreichischen Schulwesens in der Zweiten Republik 1945–1987*, Graz: Leykam Verlag

Schelsky, Helmut (1965[1961]), »Die Bedeutung des Klassenbegriffs für die Analyse unserer Gesellschaft«, in: derselbe, *Auf der Suche nach Wirklichkeit*, Düsseldorf/Köln: E. Diderichs, S. 352–388

Scheuch, Erwin K. (2003), »Die Bedeutung der mittleren (meso) Ebene moderner Gesellschaften«, in: Hillmann, Karl-Heinz/Georg W. Osterdiekhoff, Hrsg., *Die Verbesserung des menschlichen Zusammenlebens*, Opladen: Leske + Budrich

Scheuch, Erwin K./Ute Scheuch (1992), *Cliquen, Klüngel und Karrieren. Über den Verfall der politischen Parteien – eine Studie*, Reinbek: Rowohlt

Schmid, Josef (1976), *Einführung in die Bevölkerungssoziologie*, Reinbek: Rowohlt

Schmidt, Manfred G. (1993), *Erwerbsbeteiligung von Frauen und Männern im Industrieländervergleich*, Opladen: Leske + Budrich

Schneider, Friedrich (1995), *Steigende Schwarzarbeit (»Pfusch«) in Österreich: Eine wirtschaftliche und staatspolitische Herausforderung?* http://www.economics.uni-linz.ac.at/Schneider/Oest.WIPOLBl..PDF

Schoeck, Helmut (1973), *Der Neid und die Gesellschaft*, Freiburg/Basel/Wien: Herder

Schoenbaum, David (1980), *Die braune Revolution. Eine Sozialgeschichte des Dritten Reiches*, München: Deutscher Taschenbuch Verlag

Schöpfer, Gerald (1980), »Zur Genesis der österreichischen Sozialpartnerschaft«, Sonderdruck aus *Phänomen Sozialpartnerschaft*, Wien u.a.: Böhlau

Schroth, Yvonne (1999), *Dominante Kriterien der Sozialstruktur. Zur Aktualität der Schichtungstheorie von Theodor Geiger*, Münster: Lit Verlag

Schubart, Maximilian (1964), *Das Tabu der Gehälter. Von monatlich 280,- bis 28.000,- DM*, München: Deutscher Taschenbuch Verlag

Schulz, Wolfgang (1983), »Von der Institution ›Familie‹ zu den Teilbeziehungen zwischen Mann, Frau und Kind, *Soziale Welt* 34:401–419

Schulz, Wolfgang/Max Haller/Alfred Grausgruber, Hrsg. (2005), *Österreich zur Jahrhundertwende. Gesellschaftliche Werthaltungen und Lebensqualität 1986–2004*, Wiesbaden: VS Verlag für Sozialwissenschaften

Schulze, Gerhard (1992), *Die Erlebnisgesellschaft. Kultursoziologie der Gegenwart*, Frankfurt/Main: Campus

Schumpeter, Joseph A. (1953[1923]), »Die sozialen Klassen im ethnisch homogenen Milieu«, in: ders., *Aufsätze zur Soziologie*, Tübingen: Mohr, S. 146–213

Schwartz, Barry (1981), *Vertical Classification*, Chicago/London: The University of Chicago Press

Scott, John (2001), »If Class is dead, why won't it lie down?« in: Alison Woodward/Martin Kohli, Hrsg., *Inclusions and Exclusions in European Societies*, London/New York: Routledge, S. 127–146

Sebinger, Sarah/Joachim Nemella (2005), »Parteipräferenz und politische Partizipation«, in: Schulz et al., *Österreich zur Jahrhundertwende*, S. 433–460

Seel, Helmut/Josef Scheipl (2004), *Das österreichische Bildungswesen am Übergang ins 21. Jahrhundert*, Graz: Leykam

Seibel, Hans Dieter (1980), *Struktur und Entwicklung der Gesellschaft*, Stuttgart etc.: Kohlhammer

Seidel, Hans (1985), »Die Entfaltung der Produktivkräfte der österreichischen Wirtschaft«, in: Bodzenta u.a., *Österreich im Wandel*, S. 77–123

Sell, Friedrich L., Hrsg. (2002), *Zur Theorie, Empirie und Politik der Einkommensverteilung*, Berlin: Springer

Sengenberger, Werner (1976), *Arbeitsmarktstruktur: Ansätze zu einem Modell des segmentierten Arbeitsmarkts*, Frankfurt/München: Aspekte Verlag

Sengenberger, Werner/Christoph Köhler (1983), »Beschäftigungselastizität und Arbeitsmarktstruktur – Ein Vergleich interner Arbeitsmärkte in der deutschen und amerikanischen Automobilindustrie«, in: Haller/Müller, *Beschäftigungssystem im gesellschaftlichen Wandel*, S. 376-402

Sennett, Richard (2004), *Respekt im Zeitalter der Ungleichheit*, Berlin: Berliner Taschenbuch Verlag (engl.: 2003)

Sennett, Richard/Jonathan Cobb (1972), *The Hidden Injuries of Class*, New York: A. A. Knopf

Shavit, Yossi/Peter Blossfeld (1993), *Persistent Inequality. Changing Educational Attainment in Thirteen Countries*, Boulder/San Francisco/Oxford: Westview Press

Shils, Edward (1962), »Class«, in: *Encyclopedia Britannica*, Bd. 5, Chicago/London/Toronto: Hazell, Watson & Viney, S. 765–767

Shils, Edward (1982), *The Constitution of Society*, Chicago/London: University of Chicago Press

Sickinger, Hubert/Rainer Nick (1990), *Politisches Geld. Parteienfinanzierung in Österreich*, Thaur/Tirol: Kulturverlag

Sieder, Reinhard/Heinz Steinert/Emmerich Tálos, Hrsg. (1995), *Österreich 1945–1995. Gesellschaft, Politik, Kultur*, Wien: Verlag für Gesellschaftskritik

Simmel, Georg (1923), *Soziologie. Untersuchungen über die Formen der Vergesellschaftung*, München/Leipzig: Duncker & Humblot

Singelmann, Joachim (1978), »The sectoral transformation of the labor force in seven industrialized nations«, *American Journal of Sociology* 83:1224-34

Skolka, Jiri, Hrsg. (o.J.), *Die andere Wirtschaft. Schwarzarbeit und Do-it-yourself in Österreich*, Wien: Signum Verlag

Stachel, Peter (1999), »Das österreichische Bildungssystem zwischen 1749 und 1918«, in: Karl Acham, Hrsg., *Geschichte der österreichischen Humanwissenschaften*, Bd.1, Wien: Passagen Verlag, S. 115-146

Stadler, Karl (1968), *Hypothek auf die Zukunft. Die Entstehung der österreichischen Republik 1918–1921*, Wien/Frankfurt/Zürich: Europa Verlag

Steinbicker, Jochen (2001), *Zur Theorie der Informationsgesellschaft. Ein Vergleich der Ansätze von Peter Drucker, Daniel Bell und Manuel Castells*, Opladen: Leske+Budrich

Stinchcombe, Arthur L. (1965), »Social Structure and Organizations«, in: J. G. March, Hrsg., *Handbook of Organizations*, Chicago: Rand McNally, S. 142–193

Stinchcombe, Arthur L. (1959), »Bureaucratic and Craft Administration of Production«, *Administrative Science Quarterly* 4:168–187

Stourzh, Gerald/Margarete Grandner, Hrsg. (1986), *Historische Wurzeln der Sozialpartnerschaft*, Wien: Verlag für Geschichte und Politik

Strasser, Hermann, John H. Goldthorpe, Hrsg. (1985), *Die Analyse sozialer Ungleichheit. Kontinuität, Erneuerung, Innovation*, Opladen: Westdeutscher Verlag

Strasser, Hermann/Andrea Maria Dederichs (2000), »Die Restrukturierung der Klassengesellschaft: Elemente einer zeitgenössischen Ungleichheitstheorie«, *Berliner Journal für Soziologie* 10:79-98

Streissler, Agnes (1994), »Die Einkommensentwicklung seit 1973 im Spiegel der Einkommensteuerstatistik«, *Wirtschaft und Gesellschaft* 20:169–194, 507–594

Szydlik, Marc (2004), *Generation und Ungleichheit*, Wiesbaden: VS Verlag für Sozialwissenschaften

Talmon, Yonina (1964), »Mate Selection in Collective Settlements«, in: *American Sociological Review* 29:491-508

Talos, Emmerich/Bernhard Kittel (1995), »Sozialpartnerschaft – Zur Konstituierung einer Grundsäule der Zweiten Republik«, in: Sieder et al., *Österreich 1945–1995*, S. 107–121

Talos, Emmerich (1981), *Staatliche Sozialpolitik in Österreich.. Rekonstruktion und Analyse*, Wien: Verlag für Gesellschaftskritik

Talos, Emmerich (1992), »Sozialpartnerschaft. Kooperation – Konzertierung – politische Regulierung«, in: Dachs u.a., *Handbuch des politischen Systems Österreichs*, S. 390–409

Tazi-Preve, Irene M. u.a. (1999), *Bevölkerung in Österreich. Demografische Trends, politische Rahmenbedingungen, entwicklungspolitische Aspekte*, Wien: Institut für Demographie, Österreichische Akademie der Wissenschaften

Teckenberg, Wolfgang (2000), *Wer heiratet wen? Sozialstruktur und Partnerwahl*, Opladen: Leske + Budrich

Therborn, Göran (1985), *Arbeitslosigkeit. Strategien und Politikansätze in den OECD-Ländern*, Hamburg: VSA-Verlag

Therborn, Göran (1995), *European Modernity and Beyond. The Trajectory of European Societies 1945–2000*, London/Thousand Oaks/New Delhi: Sage (dt. Ausg.: Die Gesellschaften Europas. Ein soziologischer Vergleich, Frankfurt am Main/New York: Campus)

Thurow, Lester (1975), *Poverty and Discrimination*, Washington: Brookings Inst.

Thurow, Lester C. (1981), *Die Null-Summen-Gesellschaft. Einkommensverteilung und Möglichkeiten wirtschaftlichen Wandels*, München: Vahlen (engl.: 1980)

Tichy, Gunther/Karl Steinhöfler (o.J.), »Sozialpolitik und Umverteilung – Versuch einer Quantifizierung«, in: H. G. Ruppe, Hrsg., *Sozialpolitik und Umverteilung*, Wien: Verein für Sozial- und Wirtschaftsforschung, S. 301–348

Tillmann, Robin/Monica Budowski (2007), »Inégalités et classes sociales en Suisse: quelle configuration?«, *Schweizerische Zeitschrift für Soziologie* 33:193–212

Tjaden-Steinhauer, Margarete/Karl-Heinz Tjaden (1973), *Klassenverhältnis im Spätkapitalismus. Beitrag zur Analyse der Sozialstruktur unter besonderer Berücksichtigung der BRD*, Stuttgart: Enke

Tocqueville, Alexis de (1969[1835]), *Über die Demokratie in Amerika*, München: dtv (frz.: zuerst 1835)

Traxler, Franz (1982), *Evolution gewerkschaftlicher Interessenvertretung. Entwicklungslogik und Organisationsdynamik gewerkschaftlichen Handelns am Beispiel Österreichs*, Wien: W. Braumüller/Frankfurt-New York: Campus

Traxler, Franz (1986), *Interessenverbände der Unternehmer. Konstitutionsbedingungen und Steuerungskapazitäten, analysiert am Beispiel Österreich*, Frankfurt/New York: Campus

Tremel, Ferdinand (1969), *Wirtschafts- und Sozialgeschichte Österreichs*, Wien: Deuticke

Ucakar, Karl (1974), »Die Entwicklung der Interessenorganisationen«, in: Fischer, *Das politische System Österreichs*, S. 397–422

Ucakar, Karl (1992), »Die Sozialdemokratische Partei Österreichs«, in: Dachs u.a., *Handbuch des Politischen Systems Österreichs*, S. 226

Ullrich, Carsten G. (2005), *Soziologie des Wohlfahrtsstaates. Eine Einführung*, Frankfurt a.M.: Campus

Vajda, Stephan (1980), *Felix Austria. Eine Geschichte Österreichs*, Wien: Ueberreuter

Valle, Davide La (1992), *Denaro, prestigio e regolazione sociale: mercato senza capitalismo*, Bologna: Il Mulino

Van Apeldoorn, Bastian (2002), *Transnational European Capitalism and the Struggle over European Integration*, London/New York: Routledge

Veblen, Thorstein (1989 [1899]), *Theorie der feinen Leute. Eine ökonomische Untersuchung der Institutionen,* Frankfurt/Main: Fischer-Taschenbuch-Verlag

Vobruba, Gerd (1989), *Der wirtschaftliche Wert der Sozialpolitik*, Berlin: Duncker & Humblot

Vodopivec, Alexander (1960), *Wer regiert in Österreich? Ein politisches Panorama*, Wien: Verlag für Geschichte und Politik

Volkmann, Ute (2006), *Legitime Ungleichheiten. Journalistische Deutungen vom sozialdemokratischen Konsensus zum Neoliberalismus*, Wiesbaden: VS Verlag für Sozialwissenschaften

Voss, Gerhard (1976), *Trend zur Dienstleistungsgesellschaft?*, Köln: Deutscher Instituts-Verlag

Wacker, Ali (1977), *Arbeitslosigkeit. Soziale und psychische Voraussetzungen und Folgen*, Frankfurt: Europäische Verlags-Anstalt

Wallerstein, Immanuel (1974), *The Modern World-System. Capitalist Agriculture and the Origins of the European World-Economy in the Sixteenth Century*, New York/San Francisco/London: Academic Press

Wallraff, Günter (1970), *Industriereportagen. Als Arbeiter in deutschen Großbetrieben*, Reinbek: Rowohlt

Walter, Elmar (1963), *Kapitalismus im Übergang. Die freie Wirtschaft auf dem Weg zum Volkskapitalismus*, München: Rüttig + Loening

Walter, Robert (1978), »Reform des Universitäts-Organisationsgesetzes«, in: *Österreichische Hochschulzeitung* 3:a–f

Walterskirchen, Ewald (2005), *Der Weg in die Informationsgesellschaft. Zur Evolution von Natur, Technik und Wirtschaft*, Wien: Passagen Verlag

Walzer, Michael (1992), *Sphären der Gerechtigkeit. Ein Plädoyer für Pluralität und Gleichheit*, Frankfurt a.M./New York: Campus (engl.: 1983)

Watzka, Carlos (2005), *Vom Hospital zum Krankenhaus. Zum Umgang mit psychisch und somatisch Kranken im frühneuzeitlichen Europa*, Köln/Weimar/Wien: Böhlau

Weber, Max (1964) [1922], *Wirtschaft und Gesellschaft*, Köln/Berlin: Kiepenheuer & Witsch (2 Bde.)

Weber, Max (1973[1904]), »Die ›Objektivität‹ sozialwissenschaftlicher Erkenntnis«, in: Max Weber, *Soziologie. Universalgeschichtliche Analysen. Politik*, Stuttgart: Kröner, S. 186–262

Weinzierl, Erika/Kurt Skalnik, Hrsg. (1983), *Österreich 1918-1938. Geschichte der Ersten Republik*, Graz/Wien/Köln: Styria

Weiss, Linda (1998), *The Myth of the Powerlessness of the State. Governing the Economy in a Global Era*, Cambridge: Polity Press

Weissel, Erwin (1978), »Strategien der Verteilungspolitik in Österreich: Sozialpartnerschaft und Einkommensverteilung«, in: M. Haller u.a., Analsen zur Klassenstruktur und sozialen Schichtung in Österreich I, Forschungsbericht, Institut für Höhere Studien, Wien, S. 337–367

Werner, Rudolf (1975), *Soziale Indikatoren und politische Planung. Einführung in Anwendungen der Makrosoziologie*, Reinbek bei Hamburg: Rowohlt Verlag

Wetterer, Angelika (2002), *Arbeitsteilung und Geschlechterkonstruktion ›Gender at work‹ in theoretischer und historischer Perspektive*, Konstanz: UVK Verlagsgesellschaft

Wiley, Norbert (1967), »America's Unique Working-Class Politics: The Interplay of Labor, Credit and Commodity Markets«, in: *American Sociological Review* 32:529–541

Wilkinson, Richard G. (2001), *Kranke Gesellschaften. Soziales Gleichgewicht und Gesundheit*, Wien/New York: Springer (engl.: zuerst 1996)

Willms, Johannes (1988), *Paris. Hauptstadt Europas. 1789–1914*, München: Beck

Williamson, Oliver E. (1975), *Markets and Hierarchies: Analysis and Antitrust Implications*, New York/London: Free Press/Collier-MacMillan

Winckler, Georg (1985), »Sozialpartnerschaft und ökonomische Effizienz«, in: Gerlich u.a., *Sozialpartnerschaft in der Krise*, S. 295–312

Windolf, Paul (1994): »Die neuen Eigentümer. Eine Analyse des Marktes für Unternehmenskontrolle«, *Zeitschrift für Soziologie* 23:79–92

Wirth, Heike (1996), »Wer heiratet wen – die Entwicklung der bildungsspezifischen Heiratsmuster in Westdeutschland«, *Zeitschrift für Soziologie* 5:371–394

Wittig, Peter (1982), *Der englische Weg zum Sozialismus. Die Fabier und ihre Bedeutung für die Labour Party und die englische Politik*, Berlin: Duncker & Humblot

Wohlgenannt, Lieselotte (1995), »Arm und reich. Österreich auf dem Weg zur Zweidrittelgesellschaft«, in: Sieder/Steinert/Talos, *Österreich 1945–1995*, S. 253–267

Woll-Schumacher, Irene (1994), »Soziale Schichtung im Alter«, in: Rainer Geissler, *Soziale Schichtung und Lebenschancen in Deutschland*, S. 220–256

World Labour Report 2000: *Income security and social protection in a changing world*, International Labour Office: Geneva 2000

Wright, Erik O. (1985), *Classes*, London: Verso

Wroblewski, Angela/Martin Unger (2003), *Studierenden-Sozialerhebung. Bericht zur sozialen Lage der Studierenden*, Institut für Höhere Studien (Projektbericht)

Young, Michael (1961), *Es lebe die Ungleichheit. Auf dem Wege zur Meritokratie*, Düsseldorf: Econ (engl.: 1958)

Zahn, Ernest (1960), *Soziologie der Prosperität. Wirtschaft und Gesellschaft im Zeichen des Wohlstandes*, München: Deutscher Taschenbuch Verlag

Zald, Mayer N. (1978), »On the social control of industries«, *Social Forces* 57:79–102

Zapf, Wolfgang (1965), *Wandlungen der deutschen Elite. Ein Zirkulationsmodell deutscher Führungsgruppen 1919–1961*, München: Piper

Zapf, Wolfgang (1977), »Modernisierungstheorien«, in: H. J. Krupp/W. Zapf, *Sozialpolitik und Sozialberichterstattung*, Frankfurt/New York: Campus, S. 123–138

Zapf, Wolfgang u.a. (1987), *Individualisierung und Sicherheit. Untersuchungen zur Lebensqualität in der Bundesrepublik Deutschland*, München: Beck

Zauner, Johannes (1993), »Das Wohlbefinden von Kindern in Graz und Weiz. Eine empirische Untersuchung zur Lebenssituation von Kindern aus deren eigener Sicht«, Diplomarbeit am Institut für Soziologie, Universität Graz

Zayas, Alfred de (1980), *Die Anglo-Amerikaner und die Vertreibung der Deutschen. Vorgeschichte, Verlauf, Folgen*, München: Deutscher Taschenbuch-Verlag
Zeitlin, Maurice (1974), »Corporate ownership and control. The large corporation and the capitalist class«, *American Journal of Sociology* 79:1073–1119
Zilian, Hans Georg (1990), *Die verborgenen Kosten der Arbeitslosigkeit*, Frankfurt: Hain
Zweig, Stefan (1942), *Die Welt von gestern. Erinnerungen eines Europäers*, Frankfurt am Main: Fischer-Taschenbuch-Verlag
Zwicky, Heinrich (1982), *Politische Aktivität, Illegitimität und Stabilisierung*, Diessenhofen: Rüegger

Statistische Datenhandbücher und amtliche Berichte

Bericht über die soziale Lage 2001-2002. Analysen und Ressortaktivitäten, Bundesministerium für soziale Sicherheit und Generationen, Wien 2002
Bundesministerium für Umwelt, Jugend und Familie/Kompetenzzentrum für Senioren- und Bevölkerungspolitik, Hrsg. (1999), Ältere Menschen – neue Perspektiven, Österreichischer Bericht zur Lebenssituation älterer Menschen, Wien
Bundesministerium für Umwelt, Jugend und Familie, Hrsg. (1999), 4. Österreichischer Familienbericht: Familie – zwischen Anspruch und Alltag, Wien
Datenreport 1999, 2002, Hrsg. Vom Statistischen Bundesamt in Zusammenarbeit mit dem Wissenschaftszentrum Berlin für Sozialforschung und ZUMA, Mannheim, Bonn 2000 (Bundeszentrale für politische Bildung)
Demographisches Jahrbuch Österreichs 1993/94/95, Hrsg. vom Österreichischen Statistischen Zentralamt, Heft 1.207 der Beiträge zur österreichischen Statistik, Wien (erscheint unregelmäßig seit 1975)
Fischer Weltalmanach, Hrsg. von F. Fochler-Hauke bzw. Mario von Baratta, erscheint jährlich im Fischer Taschenbuch Verlag, Frankfurt/Main
Hochschulbericht 1999, Hrsg. vom Bundesministerium für Wissenschaft und Verkehr (heute: Bildung, Wissenschaft, und Kultur), erscheint jährlich in 2 Bänden
Kammer für Arbeiter und Angestellte, Hrsg. (1970), *Wirtschafts- und Sozialstatistisches Handbuch. 1945–1969*, Wien: Verlag der Kammer für Arbeiter und Angestellte
Österreichisches Statistisches Zentralamt, Hrsg. (1995), *Republik Österreich. 1945–1995*, Wien: Kommissionsverlag der Österreichischen Staatsdruckerei
Sozialbericht 2001–2002: Bericht über die soziale Lage 2001-2002. Analysen und Ressortaktivitäten, Hrsg. Vom Bundesministerium für soziale Sicherheit und Generationen, Wien
Sozialstatistische Daten 1990: Herausgeben vom Österreichischen Statistischen Zentralamt, Wien 1990 (Beiträge zur österreichischen Statistik, Heft 967) (erscheint unregelmäßig, bisher auch 1980, 1986; enthält wichtige sozialstatistische Basisdaten)
Statistisches Handbuch für die Republik Österreich: Herausgegeben vom Österreichischen Statistischen Zentralamt (erschien jährlich bis 1991), Wien: Österreichische Staatsdruckerei
Statistisches Jahrbuch Österreichs (SJÖ) 2001: Herausgegeben vom Österreichischen Statistischen Zentralamt (heute: Statistik Austria), Wien (erscheint jährlich; früher:

Statistisches Jahrbuch für die Republik Österreich); enthält Basisinformationen zu allen Bereichen, sowie internationale Daten

WISO-Taschenbuch: Wirtschafts- und Sozialstatistisches Taschenbuch (erscheint jährlich), hg. von der Bundeskammer für Arbeiter und Angestellte, Wien

Verzeichnis der Tabellen

Verzeichnis der Abbildungen

Verzeichnis der Übersichten

Sachregister

Personenregister